Unzertrennbare Einheit oder fremde Welten?

Europäische Hochschulschriften Recht

European University Studies in Law

Publications Universitaires Européennes de Droit

Band/Volume 6695

Ariane Bertram

Unzertrennbare Einheit oder fremde Welten?

Das Verhältnis von Strafrechtswissenschaft und strafrechtlicher Praxis untersucht anhand der Maßnahme der Internal Investigations

PETER LANG

Bibliografische Information der Deutschen Nationalbibliothek
Die Deutsche Nationalbibliothek verzeichnet diese Publikation in der Deutschen Nationalbibliografie; detaillierte bibliografische Daten sind im Internet über http://dnb.d-nb.de abrufbar.

Zugl.: Leipzig, Univ., Diss., 2022

Gedruckt auf alterungsbeständigem, säurefreiem Papier.
Druck und Bindung: CPI books GmbH, Leck

D 15
ISSN 0531-7312
ISBN 978-3-631-87600-8 (Print)
E-ISBN 978-3-631-88937-4 (E-PDF)
E-ISBN 978-3-631-88938-1 (EPUB)
DOI 10.3726/b20165

Diese Publikation wurde begutachtet.

www.peterlang.com

Inhalt

Literaturverzeichnis

Amador, Matthias: Biographie, abrufbar unter https://www.law-school.de/hochschulprofil/wer-wir-sind/personensuche/zentrum-fuer-juristisches-lernen (zuletzt geprüft am 25.07.2020)

Amelung, Knut: Biographie, abrufbar unter https://de.wikipedia.org/wiki/Knut_Amelung (zuletzt geprüft am 24.07.2020)

Arzt, Gunther: Die deutsche Strafrechtswissenschaft zwischen Studentenberg und Publikationsflut, in: *Dornseifer/Horn* (Hrsg.), Gedächtnisschrift für Armin Kaufmann, Köln 1989, S. 839 ff. (zitiert: *Arzt*, in: *Dornseifer/Horn* (Hrsg.), Gedächtnisschrift für Armin Kaufmann, S.)

Arzt, Gunther: Wissenschaftsbedarf nach dem 6. StrRG, ZStW 1999, 757 ff.

Arzt, Gunther: Siemens: Vom teuersten zum lukrativsten Kriminalfall der deutschen Geschichte, in: *Jahn/Kudlich/Streng* (Hrsg.), Strafrechtspraxis und Reform, Festschrift für Heinz Stöckel zum 70. Geburtstag, Berlin 2010, S. 14 ff. (zitiert: *Arzt*, in: *Jahn/Kudlich/Streng* (Hrsg.), Strafrechtspraxis und Reform, Festschrift für Heinz Stöckel zum 70. Geburtstag, S.)

Baer, Susanne: Wissenschaftsfreiheit als verteilte Verantwortung, Die grundgesetzliche Perspektive, FuL 2017, 214 ff.

Ballo, Emanuel H. F.: Biographie, abrufbar unter https://www.dlapiper.com/de/germany/people/b/ballo-emanuel/?tab=credentials (zuletzt geprüft am 25.07.2020)

Ballo, Emanuel H. F.: Beschlagnahmeschutz im Rahmen von Internal Investigations – Zur Reichweite und Grenze des § 160a StPO, NZWiSt 2013, 46 ff.

Bar, Carl Ludwig von: Geschichte des deutschen Strafrechts und der Strafrechtstheorien Berlin 1882 (zitiert: *Bar*, Geschichte des deutschen Strafrechts und der Strafrechtstheorien, S.)

Bauer, Wolfram: Biographie, abrufbar unter https://www.rechtsanwalt-drwbauer.de/ (zuletzt geprüft am 24.07.2020)

Bauer, Wolfram: Anmerkung zu LG Hamburg, Beschl. vom 15.10.2010 – 608 Qs 18/10, Zur Frage der Beschlagnahmefreiheit für Unterlagen eines mit internen Ermittlungen beauftragten Rechtsanwalts, StV 2012, 277 ff.

Bay, Karl-Christian/*Engelhardt*, Alexander H.: Einleitung, in: *Bay* (Hrsg.), Handbuch Internal Investigations, Berlin 2013, S. 19 ff. (zitiert: *Bay/Engelhardt*, in: *Bay* (Hrsg.), Handbuch Internal Investigations, S.)

Behrens, Alexander: Internal Investigations: Hintergründe und Perspektiven anwaltlicher „Ermittlungen" in deutschen Unternehmen, RIW 2009, 22 ff.

Bentham, Jeremy: überliefertes Zitat 1748–1832

Bertheau, Camilla: § 160a StPO neuer Fassung – doch offene Fragen bleiben, StV 2012, 303 ff.

Beukelmann, Stephan: Outsourcing bei Polizei und Strafjustiz, NJW-Spezial 2008, 280 ff.

Beukelmann, Stephan: Durchsuchung bei Anwälten, NJW-Spezial 2018, 504 ff.

Beulke, Werner: Beschlagnahmefreiheit von Verteidigungsunterlagen, in: *Prittwitz/Baurmann/Günther u. a.* (Hrsg.), Festschrift für Klaus Lüderssen zum 70. Geburtstag am 2. Mai 2002, Baden-Baden 2002, S. 693 ff. (zitiert: *Beulke*, in: *Prittwitz/Baurmann/Günther u. a.* (Hrsg.), Festschrift für Klaus Lüderssen zum 70. Geburtstag am 2. Mai 2002, S.)

Beulke, Werner/*Swoboda*, Sabine: Strafprozessrecht, 14. Auflage, Heidelberg 2018 (zitiert: *Beulke/Swoboda*, Strafprozessrecht, S.)

Bittmann, Folker: Biographie, abrufbar unter https://www.uni-giessen.de/fbz/fb01/professuren-forschung/professuren/rotsch/ccc/praxisgruppe/bittmann; https://www.mz-web.de/dessau-rosslau/abschied-in-dessau-oberstaatsanwalt-bittmann-geht-in-den-ruhestand-30651346 (zuletzt geprüft am 23.07.2020)

Bittmann, Folker: Internal investigations under German Law, CEJ 2015, Vol. 1 No. 1 p. 74 ff., abrufbar unter https://www.cej-online.com/previous-issues/ (zuletzt geprüft am 16.01.2021)

Bittmann, Folker/*Brockhaus*, Matthias/*Coelln*, Sibylle von/*Heuking*, Christian: Regelungsbedürftige Materien in einem zukünftigen „Gesetz über Interne Ermittlungen", NZWiSt 2019, 1 ff.

Bittmann, Folker/*Molkenbur*, Josef: Private Ermittlungen, arbeitsrechtliche Aussagepflicht und strafprozessuales Schweigerecht, wistra 2009, 373 ff.

Bloy, René: Was heißt und zu welchem Ende studiert man Strafrechtsdogmatik? in: *Loos/Jehle* (Hrsg.), Bedeutung der Strafrechtsdogmatik in Geschichte und Gegenwart, Manfred Maiwald zu Ehren, Heidelberg 2007, S. 31 ff. (zitiert: *Bloy*, in: *Loos/Jehle* (Hrsg.), Bedeutung der Strafrechtsdogmatik in Geschichte und Gegenwart, S.)

Bock, Dennis: Die erste Europäisierung der Strafrechtswissenschaft: Das gemeine Strafrecht auf römischrechtlicher Grundlage, ZIS 2006, 7 ff.

Böhm, Wolf-Tassilo: Biographie, abrufbar unter https://rsw.beck.de/cms/?toc=ZD.60&docid=331743; https://www.xing.com/profile/WolfTassilo_Boehm/cv, (zuletzt geprüft am 23.07.2020)

Böhm, Wolf-Tassilo: Tätigkeitsschwerpunkte, abrufbar unter https://de.lw.com/people/wolf-tassilo-boehm (zuletzt geprüft am 23.07.2020)

Böhm, Wolf-Tassilo: Strafrechtliche Verwertbarkeit der Auskünfte von Arbeitnehmern bei unternehmensinternen Untersuchungen, – Ein Beitrag zur aktuellen Compliance-Debatte –, WM 2009, 1923 ff.

Böhmer, Martin: Auftragserteilung, in: *Bay* (Hrsg.), Handbuch Internal Investigations, Berlin 2013, S. 55 ff. (zitiert: *Böhmer*, in: *Bay* (Hrsg.), Handbuch Internal Investigations, S.)

Böing, Egbert: Das Beschlagnahmeprivileg der steuerberatenden Berufe gem. § 97 StPO unter besonderer Berücksichtigung der Bedingungen der modernen Informationsverarbeitung 1993 (zitiert: *Böing*, Das Beschlagnahmeprivileg der steuerberatenden Berufe gem. § 97 StPO unter besonderer Berücksichtigung der Bedingungen der modernen Informationsverarbeitung, S.)

Bott, Ingo/*Krell*, Paul: Der Grundsatz „nulla poena sine lege" im Lichte verfassungsgerichtlicher Entscheidungen, ZJS 2010, 694 ff.

BRAK-Thesen: siehe *Bundesrechtsanwaltskammer* (Hrsg.)

Bretone, Mario/*Galsterer*, Brigitte: Geschichte des römischen Rechts, Von den Anfängen bis zu Justinian, 2. Auflage, München 1998 (zitiert: *Bretone/Galsterer*, Geschichte des römischen Rechts, S.)

Brockhaus: Enzyklopädie, 21. Auflage, Band 9, Leipzig 2006 (zitiert: Brockhaus, Enzyklopädie, S.)

Brockhaus: Enzyklopädie, 21. Auflage, Band 30, Leipzig 2006 (zitiert: Brockhaus, Enzyklopädie, S.)

Brockhaus, Matthias: Die offene Frage: Sind Internal Investigations anwaltliche Tätigkeit?, AnwBl. 2019, 214 ff.

Brunhöber, Beatrice: Biographie, abrufbar unter https://www.jura.uni-frankfurt.de/76716069/Brunhoeber_Lebenslauf.pdf; https://www.jura.uni-frank-furt.de/75523537/Professur_f%C3%BCr_Strafrecht__Strafprozessrecht__Rechtsphilosophie_und_Rechtsvergleichung (zuletzt geprüft am 23.07.2020)

Brunhöber, Beatrice: Privatisierung des Ermittlungsverfahrens im Strafprozess, Goltdammer's Archiv für Strafrecht 2010, 571 ff.

Buchert, Christoph: Biographie, abrufbar unter https://www.duncker-humblot.de/person/christoph-buchert-18108/?page_id=1 (zuletzt geprüft am 25.07.2020)

Buhlmann, Erik: Biographie, abrufbar unter https://www.ufer-knauer.de/dr-erik-buhlmann.php (zuletzt geprüft am 23.07.2020)

Bundesministerium der Justiz und für Verbraucherschutz: Referentenentwurf, August 2019, abrufbar unter http://www.strafverteidiger.de/RefE%20UK.pdf (zuletzt geprüft am 26.07.2020)

Bundesministerium der Justiz und für Verbraucherschutz: Referentenentwurf, April 2020, abrufbar unter https://www.bmjv.de/SharedDocs/Gesetzgebungsverfahren/Dokumente/RefE_Staerkung_Integritaet_Wirtschaft.pdf?__blob=publicationFile&v=1 (zuletzt geprüft am 26.07.2020)

Bundesrechtsanwaltskammer: BRAK-Stellungnahme-Nr. 35/2010, Thesen der Bundesrechtsanwaltskammer zum Unternehmensanwalt im Strafrecht, November 2010, abrufbar unter https://www.brak.de/zur-rechtspolitik/stellungnahmen-pdf/stellungnahmen-deutschland/2010/november/stellungnahme-der-brak-2010-35.pdf (zuletzt geprüft am 21.07.2020)

Bundesverband der Unternehmensjuristen: Gesetzgebungsvorschlag für eine Änderung der §§ 130, 30 OWiG, April 2014, abrufbar unter https://www.ilf-frankfurt.de/fileadmin/_migrated/content_uploads/Moosmayer__Plaedoyer_fuer_ein_modernes_Unternehmenssanktionenrecht.pdf (zuletzt geprüft am 25.07.2020)

Burkhardt, Björn: Geglückte und folgenlose Strafrechtsdogmatik, in: *Eser/Hassemer/Burkhardt* (Hrsg.), Die deutsche Strafrechtswissenschaft vor der Jahrtausendwende, München 2000, S. 111 ff. (zitiert: *Burkhardt*, in: *Eser/Hassemer/Burkhardt* (Hrsg.), Die deutsche Strafrechtswissenschaft vor der Jahrtausendwende, S. 111)

Bürkle, Jürgen: Corporate Compliance – Pflicht oder Kür für den Vorstand der AG? BB 2005, 565 ff.

Calliess, Christian/*Ruffert*, Matthias (Hrsg.): EUV/AEUV, Das Verfassungsrecht der Europäischen Union mit Europäischer Grundrechtecharta, Kommentar, 5. Auflage, München 2016 (zitiert: *Bearbeiter*, in: Calliess/Ruffert(Hrsg.): EUV/AEUV, 5. Auflage, Art., Rn.)

Caracas, Christian: Biographie, abrufbar unter https://www.caracaslegal.de/ihr-anwalt/lebenslauf/ (zuletzt geprüft am 25.07.2020)

CDU, CSU, SPD: Koalitionsvertrag 18. Legislaturperiode, Dezember 2013, abrufbar unter https://www.cdu.de/sites/default/files/media/dokumente/koalitionsvertrag.pdf (zuletzt geprüft am 25.07.2020)

CDU, CSU, SPD: Koalitionsvertrag 19. Legislaturperiode, März 2018, abrufbar unter https://www.cdu.de/system/tdf/media/dokumente/koalitionsvertrag_2018.pdf?file=1 (zuletzt geprüft am 22.07.2020)

Cerezo Mir, José: Der Einfluss von Welzel und der finalen Handlungslehre im Allgemeinen in der Strafrechtswissenschaft von Spanien und den iberoamerikanischen Ländern, ZIS 2009, 212 ff.

Charwath, Philipp: Römisches Recht, Ein Lesebuch 2011 (zitiert: *Charwath*, Römisches Recht, S.)

Coing, Helmut: Grundzüge der Rechtsphilosophie, 5. Auflage, Berlin 1993 (zitiert: *Coing*, Grundzüge der Rechtsphilosophie, S.)

Compliance Elliance Journal: siehe *Schneider*, Hendrik/*deStefano*, Michele (Hrsg.)

da Vinci, Leonardo: überliefertes Zitat 1452–1519

Dahm, Georg: Zur Rezeption des römisch-italienischen Rechts, Historische Zeitschrift 1943, 229 ff.

Dann, Matthias: Biographie, abrufbar unter https://www.strafrecht.de/koepfe/dr-matthias-dann-llm (zuletzt geprüft am 23.07.2020)

Dann, Matthias: Compliance-Untersuchungen im Unternehmen: Herausforderung für den Syndikus, Zum Zusammenspiel von Rechtsabteilung und externen Anwälten bei internen Ermittlungen, AnwBl. 2009, 84 ff.

Dann, Matthias/*Schmidt*, Kerstin: Im Würgegriff der SEC? – Mitarbeiterbefragungen und die Selbstbelastungsfreiheit, NJW 2009, 1851 ff.

Dannecker, Gerhard: Biographie, abrufbar unter https://dannecker.com/rechtsanwaelte/prof-dr-gerhard-dannecker/ (zuletzt geprüft am 26.07.2020)

de Lind van Wijngaarden, Martina: Biographie, abrufbar unter https://www.freshfields.com/de/contacts/anwaltssuche/d/de-lind-van-wijngaarden-martina/ (zuletzt geprüft am 25.07.2020)

de Lind van Wijngaarden, Martina/*Egler*, Philipp: Der Beschlagnahmeschutz von Dokumenten aus unternehmensinternen Untersuchungen, NJW 2013, 3549 ff.

Dervan, Lucian E.: Internal investigations and the evolving fate of privilege, CEJ 2016, Vol. 2 No. 1 p. 3 ff., abrufbar unter https://www.cej-online.com/previous-issues/ (zuletzt geprüft am 16.01.2021)

deStefano, Michele: LawWithoutWalls, abrufbar unter http://lawwithoutwalls.org/overview (zuletzt geprüft am 26.07.2020)

Dierlamm, Alfred: Biographie, abrufbar unter https://www.dierlamm-rechtsanwaelte.com/index.php/prof-dr-alfred-dierlamm.html (zuletzt geprüft am 25.07.2020)

Dierlamm, Alfred: Rechtmäßige Durchsuchung einer internationalen Anwaltskanzlei, BRAK-Mitteil. 2018, 195 ff.

Diller, Martin: Biographie, abrufbar unter https://www.gleisslutz.com/de/anwalt/prof-dr-martin-diller.html (zuletzt geprüft am 22.07.2020)

Diller, Martin: Der Arbeitnehmer als Informant, Handlanger und Zeuge im Prozess des Arbeitgebers gegen Dritte, DB 2004, 313 ff.

Dreier, Horst (Hrsg.): Grundgesetz, Kommentar, 3. Auflage, Band 3, Tübingen 2018 (zitiert: *Bearbeiter*, in: Dreier(Hrsg.): Grundgesetz, 3. Auflage, Band 3, Art., Rn.)

Duda, Daniela: IT-Vorgaben, in: *Bay* (Hrsg.), Handbuch Internal Investigations, Berlin 2013, S. 233 ff. (zitiert: *Duda*, in: *Bay* (Hrsg.), Handbuch Internal Investigations, S.)

Egler, Philipp: Biographie, abrufbar unter https://www.twobirds.com/de/our-lawyers/d/dr-philipp-egler (zuletzt geprüft am 25.07.2020)

Eisenhardt, Ulrich: Deutsche Rechtsgeschichte, 7. Auflage, München 2018 (zitiert: *Eisenhardt*, Deutsche Rechtsgeschichte, S.)

Ekklesiandros, Julius Kyriandros: Besorgter Brief an einen künftigen Strafrechtswissenschaftler, Goltdammer's Archiv für Strafrecht 1999, 409 ff.

Emge, Carl August: Philosophie der Rechtswissenschaft, Band 6, 1961 (zitiert: *Emge*, Philosophie der Rechtswissenschaft, S.)

Engisch, Karl: Bietet die Entwicklung der dogmatischen Strafrechtswissenschaft seit 1930 Veranlassung, in der Reform des Allgemeinen Teils des Strafrechts neue Wege zu gehen?, ZStW 1954, 339 ff.

Erb, Volker: Strafrechtswissenschaft, höchstrichterliche Rechtsprechung und tatrichterliche Praxis des Strafrechts, ZStW 2001, 1 ff.

Erb, Volker/*Esser*, Robert/*Franke*, Ulrich/*Graalmann-Scheerer*, Kirsten/*Hilger*, Hans/*Ignor*, Alexander (Hrsg.): Löwe-Rosenberg, Die Strafprozessordnung und das Gerichtsverfassungsgesetz, Großkommentar, §§ 158–212b StPO, 26. Auflage, Band 5, Berlin 2008 (zitiert: *Bearbeiter*, in: Erb/Esser/Franke u. a. (Hrsg.): Löwe-Rosenberg, Die Strafprozessordnung und das Gerichtsverfassungsgesetz, 26. Auflage, Band 5, §, Rn.)

Erb, Volker/*Esser*, Robert/*Franke*, Ulrich/*Graalmann-Scheerer*, Kirsten/*Hilger*, Hans/*Ignor*, Alexander (Hrsg.): Löwe-Rosenberg, Die Strafprozessordnung und das Gerichtsverfassungsgesetz, Großkommentar, §§ 94–111a StPO, 26. Auflage, Band 3, Berlin 2014 (zitiert: *Bearbeiter*, in: Erb/Esser/Franke u. a. (Hrsg.): Löwe-Rosenberg, Die Strafprozessordnung und das Gerichtsverfassungsgesetz, 26. Auflage, Band 3, §, Rn.)

Fischer, Emil: überliefertes Zitat 1852–1919

Fischer, Thomas: Strafrechtswissenschaft und strafrechtliche Rechtsprechung – Fremde seltsame Welten, in: *Michalke/Köberer/Pauly u. a.* (Hrsg.), Festschrift für Rainer Hamm zum 65. Geburtstag am 24. Februar 2008, Berlin 2008, S. 63 ff. (zitiert: *Fischer*, in: *Michalke/Köberer/Pauly u. a.* (Hrsg.), Festschrift für Rainer Hamm zum 65. Geburtstag am 24. Februar 2008, S.)

Fischer, Thomas: Spuren der Strafrechtswissenschaft, in: *Bernsmann/Fischer* (Hrsg.), Festschrift für Ruth Rissing-van Saan zum 65. Geburtstag am 25. Januar 2011, Berlin 2011, S. 143 ff. (zitiert: *Fischer*, in: *Bernsmann/Fischer* (Hrsg.), Festschrift für Ruth Rissing-van Saan zum 65. Geburtstag am 25. Januar 2011, S.)

Fischer, Thomas: Noch einmal: Dogmatik und Praxis des Strafrechts, Zu Schünemanns Widerlegung einer Polemik über die Fremdheit zweier Welten, in: *Hefendehl/Hörnle/Greco* (Hrsg.), Festschrift für Bernd Schünemann zum 70. Geburtstag am 01. November 2014, Berlin 2014, S. 41 ff. (zitiert: *Fischer*, in: *Hefendehl/Hörnle/Greco* (Hrsg.), Festschrift für Bernd Schünemann zum 70. Geburtstag am 01. November 2014, S.)

Fleischer, Holger: Corporate Compliance im aktienrechtlichen Unternehmensverbund, CCZ 2008, 1 ff.

Frisch, Wolfgang: Wesenszüge rechtswissenschaftlichen Arbeitens, Am Beispiel und aus der Sicht des Strafrechts, in: *Engel/Schön* (Hrsg.), Das Proprium der Rechtswissenschaft, Tübingen 2007, S. 156 ff. (zitiert: *Frisch*, in: *Engel/Schön* (Hrsg.), Das Proprium der Rechtswissenschaft, S.)

Fritz, Hans-Joachim: Biographie, abrufbar unter https://www.arnoldporter.com/de/people/f/fritz-hansjoachim (zuletzt geprüft am 24.07.2020)

Fritz, Hans-Joachim: Anmerkung zu LG Hamburg, Beschl. vom 15.10.2010 – 608 Qs 18/10, Beschlagnahmefähigkeit von im Rahmen von unternehmensinternen Untersuchungen durch beauftragte Rechtsanwälte angefertigten Befragungsprotokollen – faktische Einschränkung der Auskunftspflichten von Mitarbeitern – „nemo tenetur"-Grundsatz im Arbeitsrecht, CCZ 2011, 155 ff.

Fuhrmann, Lambertus: Rechte und Pflichten des Aufsichtsrates beim Verdacht von Compliance Verstößen, AG 2015, R328 ff.

Fuhrmann, Lambertus: Internal Investigations: Was dürfen und müssen die Organe beim Verdacht von Compliance Verstößen tun?, NZG 2016, 881 ff.

Gaede, Karsten: Biographie, abrufbar unter https://www.tsambikakis.com/berater/karsten-gaede (zuletzt geprüft am 23.07.2020)

Gaede, Karsten: Das Verbot der Umgehung der EMRK durch den Einsatz von Privatpersonen bei der Strafverfolgung, StV 2004, 46 ff.

Galen, Margarete Gräfin von: Biographie, abrufbar unter https://www.galen.de/anwaelte/dr-margarete-graefin-von-galen/ (zuletzt geprüft am 24.07.2020)

Galen, Margarete Gräfin von: Anmerkung zu LG Hamburg, Beschl. vom 15.10.2010 – 608 Qs 18/10, Beschlagnahme von Interviewprotokollen nach „Internal Investigations" – HSH Nordbank, NJW 2011, 942 ff.

Gatter, Marcelle Janina: Die Ausgestaltung von Mitarbeiterbefragungen bei unternehmensinternen Ermittlungen und die Selbstbelastungsfreiheit, Eine rechtstheoretische und rechtsdogmatische Untersuchung unter besonderer Berücksichtigung der Belehrungen Frankfurt am Main 2016 (zitiert: *Gatter*, Die Ausgestaltung von Mitarbeiterbefragungen bei unternehmensinternen Ermittlungen und die Selbstbelastungsfreiheit, S.)

Gercke, Björn/*Grötzinger*, Andreas: Zuckerbrot und Peitsche, abrufbar unter https://www.lto.de/persistent/a_id/37225/ (zuletzt geprüft am 26.07.2020)

Gerst, Hans-Joachim: Biographie, abrufbar unter https://www.gerst.info/#accord ion (zuletzt geprüft am 24.07.2020)

Gerst, Hans-Joachim: Unternehmensinteresse und Beschuldigtenrechte bei Internal Investigations, Problemskizze und praktische Lösungswege, CCZ 2012, 1 ff.

Gimbernat Ordeig, Enrique: Hat die Strafrechtsdogmatik eine Zukunft?, ZStW 1970, 379 ff.

Glaser, Julia: Biographie, abrufbar unter https://cms.law/en/deu/alumni/alumni/gespraeche-mit-alumni-von-cms-deutschland/julia-glaser; https://anwalta uskunft.de/anwaltssuche/julia-glaser-gj5ly (zuletzt geprüft am 24.07.2020)

Goeckenjan, Ingke: Biographie, abrufbar unter ps://www.ruhr-uni-bochum.de/ls-strafrecht/prof/index.html.de (zuletzt geprüft am 24.07.2020)

Goltdammer's Archiv: Herausgeber, abrufbar unter https://www.goltdamm ers-archiv.de/; https://www.beck-shop.de/poetz-kueper-hettinger-wol ter-hrsg-goltdammers-archiv-strafrecht-ga/product/799635?adword=goo gle&gclid=CjwKCAjw4pT1BRBUEiwAm5QuR6we02-tKPzMU8h1LPY-sri-r5IevjdFBR6YyAdfP6KU7MtShx0EMRoC30sQAvD_BwE (zuletzt geprüft am 26.07.2020)

Göpfert, Burkhard: Biographie, abrufbar unter https://kliemt.de/anwaelte/dr-burkard-goepfert-ll-m/ (zuletzt geprüft am 22.07.2020)

Göpfert, Burkhard/*Merten*, Frank/*Siegrist*, Carolin: Mitarbeiter als „Wissensträger" Ein Beitrag zur aktuellen Compliance-Diskussion, NJW 2008, 1703 ff.

Görts, Cornelius: Biographie, abrufbar unter https://www.xing.com/profile/Cornelius_Goerts/cv, (zuletzt geprüft am 23.07.2020)

Graßie, Christian: Biographie, abrufbar unter https://www.doerr-ffm.de/christ ian-grassie/ (zuletzt geprüft am 25.07.2020)

Graßie, Christian/*Hiéramente*, Mayeul: Durchsuchungen bei Anwälten – eine Zeitenwende?, BB 2018, 2051 ff.

Greco, Luis/*Caracas*, Christian: Internal Investigations und Selbstbelastungsfreiheit, NStZ 2015, 7 ff.

Greco, Luís: Biographie, abrufbar unter https://www.rewi.hu-berlin.de/de/lf/ls/grc/greco/person (zuletzt geprüft am 25.07.2020)

Grünhut, Max: Methodische Grundlagen der heutigen Strafrechtswissenschaft, in: *Hegler* (Hrsg.), Beiträge zur Strafrechtswissenschaft, Festgabe für Reinhard von Frank zum 70. Geburtstag am 16. August 1930, Tübingen 1930, S. 1 ff.

(zitiert: *Grünhut*, in: *Hegler* (Hrsg.), Beiträge zur Strafrechtswissenschaft, Festgabe für Reinhard von Frank zum 70. Geburtstag am 16. August 1930, S.)

Grünhut, Max: Strafrechtswissenschaft und Strafrechtspraxis, Vortrag, gehalten vor der Juristischen Fachgemeinschaft der Rhein. Friedrich-Wilhelms-Universität Bonn 1932 (zitiert: *Grünhut*, Strafrechtswissenschaft und Strafrechtspraxis, S.)

Gülzow, Hagen: Beschlagnahme von Unterlagen der Mandanten bei deren Rechtsanwälten, Wirtschaftsprüfern oder Steuerberatern, NJW 1981, 265 ff.

Hähnchen, Susanne: Rechtsgeschichte, Von der Römischen Antike bis zur Neuzeit, 4. Auflage, Heidelberg 2012 (zitiert: *Hähnchen*, Rechtsgeschichte, S.)

Hannich, Rolf (Hrsg.): Karlsruher Kommentar zur Strafprozessordnung, GVG, EGGVG und EMRK, 8. Auflage, München 2019 (zitiert: *Beurbeiter*, in: Hannich(Hrsg.): Karlsruher Kommentar zur Strafprozessordnung, 8. Auflage, §, Rn.)

Harms, Monika: Gegenseitiges Verständnis wecken, in: *Jahn/Nack* (Hrsg.), Strafprozessrechtspraxis und Rechtswissenschaft – getrennte Welten?, Referate und Diskussionen auf dem 1. Karlsruher Strafrechtsdialog am 15. Juni 2007, Köln 2008, S. 13 ff. (zitiert: *Harms*, in: *Jahn/Nack* (Hrsg.), Strafprozessrechtspraxis und Rechtswissenschaft – getrennte Welten?, S.)

Hassemer, Winfried: Das Selbstverständnis der Strafrechtswissenschaft gegenüber den Herausforderungen ihrer Zeit, in: *Eser/Hassemer/Burkhardt* (Hrsg.), Die deutsche Strafrechtswissenschaft vor der Jahrtausendwende, München 2000, S. 21 ff. (zitiert: *Hassemer*, in: *Eser/Hassemer/Burkhardt* (Hrsg.), Die deutsche Strafrechtswissenschaft vor der Jahrtausendwende, S.)

Hauschild, Jörn: Biographie, abrufbar unter https://www.beck-shop.de/muenchener-kommentar-strafprozessordnung-stpo-band-1-1-150-stpo/product/11511968 (zuletzt geprüft am 25.07.2020)

Hauschka, Christoph E.: Compliance, Compliance-Manager, Compliance-Programme: Eine geeignete Reaktion auf gestiegene Haftungsrisiken für Unternehmen und Management?, NJW 2004, 257 ff.

Henssler, Martin/*Hoven*, Elisa/*Kubiciel*, Michael/*Weigend*, Thomas: Kölner Entwurf eines Verbandssanktionengesetzes, NZWiSt 2018, 1 ff.

Herrmann, Dorothee/*Zeidler*, Finn: Arbeitnehmer und interne Untersuchungen – ein Balanceakt, NZA 2017, 1499 ff.

Hettinger, Michael: Was kann die Strafrechtsdogmatik, was soll die Strafrechtsprechung leisten?, in: *Asholt/Eisenhardt/Sachsen Gessaphe u. a.* (Hrsg.), Strafrecht und juristische Zeitgeschichte, Symposium anlässlich des 70. Geburtstages von Thomas Vormbaum, Baden-Baden 2014, S. 28 ff.

(zitiert: *Hettinger*, in: *Asholt/Eisenhardt/Sachsen Gessaphe u. a.* (Hrsg.), Strafrecht und juristische Zeitgeschichte, S.)

Hiéramente, Mayeul: Biographie, abrufbar unter https://www.fhm-law.de/dr-mayeul-hieramente/ (zuletzt geprüft am 25.07.2020)

Hippel, Robert von: Deutsches Strafrecht, Allgemeine Grundlagen. Band 1, 1925 (zitiert: *Hippel*, Deutsches Strafrecht, S.)

Hippel, Robert von: Lehrbuch des Strafrechts Berlin 1932 (zitiert: *Hippel*, Lehrbuch des Strafrechts, S.)

Hirsch, Günter: Die Initiative zum Dialog zwischen Strafrechtswissenschaft und strafrechtlicher Praxis ist zu begrüßen, in: *Jahn/Nack* (Hrsg.), Strafprozessrechtspraxis und Rechtswissenschaft – getrennte Welten?, Referate und Diskussionen auf dem 1. Karlsruher Strafrechtsdialog am 15. Juni 2007, Köln 2008, S. 9 ff. (zitiert: *Hirsch*, in: *Jahn/Nack* (Hrsg.), Strafprozessrechtspraxis und Rechtswissenschaft – getrennte Welten?, S.)

Hirsch, Hans Joachim: Zum Spannungsverhältnis zwischen Theorie und Praxis im Strafrecht, in: *Jescheck* (Hrsg.), Festschrift für Herbert Tröndle zum 70. Geburtstag am 24. August 1989, Berlin 1989, S. 19 ff. (zitiert: *Hirsch*, in: *Jescheck* (Hrsg.), Festschrift für Herbert Tröndle zum 70. Geburtstag am 24. August 1989, S.)

Hirsch, Hans Joachim: Internationalisierung des Strafrechts und Strafrechtswissenschaft: Nationale und universale Strafrechtswissenschaft, ZStW 2004, 1 ff.

Hirschberg, Rudolf: Der Vermögensbegriff im Strafrecht, Versuch eines Systems der Vermögensdelikte Berlin 1934 (zitiert: *Hirschberg*, Der Vermögensbegriff im Strafrecht, S.)

Hitzig, Hermann Ferdinand: Zum römischen Strafrecht, Römisches Strafrecht von Theodor Mommsen, Schweizerische Zeitschrift für Strafrecht 1900, 182 ff.

Hofmannsthal, Hugo von: überliefertes Zitat 1874–1929

Honsell, Heinrich: Die rhetorischen Wurzeln der juristischen Auslegung, ZfPW 2016, 106 ff.

Horn, Norbert: Einführung in die Rechtswissenschaft und Rechtsphilosophie, 6. Auflage, Heidelberg 2016 (zitiert: *Horn*, Einführung in die Rechtswissenschaft und Rechtsphilosophie, S.)

Hoven, Elisa/*Wimmer*, Renate/*Schwarz*, Thomas/*Schumann*, Stefan: Der nordrhein-westfälische Entwurf eines Verbandsstrafgesetzes – Kritische Anmerkungen aus Wissenschaft und Praxis Teil 1, NZWiSt 2014, 161 ff.

Hufen, Friedhelm: Wissenschaft zwischen Freiheit und Kontrolle, Zivilklauseln, Ethikkommissionen und Drittmittelkontrolle aus verfassungsrechtlicher Sicht, NVwZ 2017, 1265 ff.

Hufen, Friedhelm: Staatsrecht II, Grundrechte, 7. Auflage, München 2018 (zitiert: *Hufen*, Staatsrecht II, S.)

Huxley, Thomas Henry: überliefertes Zitat 1825–1895

Ignor, Alexander: Biographie, abrufbar unter https://www.verteidiger-in-berlin.de/kanzlei/ignor.html (zuletzt geprüft am 24.07.2020)

Ignor, Alexander: Rechtsstaatliche Standards für interne Erhebungen in Unternehmen, Die „Thesen zum Unternehmensanwalt im Strafrecht" des Strafrechtsausschusses der Bundesrechtsanwaltskammer, CCZ 2011, 143 ff.

Ihwas, Saleh R.: Biographie, abrufbar unter https://www.schiller-kollegen.com/de/ansprechpartner.html#ihwas (zuletzt geprüft am 25.07.2020)

Ipsen, Jörn: Staatsrecht II, Grundrechte, 22. Auflage, München 2019 (zitiert: *Ipsen*, Staatsrecht II, S.)

Jahn, Matthias: Biographie, abrufbar unter https://www.jura.uni-frankfurt.de/46098693/Zur_Person (zuletzt geprüft am 23.07.2020)

Jahn, Matthias: Strafprozessrecht als geronnenes Verfassungsrecht – Hauptprobleme und Streitfragen des § 136a StPO, JuS 2005, 1057 ff.

Jahn, Matthias: Ermittlungen in Sachen Siemens/SEC, Legitimer Baustein des globalisierten Wirtschaftsstrafverfahrens oder rechtswidriges Parallelverfahren zur Strafprozeßordnung? – Eine Problemskizze, StV 2009, 41 ff.

Jahn, Matthias: Die verfassungskonforme Auslegung des § 97 Abs. 1 Nr. 3 StPO, ZIS 2011, 453 ff.

Jahn, Matthias/*Kirsch*, Stefan: Anmerkung zu LG Hamburg, Beschl. vom 15.10.2010 – 608 Qs 18/10, Zur Geltung des Beschlagnahmeverbots für Erkenntnisse, die ein Anwalt im Wege der internen Untersuchung in einem Unternehmen gewinnt, StV 2011, 151 ff.

Jahn, Matthias/*Kirsch*, Stefan: Anmerkung zu LG Mannheim, Beschl. vom 03.07.2012 – 24 Qs 1, 2/12, Beurteilung der Beschlagnahmefreiheit von Unterlagen im Gewahrsam eines Zeugen, NStZ 2012, 713 ff.

Jahn, Matthias/*Kirsch*, Stefan: Anmerkung zu LG Bonn, Beschl. vom 21.06.2012 – 27 Qs 2/12, Kartellrechtliches Ermittlungsverfahren, NZWiSt 2013, 21 ff.

Jahn, Matthias/*Kirsch*, Stefan: Anmerkung zu LG Braunschweig, Beschl. vom 21.07.2015 – 6 Qs 116/15, Beschlagnahmefreiheit von Unterlagen bei internen Erhebungen, NZWiSt 2016, 37 ff.

Jahn, Matthias/*Schmitt-Leonardy*, Charlotte/*Schoop*, Christian: Unternehmensverantwortung für Unternehmenskriminalität – „Frankfurter Thesen", wistra 2018, 27 ff.

Jakobs, Günther: Strafrecht als wissenschaftliche Disziplin, in: *Engel/Schön* (Hrsg.), Das Proprium der Rechtswissenschaft, Tübingen 2007, S. 103 ff. (zitiert: *Jakobs*, in: *Engel/Schön* (Hrsg.), Das Proprium der Rechtswissenschaft, S.)

Janzarik, Birte: Bundesgerichtshof und Strafrechtswissenschaft: Dogmatik im Dialog?, Eine Auswertung von Urteil v.en des BGH sowie von Literatur zum „Täter hinter dem Täter" Hamburg 2013 (zitiert: *Janzarik*, Bundesgerichtshof und Strafrechtswissenschaft: Dogmatik im Dialog?, S.)

Jarass, Hans D. (Hrsg.): Charta der Grundrechte der Europäischen Union, Kommentar, 3. Auflage, München 2016 (zitiert: *Bearbeiter*, in: Jarass(Hrsg.): Charta der Grundrechte der Europäischen Union, 3. Auflage, Art., Rn.)

Jarass, Hans D./*Pieroth*, Bodo (Hrsg.): Grundgesetz für die Bundesrepublik Deutschland, Kommentar, 15. Auflage, München 2018 (zitiert: *Bearbeiter*, in: Jarass/Pieroth(Hrsg.): Grundgesetz für die Bundesrepublik Deutschland, 15. Auflage, Art., Rn.)

Jaspers, Karl: überliefertes Zitat 1883–1969

Kahlo, Michael: Wozu heute Rechtswissenschaften lehren und studieren? Überlegungen zur Selbstbehauptung der Jurisprudenz im Zeichen einer an der Freiheit der Person orientierten staatlichen Juristenausbildung, in: *Graul/Wolf* (Hrsg.), Gedächtnisschrift für Dieter Meurer, Berlin 2002, S. 583 ff. (zitiert: *Kahlo*, in: *Graul/Wolf* (Hrsg.), Gedächtnisschrift für Dieter Meurer, S.)

Kainer, Friedemann/*Feinauer*, Franziska: Interne Ermittlungen im Referentenentwurf zum Verbandssanktionengesetz, NZA 2020, 363 ff.

Kämpfer, Simone/*Knauer*, Christoph: Kommt das Unternehmensstrafrecht?, abrufbar unter https://www.lto.de/recht/hintergruende/h/unternehmensstrafrecht-koelner-entwurf-verbandssanktionengesetz-haftung-leitung/ (zuletzt geprüft am 26.07.2020)

Karlsruher Kommentar: siehe *Hannich*, Rolf (Hrsg.)

Kasiske, Peter: Biographie, abrufbar unter https://www.uni-augsburg.de/de/fakultaet/jura/lehrende/kasiske/lehrstuhlteam/prof-dr-kasiske/ (zuletzt geprüft am 25.07.2020)

Kasiske, Peter: Mitarbeiterbefragungen im Rahmen interner Ermittlungen – Auskunftspflichten und Verwertbarkeit im Strafverfahren, NZWiSt 2014, 262 ff.

Kaufmann, Annelie: Regierungsentwurf zur Unternehmenssanktion, Juni 2020, abrufbar unter https://www.lto.de/recht/hintergruende/h/verbandssanktionen-unternehmen-strafen-regierung-entwurf-beschlossen-interne-untersuchungen/,/ (zuletzt geprüft am 22.07.2020)

Kaufmann, Annelie/*Sehl*, Markus: Wo bleibt eigentlich das Sanktionsrecht für Unternehmen?, März 2020, abrufbar unter https://www.lto.de/recht/hinter

gruende/h/unternehmensstrafrecht-wo-bleibt-verbandssanktionengesetz-cdu-csu-spd-bmjv-gesetzentwurf/ (zuletzt geprüft am 26.07.2020)

Kiesow, Rainer Maria: Rechtswissenschaft – was ist das?, JZ 2010, 585 ff.

Kindhäuser, Urs: Die deutsche Strafrechtsdogmatik zwischen Anpassung und Selbstbehauptung, Grenzkontrolle der Kriminalpolitik durch die Dogmatik?, ZStW 2009, 954 ff.

Kindhäuser, Urs/*Schumann*, Kay: Strafprozessrecht, 5. Auflage, Baden-Baden 2019 (zitiert: *Kindhäuser/Schumann*, Strafprozessrecht, S.)

Kingreen, Thorsten/*Poscher*, Ralf: Grundrechte Staatsrecht II, 34. Auflage, Heidelberg 2018 (zitiert: *Kingreen/Poscher*, Grundrechte Staatsrecht II, S.)

Kirchmann, Julius Hermann von: Die Werthlosigkeit der Jurisprudenz als Wissenschaft, 3. Auflage, Berlin 1848 (zitiert: *Kirchmann*, Die Werthlosigkeit der Jurisprudenz als Wissenschaft, S.)

Kirsch, Stefan: Biographie, abrufbar unter https://www.klinkert.pro/rechtsanwaelte/prof-dr-stefan-kirsch/ (zuletzt geprüft am 24.07.2020)

Klengel, Jürgen Detlef W.: Biographie, abrufbar unter https://kanzlei-klengel.de/anwaltsportrait/ (zuletzt geprüft am 25.07.2020)

Klengel, Jürgen Detlef W./*Buchert*, Christoph: Zur Einstufung der Ergebnisse einer „Internal Investigation“ als Verteidigungsunterlagen im Sinne der §§ 97, 148 StPO, NStZ 2016, 383 ff.

Klengel, Jürgen Detlef W./*Mückenberger*, Ole: Internal Investigations – typische Rechts- und Praxisprobleme unternehmensinterner Ermittlungen, CCZ 2009, 81 ff.

Knauer, Christoph: Biographie, abrufbar unter https://www.ufer-knauer.de/dr-christoph-knauer.php; https://de.wikipedia.org/wiki/Christoph_Knauer (zuletzt geprüft am 23.07.2020)

Knauer, Christoph: Interne Ermittlungen (Teil II) – Konkrete Fragen der Durchführung, ZWH 2012, 81 ff.

Knauer, Christoph/*Buhlmann*, Erik: Unternehmensinterne (Vor-)Ermittlungen – was bleibt von nemo-tenetur und fair-trail?, Grenzen der strafprozessualen Verwertbarkeit unternehmensinterner Ermittlungen, AnwBl. 2010, 387 ff.

Knierim, Thomas C.: Biographie, abrufbar unter https://www.knierim-kollegen.com/anwalt_knierim.php (zuletzt geprüft am 23.07.2020)

Knierim, Thomas C.: Das Verhältnis von strafrechtlichen und internen Ermittlungen, StV 2009, 324 ff.

Knierim, Thomas C.: LG Hamburg: Beschlagnahmefähigkeit von Grundlagen eines Rechtsgutachtens, FD-StrafR 2011, 314177 ff.

Knierim, Thomas C.: Erfordernisse und Grenzen der Internal Investigations, in: *Rotsch* (Hrsg.), Wissenschaftliche und praktische Aspekte der nationalen und internationalen Compliance-Diskussion, Baden-Baden 2012, S. 77 ff. (zitiert: *Knierim*, in: *Rotsch* (Hrsg.), Wissenschaftliche und praktische Aspekte der nationalen und internationalen Compliance-Diskussion, S.)

Koalitionsvertrag: siehe *CDU, CSU, SPD* (Hrsg.)

Koch, Arnd: Die gescheiterte Reform des reformierten Strafprozesses, Liberale Prozessrechtslehre zwischen Paulskirche und Reichsgründung, ZIS 2009, 542 ff.

Kohlhaas, Martin: Zur Frage des Beschlagnahmeverbots von Krankengeschichten, JR 1965, 109 ff.

Köllner, Rolf E.: Anmerkung zu BVerfG, Beschlüsse vom 27.6.2018 – 2 BvR 1405/17, 2 BvR 1780/17, 2 BvR 1287/17, 2 BvR 1583/17, 2 BvR 1562/17, Das Jones Day-Debakel – Kein rechtsfreier Raum für externe „interne" Ermittler aus Großkanzleien?, NZI 2018, 833 ff.

Köllner, Rolf E.: Entwurf eines Verbandssanktionengesetzes, Staatsanwalt und Strafjustiz als ultimative Herrscher der Compliance und internen Untersuchungen?, NZI 2020, 60 ff.

Köllner, Rolf E./*Cyrus*, Vera: Aktuelle strafrechtliche Fragen in Krise und Insolvenz, – November 2013 bis Mai 2014, NZI 2014, 555 ff.

Kölner Entwurf: Forschungsgruppe, abrufbar unter https://verbandsstrafrecht.jura.uni-koeln.de/ (zuletzt geprüft am 26.07.2020)

Kölner Entwurf: siehe *Henssler*, Martin/*Hoven*, Elisa/*Kubiciel*, Michael/*Weigend*, Thomas (Hrsg.)

Körber, Thorsten/*Schweitzer*, Heike/*Zimmer*, Daniel (Hrsg.): Immenga/Mestmäcker, Wettbewerbsrecht, Kommentar zum Deutschen Kartellrecht, 6. Auflage, Band 2, München 2020 (zitiert: *Bearbeiter*, in: Körber/Schweitzer/Zimmer(Hrsg.): Immenga/Mestmäcker, Wettbewerbsrecht, 6. Auflage, Band 2, §, Rn.)

Kottek, Petr: Biographie, abrufbar unter http://www.petr-kottek.de/wordpress/ (zuletzt geprüft am 25.07.2020)

Kottek, Petr: Unternehmensinterne Compliance-Ermittlungen, – Arbeitsrechtliche Vernehmungen (Interviews), Einführung ins Strafverfahren und deren strafprozessuale Verwertbarkeit –, wistra 2017, 9 ff.

Krekeler, Wilhelm: Zufallsfunde bei Berufsgeheimnisträgern und ihre Verwertbarkeit, NStZ 1987, 199 ff.

Krems, Karl-Heinz: Der NRW-Entwurf für ein Verbandsstrafgesetzbuch, Gesetzgeberische Intention und Konzeption, ZIS 2015, 5 ff.

Krug, Björn/*Skoupil*, Christoph: Befragungen im Rahmen von internen Untersuchungen, Vorbereitung, Durchführung und Umgang mit den Ergebnissen, NJW 2017, 2374 ff.

Kubiciel, Michael: Biographie, abrufbar unter https://www.uni-augsburg.de/de/fakultaet/jura/lehrende/kubiciel/lehrstuhl-team/kubiciel/ (zuletzt geprüft am 25.07.2020)

Kubiciel, Michael: Die Wissenschaft vom Besonderen Teil des Strafrechts, Ihre Aufgaben, ihre Methoden Frankfurt am Main 2013 (zitiert: *Kubiciel*, Die Wissenschaft vom Besonderen Teil des Strafrechts, S.)

Kubiciel, Michael: Durchsuchung von Kanzleiräumen und Beschlagnahme von Aufzeichnungen über interne Untersuchungen (Jones Day), Juris-Praxiskommentar-StrafR 16/2018

Kudlich, Hans (Hrsg.): Münchener Kommentar zur Strafprozessordnung, §§ 1–150 StPO, 1. Auflage, Band 1, München 2014 (zitiert: *Bearbeiter*, in: Kudlich(Hrsg.): Münchener Kommentar zur Strafprozessordnung, 1. Auflage, Band 1, §, Rn.)

Kühl, Kristian: Der Lehrbuchautor und seine Themen, in: *Amelung/Günther/Kühne* (Hrsg.), Festschrift für Volker Krey zum 70. Geburtstag am 09. Juli 2010, Stuttgart 2010, S. 269 ff. (zitiert: *Kühl*, in: *Amelung/Günther/Kühne* (Hrsg.), Festschrift für Volker Krey zum 70. Geburtstag am 09. Juli 2010, S.)

Kunkel, Wolfgang/*Schermaier*, Martin Josef: Römische Rechtsgeschichte, 14. Auflage, Köln 2005 (zitiert: *Kunkel/Schermaier*, Römische Rechtsgeschichte, S.)

Küper, Wilfried: Theorie und Praxis des Strafrechts in wissenschaftlicher Solidarität, Die Festschrift für Herbert Tröndle, Goltdammer's Archiv für Strafrecht 2011, 193 ff.

Küper, Wilfried: Die Richteridee der Strafprozessordnung und ihre geschichtlichen Grundlagen Berlin 2012 (zitiert: *Küper*, Die Richteridee der Strafprozessordnung und ihre geschichtlichen Grundlagen, S.)

Lackner, Karl: Notizen eines „Kurzkommentators", in: *Wolter/Frisch* (Hrsg.), 140 Jahre Goltdammer's Archiv für Strafrecht. Eine Würdigung zum 70. Geburtstag von Paul-Günter Pötz, Heidelberg 1993, S. 149 ff. (zitiert: *Lackner*, in: *Wolter/Frisch* (Hrsg.), 140 Jahre Goltdammer's Archiv für Strafrecht. Eine Würdigung zum 70. Geburtstag von Paul-Günter Pötz, S.)

Lampe, Ernst-Joachim: Rechtswissenschaft und Jurisprudenz, in: *Hefendehl/Hörnle/Greco* (Hrsg.), Festschrift für Bernd Schünemann zum 70. Geburtstag am 01. November 2014, Berlin 2014, S. 171 ff. (zitiert: *Lampe*, in: *Hefendehl/Hörnle/Greco* (Hrsg.), Festschrift für Bernd Schünemann zum 70. Geburtstag am 01. November 2014, S.)

Langer, Winrich: Strafrechtsdogmatik als Wissenschaft, Eberhard Schmidhäuser zum 70. Geburtstag am 10. Oktober 1990, Goltdammer's Archiv für Strafrecht 1990, 435 ff.

Larenz, Karl: Über die Unentbehrlichkeit der Jurisprudenz als Wissenschaft Berlin 1966 (zitiert: *Larenz*, Über die Unentbehrlichkeit der Jurisprudenz als Wissenschaft, S.)

Laue, Christian: Die Öffentlichkeit des Strafverfahrens – Entwicklung und Begründung, in: *Uwer* (Hrsg.), Strafverteidigung vor neuen Aufgaben, 33. Strafverteidigertag, Köln, 26.02.2009–01.03.2009, Berlin 2010, S. 135 ff. (zitiert: *Laue*, in: *Uwer* (Hrsg.), Strafverteidigung vor neuen Aufgaben, S.)

LawWithoutWalls: siehe *deStefano*, Michele (Hrsg.)

Leipold, Klaus: Forensic Services, NJW-Spezial 2006, 375 ff.

Lilie-Hutz, Astrid: Biographie, abrufbar unter https://www.schiller-kollegen.com/de/ansprechpartner.html#lilie (zuletzt geprüft am 25.07.2020)

Lilie-Hutz, Astrid/*Ihwas*, Saleh R.: Ein Ausblick auf Internal Investigations nach den VW/Jones Day-Entscheidungen – zugleich Besprechung der BVerfG Entscheidungen 2 BvR 1405/17; 2 BvR 1780/17; 2 BvR 1287/17; 2 BvR 1583/17; 2 BvR 1562/17–, NZWiSt 2018, 349 ff.

Liszt, Franz: Lehrbuch des deutschen Strafrechts – Einleitung und allgemeiner Teil Berlin 1932 (zitiert: *Liszt*, Lehrbuch des deutschen Strafrechts – Einleitung und allgemeiner Teil, S.)

Litzka, Philippe: Biographie, abrufbar unter https://westpfahl-spilker.de/rechtsanwaelte/dr-philippe-litzka (zuletzt geprüft am 23.07.2020)

Loos, Fritz: Grenzen und Umsetzung der Strafrechtsdogmatik in der Praxis, in: *Immenga* (Hrsg.), Rechtswissenschaft und Rechtsentwicklung: Ringvorlesung von Professoren der Juristischen Fakultät der Georg-August-Universität Göttingen, Göttingen 1980, S. 261 ff. (zitiert: *Loos*, in: *Immenga* (Hrsg.), Rechtswissenschaft und Rechtsentwicklung: Ringvorlesung von Professoren der Juristischen Fakultät der Georg-August-Universität Göttingen, S.)

Löwe-Rosenberg, Die Strafprozessordnung und das Gerichtsverfassungsgesetz: siehe *Erb*, Volker/*Esser*, Robert/*Franke*, Ulrich/*Graalmann-Scheerer*, Kirsten/*Hilger*, Hans/*Ignor*, Alexander (Hrsg.)

Maihofer, Werner: Gesamte Strafrechtswissenschaft, in: *Roxin/Bruns/Jäger* (Hrsg.), Grundfragen der gesamten Strafrechtswissenschaft, Festschrift für Heinrich Henkel zum 70. Geburtstag am 12. September 1973, Berlin 1974, S. 75 ff. (zitiert: *Maihofer*, in: *Roxin/Bruns/Jäger* (Hrsg.), Grundfragen der gesamten Strafrechtswissenschaft, Festschrift für Heinrich Henkel zum 70. Geburtstag am 12. September 1973, S.)

Mandelbrot, Benoît: überliefertes Zitat 1924–2010

Markfort, Rainer: Rechtssicherheit für interne Ermittlungen – comply, 2018, abrufbar unter https://www.reguvis.de/fileadmin/Betrifft-Unternehmen/Arbeitshilfen/Fachbeitraege/InterneErmittlungen.pdf (zuletzt geprüft am 03.01.2021)

Meder, Stephan: Rechtsgeschichte, 6. Auflage, Köln 2017 (zitiert: *Meder*, Rechtsgeschichte, S.)

Mengel, Anja: Biographie, abrufbar unter http://www.schweibertlessmann.de/charaktere/prof-dr-anja-mengel/ (zuletzt geprüft am 22.07.2020)

Mengel, Anja/*Hagemeister*, Volker: Compliance und Arbeitsrecht, BB 2006, 2466 ff.

Mengel, Anja/*Hagemeister*, Volker: Compliance und arbeitsrechtliche Implementierung im Unternehmen, Fortsetzung des Beitrags Compliance und Arbeitsrecht BB 2006, 2466, BB 2007, 1386 ff.

Mengel, Anja/*UIlrich*, Thilo: Arbeitsrechtliche Aspekte unternehmensinterner Investigations, NZA 2006, 240 ff.

Merten, Frank: Biographie, abrufbar unter https://www.gleisslutz.com/de/anwalt/dr-frank-merten.html (zuletzt geprüft am 22.07.2020)

Meyer-Gossner, Lutz/*Schmitt*, Bertram (Hrsg.): Strafprozessordnung, Gerichtsverfassungsgesetz, Nebengesetze und ergänzende Bestimmungen, 63. Auflage, München 2020 (zitiert: *Bearbeiter*, in: Meyer-Gossner/Schmitt(Hrsg.): Strafprozessordnung, 63. Auflage, §, Rn.)

Mezger, Edmund: Strafrecht: ein Lehrbuch, 3. Auflage, Berlin 1949 (zitiert: *Mezger*, Strafrecht: ein Lehrbuch, S.)

Milde, Oliver: Biographie, abrufbar unter https://www.xing.com/profile/Oliver_Milde (zuletzt geprüft am 25.07.2020)

Milde, Oliver: Anmerkung zu LG Mannheim, Beschl. vom 03.07.2012 – 24 Qs 1, 2/12, Zur Beschlagnahmefähigkeit von Unterlagen im Gewahrsam eines Zeugen, CCZ 2013, 78 ff.

Mitsch, Wolfgang: Täterschaft und Teilnahme bei der „Verbandsstraftat“, NZWiSt 2014, 1 ff.

Molkenbur, Josef: Biographie, abrufbar unter https://www.beck-shop.de/dr-josef-molkenbur/creator/23105; https://www.campus-halensis.de/artikel/ehrendoktorwuerde-fuer-richter-josef-molkenbur/?cok (zuletzt geprüft am 23.07.2020)

Mommsen, Theodor: Römisches Strafrecht Graz 1955 (zitiert: *Mommsen*, Römisches Strafrecht, S.)

Momsen, Carsten: Biographie, abrufbar unter https://www.jura.fuberlin.de/fachbereich/einrichtungen/strafrecht/lehrende/momsenc/index.html (zuletzt geprüft am 24.07.2020)

Momsen, Carsten: Internal Investigations zwischen arbeitsrechtlicher Mitwirkungspflicht und strafprozessualer Selbstbelastungsfreiheit, ZIS 2011, 508 ff.

Momsen, Carsten: Volkswagen, Jones Day und interne Ermittlungen, Zur Zukunft strafrechtlicher Vertretung von Unternehmen in Deutschland, NJW 2018, 2362 ff.

Momsen, Carsten/*Grützner*, Thomas: Verfahrensregeln für interne Ermittlungen, – Kritische Würdigung der Thesen der BRAK zum Unternehmensanwalt im Strafrecht –, DB 2011, 1792 ff.

Momsen, Carsten/*Grützner*, Thomas: Gesetzliche Regelung unternehmensinterner Untersuchungen – Gewinn an Rechtsstaatlichkeit oder unnötige Komplikation?–, CCZ 2017, 242 ff.

Moosburger, Hermann: § 104 Abs. 2 AO – eine gesetzlich fixierte „Umgehung" des Schutzes von Berufsgeheimnissen, wistra 1989, 252 ff.

Moosmayer, Klaus: Compliance, Praxisleitfaden für Unternehmen, 3. Auflage, München 2015 (zitiert: *Moosmayer*, Compliance, S.)

Müller-Bonanni, Thomas: Arbeitsrecht und Compliance – Hinweise für die Praxis, AnwBl. 2010, 651 ff.

Müller-Jacobsen, Anke: Biographie, abrufbar unter http://www.verteidiger-in-berlin.de/kanzlei/mueller_jacobsen.html (zuletzt geprüft am 24.07.2020)

Münchener Kommentar zur Strafprozessordnung: siehe *Schneider*, Hartmut/*Kudlich*, Hans (Hrsg.)

N.N.: Chronik einer Krise, sueddeutsche.de vom 11. Mai 2010, abrufbar unter https://www.sueddeutsche.de/wirtschaft/siemens-affaere-chronik-einer-krise-1.496650 (zuletzt geprüft am 22.07.2020)

N.N.: Chronologie des Skandals, stern.de vom 29. Juli 2008, abrufbar unter https://www.stern.de/wirtschaft/news/chronologie-der-siemens-skandal-3758286.html (zuletzt geprüft am 22.07.2020)

N.N.: Der Siemens-Skandal ist größer als gedacht, faz.net vom 08. November 2007, abrufbar unter https://www.faz.net/aktuell/wirtschaft/unternehmen/schmiergeld-der-siemens-skandal-ist-groesser-als-gedacht-1464074.html (zuletzt geprüft am 22.07.2020)

N.N.: Jetzt packt Reinhard S. im Siemens-Skandal aus, welt.de vom 26. Mai 2008, abrufbar unter https://www.welt.de/wirtschaft/article2033882/Jetzt-packt-Reinhard-S-im-Siemens-Skandal-aus.html (zuletzt geprüft am 22.07.2020)

N.N.: Mindestens 30 Mitarbeiter wussten Bescheid, tagesspiegel.de vom 27. November 2006, abrufbar unter https://www.tagesspiegel.de/wirtschaft/siemens-skandal-mindestens-30-mitarbeiter-wussten-bescheid/779822.html; (zuletzt geprüft am 22.07.2020)

N.N.: Siemens akzeptiert 800 Millionen Dollar Strafe, sueddeutsche.de vom 17. Mai 2010, abrufbar unter https://www.sueddeutsche.de/wirtschaft/korruptionsaffaere-siemens-akzeptiert-800-millionen-dollar-strafe-1.372394 (zuletzt geprüft am 22.07.2020)

N.N.: Siemens beendet Schmiergeldaffäre mit Milliardenbuße, spiegel.de vom 15. Dezember 2008, abrufbar unter https://www.spiegel.de/wirtschaft/einigung-mit-behoerden-siemens-beendet-schmiergeldaffaere-mit-milliardenbusse-a-596598.html (zuletzt geprüft am 22.07.2020)

N.N.: Max Weber: Ohne Entsagung keine Forschung, faz.net vom 07. November 2017, 07. November 2017, abrufbar unter https://www.faz.net/aktuell/feuilleton/geisteswissenschaften/max-webers-vortrag-wissenschaft-als-beruf-15280078.html (zuletzt geprüft am 19.07.2020)

Nack, Armin: Biographie, abrufbar unter https://juris.bundesgerichtshof.de/cgi-bin/rechtsprechung/document.py?Gericht=bgh&Art=pm&Datum=2013-4&nr=63954&pos=1&anz=26 (zuletzt geprüft am 24.07.2020)

Naeve, Henry: Promovieren in der Rechtswissenschaft, Gemeinsame Tagung des Zentrums für rechtswissenschaftliche Fachdidaktik und der Albrecht Mendelssohn Bartholdy Graduate School of Law am 18. und 19. März 2014 in Hamburg, NordÖR 2014, 308 ff.

Naucke, Wolfgang: Über das Verhältnis von Strafrechtswissenschaft und Strafrechtspraxis, ZStW 1973, 399 ff.

NJW: Herausgeber, abrufbar unter https://www.beck-shop.de/njw-neue-juristische-wochenschrift/product/1318?adword=google&gclid=CjwKCAjwv4_1BRAhEiwAtMDLsv4zdVfIDVcbGWb7juhffjZgro8GvLvkPLJE4aJEfQiJ4jbtsDaGQRoCj70QAvD_BwE (zuletzt geprüft am 26.07.2020)

Noll, Peter: Strafrechtswissenschaft und Strafgesetzgebung, ZStW 1980, 73 ff.

NRW: Gesetzesantrag, September 2013, abrufbar unter https://www.landtag.nrw.de/portal/WWW/dokumentenarchiv/Dokument/MMI16-127.pdf (zuletzt geprüft am 25.07.2020)

NStZ: Herausgeber, abrufbar unter https://www.beck-shop.de/nstz-neue-zeitschrift-strafrecht/product/1342 (zuletzt geprüft am 26.07.2020)

NZWiSt: Herausgeber, abrufbar unter https://www.beck-shop.de/nzwist-neue-zeitschrift-wirtschafts-steuer-unternehmensstrafrecht/product/9870589 (zuletzt geprüft am 26.07.2020)

Obermayr, Gerhard: Revision, in: *Hauschka/Moosmayer/Lösler* (Hrsg.), Corporate Compliance, Handbuch der Haftungsvermeidung im Unternehmen, 3. Auflage, München 2016, 44 (zitiert: *Obermayr*, in: *Hauschka/Moosmayer/Lösler* (Hrsg.), Corporate Compliance, §, Rn.)

Ott, Nicolas/*Lüneborg*, Cäcilie: Internal Investigations in der Praxis – Umfang und Grenzen der Aufklärungspflicht, Mindestaufgriffsschwelle und Verdachtsmanagement, CCZ 2019, 71 ff.

Park, Tido: Biographie, abrufbar unter https://www.park-wirtschaftsstrafrecht.de/prof-dr-tido-park.html (zuletzt geprüft am 24.07.2020)

Park, Tido: Durchsuchung und Beschlagnahme, 4. Auflage, München 2018 (zitiert: *Park*, Durchsuchung und Beschlagnahme, S.)

Pelz, Christian: Ambiguities in International Internal Investigations, CEJ 2016, Vol. 2 No. 1 p. 14 ff., abrufbar unter https://www.cej-online.com/previous-issues/ (zuletzt geprüft am 16.01.2021)

Petrasch, Martin: Interne Untersuchungen: Unternehmen wollen Rechtssicherheit, StV 2019, I ff.

Peukert, Matthias: Biographie, abrufbar unter https://www.neuwerk.legal/matthias-peukert (zuletzt geprüft am 25.07.2020)

Peukert, Matthias/*Amador*, Matthias: Die Jones Day Entscheidung des BVerfG – Kein Freibrief für Staatsanwaltschaften, aber eine Chance für den Gesetzgeber, WiJ 2018, 182 ff.

Pfordte, Thilo: Biographie, abrufbar unter https://pfordtebosbach.de/team/thilo-pfordte/ (zuletzt geprüft am 23.07.2020)

Polley, Romina: Biographie, abrufbar unter https://www.clearygottlieb.com/professionals/romina-polley (zuletzt geprüft am 24.07.2020)

Polley, Romina/*Kuhn*, Tilman/*Wegmann*, Henning: Die Beschlagnahme von vor Verfahrenseröffnung erstellter Anwaltskorrespondenz in deutschen Kartellverfahren, KSzW 2012, 206 ff.

Puppe, Ingeborg: Strafrechtsdogmatische Analysen Göttingen 2006 (zitiert: *Puppe*, Strafrechtsdogmatische Analysen, S.)

Pusch, Martin: Biographie, abrufbar unter https://westpfahl-spilker.de/rechtsanwaelte/dr-martin-pusch, (zuletzt geprüft am 23.07.2020)

Radtke, Henning: Gestörte Wechselbezüge? Zum Verhältnis von Strafrechtswissenschaft und Rechtsprechung, ZStW 2007, 69 ff.

Referentenentwürfe 2019/2020: siehe *Bundesministerium der Justiz und für Verbraucherschutz* (Hrsg.)

Reichert, Jochem: Reaktionspflichten und Reaktionsmöglichkeiten der Organe auf (möglicherweise) strafrechtsrelevantes Verhalten innerhalb des Unternehmens, ZIS 2011, 113 ff.

Reuling, Hendrik/*Schoop*, Christian: „Internal Investigations" im Lichte des Koalitionsvertrages 2018 – Notwendige Inhalte einer gesetzlichen Regelung, ZIS 2018, 361 ff.

Rieble, Volker: Biographie, abrufbar unter https://www.jura.uni-muenchen.de/personen/r/rieble/index.html (zuletzt geprüft am 22.07.2020)

Rieble, Volker: Schuldrechtliche Zeugenpflicht von Mitarbeitern, ZIP 2003, 1273 ff.

Rieder, Markus S./*Menne*, Jonas: Internal Investigations – Rechtslage, Gestaltungsmöglichkeiten und rechtspolitischer Handlungsbedarf, CCZ 2018, 203 ff.

Rieder, Markus S./*Menne*, Jonas: Internal Investigations – Legal Situation, Possible Options and Legal-Political Need for Action, CEJ 2019, Vol. 5 No. 1 p. 20 ff., abrufbar unter https://www.cej-online.com/previous-issues/ (zuletzt geprüft am 16.01.2021)

Rieß, Peter: Wechselbezüge zwischen Strafrechtswissenschaft und Gesetzgebung – 20 Thesen, in: *Loos/Jehle* (Hrsg.), Bedeutung der Strafrechtsdogmatik in Geschichte und Gegenwart, Manfred Maiwald zu Ehren, Heidelberg 2007, S. 139 ff. (zitiert: *Rieß*, in: *Loos/Jehle* (Hrsg.), Bedeutung der Strafrechtsdogmatik in Geschichte und Gegenwart, S.)

Ringer, Fritz K./*Laermann*, Klaus: Die Gelehrten, Der Niedergang der deutschen Mandarine, 1890–1933 München 1987 (zitiert: *Ringer/Laermann*, Die Gelehrten, S.)

Röhl, Klaus F./*Röhl*, Hans Christian: Allgemeine Rechtslehre, Ein Lehrbuch, 3. Auflage, Köln 2008 (zitiert: *Röhl/Röhl*, Allgemeine Rechtslehre, S.)

Rosen, Rüdiger von: Biographie, abrufbar unter https://www.top-magazin-frankfurt.de/redaktion/business-finance/ruediger-von-rosen-vom-fluechtling-zum-diplomaten/; https://www.faz.net/aktuell/rhein-main/persoenlich/frankfurter-gesichter-ruediger-von-rosen-1253668.html (zuletzt geprüft am 23.07.2020)

Rosen, Rüdiger von: Rechtskollision durch grenzüberschreitende Sonderermittlungen, BB 2009, 230 ff.

Rotsch, Thomas: Criminal Compliance, ZIS 2010, 614 ff.

Roxin, Claus: Die Strafrechtswissenschaft vor den Aufgaben der Zukunft, in: *Eser/Hassemer/Burkhardt* (Hrsg.), Die deutsche Strafrechtswissenschaft vor der Jahrtausendwende, München 2000, S. 369 ff. (zitiert: *Roxin*, in: *Eser/*

Hassemer/Burkhardt (Hrsg.), Die deutsche Strafrechtswissenschaft vor der Jahrtausendwende, S.)

Roxin, Claus/*Widmaier*, Gunter: Vorwort, in: *Roxin/Widmaier* (Hrsg.), 50 Jahre Bundesgerichtshof, Festgabe aus der Wissenschaft, Strafrecht, Strafprozessrecht, München 2000, V. (zitiert: *Roxin/Widmaier*, in: *Roxin/Widmaier* (Hrsg.), 50 Jahre Bundesgerichtshof, V.)

Roxin, Imme: Biographie, abrufbar unter https://roxin.de/anwaelte/ (zuletzt geprüft am 24.07.2020)

Roxin, Imme: Probleme und Strategien der Compliance-Begleitung in Unternehmen, StV 2012, 116 ff.

Rübenstahl, Markus: Biographie, abrufbar unter https://ruebenstahl.net/perso nen/#mr (zuletzt geprüft am 24.07.2020)

Rübenstahl, Markus: Internal Investigations (Unternehmensinterne Ermittlungen) – status quo, Teil 1: Interviews in Internal Investigations und deren prozessuale Verwertbarkeit, WiJ 2012, 17 ff.

Rudkowski, Lena: Die Aufklärung von Compliance-Verstößen durch „Interviews", NZA 2011, 612 ff.

Rüping, Hinrich/*Jerouschek*, Günter: Grundriss der Strafrechtsgeschichte, 6. Auflage, München 2011 (zitiert: *Rüping/Jerouschek*, Grundriss der Strafrechtsgeschichte, S.)

Rüthers, Bernd/*Fischer*, Christian/*Birk*, Axel: Rechtstheorie mit juristischer Methodenlehre, 11. Auflage, München 2020 (zitiert: *Rüthers/Fischer/Birk*, Rechtstheorie mit juristischer Methodenlehre, S.)

Sachs, Michael (Hrsg.): Grundgesetz, 8. Auflage, München 2018 (zitiert: *Bearbeiter*, in: Sachs(Hrsg.): Grundgesetz, 8. Auflage, Art., Rn.)

Saucken, Alexander von: Biographie, abrufbar unter https://svs-legal.de/rechtsa nwaelte/ (zuletzt geprüft am 25.07.2020)

Saucken, Alexander von: „Gesetzliche Privilegierung" von internal investigations durch externe Kanzleien?, WiJ 2013, 30 ff.

Savigny, Friedrich Carl von: System des heutigen Römischen Rechts Berlin 1840 (zitiert: *Savigny*, System des heutigen Römischen Rechts, S.)

Schäfer, Gerhard: Biographie, abrufbar unter https://de.wikipedia.org/wiki/Gerh ard_Sch%C3%A4fer_(Richter) (zuletzt geprüft am 24.07.2020)

Schaffstein, Friedrich: Soziale Adäquanz und Tatbestandslehre, ZStW 1960, 369 ff.

Schaffstein, Friedrich: Die allgemeinen Lehren vom Verbrechen in ihrer Entwicklung durch die Wissenschaft des gemeinen Strafrechts. Beiträge zur Strafrechtsentwicklung von der Carolina bis Carpzov Aalen 1973 (zitiert: *Schaffstein*, Die allgemeinen Lehren vom Verbrechen in ihrer Entwicklung durch die Wissenschaft des gemeinen Strafrechts. Beiträge zur Strafrechtsentwicklung von der Carolina bis Carpzov, S.)

Scheunemann, Matthias/*Hellfritzsch*, Christian: Ansatz und Planung von internen Untersuchungen, in: *Bay* (Hrsg.), Handbuch Internal Investigations, Berlin 2013, S. 183 ff. (zitiert: *Scheunemann/Hellfritzsch*, in: *Bay* (Hrsg.), Handbuch Internal Investigations, S.)

Schmidt, Eberhard: Richtertum, Justiz und Staat, JZ 1953, 321 ff.

Schmidt, Eberhard: Einführung in die Geschichte der deutschen Strafrechtspflege, 3. Auflage, Göttingen 1965 (zitiert: *Schmidt*, Einführung in die Geschichte der deutschen Strafrechtspflege, S.)

Schmidt, Kerstin: Biographie, abrufbar unter https://www.juve.de/nachrichten/namenundnachrichten/2018/08/duesseldorf-grosses-muetze-korsch-team-wechselt-zu-hoffmann-liebs; https://www.hoffmannliebs.de/anwaelte/kerstin-pallinger (zuletzt geprüft am 23.07.2020)

Schmidt-Bleibtreu, Bruno/*Hofmann*, Hans/*Henneke*, Hans-Günter (Hrsg.): Grundgesetz, Kommentar, 14. Auflage, Köln 2018 (zitiert: *Bearbeiter*, in: Schmidt-Bleibtreu/Hofmann/Henneke(Hrsg.): Grundgesetz, 14. Auflage, Art., Rn.)

Schmidt-Räntsch, Günther/*Schmidt-Räntsch*, Jürgen: Deutsches Richtergesetz, Richterwahlgesetz, 6. Auflage, München 2009 (zitiert: *Schmidt-Räntsch/Schmidt-Räntsch*, Deutsches Richtergesetz, S.)

Schneider, Hartmut: Biographie, abrufbar unter https://www.beck-shop.de/prof-dr-hartmut-schneider/creator/12219; https://juc.de/referenten-unserer-fortbildungen/teachers-germany/prof--dr--hartmut-schneider.aspx (zuletzt geprüft am 25.07.2020)

Schneider, Hartmut: Beschlagnahmefreie Unterlagen, NStZ 2016, 308 ff.

Schneider, Hartmut (Hrsg.): Münchener Kommentar zur Strafprozessordnung, §§ 151–332, 1. Auflage, Band 2, München 2016 (zitiert: *Bearbeiter*, in: Schneider(Hrsg.): Münchener Kommentar zur Strafprozessordnung, 1. Auflage, Band 2, §, Rn.)

Schneider, Hendrik/*deStefano*, Michele: Compliance Elliance Journal, abrufbar unter https://www.cej-online.com/about/ (zuletzt geprüft am 26.07.2020)

Schneider, Hendrik/*Morguet*, Geraldine: Gefährliches Strafrecht. Zu den Grenzen avantgardistischer Strafrechtsdogmatik, in: *Uwer* (Hrsg.), „Bitte bewahren Sie Ruhe", Leben im Feindrechtsstaat, Berlin 2006, S. 335 ff. (zitiert: *Schneider/Morguet*, in: *Uwer* (Hrsg.), „Bitte bewahren Sie Ruhe", S.)

Schneider, Uwe H.: Biographie, abrufbar unter https://schmitzpartner-ffm.de/de/team/prof-uwe-schneider/ (zuletzt geprüft am 24.07.2020)

Schröder, Christian: Biographie, abrufbar unter https://schroeder.jura.uni-halle.de/prof_dr_schroeder/ (zuletzt geprüft am 24.07.2020)

Schulte, Martin/*Görts*, Cornelius: Die SEC-Untersuchung nach dem Foreign Corrupt Practices Act, RIW 2006, 561 ff.

Schulz, Lorenz: Die deutsche Strafrechtswissenschaft vor der Jahrtausendwende, Bericht von einer Tagung und Anmerkung zum Feindstrafrecht, ZStW 2000, 653 ff.

Schünemann, Bernd: Strafrechtsdogmatik als Wissenschaft, in: *Schünemann/Achenbach/Bottke u. a.* (Hrsg.), Festschrift für Claus Roxin zum 70. Geburtstag am 15. Mai 2001, Berlin 2001, S. 1 ff. (zitiert: *Schünemann*, in: *Schünemann/Achenbach/Bottke u. a.* (Hrsg.), Festschrift für Claus Roxin zum 70. Geburtstag am 15. Mai 2001, S.)

Schünemann, Bernd: Aufgaben und Grenzen der Strafrechtswissenschaft im 21. Jahrhundert, in: *Putzke/Hardtung/Hörnle u. a.* (Hrsg.), Strafrecht zwischen System und Telos, Festschrift für Rolf Dietrich Herzberg zum 70. Geburtstag am 14. Februar 2008, Tübingen 2008, S. 39 ff. (zitiert: *Schünemann*, in: *Putzke/Hardtung/Hörnle u. a.* (Hrsg.), Strafrecht zwischen System und Telos, Festschrift für Rolf Dietrich Herzberg zum 70. Geburtstag am 14. Februar 2008, S.)

Schünemann, Bernd: Was heißt und zu welchem Ende betreibt man Strafrechtsdogmatik?, Zu Fischers These der „fremden seltsamen Welten" anhand aktueller BGH-Urteil v.e zu Begriff und Funktion der „besonderen persönlichen Merkmale" im Strafrecht, Goltdammer's Archiv für Strafrecht 2011, 445 ff.

Schünemann, Bernd: Die aktuelle Forderung eines Verbandsstrafrechts – Ein kriminalpolitischer Zombie, ZIS 2014, 1 ff.

Schuster, Frank Peter: Anmerkung zu LG Hamburg, Beschl. vom 15.10.2010 – 608 Qs 18/10, Beschlagnahme von Interviewprotokollen nach „Internal Investigations" – HSH Nordbank, NZWiSt 2012, 26 ff.

Schuster, Frank Peter: Anmerkung zu LG Mannheim, Beschl. vom 03.07.2012 – 24 Qs 1, 2/12, Beurteilung der Beschlagnahmefreiheit von Unterlagen im Gewahrsam eines Zeugen vorrangig nach § 97 Abs. 2 StPO, NZWiSt 2012, 424 ff.

Sehl, Markus: Ein Strafgesetz, das nicht strafen will?, lto.de vom 22. August 2019, abrufbar unter https://www.lto.de/recht/hintergruende/h/unternehmen-sanktionsrecht-gesetz-referentenentwurf-bmjv-kriminalitaet/ (zuletzt geprüft am 26.07.2020)

Sehl, Markus/*Lorenz*, Pia: So sollen Unternehmen sanktioniert werden, lto.de vom 22. April 2020, abrufbar unter https://www.lto.de/recht/hintergruende/

h/bmjv-bmwi-entwurf-verbandssanktionen-unternehmen-strafen-internal-investigations/ (zuletzt geprüft am 26.07.2020)

Senderowitz, Stephen J./*Ugarte*, Ricardo E./*Cortez*, Marlen: Die Durchsetzung US-amerikanischer Wertpapiergesetze auf internationaler Ebene – Ausweitung auf deutsche Unternehmen, wistra 2008, 281 ff.

Siegrist, Carolin: Biographie, abrufbar unter https://www.linkedin.com/in/carolin-siegrist-82989221/?originalSubdomain=de (zuletzt geprüft am 22.07.2020)

Spruit, Johannes Emil: Corpus iuris civilis, Band 2, Zutphen 1994 (zitiert: *Spruit*, Corpus iuris civilis, S.)

Steininger, Andreas: Die Jurisprudenz auf Erkenntnissuche? Ein Plädoyer für eine Neuorientierung der Rechtswissenschaft, NJW 2015, 1072 ff.

Stober, Rolf/*Ohrtmann*, Nicola: Compliance, Handbuch für die öffentliche Verwaltung, 1. Auflage, Stuttgart 2015 (zitiert: *Stober/Ohrtmann*, Compliance, S.)

Stojanovic, Zoran: Die Auslegung der Strafrechtswissenschaft in der praktischen Rechtsanwendung., in: *Schulz/Reinhart/Sahan* (Hrsg.), Festschrift für Imme Roxin zum 75. Geburtstag am 15. Mai 2012, Heidelberg 2012, S. 103 ff. (zitiert: *Stojanovic*, in: *Schulz/Reinhart/Sahan* (Hrsg.), Festschrift für Imme Roxin zum 75. Geburtstag am 15. Mai 2012, S.)

StV: Herausgeber, abrufbar unter http://www.strafverteidiger-stv.de/ (zuletzt geprüft am 26.07.2020)

Süße, Sascha: Gesetzliche Vorgaben für interne Untersuchungen, Ein Weg zur Beseitigung von Rechtsunsicherheiten bei der Kooperation in Wirtschaftsstrafverfahren?, ZIS 2018, 350 ff.

Süße, Sascha/*Püschel*, Carolin: Collecting Evidence in Internal Investigations in the Light of Parallel Criminal Proceedings, CEJ 2016, Vol. 2 No. p. 26 ff., abrufbar unter https://www.cej-online.com/previous-issues/ (zuletzt geprüft am 16.01.2021)

Szesny, André M.: Biographie, abrufbar unter https://www.heuking.de/de/anwaelte/dr-andre-m-szesny-llm.html (zuletzt geprüft am 25.07.2020)

Szesny, André M.: Anmerkung zu LG Braunschweig, Beschl. vom 21.07.2015 – 6 Qs 116/15, Interne Ermittlungen im Unternehmen – Beschlagnahmefreiheit von Anwaltsunterlagen, BB 2015, 2771 ff.

Szesny, André M.: Anmerkungen und Praxishinweise zu LG Bochum, Beschl. vom 16.03.2016 – 6 Qs 1/16, Beschlagnahme von Unterlagen beim Ombudsmann?, CCZ 2017, 25 ff.

Takayama, Kanako/*Tröster*, Michael: Richter ohne Robe in der Strafrechtspflege?, ZJapanR 2002, 195 ff.

Taschke, Jürgen: Zur Entwicklung der Verfolgung von Wirtschaftsstrafsachen in der Bundesrepublik Deutschland, Teil 3: Auf dem Weg zur Privatisierung der Strafverfolgung, NZWiSt 2012, 89 ff.

Theile, Hans: Biographie, abrufbar unter https://www.jura.uni-konstanz.de/theile/personen/prof-dr-hans-theile-llm/ (zuletzt geprüft am 24.07.2020)

Theile, Hans: Internal Investigations und Selbstbelastung, – Zum Verantwortungstransfer bei Akkumulation privater und staatlicher Ermittlungen –, StV 2011, 381 ff.

Theile, Hans: Die Herausbildung normativer Orientierungsmuster für Internal Investigations – am Beispiel selbstbelastender Aussagen, ZIS 2013, 378 ff.

Theile, Hans/*Gatter*, Marcelle Janina/*Wiesenack*, Tobias C.: Domestizierung von Internal Investigations, ZStW 2014, 803 ff.

Tittmann, Karl August: Handbuch der Strafrechtswissenschaft und der deutschen Strafgesetzkunde, Band 1, Halle 1806 (zitiert: *Tittmann*, Handbuch der Strafrechtswissenschaft und der deutschen Strafgesetzkunde, S.)

Tscherwinka, Ralf: Interne Ermittlungen zwischen Selbstbelastung des Arbeitnehmers und Fürsorgepflicht des Arbeitsgebers, in: *Schulz/Reinhart/Sahan* (Hrsg.), Festschrift für Imme Roxin zum 75. Geburtstag am 15. Mai 2012, Heidelberg 2012, S. 521 ff. (zitiert: *Tscherwinka*, in: *Schulz/Reinhart/Sahan* (Hrsg.), Festschrift für Imme Roxin zum 75. Geburtstag am 15. Mai 2012, S.)

Ullrich, Thilo: Biographie, abrufbar unter https://hyazinth.de/de/team/thilo-ullrich, (zuletzt geprüft am 22.07.2020)

Uwer, Dirk: Biographie, abrufbar unter https://www.hengeler.com/de/anwaelte/prof-dr-dirk-uwer (zuletzt geprüft am 25.07.2020)

Uwer, Dirk/*van Ermingen-Marbach*, Ralf: Bundesverfassungsgericht: Kein Vertraulichkeitsschutz für interne Untersuchungen?, Die „Jones Day"-Entscheidungen des BVerfG und ihre Bedeutung für alle Anwältinnen und Anwälte, AnwBl. 2018, 470 ff.

van Ermingen-Marbach, Ralf: Biographie, abrufbar unter https://www.gibsondunn.com/lawyer/van-ermingen-marbach-ralf/ (zuletzt geprüft am 25.07.2020)

Vogt, Volker: Biographie, abrufbar unter https://www.schomerus.de/team/dr-volker-vogt-ll-m/ (zuletzt geprüft am 23.07.2020)

Vogt, Volker: Compliance und Investigations – Zehn Fragen aus der Sicht der arbeitsrechtlichen Praxis, NJOZ 2009, 4206 ff.

vom Bruch, Rüdiger: Vom Niedergang der deutschen Gelehrten, zeit.de vom 02. Dezember 1983, 1983, abrufbar unter https://www.zeit.de/1983/49/vom-niedergang-der-deutschen-gelehrten/komplettansicht (zuletzt geprüft am 19.07.2020)

Wastl, Ulrich: Biographie, abrufbar unter https://westpfahl-spilker.de/rechtsanwaelte/dr-ulrich-wastl (zuletzt geprüft am 23.07.2020)

Wastl, Ulrich/*Litzka*, Philippe/*Pusch*, Martin: SEC-Ermittlungen in Deutschland – eine Umgehung rechtsstaatlicher Mindeststandards!, Erste exemplarische Überlegungen zu Hintergründen und rechtlichen Konsequenzen sogenannter „Privatermittlungen" unter besonderer Berücksichtigung des Komplexes „Siemens", NStZ 2009, 68 ff.

Weber, Max: Wissenschaft als Beruf, 5. Auflage, Berlin 1967 (zitiert: *Weber*, Wissenschaft als Beruf, S.)

Wegmann, Henning: Biographie, abrufbar unter https://www.rws-seminare.de/referenten/henning-wegmann/ (zuletzt geprüft am 24.07.2020)

Wehnert, Anne: SEC: Kapitulation vor der (un)heimlichen Übermacht?, in: *Jung/Luxenburger/Wahle* (Hrsg.), Festschrift für Egon Müller, Baden-Baden 2008, S. 729 ff. (zitiert: *Wehnert*, in: *Jung/Luxenburger/Wahle* (Hrsg.), Festschrift für Egon Müller, S.)

Weiß, Matthias: Compliance der Compliance – Strafbarkeitsrisiken bei Internal Investigations, CCZ 2014, 136 ff.

Welzel, Hans: Studien zum System des Strafrechts, ZStW 1939, 491 ff.

Wessing, Jürgen: Internal Investigations – Interne Ermittlungen im Unternehmen, in: *Hauschka/Moosmayer/Lösler* (Hrsg.), Corporate Compliance, Handbuch der Haftungsvermeidung im Unternehmen, 3. Auflage, München 2016, 46 (zitiert: *Wessing*, in: *Hauschka/Moosmayer/Lösler* (Hrsg.), Corporate Compliance, §, Rn.)

Wiesenack, Tobias C.: Biographie, abrufbar unter https://www.nowack-rae.de/team/ (zuletzt geprüft am 25.07.2020)

Wimmer, Renate: Biographie, abrufbar unter https://www.beck-shop.de/renate-wimmer/creator/339149716; https://www.bundesgerichtshof.de/DE/DasGericht/Geschaeftsverteilung/Archiv/Praesidiumsbeschluesse2014/praesidiumsbeschluesse2014.html?nn=11645278 (zuletzt geprüft am 24.07.2020)

Wimmer, Renate: Die Verwertung unternehmensinterner Untersuchungen – Aufgabe oder Durchsetzung des Legalitätsprinzips?, in: *Schulz/Reinhart/Sahan* (Hrsg.), Festschrift für Imme Roxin zum 75. Geburtstag am 15. Mai 2012, Heidelberg 2012, S. 537 ff. (zitiert: *Wimmer*, in: *Schulz/Reinhart/Sahan* (Hrsg.), Festschrift für Imme Roxin zum 75. Geburtstag am 15. Mai 2012, S.)

Wimmer, Renate: „Gesetzliche Privilegierung" von internal investigations durch externe Kanzleien?, WiJ 2013, 102 ff.

Wimmer, Renate: Ermittlungsmaßnahmen gegen Konzerne: Die Regelungen der Strafprozessordnung als adäquate Ermächtigung zum Eingriff in die Grundrechte juristischer Personen?, NZWiSt 2017, 252 ff.

Winterhoff, Christian: Biographie, abrufbar unter https://christianwinterhoff.de/uebermich/ (zuletzt geprüft am 25.07.2020)

Winterhoff, Christian: Kanzleidurchsuchungen im Lichte von Grund- und Menschenrechten, Die Rechtslage nach der Reform von § 160a StPO – Mandantenschutz weiter verbessern, AnwBl. 2011, 789 ff.

Wisskirchen, Gerlind: Biographie, abrufbar unter https://cms.law/de/deu/people/gerlind-wisskirchen; https://www.xing.com/profile/Gerlind_Wisskirchen/cv (zuletzt geprüft am 24.07.2020)

Wisskirchen, Gerlind/*Glaser*, Julia: Unternehmensinterne Untersuchungen, Eine praktische Anleitung, DB 2011, 1392 ff.

Wolf, Erik: Fragwürdigkeit und Notwendigkeit der Rechtswissenschaft Freiburg im Breisgau 1953 (zitiert: *Wolf*, Fragwürdigkeit und Notwendigkeit der Rechtswissenschaft, S.)

Wostry, Thomas: Kritische Betrachtung ausgewählter Aspekte der Entscheidungen des BVerfG zur Beschlagnahme von Dokumenten aus internal investigations, NZWiSt 2018, 356 ff.

Würtenberger, Thomas: Die geistige Situation der deutschen Strafrechtswissenschaft Karlsruhe 1957 (zitiert: *Würtenberger*, Die geistige Situation der deutschen Strafrechtswissenschaft, S.)

Wybitul, Tim: Biographie, abrufbar unter https://de.lw.com/people/tim-wybitul (zuletzt geprüft am 23.07.2020)

Wybitul, Tim: Interne Ermittlungen auf Aufforderung von US-Behörden – ein Erfahrungsbericht, – Was deutsche Unternehmen bei Untersuchungen von US-Ermittlern beachten sollten –, BB 2009, 606 ff.

Xylander, Karl-Jörg/*Kiefner*, Alexander/*Bahlinger*, Simon: Durchsuchung und Beschlagnahme in der Sphäre des Unternehmensanwalts im Zuge von internen Ermittlungen, Bestandsaufnahme und Handlungsbedarf des Gesetzgebers, BB 2018, 2953 ff.

Zaczyk, Rainer: Strafrecht als Wissenschaft an der Universität, in: *Burmester* (Hrsg.), Die Aufgabe der Juristenfakultäten, Festgabe für Otto Theisen, Berlin 1996, S. 35 ff. (zitiert: *Zaczyk*, in: *Burmester* (Hrsg.), Die Aufgabe der Juristenfakultäten, Festgabe für Otto Theisen, S.)

Zaczyk, Rainer: Über Theorie und Praxis im Recht, in: *Widmaier/Lesch/Müssig u. a.* (Hrsg.), Festschrift für Hans Dahs, Köln 2005, S. 33 ff. (zitiert: *Zaczyk*, in: *Widmaier/Lesch/Müssig u. a.* (Hrsg.), Festschrift für Hans Dahs, S.)

Zaczyk, Rainer: Was ist Strafrechtsdogmatik?, in: *Hettinger/Hillenkamp* (Hrsg.), Festschrift für Wilfried Küper zum 70. Geburtstag, Heidelberg 2007, S. 723 ff. (zitiert: *Zaczyk*, in: *Hettinger/Hillenkamp* (Hrsg.), Festschrift für Wilfried Küper zum 70. Geburtstag, S.)

Zaczyk, Rainer: Strafrecht in Universität und Praxis, in: *Paeffgen/Böse/Kindhäuser u. a.* (Hrsg.), Strafrechtswissenschaft als Analyse und Konstruktion, Festschrift für Ingeborg Puppe zum 70. Geburtstag, Berlin 2011, S. 305 ff. (zitiert: *Zaczyk*, in: *Paeffgen/Böse/Kindhäuser u. a.* (Hrsg.), Strafrechtswissenschaft als Analyse und Konstruktion, Festschrift für Ingeborg Puppe zum 70. Geburtstag, S.)

Zerbes, Ingeborg: Biographie, abrufbar unter https://www.law-school.de/fileadmin/content/law-school.de/de/pdf/publications/Vorlage_Referenten_Ingeborg_Zerbes.pdf; https://strafrecht.univie.ac.at/team/zerbes-ingeborg/information-zur-person/ (zuletzt geprüft am 25.07.2020)

Zerbes, Ingeborg: Unternehmensinterne Untersuchungen, ZStW 2013, 551 ff.

Zerbes, Ingeborg/*El-Ghazi*, Mohamad: Unternehmensstrafprozess – Überlegungen zur verfahrensrechtlichen Seite des „Kölner Entwurfs", NZWiSt 2018, 425 ff.

ZStW: Herausgeber, abrufbar unter https://www.degruyter.com/view/journals/zstw/zstw-overview.xml, (zuletzt geprüft am 26.07.2020)

Abkürzungsverzeichnis

a.A	andere Ansicht
a.F.	alter Fassung
Abs.	Absatz
AG	Aktiengesellschaft
AGG	Allgemeines Gleichbehandlungsgesetz
AktG	Aktiengesetz
ALR	Allgemeines Landrecht für preußische Staaten
AnwBl.	Anwaltsblatt
ArbG	Arbeitsgericht
Art.	Artikel
BAG	Bundesarbeitsgericht
BB	Betriebs-Berater
BDSG	Bundesdatenschutzgesetz
BGB	Bürgerliches Gesetzbuch
BGH	Bundesgerichtshof
BGHSt	Entscheidungen des Bundesgerichtshof in Strafsachen
BGHZ	Entscheidungen des Bundesgerichtshof in Zivilsachen
BMJV	Bundesministerium der Justiz und für Verbraucherschutz
BRAK	Bundesrechtsanwaltskammer
BRAO	Bundesrechtsanwaltsordnung
bspw.	beispielsweise
BT-Drucksache	Bundestagsdrucksachen
BUJ	Bundesverband der Unternehmensjuristen e.V.
BVerfG	Bundesverfassungsgericht
BVerfGE	Entscheidungen des Bundesverfassungsgerichts
bzgl.	bezüglich
bzw.	beziehungsweise
CCZ	Corporate Compliance Zeitschrift
CMS	Cameron McKenna und Hasche Sigle
DB	Der Betrieb
DDR	Deutsche Demokratische Republik
DNotZ	Deutsche Notar-Zeitschrift
Dr. phil.	Doktor der Philosophie
EDV	Elektronische Datenverarbeitung
EMRK	Europäische Menschenrechtskonvention

f., ff.	*folgende*
FCPA	Foreign Corrupt Practices Act
Fn.	Fußnote
FS	Festschrift
GA	Goltdammer's Archiv für Strafrecht
GbR	Gesellschaft bürgerlichen Rechts
GewO	Gewerbeordnung
GG	Grundgesetz
ggfs.	gegebenenfalls
GmbH	Gesellschaft mit beschränkter Haftung
GmbHG	Gesetz betreffend die Gesellschaften mit beschränkter Haftung
GVG	Gerichtsverfassungsgesetz
GWB	Gesetz gegen Wettbewerbsbeschränkungen
GWR	Gesellschafts- und Wirtschaftsrecht
h.L.	herrschende Lehre
h.M.	herrschende Meinung
HGB	Handelsgesetzbuch
Hrsg.	Herausgeber
i.S.d.	im Sinne des
i.V.m.	in Verbindung mit
InsO	Insolvenzordnung
JR	Juristische Rundschau
JuS	Juristische Schulung
JZ	JuristenZeitung
KG	Kammergericht
KSzW	Kölner Schrift zum Wirtschaftsrecht
KWG	Gesetz über das Kreditwesen
LAG	Landesarbeitsgericht
LG	Landgericht
LL.M	Master of Laws
n.F.	neue Fassung
N.N.	nomen nescio
NJOZ	neue juristische Online-Zeitschrift
NJW	Neue Juristische Wochenschrift
NJW-RR	NJW-Rechtsprechungs-Report
No.	Number
Nr.	Nummer
NRW	Nordrhein-Westfalen
NStZ	Neue Zeitschrift für Strafrecht

NStZ-RR	NStZ-Rechtsprechungs-Report
NZA	Neue Zeitschrift für Arbeitsrecht
NZG	Neue Zeitschrift für Gesellschaftsrecht
NZWiSt	Neue Zeitschrift für Wirtschafts-, Steuer- und Unternehmensstrafrecht
o.g.	oben genannten
OLG	Oberlandesgericht
OWiG	Gesetz über Ordnungswidrigkeiten
PWC	PricewaterhouseCoopers (Wirtschaftsprüfungsgesellschaft)
RIW	Recht der internationalen Wirtschaft
Rn.	Randnummer
S.	Seite
SEC	Securities and Exchange Commission
StGB	Strafgesetzbuch
StPO	Strafprozessordnung
StV	Strafverteidiger
u. a.	unter anderem
USA	Vereinigte Staaten von Amerika
v.	vom/von
Vorb.	Vorbemerkungen
WiJ	Journal der Wirtschaftsrechtlichen Vereinigung e.V.
wistra	Zeitschrift für Wirtschafts- und Steuerstrafrecht
WM	Zeitschrift für Wirtschafts- und Bankrecht
WpHG	Wertpapierhandelsgesetz
ZIP	Zeitschrift für Wirtschaftsrecht
ZIS	Zeitschrift für Internationale Strafrechtsdogmatik
ZPO	Zivilprozessordnung
ZStW	Zeitschrift für die gesamte Strafrechtswissenschaft
ZWH	Zeitschrift für Wirtschaftsstrafrecht und Haftung im Unternehmen

Einführung

„Die Wissenschaft ist der Kapitän und die Praxis, das sind die Soldaten."[1] Ein Zitat, nach dem den Wissenschaftlern und ihrer Arbeit eine exponierte Position gegenüber der Praxis beigemessen wird. Die Bezeichnung der Praktiker als Soldaten lässt ihr Handeln als von Anweisungen bestimmt und Befehlen geprägt erscheinen. Es stellt sich für den Leser allerdings die Frage, auf welche Wissenschaft und Praxis der Zitierte Bezug nimmt. Anzunehmen ist, dass sich das mit diesem Zitat Gesagte nicht auf die Arbeitsweisen und das Verhältnis von Wissenschaft und Rechtsprechungspraxis im Strafrecht, nicht einmal auf das der Rechtswissenschaft und Rechtsprechungspraxis im Allgemeinen bezieht. In anderen Bereichen, in denen auf der einen Seite die Arbeit der Wissenschaft, auf der anderen diejenige der Praxis steht, wie den Natur- und Sozialwissenschaften, hat die Arbeit der forschenden Wissenschaft für die weitere Handlungsweise der Praxis einen hohen Stellenwert, da sie ihr Handeln an den Erkenntnissen der Wissenschaft ausrichtet. So bieten die Naturwissenschaften die wissenschaftlichen Grundlagen für Technik, Medizin, Physik, Chemie und Biologie, die Sozialwissenschaften solche im Hinblick auf die Strukturen und Funktionen sozialer Zusammenhänge von Institutionen und Systemen mit dem Verhalten und Handlungen einzelner Individuen. Während das Zitat und somit die Ansicht des Zitierten dahingehend verstanden werden können, dass die u.a. eben erläuterten Wissenschaften Avantgardisten sind, die der Praxis den Weg für ihr Handeln weisen, besteht Unsicherheit, welcher Stellenwert der Wissenschaft im Fachbereich Recht und hier insbesondere der auf dem Rechtsgebiet des Strafrechts zugewiesen werden kann.

Da die Festgabe anlässlich des 50-jährigen Bestehens des Bundesgerichtshofes „ein Zeichen des Dankes für die Aufgeschlossenheit des Bundesgerichtshofes im Dialog mit der Wissenschaft"[2] sein soll und „die wechselseitige Befruchtung von Judikatur und Literatur" eine Rechtskultur auf sehr hohem Rang hervorgebracht hat[3], lässt sich vermuten, dass die Institute der Wissenschaft und Rechtsprechungspraxis gleichberechtigt nebeneinander stehen und sich in ihrer Arbeitsweise gegenseitig ergänzen. Ein solcher Eindruck entsteht darüber hinaus bei

---

1 *da Vinci*, Leonardo: überliefertes Zitat, 1452–1519.

2 *Roxin/Widmaier*, in: *Roxin/Widmaier* (Hrsg.), 50 Jahre Bundesgerichtshof, V.).

3 *Roxin/Widmaier*, in: *Roxin/Widmaier* (Hrsg.), 50 Jahre Bundesgerichtshof, V.).

Betrachtung der Kommentarliteratur. Diese ist geprägt von der Darstellung der differenzierten Ansichten zu einem Thema mit der Folge, dass beim Leser der Eindruck des wechselseitigen Austausches und vor allem des Kommunikationswillens zwischen der Strafrechtswissenschaft und der Rechtspraxis besteht. Auf Grund dessen, dass im juristischen Alltag sowie in der Referendarausbildung die vorzugswürdig zu vertretende Ansicht diejenige der Rechtsprechung ist, kann allerdings eine gegenteilige Haltung angenommen werden. Wissenschaft und Rechtsprechung stünden demnach nicht als gleichwertige Institute nebeneinander, sondern in einem Verhältnis, in dem die Wissenschaft lediglich einen geringen Einfluss auf die Entscheidungspraxis hat.

Die vorliegende Arbeit beschäftigt sich daher mit der Frage nach der Bedeutung der Forschungsleistung deutscher Strafrechtswissenschaftler an der Universität, für die Lösung aktueller und vor allem praxiswichtiger Anwendungsfragen des Strafrechts und ist ein Versuch, ein Verhältnis aufzuzeigen, mit dem optimale Ergebnisse in Bezug auf die Aufklärung aktueller Fragen sowie die Arbeitsweise erzielt werden können. Der Beantwortung der Frage soll die Arbeitshypothese, bei der die Strafrechtswissenschaft der Universität eine eher grundlagenbezogene Wissenschaft ist, die bei der Entscheidungsfindung aktueller Sachverhalte und strafrechtlicher Fragestellungen eine eher nachgeordnete Position einnimmt, zugrunde gelegt werden. Erweitert wird die Hypothese durch die Annahme, die universitäre Wissenschaft habe keine wesentliche Schrittmacherfunktion inne, sondern diene lediglich als Absicherer bereits von der Rechtsprechung entwickelter Theorien. Anhand von Problemen des Wirtschaftsstrafrechts werden verschiedene Kriterien herangezogen, mit Hilfe derer eine präzise und fundamentale Beantwortung erreicht werden kann. Das Wirtschaftsstrafrecht wird wegen seiner Eigenschaft als besonders dynamisches Teilgebiet des Strafrechts, über dessen ständig wachsende Anzahl unterschiedlicher Probleme in einer Vielzahl juristischer Fachliteratur von den differenziertesten Autoren diskutiert wird, zur Untersuchung herangezogen. Die Internal Investigations sind durch die Siemens-Affäre nach Deutschland gekommen, waren durch den „Diesel-Skandal" erneut in den Medien und sollen nunmehr Teil eines Gesetzes werden, sodass zur Beantwortung der Frage auf ausreichend Literatur zurückgegriffen werden kann. Das Wirtschaftsstrafrecht erlangt sowohl innerhalb der Medien als auch in Fachkreisen zunehmende Aufmerksamkeit, was eine Zuordnung zum Kern- und Bindestrichstrafrecht zur Folge hat. Anhand der Auswertung der Veröffentlichungen kann die Frage nach der Bedeutung der Wissenschaft innerhalb der Strafrechtspflege für diese Thematik beantwortet und Schlussfolgerungen für das Verhältnis zwischen Wissenschaft und Praxis gezogen werden.

Problemdarstellung und bisheriger Stand der Forschung

Die differenzierenden Interpretationsmöglichkeiten hinsichtlich des Verhältnisses von Strafrechtswissenschaft und Rechtsprechung, die auf Grund der näheren Betrachtung der Veröffentlichungen in Festschriften und Kommentaren im Vergleich zum Verhalten innerhalb des juristischen Alltags und der Ausbildung gegeben sind, reflektieren die Unsicherheit in Bezug auf die Stellung und Bedeutung der Strafrechtswissenschaft für die Lösung aktueller Rechtsfragen. Der einerseits auf Grund der Veröffentlichungen von unterschiedlichen Ansichten aus Wissenschaft und Rechtsprechung zu einem Thema entstehende Eindruck des Kommunikationswillens und die andererseits oft an Universität, in Literatur und Medien deutlich werdende Signifikanz der Auffassung der Rechtsprechung erschweren sowohl die Zusammenarbeit aller auf dem Gebiet des Strafrechts Tätigen als auch diejenige eines jeden Einzelnen. Besonders die Veröffentlichungen die Thematik der Internal Investigations betreffend lassen die Hypothese aufstellen, dass die Wissenschaft der Universität für die alltäglich von der Strafrechtspraxis zu treffenden Entscheidungen weniger relevant oder unerheblich ist mit der Folge, dass dieser nicht die Funktion eines Schrittmachers, sondern lediglich die einer Absicherung zukommt. Diese Absicherung ist allerdings nicht allzu eng dahingehend zu verstehen, dass die Arbeit der Wissenschaft einzig darin besteht, von der Praxis abgeurteilte Entscheidungen kommentarlos zu bestätigen. Vielmehr wird der Meinung der Praxis zum einen ein theoretisches Fundament gegeben, mit dem diese abgestützt werden kann, zum anderen werden diese Probleme aufgegriffen und mit Hilfe der von der Wissenschaft entwickelten Methoden auf andere Art und Weise gelöst. Demzufolge verifiziert die Wissenschaft nicht nur, aber gibt andererseits auch keinen neuen Impuls, der anschließend von der Rechtsprechung bzw. Rechtspraxis aufgegriffen wird.

Es gibt nur wenige strafrechtliche Probleme, deren Lösung seitens der Wissenschaft entwickelt und von der Rechtspraxis angewandt und fortgeführt wurde, wobei beide in Zusammenhang mit den vom Strafrechtswissenschaftler Hans Welzel vertretenen Ansichten stehen. Dies ist zum einen die Rechtsfigur der Sozialadäquanz, bei der dem Unrecht einer Handlung ein hoher Stellenwert beigemessen wird,[4] sowie das ebenfalls durch den Wissenschaftler entwickelte und

---

4 *Welzel*, ZStW 1939, 491 (517); *Schaffstein*, ZStW 1960, 369.

später durch den Bundesgerichtshof (BGH) und Gesetzgeber übernommene dogmatische Konzept, für das „sich im Schrifttum die Bezeichnung Schuldtheorie eingebürgert hat."[5]

Strafrechtliche Probleme zeigen sich auch bei der Durchführung der Internal Investigations, zu denen Lösungsvorschläge unterschiedlicher Verfasser vorliegen. Als Internal Investigations werden unternehmensinterne Ermittlungen bezeichnet, mit Hilfe derer das Unternehmen selbst oder eine extern beauftragte Anwaltskanzlei auf Grund eines Straftatverdachts im Unternehmen recherchiert. Mit dem Ziel der Eindämmung der Wirtschaftskriminalität werden innerhalb der Ermittlungen Mitarbeiter befragt, E-Mail-Konten gelesen sowie Unterlagen kontrolliert. Als Folge dieser Maßnahmen entstehen Problematiken, wie beispielsweise hinsichtlich des strafprozessualen Schweigerechts der Befragten in einem anschließenden Gerichtsverfahren, zu denen deutlich spätere Veröffentlichungen seitens der Wissenschaft zu verzeichnen sind, als solche der Praktiker. Während das Thema der Internal Investigations erstmals im Jahr 2006 mit dem Fall „Siemens" bekannt wurde und es bereits in den Jahren 2008/2009 zahlreiche Veröffentlichungen der Praktiker gab, äußerte sich in den Jahren 2009/2010/2011 jeweils lediglich ein Wissenschaftler der Universität zu dieser Thematik. Abgesehen von der Veröffentlichung durch einen wissenschaftlichen Mitarbeiter im Jahr 2009[6], gab es weitere erst 2010/2011, mithin zwei/drei Jahre nach Bekanntwerden der Problematik.[7]

Im Jahre 2010 hatte sich sodann erstmals ein Gericht mit der Thematik auseinander zu setzen und die Frage zu beantworten, ob die im Rahmen anwaltlicher Tätigkeit erstellten Dateien und Dokumente durch richterlichen Beschluss beschlagnahmt werden dürfen. Grundlage des vom Landgericht Hamburg zu entscheidenden Falls war der Sachverhalt, dass gegen beschuldigte Mitglieder des Vorstands eines Unternehmens ein Ermittlungsverfahren wegen Untreue geführt worden ist und externe Anwälte zur Aufklärung der Angelegenheit mit internen Untersuchungen beauftragt worden sind. Die dem von den Anwälten erstellten Rechtsgutachten zugrundeliegenden Protokolle sollten sodann, nachdem diese sie nicht freiwillig an die Staatsanwaltschaft herausgegeben haben, mittels eines Beschlusses beschlagnahmt werden. Zur Beantwortung der Rechtsfrage konnte das Gericht nicht auf eine Vielzahl Literatur zurückgreifen.

5 *Hirsch*, ZStW 2004, 1; *BGH – Beschl. v. 18.03.1952 – GSSt 2/51*; *Cerezo Mir*, ZIS 2009, 212.

6 *Böhm*, WM 2009, 1923.

7 *Brunhöber*, Goltdammer's Archiv für Strafrecht 2010, 571; *Theile*, StV 2011, 381.

Vielmehr musste eine Entscheidung im juristischen Niemandsland getroffen werden. Bereits kurz nachdem lediglich wenigen Stellungnahmen in Literatur und Schrifttum veröffentlicht und Ansichten vertreten worden sind, musste eine gerichtliche Entscheidung getroffen werden. Die Wissenschaft der Universität ließe sich somit zwar als „Fachwelt" bezeichnen[8], gehöre jedoch im alltäglichen Schauspiel um die erfolgreichste Entscheidung eines aktuellen Falles lediglich dem Publikum an. Es hat mithin den Anschein, als ob strafrechtliche Wissenschaft und die Rechtsprechung gesondert ihren Tätigkeiten nachgehen, ohne währenddessen die Arbeit des anderen zu berücksichtigen. Dabei „beruht aber alles Heil darauf, daß in diesen gesonderten Tätigkeiten jeder die ursprüngliche Einheit fest im Auge behalte, daß also in gewissem Grade jeder Theoretiker den praktischen, jeder Praktiker den theoretischen Sinn in sich erhalte und entwickle. Wo dieses nicht geschieht, wo die Trennung zwischen Theorie und Praxis eine absolute wird, da entsteht unvermeidlich die Gefahr, daß die Theorie zu einem leeren Spiel, die Praxis zu einem hohlen Handwerk herabsinke."[9] Fraglich ist, ob das eben Gesagte belegt werden und welche Gründe es für das spätere Erscheinen der Beiträge der Wissenschaft geben kann und ob die deutlich nach Bekanntwerden der Problematik veröffentlichten Beiträge der Wissenschaft auf eine späte Kenntnisnahme zurückzuführen sind. Des Weiteren ist – ausgehend von einer Bestätigung der oben aufgeworfenen Hypothese – zu hinterfragen, ob sich die Wissenschaft der Universität in Form der Professoren die Position der lediglichen Absicherung selbst zuschreibt, in dem sie sich in Veröffentlichungen und Vorträgen ebenfalls für die Ansicht der Rechtsprechung ausspricht. Die Tatsache, dass hinsichtlich der Bedeutung der Wissenschaft und ihrem Verhältnis zur Rechtsprechung Unsicherheit besteht, spiegelt sich in der im Vergleich zu anderen Problematiken dürftig erscheinenden Literatur wider. Dies könnte damit zusammenhängen, dass die Verfasser aus Wissenschaft und Praxis selbst betroffen sind und eine Darstellung der eigenen Ansichten, Arbeitsweisen und möglichen Schwierigkeiten nicht in den Fokus derjenigen Themen gehört, über die es sich zu schreiben lohnt. Vielmehr werden hinsichtlich der Auslegung und Anwendung des Gesetzes im Alltag, sowohl innerhalb der Wissenschaftler und Praktiker als auch in Bezug auf den jeweils anderen differenzierende Ansichten vertreten, deren Folge eine Publikationsflut ist.[10]

---

8 *Janzarik*: Bundesgerichtshof und Strafrechtswissenschaft: Dogmatik im Dialog? S. 1.

9 *Savigny*: System des heutigen Römischen Rechts S. XX.

10 Zu denken ist hierbei an die Beurteilung der passiven, durch einen Arzt durchgeführten Sterbehilfe sowie die Handhabung und verfassungskonforme Auslegung der Mordmerkmale.

Es gibt nur wenige Veröffentlichungen, die das Verhältnis von Strafrechtswissenschaft und Rechtsprechung explizit aufzeigen. Bereits 1973 veröffentlicht Naucke jedoch einen Beitrag zu diesem Thema und zeigt damit zugleich Interesse an einer der vorliegenden Arbeit gleichkommender Frage zum Anteil der Wissenschaft an der bestehenden Praxis.[11] Mit Hilfe der Erörterung sowohl des vergangenen als auch gegenwärtigen Geschehens im Verhältnis zwischen Wissenschaft und Praxis, welches er anhand von Literaturbeispielen beschreibt, zeigt er schließlich eine bestehende Distanz zwischen Strafrechtswissenschaft und Strafrechtspraxis auf. Unter Bezugnahme auf Gerichtsentscheidungen und Literatur schreibt er der Wissenschaft eine von Unabhängigkeit geprägte, nicht am Tagesgeschehen orientierte Aufgabe zu, wohingegen sich die Arbeit der Praxis als organisierte, dem alltäglichen Geschehen angepasste, Tätigkeit definieren lässt. Das eigentliche Interesse des Verfassers gilt allerdings der Beschreibung der Ursachen der Distanz und ihrer Überwindung, wobei er Grünhut zitiert, nach dem sich die strafrechtliche Dogmatik von den Bedürfnissen und Gewohnheiten der strafrechtlichen Praxis entfernt,[12] und somit sich seiner Ansicht nach diese Praxisferne innerhalb der Dogmatik nicht überwinden lässt.[13] Im Gegensatz hierzu geht Hirsch (1989)[14] von einer ursprünglichen Einheit beider Institute aus und hält es im Ergebnis auch für notwendig, dass jede Seite sich den Sinn der anderen erhält. Allerdings erläutert er die Entstehung diverser Differenzen beispielsweise hinsichtlich unterschiedlicher Ansichten bei der Behandlung von Tatbestandsmerkmalen und versucht zeitgleich, die Ursachen der Spannungen aufzuzeigen. Mit Hilfe der Analyse der einzelnen Beispiele gelangt der Autor zu dem Ergebnis, dass ein Spannungsverhältnis zwischen der strafrechtlichen Wissenschaft und höchstrichterlichen Rechtsprechung auf die unterschiedlichen Tätigkeitsbereiche und Anforderungen beider Institute zurückzuführen ist und bestätigt damit die Ansicht Nauckes Jahre zuvor.[15] Der Beitrag von Radtke (2007) zeigt, dass die Diskussion um das Verhältnis von strafrechtlicher Wissenschaft und Rechtsprechung auch Jahre später nicht verstummt ist. Der Autor sucht unter Bezugnahme auf den Beitrag von Hirsch nach einer Antwort, ob

11 *Naucke*, ZStW 1973, 399 (403).

12 *Grünhut*: Strafrechtswissenschaft und Strafrechtspraxis S. 9 (12).

13 *Naucke*, ZStW 1973, 399 (426).

14 *Hirsch*, in: *Jescheck* (Hrsg.), Festschrift für Herbert Tröndle zum 70. Geburtstag am 24. August 1989, S. 19.

15 *Naucke*, ZStW 1973, 399 (404); *Hirsch*, in: *Jescheck* (Hrsg.), Festschrift für Herbert Tröndle zum 70. Geburtstag am 24. August 1989, S. 19 (37/38).

das Verhältnis von wechselseitiger harmonischer Beeinflussung geprägt, oder ein von Spannungen regiertes Verhältnis gestörter Wechselbezüge ist. Anhand einer Entscheidung des BGH zur mittelbaren Täterschaft, die seines Erachtens „ein Lehrstück für eine gelungene Einflussnahme strafrechtswissenschaftlicher dogmatischer Deutung des geltenden Rechts auf die Rechtsanwendung durch die höchstrichterliche Rechtsprechung“[16] ist, zeigt er die wechselseitigen Bezugnahmen auf, die sowohl positiver Art als auch mit Schwierigkeiten behaftet sind, jedoch im Gesamteindruck ein Verhältnis ausmachen, bei dem die Harmonie überwiegt.[17] Die Signifikanz des Themas im strafrechtlichen Alltag und das Bedürfnis nach einer Antwort wird vor allem daran deutlich, dass im Jahr 2007 erstmals Wissenschaftler und Praktiker zu der Veranstaltung mit dem Titel „Strafprozessrechtspraxis und Rechtswissenschaft – getrennte Welten?“ zusammenkamen, um den Dialog zwischen Strafrechtslehre und Strafrechtspraxis anzuregen und sich damit einer Aufgabe zu stellen, die längst überfällig sei.[18] Diese sich alle zwei Jahre wiederholende Zusammenkunft von Praktikern aus der Rechtsanwaltschaft, Staatsanwaltschaft und den Gerichten auf der einen und Vertretern der strafrechtlichen Wissenschaft auf der anderen Seite,[19] ermöglicht über Jahre hinweg und anhand unterschiedlicher Probleme eine vertiefende Diskussion des Verhältnisses von Praxis und Wissenschaft. Zu aktuellen, das Strafrecht betreffenden Themen, etwa die Reform der Tötungsdelikte oder das Verhältnis von Mord und Totschlag, tragen Vertreter differenzierender Berufsgruppen ihre Ansichten vor und stehen somit im direkten Dialog mit Kollegen, aber auch mit der anderen Seite. Der Dialog findet daher mit unterschiedlichen, die Rechtswissenschaften und Rechtspraxis betreffenden Themen, statt, um die Meinungen beider Seiten zu hören und vor allem hinsichtlich der Entscheidungsfindung zu berücksichtigen. Im Verlauf dieser Veranstaltungen konnten inzwischen Referate über mehrere Themenkomplexe gehalten werden, wobei bislang keines die hier zu untersuchende Problematik umfasst. Um die Bedeutung der Strafrechtswissenschaft der Universität für die Strafrechtspflege in der Praxis herauszuarbeiten, ist jedoch nicht nur die Literatur zum Verhältnis der beiden Institute erwähnenswert. So ist besonders auf die Literatur von Wissenschaftlern über

16 *Radtke*, ZStW 2007, 69 (79).
17 *Radtke*, ZStW 2007, 69 (91).
18 *Harms*, in: *Jahn/Nack* (Hrsg.), Strafprozessrechtspraxis und Rechtswissenschaft – getrennte Welten?, S. 13.
19 *Hirsch*, in: *Jahn/Nack* (Hrsg.), Strafprozessrechtspraxis und Rechtswissenschaft – getrennte Welten?, S. 9 (12).

Wissenschaften hinzuweisen, die teilweise der strafrechtlichen Wissenschaft eine gegenüber der Strafrechtspraxis weniger bedeutende Aufgabe und von dem Wunsch nach Anerkennung geprägte Stellung zuweisen. Bereits Grünhut (1932) nennt deutlich den Wunsch der Wissenschaftler, von der Praxis einerseits geduldet zu werden, andererseits ihr bei ihrer täglichen Arbeit eine Hilfe zu sein.[20] Er rechtfertigt in seinem Vortrag kritisch den Stand der Wissenschaft mit der Aufforderung, die Bedenken ernst zu nehmen, da eine Zusammenarbeit beider Institute seiner Ansicht nach günstig ist, sich allerdings die Dogmatik von der Praxis entfernt. Ebenso schreibt Arzt (1989) über die Aufnahme der Literatur durch die Praxis. In seinem rein von der Wissenschaft handelnden Aufsatz schildert er die Veränderungen und deren Gründe, die auf die Publikationsflut, einem Phänomen, „das wie kein anderes unsere Wissenschaft beeinflußt hat“,[21] zurückzuführen sind. Der Anstieg der Zahl der Studentinnen und Studenten hat das Bedürfnis nach Lehrerinnen und Lehrern nach sich gezogen mit der Folge einer Vermehrung der Publikationen, insbesondere auf den Gebieten, die für die Ausbildung des Nachwuchses notwendig sind. Die praktische Relevanz bei der Auswahl der Gebiete ist unbedeutend. Als Folge der Publikationsflut konstatiert Arzt eine „gefilterte Aufnahme der Strafrechtswissenschaft durch die Praxis“ [22], da die großen Massen von der Praxis nicht berücksichtigt werden können.

Viele Jahre später beschäftigen die Aufgaben der Strafrechtswissenschaft, gerade in Bezug zur Rechtsprechung, fortwährend die Verfasser wissenschaftlicher Publikationen. Roxin (2000) sieht auch zukünftig den Schwerpunkt der Strafrechtswissenschaft in der Systematisierung, Auslegung und Fortentwicklung des nationalen Rechts, wobei sie in Bezug auf die Rechtsprechungs- und Gesetzgebungsberatung ihre zentrale Rolle teilweise ausbauen, teilweise aber auch zurückerobern müssen wird.[23] Entgegen dem den bisherigen Veröffentlichungen zu entnehmenden Wunsch nach Anerkennung der Wissenschaft durch die Rechtsprechung, zeigt die wechselseitige Beeinflussung beider Institutionen nach Ansicht Roxins „das Bild einer verhältnismäßig engen und fruchtbaren Zusammenarbeit“, bei der sich der BGH in grundlegenden Urteilen sorgfältig mit den strafrechtswissenschaftlichen Veröffentlichungen auseinandersetzt und

---

20 *Grünhut*: Strafrechtswissenschaft und Strafrechtspraxis S. 9.

21 *Arzt*, in: *Dornseifer/Horn* (Hrsg.), Gedächtnisschrift für Armin Kaufmann, S. 839.

22 *Arzt*, in: *Dornseifer/Horn* (Hrsg.), Gedächtnisschrift für Armin Kaufmann, S. 839 (859).

23 *Roxin*, in: *Eser/Hassemer/Burkhardt* (Hrsg.), Die deutsche Strafrechtswissenschaft vor der Jahrtausendwende, S. 369.

zum Teil neue wissenschaftliche Erkenntnisse unter Aufgabe älterer Rechtsprechung übernimmt.[24]

Die aktuellsten Publikationen stammen von Fischer (2008), Schünemann (2011) und Janzarik (2013), die sich in analytischer und beschreibender Weise mit den Gründen und dem daraus resultierenden Verhältnis beider Institutionen beschäftigen. Fischer konstatiert vor allem Differenzen in Aufgaben und Struktur als Gründe des gegenseitigen Unverständnisses, die Risse im nach wie vor zu bemerkenden Bild des Kommunikationswillens und Austausches entstehen lassen. Während beide Institute einerseits Hand in Hand zu arbeiten scheinen, wenn Strafrechtslehrer in die Praxis und Praktiker immer häufiger an Universitäten gehen, wird die gegnerische Partei intra muros als „Besserwisser" oder „beschränkte Rechthaber" bezeichnet.[25] Ergo entwickelt sich eine „Tendenz zunehmender Fremdheit"[26] dahingehend, dass die Begründungen der Institute weniger aufeinander bezogen sind und Wissenschaft „nicht die wichtigste Grundlage der Entscheidungspraxis"[27] bildet. Mangelnde Anerkennung lehrender Praktiker an den Universitäten, Nichtbeachten strafrechtswissenschaftlicher Veröffentlichungen und Entscheidungsfindungen ohne die Verwendung wissenschaftlicher Argumente sind die Folge. Der Autor verwendet die Tatherrschaftslehre als Beispiel seiner Argumentation, kategorisiert diese Lehre mit ihrer auf den Einzelfall bezogenen Gesamtwürdigung „per se [als] Königsweg für die Rechtsprechung" [28] und zeigt, dass sich die Erkenntnisse der Wissenschaft hervorragend in die Praxis der Rechtsprechung einfinden können. Die trotz mancher Ausnahmen immer wieder auftauchenden Differenzen auf Grund der auf der einen Seite fallbezogenen, auf der anderen Seite theoriebezogenen Bearbeitung, lassen sich nach Fischer mit Hilfe der Ausrichtung auf den gemeinsamen Gegenstand Recht überwinden, aus der eine beiderseitige Verantwortung hervorgeht. Kritisch zu Fischers Darlegung äußert sich Schünemann (2011), der den bisherigen Glauben an die Effizienz der Strafrechtsdogmatik nicht nur für

24 *Roxin*, in: *Eser/Hassemer/Burkhardt* (Hrsg.), Die deutsche Strafrechtswissenschaft vor der Jahrtausendwende, S. 369 (383).

25 *Fischer*, in: *Michalke/Köberer/Pauly u. a.* (Hrsg.), Festschrift für Rainer Hamm zum 65. Geburtstag am 24. Februar 2008, S. 63 (64).

26 *Fischer*, in: *Michalke/Köberer/Pauly u. a.* (Hrsg.), Festschrift für Rainer Hamm zum 65. Geburtstag am 24. Februar 2008, S. 63 (77).

27 *Fischer*, in: *Michalke/Köberer/Pauly u. a.* (Hrsg.), Festschrift für Rainer Hamm zum 65. Geburtstag am 24. Februar 2008, S. 63 (74).

28 *Fischer*, in: *Michalke/Köberer/Pauly u. a.* (Hrsg.), Festschrift für Rainer Hamm zum 65. Geburtstag am 24. Februar 2008, S. 63 (78).

die „Selbstbeschäftigung im Elfenbeinturm“[29] sondern auch für die Arbeit der Rechtsprechung nach Fischers These der fremden seltsamen Welten als „Kinderglaube“ bezeichnet. Der Erkenntnisgewinn bleibt auf Grund mangelnder eigener Ausarbeitung des Autors zum Thema und reiner Textauswertung und Kommentierung der Ansicht begrenzt. Letztendlich stimmt er der Diagnose Fischers von fremden seltsamen Welten zu, wobei er von der Anführung erfolgsversprechender Lösungen zur Annäherung beider Institute insoweit absieht, als dass er lediglich darauf hinweist, dass „in einer Zeit, in der die Produktion strafrechtsdogmatischer Literatur infolge einer Vervielfältigung der Publikationsmedien […] ein nicht mehr überschaubares Ausmaß erreicht hat, [von einem Richter nicht verlangt werden kann, dass er neben dem Richten] ein schon rein physisch unmögliches Lesepensum bewältigt.“[30] Dies hat zur Folge, dass für jeden Bundesrichter mindestens ein wissenschaftlicher Mitarbeiter eingestellt werden müsste. Schlussendlich hält er, auch auf die Gefahr hin, dass der BGH „die Dogmatik als bloßen Gemischtwarenladen“ benutzt, eine solche, mit wissenschaftlichem Ernst betriebene, für unentbehrlicher denn je.[31]

Ebenfalls mit der Wissenschaft und der Rechtsprechung, genauer mit dem Dialog zwischen Strafrechtswissenschaft und dem BGH, beschäftigt sich die Dissertation von Janzarik (2013). In beschreibender und interpretierender Weise veranschaulicht die Autorin die Kommunikation beider Institute anhand ausgewählter Entscheidungen, wobei sie sich einerseits für den bekannten „Katzenkönig-Fall“ zum vermeidbaren Verbotsirrtum, andererseits für den schon von Radtke (2007) behandelten Fall des „Nationalen Verteidigungsrates“ zur mittelbaren Täterschaft entschieden hat. Sie stellt vor einer genauen Analyse hinsichtlich beider Entscheidungen klar, dass für die von ihr verwendeten Fallgruppen gilt, dass die „Literatur sie bereits lange Jahre diskutiert hatte, bevor sich dem BGH mit dem Katzenkönig-Fall auf der einen und dem Fall zum Nationalen Verteidigungsrat auf der anderen Seite Gelegenheit zu grundlegender Stellungnahme bot.“[32] Bedeutend für die Analyse in Bezug auf den Dialog beider Institute sind die Berücksichtigung der Wissenschaft im ergangenen Urteil, sowie umgekehrt die Wirkung des Urteils auf die bisher publizierte Literatur mit der möglichen Folge einer Stellungnahme. Als Ergebnis konstatiert die Autorin, dass ein Dialog zwischen Strafrechtswissenschaft und BGH nur bejaht werden

29 *Schünemann*, Goltdammer's Archiv für Strafrecht 2011, 445.
30 *Schünemann*, Goltdammer's Archiv für Strafrecht 2011, 445 (460).
31 *Schünemann*, Goltdammer's Archiv für Strafrecht 2011, 445 (461).
32 *Janzarik*: Bundesgerichtshof und Strafrechtswissenschaft: Dogmatik im Dialog? S. 68.

kann, „wenn ein gewisser Prozentsatz der Beiträge in dieselbe Richtung weist [mit der Folge, dass es sich in keinem der Fälle] um einen Dialog im engen Sinn eines Zwiegesprächs“[33] handelt. Zur Annahme eines Dialoges muss beiderseits ein hohes Maß an Gesprächsbereitschaft offenbart werden und die Diskussion um eine Thematik über einen längeren Zeitraum fortgeführt und nicht auf ältere Rezensionen beschränkt bleiben.

Es zeigt sich eine über Jahre hinweg und an unterschiedlichen Beispielen belegte Analyse des Verhältnisses oder Dialogs zwischen der Strafrechtswissenschaft und der Rechtsprechung bzw. der Praxis. Die Verfasser der zum bisherigen Stand der Forschung zitierten Publikationen sind zum Teil rein wissenschaftlich an einer Universität, zum Teil allerdings auch in der Praxis tätig. Welche Kritikpunkte den vorgenannten Publikationen zum Aufzeigen des Verhältnisses zugrunde liegen, kann an dieser Stelle nicht beantwortet werden. Die vorliegende Arbeit fragt jedoch ausschließlich nach der Bedeutung der Forschungsleistung der universitären Wissenschaft für Lösung aktueller Strafrechtsprobleme.

33 *Janzarik*: Bundesgerichtshof und Strafrechtswissenschaft: Dogmatik im Dialog? S. 298.

Der Gang der Untersuchung

Ziel des Vorhabens ist die Beantwortung der Frage nach der Bedeutung der Forschungsleistung der universitären Strafrechtswissenschaft für die Lösung aktueller und praxisbezogener Fälle der Strafrechtspflege. Gleichzeitig kann folglich die Hypothese, die Wissenschaft der Universität sei lediglich eine grundlagenbezogene Wissenschaft, die keine wesentliche Schrittmacherfunktion innehat, sondern lediglich als Absicherer bereits von der Rechtsprechung entwickelter Theorien und Lösungsansätze agiert, bestätigt oder widerlegt werden. Zu diesem Zweck müssen zunächst die Strafrechtswissenschaft und die Praxis in ihrer Begriffsbestimmung, Zugehörigkeit und Arbeitsweise erläutert werden. Dies soll Inhalt des ersten Kapitels sein. Die präzise Darlegung beider Institute und deren Strukturen sowie Stellung in der Rechtspflege soll eine Diskussionsgrundlage für die folgenden Kapitel der Arbeit darstellen, damit die Arbeitshypothese der Untersuchung deutlich wird und ein visueller Zugang zur Problematik geschaffen werden kann. Eine Erläuterung der Begriffe beider hier relevanten Institute sowie der dazugehörigen Literatur ist Voraussetzung für die in Kapitel 3 folgende Analyse der Literatur hinsichtlich der Verfasser, Erscheinungsjahre und Inhalte. Mit der ausführlichen Beschreibung der Arbeitsweise beider Institute legt die Verfasserin den Grundstein für die im 3. Kapitel erfolgende Analyse der möglichen Gründe der von ihr aufgestellten Hypothese. Abgeschlossen wird das Kapitel mit der Darstellung der Position von Strafrechtswissenschaft und Strafrechtspraxis innerhalb der Strafrechtspflege sowie einer Auswertung der Quantität der Beiträge beider Institute.

Kapitel 2 befasst sich anschließend mit der der Untersuchung zugrundeliegenden Problematik der Internal Investigations. Zum besseren Verständnis der Thematik ist zunächst die Erläuterung des Begriffs der Internal Investigations notwendig, um daran anschließend eine Abgrenzung zu den staatlichen Ermittlungsverfahren durchzuführen. Aus der dieser nachfolgenden Darstellung der Probleme, die sich im Zusammenhang mit den Untersuchungen ergeben, wird ein noch tieferes Verständnis der Problematik ermöglicht. Es sollen Gründe aufgezeigt werden, die die Verfasserin zu diesem Vorhaben veranlassten. Zugleich bietet dies die Grundlage der im 3. Kapitel folgenden Analyse der die Probleme betreffenden Literatur, der Verfasser, das Erscheinungsjahr und den Inhalt betreffend.

Eingeleitet wird das den Kern der Arbeit bildende 3. Kapitel mit Ausführungen zur bisherigen Literatur und dem Aufkommen der Thematik durch die

Siemens-Affäre, die den Grund für die Entstehung des Vorhabens bilden. Es folgen die Analyse der Publikationen der Jahre 2006 bis 2018 sowie – ebenfalls chronologisch geordnet – die Veröffentlichungen der Gerichte und der BRAK-Thesen. Anschließend an die Analyse der Literatur wird der erst kurze Zeit vor Abschluss des Vorhabens veröffentlichte Entwurf des Verbandssanktionengesetzes inhaltlich dargestellt und unter Bezugnahme auf die hiesige Thematik analysiert. Dies bildet sodann den Abschluss des dritten Kapitels.

Eine Auswertung der Ergebnisse sowie die Beantwortung der dem Vorhaben zugrundeliegenden Fragestellung soll sodann im 4. und letzten Kapitel geleistet werden. In diesem werden von der Verfasserin 3 Aufgaben verfolgt. Zum einen erfolgt hier eine kritische und zum Teil statistische Auswertung der Resultate des vorherigen Kapitels. Zum anderen wird die Bedeutung für die zugrundeliegende Fragestellung aufgeführt. Abschließend werden die Erkenntnisse in der Schlussfolgerung zusammengefasst und der Versuch unternommen, eine Empfehlung für die zukünftige Arbeit beider Institute zu geben.

§ 1 Die relevanten Institutionen

Die aufgeworfene Fragestellung ist durch bestimmte Begriffe gekennzeichnet, die zum Verständnis der Problematik der Klärung bedürfen. So ist zunächst der Begriff der Strafrechtswissenschaft zu konkretisieren, da von ihm in Abhängigkeit des Verfassers ein differenziertes Verständnis ausgeht. Zum Teil sind der Berufsweg des Protagonisten und die von ihm ausgeübte Tätigkeit für die Begriffsbestimmung maßgebend[34], wohingegen andererseits schon durch jeden ernsthaften und planmäßigen Versuch, die Wahrheit zu ermitteln, eine Zugehörigkeit zur Wissenschaft begründet werden kann.[35] Letzteres ist die Auslegung von Art. Art. 5 Abs. 3 Grundgesetz (GG), der die Wissenschaftsfreiheit normiert und damit insbesondere den Verfassungsrechtswissenschaftlern ein genaueres Verständnis des Wissenschaftsbegriffs anheimstellt. Dabei setzt diese Formel voraus, dass der Wissenschaft stets ein gewisser Kenntnisstand zugrunde gelegt wird, der Versuch zur Ermittlung der Wahrheit von methodisch geordnetem Denken geleitet wird und die Erkenntnisse in der Öffentlichkeit diskutiert und kritisch betrachtet werden.[36] Partiell wird im Vergleich mit anderen Wissenschaften allerdings in Frage gestellt, ob die generell auf dem Gebiet des Rechts durchzuführenden Tätigkeiten denjenigen einer Wissenschaft gleich kommen mit der Folge, dass die Wissenschaftlichkeit der Strafrechtswissenschaft angezweifelt, ihr teilweise sogar abgesprochen wird.[37] Auf Grund der auf dem differenzierten Verständnis der Strafrechtswissenschaft basierenden langjährigen und vielzähligen Veröffentlichungen hinsichtlich ihrer Situation, ihres Wesens und ihren Aufgaben[38] stellt diese nicht nur eine Art und Weise sich mit dem

---

34 *Fischer*, in: *Bernsmann/Fischer* (Hrsg.), Festschrift für Ruth Rissing-van Saan zum 65. Geburtstag am 25. Januar 2011, S. 143 (144).

35 *BVerfG – Urteil v. 29.5.1973 – 1 BvR 424/71 u. 325/72.* So das Bundesverfassungsgericht (BVerfG) in seinem bekannten „Hochschulurteil" von 1973, in dem die in Art. 5 Abs. Abs. 3 GG garantierte Wissenschaftsfreiheit thematisiert wird.

36 *Kingreen/Poscher*: Grundrechte Staatsrecht II S. 176.

37 *Kiesow*, JZ 2010, 585 (586). Der Autor bestreitet die Existenz einer Rechts-Wissenschaft, da Wissenschaft uninteressiert, desinteressiert, zweckfrei und losgelöst von ihrer Welt des Wissens ist und das Recht als Kampfmittel der Durchsetzung von menschlichen Interessen dient, das nicht als Ganzes, sondern in Gesetzesbrocken, Meinungsbrocken und Urteilsbrocken den menschlichen Alltag bestimmt.

38 *Würtenberger*: Die geistige Situation der deutschen Strafrechtswissenschaft,; *Maihofer*, in: *Roxin/Bruns/Jäger* (Hrsg.), Grundfragen der gesamten Strafrechtswissenschaft,

Strafrecht zu beschäftigen dar, sondern ist ebenso als Institution des Rechtslebens fest verankert, deren Bedeutung auf den ersten Blick eindeutig, bei näherer Beschäftigung jedoch unklar ist. Umso wichtiger ist eine Begriffserklärung für das Verständnis der nachfolgenden Arbeit, damit der Unterschied zur Institution der Praxis und damit die Motivation der Verfasserin sowie das Ergebnis der Untersuchung nachvollzogen werden können.

I. Strafrechtswissenschaft

Um dies zu erreichen, gibt die Arbeit im Folgenden zunächst einen Überblick über das Verständnis der (Rechts-) Wissenschaften im Allgemeinen, um sich sodann der Strafrechtswissenschaft im Speziellen und hier insbesondere der dem Promotionsvorhaben zugrundeliegenden Gruppierung einzelner Vertreter zu widmen.

1.) Wissenschaft

„Die Wissenschaft ist nichts Abstraktes, sondern als Produkt menschlicher Arbeit auch in ihrem Werdegang eng verknüpft mit der Eigenart und dem Schicksal der Menschen, die sich ihr widmen.“[39] Die Wissenschaft ist mithin ein greifbarer und realer Schaffungsprozess, der mit den Handlungen der ihn durchführenden Menschen in Zusammenhang steht. Die Wissenschaft stammt von dem lateinischen Begriff *„scientia“* ab und ist die Erweiterung des Wissens durch Forschung, seine Weitergabe durch Lehre, der gesellschaftliche, historische und institutionelle Rahmen, in dem dies organisiert betrieben wird, sowie das System des so erworbenen menschlichen Wissens, wobei Forschung die methodische Suche nach neuen Erkenntnissen sowie deren systematische Dokumentation und Veröffentlichung in Form von wissenschaftlichen Arbeiten ist.[40] Wissenschaft ist somit nicht nur durch das Erlangen weiterer Erkenntnisse gekennzeichnet, sondern beinhaltet auch das Teilen dieser Erkenntnisse mit anderen

---

Festschrift für Heinrich Henkel zum 70. Geburtstag am 12. September 1973, S. 75); *Arzt*, in: *Dornseifer/Horn* (Hrsg.), Gedächtnisschrift für Armin Kaufmann, S. 839); *Eser/Hassemer/Burkhardt* (Hrsg.): Die deutsche Strafrechtswissenschaft vor der Jahrtausendwende, 2000; *Schünemann*, in: *Putzke/ Hardtung/Hörnle u. a.* (Hrsg.), Strafrecht zwischen System und Telos, Festschrift für Rolf Dietrich Herzberg zum 70. Geburtstag am 14. Februar 2008, S. 39.

39 *Fischer*, Emil: überliefertes Zitat, 1852–1919.

40 *Brockhaus*: Enzyklopädie, Band 9, S. 483; *Brockhaus*: Enzyklopädie, Band 30, S. 202.

interessierten Lehrlingen. Die Freiheit der Wissenschaft genießt seit Einführung des Grundgesetzes am 23. Mai 1949 den Schutz als Grundrecht.[41] Von der Wissenschaftsfreiheit des Art. Art. 5 Abs. 3 GG umfasst ist sowohl die Gewinnung von Erkenntnissen und deren Umsetzung zu Forschungsergebnissen (Werkbereich) als auch die Vermittlung von Wissen nach außen durch Lehre, Publikation und Kommunikation (Wirkbereich).[42] Der Begriff der Wissenschaft beinhaltet die auf wissenschaftlicher Eigengesetzlichkeit beruhenden Prozesse, Verhaltensweisen und Entscheidungen, die für das Auffinden von Erkenntnissen, ihrer Deutung und Weitergabe von Bedeutung sind, wobei sich unter Forschung jede wissenschaftliche Tätigkeit subsumieren lässt, die nach Inhalt und Form ein ernsthafter und planmäßiger Versuch zur Ermittlung der Wahrheit ist, sodass die Wissenschaft von der Aura der Wahrheit und Neutralität umgeben ist.[43] Wissenschaftliches Arbeiten setzt somit für denjenigen, der es betreibt, auf dem Gebiet des zu Erforschenden einen gewissen Kenntnisstand – in der Regel durch wissenschaftliches Studium erworben – und ein gewisses Interesse voraus, welches somit methodisch geordnetes Denken ermöglicht. Das sich an diese nach dem Verständnis nie abgeschlossene Tätigkeit anschließende Vermitteln der Erkenntnisse nach außen hat zur Folge, dass diese in der Öffentlichkeit diskutiert und somit auch kritisch infrage gestellt werden. Beiden, sowohl der Forschung als auch der Lehre dürfen durch den durch Art. Art. 5 Abs. 3 GG gewährten Schutz von staatlicher Seite, keine die Freiheit stark einschränkenden Vorschreibungen gemacht werden. Die Aufnahme der Wissenschaft als Grundrecht und der damit verbundene Schutz haben zur Folge, dass die Suche nach Wahrheit eine unabhängige ist, und sowohl schöpferisches als auch selbstbestimmtes Arbeiten ermöglichen.[44]

Die Tätigkeit der Wissenschaft ist jedoch nicht nur in Deutschland im Rahmen der Grundrechte geschützt. Die EU-Grundrechtecharta kodifiziert die Grund- und Menschenrechte für die Europäische Union und umfasst seit Inkrafttreten am 01. Dezember 2009 in Artikel 13 die Freiheit der Kunst und der Wissenschaft. Der neben der Freiheit der Kunst in der Überschrift des Artikels genannte Begriff der Wissenschaft spaltet sich im Artikel selbst in zwei Begriffe. Wissenschaft ist

---

41 Vorher war sie allerdings in § 152 der Paulskirchenverfassung und Art. 142 WRV kodifiziert.

42 *Hufen*, NVwZ 2017, 1265.

43 *BVerfG – Urteil v. 29.5.1973 – 1 BvR 424/71 u. 325/72*; *Röhl/Röhl*: Allgemeine Rechtslehre S. 79.

44 *Ekklesiandros*, Goltdammer's Archiv für Strafrecht 1999, 409.

demnach zum einen die Forschung und zum anderen die akademische Lehre, wobei der in Deutschland anerkannte Begriff der Wissenschaft nicht auf denjenigen der EU-Grundrechtecharta übertragen bzw. mit diesem gleichgesetzt werden darf. Während die Wissenschaft in Deutschland nach der Definition durch das Bundesverfassungsgericht (BVerfG) ein nie ganz abgeschlossener Prozess ist, der nach Inhalt und Form den ernsthaften und planmäßigen Versuch zur Ermittlung der Wahrheit beinhaltet[45], definiert sich wissenschaftliche Betätigung auf dem Gebiet des europäischen Rechts als methodisch geleitetes Generieren neuen Wissens.[46] Neben diesem Unterschied trägt das Verständnis des Wissenschaftsbegriffs auf der Grundlage der Grundrechtecharta dem Wandel von der erkenntnissuchenden Reflexion zur angewandten Naturwissenschaft Rechnung, nach dem die technologische Forschung nicht die Wahrheit entdeckt, sondern die Wirklichkeit gestaltet, was insbesondere durch die Unterscheidung zwischen Wissen generieren und Wahrheitsermittlung gekennzeichnet ist.[47] Forschung im Sinne des Verständnisses der EU-Grundrechtecharta ist mithin eine Tätigkeit, die methodisch, systematisch und nachprüfbar neue Erkenntnisse hervorbringt, nicht aber die bloße Anwendung der bereits von anderen gewonnenen Erkenntnisse.[48] Neben der Forschung ist nach dem Verständnis der EU-Grundrechtecharta auch die akademische Freiheit Teil des Wissenschaftsbegriffs, sodass auch sie unter den Begriff der Wissenschaft zu subsumieren und ihre Erläuterung für das Verständnis des Wissenschaftsbegriffes von Bedeutung ist. Akademische Freiheit – respektive – akademische Lehre ist die wissenschaftlich fundierte Übermittlung der durch die Forschung gewonnenen Erkenntnisse[49], sodass hieran zu erkennen ist, dass die Lehre auch nach europäischem Verständnis auf der Forschung fußt, mit dieser in einem Zusammenhang steht und ihr nachfolgt. Der Lehre obliegt dabei die organisationsrechtliche Tätigkeit kenntnisreicher Planung und Durchführung, auf die die wissenschaftliche Forschung in ihrer unendlichen Dimension geprägt von Unvorhersehbarkeit

---

45 *BVerfG – Urteil v. 29.5.1973 – 1 BvR 424/71 u. 325/72*; *Kahlo*, in: *Graul/Wolf* (Hrsg.), Gedächtnisschrift für Dieter Meurer, S. 583 (588). *Kahlo* spricht davon, dass die Wissenschaft ein nie ganz aufgelöstes Problem ist und daher immer am Forschen bleibt.

46 *Ruffert*, in: *Calliess/Ruffert* (Hrsg.), EUV/AEUV, 5. Auflage: Art. 13, Rn. 6; *Jarass*, in: *Jarass* (Hrsg.), Charta der Grundrechte der Europäischen Union, 3. Auflage: Art. 13, Rn. 6.

47 *Ruffert*, in: *Calliess/Ruffert* (Hrsg.), EUV/AEUV, 5. Auflage: Art. 13, Rn. 6.

48 *Jarass*, in: *Jarass* (Hrsg.), Charta der Grundrechte der Europäischen Union, 3. Auflage: Art. 13, Rn. 6.

49 *Jarass*, in: *Jarass* (Hrsg.), Charta der Grundrechte der Europäischen Union, 3. Auflage: Art. 13, Rn. 8.

angewiesen ist und begrenzt dabei den Zugriff von außen auf Universitäten und andere Forschungsstätten.[50]

Neben der vorgenannten Unabhängigkeit ist Wissenschaft planmäßig, ernsthaft, vielfältig, frei, einsam, autonom, fortschrittlich und in ein Stadium der Spezialisierung eingetreten, wobei die sich in ihr Bewegenden alleinige Verantwortung für ihre Tätigkeit tragen. Jemand, der sich der wissenschaftlichen Forschung hingibt, ist bereit und fähig, sich einmal Scheuklappen anzuziehen und mit dem Gefühl, dass seine Seele davon abhängt, tief einzutauchen in ein Thema und den Rausch und die Leidenschaft zu spüren, sodass die methodische Suche nach neuen Erkenntnissen zu einem „Erlebnis" wird,[51] dem keine Grenzen gesetzt sind. „Das Bekannte ist endlich. Das Unbekannte unendlich. Was wir kennen, ist eine kleine Insel inmitten eines grenzenlosen Ozeans des Unerklärlichen.[52] Die unendliche Weite des Unerforschten, die mit der Freiheit einhergeht, Zeit, Ort und Thema der Gewinnung von Erkenntnissen zu wählen, gestattet den Angehörigen der Wissenschaft unterschiedliche Möglichkeiten, sich in ihr zu bewegen. Abhängig ist wissenschaftliche Tätigkeit von der „Eingebung". Wissenschaftlich wertvolle Arbeit setzt einen Einfall voraus, der nicht durch stundenlanges Grübeln am Schreibtisch, wohl aber während eines Spazierganges oder bei Genuss einer Zigarre entsteht, wenn diesem die grübelnde und hinterfragende Tätigkeit am Schreibtisch vorausgegangen ist.[53] Wissenschaftliches Arbeiten bedeutet somit auch, seinen Gedanken Raum zu geben. Strengstens spezialisiert auf ein Thema ist die Wissenschaft somit ein Prozess des Dauerns, dessen Fortschritt von einer „Eingebung" abhängig ist, die sich auch unter Zuhilfenahme größter Anstrengung nicht erzwingen lässt. Forschung und Lehre mit Leidenschaft zu betreiben, ist insbesondere für den Bereich der Forschung zwar notwendig, jedoch werden aus einer Tätigkeit, lediglich basierend auf Leidenschaft, ohne „Eingebung" keine Resultate hervorgehen. Vor- und Nachdenken sowie das immer wieder Infrage stellen der bereits gewonnenen Erkenntnisse werden durch mangelnde inhaltliche und zeitliche Vorgabe oder Zensur ermöglicht.[54] Wissenschaftliche Tätigkeit ist auf jedem ihrer Gebiete stets in fortschrittlicher Bewegung. Das heute Erarbeitete ist in 10, 20, 50 Jahren veraltet, sodass ihr Zweck, der zugleich ihr Schicksal ist, mithin darin besteht,

50 *Ruffert*, in: *Calliess/Ruffert* (Hrsg.), EUV/AEUV, 5. Auflage: Art. 13, Rn. 9.

51 *Weber*: Wissenschaft als Beruf S. 11/12.

52 *Huxley*, Thomas Henry: überliefertes Zitat, 1825–1895.

53 *Weber*: Wissenschaft als Beruf S. 13.

54 *Baer*, FuL 2017, 214 (215).

wissenschaftlich überholt zu werden und die Fehler in einer bereits erstellten Theorie, nach denen ein anderer gründlich gesucht hat, aufdecken zu lassen, sodass die Erkenntnisse des einen dazu führen, dass ein anderer weiterkommt.[55] Forschung ist mithin zwar ein Prozess des Dauerns, der aber weder von Dauer, noch jemals abgeschlossen ist. Der Sinn der Tätigkeit für nicht wissenschaftlich Tätige liegt zunächst lediglich darin, das praktische Handeln an wissenschaftlicher Erfahrung zu orientieren[56] mit der Folge, dass dieses dem jeweiligen Kenntnisstand der wissenschaftlichen Forschung angepasst werden kann.

Unter den Begriff der Wissenschaft lassen sich sowohl auf nationaler als auch auf europäischer Ebene die Tätigkeiten aus Forschung und Lehre subsumieren. Diese genießen sowohl auf nationaler, als auch europäischer Ebene grundrechtlichen Schutz, damit die eigenverantwortliche, freie und unabhängige Tätigkeit der Forscher und Lehrer auf ihrem Gebiet eine solche bleibt und nicht von Fremdbestimmung von außen geleitet wird. Sowohl Forschung als auch Lehre liegen in autonomer Verantwortung derjenigen, die im Zentrum eines Gesamtgefüges stehen und sich dem ergebnisoffenen Abenteuer Wissenschaft mit Leib und Seele widmen, damit die vorgenannte Eigenrationalität – das Abenteuer – immer zum Tragen kommt.[57] Angetrieben durch den Enthusiasmus für eines der vielfältigen Gebiete, deren unendliche Weite sich erforschen lässt, strebt der Wissenschaftler nach Illusionslosigkeit und Klarheit und bindet sich zur Erreichung dieses Zieles an seinen Gegenstand.[58] Für die Zeit der Ausübung wissenschaftlicher Tätigkeit taucht er somit ein in seine auf ein Gebiet spezialisierte Welt, erlebt Höhen und Tiefen, Erfolge und Rückschläge, die den Rausch des Abenteuers greifbar werden lassen. Vor allem die vielfältigen Bereiche und den daraus resultierenden unterschiedlichen Motive, die zur Wissenschaft führen, haben zur Folge, dass die Forschung kontemplative Charaktere ebenso anzieht wie künstlerische Bastler, einsame Leser und Freunde der Feldarbeit.[59] Dabei trägt ein jeder Wissenschaftler, ganz gleich welche Art der Wissenschaft er

---

55 *Weber*: Wissenschaft als Beruf S. 15; *Ekklesiandros*, Goltdammer's Archiv für Strafrecht 1999, 409 (410).

56 *Weber*: Wissenschaft als Beruf S. 15/16.

57 *Baer*, FuL 2017, 214 (215/217); *Hufen*, NVwZ 2017, 1265.

58 *N.N.*: Max Weber: Ohne Entsagung keine Forschung, 07. November 2017, abrufbar unter https://www.faz.net/aktuell/feuilleton/geisteswissenschaften/max-webers-vortrag-wissenschaft-als-beruf-15280078.html (zuletzt geprüft am 19.07.2020).

59 *N.N.*: Max Weber: Ohne Entsagung keine Forschung, 07. November 2017, abrufbar unter https://www.faz.net/aktuell/feuilleton/geisteswissenschaften/max-webers-vortrag-wissenschaft-als-beruf-15280078.html (zuletzt geprüft am 19.07.2020).

ausübt, die Obliegenschaft für Verfahren und Ergebnisse der Forschung. Freiheit und Verantwortung stehen mithin nicht rechts und links der Wissenschaft, sodass diese sich mal in die eine und mal in die andere Richtung bewegt. Wissenschaft ist Freiheit und Verantwortung zugleich.[60] Dabei liegt der Zweck der Wissenschaft für denjenigen, der sie ausübt, im Unterschied zu den sich nicht in ihr Bewegenden, die in ihr die Orientierung für ihr Handeln sehen, darin, Kenntnisse über Techniken zu erlangen, Methoden des Denkens, das Handwerkszeug und die Schulung dazu zu erlernen und Klarheit zu erlangen.[61] „Das Ziel der Wissenschaft ist es immer gewesen, die Komplexität der Welt auf simple Regeln zu reduzieren"[62] und somit an der Entzauberung der Welt zu arbeiten. Wissenschaftliche Tätigkeit geht somit, da sich auch die Lehre diesem anschließt, von den Forschenden aus, sodass ihnen ausschlaggebender Einfluss verbleiben muss[63], damit auch zukünftig eine freie wissenschaftliche Arbeit auf den Gebieten der Forschung und Lehre gewährleistet werden kann. Wissenschaftler sind aber nicht nur die Forschenden. Ein Wissenschaftler ist jede natürliche Person, die eigenverantwortlich in wissenschaftlicher Art und Weise tätig ist.[64] Ende des 19., Anfang des 20. Jahrhunderts waren die Gelehrten, die wissenschaftlich Gebildeten, eine Gruppe, die nicht so sehr wegen ihrer Tätigkeit, sondern wegen ihres Berufes unter diesen Begriff zu subsumieren waren. Als Gelehrte und mithin Wissenschaftler galten Ärzte, Chemiker, Nationalökonomen, Physiker, Juristen, Philologen, Geistliche, Staatsbeamte, Studienräte und Universitätsprofessoren.[65] Die Gelehrten dieser Zeit waren Männer der „reinen" Wissenschaft und demzufolge lediglich darauf bedacht, ihren eigenen Geist soweit wie möglich zu bilden, da die schöpferische Arbeit des menschlichen Geistes das einzige ist, was zählt – praktische Kenntnisse des Alltagslebens – einfach belanglos.[66] Wissenschaftler, die den vorgenannten beruflich Tätigen unterfallen, wurden auf Grund ihrer akademischen Tätigkeit in dieser Zeit aber auch dem „Mandarinentum" – so eine pointierte Charakterisierung im geschichtswissenschaftlichen

---

60 *Hufen*, NVwZ 2017, 1265 (1266).

61 *Weber*: Wissenschaft als Beruf S. 30.

62 *Mandelbrot*, Benoît: überliefertes Zitat, 1924–2010.

63 *Baer*, FuL 2017, 214 (216); *BVerfG – Beschl. v. 20.07.2010 – 1 BvR 748/06.*

64 *BVerfG – Urteil v. 29.5.1973 – 1 BvR 424/71 u. 325/72*; *Ipsen*: Staatsrecht II S. 147; *Bethge*, in: *Sachs* (Hrsg.), Grundgesetz, 8. Auflage: Art. 5, Rn. 201.

65 *vom Bruch*: Vom Niedergang der deutschen Gelehrten, 1983, abrufbar unter https://www.zeit.de/ 1983/49/vom-niedergang-der-deutschen-gelehrten/komplettansicht (zuletzt geprüft am 19.07.2020); *Ringer/Laermann*: Die Gelehrten S. 15/16.

66 *Ringer/Laermann*: Die Gelehrten S. 28.

Schrifttum – zugeordnet. Dies war eine gesellschaftliche und kulturelle Elite, die den Status ihrer Bildungsqualifikation gemeinsam hat und zu der lediglich dann eine Zugehörigkeit bejaht wird, wenn ein akademischer Grad als Abschluss nachgewiesen werden kann.[67] Hierbei obliegt den Intellektuellen des Mandarinentums – den Universitätsprofessoren –, die übrige Elite mit Nahrung zu beliefern und die Qualifikationen für die Aufnahme in diese Gruppe zu überprüfen und beizubehalten.[68] Wissenschaftlich gebildete Menschen waren somit eine von den Übrigen abgrenzbare Personengruppe, der auf Grund ihrer Bildung ein gewisser gesellschaftlicher Status zugeschrieben worden ist mit der Folge, dass es diejenigen waren, die bürgerliche Karriere machten.[69] Dies, sowie die Tatsache, dass es in dieser Zeit nur wenige Studenten gegeben hat, hatte auch zur Folge, dass der Kreis derjenigen, die dieser Gruppierung zugehörig waren, ein kleiner war. Zu ihm zählten zwar nunmehr auch die Studenten. Die Zahl derjenigen, die an deutschen Universitäten studierte war mit ca. 90.000 Studenten so hoch, wie die derer, die heute an zwei großen deutschen Universitäten eingeschrieben sind. Die Zugehörigkeit zur Wissenschaft zog mithin auch gleichzeitig eine Zugehörigkeit zur Elite nach sich.[70] Der Wissenschaftler der damaligen Zeit war mithin nicht lediglich wissenschaftlich tätig, sondern genoss obendrein ein hohes soziales Ansehen.

Während die Wissenschaft Ende des 19. und Anfang des 20. Jahrhunderts u.a. auch Ärzte, Rechtsanwälte und Physiker einschloss, lebt die Wissenschaft heute in ihrer differenzierten Art und Weise in und vor allem von der Hochschullehre, wobei die Aufnahme des Hochschulstudiums ein erstes „In-Berührung-Kommen" mit der Wissenschaft ermöglicht.[71] Im Beruf der Professoren vereint sich die Wissenschaft in Forschung und Lehre an der Universität mit der Folge, dass dieser Ort Kern wissenschaftlicher Tätigkeit ist. Als geborene Rechtssubjekte der Wissenschaft sind die Universitätsprofessoren ein wichtiger und großer

---

67 *Ringer/Laermann*: Die Gelehrten S. 16.

68 *Ringer/Laermann*: Die Gelehrten S. 16.

69 *Hufen*: Staatsrecht II S. 585–587.

70 *N.N.*: Max Weber: Ohne Entsagung keine Forschung, 07. November 2017, abrufbar unter https://www.faz.net/aktuell/feuilleton/geisteswissenschaften/max-webers-vortrag-wissenschaft-als-beruf-15280078.html (zuletzt geprüft am 19.07.2020).

71 *N.N.*: Max Weber: Ohne Entsagung keine Forschung, 07. November 2017, abrufbar unter https://www.faz.net/aktuell/feuilleton/geisteswissenschaften/max-webers-vortrag-wissenschaft-als-beruf-15280078.html (zuletzt geprüft am 19.07.2020); *Baer*, FuL 2017, 214 (217).

Teil der Wissenschaft.[72] Die im Rahmen der Hochschullehre Tätigen, wie Lehrbeauftragte, wissenschaftliche Mitarbeiter und Studenten, gehören der Wissenschaft insoweit an, als dass sie ihren eigenen Beitrag zur Forschung oder – soweit ihnen übertragen – zur Lehre leisten. Dies ist für Studenten insbesondere bei Anfertigung von Seminararbeiten, Dissertationen oder Habilitationsschriften einschlägig.[73] Außerhalb der Hochschule ist derjenige unter den Begriff des Wissenschaftlers zu subsumieren, der die Tätigkeit des Forschens privat ausübt.[74] Zur heutigen Zeit ist es einem weitaus größeren Kreis möglich ist, eine Hochschule zu besuchen und in der Folge wissenschaftliche Qualifikationen zu erwerben. Damit geht zum einen eine größere – stetig steigende – Anzahl Hochschulprofessoren einher, zum anderen zieht die Zugehörigkeit zur Wissenschaft nach dem heutigen Verständnis nicht mehr die Einordnung einer Elite sowie eines Spezialistentums nach sich, das noch Ende des 19. und Anfang des 20. Jahrhunderts vorherrschte.

Wissenschaft ist somit ein nie endender, sich über viele Jahre entwickelnder Prozess der Spezialisierung, Freiheit, Vielfältigkeit, Autonomie, Verantwortung und des Fortschritts, der die Forschung und die mit ihr stets einhergehende und ihr nachfolgende Lehre stets beinhaltet. Als Grundlage des wissenschaftlichen Schaffungsprozesses ist es die „Eingebung“, die diesen Prozess erfolgreich werden lässt und für die eine Zeit des Grübelns ebenso notwendig ist wie das Raumlassen der Gedanken. Neugierde, gewisse Vorkenntnis und die Leidenschaft zu einem speziellen Thema, die das Aufsetzen von Scheuklappen und ein tiefes Eintauchen in das Thema nach sich zieht, lassen das Abenteuer Wissenschaft zu einem Erlebnis werden, dessen Resultat am Ende etwas Wissenswertes ist. Wissenschaft bedeutet, dass man alles erfahren kann, wenn man möchte und dass es keine Bereiche gibt, die nicht erforscht und somit in ihrer Tiefe durchdrungen werden können mit der Folge, dass Wissenschaft die Entzauberung der Welt ermöglichen kann. Im Folgenden soll im Hinblick auf die der Arbeit zugrundeliegende Fragestellung zunächst auf die Rechtswissenschaft eingegangen werden, die als Fachwissenschaft eine Teilaufgabe der Wissenschaft als Ganzes wahrnimmt. Dabei soll auch auf die immer wieder aufkommende Diskussion um die Wissenschaftlichkeit der Rechtswissenschaft eingegangen werden. Im

---

72 *Hufen*: Staatsrecht II S. 585–587; *Bethge*, in: *Sachs* (Hrsg.), Grundgesetz, 8. Auflage: Art. 5, Rn. 207; *Weber*: Wissenschaft als Beruf S. 10.

73 *Hufen*: Staatsrecht II S. 594; *Röhl/Röhl*: Allgemeine Rechtslehre S. 80.

74 *Hufen*: Staatsrecht II S. 594; *Bethge*, in: *Sachs* (Hrsg.), Grundgesetz, 8. Auflage: Art. 5, Rn. 209.

Anschluss soll die für dieses Vorhaben relevante Strafrechtswissenschaft näher erläutert und definiert werden.

2.) Wissenschaft vom Recht

„Drei berichtigende Worte des Gesetzgebers und ganze Bibliotheken werden zur Makulatur."[75] In der Natur jeder Wissenschaft liegt die Erkenntnisgewinnung. Diese wird erreicht durch einen nie endenden und sich über viele Jahre hinweg entwickelnden Prozess u.a. der Spezialisierung, Vielfältigkeit, Freiheit und vor allem des Dauerns. Die Wahrheit kann nur langsam reifen, muss sich durch Irrtümer jeglicher Art winden, wobei das Resultat solche Gesetze sind, die sich auf Grund jahrelanger Bemühungen ihrer Bearbeiter entwickelt haben.[76] Juristische Bemühungen aber sind vergänglich, weil der Gegenstand der Jurisprudenz – das positive Recht – sich stetig verändert. Das positive Recht, zu dem sowohl Gesetze und Verordnungen als auch der Niederschlag der anerkannten Rechtsvorstellungen und rechtlichen Anforderungen in den Urteilen sowie die wirtschaftlichen und sozialen Gegebenheiten und alltäglichen Verkehrsgeschäfte gehören, ist unverständlich, zufällig, oft reine Willkür und damit ganz das Gegenteil von der durch Wissenschaft gewährleisteten Sicherheit und Ordnung.[77] Dies hat zur Folge, dass der Prozess des Dauerns, den eine jede Wissenschaft innehat, nicht gewährleistet werden kann. Während in anderen Wissenschaften die Erkenntnisse auch in der Zukunft wahr bleiben – die Erde dreht sich um die Sonne – ist der Gegenstand des Rechtes ein anderer geworden, wenn die Rechtswissenschaft nach langen Bemühungen die Wahrheit gefunden hat.[78] Die Wissenschaft vom Recht macht sich „so das Zufällige zum Gegenstand und wird dabei selbst zur Zufälligkeit", wobei die Lehrbücher eine gewisse Erstarrung der Wissenschaft dokumentieren.[79] Sämtliche bis zu diesem Zeitpunkt gewonnenen Erkenntnisse werden somit auf Grund der Schnelllebigkeit der Veränderungen unwichtig und

---

75 *Kirchmann*: Die Werthlosigkeit der Jurisprudenz als Wissenschaft S. 17; *Larenz*: Über die Unentbehrlichkeit der Jurisprudenz als Wissenschaft S. 7; *Steininger*, NJW 2015, 1072.

76 *Kirchmann*: Die Werthlosigkeit der Jurisprudenz als Wissenschaft S. 10.

77 *Kiesow*, JZ 2010, 585 (588); *Larenz*: Über die Unentbehrlichkeit der Jurisprudenz als Wissenschaft S. 21/22.

78 *Kirchmann*: Die Werthlosigkeit der Jurisprudenz als Wissenschaft S. 10; *Kühl*, in: *Ameling/ Günther/Kühne* (Hrsg.), Festschrift für Volker Krey zum 70. Geburtstag am 09. Juli 2010, S. 269 (274).

79 *Kirchmann*: Die Werthlosigkeit der Jurisprudenz als Wissenschaft S. 17.

uninteressant. Das beschriebene Papier wird zur Makulatur, sodass berechtigterweise, wenn die Rechtswissenschaft nicht die notwendigen Eigenschaften einer Wissenschaft enthält, die Wissenschaftlichkeit der Rechtswissenschaft abgesprochen werden kann. Die unzweifelhafte objektive Gewissheit, die der Laie von einer Wissenschaft erwartet, kann im Recht nicht geboten werden mit der Folge, dass sich ein jeder diesbezüglich mit einer subjektiven Gewissheit zufrieden geben muss,[80] wobei auch diesbezüglich der Charakter einer Wissenschaft in Frage zu stellen ist. Übrig bliebe von dem Begriff der Rechtswissenschaft mithin lediglich das Recht. Dies ist auch notwendig, denn ein Volk mag ohne die wissenschaftliche Ausarbeitung des Rechts leben, nicht aber ohne das Recht selbst, das ihm allerdings auch ohne Jurisprudenz bewusst ist, denn es ruht im Gefühl.[81]

a.) Ist die Rechtswissenschaft eine Wissenschaft?

Im Vergleich zu anderen Wissenschaften, die ihre Fragen, ob Vernunft und Verstand eins oder unterschiedlich sind oder ob die algebraischen Gleichungen vierten Grades direkt gelöst werden können oder nicht, ausschließlich unter Hinzuziehung von Erkenntnissen und Wissen beantworten, hat sich das Gefühl in Bezug auf die Fragen des Rechts bereits für eine Antwort entschieden, ehe eine wissenschaftliche Untersuchung erfolgen kann. Ob eine Ehe zulässig oder Prügel als Straftat behandelt werden sollen, wird niemals allein unter Hinzuziehung wissenschaftlicher Erkenntnisse entschieden. Diese wird stets von den mit der Thematik in Zusammenhang stehenden Werten beeinflusst.[82] Recht ist dort, wo unterschiedliche Parteien differenzierte Interessen vertreten. Wissenschaft ist desinteressiert und losgelöst von alledem in ihrer Welt des Wissens, das Recht jedoch ist Kampfmittel, um die vorgenannten Interessen und Ansprüche der Menschen durchzusetzen.[83] Ordnung, Sicherheit und Erkenntnisgewinn als Resultate des Prozesses des Dauerns sind für die Interessenvertretung und den Kampf der Parteien nicht notwendig, uninteressant und unbrauchbar. Es kommt lediglich auf die Ansicht des Richters an, wenn es um Recht geht.

Nachdem der Rechtswissenschaft bereits 1848 zum Teil ihr Status der Wissenschaftlichkeit abgesprochen wurde, erreichten diese erneut durch die Fokussierung auf den „Kampf um's Recht“ und die Einführung des BGB mit denen das Produktionsziel der Wissenschaft – das geltende Recht – erreicht worden

---

80 *Larenz*: Über die Unentbehrlichkeit der Jurisprudenz als Wissenschaft S. 17.
81 *Kirchmann*: Die Werthlosigkeit der Jurisprudenz als Wissenschaft S. 7.
82 *Kirchmann*: Die Werthlosigkeit der Jurisprudenz als Wissenschaft S. 13.
83 *Kiesow*, JZ 2010, 585 (588).

war, heftige Angriffe. Durch den sich ständig verändernden Gegenstand des positiven Rechts war dies jederzeit abänderbar, fortwährend interpretierbar und geprägt von Mannigfaltigkeit und Unsicherheit, sodass dies eine unaufhörliche Selbstberichtigung und endlose Diskussion der Kontroversen nach sich zog.[84] Die Veränderlichkeit, allzeitige Anwendbarkeit und differenzierte Interpretationsmöglichkeiten durch den Rechtsanwender haben zur Folge, dass es an dem eine Wissenschaft charakterisierenden Erkenntnisgewinn mangelt, somit durch „drei berichtigende Worte des Gesetzgebers ganze Bibliotheken zur Makulatur werden" und die Rechtswissenschaft zwar begrifflich, nicht jedoch in ihrem tiefen Verständnis einer solchen zugeordnet werden kann. Juristen häufen Glossen auf Glossen, Meinungen auf Meinungen, dabei gebärt der Aktenberg am Ende nur ein winziges Mäuslein wahrer Rechtskenntnis.[85]

Die Veränderlichkeit des Gegenstandes ist jedoch nicht die einzige Begründung, mit der der Rechtswissenschaft ihr Status als Wissenschaft abgesprochen werden soll. Vielfach erfolgt dies unter Hinzuziehung der mangelnden Freiheit des Denkens, die der Rechtswissenschaft nicht zuteilwird. Die Rechtswissenschaft sei an die Autorität der herrschenden Lehre gebunden und deshalb nicht objektiv genug, wobei insbesondere die Zivil- und Strafrechtsdogmatik durch die Bindung an den Wortlaut der vom Staat erlassenen Gesetze von politischen Fakten abhängig und so in ihrem Denken nicht frei ist.[86]

Das enge Verständnis der Wissenschaft zugrunde gelegt, dass zum einen lediglich die reine Logik und Mathematik umfasst werden, die von empirischen Voraussetzungen unabhängig ist und ihre Ergebnisse lediglich in mathematischen Relationen auszudrücken vermag und zum anderen ein Versuch zur Ermittlung der Wahrheit ist, ist die Rechtswissenschaft tatsächlich keine Wissenschaft. Dies insbesondere, weil sie nicht auf der Suche nach der Wahrheit ist.[87] Wissenschaftliche Tätigkeit beinhaltet jedoch viel mehr. Durch die u.a. freie und unabhängige Erweiterung des Wissens durch Forschung und die damit verbundene Erkenntnisgewinnung auf einem Spezialgebiet, werden unterschiedliche und vielfältige Möglichkeiten erreicht, sich in der Wissenschaft zu bewegen.

---

84 *Kiesow*, JZ 2010, 585 (589); *Wolf*: Fragwürdigkeit und Notwendigkeit der Rechtswissenschaft S. 14.

85 *Wolf*: Fragwürdigkeit und Notwendigkeit der Rechtswissenschaft S. 12.

86 *Wolf*: Fragwürdigkeit und Notwendigkeit der Rechtswissenschaft S. 13/14.

87 *Larenz*: Über die Unentbehrlichkeit der Jurisprudenz als Wissenschaft S. 11; *Röhl/Röhl*: Allgemeine Rechtslehre S. 83.

Hierbei übernimmt ein Forscher Verantwortung und taucht tiefgründig in die Problematik ein.

Die Veränderlichkeit des Gegenstandes kann der Rechtswissenschaft nicht den Status einer Wissenschaft absprechen, da auch in anderen anerkannten Wissenschaften neue Entdeckungen neue Tatsachen ergeben, auf deren Basis weitere forschende Tätigkeit erfolgt.[88] Aus dem oben bereits zur allgemeinen Wissenschaft Genannten resultiert, dass diese sich insbesondere durch die Freiheit und Unabhängigkeit der Tätigkeit auszeichnet. Bei der zum Teil vertretenden Ansicht, der Rechtswissenschaft mangele es an Freiheit des Denkens, da sie an den Wortlaut des Gesetzgebers und mithin an den Staat gebunden sei, schlägt insbesondere die Begründung fehl. Freiheit des rechtswissenschaftlichen Denkens bedeutet nicht Freiheit in der Gestaltung der Gesetze. Vielmehr bedeutet es Freiheit in ihrer Auslegung, einer der führenden Aufgaben der Rechtswissenschaft, worauf im weiteren Verlauf der Arbeit noch gesondert eingegangen werden soll. Weil die Rechtswissenschaft Texte grundsätzlich problematisiert, auf unterschiedliche Arten auslegt und aus diesen Deutungsmöglichkeiten eine Wahl trifft, ist sie eine Wissenschaft.[89] Hinzu kommt die Unabhängigkeit der forschenden Tätigkeit vom Gesetzgeber, sei es durch Interpretation, Auslegung oder Anwendung der Gesetze.

b.) Die historische Entwicklung

Weil es unmöglich ist, etwas in Frage zu stellen, das als Solches nicht existiert, kann angenommen werden, dass vor Infragestellung der Wissenschaftlichkeit der Rechtswissenschaft von einer solchen ausgegangen wurde. Damit einher geht die nähere Betrachtung der Historie der Rechtswissenschaft, denn die Römer begründeten mit den 12-Tafel-Gesetzen eine erste Wissenschaft vom Recht. Ca. 450 v. Chr. entstanden, enthielt die erste und einzige Kodifikation Roms Regelungen zum Privatrecht, Öffentlichen Recht und Strafrecht und war, obwohl man sich teils an griechischen Vorbildern orientierte, von altrömischen Rechtsgrundsätzen geprägt, die überwiegend auf einer gelebten Erfahrung basierten.[90] Begriffe wie dolus (Vorsatz) und culpa (Schuld) und die Beteiligungsformen Anstiftung und Beihilfe sind auf der Grundlage der 12-Tafel-Gesetze nicht durch die Gesetzgebung entwickelt worden, sondern waren Resultat wissenschaftlicher

---

88 *Wolf*: Fragwürdigkeit und Notwendigkeit der Rechtswissenschaft S. 14.

89 *Larenz*: Über die Unentbehrlichkeit der Jurisprudenz als Wissenschaft S. 204; *Röhl/Röhl*: Allgemeine Rechtslehre S. 82.

90 *Bretone/Galsterer*: Geschichte des römischen Rechts S. 401.

Auslegung der Gesetze.[91] Das Recht stand zu dieser Zeit vor einer fortwährend neuen Aufgabe, da sich die Gesellschaft in permanentem Wandel befand und die Gerichte mithin ständig neue Sachverhalte zu entscheiden hatten, die sich nicht unter die bestehenden Gesetze subsumieren ließen. Man versuchte sich damit zu helfen, diese Sachverhalte Juristen vorzulegen, damit diese das Recht entsprechend anpassten.[92] Die römische Rechtswissenschaft, der zum Teil namenlose Rechtsgelehrte, zum Teil auch römische Politiker, Beamte, Rechtsgelehrte und Anwälte angehörten,[93] lässt sich mithin nach dem heutigen Kenntnisstand als die älteste historisch belegte Rechtswissenschaft bezeichnen, wobei das Verständnis des Begriffes als Solches zur damaligen Zeit nicht näher erläutert worden ist.

Erst der römische Rechtsgelehrte und Beamte Domitius Ulpianus (Ulpian)[94] definierte ca. 220 n. Chr. die Rechtswissenschaft als die Kenntnis von den menschlichen und göttlichen Dingen und der Wissenschaft vom Gerechten und Ungerechten.[95] Diese erfüllt insbesondere das Kennzeichen der Wissenschaft der „intentio directa", darauf gerichtet, ein Gebilde objektiven Geistes in Form von der Wahrheit entsprechenden Urteilssätzen über Problemzusammenhänge sowie -lösungen, begrifflichen Auswirkungen und logische Gewichtsverhältnisse in einer logischen, begrifflichen und sich an dem Gegenstand orientierenden Form hervorzubringen.[96] Rechtswissenschaft ist daher auch die Kenntnis von göttlichen Dingen, sodass das Kirchenrecht, auch kanonisches Recht, von Bedeutung für das Zusammenleben gewesen ist. Hierbei übte die Kirche ihre Disziplinargerichtsbarkeit gegenüber Geistlichen und Laien derart aus, dass gegen nicht standesgemäßes Verhalten eingeschritten worden ist.[97] Das römisch-kanonische Recht war später im Corpus Iuris Canonici zusammengefasst und beinhaltete das anschließend in den weltlichen Strafprozess übernommene Inquisitionsverfahren sowie den auf dem Gebiet des Privatrechts geltenden Grundsatz „pacta

91 *Hippel*: Deutsches Strafrecht, Band 1, S. 74.

92 *Meder*: Rechtsgeschichte S. 19.

93 *Mommsen*: Römisches Strafrecht S. 534.

94 Domitius Ulpianus war ein römischer Jurist und hoher Staatsbeamter, der später das Amt des Prätorianerpräfektes ausübte. Er war somit der Befehlshaber der Garde des römischen Kaisers.

95 „Juris prudentia est divinarum atque humanarum rerum notitia, iusti atque iniusti scientia." *Spruit*: Corpus iuris civilis, Band 2, S. 91.

96 *Emge*: Philosophie der Rechtswissenschaft, Band 6, S. 59/60.

97 *Hippel*: Deutsches Strafrecht, Band 1, S. 77–79.

sunt servanda".[98] Unter Zuhilfenahme u.a. dieser Verfahren und Grundsätze versuchten somit auch die Kanonisten, allgemeine Regelungen aufzustellen und wissenschaftlich zu bearbeiten, um im praktischen Leben als Leitfaden dienlich zu sein.

Im 12. bis 15. Jahrhundert waren sodann die Regelungen des kanonischen sowie die im Corpus Iuris Civilis enthaltenen des römischen Rechts Grundlage wissenschaftlicher Bearbeitung. Gegenstand wissenschaftlicher Beschäftigung waren zunächst Rhetorik, Dialektik und Grammatik, dann Systematisierung und Textkommentierung als Grundstein wissenschaftlicher Behandlung römischen Rechts. Die Glossatoren[99] strebten danach die bisher schwer verständlichen Regelungen des Corpus Iuris Civilis zu erfassen und darzulegen. Sie suchten daher nach ihrem Sinn und Zusammenhang, um zu systematisieren und zu kommentieren und somit das Recht an aktuelle Sachverhalte anzupassen.[100] Die Verbreitung des römischen Rechts konnte an die nunmehr entstandenen modernen Universitäten erfolgen. Das römische Recht wurde an der Universität von Bologna[101] gelehrt, von den Glossatoren nach Deutschland gebracht und erreichte einen neuen Stil wissenschaftlichen Denkens. Das Recht wurde fortan durch gelehrtes Wissen und logische Gedankenarbeit erschlossen und gelang daher ins Bewusstsein der Juristen.[102] Bereits zu diesem Zeitpunkt war es Vorbild für Deutschland, das auf Grund politischer Zerrissenheit über zersplittertes Recht verfügte.[103] Es bestand allerdings lediglich aus der Erfassung juristischer Sachverhalte sowie der systematischen Ordnung und Entwicklung von Einzelmaterien und Einzelbegriffen – bspw. dolus und culpa – und hatte somit die

98 *Charwath*: Römisches Recht S. 408; *Dahm*, Historische Zeitschrift 1943, 229 (240); *Hippel*: Deutsches Strafrecht, Band 1, S. 81; *Meder*: Rechtsgeschichte S. 161.

99 Glossatoren sind Verfasser einer erklärenden Anmerkung zu einem Text. Im Rahmen der Rechtswissenschaft haben diese Glossatoren, bspw. Pepo von Bologna, Hugo de Porta Ravennate und Azo Portius, in Italien im 12./13. Jahrhundert das römische Recht mit Erklärungen versehen *Charwath*: Römisches Recht S. 527; *Mezger*: Strafrecht: ein Lehrbuch S. 15.

100 *Bock*, ZIS 2006, 7 (10); *Hippel*: Deutsches Strafrecht, Band 1, S. 90/91; *Meder*: Rechtsgeschichte S. 21/197/200.

101 Die beiden ältesten Universitäten, Bologna und Paris, sind nicht wie die Übrigen durch einen formalen Gründungsakt, sondern gewohnheitsrechtlich entstanden *Meder*: Rechtsgeschichte S. 192.

102 So beschrieb Friedrich Carl von Savigny (1779–1861) die gesellschaftliche Entwicklung, *Horn*: Einführung in die Rechtswissenschaft und Rechtsphilosophie S. 28.

103 *Dahm*, Historische Zeitschrift 1943, 229 (236/238/240).

Verwissenschaftlichung der Rechtspraxis zur Folge, erklärte jedoch nicht den Schuldbegriff als solchen.[104] Das heimische Recht in Deutschland genügte nicht mehr, die äußeren Verhältnisse verwiesen auf ein Vorbild, da es ein mit dem römischen Recht vergleichbares an den Universitäten lehrbares Recht nicht gegeben hatte, sodass dieses im Rahmend er Rezeption nach Deutschland gelang.[105] Auch in Deutschland begann somit das wissenschaftliche Arbeiten. Neben den Glossatoren verfügten die Kommentatoren über eine stärkere Hinwendung zur Praxis und erstellten daher Gesetzeskommentare zur erleichterten Anwendung des Rechts in der Praxis. Von der Erschließung der Gesetzestexte bis zur Systematisierung im 16. Jahrhundert ist die schöpferische Leistung der Jurisprudenz die Verwandlung des Rechts mit den Methoden wissenschaftlichen Denkens der Ursprung desgleichen.[106] Rechtswissenschaftliches Denken stammt somit nicht aus dem römischen Recht, sondern aus der mittelalterlichen-italienischen Jurisprudenz mit der Folge, dass die Arbeit italienischer Lehrer an den Universitäten – mithin der Professoren – das Fundament und der Wegweiser für die wissenschaftliche Arbeit in Form der Gesetzesauslegung und Systematisierung dient. Die immer größer werdende Wissenschaftlichkeit des Rechts hat jedoch zur Folge, dass das Recht wissenschaftlich-rational technisiert wird und aufhört, im Volksbewusstsein lebendig[107] und für Laien anwendbar und verständlich zu sein.

Die mit der Übernahme des Corpus Iuris Civilis zur Zeit der Rezeption begonnene Verwissenschaftlichung des Rechts nimmt seinen Fortlauf im 17./18. Jahrhundert und zeigt sich in der Verschmelzung römisch-rechtlicher, kanonischer und partikularrechtlicher Elemente. Daraus entstand das usus modernus pandektarum, wobei das römisch-gemeine Recht den Bedürfnissen der Rechtspraxis angepasst wird, sodass daraus die Abänderung des gemeinen-römischen Rechts aus dem deutschen Recht resultiert.[108]

Wissenschaftliche Tätigkeit wird zu dieser Zeit durch universitär gebildete Juristen ausgeübt. Dies geschieht zum einen in der Verfassung von Lehrbüchern,

---

104 *Dahm*, Historische Zeitschrift 1943, 229 (240/243/247); *Meder*: Rechtsgeschichte S. 246.

105 *Hippel*: Lehrbuch des Strafrechts S. 28.

106 *Dahm*, Historische Zeitschrift 1943, 229 (240–242).

107 *Dahm*, Historische Zeitschrift 1943, 229 (257).

108 Die Rechtswissenschaft hat in der frühen Neuzeit einen wesentlichen Beitrag zur Verwissenschaftlichung des Denkens geleistet, *Eisenhardt*: Deutsche Rechtsgeschichte S. 167; *Kubiciel*: Die Wissenschaft vom Besonderen Teil des Strafrechts S. 9; *Meder*: Rechtsgeschichte S. 22/252.

die das geltende Recht orientiert an praktischen Erfahrungen erklären. Zum anderen durch die Lehre, die die Zusammenhänge vermittelt und sich von der Exegese einzelner Stellen distanziert.[109] Bereits im 17./18. Jahrhundert wird Recht mithin zusammenhängend gelehrt und gelernt und für die Zukunft in Lehrbüchern festgehalten, sodass ein auf allgemeinen Grundsätzen basierendes einheitliches Verständnis des Rechts erreicht werden kann.

Daran anschließend begann die Naturrechtslehre[110], die im 18./19. Jahrhundert in den Naturrechtskodifikationen mündete. Das Naturrecht wird historisch als Vernunftrecht bezeichnet, dessen Grundgedanke die Herleitung eines vollständigen Rechtssystems aus der Vernunft ist. Es enthält daher Regelungen, die für ein vernünftig geordnetes Zusammenleben notwendig sind, deren Grundgedanke hingegen das römische Recht gewesen ist.[111] Weil diese Gesetze auch dann gelten, wenn der Glaube an Gott fehlt, grenzt das Naturrecht die Theologie vom Recht ab und räumt der Jurisprudenz damit eine selbstständige Stellung gegenüber der Kirche ein, die bisher Einfluss auf das Recht nehmen konnte. Zeitgleich wurde der Weg dafür geebnet, dass die Rechtswissenschaft eine eigenständige Wissenschaft wird.[112] Es zeigt sich mithin, dass die im römischen Recht entwickelten dogmatischen Grundsätze derart einflussreich, präzise, essentiell und vorbildlich gewesen sind, dass sie auch im 18./19. Jahrhundert nicht wegzudenken sind. Aus den unterschiedlich geltenden Gesetzen und den sich daran anschließenden differenzierten Anwendungen entstand die Idee einer abschließenden, einheitlichen und erschöpfenden Gesetzgebung, da man zu dem Schluss gekommen ist, „Whatever is not in the code of laws, ought not to be law."[113]

Dieses Streben nach Vereinheitlichung und Rechtssicherheit und der Wunsch nach der Verdrängung römischen Rechts führten zur Entstehung diverser Kodifikationen,[114] die Vorreiter des am 01.01.1900 in Kraft getretenen Bürgerlichen Gesetzbuches waren und in wissenschaftlicher Auslegung angewandt wurden. Im Preußischen Allgemeinen Landrecht wurde der Begriff der Rechtswissenschaft

109 *Eisenhardt*: Deutsche Rechtsgeschichte S. 167; *Meder*: Rechtsgeschichte S. 22/256/257.

110 Ihr Begründer war Hugo Grotius (1583 bis 1645).

111 *Hähnchen*: Rechtsgeschichte S. 232; *Meder*: Rechtsgeschichte S. 263–265.

112 *Meder*: Rechtsgeschichte S. 265–266.

113 *Bentham*, Jeremy: überliefertes Zitat, 1748–1832.

114 Das Bayerische Gesetzbuch Codex Maximilianeus Civilis (1756), das ausschließlich Regelungen zum Privatrecht enthielt, das Preußische Allgemeine Landrecht (ALR) (1794), in dem sowohl privatrechtliche als u.a. auch strafrechtliche Regelungen kanonisiert waren, der französische Code Civil (1789) und das Allgemeine Bürgerliche Gesetzbuch (ABGB) in Österreich (1811).

lehrbuchhaft definiert, wobei diese lediglich eine Erkenntnis desjenigen, was Recht und Unrecht ist, beinhaltete.[115] An der Wende vom 18./19. Jahrhundert, wurde das Grundmodell der Universität als Art von gelehrtem Wesen in Wissenschaft und Bildung entwickelt. Die Universität war daher eine Gemeinschaft von Wissenschaftlern, die eigenverantwortlich und autonom tätig waren und deren Gesamtgebilde sich in unterschiedliche Fakultäten gliedern lässt.[116]

Aus dem Wunsch nach einer einheitlichen Kodifikation, trat am 01.01.1900 das Bürgerliche Gesetzbuch in Kraft treten.[117] Neben der Auslegung der Gesetze hat die Rechtswissenschaft somit an einem der größten und bedeutendsten Gesetzesbücher mitgewirkt.

c.) Rechtswissenschaft heute und ihre Tätigkeitsschwerpunkte

Die vorstehenden Ausführungen zugrunde gelegt, wird deutlich, dass der Rechtswissenschaft partiell die Aufgabe zukommt, mit Recht und Gesetz zu arbeiten, wobei sie dabei das Dauernde im Recht nicht nur erkennen, sondern auch nachweisen und legitimieren soll.[118] Daneben resultiert daraus, dass der Gegenstand der Rechtswissenschaft – das Recht – veränderlich ist und sich stetig fortschrittlich bewegt. Im Gegensatz zu anderen Wissenschaften, deren Gesetze konstant gleichbleibend sind, haben sich auch die Methoden, die im Rahmen rechtswissenschaftlicher Arbeit von Bedeutung sind, dementsprechend fortwährend einem beweglichen Gegenstand anzupassen. Weil die Rechtswissenschaft das Recht als eines der zentralen Steuerungsmedien der Gesellschaft versteht, fasst sie die maßgebenden politischen, religiösen, sozialen und wirtschaftlichen Gedanken unter die Begriffe Sicherheit, Zweckmäßigkeit und Gerechtigkeit zusammen, reflektiert und kritisiert das Recht neben den weiteren Steuerungsmedien wie Markt, Moral, Politik und Religion und erforscht es wie es gilt und zukünftig gelten soll.[119]

Dabei berücksichtigt sie die Entstehung und Vergangenheit des Rechts, erörtert, welchen Einfluss die Normen auf die Gesellschaft haben und untersucht es, um daran anschließend nach den jeweils herrschenden Rechtsauffassungen einzelne Dogmatiken zu entwickeln. Darüber hinaus ermittelt sie die Bedeutung der Rechtsnormen durch Auslegung, entwirft neue Rechtsnormen und

115 *Hähnchen*: Rechtsgeschichte S. 239–240.

116 *Kahlo*, in: *Graul/Wolf* (Hrsg.), Gedächtnisschrift für Dieter Meurer, S. 583 (586/587).

117 *Eisenhardt*: Deutsche Rechtsgeschichte S. 382–387.

118 *Wolf*: Fragwürdigkeit und Notwendigkeit der Rechtswissenschaft S. 13.

119 *Wolf*: Fragwürdigkeit und Notwendigkeit der Rechtswissenschaft S. 20/21.

beschäftigt sich mit dem Begriff des Rechts sowie seiner Bedeutung für und Auswirkung der Normen auf die Gesellschaft. Die Rechtswissenschaft bildet somit lediglich den Oberbegriff für die in ihr enthaltende Rechtsgeschichte, Rechtssoziologie, Rechtsdogmatik, Methodenlehre, Rechtspolitik, Rechtsphilosophie und Rechtstheorie.[120]

Für die vorliegende Arbeit und ihre zugrundeliegende Fragestellung sind die Rechtsdogmatik und Methodenlehre relevant, die überwiegend charakteristisch für die Rechtswissenschaft sind. Deren Verständnis soll im Folgenden in gebotener Kürze näher dargestellt werden, um ein besseres Verständnis der den Kern der Rechtswissenschaft bildenden Wesenszüge zu erreichen.

Die Rechtsdogmatik gliedert sich in die begriffliche Bestimmung der Gesetze und deren Inhalt sowie die Entwicklung von Lehren, die der Rechtssicherheit und Vorhersehbarkeit gerichtlicher Entscheidungen dienen.[121] Dabei ist es ihre vorrangige Aufgabe, das geltende Recht zu untersuchen und daraus die in Bezug auf die jeweils geltende Rechtsauffassung anerkannten Grundsätze zu entwickeln und den vorhandenen Stoff zu ordnen, ihn zu systematisieren. Da das Recht überwiegend anhand bestimmter einzelner Geschehnisse entwickelt, sowie auf eine begrenzte Anzahl Sachverhalte zugeschnitten, entstanden ist, hat die systematisierende Wissenschaft Einzelfälle auf Grundsätze und Prinzipien zurückzuführen, um das Recht in jeder Situation, insbesondere in Bezug auf bisher nicht behandelte Sachverhalte, anwendbar zu machen.[122] Gleichzeitig ist das Wesentliche vom Unwesentlichen zu trennen und in der konkreten Situation derjenige Sachverhalt herauszufiltern, der der rechtlichen Regelung bedarf, sodass Normen und Lebensverhältnisse zueinander in Beziehung zu setzen sind.[123] Neben der Systematisierung im Hinblick auf die Anwendung des Rechts, wird der Stoff im Interesse der Ausbildung über unterschiedliche Institutionen erfasst, sortiert und zusammengefasst, um eine bessere Handhabbarkeit zu erreichen. An die Systematisierung schließt sich das Stadium der Theoriebildung an, in dem sowohl der Grund für die Behandlung von Sachverhalten als auch die

120 *Horn*: Einführung in die Rechtswissenschaft und Rechtsphilosophie S. 29–37; *Kahlo*, in: *Graul/Wolf* (Hrsg.), Gedächtnisschrift für Dieter Meurer, S. 583 (598).

121 *Kahlo*, in: *Graul/Wolf* (Hrsg.), Gedächtnisschrift für Dieter Meurer, S. 583 (598).

122 *Frisch*, in: *Engel/Schön* (Hrsg.), Das Proprium der Rechtswissenschaft, S. 156 (160/161); *Wolf*: Fragwürdigkeit und Notwendigkeit der Rechtswissenschaft S. 21.

123 *Lampe*, in: *Hefendehl/Hörnle/Greco* (Hrsg.), Festschrift für Bernd Schünemann zum 70. Geburtstag am 01. November 2014, S. 171 (179); *Larenz*: Über die Unentbehrlichkeit der Jurisprudenz als Wissenschaft S. 22.

Behandlung erklärt und diese als richtig dargestellt wird.[124] Die Rechtswissenschaft ist in ihrem Bereich der Rechtsdogmatik mithin eine anwendungs- und entscheidungsbezogene Wissenschaft, die sich zum einen damit beschäftigt, welches Gesetz auf welchen Sachverhalt anzuwenden ist sowie zum anderen damit, welcher Fall wie zu entscheiden ist. Im Rahmen ihrer theoriebildenden Eigenschaft entwickelt sie Regeln über die Anwendung der Gesetze und fasst diese, bereits seit dem 13. Jahrhundert, in Kommentaren zusammen.

Neben der Dogmatik ist die Methodenlehre ein bedeutender Bestandteil rechtswissenschaftlichen Arbeitens. Die Ermittlung der Rechtsnormen durch Auslegung, die juristischen Argumentationstechniken, der Gutachtenstil und die Rechtsfortbildung durch das Richterrecht sind wesentlich für die juristische Methodenlehre, da die Rechtswissenschaft nicht nur vorhandene Erkenntnisse sortieren, sondern auch Antworten auf bisher nicht beantwortete Rechtsfragen zu geben vermag.[125] Dabei bedient sich der Rechtswissenschaftler anerkannter Auslegungsgrundsätze wie Wortlaut/Grammatik, Systematik, Historie und teleologische/logische Auslegung, die auf das 19. Jahrhundert zurückgehen und von Friedrich Carl von Savigny entwickelt worden sind.[126] Zudem sind Analogie und teleologischen Reduktion von Bedeutung. Auf diesen Grundsätzen basiert auch die richterliche Rechtsfortbildung, wenn bereits getroffene Erkenntnisse unter Zuhilfenahme der Auslegungsmethoden im Hinblick auf die vorliegende Situation weiter durchdacht werden, um eine sachgerechte und den aktuellen Maßstäben entsprechende Entscheidung zu treffen.[127] Unter Hinzuziehung der durch die Dogmatik und Methodenlehre gewonnenen Erkenntnisse bereitet die Rechtswissenschaft die Gesetzgebung vor, unterstützt die Rechtsprechung und kritisiert sowohl Gesetzgebung als auch Rechtsprechung. Grund dafür ist, dass der Gesetzgeber kein Gesetz nach Belieben verfassen kann, sondern sich zuvor die zu regelnden Verhältnisse, die Möglichkeiten, das Gesamtgefüge, in das sich die Regelung einfügen soll, sowie dessen Wirkung auf andere Lebensbereiche und seine Regelungen bewusstmachen muss. Um dies in ausreichendem

---

124 *Frisch*, in: *Engel/Schön* (Hrsg.), Das Proprium der Rechtswissenschaft, S. 156 (160/169).

125 *Frisch*, in: *Engel/Schön* (Hrsg.), Das Proprium der Rechtswissenschaft, S. 156 (176); *Kahlo*, in: *Graul/Wolf* (Hrsg.), Gedächtnisschrift für Dieter Meurer, S. 583 (598); *Lampe*, in: *Hefendehl /Hörnle/Greco* (Hrsg.), Festschrift für Bernd Schünemann zum 70. Geburtstag am 01. November 2014, S. 171 (179); *Larenz*: Über die Unentbehrlichkeit der Jurisprudenz als Wissenschaft S. 17.

126 *Honsell*, ZfPW 2016, 106 (120).

127 *Larenz*: Über die Unentbehrlichkeit der Jurisprudenz als Wissenschaft S. 19.

Maße würdigen zu können, bedient sich der Gesetzgeber den Erkenntnissen der Rechtswissenschaft in ihren einzelnen Gebieten u.a. der Rechtssoziologie und Rechtsdogmatik, denn „je vorzüglicher ein Gesetzbuch gelinge, je mehr es die Wahrheit erreiche, umso mehr sei es der Inhalt der Wissenschaft gefasst in seiner präzisesten Form". Daneben zeigt die Rechtswissenschaft Rechtsanwälten, Notaren, Wirtschaftsjuristen und anderen rechtsberatenden Berufen Gestaltungsspielräume und Risiken auf, die den beruflichen Alltag beeinflussen.[128]

Die einzelnen Bereiche der Rechtswissenschaft lassen sich vielfach nicht im Detail voneinander abgrenzen, insbesondere, weil sich ihre Aufgaben zum Teil überschneiden oder aufeinander aufbauen. In Bezug auf das Verstehen, die Systematisierung sowie die Interpretation von rechtlichen Texten, von sprachlich fixierten Geisteswerken, um diese sowohl für das praktische Leben als auch für die Lehre handhabbar zu machen, lässt sich die Rechtswissenschaft überwiegend den Geisteswissenschaften zuordnen, die sich größtenteils hermeneutischer Methoden bedient.[129] Auf Grund der Tatsache, dass sie ihren Erkenntnissen keine empirischen Methoden – die Erfassung und Verarbeitung äußerer Tatsachen – zugrunde legen und keine natürlichen Vorgänge betrachten kann, ist eine Einordnung als Natur- bzw. Sozialwissenschaft zu verneinen. Zum Teil bestehen hingegen Berührungspunkte mit den Sozialwissenschaften bestehen, da sie die Ergebnisse dieser bei der Erfüllung ihrer o.g. Aufgaben berücksichtigen muss. Im Kern bleibt sie jedoch eine Geisteswissenschaft.[130] Die vorgenannten Aufgaben der Rechtswissenschaft, insbesondere diejenige der Interpretation, der Auslegung von Gesetzen und Zusammenfassung dieser in Kommentarliteratur, werden durch die forschende Tätigkeit der Professoren an der Universität vorgenommen. Deren Erkenntnisse werden zum einen in der zahlreichen Fachliteratur veröffentlicht, zum anderen den Studenten an der Universität gelehrt. Dies hat zur Folge, dass sich an der Universität die zwei Bestandteile der Wissenschaft – Forschung und Lehre – vereinen und somit dort Rechtswissenschaft stattfindet. Da Ziel des Dissertationsvorhabens die Beurteilung des Verhältnisses zwischen Strafrechtswissenschaft und Rechtsprechung ist, soll im Folgenden

---

128 *Kirchmann*: Die Werthlosigkeit der Jurisprudenz als Wissenschaft S. 17; *Larenz*: Über die Unentbehrlichkeit der Jurisprudenz als Wissenschaft S. 24; *Rüthers/Fischer/Birk*: Rechtstheorie mit juristischer Methodenlehre S. 187; *Steininger*, NJW 2015, 1072.

129 *Coing*: Grundzüge der Rechtsphilosophie S. 319; *Frisch*, in: *Engel/Schön* (Hrsg.), Das Proprium der Rechtswissenschaft, S. 156 (157); *Röhl/Röhl*. Allgemeine Rechtslehre S. 82.

130 *Horn*: Einführung in die Rechtswissenschaft und Rechtsphilosophie S. 33–34; *Naeve*, NordÖR 2014, 308 (309/310); *Steininger*, NJW 2015, 1072 (1074).

kurz die Strafrechtswissenschaft definiert und in ihrer Tätigkeit und den ihr zugehörigen Personen erläutert werden, um ein besseres Verständnis der Arbeit und seiner Motivation zu erreichen.

3.) Wissenschaft vom Strafrecht

„Auge um Auge, Zahn um Zahn", „Gleiches mit Gleichem vergelten", „Wer anderen eine Grube gräbt, fällt selbst hinein."[131] Diese Aussagen entstammen zum Teil aus der Bibel und geben Regeln vor, wie der Umgang mit anderen Menschen zu pflegen ist, wenn diese einem anderen Schaden zugefügt haben. Übertragen auf das Strafrecht ein wenig überspitzt dargestellt, wäre der Schluss zu ziehen: „Wer einem Menschen Schaden zufügt, hat Selbiges zu erleiden." Der Ursprung des Strafrechts ist auf das Prinzip der Rache zurückzuführen, ein Prinzip, welches sich zum Teil neben der Sühne bis zur germanischen Zeit im 6. Jahrhundert fortsetzt.[132] Auf Grund der Tatsache, dass es ein Strafrecht – bestehend aus Tatbeständen und Rechtsfolgen – zu dieser Zeit nicht gegeben hat, fand eine Bestrafung nicht anhand der Tat, sondern anhand des Täters statt. Die Wahl der Strafe durch das Volk wurde überwiegend nach Gefühl getroffen, wobei die Persönlichkeit des Täters eines der Entscheidungskriterien gewesen ist. Mit der Bestrafung nach Gefühl ging allerdings einher, dass eine wissenschaftliche Bearbeitung in Form der detaillierten Anschauung und Auslegung der geltenden Vorschriften nicht notwendig gewesen ist und indessen nicht stattgefunden hat. Vielmehr wurde eine auf Willkür basierende Bestrafung vorgenommen.

a.) Die historische Entwicklung

Die Einführung der 12-Tafel-Gesetze 450 v. Chr. als erste Kodifikation Roms begründete zwar eine erste Wissenschaft vom Recht, jedoch enthielten die wenigen strafrechtlichen Vorschriften lediglich Sollens-Sätze, die weder auf verschiedene Sachverhalte anwendbar war, noch differenzierte Strafen beinhaltete.[133]

131 Diese Sprichwörter stammen zum Teil schon aus der Bibel, so findet sich „Auge um Auge [...]" in der *Lutherbibel*, 3. Mose, 24, 19–20 wieder, „Wer anderen eine Grube gräbt [...]" in *Prediger*, 10, 8. Die Übrigen wurden aus den aus der Bibel stammenden abgeleitet und entwickelt, wobei die Bedeutung eine einheitliche ist. Auch schon in den XII Tafel-Gesetzen sollte Gleiches mit Gleichem vergolten werden.

132 *Bar*: Geschichte des deutschen Strafrechts und der Strafrechtstheorien S. 4; *Hippel*: Deutsches Strafrecht, Band 1, S. 101/103.

133 Beispielsweise: „Wenn jemand nachts einen Diebstahl begangen hat und erschlagen worden ist, soll er zu Recht erschlagen worden sein."

Die Constitutio Criminalis Carolina[134] enthielt als erstes deutsches Strafgesetzbuch Regelungen zu einzelnen Tatbeständen getrennt vom Prozessrecht, unterschied zwischen Vorsatz und Fahrlässigkeit, definierte den Versuch und führte die Bestrafung anhand der Schuld ein.[135] Sie kam dem heutigen StGB daher sehr nahe. Daraus entwickelte sich die deutsche Strafrechtswissenschaft mit der Dogmatik als Kern, die die allgemeinen Lehren vom Verbrechen beinhaltete.[136] Eine Veränderung der mangelnden Beachtung der wissenschaftlichen Literatur wurde im 16./17. Jahrhundert erreicht. Die Kommentare der Constitutio Criminalis Carolina und die Literatur fassten strafrechtliche Lehren zusammen.[137] Durch Benedict Carpzov (1595 bis 1666) wurde in den „practica nova" die röm./ital. Wissenschaft mit dem Deutschen Recht verschmolzen mit der Folge eine Abkehr von der italienischen Wissenschaft. Es entstand eine selbstständig neben den Übrigen existierende deutsche Strafrechtswissenschaft, deren Begründer Carpzov als Inhaber eines Lehrstuhls gewesen ist.[138] Hierdurch stieg auch die Zahl der detaillierten wissenschaftlichen Bearbeitung in Form der Dissertationen.[139] Diese erste deutsche/europäische Strafrechtswissenschaft fand zunächst ihr Ende in der Entstehung der in den Geltungsbereich unterschiedlicher Gebiete fallender Kodifikationen.[140] Sich dem anschließend traten im 19. Jahrhundert in Deutschland und Europa Strafgesetze in Kraft.[141] Die Strafrechtswissenschaft zu

134 Die peinliche Halsgerichtsordnung Kaiser Karl V entstand 1532 unter der Leitung von Johann Freiherr von Schwarzenberg; *Hippel*: Lehrbuch des Strafrechts S. 30–32.

135 *Hirschberg*: Der Vermögensbegriff im Strafrecht S. 216–217; *Hippel*: Lehrbuch des Strafrechts S. 30–32.

136 *Bock*, ZIS 2006, 7 (7/9); *Schaffstein*: Die allgemeinen Lehren vom Verbrechen in ihrer Entwicklung durch die Wissenschaft des gemeinen Strafrechts. Beiträge zur Strafrechtsentwicklung von der Carolina bis Carpzov S. 1/4.

137 *Schaffstein*: Die allgemeinen Lehren vom Verbrechen in ihrer Entwicklung durch die Wissenschaft des gemeinen Strafrechts. Beiträge zur Strafrechtsentwicklung von der Carolina bis Carpzov S. 4–5.

138 *Bock*, ZIS 2006, 7 (S. 14–15); *Bar*: Geschichte des deutschen Strafrechts und der Strafrechtstheorien S. 144–145; *Meder*: Rechtsgeschichte S. 253.

139 *Schaffstein*: Die allgemeinen Lehren vom Verbrechen in ihrer Entwicklung durch die Wissenschaft des gemeinen Strafrechts. Beiträge zur Strafrechtsentwicklung von der Carolina bis Carpzov S. 11/12/21.

140 Bayern hatte seinen Codex Iuris Bavarici Criminalis (1751), Österreich die Constitutio Criminalis Theresiana (1768) und Preußen das Allgemeine Landrecht für preußische Staaten (1794).

141 In Bayern galt ab 1813 das Allgemeine Strafgesetzbuch für das Königreich Bayern, in Preußen ab 1851 das Strafgesetzbuch preußischer Staaten und in Norddeutschland ab 1870 das Strafgesetzbuch für den Norddeutschen Bund, das zugleich Vorreiter

dieser Zeit wurde im Allgemeinen als die Wissenschaft von den Rechten zur Sicherung der Rechtsverletzung durch Strafe definiert, die das Recht zu Strafen dem Grunde, Gegenstand und Umstand nach lehrt, und somit die Anwendung dessen bestimmt, was gültig ist.[142]

Gravierende Modifikationen der Strafrechtswissenschaft gab es in der Zeit des Nationalsozialismus von 1919 bis 1945. Keine Anwendung fand insbesondere der Grundsatz „nulla poena sine lege“ – „Keine Strafe ohne Gesetz“, sodass eine Tat bestraft werden konnte, gleichwohl diese nicht unter Strafe gestellt war.[143] Die Strafrechtswissenschaft konnte in die Kriminologie und die Kriminalpolitik unterteilt werden, deren Aufgabe die Erforschung von sozialen und psychischen Faktoren der Verbrechertypen gewesen ist. Selbstständigkeit erlangte sie durch das Schaffen von Klarheit über Tatbestände, der Begriffsbestimmung durch Auslegung und dem anwendbar machen der Tatbestände auf Fälle historischen Geschehens. Rechtssätze konnten daher in ein wissenschaftliches System gebracht werden, das neben der Begriffsbildung Kern vom Forschen und Lehren ist.[144]

Nach 1945 hat es in der DDR-Zeit von 1949 bis 1990 ein für sie geltendes StGB neben dem der Bundesrepublik gegeben. Seit der Auflösung 1990 galt jedoch das Strafgesetzbuch für ganz Deutschland fort, das seitdem auf wissenschaftliche und technische Neuerungen reagiert und sich – auch auf Grund gesellschaftlicher Veränderungen – tatbestandlich modifiziert und extendiert hat. Eine fortwährende Entwicklung und Anpassung durch die Strafrechtswissenschaft in Bezug auf ihren Gegenstand des geltenden Rechts ist die Folge.

---

für das 1871 in Kraft getretene Strafgesetzbuch des Deutschen Reiches gewesen ist, das – wenn auch mit zahlreichen Änderungen – im Wesentlichen noch heute als Strafgesetzbuch gilt; *Bock*, ZIS 2006, 7 (15).

142 *Tittmann*: Handbuch der Strafrechtswissenschaft und der deutschen Strafgesetzkunde, Band 1, S. 3.

143 *Bott/Krell*, ZJS 2010, 694.

144 *Engisch*, ZStW 1954, 339 (342); *Würtenberger*: Die geistige Situation der deutschen Strafrechtswissenschaft S. 1; *Grünhut*, in: *Hegler* (Hrsg.), Beiträge zur Strafrechtswissenschaft, Festgabe für Reinhard von Frank zum 70. Geburtstag am 16. August 1930, S. 1 (4); *Maihofer*, in: *Roxin/Bruns/Jäger* (Hrsg.), Grundfragen der gesamten Strafrechtswissenschaft, Festschrift für Heinrich Henkel zum 70. Geburtstag am 12. September 1973, S. 75).

b.) *Strafrechtswissenschaft heute und ihre Tätigkeitsschwerpunkte*

Aus dem Vorgenannten resultiert, dass das Recht als Gegenstand der Strafrechtswissenschaft wegen der gesellschaftlichen Veränderung sowie der kriminalpolitischen Erkenntnisse ständigen Veränderungen unterworfen ist. Dies hat zur Folge, dass die Strafrechtsdogmatik auch zukünftig einen bedeutenden Teil der Strafrechtswissenschaft ausmachen wird, denn sie „soll uns lehren, was von Rechts wegen gesollt ist."[145] Hierbei ist ihre Aufgabe, den Inhalt der gesetzlichen Regelungen im Ganzen sowie die Bedeutung ihrer einzelnen Tatbestandsmerkmale sowohl einzeln als auch im Zusammenhang der Gesamtheit der Vorschriften zu erfassen, Begriffe zu bilden, zu ordnen und zu systematisieren und anschließend die erarbeiteten Erkenntnisse weiterzugeben und sie somit für den Rechtsanwender handhabbar zu machen.[146] Aus diesen Ergebnissen wissenschaftlichen Bemühens werden Lehrsätze gebildet, die definieren ob und wie ein menschliches Verhalten strafbar ist und welche tatsächlichen Voraussetzungen vorliegen müssen. Andererseits stellen sie Ergänzungen des Gesetzes dar, damit eine Gleichbehandlung sämtlicher Sachverhalte erfolgen kann.[147] Neben der systematisierenden Funktion, das Recht verständlicher und handhabbar zu machen, soll sie Sachverhalte kritisch hinterfragen, analysieren und das Strafrecht zu diesen in Konkordanz bringen, sodass das Recht von ihr sowohl klassisch systematisiert als auch fortgebildet wird.[148] Anwendungsfragen bezüglich konkreter Fallkonstellationen oder Anwendung allgemeiner Prinzipien auf diese sind weniger Gegenstand der Arbeit, da die Strafrechtswissenschaft Probleme zu lösen vermag, die sich bisher niemandem als solche gestellt haben.[149]

---

145 *Gimbernat Ordeig*, ZStW 1970, 379 (405).

146 *Bloy*, in: *Loos/Jehle* (Hrsg.), Bedeutung der Strafrechtsdogmatik in Geschichte und Gegenwart, S. 31 (33); *Langer*, Goltdammer's Archiv für Strafrecht 1990, 435 (436/440); *Zaczyk*, in: *Burmester* (Hrsg.), Die Aufgabe der Juristenfakultäten, Festgabe für Otto Theisen, S. 35 (43).

147 *Langer*, Goltdammer's Archiv für Strafrecht 1990, 435; *Burkhardt*, in: *Eser/Hassemer/Burkhardt* (Hrsg.), Die deutsche Strafrechtswissenschaft vor der Jahrtausendwende, S. 111 (112); *Zaczyk*, in: *Hettinger/Hillenkamp* (Hrsg.), Festschrift für Wilfried Küper zum 70. Geburtstag, S. 723 (724).

148 *Schulz*, ZStW 2000, 653 (658); *Zaczyk*, in: *Hettinger/Hillenkamp* (Hrsg.), Festschrift für Wilfried Küper zum 70. Geburtstag, S. 723 (727).

149 *Fischer*, in: *Hefendehl/Hörnle/Greco* (Hrsg.), Festschrift für Bernd Schünemann zum 70. Geburtstag am 01. November 2014, S. 41 (52); *Schünemann*, Goltdammer's Archiv für Strafrecht 2011, 445 (449).

Sie arbeitet wahrheitsorientiert, systematisch und fallübergreifend, um für bereits vorhandene Problemlösungen eine Verbesserung oder Präzisierung vorzuschlagen oder eine Lösung für neue Fragestellungen anzubieten. Entgegen der Arbeit der Rechtsprechung ist ihr kein Entscheidungszeitpunkt vorgegeben, sodass sie keinem Zwang unterliegt. Gleichwohl besteht seitens der Gerichte, Lehrbuchautoren, Politik und Ausbildung eine gewisse Erwartung, sodass sie die Anforderungen in Einklang zu bringen hat.[150]

Indem die Hauptaufgabe der Strafrechtswissenschaft in der Auslegung, dem Verstehen und der Anwendung der Strafgesetze liegt und sie somit vorwiegend hermeneutisch arbeitet, ist auch sie den Geisteswissenschaften zuzuordnen. Sie hat bei Begriffsbildung und Systematisierung stets den Richter im Hinterkopf zu haben, um eine praxisnahe Anwendung zu erreichen. Indem sie die Entscheidung der Rechtsprechung analysiert und die Urteilsgründe überprüfbar macht, ist sie Vorreiterin, Beraterin und Kontrolle der im Übrigen unabhängigen Rechtsprechung und Gesetzgebung.[151] Die Strafrechtsdogmatik ist mithin für die Rechtsprechung vergleichbar mit einem Gemischtwarenladen, in dem die Justiz in einem der endlos langen und prall gefüllten Regale immer dasjenige findet, das sie zur Begründung der von ihr definierten Ergebnisse heranziehen und es somit rechtfertigen kann.[152]

Ebenfalls zur (gesamten) Strafrechtswissenschaft gehört die Kriminalpolitik, die neben dem geltenden Recht auch dasjenige der Zukunft behandelt, um den ständigen Veränderungen Rechnung zu tragen. Sie kritisiert dogmatische

---

150 *Bloy*, in: *Loos/Jehle* (Hrsg.), Bedeutung der Strafrechtsdogmatik in Geschichte und Gegenwart, S. 31 (35); *Hassemer*, in: *Eser/Hassemer/Burkhardt* (Hrsg.), Die deutsche Strafrechtswissenschaft vor der Jahrtausendwende, S. 21 (26/29/31/41); *Hettinger*, in: *Asholt/Eisenhardt/Sachsen Gessaphe u. a.* (Hrsg.), Strafrecht und juristische Zeitgeschichte, S. 28 (30); *Langer*, Goltdammer's Archiv für Strafrecht 1990, 435; *Schulz*, ZStW 2000, 653 (654).

151 *Burkhardt*, in: *Eser/Hassemer/Burkhardt* (Hrsg.), Die deutsche Strafrechtswissenschaft vor der Jahrtausendwende, S. 111 (119); *Langer*, Goltdammer's Archiv für Strafrecht 1990, 435 (436/437); *Noll*, ZStW 1980, 73 (75); *Schünemann*, in: *Putzke/Hardtung/Hörnle u. a.* (Hrsg.), Strafrecht zwischen System und Telos, Festschrift für Rolf Dietrich Herzberg zum 70. Geburtstag am 14. Februar 2008, S. 39 (45); *Würtenberger*: Die geistige Situation der deutschen Strafrechtswissenschaft S. 5.

152 *Kubiciel*: Die Wissenschaft vom Besonderen Teil des Strafrechts S. 12; *Schünemann*, in: *Schünemann/Achenbach/Bottke u. a.* (Hrsg.), Festschrift für Claus Roxin zum 70. Geburtstag am 15. Mai 2001, S. 1 (6).

Erkenntnisse und reflektiert Rechtsprechung und Gesetzgebung und ist daher der empirischen Sozialwissenschaft zuzuordnen.[153]

Die Strafrechtswissenschaft analysiert und systematisiert daher die geltenden Rechtsvorschriften. Sie bedient damit die „legal needs“ der Rechtspraxis, deren Folge eine Erleichterung der Rechtsanwendung und eine Vereinfachung des Rechts sind.[154] Durch die Kenntnis von Verbrechen und Strafe in ihrem inneren Zusammenhang, ihre unterschiedlichen Auslegungsmethoden und das dadurch erreichte Verständnis der gesetzlichen Vorschriften und das kritische Hinterfragen des lex lata kann sie gegenüber der Gesetzgebung und Rechtsprechung Lösungsvorschläge unterbreiten und Lehrsätze entwickeln, die in unterschiedlichen Fallkonstellationen anwendbar sind, sodass sie auch als „Inbegriff der Lösungsvorschläge für die Anwendung des geltenden Rechts“ bezeichnet werden kann.[155] Die daraus gewonnenen Erkenntnisse können in Kommentaren und Lehrbüchern festgehalten und an Universitäten gelehrt werden. Dies hat nicht nur zur Folge, dass die Lehre auf den Erkenntnissen der Forschung aufbaut, sondern auch zumindest teilweise von ihr abhängig ist.[156] Durch die ständige Kontrolle der Gesetzgebung und Rechtsprechung wird darüber hinaus eine gerechte und faire Bestrafung erreicht, sodass eine auf Willkür beruhende – wie sie zur Zeit des Täterstrafrechts existierte – ausgeschlossen werden kann.

c.) *Strafrechtswissenschaftler im Zusammenhang mit dem Promotionsvorhaben*

Das Vorgenannte stellt den Tätigkeitsbereich der Strafrechtswissenschaft dar, jedoch geht damit nicht deutlich einher, wer die Strafrechtswissenschaftler sind. Zum einen kann darauf abgestellt werden, dass all diejenigen, die sich mit dem Forschen und Lehren befassen, die systematisieren, Begriffe erklären und

---

153 *Kindhäuser*, ZStW 2009, 954; *Kubiciel*: Die Wissenschaft vom Besonderen Teil des Strafrechts S. S. 12/14/17; *Rieß*, in: *Loos/Jehle* (Hrsg.), Bedeutung der Strafrechtsdogmatik in Geschichte und Gegenwart, S. 139.

154 *Kubiciel*: Die Wissenschaft vom Besonderen Teil des Strafrechts S. 14.

155 *Burkhardt*, in: *Eser/Hassemer/Burkhardt* (Hrsg.), Die deutsche Strafrechtswissenschaft vor der Jahrtausendwende, S. 111 (114); *Hettinger*, in: *Asholt/Eisenhardt/Sachsen Gessaphe u. a.* (Hrsg.), Strafrecht und juristische Zeitgeschichte, S. 28 (31); *Loos*, in: *Immenga* (Hrsg.), Rechtswissenschaft und Rechtsentwicklung: Ringvorlesung von Professoren der Juristischen Fakultät der Georg-August-Universität Göttingen, S. 261.

156 *Arzt*, in: *Dornseifer/Horn* (Hrsg.), Gedächtnisschrift für Armin Kaufmann, S. 839 (841).

Methoden reflektieren, auch (Strafrechts-) Wissenschaftler sind. Zum anderen kann der Beruf als Kriterium herangezogen werden. Demnach wären nur Forscher und Lehrer – mithin Universitätsprofessoren – unter diesen Begriff zu subsumieren. Nach Einführung eines ersten Strafgesetzbuches durch Freiherr von Schwarzenberg, begründete Carpzov eine erste selbstständige deutsche Strafrechtswissenschaft. Carpzov war Lehrstuhlinhaber an der Universität Leipzig und somit Professor, wobei er gleichzeitig Mitglied des dortigen Schöffenstuhls gewesen ist und infolgedessen an zahlreichen Urteilen mitgewirkt hat.[157] Der Begründer der Strafrechtswissenschaft war mithin Theoretiker und Praktiker zugleich, sodass er mithin einen Hybridtypen darstellte. Es besteht Grund zur Annahme, dass auch diese Strafrechtswissenschaftler sind.

Dass bei der Zuordnung zur Strafrechtswissenschaft auf die Tätigkeit abzustellen ist, lässt sich auch unter Hinzuziehung des Art. Art. 5 Abs. 3 GG und der damit verbundenen Wissenschaftsfreiheit begründen. Diese erstreckt sich entsprechend der Definition des BVerfG auf jede Tätigkeit, die nach Inhalt und Form ein planmäßiger Versuch zur Ermittlung der Wahrheit ist.[158] Mit dieser Definition hat das BVerfG zugleich verdeutlicht, dass es die Zugehörigkeit zur Wissenschaft nicht an berufliche, sondern inhaltliche Voraussetzungen anknüpft. Vor diesem Hintergrund gehören nicht nur die Lehrenden, sondern auch Persönlichkeiten der Justiz und Verwaltung[159], Studenten – insbesondere Doktoranden –, außeruniversitäre Forscher, Anwälte, Referendare und Assistenten – auch Praktiker jeglicher Provenienz und mithin alle, die systematisch, wahrheitsorientiert und fallübergreifend arbeiten – zur Strafrechtswissenschaft.[160] Dies hat wiederum zum einen zur Folge, dass sich die Zahl derer, die der Wissenschaft angehören, unklar ist, da auch eine lediglich einmal getätigte Veröffentlichung zumindest kurzzeitig hinzuzuziehen ist. Zum anderen ist eine Publikationsflut zu verzeichnen, die auf die steigende Anzahl Studenten und der

---

157 *Bar*: Geschichte des deutschen Strafrechts und der Strafrechtstheorien S. 144–145; *Bock*, ZIS 2006, 7 (14); *Jakobs*, in: *Engel/Schön* (Hrsg.), Das Proprium der Rechtswissenschaft, S. 103 (107).

158 *BVerfG – Urteil v. 29.5.1973 – 1 BvR 424/71 u. 325/72.*

159 *Arzt*, in: *Dornseifer/Horn* (Hrsg.), Gedächtnisschrift für Armin Kaufmann, S. 839 (844); *Arzt*, ZStW 1999, 757.

160 *Hassemer*, in: *Eser/Hassemer/Burkhardt* (Hrsg.), Die deutsche Strafrechtswissenschaft vor der Jahrtausendwende, S. 21 (26).

damit einhergehenden wachsenden Anzahl Lehrer und somit auch Lehrbuchautoren und deren Produktivität zurückzuführen ist.[161]

Während die Lehrbuchliteratur und Beiträge zu Festschriften größtenteils von Lehrenden verfasst wird[162], variieren die Verfasser der Kommentare zwischen solchen, die der universitären Lehre angehören und solchen, die in der Rechtsprechungspraxis tätig sind. Obgleich die beiden bedeutendsten Kommentare zur Constituio Criminalis Carolina 1721 und 1770 von zwei Strafrechtsprofessoren verfasst und veröffentlicht worden sind, existiert inzwischen eine Vielzahl von Kommentaren, deren Herausgeber und Verfasser zum Teil der universitären Lehre, zum Teil der Rechtspraxis des höchsten deutschen Gerichts angehören.[163] Indem die strafrechtsdogmatische Ausarbeitung des Rechts somit von Universitätsprofessoren einerseits und Praktikern andererseits vorgenommen wird, sind diese – bei Beurteilung der Zugehörigkeit anhand der Tätigkeit – den Strafrechtwissenschaftlern zuzuordnen.

Die Zuordnung kann hingegen auch am Beruf festgemacht werden. Forscher und Lehrer sind mithin lediglich Theoretiker. Diejenigen, die der Lehre der Universität unterstellt sind und sich, ohne in einer Entscheidungssituation zu sein, mit den Problemen des Alltags und deren Lösungen beschäftigen.[164] Dabei werden sie allerdings in der im vorangegangenen Abschnitt beschriebenen Art und Weise tätig. Sie ordnen und systematisieren, bilden Begriffe, machen das Recht damit verständlich und entwickeln durch kritisches Hinterfragen der vorhandenen Rechtssätze – insbesondere unter Hinzuziehung aktueller Geschehnisse – neue Rechtssätze, Lehrsätze und Methoden. Die Tätigkeit des Ordnens, Bewertens und Ergänzens der Stofffülle des gesamten Strafrechts und das damit verbundene Zurückführen auf ein einfaches Verständnis ist der Gruppe der Systematiker zuzuordnen. Durch ihre Arbeit lassen sich dogmatische Probleme

161 *Arzt*, in: *Dornseifer/Horn* (Hrsg.), Gedächtnisschrift für Armin Kaufmann, S. 839; *Schneider/ Morguet*, in: *Uwer* (Hrsg.), „Bitte bewahren Sie Ruhe“, S. 335.

162 *Kühl*, in: *Amelung/Günther/Kühne* (Hrsg.), Festschrift für Volker Krey zum 70. Geburtstag am 09. Juli 2010, S. 269 (275); *Küper*, Goltdammer's Archiv für Strafrecht 2011, 193 (195).

163 Der Kommentar 1721 wurde von Johann Paul Kress (1677–1741) verfasst. Er war Hochschullehrer an der Universität Helmstedt. Der Kommentar 1770 geht auf Johann Samuel Friedrich von Böhmer (1704–1772) zurück, der ebenfalls Hochschullehrer an der Universität Halle war. Der Leipziger Kommentar ist sowohl von Professoren als auch Richtern verfasst und herausgegeben.

164 *Hettinger*, in: *Asholt/Eisenhardt/Sachsen Gessaphe u. a.* (Hrsg.), Strafrecht und juristische Zeitgeschichte, S. 28 (30).

absichern und einschlägige Literatur in Form von Urteilen, Monographien oder Aufsätzen schnell und einfach finden, sodass diese zur Urteilsbegründung herangezogen werden kann.[165] Auf der Arbeit der Systematiker – denen meist Professoren angehören – aufbauend, existieren die Analytiker. Diese vereinen mit ihrer Observation von Strafrechtsdogmatik und Kriminalpolitik beide Gebiete der Strafrechtswissenschaft. Dabei besteht ihre Tätigkeit darin, den großen Stoff im Ganzen zu ordnen, um stetig zum Stand der Entwicklung, fachübergreifende und gesetzesübergreifende Zusammenhänge zu bilden und das Strafrecht im Ganzen weiterzuentwickeln.[166] Schließlich gibt es die Avantgardisten, die sich mit den Erkenntnissen der Kriminalpolitik beschäftigen. Sie stoßen eine neue wegweisende Entwicklung an und erarbeiten einen Entwurf für die Zukunft des Strafrechts, gestalten dieses – wenn notwendig – um, und sind somit dessen Motor, wobei sie im Rahmen dieser Tätigkeit der ständigen Kontrolle durch die beiden anderen Gruppen unterliegen.[167]

Die deutsche Strafrechtswissenschaft selbst rubriziert lediglich die in der universitären Lehre tätigen Professoren als ihr zugehörig. Der von Hilgendorf herausgegebene Sammelband „Die deutschsprachige Strafrechtswissenschaft in Selbstdarstellungen“ bietet Grund zu dieser Annahme, da, bis auf eine Ausnahme, lediglich Beiträge und Biographien bedeutender Strafrechtsprofessoren enthalten sind. Eine Zuordnung in der allgemeinen Wissenschaft erfolgt weniger anhand des Tätigkeitsfeldes, als anhand des Berufes der Protagonisten. Gleichwohl sich unter den Begriff der Wissenschaftler eine Vielzahl Personen definieren lässt, soll die Beantwortung der der Untersuchung zugrundeliegenden Fragestellung lediglich anhand der universitären Wissenschaft in Form der Professoren und wissenschaftlichen Mitarbeiter erfolgen.

---

165 Zu diesen Systematikern gehören beispielsweise Feuerbach und Carpzov: *Kubiciel*: Die Wissenschaft vom Besonderen Teil des Strafrechts S. 6; *Schaffstein*: Die allgemeinen Lehren vom Verbrechen in ihrer Entwicklung durch die Wissenschaft des gemeinen Strafrechts. Beiträge zur Strafrechtsentwicklung von der Carolina bis Carpzov S. 10; *Schneider/Morguet*, in: *Uwer* (Hrsg.), „Bitte bewahren Sie Ruhe“, S. 335; *Puppe*: Strafrechtsdogmatische Analysen S. 13.

166 *Schneider/Morguet*, in: *Uwer* (Hrsg.), „Bitte bewahren Sie Ruhe“, S. 335 (336).

167 So gehen die Rechtsfigur der Schuldtheorie sowie das Konzept der Sozialadäquanz auf Welzel zurück, der damit ein Avantgardist ist. Ebenso war v. Liszt als Begründer der Zeitschrift für die gesamte Strafrechtswissenschaft ein solcher. *Schneider/Morguet*, in: *Uwer* (Hrsg.), „Bitte bewahren Sie Ruhe“, S. 335 (336/337).

II. Strafrechtsrechtsprechung

Nachdem die Institution der Strafrechtswissenschaft eingehend erläutert worden ist, sollen auch die wesentlichen Merkmale der strafrechtlichen Rechtsprechung dargestellt werden. Weil die Wissenschaft im Fokus der Fragestellung steht und der Begriff der Rechtsprechung zum Teil selbsterklärend ist, erfolgt dessen Definition in komprimierter Form.

1.) Allgemeine Definition

Karl August Bettermann definierte den Begriff der Rechtsprechung als „für Recht erkennen, entscheiden, was rechtens ist, Recht zu sprechen". Jede Entscheidung der Rechtsstreitigkeiten durch einen am Streitgegenstand Unbeteiligten, der einer der Parteien etwas zu- oder abspricht, oder der das Verhalten einer Person als strafbar oder straffrei bestimmt, ist daher als Rechtsprechung zu qualifizieren. Nach den Art. 92, 97 GG ist die rechtsprechende Gewalt den Richtern anvertraut, wobei sie durch das Bundesverfassungsgericht (BVerfG), durch die Bundesgerichte und die Gerichte der Länder ausgeübt wird. Hierbei sind die Richter im Rahmen ihrer Tätigkeit lediglich dem Gesetz unterworfen und insoweit unabhängig. Nicht definiert wird hingegen, welche Aufgaben von ihr wahrgenommen und welche Gebiete abgedeckt werden. Diese sind zum Teil, wenn auch nicht abschließend, anderer Stelle in der Verfassung geregelt.[168]

Richterliche Tätigkeit besteht nicht lediglich darin, Entscheidungen des Gesetzgebers anhand von Wortlaut und Bedeutung zu erkennen und auszusprechen. Vielmehr sollen die in Gesetzen oft fehlenden Wertvorstellungen durch bewertendes Erkennen aufgezeigt und mit Hilfe von Entscheidungen greifbar und verständlich gemacht werden. Die Interpretation erfolgt jedoch nicht willkürlich, sondern bedarf der rationalen Argumentation sowie der Klarstellung, dass richterliche Kenntnis notwendig ist, um die Lücke zu schließen. Maßstäbe sind hierbei die praktische Vernunft und die grundlegenden Gerechtigkeitsvorstellungen.[169] Gleichwohl die Aufgaben nicht exakt bezeichnet werden können, gehören bürgerliche Rechtspflege und Strafgerichtsbarkeit dazu, ohne dass sie von der Verfassung hervorgehoben werden. [170]

Im Rahmen des Dissertationsvorhabens soll die Frage erörtert und beantwortet werden, ob die Thematik der Internal Investigations betreffend, tendenziell

---

168 Beispielsweise in Art. 19 IV, 13, 104 II, III, 14 III. S. 4 GG.

169 *BVerfG – Beschl. v. 14.02.1973 – 1 BvR 112/65.*

170 *BVerfG – Urteil v. 06.06.1967 – 2 BvR 375/60, 2 BvR 53/60, 2 BvR 18/65.*

der Strafrechtswissenschaft oder der Rechtsprechung in Strafsachen die Funktion eines Schrittmachers zukommt. Im Ergebnis werden die Entscheidungen und Meinungsäußerungen, die von der Institution des Schrittmachers getroffen worden sind, von derjenigen des „Absicherers" lediglich bestätigt. Das Verständnis des Begriffes der Strafrechtsrechtsprechung ist daher notwendig.

Die nachfolgende historische Betrachtung zeigt zum einen, dass nicht seit jeher eine eigenständige Rechtsprechung in Strafsachen existierte. Zum anderen, dass es nicht immerzu studierte Juristen gewesen sind, die in der Rechtsprechung tätig waren und „im Namen des Volkes" für Recht erkannt haben.

2.) Historische Abbildung

Über Recht und Unrecht wurde bereits im römischen Recht entschieden, da Recht zu sprechen eine der ältesten und wichtigsten Aufgaben innerhalb menschlichen Zusammenlebens und der Gesellschaft ist.[171] Entgegen der heutigen[172] Regelung von Art. 92 GG, dass die rechtsprechende Gewalt den Richtern anvertraut ist, wirkten in den ersten Strafverfahren Magistratur und Volk zusammen. Sie entschieden sowohl über Privatklagen, mithin durch einzelne Bürger angeregte Zivilprozesse, als auch über öffentliche Strafe, die Resultat der Schädigung des Gemeinwesens gewesen ist. Geführt wurden Zivil- und Strafverfahren gemeinschaftlich unter der Führung des Königs, wobei die zivilrechtliche Entschädigung eine Unterart der Strafe darstellte. Neben dem Volk als endgültiger Richter, kam dem Magistrat die Rolle der Untersuchung und ersten Entscheidung zu, wobei auch hier Ausnahmen bestanden.[173]

Im magistratischen Untersuchungsverfahren fungierte dieser als eine Art Staatsanwalt. Die Fälle wurden drei Mal vor dem Volk verhandelt, bevor der Magistrat ein Urteil fällte. Bei einem Freispruch gab es kein Rechtsmittel. Bei einer Verurteilung entschied das Volk nach eingelegter Provokation über das Urteil des Magistrats. Auf eine bestätigte Verurteilung folgte immer die Todesstrafe.[174] Die durch Laien und nicht durch juristische Gelehrte

171 *Hopfauf*, in: *Schmidt-Bleibtreu/Hofmann/Henneke* (Hrsg.), Grundgesetz, 14. Auflage: Vorb. vor Art. 92, Rn. 4.

172 Diese hat es in der Zeit des römischen Rechts nicht gegeben.

173 *Hippel*: Deutsches Strafrecht, Band 1, S. 62; *Hitzig*, Schweizerische Zeitschrift für Strafrecht 1900, 182 (188/189/194); *Liszt*: Lehrbuch des deutschen Strafrechts – Einleitung und allgemeiner Teil S. 8.

174 *Hitzig*, Schweizerische Zeitschrift für Strafrecht 1900, 182 (194/195).

getroffene Entscheidung beruhte mithin weniger auf juristischer Ausbildung als auf menschlicher Intuition.

Eine wesentliche Änderung erfuhr das römische Verfahren ca. 606 mit Einführung des Quästionenprozesses. Bei diesem wurden öffentliche Delikte in Form des Privatprozesses öffentlich verhandelt. Vorsitz und Prozessleitung des Quästionengerichts kamen dem Magistrat zu, der durch schriftliche Abstimmung ohne Beratung durch Geschworene entschied.[175] Im Prozess nahm er die Anklage/Anzeige entgegen, fertigte das Protokoll, lud den Angeklagten, leitete die Verhandlung und verkündete das Urteil. Das Ermittlungsverfahren hingegen wurde durch den Ankläger geleitet.[176]

Durch die Geschworenen wurde im Rahmen des Ermittlungsverfahrens die Abstimmung vorgenommen. Die Auswahl dieser erfolgte durch den Angeklagten selbst anhand einer Richterliste. Nachdem ein Prozess, angelehnt an einen solchen zwischen zwei Parteien, durchgeführt wurde, sprach das Schwurgericht ein Urteil.[177] Die Verbindung zwischen Zivil und Strafrecht ist mithin weiterhin erkennbar, wobei eine willkürliche Gestaltung weiterhin lediglich deswegen erfolgen konnte, weil es an einer Prozessordnung mangelte.

Im Jahre 632 wurde sodann den Rittern das Richteramt übertragen, die zum einen auf Rückerstattung des Erpressten, zum anderen auf Strafe erkennen durften, was eine endgültige Einführung des Quästionenprozesses im Strafverfahren zur Folge hatte.[178] Auch wenn die Arbeit der Prozessführung und Verurteilung neben dem Magistrat und dem Volk nunmehr zum Teil Rittern übertragen wurde, mangelte es diesen weiterhin an gelehrtem juristischem Wissen. Auch in dieser Zeit entstandene Urteile basierten auf Willkür und menschlichem Gefühl.

Der Quästionenprozess verlor in der sich anschließenden Kaiserzeit[179] die Bedeutung. Die Strafgewalt ging mit Einführung der Strafgerichtsordnung auf den Senat und Kaiser über, wobei dem Senat der Konsul vorsaß, der die Anklagen

---

175 *Hippel*: Deutsches Strafrecht, Band 1, S. 63; *Hitzig*, Schweizerische Zeitschrift für Strafrecht 1900, 182 (196/197/200).

176 *Hitzig*, Schweizerische Zeitschrift für Strafrecht 1900, 182 (196/197).

177 *Hippel*: Deutsches Strafrecht, Band 1, S. 63; *Hitzig*, Schweizerische Zeitschrift für Strafrecht 1900, 182 (198/199); *Liszt*: Lehrbuch des deutschen Strafrechts – Einleitung und allgemeiner Teil S. 39.

178 *Kunkel/Schermaier*: Römische Rechtsgeschichte S. 83; *Liszt*: Lehrbuch des deutschen Strafrechts – Einleitung und allgemeiner Teil S. 8.

179 727 v. Chr. bis 284 n. Chr.

entgegennahm.[180] Der Kaiser hatte im Übrigen die Gerichtsgewalt, die er zum Teil persönlich, zum Teil aber auch durch Delegation an seine Beamten wahrnahm. Diese hatten ihn jedoch in schwierigen Fällen um Zustimmung zu bitten. Entgegen der vorherigen Schwurgerichtsbarkeit war der kaiserliche Prozess nur durch bloße Anzeige möglich, sodass es keiner formellen Anklage bedurfte.[181] Weil die kaiserliche Gerichtsgewalt nicht dem Recht und Gesetz unterlag, sondern über dieser stand, bestand keine Verpflichtung Deliktsbegriffe oder Strafmaße einzuhalten.[182] Die Folge war weiterhin eine Verurteilung durch Laien.

In der germanischen Zeit herrschte wieder die Volksgerichtsbarkeit, weiterhin ohne Trennung von Zivil- und Strafverfahren. Der Prozess wurde als Volksversammlung öffentlich und mündlich durchgeführt, wobei die Entscheidung im thing – einer verpflichtenden Versammlung der freien und wehrhaften Männer – getroffen wurde. Diese war an die Formen gebunden, dass die Anklage durch den Verletzten zu erheben war, der Richter den Parteien befahl, Beweise zu erbringen und das Urteil bei den Schöffen erfragte. Leugnete der Beklagte den Vorwurf, entschied die Versammlung über die Art des Beweises. Hier standen Eid und Gottesurteil zur Auswahl.[183]

In der sich anschließenden fränkischen Zeit stand die Volksgerichtsbarkeit neben der des Königs. Das Königsgericht hatte seinen Sitz am Aufenthaltsort des Königs. Dies hatte zur Folge, dass der Sitz nicht beständig an einem Ort gewesen ist, sondern mit dem reisenden König an seinen verschiedenen Wohnsitzen bestanden hat, damit der König möglichst immer persönlichen Kontakt zu seinen Beratern pflegen und zum Teil über eine ausschließliche Zuständigkeit verfügte, zum Teil als höhere Instanz eingriff.[184] Beim Volksgericht hingegen führte der Graf den Vorsitz, die Schöffen, die ständig im Amt tätig waren, fällten das Urteil. Es bestand daher weiterhin eine gemeinschaftliche Durchführung von Zivil- und Strafverfahren sowie eine Urteilsfällung durch das Volk.[185]

---

180 *Hippel*: Deutsches Strafrecht, Band 1, S. 65; *Hitzig*, Schweizerische Zeitschrift für Strafrecht 1900, 182 (205).

181 *Hippel*: Deutsches Strafrecht, Band 1, S. 66–68; *Hitzig*, Schweizerische Zeitschrift für Strafrecht 1900, 182 (208).

182 *Bar*: Geschichte des deutschen Strafrechts und der Strafrechtstheorien S. 28; *Hippel*: Deutsches Strafrecht, Band 1, S. 66–67.

183 *Hippel*: Deutsches Strafrecht, Band 1, S. 106/107/120; *Schmidt*: Einführung in die Geschichte der deutschen Strafrechtspflege S. 39–40.

184 *Hippel*: Deutsches Strafrecht, Band 1, S. 119/120; *Schmidt*: Einführung in die Geschichte der deutschen Strafrechtspflege S. 40–41.

185 *Hippel*: Deutsches Strafrecht, Band 1, S. 120.

Im späten Mittelalter bestand das Königsgericht zwar noch, verlor aber an Bedeutung. Herrschend war nunmehr die Tätigkeit der Schöffengerichte, die weiterhin durch die Privatklage – wo kein Kläger, da kein Richter – angerufen wurden, deren Verhandlungen der Richter leitete und deren Urteil durch die Schöffen gesprochen wurde. Fortan bestand ein öffentliches Interesse an der Strafverfolgung aus dem die Verpflichtung zur Klageerhebung durch den Verletzten resultierte.[186] Diesen privaten Anklageprozess löste später der in der Constitutio Criminalis Carolina kodifizierte Inquisitionsprozess ab, der sich vom bisherigen Verfahren insoweit unterschied, als dass die Obrigkeit Klage von Amts wegen erhob. Richter und Ankläger bestanden in einer Person, die von den ungelehrten Schöffen unterstützt wurde.[187]

Die Rezeption führte zu Veränderungen in der bisher nicht bestehenden Rechtswissenschaft und Rechtsprechung. Während bisher der Richter die Verhandlung leitete und die Schöffen – mithin Laien – die Urteile sprachen und die Rechtsprechung daher von willkürlichen Einzelfallentscheidungen geprägt war, wurde der Schöffe nunmehr an den Rat des gelehrten Juristen verwiesen. Diese saßen zumeist an den Schöppenstühlen der Juristenfakultäten. Weil durch die Rezeption die italienische Wissenschaft nach Deutschland gelangte, wurden Richter an deutschen Universitäten wissenschaftlich ausgebildet, bevor sie das Amt des Richters bekleiden konnten. Dies führte dazu, dass der Richter nicht lediglich die Verhandlung leitete, sondern am Ende mitentschied. Die Urteile wurden mithin fortan durch Menschen mit sich stetig erweiternder Bildung anhand gelehrtem Wissen getroffen.[188] Die Bildung eines Berufsrichtertums war die Folge, das losgelöst von der Wissenschaft eine Sonderstellung einnehmen sollte. Das Wesen der Justiz und die Eigenschaft des Urteils erforderten eine Stellung, in der der Richter weisungsunabhängig, unabsetzbar und unversetzbar ist.[189] Trotz Weisungsunabhängigkeit konnte sein Amt der Rechtspflege nur deshalb ausüben, weil er sich in Bezug auf die einzelnen Rechtsnormen in freier Lehre und Forschung Erkenntnisse der Wissenschaft erarbeitet hat. Übertragen

186 *Hippel*: Deutsches Strafrecht, Band 1, S. 122/123/154/155; *Schmidt*: Einführung in die Geschichte der deutschen Strafrechtspflege S. 72.

187 *Küper*: Die Richteridee der Strafprozessordnung und ihre geschichtlichen Grundlagen S. 109; *Laue*, in: *Uwer* (Hrsg.), Strafverteidigung vor neuen Aufgaben, S. 135 (136/137); *Liszt*: Lehrbuch des deutschen Strafrechts – Einleitung und allgemeiner Teil S. 21.

188 *Rüping/Jerouschek*: Grundriss der Strafrechtsgeschichte S. 44; *Schmidt*, JZ 1953, 321, *Schmidt*: Einführung in die Geschichte der deutschen Strafrechtspflege S. 127–128.

189 *Schmidt*, JZ 1953, 321 (322); *Schmidt-Räntsch/Schmidt-Räntsch*: Deutsches Richtergesetz S. 39, Rn. 2.

auf die praktische Wissenschaft, konnte die richterliche Unabhängigkeit mit der Wissenschaftsfreiheit gleichgesetzt werden.[190] Es war mithin Aufgabe des Richters, bei der Beurteilung, ob ein Verhalten gesetzeswidrig oder -konform ist, das Gesetz zu lesen, zu verstehen und durch Zusammenfügen mit dem Sachverhalt zu einer Erkenntnis zu gelangen. Die einzelnen Richter an den Gerichten bildeten neben der Gesetzgebung und Verwaltung eine mit einer selbstständigen Funktion ausgestattete Säule, die in eigener Verantwortung für die Wirksamkeit rechtsstaatlicher Prinzipien sorgte. Ein Gericht durfte sich nur als solches bezeichnen, wenn es einen Vorsitzenden verzeichnen konnte, der die Fähigkeit zum Richteramt besaß und mithin das Studium der Rechtswissenschaft, basierend auf den Erkenntnissen der italienischen Wissenschaft, erlernt hatte.[191]

Im 18./19. Jahrhundert fand eine Weiterentwicklung der Unabhängigkeit des Richters durch die Gewährung in der Verfassung und die mangelnde Kündigungsmöglichkeit statt. Der Inquisitionsprozess wurde durch den reformierten Strafprozess abgelöst. Die Anklage erfolgte durch die Staatsanwaltschaft, die Schwurgerichte fällten die Urteile. Diese bestanden aus 12 Geschworenen und drei Berufsrichtern, die die Entscheidung anhand der in der Verhandlung gebildeten Überzeugung trafen.[192] Die Richter entschieden selbstständig hingegen nur in leichten Fällen, die schwerer Verbrechen durften nur durch die Geschworenen entschieden werden.[193] Diese Trennung hatte zur Folge, dass die Geschworenen über die Tatsachen und somit unmittelbar über das Schicksal des Angeklagten entschieden, während der Berufsrichter über die Rechtsfrage und die Strafzumessung zu befinden hatte.[194]

Mit der Einführung sowohl der Zivil- als auch der Strafprozessordnung und des Gerichtsverfassungsgesetzes im Jahr 1879, wurden die bisher vielfach gemeinschaftlich durchgeführten Verfahren getrennt. Jedem Verfahren kam neben der eigenen Prozessordnung ein selbstständiger und sich von dem jeweils anderen unterscheidender Ablauf zu.[195] Die Geschworenengerichte wurden durch die Einführung von § 79 GVG a.F. festes Instrument des Strafverfahrens. Nachdem erst ab dem Jahr 1922 auch Frauen studieren und das

---

190 *Schmidt*, JZ 1953, 321 (323).

191 *Schmidt*, JZ 1953, 321 (323).

192 *Koch*, ZIS 2009, 542 (543/546); *Rüping/Jerouschek*: Grundriss der Strafrechtsgeschichte S. 87/94/95; *Takayama/Tröster*, ZJapanR 2002, 195 (196).

193 *Koch*, ZIS 2009, 542 (543); *Schmidt*: Einführung in die Geschichte der deutschen Strafrechtspflege S. 409.

194 *Koch*, ZIS 2009, 542 (546).

195 *Kindhäuser/Schumann*: Strafprozessrecht S. 36–37.

Amt der Richterin oder Geschworenen bekleiden durften, wurde das gesamte Vorverfahren – mithin die bisher vom Richter durchgeführte Ermittlungstätigkeit – der Staatsanwaltschaft übertragen und das Geschworenengericht durch das neue Schöffengericht abgelöst. Es bestand eine Zusammenarbeit zwischen Berufsrichtern und Laien anstelle einer auf der Trennung von Tat- und Rechtsfrage basierenden Aufgabenteilung.[196] Im Rahmen der Emminger Novelle wurden die Schwurgerichte in ihrer Besetzung mit sechs Geschworenen und drei Berufsrichtern eine Bedrohung für die bestehenden Geschworenengerichte, die diese bald gänzlich ersetzten. Die Geschworenengerichte wurden durch die Verordnung der Reichsregierung über Gerichtsverfassung und Strafrechtspflege abgeschafft. Es bestand sodann die im Rahmen einer einheitlichen Richterbank durchführbare Schwurgerichtsbarkeit.[197] Einer Trennung von Sach- und Rechtsfrage bedurfte es nicht mehr.[198]

Während der Zeit des Nationalsozialismus war in Bezug auf die Unabhängigkeit ein Rückschritt zu verzeichnen, da ein Richter aus politischen oder rassistischen Gründen ohne Gerichtsverfahren entlassen und in den Ruhestand versetzt werden konnte. Sie verloren ihre Stellung als oberster Gerichtsherr an die politische Führung, die fortan entschied. Bis zum zweiten Weltkrieg wirkten ehrenamtliche Volksrichter, mithin Laien, an den Entscheidungen mit. Diese Laienbeteiligung verschwand im zweiten Weltkrieg, wurde nach 1945 jedoch in Form der Schöffengerichte wiederaufgenommen. Diese bestanden zunächst aus sechs Schöffen und zwei Berufsrichtern, später aus zwei Schöffen und zwei Berufsrichtern.[199]

Im Rahmen der Kodifikation des Grundgesetzes erhielten die Richter ihre persönliche Unabhängigkeit wieder. Mit Verankerung in Art. 19 Abs. 4, Art. 100 Abs. 1 GG wurde ihnen die Aufgabe übertragen, jeden Akt der Gesetzgebung und Gesetzesverwaltung auf die Rechtmäßigkeit hin zu überprüfen, sodass der Rechtsprechung damit unter den drei Gewalten der größte Umfang übertragen worden ist.[200]

---

196 *Koch*, ZIS 2009, 542 (547); *Rüping/Jerouschek*: Grundriss der Strafrechtsgeschichte S. 94; *Schmidt*: Einführung in die Geschichte der deutschen Strafrechtspflege S. 411–413; *Takayama/Tröster*, ZJapanR 2002, 195 (196).

197 *Reichsministerium des Innern*: Verordnung über die Gerichtsverfassung und Strafrechtspflege, Reichsgesetzblatt 1924 (15).

198 *Koch*, ZIS 2009, 542 (547).

199 *Takayama/Tröster*, ZJapanR 2002, 195 (196).

200 *Schmidt-Räntsch/Schmidt-Räntsch*: Deutsches Richtergesetz S. 40–42, Rn. 3–5a.

Der Überblick über die Historie zeigt, dass zunächst keine Trennung von Zivil- und Strafverfahren stattgefunden hat und die Urteile mithin beides vereinten. Des Weiteren waren die Urteiler im römischen Recht und noch Jahre danach keine ausgebildeten Juristen, sondern vielmehr einfache Bürger, städtische Beamte oder Angehörige anderer Berufe, die zum Teil aus einer Schöffenliste ausgewählt worden sind und über Recht und Unrecht entschieden haben. Während unser heutiges Strafurteil durch den Richter „im Namen des Volkes" gesprochen wird, waren es bis zur Rezeption tatsächlich die Laien, somit das Volk, die den Schuldspruch verkündeten. Eine Beurteilung der Schuldfrage erfolgte auf Grund der Laienbeteiligung nicht anhand geprüfter Tatbestandsmerkmale, sondern basierte auf dem menschlichen Verstand und willkürlicher Empfindung in Bezug auf die Person des Täters. Als im Rahmen der Rezeption bedingt durch die italienische Wissenschaft das gelehrte Recht nach Deutschland drang, holten sich zunächst die Schöffen vor Urteilsverkündung Rat bei den Gelehrten, die an Fakultäten und Schöppenstühlen saßen ein, bevor es zu einem Urteilsspruch kam. Wenig später wurden die ersten Urteile durch gelehrte Richter entschieden, dass die Bildung eines Berufsrichtertums zur Folge hatte. Mit der Einführung der Strafprozessordnung, des Gerichtsverfassungsgesetzes und der Zivilprozessordnung grenzten sich Zivil- und Strafverfahren voneinander ab und die willkürliche Prozessgestaltung gehörte der Vergangenheit an. Es entwickelte sich sodann eine Schwurgerichtsbarkeit, in der mit Hilfe der Trennung von Tatsachen- und Rechtsfragen Gelehrte zusammen mit Laien entschieden. Die Laienbeteiligung verschwand mithin nicht gänzlich aus dem Verfahren, sondern war weiterhin, wenn auch nicht mehr eigenständig, am Prozess beteiligt. Nach der Abschaffung dieser in der Zeit des Nationalsozialismus wurde sie nach 1945 wieder fester Bestandteil des Verfahrens.

3.) Strafrechtsrechtsprechung im Zusammenhang mit dem Promotionsvorhaben

Bei Betrachtung der Literatur – insbesondere derjenigen zum Verhältnis von Wissenschaft und Rechtsprechung/Praxis – wird zum einen deutlich, dass teilweise der Begriff der Rechtsprechung, teilweise derjenige der Praxis verwandt wird, wobei die Begriffe partiell einheitlich verstanden, sich partiell aber auch differenzierte Institutionen unter die Begriffe subsumieren lassen. Während die Wissenschaft mit der Praxis lediglich den Bundesgerichtshof verbindet, deren Kern das Vermeiden von dogmatischen, intellektuellen, definitorischen und legitimatorischen Schwierigkeiten ist,[201] erfolgt an anderer Stelle eine detaillierte Trennung. Dort wird die Rechtsprechung des BGH und des OLG als Rechtsprechung bezeichnet und von der Praxis der unteren Gerichte und Staatsanwaltschaften abgegrenzt und eine Stellung zwischen Theorie und Praxis eingeräumt.[202] Zum Teil werden die Begriffe Rechtsprechung und Praxis auch gleichbedeutend verwendet.[203] Mangels einheitlichem Verständnis bedarf es der Erläuterung in Bezug auf das Verständnis der vorliegenden Arbeit.

Seit Einführung des Grundgesetzes ist die rechtsprechende Gewalt neben der Gesetzgebung und der vollziehenden Gewalt Teil der in Art. 20 GG verankerten Gewaltenteilung. Die Rechtsprechung ist damit eine Institution, die ausschließlich von dem ihr angehörenden Personenkreis ausgeübt werden darf. Art. 92 GG bestimmt, dass die Rechtsprechung den Richtern anvertraut ist und durch das Bundesverfassungsgericht, die Bundesgerichte und durch die Gerichte der Länder ausgeübt wird.[204] Während die Zugehörigkeit zur Rechtswissenschaft nicht eindeutig abgegrenzt werden kann, ist der Begriff der Rechtsprechung – wenngleich auch ohne nähere Definition – gesetzlich verankert. Dieser bedarf zwar der Auslegung, wobei zumindest ein Anhaltspunkt gegeben ist. Der Begriff der Rechtsprechung umfasst mithin jede Tätigkeit eines Richters, die am Maßstab des Rechts getroffen und deren Kern die (Streit-) Entscheidung durch einen neutralen und unbeteiligten Dritten ist.[205] Die (Streit-) Entscheidungen in Form von Urteilen und Beschlüssen werden durch den Strafrichter[206] insbesondere durch Verhängung von Geld- und Freiheitsstrafe getroffen. Auf Grund des nachhaltigen Eingriffs in die Rechtsstellung des Bürgers und dem damit verbundenen

201 *Fischer*, in: *Hefendehl/Hörnle/Greco* (Hrsg.), Festschrift für Bernd Schünemann zum 70. Geburtstag am 01. November 2014, S. 41 (44/49); *Hirsch*, in: *Jescheck* (Hrsg.), Festschrift für Herbert Tröndle zum 70. Geburtstag am 24. August 1989, S. 19 (25).

202 *Erb*, ZStW 2001, 1 (4/5); *Radtke*, ZStW 2007, 69 (75).

203 *Fischer*, in: *Michalke/Köberer/Pauly u. a.* (Hrsg.), Festschrift für Rainer Hamm zum 65. Geburtstag am 24. Februar 2008, S. 63.

204 *Dreier*, in: *Dreier* (Hrsg.), Grundgesetz, 3. Auflage, Band 3: Art. 92, Rn. 17; *Jarass*, in: *Jarass/Pieroth* (Hrsg.), Grundgesetz für die Bundesrepublik Deutschland, 15. Auflage: Art. 20, Rn. 27.

205 *Dreier*, in: *Dreier* (Hrsg.), Grundgesetz, 3. Auflage, Band 3: Art. 92, Rn. 26; *Hopfauf*, in: *Schmidt-Bleibtreu/Hofmann/Henneke* (Hrsg.), Grundgesetz, 14. Auflage: Vorb. vor Art. 92, Rn. 9.

206 Diejenigen des Zivil- und Verwaltungsgerichts sind für das Vorhaben irrelevant und bedürfen daher keiner Berücksichtigung.

Schuldvorwurf, ist diese Aufgabe den Richtern anvertraut.[207] Neben der Anfertigung von Urteilen führt der Richter als rechtsprechende Gewalt die Verfahren durch. Hiervon umfasst sind insbesondere Terminbestimmung, Ladung, Sitzung, Ermittlung des Sachverhaltes sowie prozessleitende Maßnahmen.[208]

Der Richter in seiner Person ist derjenige Unbeteiligte, der die (Streit-) Entscheidung trifft. Dies sind zunächst sowohl Berufsrichter, aber auch ehrenamtliche Richter, Schöffen oder Beisitzer. Berufsrichter haben durch Ablegen der zweiten juristischen Staatsprüfung die Befähigung zum Richteramt erlangt und können an den unterschiedlichen Gerichten als Spruchkörper tätig werden. Richter im Sinne des Art. 92 GG sind allerdings auch die ehrenamtlichen Richter und Schöffen, mithin Laien, die neben den Berufsrichtern an der Entscheidung mitwirken. Wohingegen bei Betrachtung der historischen Abbildung deutlich wird, dass eingangs die Urteile ausschließlich von Laien gesprochen wurden, sind es seit Einführung der Strafprozessordnung und des Gerichtsverfassungsgesetzes allein einzelne Spruchkörper, die neben den Berufsrichtern auch Schöffen zur Entscheidungsfindung zu Rate ziehen. Rechtsprechung kann daher eine Einzelrichterentscheidung oder eine solche getroffen durch Spruchkörper als Kollegialorgane (Kammern, Senate) sein.[209] In welcher Konstellation Recht gesprochen wird, hängt von den einzelnen Gerichten und Zuständigkeiten ab. Während im Rahmen der historischen Abbildung zum Teil nicht klargestellt werden konnte, in welcher Besetzung die Urteile in der Vergangenheit gefällt worden sind, sind in der 1879 eingeführten Strafprozessordnung sowie dem Gerichtsverfassungsgesetz Zuständigkeiten und Besetzung normiert. Rechtsprechung findet daher an Amts-, Land-, Oberlandesgerichten und dem Bundesgerichtshof statt.

Am Amtsgericht ist zum einen der Strafrichter, zum anderen das Schöffengericht tätig. Die Zuständigkeit hängt von dem durch den Täter begangenen Delikt sowie der zu erwartenden Strafe ab, wobei der Strafrichter seine Einzelentscheidung über Delikte leichterer Kriminalität mit einer Straferwartung von bis zu zwei Jahren trifft. Im Gegensatz dazu entscheidet das Schöffengericht, besetzt mit einem Berufsrichter und zwei Schöffen, mithin Laien, über Vergehen mit

---

207 *Dreier*, in: *Dreier* (Hrsg.), Grundgesetz, 3. Auflage, Band 3: Art. 92, Rn. 34; *Kment*, in: *Jarass/Pieroth* (Hrsg.), Grundgesetz für die Bundesrepublik Deutschland, 15. Auflage: Art. 92, Rn. 3.

208 *Dreier*, in: *Dreier* (Hrsg.), Grundgesetz, 3. Auflage, Band 3: Art. 92, Rn. 37.

209 *Dreier*, in: *Dreier* (Hrsg.), Grundgesetz, 3. Auflage, Band 3: Art. 92, Rn. 57; *Hopfauf*, in: *Schmidt-Bleibtreu/Hofmann/Henneke* (Hrsg.), Grundgesetz, 14. Auflage: Art. 92, Rn. 40.

einer Straferwartung von zwei bis vier Jahren und über Verbrechen mit einer Straferwartung von bis zu vier Jahren. Der Strafrichter spricht Recht im Anschluss an die Verhandlung, konträr dazu ergehen Urteile des Schöffengerichts erst, nachdem sich der Berufsrichter mit den Laien beraten hat.[210]

Recht wird am Landgericht durch Kammern gesprochen. Hier ist zwischen den kleinen und großen Strafkammern zu unterscheiden, wobei die kleine Strafkammer zuständig bei Berufungsentscheidungen gegen Urteile des Amtsgerichts ist und mit einem Berufsrichter und zwei Schöffen besetzt ist. Die große Strafkammer hingegen ist mit drei Berufsrichtern und zwei Schöffen besetzt, wobei in der Regel lediglich im Verhältnis zwei Berufsrichter zwei Schöffen entschieden wird. Die große Strafkammer spricht Recht über Delikte mit einer Straferwartung von über vier Jahren. Daneben gibt es am Landgericht noch das Schwurgericht, die besondere große Strafkammer. In ihrer Besetzung unterscheidet sie sich nicht von der üblichen großen Strafkammer, jedoch ist sie mit der Rechtsprechung lediglich einzelner Delikte – solchen mit Todesfolge – betraut.[211] Der Name Schwurgericht hat allerdings lediglich historische Bedeutung mit der Folge, dass ein Urteil – entgegen der Vorgehensweise in der Vergangenheit – nicht mehr durch die Abstimmung von Geschworenen gefällt wird.

Am Oberlandesgericht und am Bundesgerichtshof wird Recht durch Senate gesprochen. Während am Oberlandesgericht teilweise in der Besetzung von drei Berufsrichtern, teilweise in derjenigen mit fünf Berufsrichtern entschieden wird, gehen die Urteile des Bundesgerichtshofes immer auf die Entscheidung von fünf Berufsrichtern zurück. Diese werden in Bezug auf solche Delikte getroffen, die eine lebenslängliche Straferwartung haben. Der Bundesgerichtshof wird lediglich als Revisionsinstanz tätig mit der Folge, dass seine Senate die Entscheidungen anderer Gerichte in Bezug auf die rechtlichen Ausführungen auf Richtigkeit überprüfen.[212]

Auf Grund der Tatsache, dass Rechtsprechung eine Entscheidung durch einen unparteiischen Dritten ist, darf der Richter in seiner Person weder mit einer der Parteien verwandt sein, noch im Rahmen des Prozesses zum Ausdruck bringen, eine Partei – gleich aus welchen Gründen – zu bevorzugen. Seine Entscheidung hat sachlich anhand des Gesetzes zu erfolgen. In seiner Arbeitsweise ist der Richter selbstständig und unabhängig mit der Folge, dass er seine tägliche Arbeit nach Belieben gestalten kann und keinen Weisungen unterliegt. Durch

210 *Beulke/Swoboda*: Strafprozessrecht S. 39–40.

211 *Beulke/Swoboda*: Strafprozessrecht S. 41–43.

212 *Beulke/Swoboda*: Strafprozessrecht S. 44/53/54.

die Bindung an Recht und Gesetz ist er hingegen eingeschränkt. Er darf aber entgegen der Rechtsprechung anderer Gerichte entscheiden, hat jedoch bestimmte Verfahrensabläufe einzuhalten und seine Urteile unter Zugrundelegung des Gesetzes zu begründen.[213] Anhand des Vorgenannten wird deutlich, dass Rechtsprechung im Gegensatz zur Wissenschaft an Vorgaben gebunden ist, die sowohl die zeitliche als auch thematische Durchführung der Arbeit beeinflussen. Während sich die Wissenschaft zur Beantwortung der sich ihr ergebenen Probleme die nötige Zeit nehmen und Distanz und Unabhängigkeit wahren kann, um eine umfassende und sämtliche Eventualitäten betrachtende Beantwortung zu geben, ist die Rechtsprechung bei den ihr von der Gesellschaft festgelegten Fallkonstellationen gezwungen, Einzelfallentscheidungen zu treffen, bei denen sie vom Ergebnis her denkt und bestimmte Probleme löst. Vorrangige ist, Fälle in einem ihr vorgegebenen zeitlichen Rahmen zu lösen und die Akten vom Tisch zu bekommen.[214] Wenngleich sich die Wissenschaft nur mittelbar mit konkreten Fällen beschäftigen, lediglich unmittelbar zu bestimmten strafrechtlichen Problemen Stellung nehmen muss, ist dies für den Richter nicht realisierbar. Darüber hinaus kann sich die Wissenschaft die Thematik aussuchen und bestimmten Problemen aus dem Weg gehen. Zeitgleich wird hingegen auch von dem Richter eine wissenschaftliche Bearbeitung der Probleme erwartet, bei der er die von der Wissenschaft entwickelten Resultate umsetzt.[215] Indem die Rechtsprechung zur Beantwortung ihrer Einzelfallentscheidungen Gesetze auslegt und in dieser Tätigkeit derjenigen der Wissenschaft gleichkommt, ergeben sich im Rahmen der täglichen Arbeit Problemstellungen, zu denen die Rechtsprechung im Hinblick auf das von ihr erwartete Urteil eine Entscheidung treffen muss, die im Nachhinein von der Wissenschaft in teils jahrelanger Forschungsarbeit überprüft und teilweise verworfen werden. Demgegenüber kann die Wissenschaft – da zeitlich nicht gebunden – über ein „was wäre wenn?" nachdenken, sodass Folgeprobleme auftauchen, über die die Rechtsprechung froh ist, nicht

---

213 *Schmidt-Bleibtreu/Hofmann/Henneke*, in: Grundgesetz, Vorb. v. Art. 92, Rn. 47–50/84–87; *Zaczyk*, in: *Paeffgen/Böse/Kindhäuser u. a.* (Hrsg.), Strafrechtswissenschaft als Analyse und Konstruktion, Festschrift für Ingeborg Puppe zum 70. Geburtstag, S. 305 (318).

214 *Erb*, ZStW 2001, 1 (4); *Fischer*, in: *Hefendehl/Hörnle/Greco* (Hrsg.), Festschrift für Bernd Schünemann zum 70. Geburtstag am 01. November 2014, S. 41 (49–52).

215 *Erb*, ZStW 2001, 1 (4); *Kindhäuser*, ZStW 2009, 954; *Stojanovic*, in: *Schulz/Reinhart/Sahan* (Hrsg.), Festschrift für Imme Roxin zum 75. Geburtstag am 15. Mai 2012, S. 103 (106).

nachdenken zu müssen.[216] Anhand dessen lässt sich erkennen, dass die Rechtsprechung der Wissenschaft in mancher Hinsicht die Fälle liefert und somit die Ergebnisse der Wissenschaft maßgeblich beeinflusst.

Die Betrachtung der Entwicklung der Strafrechtsrechtsprechung zeigt, dass vor der Rezeption Entscheidungen und somit Verurteilungen auf Grundlage der Meinung des Volkes – gebildet anhand der Intuition – vorgenommen worden. Des Weiteren bedurfte es zur Berufsausübung keiner Befähigung zum Richteramt, wobei der Richter lediglich Verkünder des Urteils gewesen ist. Es gab keine für unterschiedliche Delikte zuständigen Gerichte und die Laienbeteiligung überwog selbst nach der Rezeption, als die Entscheidung durch ausgebildete Richter gefällt worden ist. Während damals die Laien in Überzahl waren, nehmen sie heute einen lediglich kleinen Teil im Prozess der Entscheidungsfindung ein. Aus dem Vorgenannten geht zum einen die Arbeitsweise der Richter hervor, zum anderen deren Wahrnehmung an unterschiedlichen Gerichten in differenzierender Besetzung. Darüber hinaus wird zum Teil auf den Begriff der Praxis, zum Teil auf denjenigen der Rechtsprechung abgestellt, wobei auch dieser unterschiedlich verstanden werden kann. Für das Verständnis des Promotionsvorhabens ist von Bedeutung, wen die Verfasserin inhaltlich unter den Begriff subsumiert und somit der Beantwortung der Frage zugrunde legt. Auf Grund der Tatsache, dass sich die höchstrichterliche Rechtsprechung der Oberlandesgerichte und des Bundesgerichtshofes als Revisionsinstanz vielfach mit Spezialproblemen und Einzelfallentscheidungen auseinandersetzt und mithin lediglich zu Einzelproblemen Stellung bezieht, ist der Begriff der Rechtsprechung im Sinne des Art. 92 GG weit zu fassen. Es sind daher sowohl die Amts- und Landgerichte, als auch die Oberlandesgerichte und der Bundesgerichtshof mit all seinen Spruchkörpern gemeint, wenn im Folgenden der Begriff der Rechtsprechung verwendet wird. Das Verhältnis der beiden Institutionen soll im Nachfolgenden jedoch nicht lediglich anhand der gerichtlichen Entscheidungen beurteilt werden. Vielmehr ist dem Vorhaben auch die Literatur der Strafrechtspraxis in Form von Richtern, Staatsanwälten oder Rechtsanwälten zugrunde zu legen.

216 *Fischer*, in: *Hefendehl/Hörnle/Greco* (Hrsg.), Festschrift für Bernd Schünemann zum 70. Geburtstag am 01. November 2014, S. 41 (49).

§ 2 Die Maßnahme der Internal Investigations

„Eine Situation zu erblicken, ist der Beginn, ihrer Herr zu werden.“[217] Vermutlich vergehen in zahlreichen Unternehmen viele Jahre, in denen Verstöße zum Nachteil oder Vorteil des Unternehmens unentdeckt und mithin sanktionslos bleiben. Diese können sowohl von einzelnen Mitarbeitern eigennützig zum Nachteil des Unternehmens oder durch eine Führungsperson veranlasst worden sein. Dabei haben Leitungsorgane sowohl kleinerer als auch größerer Unternehmen, insbesondere auf Grund globaler Geschäftsbeziehungen, zukünftig häufiger damit zu rechnen, dass aus der von ihnen verantworteten Organisation heraus Straftaten begangen werden. Globalisierung ist ein Motor grenzübergreifender Kriminalität, der gefährliches Potential schafft, wenn sie nicht kontrolliert wird.[218] So lässt sich bereits an dem Siemens-Skandal im Jahr 2010 sowie dem aktuellen Diesel-Skandal erkennen, dass Straftaten innerhalb namhafter Unternehmen nicht ausbleiben. Werden diese Verstöße entdeckt, rücken sowohl die Frage nach dem Umgang mit, als auch die der Vorbeugung in Bezug auf die strafrechtlich relevanten Taten in den Fokus des Unternehmensalltags. Während manche Unternehmen seit Jahren Compliance-Abteilungen integriert haben, machen andere wiederum durch die Compliance-Skandale in Rundfunk, Presse und Medien auf sich aufmerksam. Dies hat zur Folge, dass sich auch Juristen in Schrifttum und Gericht mit der Thematik und den damit einhergehenden Problemen auseinandergesetzt haben. Auf Grund der Korruptionsvorwürfe gegen die Siemens AG im Jahr 2006 und dem Beginn der Durchführung der Internal Investigations im Jahr 2008, wurde die Thematik auch in Deutschland bekannt. Dass die mit den Untersuchungen im Zusammenhang stehenden Probleme auch Jahre nach Siemens noch nicht gelöst sind, zeigen aktuelle Entwicklungen im Diesel-Skandal nebst Entscheidung des BVerfG sowie die Diskussion um das Verbandssanktionengesetz. Die aus den USA stammende Compliance-Maßnahme geriet innerhalb der europäischen Rechtsordnung immer mehr in den Fokus des Interesses, insbesondere auch aus dem Grund, dass sich die Zahl der Rechtsverstöße im wirtschaftlichen Sektor vermehrte und die Unternehmen sowohl zum Selbstschutz, als auch zu dem der anderen, aber auch zum Teil auf

---

217 *Jaspers*, Karl: überliefertes Zitat, 1883–1969.
218 *Fuhrmann*, NZG 2016, 881; *Senderowitz/Ugarte/Cortez*, wistra 2008, 281.

Grund bestehender Verpflichtungen, Maßnahmen ergreifen mussten.[219] Relevant sind hierbei nicht lediglich die Entdeckung von Verstößen und Verursachern. Vielmehr stellt sich zudem die Frage nach dem weiteren Umgang mit und der zukünftigen Vermeidung solcher Rechtsverstöße, um der Problematik auf Dauer Herr zu werden. Die zahlreichen Veröffentlichungen zur Thematik der unternehmensinternen Untersuchungen, ihrem Umgang und ihrer rechtlichen Einordnung waren Grund der Entstehung dieses Dissertationsvorhabens. Entgegen zahlreicher anderer Vorhaben behandelt die vorliegende Arbeit nicht ein Problem nebst eigens entwickeltem Lösungsvorschlag. Vielmehr sollen die zur Thematik veröffentlichten Publikationen nach Verfasser, Inhalt und zitierter Literatur untersucht werden, um eine Schlussfolgerung daraus zu ziehen. Auf Grund der Tatsache, dass die Internal Investigations den Titel des Forschungsvorhabens kennzeichnen und mithin das Anschauungsmaterial der dem Dissertationsvorhaben zugrundeliegenden Fragestellung bilden, bedürfen sie zum besseren Verständnis der daraus resultierenden Problematiken der Erläuterung. Weil sie den Compliance-Maßnahmen angehören, soll zunächst dieser Begriff definiert werden, bevor im Anschluss die Internal Investigations erläutert werden. Hier bilden sodann Definition, Rechtsgrundlagen, Organisation und Durchführung sowie die damit einhergehenden Probleme und das Bedürfnis nach einer Rechtsgrundlage den Kern der Ausführungen.

I. Compliance

Der aus dem angelsächsischen stammende US-amerikanische Begriff Compliance stand ursprünglich im Zusammenhang mit dem Bank- und Kapitalmarktrecht, wird jedoch inzwischen allgemein als unternehmensrechtliche Aufgabe in jeglichen Regionen und Ländern in der Wirtschafts- und Rechtspraxis sowie in Verwaltung und Gesetzgebung verwendet. Zu diesem „legal transplant“ existiert daher keine deutsche Bezeichnung.[220] Abgeleitet von dem lateinischen Verb „complere“ (erfüllen, vollenden), fand der Begriff seinen Eingang in die wissenschaftliche Fachsprache über den Bereich der Medizin, wo er für

219 *Bay* (Hrsg.): Handbuch Internal Investigations, 2013 S. 7; *Behrens*, RIW 2009, 22; *Knierim*, in: *Rotsch* (Hrsg.), Wissenschaftliche und praktische Aspekte der nationalen und internationalen Compliance-Diskussion, S. 77 (77).

220 *Bürkle*, BB 2005, 565; *Fleischer*, CCZ 2008, 1; *Mengel/Hagemeister*, BB 2006, 2466; *Reichert*, ZIS 2011, 113 (114); *Stober/Ohrtmann*: Compliance S. 4.

die Therapietreue eines Patienten, mithin dessen Befolgen der Weisungen des Arztes, steht.[221] Während anfangs unter Compliance lediglich die „Erfüllung“ und „Einhaltung“ von Gesetzen und Richtlinien subsumiert worden ist, ist der Anwendungsbereich inzwischen auf die Überwachung und Sanktionierung von Compliance-Verstößen auszuweiten.[222] Der Begriff der Compliance bezeichnet mithin die Gesamtheit aller Maßnahmen sowohl der Einhaltung, der Überwachung als auch der Sicherstellung von Regeln, die notwendig sind, damit sich ein Unternehmen samt seiner Vorstände und Mitarbeiter im Hinblick auf die für sie maßgeblichen gesetzlichen Ge- und Verbote, aber auch in Übereinstimmung mit den gesellschaftlichen Wert- und Moralvorstellungen rechtmäßig verhält. Insbesondere sind die Regeln der Börsenaufsicht, der Banken- und Finanzdienstleistungsaufsicht und der Arbeitsschutzbehörden zu beachten.[223] Kennzeichnend für die Regelkonformität ist somit ein übereinstimmendes Handeln der Unternehmensführung, seiner Beschäftigten sowie aller in den Betriebsablauf eingebundenen Personen. Hiermit soll ein Verstoß gegen die Verbotsnormen wie beispielsweise Bestechung, Steuerhinterziehung, Kartellabsprachen, Betrug, Datenmissbrauch sowie Arbeitsschutz und Außenwirtschaft vermieden bzw. diesem vorgebeugt werden.[224] Gleiches gilt für das Arbeitsrecht, bei dem ein Verstoß gegen die geregelten Pflichten weitreichende Konsequenzen bedeuten kann. Dies betrifft u.a. den Diskriminierungsschutz des AGG, das Betriebsverfassungsrecht, die Datenschutz- und Telekommunikationssicherheit, das Sozialversicherungs- und Lohnsteuerrecht sowie das Allgemeine Persönlichkeitsrecht des Arbeitnehmers gemäß Art. 2 Abs. 1, Art. 1, Abs. 1 GG.[225] Compliance ist daher ein systematisches Konzept, das der Sicherstellung regelkonformen Verhaltens dient und dabei durch Instruktion und präventive Kontrolle potentieller und repressiver Sanktionierung konkreter Verstöße gekennzeichnet ist. Die Ziele liegen vorwiegend, Risiko, Haftung und Reputationsschäden zu vermeiden, gesetzliche Handlungs- und Organisationspflichten zukünftig einzuhalten

221 *Behringer* (Hrsg.): Compliance für KMU, 2012 S. 19; *Momsen*, ZIS 2011, 508; *Rotsch*, ZIS 2010, 614.

222 *Göpfert/Merten/Siegrist*, NJW 2008, 1703.

223 *Dann*, AnwBl. 2009, 84; *Momsen*, ZIS 2011, 508; *Moosmayer*: Compliance S. 1; *Reichert*, ZIS 2011, 113 (114).

224 *Fuhrmann*, NZG 2016, 881; *Knierim*, in: *Rotsch* (Hrsg.), Wissenschaftliche und praktische Aspekte der nationalen und internationalen Compliance-Diskussion, S. 77 (79); *Roxin*, StV 2012, 116; *Stober/Ohrtmann*: Compliance S. 4.

225 *Mengel/Hagemeister*, BB 2006, 2466 (2468–2471); *Müller-Bonanni*, AnwBl. 2010, 651; *Vogt*, NJOZ 2009, 4206 (4207/4208).

und dabei eine fortlaufende Überwachung und Kontrolle der Geschehnisse im Unternehmen anzustreben, um künftige Verstöße zu vermeiden.[226] Hierunter lassen sich Straftaten und Ordnungswidrigkeiten subsumieren, die aus der Organisation des Unternehmens begangen werden und sich dabei gegen Dritte, die öffentliche Ordnung oder das Unternehmen selbst richten und durch Angehörige des Unternehmens, seien es Mitarbeiter oder Personen in Chefetagen, wiederkehrend und in schematischer Form begangen werden.[227]

Mit der Einführung der amerikanischen Federal Sentencing Guidelines im Jahr 1991, die dem Unternehmen Exkulpationsmöglichkeiten bei Nachweis der Mitarbeiterkontrolle ermöglichte, sowie dem Security Exchange Act und dem Sarbanes Oxley Act im Jahr 2002 in Amerika, wurde der Begriff fortan auch in den betriebswirtschaftlich-juristischen Sprachgebrauch übernommen, entwickelte sich seitdem und erlangt seit jeher immer größere Bedeutung.[228] Dies galt später zumindest für Finanzdienstleister, die unter das Wertpapierhandelsgesetz fallen, durch § 33 Abs. 1 S. 1 Nr. 1 WpHG auch in Deutschland. Seit dem Foreign Corrupt Practises Act sowie dem Sarbanes Oxley Act besteht in den USA für die an der amerikanischen Böse notierten Unternehmen die Pflicht zur Regelung der Unternehmensorganisation durch Compliance. Dies wird durch Bestimmung eines Compliance Officers in der Rechtsabteilung sowie Benennen eines Whistleblowers[229] umgesetzt. Durch Einführung der Insider-Richtlinie und der Wertpapierdienstleistungs-Richtlinie, §§ 33 WpHG, 25a KWG sowie 90, 161 AktG, gelten entsprechende Regelungen auch für Deutschland, die zwar keine explizite Verpflichtung zu Compliance-Maßnahmen enthalten, jedoch dazu, organisierte Vorkehrungen in Bezug auf Risiko-Management zu treffen.[230] Medien, Justiz und Praxis wenden sich seit dem Siemens-Skandal vermehrt der Thematik zu, sodass hinsichtlich Notwendigkeit, Ausführungen und Behandlung der Problematiken ein breit gefächertes Meinungsspektrum entsteht. Das Einhalten bestehender Regeln war auch vor der Einführung von Compliance-Maßnahmen eine der Primärpflichten eines Unternehmens, sodass sich lediglich

226 *Hauschka*, NJW 2004, 257; *Momsen*, ZIS 2011, 508; *Reichert*, ZIS 2011, 113 (114); *Vogt*, NJOZ 2009, 4206.

227 *Fuhrmann*, NZG 2016, 881 (882).

228 *Mengel/Hagemeister*, BB 2006, 2466 (2467); *Stober/Ohrtmann*: Compliance S. 19.

229 Ein Mitarbeiter, der auf Missstände aufmerksam macht.

230 *Mengel/Hagemeister*, BB 2006, 2466 (2467); *Schulte/Görts*, RIW 2006, 561; *Vogt*, NJOZ 2009, 4206 (4207).

die systematische Herangehensweise, mit der die Regelkonformität erreicht werden soll, verändert hat.[231]

Zum systematischen Konzept im Rahmen der Compliance-Durchführung gehören unterschiedliche Elemente, mit denen zum einen repressiv, d.h. zur Verfolgung bereits begangener Straftaten, überwiegend aber präventiv, mithin zur Verhinderung künftiger Straftaten, reagiert werden soll. Im Rahmen der Durchführung in unterschiedlichen Unternehmen stellen die präventiven Maßnahmen den Schwerpunkt dar, um insbesondere hohe Bußgeldzahlungen und Haftungsproblematiken zu vermeiden.[232] Vorwiegend in großen und bekannten Unternehmen ist die Außenwirkung, die oft durch das Verhalten der Mitarbeiter und Vorstände beeinflusst wird, gravierender Faktor in Bezug auf ihre Existenz.

Wichtig für die Durchführung von Compliance-Maßnahmen ist, dass das Compliance-Programm zum Bestandteil der Unternehmenskultur wird, damit gesetzlich bestehende Pflichten institutionalisiert, im Unternehmen verankert und Verstößen vorgebeugt werden können. Der Inhalt ist abhängig von Faktoren wie Größe, Konzernstruktur, Internationalisierungsgrad und/oder Börsennotierung.[233] Zunächst haben sich die Verantwortlichen einen Überblick über mögliche Compliance-Risiken zu schaffen und an diese angepasst, ein Programm zu entwickeln, das Maßnahmen zur Prävention, Aufdeckung und Reaktion enthält, damit dieses schlussendlich in den Tagesablauf des Unternehmens integriert werden kann.[234]

Aus dem bestehenden Bündel unterschiedlicher Maßnahmen wählt die Unternehmensleitung diejenige(n) Maßnahme(n) aus, die für den jeweiligen Fall geeignet ist(sind), wobei diese durch arbeitsrechtliche Vereinbarungen oder Betriebsvereinbarungen in das Unternehmen eingeführt werden können.[235] Solche Maßnahmen sind beispielsweise „Whistleblowing", die Abgabe anonymer Meldungen von Verstößen, „Monitoring", die Überwachung der Mitarbeiter, „Auditing", die Anhörung zur Aufklärung sowie „Chinese Walls", die informationsbezogene Segmentierung verschiedener Bereiche. Die Maßnahme dient der Einhaltung arbeitsrechtlicher Regelungen.[236]

---

231 *Behringer* (Hrsg.): Compliance für KMU, 2012 S. 20; *Reichert*, ZIS 2011, 113 (114).

232 *Behrens*, RIW 2009, 22; *Dann*, AnwBl. 2009, 84; *Gerst*, CCZ 2012, 1; *Momsen*, ZIS 2011, 508; *Stober/Ohrtmann*: Compliance S. 4/5.

233 *Bürkle*, BB 2005, 565; *Mengel/Hagemeister*, BB 2007, 1386; *Reichert*, ZIS 2011, 113 (116).

234 *Moosmayer*: Compliance S. 1–2.

235 *Grobys/Panzer-Heemeier* (Hrsg.): Arbeitsrecht, 3. Aufl. (2017) S. Rn. 8.

236 *Momsen*, ZIS 2011, 508 (509); *Moosmayer*: Compliance S. 5.

Gleichwohl die meisten Compliance-Maßnahmen präventiv sind und einer Rechtsverletzung vorbeugen sollen, sind Internal Investigations repressive Maßnahmen, deren Ziele die Begrenzung der mit dem Verstoß einhergehenden Folgen sowie die Wiederherstellung der Reputation ohne großes Aufsehen sind.[237] Entgegen der dauerhaft angelegten Compliance-Organisation werden die Untersuchungen anlassbezogen und bezugnehmend auf einen konkreten Verstoß eingesetzt. Compliance lässt sich daher nicht auf die Verhinderung von Verstößen beschränken, sondern hat auch die Konsequenzen dieser Verstöße zu beachten. Im Folgenden wird zunächst der Begriff der Internal Investigations erläutert, um sodann auf die Durchführung sowie die damit verbundenen Probleme und dem Wunsch nach einer gesetzlichen Regelung einzugehen.

II. Internal Investigations

Sowohl zur Klärung des Korruptionsverdachtes bei der Siemens AG als auch im Diesel-Skandal gegen Volkswagen/Audi, mithin in großen Wirtschaftsstrafsachen, wurden unternehmensinterne Untersuchungen durchgeführt. Diese meist prekären und vielschichtigen Sachverhalte werden durch die Untersuchungen aufzuklären versucht, derer Ergebnisse sich sodann die staatlichen Ermittlungsbehörden, zum Teil zeitgleich, zum Teil danach, bedienen. Gleich dem Compliance-Begriff stammt derjenige der Internal Investigations sowie das Phänomen selbst aus den USA, wobei der deutsche Begriff der unternehmensinternen Untersuchung ebenso geläufig ist, wie der amerikanische Begriff der Internal Investigations. Zum Teil werden sie auch als interne Erhebung/Ermittlung oder interne Aufklärung oder Sonderermittlung bezeichnet. Obwohl die Begriffe synonym verwendet werden, kann nicht von einem einheitlichen Verständnis gesprochen werden. Mal sind es schlicht freiwillig in Auftrag gegebene, anlassbezogene Sonderuntersuchungen vertraglicher oder verwaltungstechnischer Abläufe durch externe Fachkundige[238], mal dienen sie lediglich der Aufdeckung von Verstößen gegen bestehende Gesetze und sonstige Regeln.[239] Wiederum andere beziehen nur compliancerelevante Pflichtverletzungen mit ein[240], teilweise dienen sie der Aufklärung von Pflichtverletzungen der Unternehmensleitung, sodass sie auf

237 *Bay* (Hrsg.): Handbuch Internal Investigations, 2013 S. 7; *Behrens*, RIW 2009, 22; *Momsen*, ZIS 2011, 508 (511).
238 *Knierim*, in: *Rotsch* (Hrsg.), Wissenschaftliche und praktische Aspekte der nationalen und inter-nationalen Compliance-Diskussion, S. 77 (78).
239 *Behrens*, RIW 2009, 22; *Gerst*, CCZ 2012, 1.
240 *Vogt*, NJOZ 2009, 4206.

einzelne Personen beschränkt sind.[241] Andererseits sollen Rechtsverstöße von Mitarbeitern und Managern miteinbezogen werden.[242] Eine weitere andere Ansicht beschränkt die Durchführung dem Wortlaut entsprechend auf eine interne Untersuchung, die ohne Hinzuziehung Externer stattfindet.[243]

Trotz der vereinzelt vertretenen unterschiedlichen Ansichten lässt sich größtenteils ein einheitliches Verständnis konstatieren. Dementsprechend stellen unternehmensinterne Untersuchungen eine private, d.h. nicht vom Staat, sondern vom Unternehmen selbst veranlasste Untersuchung durch externe Ermittler im Zusammenhang mit drohenden oder bereits stattfindenden staatlichen Ermittlungsverfahren dar, die gegen das Unternehmen oder einen Angehörigen des Unternehmens geführt werden oder werden sollen und mit deren Hilfe Pflichtverletzungen, insbesondere Straftaten, innerhalb des Unternehmens systematisch aufgeklärt werden können.[244] Oft wird von einer „Amerikanisierung" sowie „Privatisierung" der Strafverfolgung gesprochen. Teils ausgelöst durch diskrete Verdachtsmeldungen besorgter Mitarbeiter oder „Whistleblower", zum Teil aber auch durch Herantragen von Hinweisen nicht im Unternehmen Tätiger, werden diese Untersuchungsmaßnahmen anlassbezogen und oft unabhängig im Vorfeld der stattlichen Ermittlungen durch externe Anwälte oder Wirtschaftsprüfer durchgeführt. Sie sind inzwischen unverzichtbarer Bestandteil der Compliance-Organisation eines Unternehmens geworden und aus dem wirtschaftlichen Geschehen nicht mehr wegzudenken.[245] Ein Vertreter des Unternehmens gibt freiwillig eine solche forensische Sonderuntersuchung in Auftrag, bei der externe Fachkundige, überwiegend eine Anwaltskanzlei oder Wirtschaftsprüfungsgesellschaft, die Abläufe innerhalb des Unternehmens detailliert prüfen und hier insbesondere das strukturell verankerte oder individuelle Fehlverhalten hinsichtlich bilanz- und aufsichtsrechtlicher Fragen untersuchen.[246] Dem Wirtschaftsstrafrecht zugeordnet, lässt sich der Begriff allerdings nicht nur,

---

241 *Mengel/Ullrich*, NZA 2006, 240.

242 *Bittmann/Molkenbur*, wistra 2009, 373 (374).

243 *Behrens*, RIW 2009, 22 (23); *Ott/Lüneborg*, CCZ 2019, 71 (73).

244 *Dann*, AnwBl. 2009, 84 (85); *Fuhrmann*, NZG 2016, 881 (882); *Wessing*, in: *Hauschka/Moosmayer/Lösler* (Hrsg.), Corporate Compliance, § 46 (Rn. 1); *Momsen*, ZIS 2011, 508 (509/510); *Reuling/Schoop*, ZIS 2018, 361.

245 *Dann*, AnwBl. 2009, 84 (85); *Momsen/Grützner*, CCZ 2017, 242; *Krug/Skoupil*, NJW 2017, 2374; *Ott/Lüneborg*, CCZ 2019, 71 (77); *Reuling/Schoop*, ZIS 2018, 361.

246 *Knierim*, StV 2009, 324 (328); *Knierim*, in: *Rotsch* (Hrsg.), Wissenschaftliche und praktische Aspekte der nationalen und internationalen Compliance-Diskussion, S. 77 (78/79); *Mengel/Ullrich*, NZA 2006, 240.

rechtlich, sondern auch betriebswirtschaftlich erläutern, wobei von einer ähnlichen Betrachtungsweise ausgegangen wird. Betriebswirtschaftlich stellen Internal Investigations Kontrollverfahren dar, dessen Ziel die Untersuchung und Bewertung vergangenheitsbezogener Geschäftsabläufe einer Organisation oder eines Verbandes ist, während konkrete Hinweise auf Vertrags-, Verwaltungs- oder Kriminalunrecht ausschlaggebend für ihre Durchführung sind.[247] Sowohl betriebswirtschaftlich als auch rechtlich beinhalten die Untersuchungen somit hauptsächlich die Kontrolle der im Unternehmen durchgeführten Geschäftsabläufe. Oftmals ist es ein bloßer (heimlich geäußerter) Verdacht des Verstoßes gegen bestehende Gesetze und Regeln, sei es in Form der Veruntreuung von Geldern, Bestechlichkeit oder einer Bereicherung durch Unterschlagung, der zur Untersuchung führt. Auf Grund der Tatsache, dass es sich bei den unternehmensinternen Untersuchungen um eine anlassbezogene Maßnahme handelt, ist sie – entgegen der übrigen Compliance-Maßnahmen – auf der repressiven Ebene angesetzt mit der Folge, dass größtenteils die Aufklärung begangener, weniger die Vorbeugung zukünftiger Straftaten im Mittelpunkt des Interesses steht und es vorwiegend die damit verbundenen Folgen zu begrenzen gilt.[248] Indem sie die Verbesserung des Compliance-Systems herbeiführen und Mitarbeitern sowie Außenstehenden aufzeigen, dass das Unternehmen strafbarem Verhalten gewissenhaft nachgeht, haben sie aber auch präventiven Charakter.[249] Neben der Aufklärung des Sachverhalts und der Erforschung der Wahrheit, sind die Vermeidung/Verringerung von Vermögensschäden und Haftungsrisiken sowie die Abwendung der Prestigeschäden, die insbesondere für namhafte Unternehmen von Belang sind, Ziel der Durchführung der Internal Investigations.[250]

Die Komplexität der Wirtschaftsverfahren erfordert, dass die externen Ermittler über spezielles Know-how, Sensibilität für psychologische Spannungsverhältnisse und besondere organisatorische Fähigkeiten verfügen, damit der hohe Arbeitsaufwand bewältigt werden kann und sowohl das Betriebsklima, aber auch die individuelle Befindlichkeit des Mitarbeiters nicht negativ beeinflusst werden,

---

247 *Knierim*, in: *Rotsch* (Hrsg.), Wissenschaftliche und praktische Aspekte der nationalen und internationalen Compliance-Diskussion, S. 77 (78).

248 *Behrens*, RIW 2009, 22; *Klengel/Mückenberger*, CCZ 2009, 81; *Knierim*, in: *Rotsch* (Hrsg.), Wissenschaftliche und praktische Aspekte der nationalen und internationalen Compliance-Diskussion, S. 77 (94); *Theile*, StV 2011, 381; *Weiß*, CCZ 2014, 136.

249 *Reuling/Schoop*, ZIS 2018, 361 (362).

250 *Fuhrmann*, NZG 2016, 881 (885); *Gerst*, CCZ 2012, 1; *Knierim*, StV 2009, 324 (328); *Reuling/Schoop*, ZIS 2018, 361 (362).

da sämtliche Ergebnisse von diesem abhängig sind.[251] Da sich die unternehmensinternen Untersuchungen vom staatlichen Ermittlungsverfahren abgrenzen, stellt sich zum einen die Frage nach der rechtlichen Zulässigkeit, dem Recht zur Durchführung der Compliance-Maßnahme sowie zum anderen, ob nicht lediglich das Recht, sondern überdies eine Pflicht zur Implementierung dieser Verfahren bei Verdacht des Vorliegens einer strafbaren Handlung im Unternehmen besteht. Diesbezüglich wird im Folgenden näher ausgeführt.

1.) Rechtliche Zulässigkeit

Dem Vorgenannten ist zu entnehmen, dass die internen Ermittlungen durch Privatpersonen und nicht durch den Staat veranlasst werden. Zur besseren Abgrenzung, werden Internal Investigations oft als Untersuchungen und nicht Ermittlungen bezeichnet, da der Begriff mit den vom Staat veranlassten Ermittlungen leicht gleichgesetzt werden kann. Durch die privat angeordneten Untersuchungen können Unternehmen zum einen ihrer Sorgfaltspflicht nachkommen, zum anderen haben sie gegenüber der SEC die Möglichkeit, Kooperationsbereitschaft zu zeigen und Strafmilderung zu erreichen. Weil Ermittlungen grundsätzlich durch den Staat veranlasst werden, stellt sich die Frage nach der rechtlichen Zulässigkeit privater Untersuchungen.

a.) Generelle Zulässigkeit privater Ermittlungen

Private sind seit Langem an der Strafverfolgung beteiligt, sei es in Form der selbstständigen Nachforschung des Verletzten oder Betroffenen, aber auch durch das gezielte Einsetzen von V-Leuten.[252] Der Beschuldigte hat dabei grundsätzlich das Recht zur Durchführungen eigener Nachforschungen, da er wegen Art. 1 Abs. 1 GG nicht zum Objekt des Verfahrens gemacht werden darf, während sich die Zulässigkeit für V-Leute analog aus § 161 StPO ergibt.[253] Die Verfahrensstellung ist dabei bedeutend für die Zulässigkeit der Durchführung privater Ermittlungen. Das Unternehmen kann hierbei die Rolle des Nebenbeteiligten oder des Opfers einnehmen. Bei dem häufigsten Fall der Nebenbeteiligung richtet sich die Zulässigkeit nach den Grundsätzen, die auch für den Beschuldigten gelten.[254]

251 *Dann*, AnwBl. 2009, 84 (85); *Knierim*, StV 2009, 324 (328); *Knierim*, in: *Rotsch* (Hrsg.), Wissenschaftliche und praktische Aspekte der nationalen und internationalen Compliance Diskussion, S. 77 (79); *Mengel/Ullrich*, NZA 2006, 240 (241).

252 *Brunhöber*, Goltdammer's Archiv für Strafrecht 2010, 571.

253 *Brunhöber*, Goltdammer's Archiv für Strafrecht 2010, 571 (576).

254 *Bittmann/Molkenbur*, wistra 2009, 373 (374).

Ist das Unternehmen hingegen Verletzter, ist die Bejahung der Zulässigkeit schwieriger, sodass sie uneinheitlich beantwortet wird. Die h.M. räumt dem Unternehmen auch hier die Durchführung der Untersuchungen ein.[255] Nach der Gegenansicht sind Untersuchungen sodann nicht zulässig, weil aus dem Offizial- und Legalitätsprinzip folge, dass der Staatsanwaltschaft das Ermittlungsmonopol zukommt.[256] Zuzustimmen ist jedoch der h.M., da Zwangsmittel in privaten Untersuchungen nicht zur Verfügung stehen, die eigentliche Strafverfolgung dem Gericht verbleibt und unter Beachtung von Art. 12 GG sowie des Verhältnismäßigkeitsgrundsatzes die Interessen des Unternehmens zu wahren sind. Eine Zulässigkeit ist daher zu bejahen.[257]

b.) Zulässigkeit speziell die Internal Investigations betreffend

Die allgemeine Zulässigkeit der privaten Ermittlungen vor/neben den staatlich Veranlassten, ergibt sich aus dem Vorgenannten und ist seit dem Urteil des BGH vom 10. Februar 2000 anerkannt.[258] Insbesondere wegen der Unterschiede zu den anderen privaten Ermittlungen und dem Umstand, dass die Internal Investigations oft in engem Zusammenhang mit staatlichen Ermittlungen stehen, ist die rechtliche Zulässigkeit dieser Untersuchungen kurz zu hinterfragen. Die unternehmensinternen Untersuchungen sind – entgegen vieler Vermutungen – viel stärker als Addition zum staatlichen Ermittlungsverfahren zu verstehen, als dass sie diesem entgegenstehen.[259] Weil die zur Durchführung der Untersuchungen beauftragten Ermittler Rat bei der Staatsanwaltschaft suchen und diese bei rechtlichen Bedenken mit einzelnen Maßnahmen beauftragen, erleiden die staatlichen Behörden keinen Bedeutungsverlust, sondern vielmehr die Chance, schneller an intensivere Ermittlungsergebnisse zu gelangen.[260] Dies stellt mithin auch keinen Grund für die Verneinung der Zulässigkeit dar. Hinzu kommt der

255 *BGH – Urteil v. 10.02.2000 – 4 StR 616/99*; *Bittmann/Molkenbur*, wistra 2009, 373 (374).

256 *Brunhöber*, Goltdammer's Archiv für Strafrecht 2010, 571 (574).

257 *Bittmann/Molkenbur*, wistra 2009, 373 (374); *Brunhöber*, Goltdammer's Archiv für Strafrecht 2010, 571 (578); *Gatter*: Die Ausgestaltung von Mitarbeiterbefragungen bei unternehmensinternen Ermittlungen und die Selbstbelastungsfreiheit S. 64/65.

258 *BGH – Urteil v. 10.02.2000 – 4 StR 616/99.*

259 *Theile/Gatter/Wiesenack*, ZStW 2014, 803 (816).

260 Beispielhaft ist die Beantragung einer Telefonüberwachung oder ähnliche Maßnahme zu nennen, bei deren Durchführung zur rechtlichen Sicherheit die Staatsanwaltschaft früh durch private Ermittler mit in die Durchführung der Untersuchungen einbezogen wird; *Theile/Gatter/Wiesenack*, ZStW 2014, 803 (816).

Umstand, dass nicht lediglich nach Entlastungs- sondern auch nach Belastungsmaterial gesucht wird, um kriminelle Strukturen im Unternehmen aufzudecken. Dies ist vergleichbar mit dem staatlichen Verfahren bei dem einer der Beschuldigten Belege für die Strafbarkeit eines anderen beibringen möchte.[261]

Neben den übrigen privaten Ermittlungen sind daher auch die unternehmensinternen Untersuchungen rechtlich zulässig. Es ist hingegen ständig zu berücksichtigen, dass sowohl staatliche Ermittlungen als auch unternehmensinternen Untersuchungen arbeitsrechtlichen und datenschutzrechtlichen Gesetzen unterliegen und bei der Durchführung zu jeder Zeit das Allgemeine Persönlichkeitsrecht der Mitarbeiter zu beachten ist. Entgegen anderer Ansicht führt die Zulässigkeit nicht zur Bedeutungslosigkeit staatlicher Ermittlungsverfahren, da zum einen eine enge Zusammenarbeit erfolgt, zum anderen das Legalitätsprinzip die Staatsanwaltschaft zur Strafverfolgung mittels eigener Ermittlungen verpflichtet.[262]

2.) Rechtsgrundlagen sowie Pflicht zur Durchführung

Während die Maßnahme der Internal Investigations in ihrem Ursprungsland, den USA, vielfach geregelt ist und deren Durchführung zum Teil vorausgesetzt bzw. verlangt wird, finden die Untersuchungen in Deutschland einstweilen im rechtlichen „Niemandsland" statt. Es ist weder eine explizite Vorschrift zur Durchführung vorhanden, noch ist deren Art und Weise gesetzlich geregelt. Daher ergeben sich Fragestellungen betreffend das Arbeits-, Gesellschafts-, Datenschutz-, Wettbewerbs-, Kartell-, aber auch des Strafrechts, sodass das Niemandsland auch als „Jedermanns Land" verstanden werden kann.[263] Im Gegensatz zu Deutschland besteht für die Durchführung der Internal Investigations in den USA eine rechtliche Grundlage, wobei diese nicht lediglich für in den USA ansässige Unternehmen, sondern auch für solche gilt, deren Aktien an der New Yorker Börse notiert sind, mithin für solche mit internationalem wirtschaftlichen Wirkungskreis. Für diese Unternehmen, die zugleich der Aufsicht der Securities and Exchange Commission (SEC) unterliegen, deren Aufgabe die Kontrolle und Sicherstellung der Wertpapiermärkte ist, bilden der Foreign Corrupt Practices

261 *Gatter*: Die Ausgestaltung von Mitarbeiterbefragungen bei unternehmensinternen Ermittlungen und die Selbstbelastungsfreiheit S. 66.

262 *Greco/Caracas*, NStZ 2015, 7 (11).

263 *Knierim*, in: *Rotsch* (Hrsg.), Wissenschaftliche und praktische Aspekte der nationalen und internationalen Compliance-Diskussion, S. 77 (80); *Theile/Gatter/Wiesenack*, ZStW 2014, 803 (804).

Act 1977 (FCPA) sowie der Sarbanes Oxley Act 2002, der die Korruptionsbekämpfung erweitern sollte, die gesetzliche Grundlage. Sie stellen die Bestechung ausländischer Amtsträger unter Strafe stellen und sanktionieren die sich aus ihr ergebenen Verhaltenspflichten mit empfindlichen Geld- oder Haftstrafen.[264]

Während der Foreign Corrupt Practices Act lediglich die Folgen einer von ihm unter Strafe gestellten Tat, dies sind beispielsweise Bestechungsverbote und Buchführungspflichten, bei denen eine Korruptionszahlung auch als solche zu kennzeichnen ist, regelt, trifft der Sarbanes-Oxley Act detaillierte Regelungen hinsichtlich der Errichtung eines internen Infowesens im Unternehmen. Signifikant sind hier insbesondere die jährliche Abgabe eines Geschäftsberichts und Berichterstattung bei Gesetzesverstößen gegenüber der Wertpapieraufsicht SEC. Damit kann vermieden werden, dass sich die Unternehmensleitung auf Unkenntnis beruft.[265] Bekräftigt werden diese Regelungen seit 2003 von dem Thompson Memorandum sowie seit 2006 durch das Mc-Nulty-Memorandum, nach denen die Strafverfolgungsbehörde von einer Anklage absehen bzw. die Kooperation im Rahmen der Strafzumessung mildernd berücksichtigen kann, wenn die juristische Person die Straftat aufklärt und bereit ist, durch Nennung von Tätern und Zeugen mit den Behörden zu kooperieren.[266] Das Thompson Memorandum schreibt darüber hinaus den Verzicht auf das attorney-client-privilege – nachdem dem Mandanten das Recht zusteht, die Weitergabe der vertraulichen Informationen zu verweigern – vor, da andernfalls eine Berücksichtigung der Kooperation in der Strafzumessung nicht erfolgen würde.[267] Die Aussicht auf weitreichende Korruptionsvorwürfe und drohende hohe Sanktionen durch die SEC, die in Korruptionsfällen ohne kooperatives Verhalten Anklage erhebt, zwingen ein Unternehmen oft dazu, sich gegenüber dem Justizministerium und der SEC kooperativ zu verhalten.[268] Die Untersuchungen finden in den USA bzw. bei den an der New Yorker Börse notierten Unternehmen daher weder grund-, zum Teil nicht einmal zwanglos, statt, wobei sowohl Zwang und Druck,

---

264 *Dann/Schmidt*, NJW 2009, 1851; *Rosen*, BB 2009, 230; *Schulte/Görts*, RIW 2006, 561 (562); *Senderowitz/Ugarte/Cortez*, wistra 2008, 281 (282); *Vogt*, NJOZ 2009, 4206 (4208); *Wastl/Litzka/Pusch*, NStZ 2009, 68 (69); *Momsen*, ZIS 2011, 508 (510).

265 *Obermayr*, in: *Hauschka/Moosmayer/Lösler* (Hrsg.), Corporate Compliance, § 44 Rn. 112; *Mengel/Hagemeister*, BB 2006, 2466 (2767); *Schulte/Görts*, RIW 2006, 561 (565/566); *Taschke*, NZWiSt 2012, 89 (91).

266 *Momsen*, ZIS 2011, 508 (510); *Wehnert*, in: *Jung/Luxenburger/Wahle* (Hrsg.), Festschrift für Egon Müller, S. 729 (734).

267 *Knauer/Buhlmann*, AnwBl. 2010, 387 (388).

268 *Wessing*, in: *Hauschka/Moosmayer/Lösler* (Hrsg.), Corporate Compliance, § 46 Rn. 3.

als auch Umfang und Konsequenzen der Ermittlungen in den USA im Vergleich zu Deutschland größer sind. Dies ist jedoch nicht ausschließlich von Nachteil, da die Sanktionen dadurch insbesondere im Hinblick auf Außenwirkung und Publikation deutlich geringer ausfallen.[269] Eine bei Pflichtverstößen zur Vornahme der Untersuchungen verpflichtenden Vorschrift existiert in den USA nicht.[270] Aus den Bestechungsverboten sowie Buchführungspflichten, der Sanktionierung bei Verstoß mittels hochdotierter Strafen und dem damit verbundenen Angebot der Reduzierung der Strafe, lässt sich eine solch zwingende Vorschrift allerdings ableiten.[271]

Auf Grund der Tatsache, dass diese Vorschriften nur für solche Unternehmen gelten, die unmittelbar in den USA tätig sind oder die an der New Yorker Börse notiert sind, sind sie nicht auf diejenigen anwendbar, die lediglich außerhalb der USA und ohne dortige Börsennotierung agieren. In Deutschland existiert ebenfalls keine gesetzliche Regelung, die ein Nahelegen oder eine Pflicht zur Vornahme von unternehmensinternen Untersuchungen enthält,[272] geschweige denn eine solche Durchführung regelt. Ein Recht zur Durchführung der Investigations beruht u.a. hingegen auf der Privatautonomie der Art. 1 Abs. 1, Art. 2 Abs. 1, Art. 14 Abs. 1 GG. Auch die Verpflichtung zur Einrichtung eines Frühwarnsystems für bestandsgefährdende Risiken, mithin zur Schaffung präventiver Maßnahmen gemäß § 91 Abs. 2 AktG sowie das Legalitätsprinzip des § 82 Abs. 2 AktG können Anknüpfungspunkt für die Vornahme der Untersuchungen sein.[273] Gleich der übrigen Compliance-Maßnahmen, lassen sich das Recht und teilweise auch eine Pflicht zur Durchführung der Maßnahme aus dem AktG, dem WpHG sowie dem KWG entnehmen. Der Vorstand einer AG hat zur frühzeitigen Erkennung einer gefährdenden Entwicklung gemäß §§ 76 Abs. 1, 91 Abs. 2, 93 Abs. 1 AktG ein Überwachungssystem einzurichten und solche Maßnahmen zu treffen, die das Unternehmen vor in gravierendem Maße schadenden Handlungen wie Schmiergeldzahlungen an Amtsträger eines ausländischen Staates schützen.[274] Auch das Bank- und Kapitalmarktrecht normiert in den

---

269 *Momsen*, ZIS 2011, 508 (510).

270 *Wessing*, in: *Hauschka/Moosmayer/Lösler* (Hrsg.), Corporate Compliance, § 46 Rn. 6.

271 *Wessing*, in: *Hauschka/Moosmayer/Lösler* (Hrsg.), Corporate Compliance, § 46 Rn. 21.

272 *Wessing*, in: *Hauschka/Moosmayer/Lösler* (Hrsg.), Corporate Compliance, § 46 Rn. 9.

273 *Wessing*, in: *Hauschka/Moosmayer/Lösler* (Hrsg.), Corporate Compliance, § 46 Rn. 16; *Knierim*, in: *Rotsch* (Hrsg.), Wissenschaftliche und praktische Aspekte der nationalen und internationalen Compliance-Diskussion, S. 77 (80).

274 *Behrens*, RIW 2009, 22 (29); *Fleischer*, CCZ 2008, 1 (2); *Fuhrmann*, NZG 2016, 881 (882/883); *Moosmayer*: Compliance S. 5; *Reuling/Schoop*, ZIS 2018, 361; *Wessing*,

§§ 33 Abs. 1 S. 1 Nr. 1 WpHG und 25a KWG eine Verpflichtung der Banken und Dienstleistern, bei konkreten Anlässen Nachforschungen anzustellen sowie dauerhaft eine Compliance-Funktion einzurichten, die ihre Aufgaben unabhängig wahrnehmen kann. Hieraus kann nicht nur eine Compliance-Maßnahme im Allgemeinen, sondern auch diejenige der Internal Investigations abgeleitet werden.[275] Darüber hinaus sind von den Geschäftsleitungen die kaufmännischen Sorgfaltspflichten des § 43 GmbHG einzuhalten sowie darauf zu achten, dass Verstöße gegen §§ 30, 130, 9 OWiG vermieden werden. Auch aus diesen Vorschriften kann sich ein Recht zur Durchführung der Untersuchungen ergeben.[276] Bezüglich des Finanzsektors lässt sich somit aus den bestehenden Pflichten zur Bewahrung der Unternehmen vor Schaden eine Rechtspflicht zur Durchführung von Internal Investigations ableiten, wenn diese auch explizit bezogen auf die Untersuchungen nicht geregelt ist.

Weder in den USA noch in Deutschland ist folglich keine ausdrückliche Pflicht zur Durchführung von Aufklärungsmaßnahmen in dem Umfang der Internal Investigations normiert. Gleichwohl wird den Unternehmen mit internationalem Bezug zur USA durch den FCPA die Pflicht auferlegt, vorbeugende Maßnahmen gegen Korruption zu treffen, um Rechtsverstöße zu vermeiden sowie an ihrer Aufklärung mitzuwirken, sollte es bereits zu Verstößen gekommen sein. Gleichzeitig wird bei Kooperation eine Verringerung der Strafe in Aussicht gestellt, sodass dies einer Pflicht gleichkommt. Diese Zusammenarbeit mit der Behörde ist daneben vorteilhaft für das Unternehmen, da erheblichen Sanktionen vorgebeugt werden kann.[277] Ein solches lässt sich für Deutschland aus den o.g. Rechtsvorschriften für Vorstände, Aufsichtsräte und Geschäftsleitungen nicht in Gänze annehmen, da durch die Gesetze keine Strafmilderung bei Kooperation in Aussicht gestellt wird. Es lassen sich jedoch Verpflichtungen zur Vornahme von präventiven Maßnahmen im Rahmen eines Compliance-Systems

---

in: *Hauschka/ Moosmayer/Lösler* (Hrsg.), Corporate Compliance, § 46 Rn. 16; *LG München I – Urteil v. 10.12.2013 – 5 HK O 1387/10*, 2013.

275 *Fleischer*, CCZ 2008, 1 (4); *Wessing*, in: *Hauschka/Moosmayer/Lösler* (Hrsg.), Corporate Compliance, § 46 Rn. 18; *Moosmayer*: Compliance S. 6.

276 *Wessing*, in: *Hauschka/Moosmayer/Lösler* (Hrsg.), Corporate Compliance, § 46 Rn. 20; *Moosmayer*: Compliance S. 5; *Reuling/Schoop*, ZIS 2018, 361.

277 *Markfort*: Rechtssicherheit für interne Ermittlungen – comply, 2018, abrufbar unter https://www. reguvis.de/fileadmin/Betrifft-Unternehmen/Arbeitshilfen/Fachbeitraege/InterneErmittlungen.pdf (zuletzt geprüft am 03.01.2021); *Mengel/Hagemeister*, BB 2006, 2466 (2467); *Senderowitz/Ugarte/Cortez*, wistra 2008, 281 (283); *Wehnert*, in: *Jung/Luxenburger/Wahle* (Hrsg.), Festschrift für Egon Müller, S. 729 (733).

als faktischen Zwang zur Durchführung interner Untersuchungen auslegen. Daneben bestehen die generellen Pflichten zur Schadensvermeidung oder Schadensgeringhaltung beispielsweise aus dem ProdHaftG, PflVersG sowie §§ 830, 840, 31 BGB. Soweit eine Pflicht als umstritten angesehen werden kann, hat ein jedes Unternehmen auf Grund der Privatautonomie aus Art. 1 Abs. 1, Art. 2 Abs. 1, Art. 14 Abs. 1 GG allerdings das Recht, eine solche unternehmensinterne Untersuchung durchführen zu lassen, da es regelmäßig im Interesse des Unternehmens ist, das „schwarze Schaf" ausfindig zu machen und hinsichtlich der Konsequenzen eine weiche Landung zu erreichen.[278] Entscheidet sich ein Unternehmen zur Durchführung der Untersuchungen, sind in Bezug auf diese organisatorische Maßnahmen und Vorkehrungen zu treffen. Sowohl Führungsabteilung als auch die Mitarbeiter sind bestmöglich auf die Ermittlung vorzubereiten, damit am Ende ein zufriedenstellendes effektives und effizientes Ergebnis erreicht werden kann.

3.) Organisation und Durchführung interner Ermittlungen

Vor Beginn der Ermittlungsmaßnahme ist das Ziel bereits klar definiert. Es gilt, den Sachverhalt möglichst umfassend und detailliert aufzuklären, die „Wahrheit" zu erforschen und zu überprüfen, ob die behaupteten Verstöße, die Anlass zur Durchführung gegeben haben, tatsächlich begangen worden sind. Wenn ja, ist zu klären, welches Ausmaß und Folgen diese Verstöße nach sich gezogen haben, welche Personen – ob lediglich Mitarbeiter oder auch Vorstände/Geschäftsführer/Führungspositionen – in die Affäre verwickelt waren und welche Sanktionen, Schäden oder andere Nachteile bisher entstanden sind oder dem Unternehmen zukünftig drohen.[279] Von der detaillierten Vorplanung ist der Ablauf der weiteren Durchführung abhängig, da daraus resultiert, welche Personen innerhalb des Unternehmens befragt bzw. wessen Unterlagen gesichtet werden müssen, um eine umfassende Aufklärung gewährleisten zu können. Wichtig ist daher, dass Vorgehensweise und Dokumentation genau geplant, die Erwartungen der Ermittlungsbehörden ausgelotet und die Belange mit den Mitarbeitern abgestimmt werden, damit die Verantwortlichen, die Reihenfolge, der Umfang und das Rechtliche klar definiert sind. Daneben soll jeder

---

278 *Knauer/Buhlmann*, AnwBl. 2010, 387 (388); *Knierim*, in: *Rotsch* (Hrsg.), Wissenschaftliche und praktische Aspekte der nationalen und internationalen Compliance-Diskussion, S. 77 (80); *Momsen*, ZIS 2011, 508 (511); *Theile/Gatter/Wiesenack*, ZStW 2014, 803 (813).

279 *Fuhrmann*, NZG 2016, 881 (885); *Knierim*, StV 2009, 324 (328).

der Beteiligten in Kenntnis darüber sein, wer wonach sucht, welche Unterlagen gesichtet und Mitarbeiter befragt werden sollen. Grundsätzlich stehen allerdings die Auswahl der Ermittler, bei denen es sich um Externe, meist Rechtsanwaltskanzleien, Wirtschaftsprüfer oder Steuerberater handelt, sowie die Sichtung der Akten eingangs der Untersuchungen.[280] Den Anfang bildet daher die Erstellung einer Planung, die Aufarbeitung der Aktenlage und die Zusammenstellung der maßgeblichen Unterlagen mit der Folge, dass sich ein erster Überblick verschafft werden und Geschäftsvorgänge auf sichtbare Unregelmäßigkeiten überprüft werden können.[281] Daneben ist ein detaillierter Ablaufplan zu erstellen, der für jedes Szenario, welches sich dem Unternehmen bieten kann, eine Lösung beinhaltet, damit schnell und angemessen reagiert werden kann. Zu berücksichtigen sind auch unangekündigte Besuche der Staatsanwaltschaft oder anderer Ermittlungsbehörden.[282]

Bei der sich daran anschließenden Durchführung kann das Unternehmen aus einer Vielzahl unterschiedlicher Ermittlungsinstrumente wählen, wobei im Fokus die Sichtung von Unterlagen[283] sowie die Interviews stehen, bei denen differenzierte Regelungen des Arbeits-, Datenschutz-, Gesellschafts-, aber auch des materiellen Strafrechts sowie Normen von internationalen Rechtsordnungen zu beachten sind.[284] Angelehnt am Ermittlungsziel der Erforschung der Wahrheit, der Beschreibung und Konkretisierung schadensauslösender Ursachen und Wirkungen im Hinblick auf straf- und bußgeldrechtliche Sachverhalte, hängt die Intensität der Untersuchung nicht nur vom wirtschaftlichen Interesse des Unternehmens und dem daraus resultierenden Mandatsvertrag ab. Vielmehr sind die Einstellung, Position und Arbeitsweise der Geschäftsführung ebenfalls von Bedeutung.[285] In Abhängigkeit von Kapital und Grad des Interesses des Unternehmens an einer schnellen unbemerkten Aufklärung werden die Untersuchungen im kleinen oder größeren Rahmen durchgeführt. Die Kenntniserlangung

---

280 *Dann*, AnwBl. 2009, 84 (86); *Fuhrmann*, NZG 2016, 881 (886); *Wybitul*, BB 2009, 606 (609/610).

281 *Dann*, AnwBl. 2009, 84 (86); *Klengel/Mückenberger*, CCZ 2009, 81 (82).

282 *Wybitul*, BB 2009, 606 (608).

283 E-Mail-Screening, Telefondaten, Personalakten, Datenscreening.

284 *Fuhrmann*, NZG 2016, 881 (886–889); *Klengel/Mückenberger*, CCZ 2009, 81 (82–85); *Reuling/ Schoop*, ZIS 2018, 361 (362/363); *Vogt*, NJOZ 2009, 4206 (4213/4214); *Wisskirchen/Glaser*, DB 2011, 1392 (1394); *Theile/Gatter/Wiesenack*, ZStW 2014, 803 (824/825).

285 *Knierim*, StV 2009, 324 (328); *Theile/Gatter/Wiesenack*, ZStW 2014, 803 (818/820–822).

der Öffentlichkeit lässt sich oftmals hingegen nicht vermeiden. Trotzdem sind die Verantwortlichen angehalten, Existenz, Anlass und Vorgehensweise zu bewahren, damit detaillierte und umfangreiche Informationen gewonnen werden können und diese nicht beiseite geschafft werden.[286] Um eine effiziente und effektive Durchführung zu erreichen, sind durch gute Organisation Reihenfolge, Umfang und rechtliche Bezugspunkte der Maßnahmen festzulegen und das Ziel zu definieren. Diese können aber im Zuge neuer Erkenntnisse abgeändert werden, sodass keine klar definierte Herangehensweise besteht.[287]

Zentrale Aufgabe der internen Ermittlungen ist die Beweissicherung, im Rahmen derer alles in Schriftform Vorliegende und durch Mitarbeiterbefragungen Gewonnene, gesammelt, gespeichert und somit die Aktenlage aufgearbeitet wird, bevor der Fund im Anschluss von Spezialisten ausgewertet und anhand deren Erkenntnis eine Strategie gefunden wird.[288] Die erfolgreiche Informationsgewinnung kann durch Sichtung der Unterlagen und Führung von Interviews bestmöglich erreicht werden.

Da die beiden genannten Maßnahmen hauptsächlich im Rahmen von Internal Investigations durchgeführt werden, sollen lediglich sie im Folgenden näher erläutert werden.

a.) Sichtung der Unterlagen, Dokumente & E-Mail Konten

Um sich einen ersten Überblick über die Situation, insbesondere bezüglich der wirtschaftlichen Position des Unternehmens zu verschaffen, werden zunächst allgemein zugängliche Unterlagen wie beispielsweise das Handelsregister und Buchhaltungsunterlagen auf Unregelmäßigkeiten wie etwaige Doppelzahlungen, Stornierungen, Auslieferungen an Feiertagen sowie Buchungen ohne Belege gesichtet. Vordergründig stehen daher geschäftliche Dokumente im Fokus der Untersuchung.[289] Damit diese Aufgabe im Rahmen der Durchführung nach bestem Wissen und Gewissen stattfinden kann, bedienen sich externe Ermittler einer Wirtschaftsprüfungsgesellschaft, die mit Hilfe ihres EDV-gestützten Programmes auffällige Geschäftsvorfälle identifizieren kann, um später den seltsamen Zahlungen Verträge, Rechnungen, Zahlungsanweisungen, Zahlungsempfänger sowie Mitarbeiter, die mit diesen Zahlungsvorgängen betraut waren,

---

286 *Dann*, AnwBl. 2009, 84 (86); *Klengel/Mückenberger*, CCZ 2009, 81 (82).

287 *Dann*, AnwBl. 2009, 84 (86); *Knierim*, StV 2009, 324 (328).

288 *Dann*, AnwBl. 2009, 84 (86); *Wessing*, in: *Hauschka/Moosmayer/Lösler* (Hrsg.), Corporate Compliance, § 46 Rn. 103/115/116.

289 *Klengel/Mückenberger*, CCZ 2009, 81 (82/83); *Wastl/Litzka/Pusch*, NStZ 2009, 68 (69).

zuzuordnen.[290] Hierbei werden sowohl Akten- und Datenbestände, Verträge, Geschäftsbriefe, Gutachten, Kontobewegungen usw. sowohl in Papier als auch in elektronischer Form, Blatt für Blatt und Seite für Seite gesichtet. Daneben werden sie planmäßig nach verdächtigen Mitteilungen durchforscht, da allein eine elektronische Recherche nicht ausreichend Gewissheit hervorbringt, durch den Blick rechts und links der Dokumente ein Tunnelblick vermieden und eventuelle Verjährungen beachtet werden können.[291] Dabei werden die E-Mails, aber auch der Browserverlauf eines zuvor eingegrenzten Personenkreises nach vorher ausgewählten Schlagworten durchsucht und ausgewertet, wobei dies lediglich in den Grenzen des Bundesdatenschutzgesetzes (BDSG) erfolgen darf, sodass die Durchsuchung auf diejenigen Dateien, Daten, Dokumente und E-Mails zu beschränken ist, die nicht ausschließlich den Mitarbeiter privat betreffen.[292]

Damit die aus der Durchsuchung resultierenden Ergebnisse in einem späteren Ermittlungsverfahren der Staatsanwaltschaft verwertet werden können, sind sie als Beweise so zu sichern, dass ihr Zustand erhalten bleibt und sie nicht der Vernichtung oder Veränderung anheimfallen. Dabei sind schriftliche Dokumente zu kopieren, die Originale gesondert abzuheften und sämtliche Papierdokumente einzuscannen, was zum nicht nur der Sicherung, sondern auch der Auswertung durch spezielle Programme sowie Bereitstellung in einer digitalen Datenbank dient.[293] Während die Sicherung der digitalen Dateien mit Hilfe einer passwortgeschützten digitalen Archivierung erfolgen kann, sind für die analogen Dokumente Räume innerhalb des Unternehmens anzumieten, die nur von der Kanzlei betreten werden, die mit den Untersuchungen beauftragt ist und ein Abhandenkommen mithin vermieden werden kann.[294]

---

290 *Roxin*, StV 2012, 116.

291 *Dann*, AnwBl. 2009, 84 (87); *Fuhrmann*, NZG 2016, 881 (887/888); *Klengel/Mückenberger*, CCZ 2009, 81 (85); *Roxin*, StV 2012, 116; *Wybitul*, BB 2009, 606 (610).

292 *Göpfert/Merten/Siegrist*, NJW 2008, 1703 (1705); *Fuhrmann*, AG 2015, R328 (R330); *Reuling/ Schoop*, ZIS 2018, 361 (362).

293 *Duda*, in: *Bay* (Hrsg.), Handbuch Internal Investigations, S. 233 (239); *Dann*, AnwBl. 2009, 84 (87); *Wessing*, in: *Hauschka/Moosmayer/Lösler* (Hrsg.), Corporate Compliance, § 46 Rn. 105; *Wybitul*, BB 2009, 606 (610).

294 *Scheunemann/Hellfritzsch*, in: *Bay* (Hrsg.), Handbuch Internal Investigations, S. 183 (209); *Wessing*, in: *Hauschka/Moosmayer/Lösler* (Hrsg.), Corporate Compliance, § 46 Rn. 105.

b.) Mitarbeiterbefragung in „Interviews"

Zentrales Instrument der Untersuchungen und damit eine wichtige Informationsquelle, die zumeist als abschließenden Teil der Beweisgewinnung durchgeführt wird, ist die Befragung von Mitarbeitern, bei der zum einen Aussagen abgerungen werden können, zum anderen anhand von Mimik und Gestik der Wahrheitsgehalt einer Aussage ausgewertet und das Risiko hinsichtlich der Vornahme etwaiger Verdunklungshandlungen abgewogen werden kann. Um Verstöße aufzuklären, werden diejenigen Mitarbeiter hinzugezogen, die verdächtig sind, sich an solchen beteiligt zu haben oder Wahrnehmungen im Zusammenhang mit diesen gemacht haben könnten. Diesbezüglich werden Fragen betreffend den Aufgabenbereich des Mitarbeiters aber auch sein Umfeld betreffend gestellt.[295] Der Mitarbeiter ist zur Teilnahme an dem Interview verpflichtet, da dem Arbeitgeber ihm gegenüber aus § 106 GewO ein Weisungsrecht zusteht.[296] Im Zuge der Befragung besteht die Pflicht, umfassend über alles Auskunft zu erteilen, worüber er im Rahmen seiner Tätigkeit Kenntnis erlangt hat. Hier ist jedoch zwischen dem unmittelbaren und dem mittelbaren Arbeitsbereich zu unterscheiden. Umfassende Auskunft hat der Mitarbeiter seinen unmittelbaren Arbeitsbereich betreffend zu erteilen. Selbst dann, wenn er sich selbst belastet.[297] Diese umfangreiche und nach § 888 ZPO vollstreckbare Auskunftspflicht kann sich zum einen aus dem eher seltenen Fall der vertraglich geschuldeten Tätigkeit, zum anderen, dies ist zumeist anzunehmen, aus §§ 666, 675 BGB und mithin aus der vertraglich geschuldeten Tätigkeit ergeben.[298] Den mittelbaren Arbeitsbereich – beispielsweise eine Dienstreise – betreffend, ist der Mitarbeiter auf Grund seiner arbeitsvertraglichen Nebenpflicht aus §§ 611, 241 Abs. 2 BGB oder aus § 242 nach Treu und Glauben dennoch zur Auskunft verpflichtet. In diesem

---

295 *Göpfert/Merten/Siegrist*, NJW 2008, 1703 (1705); *Klengel/Mückenberger*, CCZ 2009, 81 (82); *Krug/Skoupil*, NJW 2017, 2374; *Rudkowski*, NZA 2011, 612; *Theile/Gatter/Wiesenack*, ZStW 2014, 803 (828).

296 *Reuling/Schoop*, ZIS 2018, 361 (363); *Rübenstahl*, WiJ 2012, 17 (20); *Rudkowski*, NZA 2011, 612; *Tscherwinka*, in: *Schulz/Reinhart/Sahan* (Hrsg.), Festschrift für Imme Roxin zum 75. Geburtstag am 15. Mai 2012, S. 521 (526).

297 *Böhm*, WM 2009, 1923 (1924); *Dann/Schmidt*, NJW 2009, 1851 (1852); *Gerst*, CCZ 2012, 1 (3); *Göpfert/Merten/Siegrist*, NJW 2008, 1703 (1705); *Jahn*, StV 2009, 41 (44); *Knauer/Buhlmann*, AnwBl. 2010, 387 (389); *Reuling/Schoop*, ZIS 2018, 361 (363); *Theile*, StV 2011, 381 (383).

298 *Böhm*, WM 2009, 1923 (1924); *Bittmann/Molkenbur*, wistra 2009, 373 (375); *Dann/Schmidt*, NJW 2009, 1851 (1852); *Greco/Caracas*, NStZ 2015, 7; *Jahn*, StV 2009, 41 (43); *Theile*, StV 2011, 381 (383); *Zerbes*, ZStW 2013, 551 (557).

Zusammenhang kann nach Vornahme einer Interessenabwägung, die insbesondere das Recht des Mitarbeiters zur Selbstbelastungsfreiheit berücksichtigt, eine Aussagepflicht verneint werden mit der Folge eines Aussageverweigerungsrechtes auf Seiten des Mitarbeiters.[299] Gleichwohl weder ein Regelwerk noch gesetzlichen Vorschriften existieren,[300] haben sich bei Vorbereitung und Durchführung gewisse Verfahrensabläufe festgesetzt, auf die im Folgenden Bezug genommen werden soll.

Um mit Hilfe der Interviews ausreichend Informationen zu erreichen, ist die Mitarbeiterbefragung in Bezug auf den Ort sowie die inhaltliche Durchführung vorbereitend zu planen. Es empfiehlt sich, die Befragung an einem neutralen Ort abseits des Unternehmensalltags durchzuführen, da so ein räumlicher Abstand erreicht werden kann, der die ohnehin auf die Mitarbeiter inquisitorisch und vernehmungsähnlich wirkende Situation auflockert und infolgedessen die Aussage erleichtert und Diskretion garantiert.[301] Das Umfeld des Interviews kann entscheidend die Befragung der Mitarbeiter beeinflussen. Dies trägt jedoch nur dann zum Erfolg des Interviews bei, wenn die Ermittler auch die für die Aufklärung des Verstoßes relevanten Antworten bekommen. Damit verwertbare Ergebnisse möglichst innerhalb kürzester Zeit erzielt werden können, ist eine besonders sorgfältige Planung und Organisation erforderlich und eine vertrauliche Gesprächsatmosphäre zu schaffen. In dieser sind zum einen Legalität und Objektivität zu wahren, zum anderen – sollte der Befragte in die Verstöße verwickelt sein – über „Wiedergutmachung“ und „Schadensbegrenzung“ zu sprechen.[302]

Es empfiehlt sich daher im Vorhinein, den befragenden Sachverhalt – anhand der bis zu diesem Zeitpunkt ausgewerteten Informationen – einzugrenzen und eine Entscheidung bezüglich der Relevanz der Informationen zu treffen. Um die auf Grund des Verdachts vorgegebene Struktur zu wahren, kann als Leitfaden

---

299 *Bittmann/Molkenbur*, wistra 2009, 373 (375); *Böhm*, WM 2009, 1923 (1924); *Dann/Schmidt*, NJW 2009, 1851 (1852); *Göpfert/Merten/Siegrist*, NJW 2008, 1703 (1705); *Greco/Caracas*, NStZ 2015, 7; *Wessing*, in: *Hauschka/Moosmayer/Lösler* (Hrsg.), Corporate Compliance, § 46 Rn. 51; *Jahn*, StV 2009, 41 (44); *Rudkowski*, NZA 2011, 612 (613); *Zerbes*, ZStW 2013, 551 (557).

300 *Krug/Skoupil*, NJW 2017, 2374.

301 *Wessing*, in: *Hauschka/Moosmayer/Lösler* (Hrsg.), Corporate Compliance, § 46 Rn. 109; *Rudkowski*, NZA 2011, 612; *Wastl/Litzka/Pusch*, NStZ 2009, 68 (70/71); *Wisskirchen/Glaser*, DB 2011, 1392 (1395).

302 *Bay/Engelhardt*, in: *Bay* (Hrsg.), Handbuch Internal Investigations, S. 19 (22); *Fuhrmann*, NZG 2016, 881 (889); *Klengel/Mückenberger*, CCZ 2009, 81 (82/83).

für das Interview ein Fragenkatalog erstellt werden, der allerdings nur den Einstieg erleichtern und nicht den ausschließlich schematischen Fahrplan darstellen soll. Grundsätzlich sind die Ermittler in der Gestaltung des Interviews formell und inhaltlich frei und sollten diese Flexibilität bewahren, um auf mögliche Auskünfte der Mitarbeiter eingehen und spontan reagieren zu können.[303] Als Einführung werden allgemeine Fragen zur Dauer der Beschäftigung innerhalb des Unternehmens, zu den Arbeitszeiten und Aufgaben im Allgemeinen gestellt. Sodann kommen die Erfahrungen des Mitarbeiters zu bestimmten Prozessen und Unternehmensabläufen zur Sprache, um anschließend detaillierte Nachforschungen den Untersuchungsgegenstand betreffend anzustellen. Jede Frage ist unter Beachtung der aussagepsychologischen Grundsätze sowie Vernehmungslehre zu formulieren und dem Mitarbeiter sodann die Möglichkeit einer fließenden und umfassenden Beantwortung ohne Unterbrechung zu geben.[304] Gleichwohl eine gesetzliche Pflicht nicht besteht, empfiehlt es sich auf Grund des Fairnessgebotes den Mitarbeiter vor Beginn der Befragung zu belehren, ihn über die mangelnde staatliche Beteiligung sowie das Recht zur Hinzuziehung eines Rechtsanwalts und das teilweise bestehende Schweigerecht aufzuklären und ihn über die eventuelle Weiterleitung an staatliche Verfolgungsbehörden in Kenntnis zu setzen, bei der eine strafrechtliche Amnestie nicht gewährleistet werden kann.[305] Besonders bei den in größeren Unternehmen durchgeführten Mitarbeiterbefragungen zu komplexeren Sachverhalten sollte jedes Gespräch entweder mit Hilfe eines Fragebogens, Diktiergerätes oder einer Videoaufnahme, bei der der Vorteil besteht, dass Mimik und Gestik gewürdigt werden können, dokumentiert werden, da dieser sowohl über die Daten der befragten Personen, als auch über den Inhalt der einzelnen Aussagen Nachweis erbringt und sich somit eventuell auftauchende Aussagewidersprüche aufdecken lassen. Im Vergleich zu einer staatlichen Vernehmung, bei der der genaue Wortlaut einer Aussage aufzuführen ist, sind zur Dokumentation der Interviews Stichpunkte ausreichend.[306]

---

303 *Wessing*, in: *Hauschka/Moosmayer/Lösler* (Hrsg.), Corporate Compliance, § 46 Rn. 108; *Krug/ Skoupil*, NJW 2017, 2374 (2375); *Rudkowski*, NZA 2011, 612; *Wisskirchen/Glaser*, DB 2011, 1392 (1395); *Zerbes*, ZStW 2013, 551 (569).

304 *Wessing*, in: *Hauschka/Moosmayer/Lösler* (Hrsg.), Corporate Compliance, § 46 Rn. 107; *Krug/Skoupil*, NJW 2017, 2374 (2377); *Wisskirchen/Glaser*, DB 2011, 1392 (1395).

305 *Krug/Skoupil*, NJW 2017, 2374 (2377).

306 *Dann*, AnwBl. 2009, 84 (88); *Wessing*, in: *Hauschka/Moosmayer/Lösler* (Hrsg.), Corporate Compliance, § 46 Rn. 114; *Mengel/Ullrich*, NZA 2006, 240 (243); *Theile/Gatter/Wiesenack*, ZStW 2014, 803 (837); *Wisskirchen/Glaser*, DB 2011, 1392 (1395).

Unumgängliches Mittel zur „Durchbrechung der Mauer des Schweigens“ und um den Mitarbeitern die Aussage im Rahmen der Interviews schmackhaft zu machen, ist die zu Beginn oder im Laufe des Gespräches anzubietende Kronzeugen- oder Amnestieregelung. Für die Kooperation mit dem Unternehmen sowie bei umfassender Aussage durch den Arbeitnehmer verzichtet das Unternehmen auf die Aussprache einer außerordentlichen Kündigung, die Geltendmachung etwaiger Schadensersatzansprüche, die Einleitung eines Strafverfahrens oder stellt bei Durchführung eines Strafverfahrens gegen den Mitarbeiter in Aussicht, einen Verteidiger zu bezahlen. Ein Strafverfahren ist zum Teil Voraussetzung eines solchen Amnestie-Angebotes.[307] Diese Angebote bieten unterschiedliche Vorteile, die Anreiz für eine freiwillige Zusammenarbeit mit dem Unternehmen bieten können. Das Unternehmen kann hingegen auf Grund mangelnder Dispositionsbefugnis keine Straffreiheit garantieren.[308] Ein Mitarbeiter, der über Kenntnisse hinsichtlich von anderen Mitarbeitern und/oder der Führungsetage begangener Verstöße verfügt, vielleicht auch selbst daran beteiligt ist, braucht mithin – trägt er zur Aufklärung des Sachverhaltes bei – grundsätzlich nicht zwingend harte Konsequenzen fürchten. Vielmehr hat er die Chance, gemeinsam mit dem Unternehmen so schadlos wie möglich zu bleiben.

c.) Ergebniszusammenfassung, Nachbereitung & Übermittlung der Ergebnisse

Die Durchführung einer derart aufwändigen Maßnahme gebietet es, die Ergebnisse abschließend zu dokumentieren und nachzubereiten sowie an die entsprechende Behörde – in den Fällen mit Bezug zur USA an die SEC – weiter zu leiten, da im Falle der Kooperation mit den Behörden jedwedes anderweitiges Verhalten wegen der fehlenden Zweckmäßigkeit wenig sinnvoll erscheint. In Form einer Sachverhaltsdarstellung werden die Daten entsprechend der Relevanz für den Gegenstand der Untersuchung mithilfe eines für die internen Untersuchungen entwickelten Programmes klassifiziert und zusammengefasst, wobei im Rahmen der anschließenden Weiterleitung zudem auch sämtliche Unterlagen und Berichte übermittelt werden.[309] Anlässlich der dem nachfolgenden Nacharbeit der internen Untersuchungen ist zeitnah auf die Ergebnisse zu reagieren, wobei zumeist die arbeitsrechtlichen Maßnahmen diejenigen sind, mit denen

307 *Göpfert/Merten/Siegrist*, NJW 2008, 1703 (1704); *Krug/Skoupil*, NJW 2017, 2374 (2377); *Momsen*, ZIS 2011, 508 (510); *Müller-Bonanni*, AnwBl. 2010, 651 (653).

308 *Fuhrmann*, NZG 2016, 881 (889); *Reuling/Schoop*, ZIS 2018, 361 (364).

309 *Dann*, AnwBl. 2009, 84 (88); *Wybitul*, BB 2009, 606 (610/611).

sich das Unternehmen als erstes auseinander zu setzen hat. Insbesondere bei der Aussprache von Kündigungen und Geltendmachung von Schadensersatzansprüchen sind Fristen zu wahren, deren Verstreichen es zu vermeiden gilt. Daneben sind Compliance-Systeme und Einhaltung der gesetzlichen Vorschriften durch das Unternehmen zu überprüfen und ggfs. nachzubessern.[310]

4.) Verfahrensbeteiligte Personen

Verfahren und Ergebnis der Untersuchungen hängen von den im Mittelpunkt stehenden Personen ab, die den Ablauf vielseitig beeinflussen können.

Das mit den Untersuchungen beauftragte Team setzt sich zum einen aus einem Kreis externer Ermittler, zum anderen aus unternehmensangehörigen Personen zusammen, da infolge dieser Kombination aus objektiv geschulten Personen und solchen, die zum Unternehmen über das notwendige Wissen verfügen, optimale und schnellstmögliche Ergebnisse erzielt werden können. Die Teilnahme Externer – dies sind zumeist Rechtsanwälte, Wirtschaftsprüfer oder andere fachlich speziell ausgebildete Personen, die neben ihrem (steuerlichen) Fachwissen über Vernehmungstechniken und den notwendigen Abstand zum Unternehmen verfügen – dient der Glaubwürdigkeit der Ergebnisse, da ein „Haus- und Hofanwalt bereits selbst involviert sein könnte.[311] Sie haben einen objektiven Gesamtüberblick, was eine resolute und autoritäre Durchführung der Untersuchung zur Folge hat und wegen des mangelnden Bezugs zum Unternehmen die Glaubwürdigkeit gegenüber Behörden gewährleistet.[312]

Zwischen den externen Anwälten und dem Unternehmen besteht bis zum Zeitpunkt, in dem die Erkenntnisse Eingang in staatliche Verfahren finden, ein privates Mandat, bei dem auf Grund der Professionalität der Ermittler der Eindruck einer Machtasymmetrie entsteht, da diese den Mitarbeitern gegenüber höhergestellt sind. Dies bringt eine Signalwirkung gegenüber den Mitarbeitern mit sich, die nicht unterschätzt werden sollte.[313] Eine überlegene und autoritäre Position Externer sorgt für eine dem staatlichen Verfahren ähnliche Atmosphäre. Da insbesondere zu Beginn der Untersuchungen zahlreiche Dokumente

310 *Wybitul*, BB 2009, 606 (611).

311 *Bay/Engelhardt*, in: *Bay* (Hrsg.), Handbuch Internal Investigations, S. 19 (22); *Fuhrmann*, NZG 2016, 881 (886/887); *Knierim*, StV 2009, 324 (328).

312 *Bay* (Hrsg.): Handbuch Internal Investigations, 2013 S. 61, *Fuhrmann*, NZG 2016, 881 (886); *Krug/Skoupil*, NJW 2017, 2374; *Zerbes*, ZStW 2013, 551 (568/569).

313 *Theile/Gatter/Wiesenack*, ZStW 2014, 803 (825); *Wisskirchen/Glaser*, DB 2011, 1392 (1394); *Zerbes*, ZStW 2013, 551 (568).

des Unternehmens, bspw. Bilanzen oder Personalakten mit personenbezogenen Daten, im Fokus der Ermittler stehen, ist, um im Verfahren Entscheidungen treffen zu können, der Kreis der involvierten Personen so klein wie möglich zu halten. Dies gilt unabhängig von der notwendigen Teilnahme der Vertreter einzelner Fachabteilungen, Unternehmensanwälten sowie der Geschäftsleitung, damit ein frühzeitiges Hinaustragen der Informationen aus dem Unternehmen vermieden werden kann.[314] Andernfalls erlangen Presse und staatliche Behörden gegebenenfalls rasch für sie verwertbare Informationen und die Schadensgeringhaltung als Ziel der Ermittlung kann gefährdet sein.

5.) Abgrenzung gegenüber staatlichen Ermittlungen

„Und in dem Wie, da liegt der ganze Unterschied."[315] Sowohl die Ausführungen zur Organisation und Durchführung der Untersuchungen, als auch die Definition der Internal Investigations lassen einen Unterschied zu den staatlichen Ermittlungen erkennen. Ziel der durch Externe organisierten Untersuchungen ist die umfassende Aufklärung im Unternehmen begangener Verstöße und das Herausfinden der Wahrheit, wobei dies durch Auswertung der Unternehmensunterlagen erreicht werden soll. Dadurch kann besserer Schutz von Position und Eigeninteressen des Unternehmens sowie die Vorbereitung staatlicher „Angriffsmaßnahmen" erreicht und eine eventuell folgende Strafe abgewendet oder verringert werden.[316]

Demgegenüber ist Ziel der staatlichen Ermittlungsmaßnahmen zwar auch die Erforschung der Wahrheit, jedoch dienen diese dort dem Zweck der anschließenden Bestrafung des Täters. Während die Staatsanwaltschaft bei staatlichen Ermittlungen von Beginn an „Herrin des Ermittlungsverfahrens" ist und mithin sämtliche für und gegen den Beschuldigten sprechende Tatsachen ermittelt oder solche Ermittlungen veranlasst, behält das Unternehmen, trotz beziehungsweise auf Grund der Durchführung durch Private die Ermittlungshoheit selbst. Sowohl hinsichtlich des Ablaufs, als auch die späteren Sanktionen betreffend kann das Unternehmen auf Grund der Flexibilität die Entscheidungen selbst treffen und

---

314 *Dann*, AnwBl. 2009, 84 (86); *Wessing*, in: *Hauschka/Moosmayer/Lösler* (Hrsg.), Corporate Compliance, § 46 Rn. 75/79; *Vogt*, NJOZ 2009, 4206 (4210).

315 *Hofmannsthal*, Hugo von: überliefertes Zitat, 1874–1929.

316 *Behrens*, RIW 2009, 22; *Fuhrmann*, NZG 2016, 881 (885); *Knierim*, in: *Rotsch* (Hrsg.), Wissenschaftliche und praktische Aspekte der nationalen und internationalen Compliance-Diskussion, S. 77 (85).

ist nicht durch die bei staatlicher Aufklärung geltenden Grenzen von Kapazität, Kosten und Engagement geprägt.[317]

Aus dem zur Organisation und Durchführung Gesagten zeigt sich eine Wechselwirkung mit anderen Kontrollinstrumenten sowie eine Heterogenität des jeweiligen Untersuchungsgegenstands, anhand dessen die mangelnde Vergleichbarkeit der Art und Weise der unterschiedlichen Verfahren erkennbar ist.[318] Während sich das staatliche Verfahren in Ermittlungsverfahren – Zwischenverfahren – Hauptverfahren unterteilt und der Beginn eines solchen zumindest einen Anfangsverdacht voraussetzt, fehlen den Internal Investigations strukturierte Verfahrensabschnitte, formelle sowie inhaltliche Rechte und Pflichten sowie Regelungen und Grundsätze[319] mit der Folge, dass jedes Verfahren individuell gestaltet wird. Dies hat sowohl einige Abweichungen hinsichtlich der Intensität der Untersuchung zur Folge als auch dass die Verfahren selten einheitlich schematisiert werden können und somit – entgegen der staatlichen Verfahren – weder ähnlich durchgeführt werden, noch eine Orientierungshilfe bieten.[320]

Auch im Zusammenhang mit den am Verfahren beteiligten Personen ergeben sich Unterschiede zwischen staatlichen und internen Ermittlungen. Der fehlende staatliche Bezug zu Internal Investigations hat zur Folge, dass kein staatlicher Ermittler anwesend ist. Es wirken lediglich privat mandatierte Unternehmensanwälte sowie, je nach Intensität der dem Unternehmen schadenden Handlungen und Fachbereichszugehörigkeit des Unternehmens, hinzugezogene Spezialisten mit. Ebenfalls Resultat der fehlenden staatlichen Zugehörigkeit ist, dass die Ermittler keine sich aus der StPO ergebenen Eingriffs- und Zwangsbefugnisse anwenden dürfen, mit Hilfe derer sie sich die Informationen beschaffen können. Sie unterliegen hingegen infolgedessen auch nicht dem Legalitätsprinzip und der Bindung an jedwede Verfahrensordnungen oder Grundrechte.[321] Dies ist im Hinblick auf die Durchführung Erleichterung und Nachteil zugleich,

317 *Bay/Engelhardt*, in: *Bay* (Hrsg.), Handbuch Internal Investigations, S. 19 (22); *Knierim*, in: *Rotsch* (Hrsg.), Wissenschaftliche und praktische Aspekte der nationalen und internationalen Compliance-Diskussion, S. 77 (85).

318 *Theile/Gatter/Wiesenack*, ZStW 2014, 803 (817).

319 *Knierim*, StV 2009, 324 (325); *Rudkowski*, NZA 2011, 612; *Theile/Gatter/Wiesenack*, ZStW 2014, 803 (817/820).

320 *Theile/Gatter/Wiesenack*, ZStW 2014, 803 (825).

321 *Böhmer*, in: *Bay* (Hrsg.), Handbuch Internal Investigations, S. 55 (60); *Knierim*, StV 2009, 324 (325); *Theile/Gatter/Wiesenack*, ZStW 2014, 803 (839).

da zwar keine Formalitäten einzuhalten sind, jedoch auch nicht von Rechten profitiert werden kann.[322]

Nicht nur im Ziel, sondern auch in der Durchführung unterscheiden sich die beiden Verfahren. Während auf staatlicher Seite objektiv anhand der bestehenden Grundsätze hinsichtlich der Tat und den mit dieser im Zusammenhang stehenden Verdächtigen ermittelt wird, ohne dass es auf die zwischenmenschliche Bindung ankommt und ohne dass versucht wird, diese Ermittlungen geheim zu halten, ist die Atmosphäre und die zwischenmenschliche Beziehung entscheidend für den Erfolg der unternehmensinternen Untersuchungen. In der StPO sind sowohl Rechte und Pflichten, als auch der Ablauf des Verfahrens festgelegt. Im Gegensatz dazu bietet bei den internen Untersuchungen lediglich der vorbereitete Fragenkatalog einen roten Faden. Trotz der Tatsache, dass die Vorschriften der StPO zur Durchführung von Internal Investigations nicht herangezogen werden dürfen, sollten die in ihr nominierten Grundsätze zumindest eine Orientierungshilfe für unternehmensinterne Untersuchungen sein, damit sie glaubhafter und werthaltiger sind.[323]

Im Gegensatz zu den staatlichen Ermittlungsverfahren, die zwar nicht en détail, jedoch hinsichtlich des „Ob" zumeist in die Öffentlichkeit geraten, sollen Internal Investigations möglichst geräuschlos und zügig durchgeführt werden. Die Ermittler sind hingegen- im Gegensatz zu ihren staatlichen Kollegen – nicht zur Objektivität sowie zur Ermittlung sowohl entlastender als auch belastender Umstände verpflichtet.[324] Wohingegen § 140 StPO u.a. bei Verbrechenstatbeständen eine notwendige Verteidigung vorschreibt, wird die Hinzuziehung eines Rechtsanwalts im Rahmen der Interviews zum Teil verneint, zum Teil hingegen, insbesondere von der BRAK, bejaht.[325]

Bei der Durchführung der Internal Investigations zeigen sich somit Unterschiede zu den staatlichen Maßnahmen, die für das Unternehmen in der Hinsicht vorteilhaft sind, dass eine dauerhafte Lösung gefunden und ein größerer

---

322 *Knierim*, StV 2009, 324 (325).

323 *Dann*, AnwBl. 2009, 84 (86).

324 *Dann*, AnwBl. 2009, 84 (86); *Knierim*, StV 2009, 324 (325); *Theile/Gatter/Wiesenack*, ZStW 2014, 803 (819).

325 *Bundesrechtsanwaltskammer*: BRAK-Stellungnahme-Nr. 35/2010, Thesen der Bundesrechtsanwaltskammer zum Unternehmensanwalt im Strafrecht, November 2010, abrufbar unter https://www.brak.de/zur-rechtspolitik/stellungnahmen-pdf/stellungnahmen-deutschland/2010/november/stellungnahme-der-brak-2010-35.pdf (zuletzt geprüft am 21.07.2020); *Rudkowski*, NZA 2011, 612 (614); *Vogt*, NJOZ 2009, 4206 (4213).

wirtschaftlicher sowie den Ruf beeinflussender Schaden vermieden werden kann. Da sich ein staatliches Ermittlungsverfahren neben oder im Anschluss an die Untersuchungen oft nicht vermeiden lässt, besteht während der Untersuchung ein zeitlicher sowie ergebnisorientierter Druck. Es bietet sich daher an, die innerhalb des staatlichen Verfahrens signifikanten Grundsätze bereits schon zur Untersuchung zu berücksichtigen, damit Erkenntnisse gewonnen werden können, die innerhalb des staatlichen Verfahrens hilfreich sein können.[326] Die Durchführung der Internal Investigations kann mithin deutlich von staatlichen Ermittlungen abgegrenzt werden, wobei die Überschneidung einzelner Abschnitte für beide Seiten einen Vorteil bieten könnte.

6.) Probleme im Zusammenhang mit den Internal Investigations

Abgrenzung, Unterschiede sowie die mangelnde Anwendbarkeit der Vorschriften der StPO führen zu Problemen, die teils Rechte und Pflichten der Mitarbeiter des Unternehmens und die Durchführung der Untersuchung betreffen, teils erst in einem später eventuell folgenden Strafverfahren relevant werden. Zu diesen Problematiken werden in der Literatur und in gerichtlichen Entscheidungen zahlreiche differenzierte Ansichten vertreten, die im Folgenden aufgeführt werden sollen. Hierbei wird lediglich auf die unterschiedlichen Probleme verwiesen, ohne dass die differenzierten Ansichten oder ein Lösungsvorschlag diskutiert bzw. unterbreitet werden soll.

Zunächst ist anhand des deutschen Rechts zu hinterfragen, welche Ermittlungsmaßnahmen gegenüber den Arbeitnehmern in einem mit vermuteten Compliance-Verstößen belastenden Unternehmen zulässig sind, um an die relevanten und ergebnisbringenden Unterlagen zu gelangen. Hierbei werden vor allem die Einsichtnahme in Personalakten sowie E-Mails und andere Dokumente der Mitarbeiter, die Video- und Telefonüberwachung am Arbeitsplatz, aber auch die Methoden zu den im Rahmen der Durchführung bereits erläuterten Mitarbeiterbefragungen diskutiert.[327] Hinsichtlich der Einsichtnahme in E-Mails und Akten sowie der Überwachung von Telefon und Video am Arbeitsplatz sind das Allgemeine Persönlichkeitsrecht des Mitarbeiters sowie die Datenschutzgesetze zu beachten. Es kann daher in vielerlei Hinsicht über eine ordnungsgemäße

---

326 *Bay/Engelhardt*, in: *Bay* (Hrsg.), Handbuch Internal Investigations, S. 19 (22); *Knierim*, StV 2009, 324 (329).

327 *Wessing*, in: *Hauschka/Moosmayer/Lösler* (Hrsg.), Corporate Compliance, § 46 Rn. 25–43; *Mengel/Ullrich*, NZA 2006, 240 (241–243); *Klengel/Mückenberger*, CCZ 2009, 81 (83–86); *Vogt*, NJOZ 2009, 4206 (4210–4212).

Durchführung debattiert werden. Überwiegend bieten hingegen die Interviews Diskussionsgrundlage, sodass ausschließlich diese Problematik näher erläutert werden soll. Eine detaillierte Darstellung aller Probleme kann an dieser Stelle nicht geleistet werden.

Die Mitarbeiterbefragung, das sog. „Interview", ist zentrale Aufgabe zur Gewinnung von Erkenntnissen. In diesem Zusammenhang werden die Rechte und Pflichten der Mitarbeiter und hierbei insbesondere die Teilnahme- und Aussagepflicht diskutiert. Hier stellt sich sodann die Anschlussfrage, ob der Mitarbeiter bei Selbstbelastung die Aussage verweigern darf.[328] Daneben werden das Recht zur Hinzuziehung eines Rechtsanwalts oder Betriebsratsmitglied[329], sowie die Belehrungspflicht erörtert.[330] In Bezug auf alle vorgenannten Problematiken werden unterschiedliche Auffassungen nebst differenzierten Begründungen vertreten.

Wenngleich schon Probleme bei der Durchführung der internen Untersuchungen sichtbar werden, ergeben sich weitere aus dem sich anschließenden oder zeitgleich durchgeführten staatlichen Ermittlungsverfahren. Hier sind die Beschlagnahme der Erkenntnisse durch private Ermittlungen sowie deren anschließende Verwertbarkeit in einem staatlich geführten Verfahren maßgeblich.[331] Es sind zumeist die Staatsanwaltschaften, die im Anschluss an die Durchführung interner Untersuchungen die Herausgabe der Ergebnisse, insbesondere in Form der Interviewprotokolle, fordern. Die Beurteilung des Beschlagnahmeverbotes ist u. a. davon abhängig, ob sich die Ergebnisse in der die Untersuchung durchführenden Kanzlei oder im Unternehmen selbst befinden.[332]

---

328 *Bittmann/Molkenbur*, wistra 2009, 373 (375–377); *Böhm*, WM 2009, 1923; *Krug/Skoupil*, NJW 2017, 2374 (2375); *Reuling/Schoop*, ZIS 2018, 361 (363/364); *Rudkowski*, NZA 2011, 612 (613); *Süße*, ZIS 2018, 350 (357); *Wastl/Litzka/Pusch*, NStZ 2009, 68 (70).

329 *Göpfert/Merten/Siegrist*, NJW 2008, 1703 (1708); *Krug/Skoupil*, NJW 2017, 2374 (2375/2376); *Reuling/Schoop*, ZIS 2018, 361 (363/364); *Süße*, ZIS 2018, 350 (357); *Theile/Gatter/Wiesenack*, ZStW 2014, 803 (823/830).

330 *Krug/Skoupil*, NJW 2017, 2374 (2376/2377); *Reuling/Schoop*, ZIS 2018, 361; *Rudkowski*, NZA 2011, 612; *Theile/Gatter/Wiesenack*, ZStW 2014, 803 (835/836).

331 *Bittmann/Molkenbur*, wistra 2009, 373 (377); *Krug/Skoupil*, NJW 2017, 2374 (2378/2379); *Momsen*, ZIS 2011, 508 (512); *Rieder/Menne*, CCZ 2018, 203; *Reuling/Schoop*, ZIS 2018, 361 (365–367); *Zerbes*, ZStW 2013, 551 (561–570).

332 *Krug/Skoupil*, NJW 2017, 2374 (2378/2379); *Vogt*, NJOZ 2009, 4206 (4216); *Zerbes*, ZStW 2013, 551 (561/562).

Während die Zahl der Publikationen zur Zulässigkeit eher gering ist, wird zu Problematiken der Mitwirkungspflicht, der Auskunftspflicht, des Schweigerechts und der Beschlagnahme sowie Verwertbarkeit auch im Hinblick auf die Belehrungen zahlreich diskutiert. Dass diese Problematiken von besonderer Relevanz sind keine einheitlichen Ansichten vertreten werden, zeigt eine über Jahre hinweg bestehende Diskussionsbereitschaft innerhalb der juristischen Fachwelt.[333]

Die aktuelle Entscheidung des BVerfG im Diesel-Skandal[334] zeigt das nach wie vor bestehende Interesse an der Diskussion sowie der unterschiedlichen Meinungen und Erkenntnisse, die auch weiterhin kommentiert und aufgegriffen werden. Die sich mit der Thematik seit dem Siemens-Skandal beschäftigenden Veröffentlichungen, sei es in Form der Gerichtsentscheidungen oder Aufsätzen, sind in Vielzahl erschienen und Gegenstand des hiesigen Vorhabens. Neben den unterschiedlichen Rechtsansichten sind die Berufe der Verfasser sowie die zitierte Literatur entscheidend für die Beantwortung der dem Vorhaben zugrundeliegenden Fragestellung.

Auf Grund der vorgenannten Probleme und der damit im Zusammenhang stehenden Unsicherheit aller Beteiligten hinsichtlich der Durchführung unternehmensinterner Untersuchungen, wird vielfach der Wunsch nach einer gesetzlichen Regelung laut. Bevor in das Hauptkapitel des Vorhabens eingestiegen wird, soll daher diesbezüglich ein kurzer Überblick gegeben werden.

7.) Forderung nach gesetzlicher Grundlage

Die Diskussion um die Problematiken hat nicht nur den Wunsch nach einer gesetzlichen Grundlage hervorgerufen, sondern auch deutlich aufgezeigt, dass die Untersuchungen von Unsicherheiten geprägt sind, die wegen des steigenden Interesses unerträglich geworden sind. Speziell die Verfahren wie der Siemens-Skandal und der Diesel-Skandal zeigen diese auf und ziehen eine immense Diskussion nach sich. Je mehr Jahre seit Siemens vergangen sind und je mehr Probleme mit unterschiedlichen Ansichten vertreten wurden, desto größer wurde der Wunsch nach zumindest einer „Best Practice".[335], nach der

333 *Böhm*, WM 2009, 1923; *Gerst*, CCZ 2012, 1; *Göpfert/Merten/Siegrist*, NJW 2008, 1703; *Greco/Caracas*, NStZ 2015, 7; *Knauer/Buhlmann*, AnwBl. 2010, 387; *Mengel/Ullrich*, NZA 2006, 240; *Theile*, StV 2011, 381; *Theile/Gatter/Wiesenack*, ZStW 2014, 803.

334 *BVerfG – Beschl. v. 27.06.2018 – 2 BvR 1405/17, 2 BvR 1780/17, 2 BvR 1287/17, 2 BvR 1583/17; 2 BvR 1562/17.*

335 *Krug/Skoupil*, NJW 2017, 2374 (2379); *Rieder/Menne*, CCZ 2018, 203 (210); *Reuling/Schoop*, ZIS 2018, 361 (367).

Entscheidung des BVerfG, nach einer gesetzlichen Regelung, in denen von einem Appell an den Gesetzgeber gesprochen wurde.[336]

Eine gewisse Struktur bzw. ein Orientierungsmuster haben die Internal Investigations bereits durch die von der BRAK entworfenen Thesen zum „Unternehmensanwalt im Strafrecht" erhalten, wenngleich diese lediglich eine Selbstverpflichtung für diejenigen Investigatoren und keine gesetzliche Verpflichtung zum „Ob" und „Wie" der Durchführung enthalten. Diese empfehlen dem Unternehmensanwalt beispielsweise in These 3 (2) die Wahrung der allgemeinen Gesetze und die sich aus rechtsstaatlichen Grundsätzen ergebenen Standards, treffen allerdings keine Regelung hinsichtlich der Ausgestaltung und Grenzen.[337] Dem Wunsch nach einer Regelung, einem Anhaltspunkt oder einem roten Faden, anhand dessen eine Orientierung stattfinden kann, wird mithin auch dadurch nicht abgeholfen.

Auf Grund der Tatsache, dass die unternehmensinternen Untersuchungen seit längerer Zeit aus dem Wirtschaftsleben nicht mehr wegzudenken sind, es jedoch keine gesetzliche Regelung zum Umgang mit den vorgenannten Problemen gibt, wird vielmehr versucht, diese mit dem vorhandenen rechtlichen Instrumentarium zu lösen, wobei dies in Bezug auf viele nicht geregelte Sachverhalte gelingen mag, jedoch derjenige der Internal Investigations davon ausgenommen ist.[338] Insbesondere hinsichtlich der Beschlagnahmeproblematik sind in der Vergangenheit zahlreiche differenzierte Standpunkte seitens der Gerichte sowie in Aufsätzen[339] vertreten worden, sodass eine Vielzahl unterschiedlicher Ansichten aus Rechtsprechung und Schrifttum existieren. Während das LG Hamburg in seinem Beschluss im Jahr 2010 die Beschlagnahme von Unterlagen nach Durchführung von internen Untersuchungen bejahte und ein Beschlagnahmeverbot nach § 97 Abs. 1 StPO ablehnte[340], vertraten das LG Bonn und das LG Mannheim im Jahr

336 *Kubiciel*, Juris-Praxiskommentar-StrafR 16/2018; *Momsen*, NJW 2018, 2362; *Uwer/van Ermingen-Marbach*, AnwBl. 2018, 470.

337 *Bundesrechtsanwaltskammer*: BRAK-Stellungnahme-Nr. 35/2010, Thesen der Bundesrechtsanwaltskammer zum Unternehmensanwalt im Strafrecht, November 2010, abrufbar unter https://www.brak.de/zur-rechtspolitik/stellungnahmen-pdf/stellungnahmen-deutschland/2010/november/stellungnahme-der-brak-2010-35.pdf (zuletzt geprüft am 21.07.2020); *Theile/Gatter/Wiesenack*, ZStW 2014, 803 (804/805).

338 *Momsen/Grützner*, CCZ 2017, 242.

339 *Jahn*, ZIS 2011, 453; *Momsen/Grützner*, CCZ 2017, 242 (243 ff.); *Süße*, ZIS 2018, 350; *Zerbes*, ZStW 2013, 551 (561 ff.).

340 *LG Hamburg – Beschl. v. 15.10.2010 – 608 Qs 18/10.*

2012[341] sowie das LG Braunschweig im Jahr 2015[342] die Ansicht, dass die Ergebnisse der Untersuchung enthaltenden Unterlagen dem Beschlagnahmeverbot nach § 97 Abs. 1 StPO sowie demjenigen nach § 148 StPO unterliegen und mithin eine Beschlagnahme im Rahmen eines den Untersuchungen nachfolgenden Verfahrens nicht erfolgen darf. Mit Spannung erwartet wurde die Entscheidung des BVerfG über die Verfassungsbeschwerden gegen Beschlüsse des Landgerichts München I im Zusammenhang mit dem Diesel-Skandal. Nach Veröffentlichung der Entscheidung, von der seitens des BVerfG eine Stellungnahme hinsichtlich der zukünftigen Vorgehensweise die Internal Investigations betreffend erwartet wurde, ist hingegen Ernüchterung eingetreten. Die Kammer hat lediglich entschieden, dass die Durchsuchung von Kanzleiräumen und die Beschlagnahme von Unterlagen nicht gegen verfassungsrechtliche Grundlagen verstoßen, jedoch keine Ausführungen zur Durchführung der Untersuchungen getätigt.[343]

Auch die Entscheidungen zeigen daher die Rechtsunsicherheit und mangelnde Klarheit zahlreicher Parameter auf, ein Zustand, der bereits auf Grund der stetig steigenden Praxisrelevanz unerträglich ist.[344]

Es bedarf daher einer rechtlichen Regelung, die sämtliche Probleme im Zusammenhang mit der Durchführung der Internal Investigations und insbesondere zum Schutz der Unternehmen und der die Untersuchungen durchführenden Kanzleien sowie die Problematiken der Beschlagnahme und des Umgangs mit Beschuldigtenrechten umfassen. Die Tatsache, dass in Deutschland weder eine gesetzliche Regelung zu den Internal Investigations, noch eine solche zum Unternehmensstrafrecht im Allgemeinen existierte[345], hat dazu geführt, dass eine im Jahr 2014 gegründete Forschungsgruppe der Universitäten Köln und Augsburg – deren Gründer Professoren sind – Ende des Jahres 2017 einen Entwurf für ein Verbandssanktionengesetz vorgelegt hat, der unter anderem auch Regelungen zu den internen Untersuchungen enthält.[346] Ziel des Entwurfes war zum

---

341 *LG Bonn – Beschl. v. 21.06.2012 – 27 Qs 2/12*; *LG Mannheim – Beschl. v. 03.07.2012 – 24 Qs 1/12 / 24 Qs 2/12.*

342 *LG Braunschweig – Beschl. v. 21.07.2015 – 6 Qs 116/15.*

343 *BVerfG – Beschl. v. 27.06.2018 – 2 BvR 1405/17, 2 BvR 1780/17, 2 BvR 1287/17, 2 BvR 1583/17; 2 BvR 1562/17*; *Momsen*, NJW 2018, 2362.

344 *Momsen/Grützner*, CCZ 2017, 242; *Ott/Lüneborg*, CCZ 2019, 71; *Reuling/Schoop*, ZIS 2018, 361 (367).

345 Hierbei wird auf den Stand zum Zeitpunkt der Anfertigung des Vorhabens abgestellt. Es liegt ein Gesetzesentwurf vor, der jedoch noch nicht verabschiedet ist.

346 Die Professoren sind: Henssler, Hoven, Kubiciel & Weigend: *Arzt*, in: *Jahn/Kudlich/Streng* (Hrsg.), Strafrechtspraxis und Reform, Festschrift für Heinz Stöckel zum 70.

einen, ein Unternehmensstrafrecht herzustellen, um die Sanktionen, die sich derzeit nach dem Ordnungswidrigkeitengesetz[347] richten, entsprechend anzupassen. Zum anderen sollten die Unternehmen nicht lediglich bestraft, sondern durch geeignete Compliance-Maßnahmen eine Strukturverbesserung im Unternehmen erreicht werden und der Mitarbeiter durch Verschwiegenheitsrechte und Beschlagnahmeverbote umfassend geschützt werden.[348] In § 18 des Kölner Entwurfes ist neben der Legaldefinition der Internal Investigations vorhanden festgelegt, dass den Rechtsanwälten ein Zeugnisverweigerungsrecht zusteht, die aus den Untersuchungen folgenden Aufzeichnungen nicht beschlagnahmt und Aussagen eines Zeugen in einem später gegen ihn stattfindenden Strafverfahren nicht verwertet werden dürfen. Mit diesem Entwurf zeigt die Wissenschaft die umfangreiche und detaillierte Beschäftigung mit der Thematik und ihren in der praktischen Durchführung auftauchenden Problemen und bietet nach Jahren der unterschiedlichen Gerichtspraxis ein Konzept an. Dieses bot hingegen lediglich Diskussionsgrundlage, wurde jedoch nicht weiter ausgearbeitet.[349]

Auf Grund der bestehenden Unsicherheiten kündigte die Bundesregierung Anfang 2018 im Rahmen ihres Koalitionsvertrages an, entsprechende, alle Probleme berücksichtigende Regelungen schaffen zu wollen.[350] So soll dadurch insbesondere hinsichtlich der beschlagnahmten Unterlagen sowie der Durchführung von Durchsuchungen zum einen Rechtssicherheit für alle Beteiligten, zum anderen ein Anreiz zur Aufklärungshilfe und Offenlegung der Erkenntnisse geschaffen werden.[351] Auf Grund der Tatsache, dass im Vergleich zum

---

Geburtstag, S. 14 (17); *Henssler/Hoven/Kubiciel u. a.*, NZWiSt 2018, 1 (4); *Momsen/Grützner*, CCZ 2017, 242 (243); *Zerbes/El-Ghazi*, NZWiSt 2018, 425.

347 Gemäß § 30 Abs. Abs. 2 OWiG wird die Geldbuße auf einen Betrag in Höhe von 10 Millionen Euro beschränkt.

348 § 18 des Entwurfes regelt neben der Legaldefinition der internen Untersuchungen, das Zeugnisverweigerungsrecht für Rechtsanwälte und Syndikusrechtsanwälte sowie ein Beschlagnahmeverbot für alle aus den Ermittlungen folgenden Aufzeichnungen und ein Verwendungsverbot der Angaben eines Zeugen aus den Untersuchungen ohne seine Zustimmung, *Henssler/Hoven/Kubiciel u. a.*, NZWiSt 2018, 1 (4).

349 *Köllner*, NZI 2020, 60.

350 *CDU, CSU, SPD*: Koalitionsvertrag 19. Legislaturperiode, März 2018, abrufbar unter https://www. cdu.de/system/tdf/media/dokumente/koalitionsvertrag_2018.pdf?file=1 (zuletzt geprüft am 22.07.2020); *Reuling/Schoop*, ZIS 2018, 361 (367); *Rieder/Menne*, CCZ 2018, 203 (210).

351 *CDU, CSU, SPD*: Koalitionsvertrag 19. Legislaturperiode, März 2018, abrufbar unter https://www. cdu.de/system/tdf/media/dokumente/koalitionsvertrag_2018.pdf?file=1 (zuletzt geprüft am 22.07.2020).

Ursprung der Untersuchungen, dem US-amerikanischen Strafrecht, sowohl die Bindungswirkung der „leading cases“ als auch Richtlinien in Bezug auf die Sanktionierung, die sog. „sentencing guidelines“, fehlen, kann die Rechtslage in Deutschland derzeit im Vergleich mit den internationalen Vorschriften nicht standhalten.[352] Insbesondere die steigende Anzahl der Untersuchungen, speziell in Verfahren namhafter Unternehmen, erfordert eine klare und einheitliche Regelung sowohl hinsichtlich der Durchführung, als auch der strafrechtlichen Bewertung im Rahmen eines sich anschließenden Strafverfahrens, damit eine faire und den rechtlichen Erfordernissen entsprechende Behandlung und Verteidigung der Parteien erfolgen kann. Zu beachten ist hierbei jedoch, dass im Rahmen einer gesetzlichen Regelung den Unternehmen Anreize geschaffen werden müssen, die dazu führen, dass interne Untersuchungen nachhaltig betrieben werden. Dies ist ausschließlich dann erfolgreich, wenn den Unternehmen nebst Mitarbeitern ein Schutz zugebilligt wird, der die Ermittler nicht bloß als „verlängerten Arm“ der Staatsanwaltschaft darstellt und explizit die Voraussetzungen regelt, unter denen eine Abgabe an die Strafverfolgungsbehörden stattfindet.[353] Das BMJV entwarf daher im Jahr 2019 einen Entwurf eines Verbandssanktionengesetzes, der jedoch ungewollt in die Öffentlichkeit gelangt ist und für starke Kritik sorgte. Einen planmäßig veröffentlichten Entwurf gab das BMJV unter dem Titel „Gesetz zur Stärkung der Integrität in der Wirtschaft“ im April 2020 heraus, wobei auch dieser starker Kritik ausgesetzt ist. Es bleibt abzuwarten, ob gleichwohl eine Verabschiedung erfolgt.[354]

Im Siemens-Skandal als neues Instrumentarium bekannt geworden, durch den Diesel-Skandal erneut in Verbindung mit einem namhaften Unternehmen gebracht, werden die Internal Investigations, so auch im Koalitionsvertrag, bedeutender Bestandteil zukünftiger Ermittlungen und wesentliches Aufklärungsinstrument bei Straftaten im Unternehmen.

---

352 *Momsen/Grützner*, CCZ 2017, 242 (243).

353 *Petrasch*, StV 2019, I.

354 Weil dieser Zeitpunkt erst nach Abgabe des vorliegenden Vorhabens liegt, kann eine Entscheidung nicht mehr abgewartet werden; *Kaufmann*: Regierungsentwurf zur Unternehmenssanktion, Juni 2020, abrufbar unter https://www.lto.de/recht/hintergruende/h/verbandssanktionen-unternehmen-strafen-regierung-entwurf-beschlossen-interne-untersuchungen/,/ (zuletzt geprüft am 22.07.2020).

§ 3 Die Historie der Veröffentlichungen zu den Internal Investigations und ihre Diskussionswellen

Unzertrennbare Einheit oder fremde seltsame Welten? Die Veröffentlichungen zur Thematik der Internal Investigations lassen auf den ersten Blick den Schluss zu, dass der Strafrechtswissenschaft lediglich die Position eines Absicherers gegenüber den Entscheidungen der strafrechtlichen Rechtsprechung zukommt und mithin kein Schrittmacher, sondern lediglich ein Zustimmer in Bezug auf die Ansicht der Rechtsprechung ist. Die Verfasser eines Großteils der bisher zitierten Literatur – so ist es den Angaben der Texte zu entnehmen – stammen überwiegend aus dem Bereich der Praxis, seien es Richter, Staatsanwälte oder Rechtsanwälte.[355] Zum Teil sind diese neben der praktischen Tätigkeit als Professoren an der Universität beschäftigt[356], zum Teil haben sie in Co-Autorenschaft gemeinsam mit einem weiteren Praktiker oder einem Wissenschaftler veröffentlicht.[357] Einige wenige Publikationen stammen ausschließlich aus der universitären Wissenschaft.[358] Dies lässt den Schluss zu, beide Institute stehen nicht – wie auch oft vertreten – gleichberechtigt nebeneinander und jeder Theoretiker trage eben nicht den praktischen, jeder Praktiker nicht den theoretischen Sinn in sich. Vielmehr käme der Wissenschaft eine grundlagenbezogene Position zu, die gegenüber der Rechtspraxis eine eher nachgeordnete Position einnimmt. Demgegenüber wird auch vertreten, die beiden Institute stehen in gutem Kontakt zueinander.[359] Andererseits wiederum reagiert die Rechtsprechung auf Kritik der Wissenschaft eher langsam, wenn gar überhaupt, sobald sie sich hinsichtlich

---

355 *Bittmann/Molkenbur*, wistra 2009, 373; *Dann/Schmidt*, NJW 2009, 1851; *Fuhrmann*, NZG 2016, 881; *Göpfert/Merten/Siegrist*, NJW 2008, 1703; *Mengel/Ullrich*, NZA 2006, 240; *Klengel/ Mückenberger*, CCZ 2009, 81; *Knauer/Buhlmann*, AnwBl. 2010, 387; *Reuling/Schoop*, ZIS 2018, 361; *Roxin*, StV 2012, 116; *Vogt*, NJOZ 2009, 4206; *Wisskirchen/Glaser*, DB 2011, 1392; *Wimmer*, in: *Schulz/Reinhart/Sahan* (Hrsg.), Festschrift für Imme Roxin zum 75. Geburtstag am 15. Mai 2012, S. 537).

356 Diese sind entweder zusätzlich als Honorarprofessoren oder Lehrstuhlinhaber tätig.

357 *Greco/Caracas*, NStZ 2015, 7; *Jahn*, StV 2009, 41; *Jahn/Kirsch*, StV 2011, 151; *Momsen/Grützner*, DB 2011, 1792; *Momsen/Grützner*, CCZ 2017, 242.

358 *Theile*, StV 2011, 381; *Theile*, ZIS 2013, 378; *Theile/Gatter/Wiesenack*, ZStW 2014, 803; *Süße*, ZIS 2018, 350; *Zerbes*, ZStW 2013, 551.

359 *Radtke*, ZStW 2007, 69 (70).

der Beantwortung einer Frage erst einmal festgelegt hat.[360] Die Betrachtung der Literatur zu den unternehmensinternen Untersuchungen und der zu dieser Thematik ergangenen Entscheidungen von Skandalen namhafter Unternehmen wie Siemens und VW/Audi im Diesel-Skandal haben zur Entstehung des Dissertationsvorhabens geführt. Anhand dieser soll die Frage beantwortet werden, ob die Wissenschaft oder die Praxis Avantgardist ist und der jeweils anderen den Weg zeigt. Ausgehend vom vielfach zitierten Gemeinspruch „Das mag in der Theorie richtig sein, taugt aber nicht für die Praxis!"[361] und der mithin scheinbaren nachgeordneten Position der Strafrechtswissenschaft sollen im Folgenden die Publikationen und Entscheidungen im Zusammenhang mit den Internal Investigations untersucht werden. Gegliedert in die einzelnen Epochen seit Aufkommen der Thematik bilden die Rechtsansichten, die Verfasser und die zitierte Literatur Grundlage der Untersuchung. Neben den gerichtlichen Entscheidungen werden die in den Fachzeitschriften sowie Festschriften und Monographien veröffentlichten Aufsätze Gegenstand des Untersuchungsvorhabens.

Hierbei erfolgt eine epochenbezogene Abgrenzung der Publikationen beginnend mit dem Korruptionsskandal bei Siemens, über die erste gerichtliche Entscheidung im Jahr 2010 und ihre sich anschließende Literatur sowie weiteren Entscheidungen, über den Entwurf des Verbandssanktionengesetzes bis zur Entscheidung im Diesel-Skandal. Daran lässt sich sodann erkennen, welche Ansätze von der Praxis, welche von der Wissenschaft vertreten werden und welche in die Rechtsprechung einfließen.

I. Publikationen am Ursprung – Die Siemens-Affäre

Der Siemens-Skandal war in den Jahren 2006 bis 2008 das zentrale Thema der deutschen Wirtschaftsgeschichte. Hierbei wurden im November 2006 wegen des Verdachts der Untreue sowohl Büros des Konzerns an allen Standorten sowie auch Privatwohnungen höherer Mitarbeiter durchsucht. Akten wurden seitenweise bis ins kleinste Detail gelesen und sichergestellt, einen Monat später das damalige Vorstandsmitglied Ganswindt festgenommen.[362] Zahlreiche weitere

---

360 *Noll*, ZStW 1980, 73.

361 So lautet der Titel eines Aufsatzes von Immanuel Kant, den er im September 1973 in der Berlinischen Monatsschrift veröffentlicht hat und mit dem er auf Kritik an seiner Moralphilosophie reagiert hat; *Zaczyk*, in: *Widmaier/Lesch/Müssig u. a.* (Hrsg.), Festschrift für Hans Dahs, S. 33).

362 *N.N.*: Chronologie des Skandals, abrufbar unter https://www.stern.de/wirtschaft/news/chronologie-der-siemens-skandal-3758286.html (zuletzt geprüft am 22.07.2020).

Festnahmen folgten. Untersuchungen ergaben, dass bei dem weltweit agierenden Unternehmen ein System von Schmiergeldzahlungen existierte, bei dem Zahlungen im Ausland aus schwarzen Kassen erfolgten. Das LG München verurteilte das Unternehmen im Oktober 2008 zu einer Geldbuße in Höhe von über 200 Millionen Euro. Mit dem US-amerikanischen Justizministerium einigte sich Siemens wenig später auf Zahlung von 600 Millionen Euro, wobei die Staatsanwaltschaft München zugleich einen weiteren Bußgeldbescheid erließ, auf Grund dessen das Unternehmen weitere 395 Millionen Euro zu zahlen hatte.[363] Auch wenn dies insbesondere in den Augen von Bürgern hohe Summen sind, ist Siemens buchstäblich mit einem blauen Auge davongekommen. Obgleich in Deutschland kein Unternehmensstrafrecht existierte, konnte die Siemens AG in den USA zur Selbstbelastung gezwungen werden, was zeitgleich eine Verhandlungsbasis eröffnete.[364] Hintergrund dieser vergleichsweisen Einigung und der damit verbundenen geringen Zahlungen, waren die Internal Investigations. Diese existierten zwar seit längerem, wurden jedoch erst in diesem Zusammenhang großflächig bekannt, gleichwohl die Siemens AG bereits im Jahr 2006 eine Anwaltskanzlei mit der Durchsuchung des gesamten Unternehmens beauftragt hat. Dies diente einerseits der Aufklärung der Verfehlungen der Mitarbeiter, andererseits dem Erhalt von Strafrabatten durch die amerikanischen Behörden, wobei die Siemens AG auf Grund ihrer Notierung an der US-amerikanischen Börse dem o.g. Zwang zur Durchführung unterlag. Diese professionellen privat veranlassten Untersuchungen, bei denen die Mitarbeiter sich den Anwälten zu offenbaren hatten, erreichten nunmehr den Status großer Bekanntheit in Deutschland mit der Folge, dass die Publikationen diesbezüglich stark anstiegen. Grundlage waren nicht zuletzt die Unsicherheit im Umgang mit dem Unbekannten sowie den damit verbundenen – bereits unter § 2 II. 6.) aufgeführten – Problemen, zu denen im Jahr 2008 zunächst in geringem Maße, in den Jahren 2009/2010 mit steigender Anzahl publiziert wurde.[365] Bei der nachfolgenden Untersuchung werden die Publikationen berücksichtigt, aus denen erkennbar

363 *N.N.*: Siemens beendet Schmiergeldaffäre mit Milliardenbuße, abrufbar unter https://www. spiegel.de/wirtschaft/einigung-mit-behoerden-siemens-beendet-schmiergeldaffaere-mit-milliardenbusse-a-596598.html (zuletzt geprüft am 22.07.2020).

364 *Arzt*, in: *Jahn/Kudlich/Streng* (Hrsg.), Strafrechtspraxis und Reform, Festschrift für Heinz Stöckel zum 70. Geburtstag, S. 14 (24–26).

365 *Bittmann/Molkenbur*, wistra 2009, 373; *Dann/Schmidt*, NJW 2009, 1851; *Göpfert/Merten/Siegrist*, NJW 2008, 1703; *Jahn*, StV 2009, 41; *Wastl/Litzka/Pusch*, NStZ 2009, 68.

hervorgeht, dass Grundlage ihrer Veröffentlichung das Bekanntwerden der Problematik durch die Siemens-Affäre ist.

1.) Erste Veröffentlichungen in den Jahren 2006 bis 2008

Ausgelöst durch ein Ermittlungsverfahren auf Grund einer anonymen Anzeige im Jahr 2006, endete die Siemens-Affäre im Jahr 2008 mit einem für die AG positiven Ergebnis, das der Bereitschaft von Siemens zur Durchführung der unternehmensinternen Untersuchungen und somit der Mitwirkung an der Aufklärung geschuldet ist. In den Medien wurde zuhauf über jede neue Erkenntnis, jedes Detail berichtet. Im November 2006 schrieb der Tagesspiegel, dass mindestens 30 Mitarbeiter Bescheid wussten, im November 2007 wurde deutlich, der Skandal ist größer als bisher vermutet, zum Prozessauftakt im Mai 2008 packte der langjährige Siemens-Direktor aus und die Süddeutsche veröffentlichte im Mai 2010 die „Chronik einer Krise", um lediglich einen Ausschnitt zu zitieren.[366] Thematisiert werden die Untersuchungen in vielen Artikeln, wobei lediglich der strafrechtliche Sachverhalt und nicht der Gegenstand oder die rechtliche Behandlung erläutert wird. Da das Verhältnis von Strafrechtswissenschaft und Rechtsprechung anhand dieser Problematik dargestellt werden soll, sind lediglich die Veröffentlichungen für das Promotionsvorhaben interessant, die sich mit dem Gegenstand und der rechtlichen Thematik auseinandersetzen. Im Folgenden sollen daher zunächst die zu Beginn der Siemens-Affäre veröffentlichten Publikationen nach Inhalt, Rechtsfragen und Verfasser untersucht werden, um sodann diejenigen der Jahre 2009/2010 anzuschließen. Bis zur ersten Gerichtsentscheidung im Jahr 2010 wird infolgedessen ein historischer Überblick geschaffen, der den Grundstein für die Beantwortung der Fragen legt, welche Autoren zu der Thematik Stellung nehmen und welche Ansätze in die Praxis einfließen.

---

366 *N.N.*: Mindestens 30 Mitarbeiter wussten Bescheid, abrufbar unter https://www.tagesspiegel.de/wirtschaft/siemens-skandal-mindestens-30-mitarbeiter-wussten-bescheid/779822.html; (zuletzt geprüft am 22.07.2020); *N.N.*: Der Siemens-Skandal ist größer als gedacht, abrufbar unter https://www.faz.net/aktuell/wirtschaft/unternehmen/schmiergeld-der-siemens-skandal-ist-groesser-als-gedacht-1464074.html (zuletzt geprüft am 22.07.2020); *N.N.*: Jetzt packt Reinhard S. im Siemens-Skandal aus, abrufbar unter https://www.welt.de/wirtschaft/article2033882/Jetzt-packt-Reinhard-S-im-Siemens-Skandal-aus.html (zuletzt geprüft am 22.07.2020); *N.N.*: Chronik einer Krise, abrufbar unter https://www.sueddeutsche.de/wirtschaft/siemens-affaere-chronik-einer-krise-1.496650 (zuletzt geprüft am 22.07.2020).

a.) Fundstellen, Inhalte und Rechtsfragen

Zu untersuchen sind im Zeitabschnitt 2006 bis 2008 zum einen ein Aufsatz von Dr. Anja Mengel und Thilo Ullrich aus der NZA 2006, S. 240 sowie ein weiterer aus der NJW 2008, S. 1703, verfasst von Dr. Burkard Göpfert, Dr. Frank Merten sowie Dr. Carolin Siegrist.

aa.) Arbeitsrechtliche Aspekte unternehmensinterner Investigations, NZA 2006, S. 240

Einer der ersten Veröffentlichungen unter Bezugnahme auf die Siemens-Affäre war der Aufsatz in der Neuen Zeitschrift für Arbeitsrecht im Jahr 2006. Die Autoren führen zunächst in die Thematik der internen Untersuchungen als in den USA seit Jahren bekanntes und viel genutztes Instrument der Unternehmensleitungen ein, das der Aufklärung von Rechtsverstößen im Unternehmen, verursacht durch Mitarbeiter und Manager dient. Im Sommer 2005 hat das Thema an Aktualität gewonnen, weil es im Zusammenhang mit Korruptionsvorwürfen, Untreue und Betrug zahlreicher Unternehmen, hier u.a. Siemens, genannt worden ist. Zu Beginn des Artikels definieren die Verfasser den Begriff der Investigation als unternehmensinterne Untersuchung, die der Aufklärung von Pflichtverletzungen im Unternehmen dienen soll und bei dem das Verhalten von sowohl Führungskräften als auch Angestellten durch externe Anwaltskanzleien untersucht wird. Im Zusammenhang mit der Sachverhaltsermittlung sind zahlreiche Probleme zu beachten, die gesellschaftsrechtlicher, bilanzrechtlicher und berufsrechtlicher Art sind. Ein Großteil des Aufsatzes thematisiert die Sachverhaltsermittlung im Rahmen der Durchführung der Untersuchung, bei der Dokumente – sowohl in Papier- als auch in elektronischer Form – gesichtet und ausgewertet und Mitarbeiter befragt werden. Auf Grund der Tatsache, dass die Unterlagen für einen Arbeitnehmer dienstliche Dokumente sind, steht diesem kein Recht zu, die Herausgabe zu verweigern. Die Verfasser grenzen sodann die Herausgabepflicht für dienstliche Dokumente, die im Rahmen der Untersuchungen vorzulegen sind, von den (zum Teil) privaten Dokumenten ab, bei denen dem Arbeitgeber grundsätzlich ein Zugriffsrecht verweigert ist und lediglich nach erfolgter Interessenabwägung bei konkretem Verdacht des Fehlverhaltens gestattet werden kann. Sie führen weiter zur E-Mail-Kommunikation aus, die sowohl privat, als auch dienstlich sein können und damit das Persönlichkeitsrecht des Arbeitnehmers am eigenen Wort sowie das Recht auf informationelle Selbstbestimmung als auch das Brief- und Fernmeldegeheimnis beruhren. Nach Ansicht der Verfasser darf der Arbeitgeber auf dienstliche E-Mails umfassend zugreifen, jedoch besteht – bis auf wenige Ausnahmen – kein Kontrollrecht des

Arbeitgebers, wenn die Privatnutzung des dienstlichen E-Mail Accounts zulässig ist.[367]

Die Verfasser thematisieren darüber hinaus die Durchführung von Mitarbeiterbefragungen, die ein wichtiges Instrument zur Ermittlung des Sachverhaltes im Rahmen der Untersuchungen sind, und zitieren hierzu den Aufsatz von Diller, DB 2004 S. 313. Bei Durchführung der Mitarbeiterbefragungen stellt sich die Frage nach der Auskunftspflicht des Arbeitnehmers und, wenn dieses besteht, nach ihrem Umfang. Unter Zitierung des vorgenannten Aufsatzes von Diller verweisen die Verfasser darauf, dass es Pflicht des Arbeitnehmers ist, dem Arbeitgeber einen ihm bekannten Schaden mitzuteilen und diesen für das Unternehmen so gering wie möglich zu halten. Ist der unmittelbare Arbeitsbereich des Arbeitnehmers betroffen, ist er seinem Arbeitgeber gegenüber auf Grund des bestehenden Weisungsrechts umfassend zur Auskunft verpflichtet. Unter Zitierung der §§ 53, 55 StGB, 384 ZPO sowie der Aufsätze von Diller, DB 2004, S. 313 und demjenigen von Rieble, ZIP 2003, S. 1273 vertreten die Verfasser die Ansicht, dass dem Arbeitnehmer ein Auskunftsverweigerungsrecht zusteht, wenn er mit der Aussage sich oder einen seiner Angehörigen belasten würde.[368] Erneut den Aufsatz von Diller zitierend besteht die Aussagepflicht des Arbeitnehmers auch aus einer vertraglichen Nebenpflicht gemäß § 242 BGB, wobei eine Interessenabwägung zugunsten des Arbeitgebers erforderlich ist. Unter Bezugnahme auf einen Aufsatz der Verfasserin Mengel, BB 2004, S. 1445 sowie ein Urteil des BAG, NZA 2003, S. 432 kann sich nach Ansicht der Verfasser auf Grund des Allgemeinen Persönlichkeitsrechts ein Beweisverwertungsverbot ergeben.

bb.) Mitarbeiter als „Wissensträger“, NJW 2008, S. 1703

Nachdem im Jahr 2007 keine Publikation zu verzeichnen war, erschien im Jahr 2008 in der Neuen Juristischen Wochenschrift ein Beitrag zur aktuellen Compliance-Diskussion. Einleitend führen die Verfasser aus, dass das Thema Compliance und die damit im Zusammenhang stehenden Untersuchungen in aller Munde sind. Früher an die Einhaltung von Gesetzen und Richtlinien gebunden, überwachen und sanktionieren Compliance-Organisationen heute Verstöße mit der Folge der Verhaltenssteuerung von Mitarbeitern. Diese haben nicht mehr lediglich den Status eines Arbeitnehmers, sondern sind „Wissensträger“, wenn es um die Sachverhaltsforschung des Unternehmens hinsichtlich

367 *Mengel/Ullrich*, NZA 2006, 240 (240–242).

368 *Mengel/Ullrich*, NZA 2006, 240 (242–244 Fn. 44).

Compliance-Verstößen geht. Der Grat zwischen einem bloßen Mitwisser und einem Täter ist dabei oft sehr schmal. Gegenstand des Aufsatzes sind die Kronzeugenregelung, die Mitarbeiterbefragungen sowie Sanktionen bei fehlender Mitwirkung der Mitarbeiter und Einzelheiten, mit denen sich die Verfasser im Detail auseinandersetzen. Die klassische Kronzeugenregelung hat ihren Ursprung im Strafprozess und bewirkt einen Straferlass, wenn der Aussagende zu einem Aufklärungserfolg beiträgt. Diese sind gemäß § 276 Abs. Abs. 3 BGB auch durch die Unternehmensleitung möglich. Darüber hinaus bietet das Unternehmen Anreize in Form der Übernahme von Rechtsanwaltskosten o. ä., um die Mauer des Schweigens des Mitarbeiters zu durchbrechen.[369]

Auch dieser Beitrag beschäftigt sich mit den Mitarbeiterbefragungen als zentralen Aspekt der Untersuchungen. Obwohl diese Thematik arbeitsrechtlich weitgehend bekannt und entschieden ist, stellen sich wegen der Besonderheit der durch Externe durchgeführten Interviews neue Fragen, die einer rechtlichen Einschätzung bedürfen. In diesem Zusammenhang nehmen die Verfasser Bezug auf die Ermittlungen bei der Siemens AG, bei der die Befragung durch US-amerikanische Anwälte stattgefunden hat. Anknüpfend an den vorgenannten Aufsatz, wird die Mitwirkungspflicht des Mitarbeiters in Form der Teilnahme an den Befragungen und der Herausgabe der Dokumente thematisiert. Eine Pflicht zur Herausgabe der Dokumente und der Auskunftspflicht wird auch hier bejaht, sofern es sich um dienstliche Dokumente handelt und dazu Bezug genommen auf das Urteil des LAG Sachsen – 2 Sa 808/05. Bei privaten Dokumenten kann der Mitarbeiter die Herausgabe verweigern. Beziehen sich die Auskünfte auf den Arbeitsbereich des Mitarbeiters, ist er uneingeschränkt, beziehen sie sich lediglich mittelbar auf diesen, ist er bei überwiegendem Interesse des Arbeitgebers, zur Mitwirkung und Auskunft verpflichtet. Auch die Verfasser dieses Artikels zitieren diesbezüglich den Aufsatz von Diller, DB 2004, S. 313 Hinsichtlich der Auskünfte zu den nur mittelbar den Arbeitsbereich betreffenden Umständen ist auch nach der hier vertretenen Ansicht eine Interessenabwägung vorzunehmen, wobei das Recht des Arbeitnehmers, sich nicht selbst belasten zu müssen, eine bedeutende Rolle spielt. Erneut Diller zitierend steht dem Arbeitnehmer ein Aussageverweigerungsrecht zu, sofern er sich durch die Aussage selbst belastet. Sobald sich dem Arbeitgeber aber eine andere Möglichkeit der Informationsbeschaffung bietet, ist es unzumutbar, die Auskunft vom Arbeitnehmer zu verlangen, so auch Diller, DB 2004, S. 313.

---

369 *Göpfert/Merten/Siegrist*, NJW 2008, 1703 (1703–1705).

Im Gegensatz zu dem vorgenannten Aufsatz differenzieren die Verfasser deutlich zwischen der Auskunftspflicht gegenüber dem Unternehmen und derjenigen gegenüber von Dritten beauftragten Externen. Hier hat der Arbeitnehmer zu befürchten, dass die Informationen weitergeleitet werden. Zu daraus resultierenden eventuellen Verwertungsverboten existiert bisher weder Rechtsprechung noch Literatur. Es ist bei Weitergabe der Informationen allerdings mit einem Verwertungsverbot zu rechnen. Andere Ansichten zu dieser Problematik werden nicht aufgeführt. Bei Verweigerung der Mitwirkung muss der Arbeitnehmer mit Gehaltskürzung, Abmahnung oder als ultima ratio mit einer Kündigung rechnen. [370]

Schon die Verfasser dieses Artikels prognostizieren die Zunahme der unternehmensinternen Untersuchungen in Deutschland. Wegen der daraus resultierenden Rufschädigung und möglicherweise einhergehenden Gefährdung der Kundenbeziehung, fürchten Mitarbeiter sowohl um ihre Jobs als auch strafrechtliche Konsequenzen, wenn sie ihr Wissen über unternehmensinterne Abläufe preisgeben. Ein Verweigerungsrecht besteht lediglich bei privaten und persönlichen Unterlagen. Ähnlich dem vorherigen Artikel beschäftigen sich die Rechtsfragen weitestgehend mit der arbeitsrechtlichen Problematik und die Konsequenzen eines Strafverfahrens finden insoweit keine Erwähnung.

b.) Die Autoren der Publikationen und ihre Biographien

Um das Verhältnis zwischen Strafrechtswissenschaft und Rechtspraxis anhand der Thematik der Internal Investigations zu untersuchen, sind zunächst die Autoren für die mit dem Siemens-Skandal im Zusammenhang stehenden Veröffentlichungen darzustellen. Dabei sind für das Promotionsvorhaben die Biographien der Autoren der zur Untersuchung hinzugezogenen Publikationen relevant. Entscheidend ist lediglich das Berufsleben, insbesondere dasjenige zum Zeitpunkt der Veröffentlichung, um die Zugehörigkeit zur Wissenschaft oder Praxis auswerten zu können. Abschließend wird sodann auf die Literatur Bezug genommen, die im Zusammenhang mit den aus der Durchführung der Internal Investigations resultierenden Problemen zitiert wird, um zu analysieren, wessen Ansicht zitiert und wem gefolgt wird und wer daher Schrittmacher, wer Absicherer ist.

---

370 *Göpfert/Merten/Siegrist*, NJW 2008, 1703 (1705–1707).

aa.) Arbeitsrechtliche Aspekte unternehmensinterner Investigations, NZA 2006, S. 240

Dr. Anja Mengel und Thilo Ullrich haben sich im Jahr 2006 zunächst mit den arbeitsrechtlichen Aspekten unternehmensinterner Investigations auseinandergesetzt. Dr. Anja Mengel hat studiert, promoviert und sodann im Wege des Graduiertenstudiums den LL.M. erworben. Seit 1999 ist sie Rechtsanwältin, seit 2002 Fachanwältin für Arbeitsrecht. Vor ca. 20 Jahren hat sie sich auf die Beratung von Arbeitgebern spezialisiert, zu denen große Unternehmen und Verbände gehören und ist seitdem in dem Bereich tätig. Seit 2017 ist sie zudem Honorarprofessorin. Zur Zeit der Veröffentlichung des Beitrages im Jahr 2006 war sie ausschließlich als Rechtsanwältin tätig.[371]

Thilo Ullrich ist ebenfalls Rechtsanwalt und Fachanwalt für Arbeitsrecht. Nach Studium und Referendariat folgte die Tätigkeit als Associate in einer Kanzlei, der eine Partnerschaft in einer weiteren Kanzlei nachfolgte. Rechtsanwalt Ullrich veröffentlicht in seinem Schwerpunktbereich zahlreiche Artikel, die überwiegend dem arbeitsrechtlichen Themengebiet zuzuordnen sind.[372]

bb.) Mitarbeiter als „Wissensträger", NJW 2008, S. 1703

Im Jahr 2008 haben sich Dr. Burkard Göpfert, Dr. Frank Merten und Dr. Carolin Siegrist mit der Rolle der Mitarbeiter im Rahmen der Compliance-Untersuchungen auseinandergesetzt. Dr. Burkard Göpfert ist seit 1996 Rechtsanwalt und erhielt zudem den Fachanwalt für Arbeitsrecht. Er war bereits in namhaften internationalen Wirtschaftskanzleien tätig, hat promoviert und im Anschluss seinen LL.M in New York abgelegt. Neben seiner Tätigkeit als Rechtsanwalt ist er Lehrbeauftragter an der Universität Passau, Mitherausgeber der Zeitschrift für Wirtschaftsrecht (ZIP) und publiziert neben den Zeitschriften auch in Kommentar- sowie Fachliteratur.[373]

Dr. Frank Merten ist ebenfalls Rechtsanwalt und Fachanwalt für Arbeitsrecht. Der promovierte Jurist ist in einer namhaften Großkanzlei tätig.[374]

---

371 *Mengel*: Biographie, abrufbar unter http://www.schweibertlessmann.de/charaktere/prof-dr-anja-mengel/ (zuletzt geprüft am 22.07.2020).

372 *Ullrich*: Biographie, abrufbar unter https://hyazinth.de/de/team/thilo-ullrich, (zuletzt geprüft am 22.07.2020).

373 *Göpfert*: Biographie, abrufbar unter https://kliemt.de/anwaelte/dr-burkard-goepfert-ll-m/ (zuletzt geprüft am 22.07.2020).

374 *Merten*: Biographie, abrufbar unter https://www.gleisslutz.com/de/anwalt/dr-frank-merten.html (zuletzt geprüft am 22.07.2020).

Die dritte Autorin Dr. Carolin Siegrist ist ebenfalls Rechtsanwältin und aktuell bei der BMW Group tätig.[375]

Alle drei Autoren sind mithin zum Zeitpunkt der Veröffentlichung ausschließlich in der Praxis tätig gewesen.

c.) Zitierte Literatur

Um das Verhältnis zwischen Strafrechtswissenschaft und Rechtspraxis analysieren zu können, ist insbesondere der Umgang der Verfasser untereinander von Bedeutung. Wer zitiert wen, auf welche Literatur wird Bezug genommen, gibt es Autoren, auf die andere besonders häufig verweisen und welchen Beruf üben diese aus? Daran lässt sich sodann festmachen, ob die Praxis lediglich auf die Praxis oder auch auf die Wissenschaft Bezug nimmt.

aa.) Arbeitsrechtliche Aspekte unternehmensinterner Investigations, NZA 2006, S. 240

Bei Betrachtung der von den Verfassern zitierten Literatur wird zum einen deutlich, dass diese überwiegend eine solche aus dem Bereich des Arbeitsrechts ist. Zum anderen ist bereits auf dem ersten Blick erkennbar, dass viele der vertretenen Ansichten mit einem im Jahr 2004 von der Autorin Mengel selbst veröffentlichten Aufsatz aus dem BB S. 2014 belegt werden, in dem sie sich mit der Kontrolle der E-Mail- und Internetkommunikation am Arbeitsplatz auseinandergesetzt hat. In Bezug auf die Befragung der Mitarbeiter im Rahmen der unternehmensinternen Untersuchungen lässt ebenfalls der Verweis auf zahlreiche arbeitsrechtliche Literatur konstatieren. Neben den Urteilen des Bundesarbeitsgerichts (BAG) und des Landesarbeitsgerichts (LAG) unterschiedlicher Erscheinungsjahre sowie arbeitsrechtlicher Kommentarliteratur fallen insbesondere die Artikel von Diller, DB 2004, S. 313 und Rieble, ZIP 2003, S. 1273 auf. Martin Diller ist Rechtsanwalt und Fachanwalt für Arbeitsrecht und in einer namhaften Kanzlei tätig. Er war bei Veröffentlichung des Beitrages ausschließlich Rechtsanwalt.[376] Volker Rieble hingegen ist ausschließlich Professor, der nach seinen Studiengängen der Rechtswissenschaft und Volkswirtschaftslehre zunächst promoviert und dann habilitiert hat und mithin ausschließlich

375 *Siegrist*: Biographie, abrufbar unter https://www.linkedin.com/in/carolin-siegrist-82989221/?ori-ginalSubdomain=de (zuletzt geprüft am 22.07.2020).

376 *Diller*: Biographie, abrufbar unter https://www.gleisslutz.com/de/anwalt/prof-dr-martin-diller.html (zuletzt geprüft am 22.07.2020).

im Bereich der Wissenschaft tätig ist.[377] Anhand der zitierten Literatur zu den Problemen wird deutlich, dass sowohl auf die Praktiker als auch auf die Ansicht des Professors Bezug genommen und diese vertreten wird. Weil die Ansicht von Prof. Rieble zeitlich vor Diller veröffentlicht worden ist, hat die Verfasserin den Aufsatz von Diller in gebotener Kürze untersucht, um den Ursprung der Rechtsansicht benennen zu können. Diesem lässt sich entnehmen, dass der Verfasser einer der von Prof. Rieble vertretenen Ansicht zustimmt, die weitere Ansicht ihren Ursprung in der Gerichtspraxis hat.[378]

bb.) Mitarbeiter als „Wissensträger“, NJW 2008, S. 1703

In dem von den drei Rechtsanwälten veröffentlichten Artikel sind im Vergleich zum Vorgenannten ersichtlich weniger Angaben anderer Publikationen zu verzeichnen. Unter Hinzuziehung arbeitsgerichtlicher Urteile teilweise aus dem Vorjahr, teilweise aus älterer Zeit, wird die Pflicht des Mitarbeiters zur Herausgabe dienstlicher Unterlagen bejaht und hinsichtlich privater Unterlagen verneint. Gleich dem vorgenannten Artikel wird auf Diller, DB 2004, S. 313 verwiesen.[379] Auf den vorgenannten Aufsatz wird am Ende des Artikels Bezug genommen. Festzuhalten bleibt, dass die Ansichten in diesem Aufsatz lediglich unter Hinzuziehung arbeitsrechtlicher Literatur begründet werden. Dabei wird auf Aufsätze von Rechtsanwälten sowie gerichtliche Entscheidungen verwiesen. Praktiker nehmen hier mithin Bezug auf Praktiker.

d.) Zwischenergebnis

Nachdem die Siemens-Affäre im Jahr 2006 publik geworden ist, hat es lediglich eine geringe Anzahl Veröffentlichungen gegeben, die sich auf Grund und im Zusammenhang mit den Vorwürfen gegen das Unternehmen insoweit beschäftigt haben, als dass sie über die zeitweise täglich erfolgende Berichterstattung hinsichtlich erneuter Verhaftungen, weiterer Mitwisser und einem größeren Ausmaß des Schadens hinausgehen. Die Analyse der beiden Veröffentlichungen zeigt, dass zunächst arbeitsrechtliche Fragestellungen im Fokus des Interesses der größtenteils aus der Praxis stammenden Verfasser stehen und die Lösungsansätze auf Vorschriften des BGB anstatt des StGB gestützt werden. Hierbei werden überwiegend die Durchführung der Mitarbeiterbefragungen sowie die

377 *Rieble*: Biographie, abrufbar unter https://www.jura.uni-muenchen.de/personen/r/rieble/index.html (zuletzt geprüft am 22.07.2020).

378 *Diller*, DB 2004, 313.

379 *Göpfert/Merten/Siegrist*, NJW 2008, 1703 (1705/1709).

Teilnahme- und Auskunftspflicht der Mitarbeiter gegenüber der Unternehmensleitung oder aber gegenüber Externen problematisiert, wobei in keinem der Texte, außer den von den Verfassern vertretenen, weitere Meinungen und Lösungsansätze aufgezeigt werden. In beiden Artikeln werden die Ansichten vertreten, dass dem Mitarbeiter im Falle der Selbstbelastung ein Aussageverweigerungsrecht zukommt. Belegt werden die vertretenen Ansichten mit älterer arbeitsgerichtlicher Rechtsprechung und arbeitsrechtlichem Schrifttum, wobei eine Übertragung der Rechtsansichten von Fragestellungen im Rahmen eines gewöhnlichen Arbeitsalltages auf die Situation der Internal Investigations erfolgt.[380] Hierbei wird eine eventuell mangelnde Vergleichbarkeit nicht hinterfragt. Die Verfasser des Artikels der NJW 2008 trennen bezüglich dieser Thematik explizit zwischen Aussagen gegenüber anderen Unternehmensmitarbeitern und Aussagen gegenüber Externen mit der Möglichkeit zur Weiterleitung der Ergebnisse an ausländische Behörden. Sie weisen jedoch darauf hin, dass zwar in Bezug auf das Verhältnis zum Arbeitgeber arbeitsrechtliche Entscheidungen existieren, Rechtsprechung und Literatur zur Konstellation, in der die Gefahr der Weiterleitung an ausländische Behörden besteht, bisher nicht verfügbar ist.

Die Autoren der vorgenannten Artikel sind allesamt Rechtsanwälte, wobei alle bis auf Frau Siegrist Fachanwälte für Arbeitsrecht sind. Sie sind in großen Kanzleien oder Unternehmen beschäftigt, die sich zum Teil mit der Thematik Compliance im Arbeitsleben beschäftigen und so einen nahen Bezug zur Praxis haben. Inzwischen sind zwei der Verfasser[381] Lehrbeauftragte/Honorarprofessor an der Universität, waren jedoch zum Zeitpunkt der Veröffentlichung ausschließlich Rechtsanwälte und sind mithin der Praxis zuzuordnen.

Zitiert wird in beiden Artikeln überwiegend arbeitsrechtliche Literatur, wobei sowohl auf andere im Arbeitsrecht tätige Rechtsanwälte, als auch auf eigene von den Verfassern in der Vergangenheit verfasste Artikel sowie Urteile unterschiedlicher Arbeitsgerichte Bezug genommen wird. Eine Ausnahme ist die Zitierung von Prof. Rieble, der sowohl bei Erscheinen des Beitrages, als auch zur heutigen Zeit ausschließlich an der Universität und mithin im Rahmen der universitären Wissenschaft tätig ist. Des Weiteren ist zu beobachten, dass in der Publikation in NJW 2008 auf den bereits zwei Jahre zuvor erschienenen Artikel in der NZA 2006 Bezug genommen wird. Auch insoweit zitieren Rechtsanwälte, zitiert die Praxis die Praxis.

---

380 *Mengel/Ullrich*, NZA 2006, 240 (243 Rn. 36/37/38).

381 Dr. Anja Mengel und Dr. Burkhard Göpfert.

Bezüglich der dem Vorhaben zugrundeliegenden Fragestellung lässt sich festhalten, dass eine Berücksichtigung der universitären Wissenschaft nur bei der zitierten Literatur des Aufsatzes aus 2006 zu verzeichnen ist. In diesem Zusammenhang ist jedoch zu berücksichtigen, dass von den zwei Rechtsansichten, zu denen der Aufsatz der universitären Wissenschaft zitiert wird, eine ihren Ursprung in der Praxis hat, derjenige der anderen auf den zitierten Artikel des Wissenschaftlers zurückgeht. Da dies lediglich eine Teilmeinung betrifft, kann von einer grundsätzlichen Nachrangigkeit der universitären Wissenschaft ausgegangen werden.

2.) Veröffentlichungen im Jahr 2009

Nachdem im Jahr 2008 zwischen Siemens und dem US-Justizministerium eine Einigung erzielt werden konnte, bei der das Unternehmen zwei hohe sechsstellige Beträge an die Securities & Exchange Commission (SEC) zu zahlen hatte,[382] hat es im Jahr 2009 keine Schlagzeilen mehr in der Presse gegeben. Während sich die im ersten Abschnitt untersuchten Veröffentlichungen überwiegend mit dem Arbeitsrecht beschäftigen und die Unsicherheit in Bezug auf den Umgang mit den unternehmensinternen Untersuchungen widerspiegeln, sollen daran anknüpfend die Veröffentlichungen im Schrifttum im Jahr 2009 nach Inhalt, Rechtsfragen, Verfasser und zitierter Literatur analysiert werden, um den historischen Überblick bis zur ersten Gerichtsentscheidung im Jahr 2010 zu komplettieren.

a.) Fundstellen, Inhalte und Rechtsfragen

Im Folgenden werden unterschiedliche Artikel differenzierter Verfasser, erschienen in einer Vielzahl Zeitschriften, untersucht. Es wird Bezug genommen auf die Aufsätze von Prof. Dr. von Rosen im BB 2009, S. 230, Dann/Schmidt in der NJW 2009, S. 1851, Dr. Vogt in der NJOZ 2009, S. 4206, Wastl/Litzka/Pusch in der NStZ 2009, S. 68, Jahn im StV 2009, S. 41, sowie Knierim in derselben Zeitschrift, S. 324, Bittmann/Molkenbur in der wistra 2009, S. 373 sowie Böhm in

---

382 *N.N.*: Siemens akzeptiert 800 Millionen Dollar Strafe, abrufbar unter https://www.sued-deutsche.de/wirtschaft/korruptionsaffaere-siemens-akzeptiert-800-millionen-dollar-strafe-1.372394 (zuletzt geprüft am 22.07.2020); *N.N.*: Siemens beendet Schmiergeldaffäre mit Milliardenbuße, abrufbar unter https://www.spiegel.de/wirtschaft/einigung-mit-behoerden-siemens-beendet-schmiergeldaffaere-mit-milliardenbusse-a-596598.html (zuletzt geprüft am 22.07.2020).

der WM 2009, S. 1923. Allen ist gemein, dass sie auf den Siemens-Skandal Bezug nehmen und mithin die Publikation in Zusammenhang mit der Affäre steht.

aa.) Rechtskollision durch grenzüberschreitende Sonderermittlungen, BB 2009, S. 230

Unter der Überschrift „Rechtskollision durch grenzüberschreitende Sonderermittlungen" hat Prof. Dr. Rüdiger von Rosen einen Aufsatz veröffentlicht. Zu Beginn weist der Verfasser darauf hin, dass der Siemens-Fall im Rahmen der medialen Berichterstattung in der jüngeren Vergangenheit große Beachtung gefunden und die Einigung zwischen der Siemens AG und den US-amerikanischen Behörden zu den Schlagzeilen beigetragen hat. Der Erfolg dieser Einigung und der mithin für das Unternehmen glimpfliche Ausgang wird als derjenige der US-amerikanischen Kanzlei betrachtet, die mit der Wahrnehmung der unternehmensinternen Untersuchungen betraut gewesen und mithin wesentlich zum Ausgang des Verfahrens beigetragen hat. Im weiteren Verlauf der Einleitung wird deutlich, dass zwar eine hinreichende mediale Berichterstattung erfolgt ist, jedoch wenig Diskussion dahingehend stattgefunden hat, welche Rechtsfragen sich im Zusammenhang mit der Durchführung stellen. Der Verfasser weist darauf hin, dass die Internal Investigations vorwiegend in den USA durchgeführt werden. Dabei definiert er diese als unternehmensinterne Untersuchungen, die bei einem an der amerikanischen Börse notierten Unternehmen durchgeführt werden, wenn der Verdacht von Unregelmäßigkeiten aufkommt und die einen Abschlussbericht enthalten.[383] Er weist auch auf die Problematik hin, dass durch die Notierung eines deutschen Unternehmens an der US-Börse dort geltende Regelungen über das Hoheitsgebiet der USA hinaus auch in Europa Anwendung finden.

Im Folgenden erklärt der Verfasser den Zusammenhang zwischen der SEC und der Durchführung der unternehmensinternen Untersuchungen und definiert diese als Sonderermittlung amerikanischer Anwaltskanzleien, die auch grenzüberschreitend tätig werden, was zahlreiche Probleme betreffend unterschiedlicher Bereiche nach sich zieht. Angesprochen werden vom Verfasser sowohl die strafprozessuale als auch die zivilprozessuale und datenschutzrechtliche Sicht. Unter Verwendung des Konjunktives thematisiert der Autor die mit den Internal Investigations möglicherweise einhergehenden Problematiken, die sich im Strafprozessrecht zum einen dahingehend ergeben können, dass das Befassen mit strafrechtlich relevantem Verhalten durch private Institutionen zur Verlagerung

383 *Rosen*, BB 2009, 230.

der hoheitlichen Ermittlungstätigkeit führen kann, dies jedoch dem geltenden deutschen Strafprozessrecht zuwiderläuft. Zum anderen kann die Securities & Exchange Commission (SEC) in die Rolle einer exterritorial ermittelnden Strafverfolgungsbehörde gedrängt werden, da sie die Ermittlungen vorschreibt und der Kanzlei gegenüber faktisch weisungsbefugt ist. Dies widerspricht dem Grundsatz, dass eine Strafverfolgungstätigkeit nicht länderübergreifend erfolgt, sondern vielmehr ein Rechtshilfeersuchen zu stellen ist. Nach Ansicht des Verfassers werfe darüber hinaus die Durchführung der Untersuchungen Probleme auf, da die mit den Mitarbeitern des Unternehmens geführten „Interviews" den Charakter einer strafrechtlichen Vernehmung haben, die Niederschriften, in denen sich die Mitarbeiter u. U. selbst belastet haben, an die Strafverfolgungsbehörden in Deutschland weitergeleitet werden können und mithin der nemo-tenetur-Grundsatz unterlaufen würde. Darüber hinaus werden den Mitarbeitern im Falle der Verweigerung arbeitsrechtliche Konsequenzen angedroht.[384]

Im weiteren Verlauf des Aufsatzes wird auf die zivilprozessuale und datenschutzrechtliche Sicht eingegangen, wobei diese für das Vorhaben nicht relevant sind und deswegen auf eine nähere Erläuterung verzichtet werden soll.[385]

Auch dieser Aufsatz sieht sowohl das Strafrecht als auch das Zivilrecht im Zusammenhang mit den Internal Investigations berührt. Der Verfasser führt viele sich daraus ergebene Rechtsprobleme an, bietet allerdings keine Lösungsvorschläge, wie mit ihnen seiner Ansicht nach zukünftig umzugehen ist, sodass er am Ende auf die Notwendigkeit einer rechtlich haltbaren Lösung der vorgenannten Probleme verweist.

bb.) Im Würgegriff der SEC? – Mitarbeiterbefragungen und die Selbstbelastungsfreiheit, NJW 2009, S. 1851

Dieser Aufsatz beschäftigt sich mit den im Rahmen der Untersuchung durchzuführenden Interviews. Einleitend bezeichnen die Autoren die Unternehmen als „Zuarbeiter" staatlicher Regierungsbehörden, wenn sie durch Überprüfung der Verdachtslagen und anschließende Weiterleitung der Ergebnisse an die Ermittlungsbehörden deren Arbeit erleichtern. Arbeitnehmer gefährden hierdurch in einem parallel oder später folgenden Strafverfahren ihre Position im Unternehmen. Die Verfasser setzen sich mit den arbeitsrechtlichen und strafrechtlichen Perspektiven und Problemen auseinander, die im Zusammenhang mit der Durchführung der Ermittlungen stehen.

384 *Rosen*, BB 2009, 230 (230/231).
385 *Rosen*, BB 2009, 230 (231).

Nach Ansicht der Verfasser besteht keine gesetzliche Pflicht zur Durchführung der Maßnahme, die trotz der Tatsache, dass sie häufig in Absprache mit der US-Behörde SEC geschieht, keine quasi-staatliche Maßnahme darstellt, wobei die Verfasser sich der Meinung von Jahn, StV 2009, S. 41, Wybitul, BB 2009, S. 606 und Schulte/Görts, RIW 2006, S. 561 anschließen. Begründet wird dies damit, dass die US-Behörden weder durch Umgehung der Rechtshilfeersuchen den förmlichen Rechtshilfeverkehr aushebeln, noch, dass die im Unternehmen verpflichteten Anwälte in staatlichem Auftrag handeln.[386]

Bezugnehmend auf das Arbeitsrecht stellt sich nach Ansicht der Verfasser die Frage nach der grundsätzlichen Mitwirkungspflicht der Arbeitnehmer, wobei insbesondere eine Aussagepflicht im Rahmen der Interviews und eines sich eventuell anschließenden strafprozessualen Beweisverwertungsverbots thematisiert wird. Allgemein anerkannt ist, – hier zitieren die Autoren Göpfert/Merten/Siegrist, NJW 2008, S. 1703, Rieble, ZIP 2003, S. 1273, Wastl/Litzka/Pusch, NStZ 2009, S. 68 und Wybitul, BB 2009, S. 606 –[387]dass einen Arbeitnehmer allgemeine Auskunftspflichten treffen, diese sich jedoch aus unterschiedlichen Vorschriften ergeben können. Im unmittelbaren Zusammenhang mit der Arbeit folgen diese – so auch Diller, DB 2004, S. 313 – aus §§ 666 BGB, aus den arbeitsvertraglichen Treue- und Nebenpflichten, – so bereits Mengel/Ullrich, NZA 2006, S. 240, Rieble, ZIP 2003, S. 1273, und Wastl/Litzka/Pusch, NStZ 2009, S. 68 – aus §§ 611, 241 Abs. 2, 242 BGB für die Umstände, die lediglich mittelbar im Zusammenhang mit dem Arbeitsbereich des Arbeitnehmers stehen.[388]

Nach Ansicht der Verfasser ist insbesondere unter Beachtung des Verhältnismäßigkeitsprinzips und der Tatsache, dass die Auferlegung einer Selbstbelastungspflicht einen Eingriff in das Allgemeine Persönlichkeitsrecht darstellt, eine generelle Auskunftspflicht zu verneinen. Es besteht keine Pflicht zur Selbstbelastung, wenn nicht die Interessen der Parteien gegeneinander abgewogen worden sind und diejenigen des Arbeitgebers überwiegen, wobei diesbezüglich Bezug auf ein Urteil des BAG, NZA 1996, S. 637 sowie auf die Aufsätze von Diller, DB 2004, S. 313, Rieble, ZIP 2003, S. 1273, Wastl/Litzka/Pusch, NStZ 2009, S. 68 und Göpfert/Merten/Siegrist, NJW 2008, S. 1703 genommen wird.[389]

Bei Unterlassen der Mitwirkung durch den Arbeitnehmer sind sowohl finanzielle als auch personelle Sanktionen denkbar. Diese reichen vom Einbehalten

386 *Dann/Schmidt*, NJW 2009, 1851 (1852 Fn. 10).
387 *Dann/Schmidt*, NJW 2009, 1851 (1852 Fn. 17).
388 *Dann/Schmidt*, NJW 2009, 1851 (1852 Fn. 18/19).
389 *Dann/Schmidt*, NJW 2009, 1851 (1853 Fn. 21/23).

des (Teil-) Gehalts über Vertragsstrafe und Betriebsrente bis hin zur Kündigung des Arbeitsverhältnisses als ultima ratio.

Zum Ende des Aufsatzes thematisieren die Verfasser die strafprozessuale Verwertbarkeit. Nach der hier vertretenen Ansicht ist die Frage nach dem Verwertungsverbot daran zu beurteilen, ob eine arbeitsrechtliche Auskunftspflicht des Mitarbeiters besteht. Ist nach Abwägung mangels Zumutbarkeit kein Informationsanspruch des Arbeitgebers gegeben, ist die Verletzung des nemo-tenetur-Grundsatzes zu verneinen, da die psychologische Drucksituation für sich genommen nicht ausreichend ist, um eine solche zu begründen. Sagt ein Mitarbeiter in der irrigen Annahme einer Aussagepflicht freiwillig aus, ist diese Aussage unter Zitierung von Jahn ebenfalls verwertbar.[390] Anders ist es hingegen, – so auch Pfordte – wenn eine deutsche Strafverfolgungsbehörde die Befragung veranlasst und den Mitarbeiter über das Bestehen einer Aussagepflicht täuscht oder Nachteile für Fall des Schweigens androht, dann ist ein Verwertungsverbot anzunehmen.[391] Wird eine Aussagepflicht entgegen der hier vertretenen Ansicht bejaht, bleibt zu bedenken, dass dem Aussagenden keinerlei staatliche, sondern lediglich privat veranlasste Sanktionen in Aussicht stehen. Ein strafprozessuales Verwertungsverbot wäre hingegen notwendig, wenn der Staat eine gesetzliche Grundlage schafft, mittels derer dem Arbeitgeber ein Anspruch auf Information verschafft wird und dieser mithilfe des Staates durchgesetzt werden kann.

cc.) Compliance und Investigations – Zehn Fragen aus Sicht der arbeitsrechtlichen Praxis, NJOZ 2009, S. 4206

Dieser Aufsatz von Dr. Vogt beschäftigt sich ausschließlich mit arbeitsrechtlicher Thematik. Auf diesen soll daher lediglich kurz eingegangen werden. Unter Bezugnahme auf die Siemens-Affäre werden die Internal Investigations durch den Verfasser als Aufklärung von compliance-relevanten Pflichtverletzungen der Unternehmensleitung und der Mitarbeiter definiert, sodass die Definition weitergeht als diejenige des in diesem Zusammenhang zitierten Aufsatzes von Mengel/Ullrich NZA, 2006, S. 240. Im Folgenden stellt der Autor sodann die Ermittlungsmaßnahmen des Arbeitgebers gegenüber dem Arbeitnehmer und deren Grenzen dar, wobei sowohl auf die Einsichtnahme in Personalakten sowie Videoüberwachung, größtenteils aber auf die Mitarbeiterbefragungen Bezug genommen wird. Nach der vom Verfasser vertretenen Ansicht hat ein

390 *Dann/Schmidt*, NJW 2009, 1851 (1855 Fn. 52).
391 *Dann/Schmidt*, NJW 2009, 1851 (1855 Fn. 53).

Arbeitnehmer die vertragliche Pflicht zur Mitwirkung, auch im Falle der Selbstbelastung. Hier knüpft der Verfasser an die bereits von Diller, DB 2004, S. 313 vertretene Auffassung an. In den seltenen Fällen der §§ 52, 55 StPO, 383, 384 ZPO kann er allerdings die Aussage verweigern. Entgegen der bisher angeführten Literatur lässt sich die Auskunftspflicht des Mitarbeiters nicht auf differenzierte Vorschriften stützen, die einen unterschiedlichen Umgang mit der Aussagepflicht zur Folge haben. Vielmehr besteht diese stets auch ohne Schutz vor Selbstbezichtigung.[392]

dd.) SEC-Ermittlungen in Deutschland – eine Umgehung rechtsstaatlicher Mindeststandards!, NStZ 2009, S. 68

Dieser Aufsatz beinhaltet den rechtsstaatlichen Hintergrund und die Vorgehensweise im Rahmen der Interviews, das nemo-tenetur-Prinzip, die Umgehung des Rechtshilfeabkommens sowie erste Überlegungen zu den Folgen des Betroffenen in Form vom Aussageverweigerungsrechten und Verwertungsverboten unter Berücksichtigung des Siemens-Skandals.

Dieser hat neben weiteren Fällen bekannter Unternehmen die Frage nach dem Einfluss der US-amerikanischen Behörden auf das europäische Ausland und die insbesondere in Deutschland entstehenden Problematiken aufgeworfen, wobei im vorliegenden Artikel hauptsächlich die Erforschung und Aufklärung der Interviews erfolgen soll – insbesondere hinsichtlich der Beeinflussung des nemo-tenetur-Prinzips sowie der Regelungen zum internationalen Rechtshilfeverkehr.

Einleitend wird der Ablauf diesbezüglich bei an der US-Börse gelisteter Unternehmens dargestellt. Eine das Vertrauen der SEC genießende Kanzlei wird mit der Durchführung beauftragt, sichtet Unterlagen, überprüft die Buchhaltung, konfrontiert Mitarbeiter im Rahmen der Interviews und bietet, wenn notwendig, zugleich Amnestieregelungen an. Diesbezüglich wird von den Verfassern das nemo-tenetur-Prinzip angesprochen, da dieses nach einer Entscheidung des BVerfG auf Grund seiner grundrechtlichen Verankerung nicht auf das Strafrecht beschränkte Prinzip sowohl mit einer arbeitsrechtlichen Mitwirkungspflicht des Arbeitnehmers als auch mit einer staatlich veranlassten Tätigkeit Privater kollidieren kann.[393] Diller, DB 2004, S. 313 zitierend, ergibt sich die Pflicht des Arbeitnehmers auch nach Meinung dieser Autoren aus §§ 666, 675 BGB, wobei nach Ansicht von Rechtsprechung, BAG NZA 1996, 637 und Literatur,

392 *Vogt*, NJOZ 2009, 4206 (4212/4213 Fn. 2/16).

393 *BVerfG – Beschl. v. 13.01.1981 – 1 BvR 116/77*; *Wastl/Litzka/Pusch*, NStZ 2009, 68 (70 Fn. 22).

Mengel/Ullrich, NZA 2006, S. 240 ein Mitarbeiter soweit es seinen Arbeitsbereich betrifft, zur Beantwortung aller Fragen verpflichtet ist. Eine weitere Grundlage der Verpflichtung ist die arbeitsvertragliche Nebenpflicht, so auch Rieble, ZIP 2003, S. 1273, Diller, DB 2004, S. 313 und Mengel/Ullrich, NZA 2006, S. 240, bei der die Aussagepflicht allerdings von einer Interessenabwägung zugunsten des Arbeitgebers abhängig ist. [394]

Weiter wird eruiert, ob der nemo-tenetur-Grundsatz auch wegen der staatlich veranlassten Ermittlungstätigkeit berührt ist. Die Verfasser führen unter Bezugnahme auf Hörfalle und V-Leute aus, dass diese Ermittlungstätigkeit von Seiten der höchstrichterlichen Rechtsprechung als zulässig bewertet worden ist, ohne jedoch darauf einzugehen, ob die Interviews im Rahmen der Internal Investigations mit diesen Fällen vergleichbar sind. Eine Ausnahme stellt die Rechtsprechung zu den U-Haft-Fällen dar, in dem diese Ermittlungstätigkeit als unzulässig angesehen wurde, zur Begründung allerdings kein nemo-tenetur-Verstoß herangezogen wurde, sondern der Missbrauch der Untersuchungshaft zu sachfremden Zwecken. Die Rechtsprechung ist daher nach Ansicht der Verfasser zu kritisieren und nicht mit dem Vorliegenden vergleichbar.[395]

Vor diesem Hintergrund diskutieren die Verfasser sodann, ob die auf Veranlassung der US-Behörde SEC durchgeführte Untersuchung das nemo-tenetur-Prinzip berührt. Grundsätzlich sind die Interviews auf Selbstbelastung eines Mitarbeiters ausgelegt und stellen mithin eine der staatlichen Vernehmung ähnliche Situation dar. Anders als Jahn, StV 2009, S. 41, der die Anwendung des nemo-tenetur-Prinzips auf staatliche Verfahren beschränkt, sind die Aussagen der Arbeitnehmer bei Bejahen einer Mitwirkungspflicht nach Meinung der Verfasser derart erzwungen, dass sie das nemo-tenetur-Prinzip berühren. Sie gehen jedoch noch weiter und sehen entweder in der Androhung der Konsequenzen fehlender Mitwirkung durch den Arbeitnehmer eine faktische Zwangswirkung mit der Folge, dass auch hier eine Berührung des Grundsatzes gegeben ist oder stützen eine solche die Veranlassung der Durchführung auf Basis der Drohung durch die SEC. Unter Zugrundelegung der hier vertretenen Ansicht sind Mitarbeiterbefragungen nicht im Einklang mit dem nemo-tenetur-Grundsatz und führen daher zu einem Auskunftsverweigerungsrecht. Auch in diesem Zusammenhang wird die von Jahn, StV 2009, S. 41 vertretene andere Ansicht zitiert.[396]

---

394 *BVerfG – Beschl. v. 13.01.1981 – 1 BvR 116/77*; *Wastl/Litzka/Pusch*, NStZ 2009, 68 (70 Fn. 24–28).

395 *Wastl/Litzka/Pusch*, NStZ 2009, 68 (70).

396 *Wastl/Litzka/Pusch*, NStZ 2009, 68 (71 Fn. 37a, b).

Die Verfasser nehmen abschließend Bezug auf mögliche Folgen betroffener Arbeitnehmer nach dem Interview. In Betracht kommt zunächst ein Aussage- bzw. Auskunftsverweigerungsrecht, wenn der Mitarbeiter bei seiner Aussage entweder sich selbst oder einen nahen Angehörigen der Gefahr eines strafrechtlichen Ermittlungsverfahrens aussetzen würde – so auch vertreten von Rieble, ZIP 2003, S. 1273, Diller, DB 2004, S. 313 und Mengel/Ullrich, NZA 2006, S. 240.[397] Die Autoren nehmen die Grundsätze des Gemeinschuldnerbeschlusses des BVerfG zum Anlass, um die Rechtfertigung einer Aussagepflicht grundsätzlich zu hinterfragen, im Falle einer Bejahung, jedoch sodann ein Beweisverwendungsverbot anzunehmen ist. Um dies zu bejahen, müssen die Sachverhalte der Internal Investigations mit demjenigen des Gemeinschuldnerbeschlusses mindestens vergleichbar sein. Anknüpfungspunkt dürfte bei beiden das Allgemeine Persönlichkeitsrecht sein, das zwar im Zusammenhang mit dem nemo-tenetur-Prinzip steht, jedoch keinen lückenlosen Schutz bietet, da jederzeit eine Interessenabwägung vorzunehmen ist. Allerdings unterwirft sich das Unternehmen bei den internen Untersuchungen freiwillig dieser Inquisition durch die US-Behörden, was schwerer wiegt, da ein Schutz des Beweisverwertungsverbotes vor deren Sanktionen nicht gewährleistet werden kann.[398]

Obwohl die Verfasser vorliegend ein Aussageverweigerungsrecht der Mitarbeiter annehmen, gehen sie auf die bei Verneinung entstehenden Probleme der Diskussion um ein Verwendungsverbot ein. Unter Zitierung von Roxin, Strafverfahrensrecht wird deutlich gemacht, dass die Frage einer Fernwirkung in der Literatur umstritten, zum Teil bei Verstoß gegen Belehrungspflichten nach § 136 StPO angenommen wird und höchstrichterlich noch nicht entschieden ist. Mit der Argumentation, dass die Belehrungspflicht im Zusammenhang mit dem nemo-tenetur-Prinzip steht und dass diese bei anderer Annahme nicht erforderlich wäre, wird die Meinung vertreten, dass bei einem unmittelbaren Verstoß gegen den Grundsatz nichts Anderes gelten kann. Ein Beweisverwendungsverbot ist nach der hier vertretenen Ansicht zu bejahen.[399]

Zusammenfassend stellen die Autoren am Ende des Artikels fest, dass die Vorgehensweise im Siemens-Skandal unter Hinzuziehung der SEC und den von ihr empfohlenen amerikanischen Vertrauenskanzleien, rechtsstaatlichen Bedenken begegnet, wobei insbesondere der Verstoß gegen den nemo-tenetur-Grundsatz hervorgehoben werden soll. Aus diesem Grund wird hier ein umfassendes

---

397 *Wastl/Litzka/Pusch*, NStZ 2009, 68 (73 Fn. 51).
398 *Wastl/Litzka/Pusch*, NStZ 2009, 68 (73).
399 *Wastl/Litzka/Pusch*, NStZ 2009, 68 (73).

Aussageverweigerungsrecht des einzelnen Mitarbeiters und, selbst wenn man dieser Ansicht nicht folgt, ein Beweisverwertungsverbot mit entsprechender Fernwirkung angenommen.

ee.) Ermittlungen in Sachen Siemens/SEC, StV 2009, S. 41

Ein im StV erschienener Artikel thematisiert die Ermittlungen in Sachen Siemens und die damit verbundenen Probleme. Dabei werden sämtliche Problematiken direkt unter Bezugnahme auf den Siemens-Skandal erörtert.

Im Rahmen einer Einführung verweist der Verfasser auf die kritische Betrachtung der Einflussnahme der US-amerikanischen Wertpapieraufsicht SEC auf die strafrechtliche Aufklärung der Siemens-Affäre und stellt in Kürze den Ablauf des Verfahrens dar. Auf erneute Ausführungen soll an dieser Stelle verzichtet werden.[400] Ergänzend sei jedoch erwähnt, dass die Abläufe der Interviews in den bereits veröffentlichten Aufsätzen unterschiedlich dargestellt werden, obgleich – hier wird der Aufsatz von Göpfert/Merten/Siegrist, NJW 2008, S. 1703 zitiert – ein modus operandi erkennbar ist. Obwohl den Mitarbeitern im Rahmen der Interviews kein Recht zur vorherigen Belehrung oder Konsultierung eines Rechtsanwalts zusteht, haben im Siemens-Skandal Rechtsanwälte an den Interviews teilgenommen. Zudem wurde das Amnestieangebot über das eigentliche Ablaufdatum hinaus verlängert.[401] Nach Ansicht des Autors stellen sich in diesen Wirtschaftsverfahren zahlreiche komplexe Rechtsfragen, beispielsweise nach der Rechtmäßigkeit des Handelns der Ermittler sowie der strafprozessualen Konsequenzen betreffend einer möglichen Entstehung von Verwertungsverboten.

Der Autor hinterfragt zunächst die grundsätzliche Zulässigkeit privater Ermittlungen neben dem staatlichen Strafverfahren, wenn die Mitarbeiter der Kanzlei Debevoise allesamt als Privatpersonen tätig werden, und zitiert hierbei den Aufsatz von Schulte/Görts, RIW 2006, S. 561. In der Rechtsprechung anerkannt ist, – BGHSt 46, 1 StV 2003, S. 602 –, dass Privatpersonen neben einem laufenden Strafverfahren ermitteln dürfen, wobei zur Begründung angeführt wird, dass es einem Strafverteidiger nicht verwehrt ist, eigene Ermittlungen anzustrengen und Zeugen oder Mitbeschuldigte zu befragen.[402]

Im Folgenden stellt der Verfasser sodann die Grenzen der privaten Ermittlungen dar und diskutiert unter Hinzuziehung diverser Veröffentlichungen, ob die Durchführung der mit den Ermittlungen beauftragten Kanzlei frei von

---

400 Siehe dazu § 3 I.

401 *Jahn*, StV 2009, 41 (42 Fn. 18/19/24).

402 *Jahn*, StV 2009, 41 (43 Fn. 29/31).

Beanstandungen gewesen ist. Korrespondierend mit der Rechtsprechung von BGH und BAG – BGH, NJW-RR 1989, S. 614; BAG, NZA 1996, S. 637 –, der auch die h.M. im Schrifttum zustimmt – Göpfert/Merten/Siegrist, NJW 2008, S. 1703, Diller, DB 2004, S. 313 und Rieble, ZIP 2003, S. 1273 –, resultiert die vollständige Aussagepflicht des Mitarbeiters für Umstände im Zusammenhang mit seiner Arbeitsleistung aus §§ 666, 675 BGB. Den Gemeinschuldnerbeschluss des BVerfG zitierend, stellt sich dem Verfasser wegen erzwungener Selbstbelastung die Frage nach einem Beweisverwertungsverbot auch außerhalb staatlicher Verfahren sowie diejenige, ob der nemo-tenetur-Grundsatz Berücksichtigung finden soll. Nach Ansicht der Rechtsprechung bindet der Grundsatz lediglich den Staat. Eine dem Gemeinschuldnerbeschluss vergleichbare Zwangslage, kann nach Ansicht des Verfassers auch nicht auf Grund des wirtschaftlichen Drucks als faktische Zwangslage angenommen werden, sodass der Beschluss und der nemo-tenetur-Grundsatz keine Anwendung finden und das Schweigerecht mithin entkernt ist.[403]

Gleich der bisherigen Ausführungen sieht der Verfasser auch hinsichtlich der Aussagen den mittelbaren Arbeitsbereich bestreffend eine Anwendbarkeit des § 384 Nr. 2 ZPO analog gegeben. Die Auskunftspflicht nach § 242 BGB ist daher von der Interessenabwägung zugunsten des Arbeitgebers abhängig. Der Verfasser nimmt Bezug auf BGH, NJW-RR 1989, S. 614. Im Siemens-Skandal muss dem Allgemeinen Persönlichkeitsrecht des Arbeitnehmers im Rahmen des Verhältnismäßigkeitsprinzips Vorrang gewährt werden, da Siemens durch die mangelnde Einhaltung der existierenden Compliance-Vorschriften die Mitarbeiter in diese Situation gebracht hat. [404] Eine Aussagepflicht gegenüber den Externen besteht nach Meinung des Verfassers hier nicht, da der Vertrag lediglich zum Unternehmen, nicht jedoch zum Mitarbeiter besteht.[405]

Daran anschließend verneint der Autor ein Beweisverwertungsverbot in Bezug auf die in Unkenntnis der mangelnden Verpflichtung getätigte Aussage des Mitarbeiters. Soweit er hingegen bewusst getäuscht worden ist und mithin eine vergleichbare Interessenlage zu Ermittlungen durch Hoheitsträger hergestellt werden kann, ist ein Verbot zu bejahen. Der Verfasser begründet dies unter Hinweis auf § 136a Abs. 2 S. 3 StPO, wobei dessen Anwendung von der Annahme einer Analogie abhängig ist. Er zitiert in diesem Zusammenhang die jüngere Rechtsprechung und herrschende Lehre, – BGHSt 34, 39 StV 1986, S. 325,

---

403 *Jahn*, StV 2009, 41 (43/44 Fn. 35–37/50).
404 *Jahn*, StV 2009, 41 (44 Fn. 54).
405 *Jahn*, StV 2009, 41 (44/45).

Eisenberg, Beweisrecht der StPO Rn. 402 – die eine Analogie bejahen, wenn das Verhalten dem Staat zurechenbar ist. Hier ist über vergleichbare Fälle zu diskutieren, wobei nach Ansicht des Autors – entgegen der im Aufsatz von Wastl/Litzka/Pusch, NStZ 2009, S. 68 vertretenen Auffassung – eine Vergleichbarkeit mit den „Mithörfallen" nicht gegeben ist, weil es sowohl an der Heimlichkeit der Handlungen der externen Kanzlei, als auch an der Vernehmungssituation fehlt.[406]

Der Verfasser schließt sich jedoch einem kleinen Teil der Literatur – Gaede, StV 2004, S. 46, Joerden, JuS, 1993, S. 927 – an, nach dem § 136a StPO unabhängig von der Beweisgewinnungsmethode bei strafrechtlicher Rechtswidrigkeit des Handelns horizontale Drittwirkung entfaltet. Dann zeigt die gesetzgeberische Intention der Vorschrift Wirkung, wenn der Staat sich aus der Verantwortung zieht und sie Privaten überlässt. Für eine darüber hinausgehende Diskussion einer Fernwirkung, ist es nach Meinung des Verfassers noch zu früh.[407]

Der von Prof. Jahn veröffentlichte Beitrag zur Siemens-Affäre ist der erste, der sich ausschließlich an dem Siemens-Skandal orientiert, bei seinen Ausführungen kontinuierlich auf den Ablauf der Untersuchungen Bezug nimmt und somit die Komplexität der Rechtsprobleme zum Ausdruck bringt. Während andere eine Aussagepflicht des Mitarbeiters auch gegenüber Externen problemlos bejahen, vertritt der Verfasser die gegenteilige Meinung. Der Umgang mit den von den Mitarbeitern getätigten Aussagen wird durch die Gerichte und Staatsanwaltschaften in der nächsten Zeit jeweils für den Einzelfall zu entscheiden sein, sodass abzuwarten bleibt, ob die vom Verfasser geäußerten Bedenken und Lösungsvorschläge Gehör finden. Ein Verwertungsverbot nimmt er jedoch nur bei Täuschung an.

ff.) Das Verhältnis von strafrechtlichen und internen Ermittlungen, StV 2009, S. 324

Nur wenige Seiten vom vorgenannten Aufsatz entfernt, wurde eine weitere Publikation zur Thematik abgedruckt. Einleitend nimmt der Autor auf den Siemens-Skandal Bezug, der – obwohl die Thematik nicht neu ist – dazu geführt hat, dass die Diskussionen um die internen Ermittlungen kontroverser als vorher geführt werden.

Die Durchführung dieser internen Sachverhaltsaufklärung wird seitens des Autors in vielfacher Hinsicht mit unterschiedlichen Anhaltspunkten kritisiert,

406 *Jahn*, StV 2009, 41 (45 Fn. 63/66–68).
407 *Jahn*, StV 2009, 41 (45 Fn. 73).

wobei zunächst die Zulässigkeit in Frage gestellt wird. Die vom Verfasser genannten Kritikpunkte sind die fehlende Bindung der Untersuchungen an ein Verfahren oder Grundrechte,[408] die mangelnde Pflicht zur Objektivität, da keine staatlichen Zwangsmittel oder richterliche Prüfung vorhanden sind und so willkürliche, sachfremde und massive Eingriffe erfolgen können, die mangelnde Überprüfung von Fragen und Fragestellern sowie die Übernahme der Ergebnisse in staatliche Verfahren, ohne dass den Betroffenen die Gelegenheit zur Klarstellung gegeben wird.[409]

Unter Zitierung des Aufsatzes von Mengel/Ullrich, NZA 2006, S. 240 nimmt der Autor auf die grundsätzliche Pflicht zur Sachverhaltserforschung gemäß §§ 130, 30 OWiG Bezug. In diesem Zusammenhang unternimmt der Verfasser den Versuch einer Begriffserklärung, wobei seiner Ansicht nach diesbezüglich nicht unkritisch eine Definition verwendet werden darf, sondern sich die Begriffserklärung aus der Unternehmensorganisation her entwickeln sollte. Hierzu gehören regelmäßige Organisationstests und anlassbezogene Kontrollen, die durch eine Compliance-Abteilung oder Rechtsabteilung durchgeführt werden, wobei in die Organisationsabläufe auch externe Kontrollen integriert werden können, bei denen es sich um anlassbezogene Sonderermittlungen handelt, die von Unternehmensanwälten zur Verteidigung gegen gerichtliche oder behördliche Vorwürfe durchgeführt werden, wobei diesen keine strafrechtliche Motivation, sondern die Anordnung durch die US-Börsenaufsicht SEC zugrunde liegt.[410]

Er definiert die Untersuchungen daher als anlassbezogene Sachverhaltsaufklärungen, deren Ermittlungsziel die Erforschung der Wahrheit ist und die in vielen Fällen Grundlage von Strafanzeigen und Schadensersatzklagen werden, obwohl der Beweiswert nicht demjenigen eines förmlichen Verfahrens gleichzusetzen ist. Eine Grenze der unternehmensinternen Ermittlung ist u. a. das Persönlichkeitsrecht des Arbeitnehmers gemäß Art. 2 Abs. 1, Art. 1 Abs. 1 GG, bei dem allerdings – so auch Mengel/Ullrich, NZA 2006, S. 240 – lediglich der Kernbereichsschutz der Grundrechte zu beachten ist.[411]

Des Weiteren stellt der Autor den Nutzen der internen Ermittlungen dar. Grundsätzlich zielen sie nicht auf den Nachweis einer strafrechtlichen Schuld ab, jedoch werden bei der Aufklärung interner Lücken und Fehler im Unternehmen

---

408 Hier nimmt er Bezug auf die Umgehung des Rechtshilfeersuchens.

409 *Knierim*, StV 2009, 324 (325/326).

410 *Knierim*, StV 2009, 324 (326/327).

411 *Knierim*, StV 2009, 324 (329 Fn. 24).

die Ergebnisse dokumentiert und finden mithin Eingang in strafrechtliche Ermittlungen, in denen die Ermittler sodann als Zeugen auftreten können. Sollen die Ergebnisse dennoch von Beginn an der Verwendung in einem gerichtlichen Verfahren dienen, ist unter Hinweis auf §§ 261 StPO, 286 ZPO eine lückenlose und gerichtsfeste Beweisführung notwendig. Bei der Anwendung der Ergebnisse im Rahmen eines Ermittlungsverfahrens ergeben sich oftmals Probleme. Verstöße gegen Menschenrechte oder den Kernbereich der Grundrechte lösen nach Meinung des Verfassers bei verbotenen und heimlichen Methoden des Arbeitgebers eine Unverwertbarkeit aus, wobei – insoweit wird auf den vorgenannten Artikel Bezug genommen – lediglich in wenigen Fällen ein solcher Verstoß mit der Folge eines Verwertungsverbotes zu bejahen ist.[412]

Schließlich wird die Verwertbarkeit der Pflichtinformationen thematisiert, die gegenüber den Ermittlern abzugeben sind. Eine Beschlagnahmefreiheit ist lediglich in den Fällen §§ 53, 53a, 97 StPO grundsätzlich vorgesehen. Diese sind jedoch nicht auf Dokumentationen anwendbar, die aus Organisations-, Rechenschafts- oder Informationspflichten herrühren. Auch § 160a Abs. 2,3 StPO[413] greift nach hier vertretener Auffassung bei Sicherstellung und Beschlagnahme nach §§ 94 ff. StPO nicht ein, sodass sich auch hieraus kein Beschlagnahmeverbot herleiten lässt. Ob diese Vorschriften auch auf die Berichte der Untersuchungen anwendbar sind ist höchstrichterlich noch nicht entschieden, wobei die Abfassung von Berichten, die nach § 322 HGB oder § 90 AktG gesetzlich vorgeschrieben ist, keine Beschlagnahmefreiheit auslösen dürfte.[414]

Der Verfasser spricht die im Zusammenhang mit den Ermittlungen auftauchenden Probleme an, ohne diese zum Teil jedoch näher zu beleuchten bzw. einen Lösungsweg vorzuschlagen. Er ist hingegen der erste, der sich mit der Beschlagnahmefähigkeit der aus den Ermittlungen resultierenden Dokumente beschäftigt, wenngleich dazu weitere Ausführungen fehlen.

gg.) *Private Ermittlungen, arbeitsrechtliche Aussagepflicht und strafprozessuales Schweigerecht, wistra 2009, S. 373*

Ein weiterer Aufsatz, der im Zusammenhang mit dem Siemens-Skandal die Thematik der Internal Investigations erläutert, erschien in der wistra im Jahr 2009. Auch in diesem Artikel wird der Zusammenhang und das Bekanntwerden der Ermittlungen durch den Fall Siemens einleitend erwähnt und das

---

412 *Knierim*, StV 2009, 324 (330 Fn. 28).

413 In der bis zum 01.02.2001 geltenden Fassung.

414 *Knierim*, StV 2009, 324 (330/331).

Verfahren – oftmals angeleitet durch die SEC – und der damit verbundene Zwang zur Durchführung in gebotener Kürze dargestellt. Hierbei wird explizit auf die Interviews Bezug genommen. Entgegen der vorgenannten Artikel werden vor detaillierter Einführung in die Grundlagen und Problematiken in gebotener Kürze die wesentlichen Meilensteine dargestellt, um sodann das Ergebnis der nachfolgenden Darstellung vorwegzunehmen. Nach Meinung der Verfasser ist die strafrechtliche Verwertbarkeit abhängig von der Beurteilung der arbeitsrechtlichen Aussagepflicht: besteht eine Aussagepflicht, darf die vom Mitarbeiter getätigte Aussage lediglich mit seiner Zustimmung in einem anschließenden oder parallelen Strafverfahren verwertet werden. Im Übrigen besteht ein Verwertungsverbot, das allerdings keine Fernwirkung entfaltet.[415]

Unter Hinweis auf das gemäß §§ 55 StPO, 384 Nr. 2 ZPO bestehende Recht des Beschuldigten, die Aussage zu verweigern, könnte dieses Schweigerecht nach Ansicht der Verfasser unterlaufen werden, wenn die vom Mitarbeiter gegenüber dem privaten Ermittler getätigten Aussagen im Strafprozess durch Verlesung der Dokumente oder Vernehmung des privaten Ermittlers verwertbar wären. Grundsätzlich sind private Ermittlungen zulässig. Dass das Anklagemonopol bei der Staatsanwaltschaft liegt, führt nicht zur Unzulässigkeit privater Ermittlungen – ebenso Knierim, StV 2009, S. 324 und Wastl/Litzka/Pusch, NStZ 2009, S. 68. Entgegen der Ansicht von Wastl/Litzka/Pusch, NStZ 2009, S. 68 gilt dies auch für ausländische Privatermittler, sodass eine Umgehung des Rechtshilfegesuches zu verneinen ist.[416]

Im weiteren Verlauf thematisieren die Verfasser die Zulässigkeit der eigenbelastenden Aussagepflichten und nehmen einleitend Bezug auf die Gemeinschuldner-Entscheidung des BVerfG, wobei in Anlehnung an den Beschluss das Verwertungsverbot lediglich zur Disposition des Mitarbeiters gestellt wird. Erneut vertreten die Autoren eine konträr zu derjenigen von Wastl/Litzka/Pusch, NStZ 2009, S. 68 vertretenen Ansicht. Im Rahmen der Thematisierung der Aussagepflichten des Arbeitnehmers vertreten auch die Verfasser diejenige aus §§ 666, 675 BGB sowie diejenige auf Grund des Treueverhältnisses aus §§ 611, 241 Abs. 2, 242 BGB, wobei aus dem Arbeitsverhältnis – diese Meinung wurde bisher oft vertreten – sowohl in Bezug auf die konkrete Tätigkeit des Arbeitnehmers, als auch in Bezug auf den mittelbaren Bereich einklagbare und vollstreckbare Aussagepflichten bestehen.[417]

---

415 *Bittmann/Molkenbur*, wistra 2009, 373.

416 *Bittmann/Molkenbur*, wistra 2009, 373 (374).

417 *Wastl/Litzka/Pusch*, NStZ 2009, 68; *Göpfert/Merten/Siegrist*, NJW 2008, 1703.

Eine Aussagepflicht trotz Selbstbelastung ist nach einem Urteil des BGH[418] zu bejahen, wobei ein anderer Senat[419] einst das Gegenteilige entschieden hat.[420] In diesem Zusammenhang thematisieren die Verfasser, gleich der im Schrifttum vertretenen Ansicht[421], das Amnestieprogramm, das dem Mitarbeiter einen Anreiz bieten soll. Gleich der von Göpfert/Merten/Siegrist, NJW 2008, S. 1703 vertretenen Ansicht, bejahen die Verfasser eine Auskunftspflicht gegenüber den externen Ermittlern mit der Begründung, dass das Unternehmen seine Arbeit an Externe delegieren darf.[422]

Als Konsequenz dieser Annahme diskutieren die Verfasser ein Verwertungsverbot, wobei ein solches – gleich der von Jahn, StV 2009, S. 41 und Knierim, StV 2009, S. 324 vertretenen Auffassung – nicht besteht, wenn ein Mitarbeiter freiwillig aussagt, wobei die Verfasser lediglich auf Knierim verweisen. In anderen Fällen ist dies jedoch umstritten. Hier ziehen die Autoren den Vergleich zu einem Verkehrsunfall, bei dem die Aussagen, die der Versicherte im Zivilverfahren gegenüber dem Versicherer tätigt, im Ermittlungs- und Strafverfahren ebenfalls verwertet werden dürfen, insbesondere auch deswegen, weil er den Zivilprozess aus eigener Entscheidung führt. Hinsichtlich der von dem Arbeitnehmer erzwingbaren Aussagen fehlt dem Mitarbeiter aber die eigenständige Entscheidungsfreiheit, weswegen ein Beweisverwertungsverbot anzunehmen ist. In Anlehnung an die Gemeinschuldner-Entscheidung steht dieses zur Disposition des Aussagenden, sodass er sein Einverständnis zur Verwertbarkeit erteilen kann. Hier wird auf den Aufsatz von Wastl/Litzka/Pusch, NStZ 2009, S. 68 Bezug genommen, die in diesen Situationen bereits ein Schweigerecht des Arbeitnehmers bejahen. Gleichwohl dürfen diese Aussagen nicht unmittelbar Grundlage einer strafrechtlichen Verurteilung werden, sondern lediglich Anlass dazu bieten, weitere Ermittlungen durchzuführen. Eine Fernwirkung wird hier daher verneint.[423]

418 *BGH – Urteil v. 30.04.1964 – VII ZR 156/62.*
419 *BGH – Urteil v. 23.02.1989 – IX ZR 236/86.*
420 *Bittmann/Molkenbur*, wistra 2009, 373 (376).
421 *Jahn*, StV 2009, 41; *Wastl/Litzka/Pusch*, NStZ 2009, 68.
422 *Bittmann/Molkenbur*, wistra 2009, 373 (376).
423 *Bittmann/Molkenbur*, wistra 2009, 373 (378).

hh.) Strafrechtliche Verwertbarkeit der Auskünfte von Arbeitnehmern bei unternehmensinternen Untersuchungen, WM 2009, S. 1923

Die strafrechtliche Verwertbarkeit der Auskünfte von Arbeitnehmern bei unternehmensinternen Untersuchungen ist Gegenstand dieses Aufsatzes. Der Autor deklariert die Untersuchungen als probates Mittel zur Aufklärung von Unternehmenskriminalität und stellt sich die Frage nach der Auskunftspflicht der Mitarbeiter und einer damit eventuell einhergehenden Selbstbelastungspflicht. Bei Bejahung dieser ist die Verwertbarkeit zu diskutieren.[424]

Gleich dem vorgenannten Aufsatz in der wistra, thematisiert der Verfasser dieses Aufsatzes zunächst die sich aus dem Schuldrecht ergebende Auskunftspflicht des Arbeitnehmers im Zusammenhang mit der Aufklärung compliance-relevanter Sachverhalte, wobei hier der Zusammenhang zum Fall Siemens hergestellt wird. Wie bereits in einigen der vorgenannten Aufsätze, wird auch hier die Auskunftspflicht nach vertraglich geschuldeter Tätigkeit und die aus vertraglicher Nebenpflicht dargelegt, wobei eine vertraglich geschuldete Pflicht der Ausnahmefall ist, zur vergüteten Arbeitsleistung gehört und mithin vergleichbar Rieble, ZIP 2003, S. 1273 lediglich bei Detektiven, angestellten Rechtsanwälten oder Mitarbeitern eines Inkassobüros bejaht werden kann.[425] Auch nach Ansicht dieses Verfassers ergibt sich die auch bei Selbstbelastung bestehende Auskunftspflicht überwiegend aus §§ 666, 675 BGB bei Auskünften im Zusammenhang mit dem Arbeitsverhältnis, sowie aus §§ 611, 241 Abs. 2 BGB bei solchen aus einer vertraglichen Nebenpflicht. Nach der Rechtsprechung des BAG, NZA 1996, S. 637 sowie Diller, DB 2004, S. 313 ist im Rahmen einer Interessenabwägung die Zumutbarkeit für den Arbeitnehmer zu ermitteln, wobei diese nicht bereits wegen der Selbstbelastung verneint werden kann.[426]

Unter Bezugnahme auf die a.A. von Rieble, ZIP 2003, S. 1273 wird darauf hingewiesen, dass die Auskunftspflicht durch den Arbeitgeber sowohl einklagbar als auch vollstreckbar ist, und er bei Weigerung des Mitarbeiters Sanktionen wie beispielsweise Gehaltskürzung, Abmahnung und als ultima ratio die Kündigung in Betracht ziehen kann.[427]

Aus der bestehenden Auskunftspflicht des Mitarbeiters resultiert die Frage nach der Verwertbarkeit in einem Strafverfahren, wobei diese Problematik seitens des Autors ausführlich thematisiert und gutachterlich ausgearbeitet wird.

---

424 *Böhm*, WM 2009, 1923.

425 *Böhm*, WM 2009, 1923 (1924).

426 *Böhm*, WM 2009, 1923 (1924/1925).

427 *Böhm*, WM 2009, 1923 (1925).

Der Verfasser legt die Rechtsfolgen von Beweisverwertungs- und Beweisverwendungsverbot dar und geht auf die bereits mehrfach erwähnte Problematik des Eingriffes in die Grundrechte des Allgemeinen Persönlichkeitsrechts und des nemo-tenetur-Grundsatzes sowie der Entwertung des Schweigerechts unter Bezugnahme auf Jahn, StV 2009, S. 41 ein.[428]

Im Folgenden wird die analoge Anwendbarkeit des Beweisverwendungsverbotes gemäß § 97 Abs. 1 S. 3 InsO diskutiert, das Gegenstand der Gemeinschuldner-Entscheidung gewesen ist. Voraussetzungen hierfür sind eine planwidrige Regelungslücke und eine vergleichbare Interessenlage. Die planwidrige Regelungslücke versucht er mit aufsichts- oder überwachungsrechtlichen Verwaltungsverfahrensgesetzen, gesetzlich geregelten Beweisverwertungs- und -verwendungsverboten und durch Anwendung der Grundsätze des Gemeinschuldnerbeschlusses zu begründen. Ein prozessuales oder verwaltungsverfahrensrechtliches Schweigerecht kann jedoch, so zustimmend Jahn, StV 2009, S. 41, nicht auf die allgemeine Auskunftspflicht eines Arbeitnehmers angewandt werden, wobei eine andere Ansicht von Rieble, ZIP 2003, S. 1273, vertreten wird, der eine analoge Anwendung aus § 384 Nr. 2 ZPO bejaht. Zu gesetzlich geregelten Beweisverwertungs- und -verwendungsverboten kann ebenfalls keine Analogie gezogen werden, da der Gesetzgeber diese Bereiche bewusst geregelt und andere ausgespart hat. [429]

Aus dem Gemeinschuldnerbeschluss des BVerfG lässt sich nach Ansicht des Verfassers der allgemeine Rechtsgedanke herleiten, dass das Allgemeine Persönlichkeitsrecht eines Aussagepflichtigen ein Mindestmaß an Schutz bedarf. Durch den BGH wurde in seiner Entscheidung BGHSt 36, 326 – NJW 1990, S. 1426 eine Anwendung des Beschlusses auf andere Fallgruppen ausdrücklich offengelassen.[430]

Diskutiert wird in diesem Aufsatz, ob der wirtschaftliche Druck, der dem Unternehmen entsteht und sich mithin auch auf den Mitarbeiter auswirkt, mit einem Zwang des staatlichen Verfahrens gleichzustellen ist, da eine Anwendbarkeit des § 97 Abs. 1 S. 3 InsO nur bei einer Aussage unter Zwang, mithin in Kenntnis der Aussagepflicht, angenommen werden kann. Dieser alleine soll aber nach Ansicht von Jahn, StV 2009, S. 41 nicht ausreichen, um ein strafrechtliches Verwertungsverbot anzunehmen.[431] Der faktische Zwang des Arbeitnehmers

428 *Böhm*, WM 2009, 1923 (1926).
429 *Böhm*, WM 2009, 1923 (1926/1927).
430 *Böhm*, WM 2009, 1923 (1927).
431 *Böhm*, WM 2009, 1923 (1928).

kann allerdings nach Meinung des Verfassers die gleiche Intensität besitzen, wie der Zwang eines staatlichen Verfahrens, da die Androhung der Folgen einer Aussageverweigerung den Mitarbeiter beeinflussen kann. Die Gefahrensituation ist daher mit derjenigen des Gemeinschuldners vergleichbar, weil eine vollständige Verweigerung nicht möglich ist. Nach Ansicht des Verfassers ist es eine bloße Willkür, dass dem Insolvenzschuldner ein Beweisverwendungsverbot zukommt, dem aussagepflichtigen Mitarbeiter jedoch nicht. Eine gesetzliche Regelungslücke ist somit zu bejahen.[432]

Der Verfasser thematisiert in Kürze die Entscheidung des OLG Karlsruhe, das sich nach dem Gemeinschuldnerbeschluss mit der Verwertbarkeit von Aussagen eines Arbeitnehmers beschäftigen musste und stimmt diesem dahingehend zu, dass die Annahme von Verwertungsverboten Einzelfallentscheidungen darstellen. Die Auskunftspflicht greift in das Allgemeine Persönlichkeitsrecht des Mitarbeiters ein, ein Eingriff, der ohne die Annahme eines Beweisverwertungs- oder Verwendungsverbotes unverhältnismäßig und mithin rechtswidrig ist. Durch die Anwendung des § 97 InsO wäre die Regelungslücke geschlossen.[433] Eine vergleichbare Interessenlage ist daher ebenfalls zu bejahen, sodass nach der in diesem Aufsatz vertretenen Ansicht die Anwendung des § 97 Abs. 1 S. 3 InsO in den Fällen der Auskunftspflicht im Rahmen der Internal Investigations geboten erscheint.

b.) Die Autoren der Publikationen und ihre Biographien

Gleich der Vorgehensweise die Veröffentlichungen 2006 bis 2008 betreffend, sollen im Folgenden die Verfasser der vorgenannten, im Jahr 2009 erschienen Aufsätze aufgeführt und insbesondere die Biographien hervorgehoben werden sollen.

aa.) Rechtskollision durch grenzüberschreitende Sonderermittlungen, BB 2009, S. 230

Der Verfasser des Aufsatzes Prof. Dr. Rüdiger von Rosen absolvierte nach dem Abitur zunächst eine Ausbildung bei der Bank, bevor er sodann in Frankfurt Betriebswirtschaft studierte. Im Anschluss daran promovierte er zu einem bankrechtlichen Thema. In den Jahren 1995 bis 2012 war er geschäftsführendes Vorstandsmitglied des Deutschen Aktieninstituts e.V. Seit 2004 ist er Honorarkonsul

432 *Böhm*, WM 2009, 1923 (1928).
433 *Böhm*, WM 2009, 1923 (1928/1929).

von Lettland und war jahrelang Honorarprofessor an der Johann Wolfgang Goethe-Universität.[434] Rüdiger von Rosen gehört mithin auf Grund seiner beruflichen Tätigkeit als geschäftsführendes Vorstandsmitglied insbesondere zur Zeit des Erscheinens des Aufsatzes der Praxis an.

bb.) Im Würgegriff der SEC? – Mitarbeiterbefragungen und die Selbstbelastungsfreiheit, NJW 2009, S. 1851

Dr. Matthias Dann und Dr. Kerstin Schmidt haben sich im Jahr 2009 im Rahmen der Co-Autorentätigkeit mit den unternehmensinternen Untersuchungen, der Mitwirkungspflicht des Arbeitnehmers sowie der strafrechtlichen Verwertbarkeit der Aussagen auseinandergesetzt.

Dr. Matthias Dann hat nach Erlangen des ersten Staatsexamens einen LL.M sowie eine Promotion abgeschlossen. Anschließend arbeitete er als Rechtsanwalt in einer Kanzlei und ist seit 2012 Partner des bekannten Büros Wessing & Partner. Neben seiner Tätigkeit als Rechtsanwalt ist er Lehrbeauftragter an der Johann Wolfgang Goethe-Universität und zertifizierter Compliance-Officer. Im Rahmen seiner Tätigkeit als Rechtsanwalt vertritt er Unternehmen wie Einzelpersonen in Straf- und Bußgeldverfahren, wobei sein Schwerpunkt in den Korruptions- und Wettbewerbsstrafverfahren liegt.[435] Er ist daher der Praxis zuzuordnen.

Dr. Kerstin Schmidt hat nach ihrem Studium zunächst promoviert und wurde 2001 zur Rechtsanwaltschaft zugelassen. In den folgenden 15 Jahren war sie bei der Kanzlei Hogan Llovels tätig, zunächst als Associate, später als Partnerin und Counsel. Nach einer dreijährigen Tätigkeit in einem anderen Büro wechselte sie im Jahr 2018 zur Kanzlei Hoffmann Liebs, wo sie heute als Partnerin tätig ist.[436] Auch Frau Dr. Schmidt ist mithin der Praxis zuzuordnen.

---

434 *Rosen*: Biographie, abrufbar unter https://www.top-magazin-frankfurt.de/redaktion/business-finan-ce/ruediger-von-rosen-vom-fluechtling-zum-diplomaten/; https://www.faz.net/aktuell/rhein-main/ persoenlich/frankfurter-gesichter-ruediger-von-rosen-1253668.html (zuletzt geprüft am 23.07.2020).

435 *Dann*: Biographie, abrufbar unter https://www.strafrecht.de/koepfe/dr-matthias-dann-llm (zuletzt geprüft am 23.07.2020).

436 *Schmidt*: Biographie, abrufbar unter https://www.juve.de/nachrichten/namenundnachrichten/2018 /08/duesseldorf-grosses-muetze-korsch-team-wechselt-zu-hoffmann-liebs; https://www.hoffmann-liebs.de/anwaelte/kerstin-pallinger (zuletzt geprüft am 23.07.2020).

cc.) Compliance und Investigations – Zehn Fragen aus Sicht der arbeitsrechtlichen Praxis, NJOZ 2009, S. 4206

Dieser Artikel wurde von Dr. Volker Vogt veröffentlicht. Dr. Vogt studierte zunächst und machte dann einen LL.M. an der University of Bristol in Großbritannien. Im Anschluss daran promovierte er, bevor er während seines Referendariats ebenfalls Zeit im Ausland verbrachte und daran anknüpfend in einer internationalen US-Kanzlei in Hamburg, München und Paris tätig war. Zum Zeitpunkt des Verfassens des Artikels war er Co-Leiter des Bereichs Arbeitsrecht und anschließend in namhaften Kanzleien tätig. Seit 2013 ist er als Fachanwalt für Arbeitsrecht Partner der Kanzlei Schomerus in Hamburg.[437]

Auch er ist ausschließlich der Praxis zuzuordnen.

dd.) SEC-Ermittlungen in Deutschland – eine Umgehung rechtsstaatlicher Mindeststandards!, NStZ 2009, S. 68

Dieser Aufsatz stammt in Co-Autorentätigkeit von Dr. Ulrich Wastl, Dr. Philippe Litzka und Martin Pusch.

Dr. Ulrich Wastl hat in München studiert, promoviert und seine Referendarzeit verbracht. Nach Abschluss des zweiten Staatsexamens war er ein Jahr als Justiziar tätig. Seit 1991 arbeitet er als Rechtsanwalt und ist Gründungspartner der Kanzlei Westphal, Spilker, Wastl. Mit seinem Fachanwaltstitel im Bank- und Kapitalmarktrecht berät er überwiegend auf diesem Gebiet, dem der internen Ermittlungen, dem Wirtschaftsstrafrecht sowie an der Schnittstelle zwischen Straf-, Delikts-, allgemeinem Zivil- und Kapitalanlagerecht.[438]

Dr. Philippe Litzka hat ebenfalls in München studiert, promoviert und sein Referendariat gemacht. Seit 1999 ist er Rechtsanwalt und arbeitet, gleich dem vorgenannten Kollegen, in der Kanzlei Westphal, Spilker, Wastl und berät dort in den Bereichen des Wirtschaftsstrafrechts, Steuerstrafrecht und dem allgemeinen Zivilrecht einschließlich forensischer Vertragsgestaltung, wobei dies internationale Bezüge hat.[439]

Martin Pusch hat ebenfalls in München studiert und seine Referendarzeit verbracht. Entgegen der beiden Vorgenannten hat er nicht direkt im Anschluss

437 *Vogt*: Biographie, abrufbar unter https://www.schomerus.de/team/dr-volker-vogt-ll-m/ (zuletzt geprüft am 23.07.2020).

438 *Wastl*: Biographie, abrufbar unter https://westpfahl-spilker.de/rechtsanwaelte/dr-ulrich-wastl (zuletzt geprüft am 23.07.2020).

439 *Litzka*: Biographie, abrufbar unter https://westpfahl-spilker.de/rechtsanwaelte/dr-philippe-litzka (zuletzt geprüft am 23.07.2020).

an das Studium promoviert, sondern berufsbegleitend, und die Promotion im Jahr 2016 – mithin deutlich nach Erscheinen des Artikels – beendet. Er ist seit 2001 Rechtsanwalt und berät zusammen mit den beiden vorgenannten Autoren in der Kanzlei Westphal, Spilker, Wastl, wobei zu seinen Schwerpunkten das kirchliche Vermögensrecht, Bank- und Kapitalmarktrecht, das Arbeitsrecht, Wirtschaftsstrafrecht, Compliance und die internen Ermittlungen gehören.[440]

Dieser Artikel wurde im Rahmen der Co-Autorentätigkeit von drei Rechtsanwälten veröffentlicht, die diese Thematik einen Schwerpunkt ihrer täglichen Arbeit nennen dürfen. Sie sind daher der Praxis zuzuordnen.

ee.) Ermittlungen in Sachen Siemens/SEC, StV 2009, S. 41

Prof. Dr. Matthias Jahn war nach dem Studium in Frankfurt am Main Referendar am dortigen Landgericht. Zeitgleich promovierte er zu einem straf- und verfassungsrechtlichen Thema und beendete im Jahr 1998 sein Referendariat mit dem zweiten juristischen Staatsexamen. Bis zum Jahr 2000 war er wissenschaftlicher Mitarbeiter. In den Folgejahren war er Rechtsanwalt, Lehrbeauftragter und Habilitationsstipendient. Nach Abfassen seiner Habilitationsschrift war er Staatsanwalt und parallel Privatdozent für Strafrecht an der Johann Wolfgang Goethe-Universität, wobei er zeitgleich als wissenschaftlicher Mitarbeiter an das Bundesverfassungsgericht abgeordnet worden ist. Seit 2005 war er Richter am zweiten Strafsenat des OLG Nürnberg, wobei er im Jahr 2010 zum Richter am ersten Senat für Steuerberater- und Bevollmächtigtensachen an das OLG Nürnberg berufen wurde. Seit April 2013 ist er Inhaber des Lehrstuhls für Strafrecht, Strafprozessrecht, Wirtschaftsstrafrecht und Rechtstheorie an der Goethe-Universität Frankfurt am Main und seit 2014 Richter im zweiten Hauptamt 1. Strafsenat des Oberlandgerichts Frankfurt am Main. Nebenbei ist er Mitglied in zahlreichen Instituten, Arbeitskreisen, Zeitschriften, Vereinigungen und Kommissionen sowie Beirat der ELSA Studentenvereinigung und Mitherausgeber der Zeitschrift für Sport und Recht.[441]

Die Vita von Prof. Dr. Jahn ist abwechslungsreich und dokumentiert seine Vielseitigkeit. In den Verfasserinformationen dieses Aufsatzes wird Prof. Dr. Jahn als Professor der Universität Erlangen-Nürnberg geführt. Der Vita ist hingegen zu entnehmen, dass er zeitgleich seit dem Jahr 2005 Richter am 1.

---

440 *Pusch*: Biographie, abrufbar unter https://westpfahl-spilker.de/rechtsanwaelte/dr-martin-pusch, (zuletzt geprüft am 23.07.2020).

441 *Jahn*: Biographie, abrufbar unter https://www.jura.uni-frankfurt.de/46098693/Zur_Person (zuletzt geprüft am 23.07.2020).

Senat für Steuerberater- und Bevollmächtigtensachen des OLG Nürnberg gewesen ist. Er kann mithin weder als Wissenschaftler noch als Praktiker geführt werden. In erster Linie ist er hingegen Professor, sodass dieses Kriterium zugrunde gelegt, eine Zugehörigkeit zur Wissenschaft vertretbar wäre. Wegen der daneben bestehenden Tätigkeit als Richter, soll jedoch von einer ausschließlichen Zuständigkeit abgesehen, und eine solche als Hybridtyp bejaht werden.

ff.) Das Verhältnis von strafrechtlichen und internen Ermittlungen, StV 2009, S. 324

Wenige Seiten nach Prof. Dr. Jahn hat Thomas C. Knierim einen Beitrag veröffentlicht. Thomas Knierim hat die Zeit im Studium und im Referendariat in Mainz verbracht und war sodann zunächst Staatsanwalt für Wirtschaftsstrafsachen bei der Staatsanwaltschaft Koblenz. Seit 1991 arbeitet er als Rechtsanwalt mit eigener Kanzlei, wobei er seit 2003 Gründungspartner der Knierim & Kollegen Rechtsanwälte GbR ist und dort die strafrechtliche Vertretung von Unternehmen und Konzernen in Kartellstrafsachen und Korruptionsstrafsachen übernimmt. Dabei gehören die Internal Investigations in den Fällen der Industriespionage, Korruption, Wirtschaftsprüfungsdelikten und u. a. Steuerhinterziehung zu seinem täglichen Geschäft, sodass er über 20 Jahre Erfahrung in der Beratung und Verteidigung von Unternehmen und Banken verfügt. Daneben ist Knierim Mitglied im Strafrechtsausschuss der Bundesrechtsanwaltskammer und Lehrbeauftragter für Strafrecht an der Martin-Luther-Universität Halle-Wittenberg.[442] Der Autor dieses Artikels ist daher ausschließlich Praktiker.

gg.) Private Ermittlungen, arbeitsrechtliche Aussagepflicht und strafprozessuales Schweigerecht, wistra 2009, S. 373

Folker Bittmann und Dr. Josef Molkenbur haben diesen Artikel in Co-Autorentätigkeit veröffentlicht. Folker Bittmann absolvierte 1985 in Stuttgart sein zweites Staatsexamen und war sodann einige Monate als Rechtsanwalt tätig. 1986 wurde er Staatsanwalt in Darmstadt, 1987 folgte der Wechsel nach Frankfurt am Main, 1993 derjenige zur Staatsanwaltschaft Halle-Saale. Dort übernahm er die Leitung der Wirtschaftsabteilungen, bis er im Jahr 2005 Leitender Oberstaatsanwalt in Dessau-Roßlau und 2018 in den Ruhestand verabschiedet wurde.[443]

---

442 *Knierim*: Biographie, abrufbar unter https://www.knierim-kollegen.com/anwalt_knierim.php (zuletzt geprüft am 23.07.2020).

443 *Bittmann*: Biographie, abrufbar unter https://www.uni-giessen.de/fbz/fb01/professuren-forschung/ professuren/rotsch/ccc/praxisgruppe/bittmann; https://www.

Zum Zeitpunkt der Veröffentlichung des Aufsatzes war er als Leitender Oberstaatsanwalt der Praxis zugehörig.

Während die vorgenannten Aufsätze teilweise von mehreren Anwälten einer Kanzlei verfasst worden sind, ist die Verbindung von Folker Bittmann zu Dr. Josef Molkenbur nicht direkt erkennbar. Dr. Josef Molkenbur studierte in Münster und Mainz, promovierte dort, war dann zunächst als Rechtsanwalt und in den Jahren 1984 bis 1994 als Richter an Arbeitsgerichten in Nordrhein-Westfalen tätig. Seit 1994 ist er Vorsitzender Richter am Landesarbeitsgericht Sachsen-Anhalt und gleichzeitig Lehrbeauftragter der Universität Halle-Wittenberg, die ihm im Jahr 2017 die Ehrendoktorwürde verlieh.[444] Zum Zeitpunkt des Erscheinens des Aufsatzes war er promovierter Vorsitzender Richter und mithin der Praxis zuzuordnen.

hh.) Strafrechtliche Verwertbarkeit der Auskünfte von Arbeitnehmern bei unternehmensinternen Untersuchungen, WM 2009, S. 1923

Der Aufsatz wurde von Wolf-Tassilo Böhm verfasst. Böhm studierte und promovierte an der Universität Erlangen/Nürnberg, wobei er bei Erscheinen des Aufsatzes im Jahr 2009 lediglich wissenschaftlicher Mitarbeiter und Doktorand und mithin noch nicht promoviert war. Im Rahmen seiner Dissertation beschäftigte er sich mit den arbeitsrechtlichen Rahmenbedingungen bei der Durchführung von internen Untersuchungen, der Aufklärung von Compliance-Verstößen sowie den anschließenden Regressmöglichkeiten des Arbeitgebers gegenüber dem Arbeitnehmer und erhielt 2011 den Doktortitel.[445] In den Jahren 2012 bis Oktober 2018 war Böhm Rechtsanwalt bei Hogan Lovells und ist seitdem Associate im Frankfurter Büro der Kanzlei Latham & Watkins, wo er Unternehmen insbesondere im Bereich Datenschutz und der Implementierung von IT-Anwendungen berät. Zudem berät er zu datenschutz- und arbeitsrechtlichen Aspekten bei Durchführung der internen Untersuchungen.[446] Auch Wolf-Tassilo Böhm ist

---

mz-web.de/dessau-rosslau/abschied-in-dessau-oberstaatsanwalt-bittmann-geht-in-den-ruhestand-30651346 (zuletzt geprüft am 23.07.2020).

444 *Molkenbur*: Biographie, abrufbar unter https://www.beck-shop.de/dr-josef-molkenbur/creator/23 105; https://www.campus-halensis.de/artikel/ehrendoktorwuerde-fuer-richter-josef-molkenbur/?co-k (zuletzt geprüft am 23.07.2020).

445 *Böhm*: Biographie, abrufbar unter https://rsw.beck.de/cms/?toc=ZD.60&docid=331743; https:// www.xing.com/profile/WolfTassilo_Boehm/cv, (zuletzt geprüft am 23.07.2020).

446 *Böhm*: Tätigkeitsschwerpunkte, abrufbar unter https://de.lw.com/people/wolf-tassilo-boehm (zuletzt geprüft am 23.07.2020).

mithin nunmehr ausschließlich der Praxis zuzuordnen, wobei er beim Verfassen des Aufsatzes wissenschaftlicher Mitarbeiter und Doktorand an der Universität gewesen ist und mithin der Wissenschaft angehörte.

c.) *Zitierte Literatur*

Auch für das Jahr 2009 soll untersucht werden, welcher Autor wen zitiert und ob überwiegend Bezug auf die Praxis oder die Wissenschaft genommen wird. Im Folgenden wird daher die angeführte Literatur näher untersucht, wobei überwiegend die unterschiedlichen Ansichten im Zusammenhang mit den arbeitsrechtlichen und strafrechtlichen Folgeproblemen von Bedeutung sind.

aa.) *Rechtskollision durch grenzüberschreitende Sonderermittlungen, BB 2009, S. 230*

In diesem Artikel nimmt der Verfasser lediglich im Rahmen von sieben Fußnoten auf andere Literatur Bezug. Keine dieser wird jedoch im Zusammenhang mit der Darstellung unterschiedlicher Ansichten zu einem Problem aufgeführt.[447] Zur Beantwortung der Frage nach dem Verhältnis kann der Aufsatz daher nicht herangezogen werden.

bb.) *Im Würgegriff der SEC? – Mitarbeiterbefragungen und die Selbstbelastungsfreiheit, NJW 2009, S. 1851*

Die Fußnoten des Artikels quergelesen, fällt auf, dass neben den arbeitsgerichtlichen Urteilen und denjenigen des Bundesverfassungsgerichts Seite für Seite zu vielen Ansichten auf dieselbe Literatur Bezug genommen wird, ganz gleich, über welche Thematik die Verfasser referieren. Zu den Problempunkten werden Jahn, StV 2009, S. 41, Wybitul, BB 2009, S. 606, Schulte/Görts, RIW 2006, S. 561, Göpfert/Merten/Siegrist, NJW 2008, S. 1703, Wastl/Litzka/Pusch, NStZ 2009, S. 68, Rieble, ZIP 2003, S. 1273 und Diller, DB 2004, S. 313 zitiert.

Während Jahn als Professor und Richter im zweiten Hauptamt den Hybridtypen zugeordnet werden kann, waren Schulte und Görts als Consultant in größeren Firmen tätig und berieten Unternehmen mithin in komplizierten Rechtsfragen.[448] Aus dem zu den Verfassern der zu untersuchenden Texte Gesagten ergibt sich, dass sowohl Göpfert, Merten und Siegrist, als auch Wastl,

---

447 *Rosen*, BB 2009, 230 (232).

448 *Görts*: Biographie, abrufbar unter https://www.xing.com/profile/Cornelius_Goerts/cv, (zuletzt geprüft am 23.07.2020).

Litzka und Pusch zur Zeit der Veröffentlichung des Artikels ausschließlich als Rechtsanwälte tätig gewesen sind. Auch Tim Wybitul und Martin Diller beraten als Rechtsanwälte und gehören mithin der Praxis an.[449] Volker Rieble[450] ist als einziger der zitierten Verfasser ausschließlich, wobei Jahn zumindest nach außen als ein solcher auftritt. Bis auf Prof. Rieble sind alle genannten Verfasser Rechtsanwälte und überwiegend im Arbeitsrecht tätig. Neben den genannten Aufsätzen werden Urteile von Arbeitsgerichten oder dem Bundesverfassungsgericht zitiert.[451] Daneben zitieren die Verfasser einmalig einen Beitrag von Thilo Pfordte aus der Festschrift 25 Jahre Arbeitsgemeinschaft Strafrecht. Thilo Pfordte ist seit jeher Rechtsanwalt und nebenbei Lehrbeauftragter.[452]

Anhand der in diesem Aufsatz zitierten Literatur wird deutlich, dass diese größtenteils von Autoren aus der Rechtspraxis – nämlich Rechtsanwälten – publiziert worden ist. Es lässt sich aber zudem konstatieren, dass, obgleich die Publikationen der Rechtsanwälte in der Überzahl sind, in Bezug auf die Problematiken und deren vertretenen Lösungsansichten neben den Praktikern die Aufsätze von Rieble und Jahn zitiert werden, um die von den Verfassern vertretene Ansicht zu unterstützen. Die Bezugnahme auf die Veröffentlichungen zeigt, dass Praktiker von diesen Kenntnis erlangt haben und sich der Meinung anschließen. Wenngleich auch eine überwiegende Zitierung der Praktiker erfolgt, so bleibt die universitäre Wissenschaft nicht unbeachtet.

cc.) Compliance und Investigations – Zehn Fragen aus Sicht der arbeitsrechtlichen Praxis, NJOZ 2009, S. 4206

Wie bereits im Rahmen der Fundstellen und Inhalte erörtert, bezieht sich der Verfasser lediglich auf die arbeitsrechtlichen Aspekte der Untersuchungen. Deswegen wird in gebotener Kürze Stellung genommen. Neben einem Urteil des BAG NZA 1996, 637 ff. wird in diesem Aufsatz auf die Veröffentlichungen von Mengel/Ullrich, NZA 2006, S. 240 sowie Diller, DB 2004, S. 313 Bezug genommen, bei denen es sich um Anwaltskollegen des Verfassers handelt. Auf Grund der Tatsache, dass in diesem Aufsatz lediglich die Problematik der

449 *Wybitul*: Biographie, abrufbar unter https://de.lw.com/people/tim-wybitul (zuletzt geprüft am 23.07.2020).

450 *Rieble*: Biographie, abrufbar unter https://www.jura.uni-muenchen.de/personen/r/rieble/index.html (zuletzt geprüft am 22.07.2020).

451 *Dann/Schmidt*, NJW 2009, 1851 (1851–1853).

452 *Dann/Schmidt*, NJW 2009, 1851 (1855); *Pfordte*: Biographie, abrufbar unter https://pfordte-bosbach.de/team/thilo-pfordte/ (zuletzt geprüft am 23.07.2020).

Mitarbeiterbefragung und der Beachtung des Persönlichkeitsrechts angesprochen wird, sind deutlich weniger Zitierungen zu verzeichnen. Aus den wenigen geht allerdings hervor, dass von dem im Arbeitsrecht tätigen Rechtsanwalt seine Kollegen zitiert werden. Die Praxis nimmt daher Bezug auf die Praxis.

dd.) SEC-Ermittlungen in Deutschland – eine Umgehung rechtsstaatlicher Mindeststandards!, NStZ 2009, S. 68

Beim Überfliegen der hier zitierten Literatur ist festzustellen, dass diese vielseitig ist und von Homepages über allgemein strafrechtliche Literatur bis hin zu Gerichtsentscheidungen und Zeitschriftenaufsätzen reicht. Die Diskussion der Vielzahl mit den Investigations im Zusammenhang stehenden Probleme, zieht eine größere Anzahl zitierter Literatur nach sich. Die arbeitsrechtlichen Fragestellungen und Probleme hinsichtlich der Aussagepflicht werden unter Bezugnahme auf die diesbezüglich wiederkehrende Literatur von Diller, DB 2004, S. 313, Rieble, ZIP 2003, S. 1273, Mengel/Ullrich, NZA 2006, S. 240 sowie Urteilen des BAG dargestellt. Auch hier ist zu beobachten, dass sich die Rechtsanwälte untereinander zitieren und daneben Bezug auf den Beitrag von Prof. Rieble nehmen. Ähnlich der vorgenannten Artikel wird Jahn jedoch auch in dieser Veröffentlichung neben den Rechtsanwälten zitiert, wobei alle Zitierten in dem Punkt dieselbe Ansicht vertreten.

Daneben wird Bezug genommen auf den Gemeinschuldnerbeschluss des BVerfG, wobei im Zusammenhang mit der Argumentation bzgl. der Anwendbarkeit des nemo-tenetur-Grundsatzes auf die von Prof. Jahn vertretene Gegenansicht verwiesen wird. Ebenso verfahren die Autoren hinsichtlich der staatlichen Veranlassung der Ermittlungen.[453]

Festzuhalten bleibt, dass die Verfasser dieses Aufsatzes neben den Rechtsanwaltskollegen Mengel/Ullrich und Diller, den Professor Rieble und den Hybridtypen Jahn zitieren und auf die von ihnen vertretenen Ansichten nicht lediglich als Unterstützung ihrer eigenen Ansicht Bezug nehmen, sondern insbesondere den von Jahn veröffentlichten Artikel anführen, um die gegenteilige zu der von ihnen vertretenen Meinung darzulegen. Hier zitiert allerdings die Praxis die Praxis, weil das Schwergewicht der Publikationen bei diesen liegt.

---

453 *Wastl/Litzka/Pusch*, NStZ 2009, 68 (71).

ee.) Ermittlungen in Sachen Siemens/SEC, StV 2009, S. 41

Auch beim schnellen Überblicken der in diesem Aufsatz zitierten Literatur wird ein breites Spektrum deutlich. Von Homepages über Kommentarliteratur bis hin zu einzelnen Aufsätzen und Gerichtsentscheidungen aus dem Öffentlichen Recht und dem Strafrecht nimmt der Autor auf alles Bezug. Relevant sind jedoch lediglich die Veröffentlichungen, die im Zusammenhang mit den Problemen zitiert werden.

Diesbezüglich wird – gleich den vorgenannten Aufsätzen – auf diejenigen von Schulte/Görts, RIW 2006, S. 561, Göpfert/Merten/Siegrist, NJW 2008, S. 1703 ff, Diller, DB 2004, S. 313 ff. sowie derjenigen von Prof. Rieble, ZIP 2003, S. 1273 verwiesen, um die sich diesen Artikeln anschließende Meinung des Verfassers zu untermahlen. Neben der vorgenannten Literatur werden zwei Urteile des BAG NZA 1996, S. 637 und des BGH NJW-RR 1989, S. 614 angeführt.[454]

Daneben nimmt der Autor Bezug auf den Gemeinschuldnerbeschluss und den nemo-tenetur-Grundsatz, wobei er sich dieser Ansicht nicht anschließt, sondern vielmehr seiner bereits im Jahr 2005 vertretenen Ansicht folgt.[455]

Die Verfasser des vorgenannten Artikels zitieren den Autor des hiesigen Artikels, um die von ihm vertretene Gegenansicht hinsichtlich der Beschränkung des nemo-tenetur-Grundsatzes auf staatlich veranlasste Verfahren und in Bezug auf nichtstaatliche Veranlassung der Internal Investigations darzustellen. Der Autor des hiesigen Artikels nimmt ebenfalls auf den vorgenannten Aufsatz Bezug, um eine von seiner Ansicht divergierende darzulegen, wobei dies nicht im Zusammenhang mit einem der Probleme geschieht, zu denen der Verfasser von den Rechtsanwälten Wastl/Litzka/Pusch als Gegenansicht zitiert wird. Vielmehr verneint der Verfasser des hiesigen Artikels – entgegen der Ansicht der Verfasser des vorbezeichneten Aufsatzes – die Heranziehung der von der Rechtsprechung entwickelten Grundsätze zu den Mithörfallen und U-Haft-Fällen zur Begründung eines Beweisverwertungsverbotes.[456]

Schließlich zitiert der Verfasser zum Ende des Artikels und zur Unterstützung einer von ihm geteilten Ansicht einen Aufsatz von Prof. Dr. Karsten Gaede, StV 2004, S. 45. Prof. Dr. Karsten Gaede ist Hochschulprofessor und Of-Counsel[457]

---

454 *Jahn*, JuS 2005, 1057; *Jahn*, StV 2009, 41 (43).

455 *Jahn*, StV 2009, 41 (43/45).

456 *Jahn*, StV 2009, 41 (45).

457 *Jahn*, StV 2009, 41 (45); *Gaede*: Biographie, abrufbar unter https://www.tsambikakis.com/berater/ karsten-gaede (zuletzt geprüft am 23.07.2020).

und mithin gleich dem Verfasser des hiesigen Aufsatzes den Hybridtypen zuzuordnen.

Zusammenfassend lässt sich konstatieren, dass Prof. Jahn als Hybridtyp überwiegend auf die Praxis, jedoch auch auf die Wissenschaft Bezug nimmt. Auffallen ist, dass er sich mit der von ihm vertretenen Ansicht schlussendlich einer solchen, ebenfalls vertreten von einem Hybridtyp anschließt und mithin ein Hybridtyp seinesgleichen zitiert.

ff.) Das Verhältnis von strafrechtlichen und internen Ermittlungen, StV 2009, S. 324

In diesem von einem Rechtsanwalt verfassten Aufsatz wird zunächst unter Hinzuziehung von Artikeln im Stern, Spiegel und Focus auf die in großen Firmen bestehenden Skandale Bezug genommen. Inhaltlich gleicht der Aufsatz nicht den anderen Aufsätzen, da insbesondere kaum Literatur vorhanden ist. Darüber hinaus vertritt der Verfasser bezüglich der Problematik der Verwertbarkeit eine eigene Ansicht, sodass auch in diesem Zusammenhang nicht die Meinungen und Aufsätze anderer aufgeführt werden.

Betreffend der Problematik der Verteidigungsmöglichkeit und des Verstoßes gegen Grundrechte stimmt der Verfasser der Ansicht von dem Hybridtyp Jahn, StV 2009, S. 41 zu und zitiert, auch wenn bei Aufzählung der Veröffentlichungen zur Thematik auf viele weitere Aufsätze Bezug genommen wird, zur Unterstützung der eigenen vertretenen Ansicht einen sowohl in der Wissenschaft als auch in der Praxis tätigen.[458]

gg.) Private Ermittlungen, arbeitsrechtliche Aussagepflicht und strafprozessuales Schweigerecht, wistra 2009, S. 373

Die Verfasser dieses Aufsatzes greifen auf umfangreiche Literatur zurück, was bereits anhand der Anzahl der Fußnoten sowie der Tatsache, dass in den Fußnoten zum Teil auf mehrere Artikel Bezug genommen wird, deutlich wird.[459] Im Verlauf der Veröffentlichung wird immer wiederkehrend u. a. der Aufsatz von Wastl/Litzka/Pusch, NStZ 2009, S. 68 zitiert, wobei die Autoren diesem mal zustimmen, mal die Ansicht verneinen.[460]

Des Weiteren finden die Aufsätze von Knierim und Prof Jahn im StV 2009, S. 41, 324 Erwähnung und Zustimmung hinsichtlich der Verwertbarkeit der

458 *Knierim*, StV 2009, 324 (325/330).

459 *Bittmann/Molkenbur*, wistra 2009, 373 (374).

460 *Bittmann/Molkenbur*, wistra 2009, 373 (373–378).

freiwilligen Aussagen. Daneben wird auf Wastl/Litzka/Pusch sowie Urteile des ArbG Saarlouis, I Ca 493/83 und des LAG Rheinland – Pfalz 11 Sa 2018/03 verwiesen, wobei zugleich von Rosen, BB, 2009, S. 230, der das Vorliegen eines Beweisverwertungsverbotes verkennt zitiert wird. Auffallend ist, dass die Autoren eine Fernwirkung des Verwertungsverbotes verneinen und in diesem Zusammenhang eine andere Ansicht zitieren, die, vertreten durch Böhm in seinem Aufsatz in der WM 2009, S. 1923 ff., erst noch erscheinen wird.[461]

Zur Unterstützung der Ansicht der Verfasser wird überwiegend Bezug auf die Meinungen der Praxis genommen, wenngleich die universitäre Wissenschaft durch Böhm im Rahmen der Darstellung einer anderen Ansicht Berücksichtigung findet. Daneben findet die vom Hybridtypen Prof. Jahn vertretene Ansicht erneut Zustimmung.

hh.) Strafrechtliche Verwertbarkeit der Auskünfte von Arbeitnehmern bei unternehmensinternen Untersuchungen, WM 2009, S. 1923

Der Aufsatz, verfasst vom wissenschaftlichen Mitarbeiter Böhm, befasst sich umfangreich mit der Verwertbarkeit der Auskünfte und nimmt dabei auf eine Vielzahl unterschiedlicher Literatur Bezug. Hierbei zitiert auch er die bereits vielfach erwähnten Veröffentlichungen von Rieble, ZIP 2003, S. 1273, Wastl/Litzka/Pusch, NStZ 2009, S. 68, Diller, DB 2004, S. 313, Jahn, StV 2009, S. 41 und Göpfert/Merten/Siegrist, NJW 2008, S. 1703. Gleich den Verfassern des vorgenannten Aufsatzes zitiert der Autor andere Ansichten teilweise, um seine eigene zu untermauern, teilweise aber auch, um eine andere Ansicht dazustellen. Dies beispielsweise hinsichtlich der Vollstreckbarkeit der Auskunftspflicht, bei der er Bezug auf die andere Ansicht von Prof. Rieble nimmt und diese als Gegenansicht zitiert.[462]

Bezüglich eines Verwertungs- bzw. Verwendungsverbotes diskutiert der Verfasser ausführlich unterschiedliche Möglichkeiten, wobei er immer wieder Bezug auf die Ansichten vertreten von Prof. Jahn und Prof. Rieble nimmt, jedoch schließlich, ohne auf weitere Ansichten Bezug zu nehmen, seine eigene Ansicht herleitet und eine Empfehlung ausspricht. Unter Hinzuziehung einer Entscheidung des OLG Karlsruhe begründet er die von ihm vertretene andere Ansicht.[463]

Festzuhalten bleibt, dass der Verfasser häufig Bezug auf Aufsätze verfasst von Rechtsanwälten nimmt, jedoch zum Teil auch die Ansichten eines Professors

461 *Bittmann/Molkenbur*, wistra 2009, 373 (378).
462 *Böhm*, WM 2009, 1923 (1925/1927).
463 *Böhm*, WM 2009, 1923 (1928).

sowie eines Hybridtyps vertritt, wobei der Verfasser daneben eine eigene Ansicht entwickelt.

d.) Zwischenergebnis

Bei Betrachtung der vorgenannten Literatur ist zunächst ein deutlicher Anstieg zu verzeichnen. Während die Veröffentlichungen im Jahr 2008 überwiegend das Arbeitsrecht thematisieren, diskutieren die Publikationen im Jahr 2009 größtenteils auch die strafrechtliche Problematik, wobei insbesondere auf die Selbstbelastungsfreiheit und den nemo-tenetur-Grundsatz sowie das Beweisverwertungsverbot Bezug genommen wird. Auffallend ist ebenso, dass es eine Vielzahl Veröffentlichungen zur Thematik der Internal Investigations gibt, jedoch lediglich in wenigen Aufsätzen eine Definition erfolgt. Wenn der Autor allerdings eine solche an den Anfang des Aufsatzes stellt, sind diese zwar im Grundsatz ähnlich, jedoch nicht in Gänze identisch. So ist diejenige von Vogt in NJOZ weiter als die von Mengel/Ullrich, da auch ein Fehlverhalten der Mitarbeiter und nicht lediglich das der Unternehmensführung erfasst sein soll.[464] Bei anderen wiederum sind Internal Investigations lediglich unternehmensinterne Untersuchungen, die bei Verdacht von Unregelmäßigkeiten in einem in Amerika an der Börse notierten Unternehmen durchgeführt werden und einen Abschlussbericht enthalten.[465] Den Einstieg der überwiegenden Literatur bildet jedoch weiterhin die arbeitsrechtliche Thematik der Aussagepflicht des Mitarbeiters im Rahmen der Interviews. Diese wird zum Teil sehr ausführlich durch Einteilung der Wahrnehmungen in unmittelbarem Zusammenhang mit der Arbeitsleistung des Arbeitnehmers und solchen, die lediglich in mittelbarem Zusammenhang mit der Leistung des Arbeitnehmers stehen und mithin auf unterschiedliche Vorschriften gestützt werden können, erörtert. Zum Teil wird sie jedoch lediglich als bestehende Pflicht dargestellt, ohne, dass auf bestimmte Normen Bezug genommen wird. Des Weiteren wird in einigen der vorgenannten Aufsätze die grundsätzliche Zulässigkeit der von privaten Ermittlern durchgeführten Untersuchungen angesprochen, wobei sie unter Hinzuziehung ähnlicher Gründe bejaht werden.

Viel und detailliert diskutiert werden die überwiegende strafrechtliche Auseinandersetzung mit der Thematik sowie die daraus resultierenden Folgeproblematiken, die für die Mitarbeiter nach Durchführung der Interviews entstehen

---

464 *Mengel/Ullrich*, NZA 2006, 240; *Vogt*, NJOZ 2009, 4206.
465 *Rosen*, BB 2009, 230.

können. Die fehlenden gesetzlichen Regelungen zum Schweigerecht und der Verwertbarkeit im Strafverfahren sowie Berührung des nemo-tenetur-Grundsatzes und des Grundrechts des Allgemeinen Persönlichkeitsrechts werden – teils unter Hinzuziehung des Gemeinschuldnerbeschlusses – mal kürzer mal ausführlicher diskutiert, wobei die Verfasser unterschiedliche Ansichten vertreten. Während Dann/Schmidt, Wastl/Litzka/Pusch, Jahn und Bittmann/Molkenbur diesbezüglich lediglich auf den nemo-tenetur-Grundsatz, die allgemeine Vorschrift des § 136a StPO sowie die Grundsätze des Gemeinschuldnerbeschlusses im Allgemeinen Bezug nehmen und zum Teil bereits eine Aussagepflicht verneinen – so Wastl/Litzka/Pusch, – zum Teil ein Beweisverwertungsverbot – so Dann/Schmidt und Bittmann/Molkenbur, – zum Teil aber auch ein Beweisverwendungsverbot – so bei Bejahen der Aussagepflicht Wastl/Litzka/Pusch – annehmen[466], diskutiert Böhm[467] ausführlich die analoge Anwendbarkeit des § 97 Abs. 1 S. 3 InsO und hält schließlich seine Anwendung für geboten.

Bei Betrachtung der Verfasser der untersuchten Artikel fällt auf, dass diese größtenteils den Beruf des Rechtsanwalts, teilweise mit Schwerpunkt Arbeitsrecht, teilweise mit Schwerpunkt Strafrecht, ausüben und täglich mit der Thematik der unternehmensinternen Untersuchungen konfrontiert werden. Ein Autor ist geschäftsführendes Vorstandsmitglied des Deutschen Aktieninstituts e.V., der sich weder konkret der Wissenschaft noch der Praxis zuordnen lässt, wobei die Vereinsarbeit eher der Praxis als der Wissenschaft eingeordnet werden kann. Lediglich ein Autor ist wissenschaftlicher Mitarbeiter und Doktorand und gehört daher der universitären Wissenschaft an. Professor Jahn ist hauptsächlich Universitätsprofessor, jedoch nebenamtlich Richter, sodass eine Zuordnung ausschließlich zu einer Institution nicht erfolgen kann, wenngleich auch aus den im Rahmen der Veröffentlichung zur Person angegebenen Informationen die berufliche Tätigkeit des Professors hervorgeht und somit auf eine ausschließliche Zugehörigkeit geschlossen werden kann. Wegen der richterlichen Tätigkeit ist eine Zuordnung zu den Hybridtypen hingegen vorzugswürdiger.

Hinsichtlich der von den Verfassern zitierten Literatur lässt sich grundsätzlich zunächst festhalten, dass Prof. Rieble[468] mit seinem Aufsatz häufig in Bezug auf die arbeitsrechtliche Problematik der Geltung von Zeugnisverweigerungsrechten und vertraglichen Nebenpflichten zitiert wird. Des Weiteren ist zu

466 *Bittmann/Molkenbur*, wistra 2009, 373; *Dann/Schmidt*, NJW 2009, 1851; *Jahn*, StV 2009, 41; *Wastl/Litzka/Pusch*, NStZ 2009, 68.

467 *Böhm*, WM 2009, 1923.

468 *Rieble*, ZIP 2003, 1273.

konstatieren, dass sowohl Urteile verschiedener Arbeitsgerichte als auch solche des BGH und BAG herangezogen werden, um die ihnen zugrundeliegenden Grundsätze auf die im Fall der unternehmensinternen Untersuchungen entstehenden Problematiken zu übertragen und Lösungswege zu finden. Darüber hinaus wird in einer Vielzahl der im Rahmen des Vorhabens untersuchten Aufsätze der Gemeinschuldnerbeschluss des BVerfG angesprochen, teils zurückhaltender, teils ausführlicher diskutiert und sich mit der Anwendung des Leitfadens auf die vorhandene Problematik auseinandergesetzt.

Während sich die Praktiker in Form der Rechtsanwälte, Richter und Staatsanwälte überwiegend selbst zitieren, nehmen sie neben Prof. Rieble[469] häufig auch auf Prof. Jahn Bezug, wobei seiner Ansicht zum Teil gefolgt, diese teils allerdings auch als andere Ansicht verneint wird. Auffällig ist hierbei insbesondere, dass Prof. Jahn in dem Aufsatz von Wastl/Litzka/Pusch als andere Ansicht erwähnt wird, dieser die Rechtsanwälte zugleich – wenn auch hinsichtlich einer anderen Problematik – als andere Ansicht zitiert. Prof. Jahn nimmt darüber hinaus auf bereits von ihm in der Vergangenheit veröffentlichte Artikel sowie denjenigen eines anderen Professors Bezug. Böhm zitiert als wissenschaftlicher Mitarbeiter fast ausschließlich die Aufsätze des Hybridtypen Prof. Jahn und des Professors Rieble, wobei dies insbesondere einleitend zur Diskussion um die Verwertbarkeit geschieht, bevor er – wie in der Wissenschaft üblich – seine eigene Meinung äußert, ohne auf weitere Literatur zu verweisen. Die Veröffentlichungen vergleichend, ist festzustellen, dass, insbesondere zur Problematik der Verwertbarkeit, Prof. Jahn als Hybridtyp und der wissenschaftlicher Mitarbeiter Böhm ihre eigene Meinung entwickeln und lediglich auf dem Weg dorthin im Rahmen der allgemeinen Feststellungen auf bereits erschienene Literatur Bezug nehmen, während Rechtsanwälte sich auf bestehende Meinungen stützen und sich entweder einer anschließen oder verschiedene Möglichkeiten darstellen, anstatt eine eigenständige Lösung zu entwickeln. Dabei stammt diese überwiegend aus der Praxis.

Auch in diesem Zeitabschnitt zitieren die meisten Verfasser Prof. Rieble im Zusammenhang mit der arbeitsvertraglichen Nebenpflicht zur Aussage sowie der Geltung der Zeugnisverweigerungsrechte auch im privaten Verfahren. Wegen der überwiegenden Zitierung der Praktiker insbesondere im Zusammenhang mit der Verwertbarkeit, resultiert auch aus diesem Zeitabschnitt die nachgeordnete Position der universitären Wissenschaft gegenüber derjenigen der Praxis.

---

469 *Böhm*, WM 2009, 1923 (1927); *Jahn*, StV 2009, 41 (44).

3.) Veröffentlichungen im Jahr 2010

Während die im vorgenannten Abschnitt untersuchten Veröffentlichungen in der Anzahl im Vergleich zu denjenigen in den Jahren 2006 bis 2008 gestiegen und neben den arbeitsrechtlichen auch die strafrechtlichen Folgeprobleme der Internal Investigations diskutiert worden sind, sollen daran anknüpfend die Veröffentlichungen im Schrifttum im Jahr 2010 nach Inhalt, Rechtsfragen, Verfasser und zitierter Literatur analysiert werden, um den historischen Überblick bis zur ersten gerichtlichen Entscheidung im selben Jahr zu komplettieren.

a.) Fundstellen, Inhalte und Rechtsfragen

Im Folgenden werden daher die Veröffentlichungen im AnwBl. 2010, S. 387 sowie in der GA 2010, S. 571 untersucht. Auch diesen Artikeln ist gemein, dass sie auf Grund des Siemens-Skandals entstanden sind.

aa.) Unternehmensinterne (Vor-) Ermittlungen – was bleibt von nemo-tenetur und Fair-trial?, AnwBl. 2010, S. 387

Dieser Aufsatz wird eingeleitet durch den Verweis auf die Staatsanwaltschaft als Herrin des Ermittlungsverfahrens, den Bezug zum Siemens-Skandal und die Untersuchungen sowie die sich daran anschließende Frage, ob die Grundsätze des Verfahrens ausgehebelt werden. Die Verfasser zeigen bereits zu Beginn den weiteren Verlauf des Aufsatzes auf, in dem der Verstoß gegen die Selbstbelastungsfreiheit und das Gebot des fairen Verfahrens diskutiert werden sollen. Der Beitrag setzt sich somit mit den Folgen der Untersuchungen auf strafrechtlicher Ebene auseinander.

Dass die Verwertbarkeit ein wichtiger und viel debattierter Aspekt ist, machen die Verfasser unter Zitierung der im Jahr 2009 zur Thematik veröffentlichten Literatur von Jahn, StV 2009, S. 41, Wastl/Litzka/Pusch, NStZ 2009, S. 68, Dann/Schmidt, NJW 2009, S. 1851, Bittmann/Molkenbur, wistra 2009, S. 373 und Böhm, WM 2009, S. 1923 deutlich.[470] Die Autoren schildern zudem den Ablauf der unternehmensinternen Untersuchungen nebst Amnestieangebot und nehmen dabei fortwährend Bezug auf Siemens. Eine detaillierte Darstellung im Rahmen dieses Promotionsvorhabens erfolgte bereits an anderer Stelle, sodass nachfolgend nicht näher dazu ausgeführt werden soll. Auffallend ist, dass die Verfasser die Zulässigkeit der Durchführung von Ermittlungen durch Private zwar ansprechen, jedoch lediglich unter Verweis auf die Veröffentlichungen

470 *Knauer/Buhlmann*, AnwBl. 2010, 387.

von Jahn, StV 2009, S. 41, Bittmann/Molkenbur, wistra 2009, S. 373 und Wastl/Litzka/Pusch, NStZ 2009, S. 68 deutlich machen, dass diese im Ergebnis zu bejahen ist.[471]

Sodann wird im Folgenden von den Verfassern ein aus den unternehmensinternen Untersuchungen möglicherweise resultierender Verstoß gegen die Selbstbelastungsfreiheit diskutiert. Im Rahmen der Durchführung der Untersuchungen entsteht ein Spannungsfeld zwischen dem Informationsinteresse des Arbeitgebers und dem nemo-tenetur-Grundsatz. Der Schutz vor einem Zwang zur Selbstbelastung ist als Teil des Allgemeinen Persönlichkeitsrechts anerkannt, weil eine einzelne Person nicht in die Konfliktlage geraten soll, aus Angst vor Selbstbelastung entweder zu Lügen oder Zwangsmitteln ausgesetzt zu sein, so BVerfGE 38, 105. Entgegen Jahn vertreten die Verfasser die Ansicht, dass der nemo-tenetur-Grundsatz als mit Verfassungsrang ausgestattetes Prinzip nicht auf das Strafrecht beschränkt ist und eine Anwendung auf andere Sachverhalte daher nicht zwingend ausgeschlossen ist, die Verfassung allerdings nur den Staat bindet und mithin der Grundsatz nur vor staatlichem Zwang, nicht aber solchem veranlasst durch Privatpersonen schützt. Dies ergebe sich bereits aus Art. 1 Abs. 3 GG. Diesbezüglich verweisen die Autoren darauf, dass sich eine Auskunftspflicht und mithin Zwangslage für den Mitarbeiter lediglich auf Grundlage seines Arbeitsvertrages, nämlich durch Umstände unmittelbar oder mittelbar im Zusammenhang mit seiner Tätigkeit, ergibt, und eine staatliche Veranlassung vorliegend ausscheidet.[472]

Sodann diskutieren die Verfasser über eine „quasi-Staatlichkeit“ der Ermittlungen, die nach ihrer Ansicht hingegen abzulehnen ist. Verglichen mit dem staatlichen Verfahren würden die im Rahmen der Ermittlungen allenfalls vorliegenden Verdachtsmomente nicht für die Entstehung eines Anfangsverdachts ausreichen. Eine derart umfassende Ermittlung wäre daher nicht zu rechtfertigen gewesen.

Der von einem übrigen Teil der Literatur – Wastl/Litzka/Pusch – weiterhin vertretenen Ansicht, dass bei den Untersuchungen Rechtshilfeersuchen unterlaufen werden, kann nach Meinung der Verfasser nicht gefolgt werden, wobei – nach Ansicht der Verfasser zutreffend Jahn – sich das Ergebnis nicht ändert, weil die Ermittler als Privatpersonen tätig werden.[473] Die Verfasser kommen zu dem Ergebnis, dass ein Mitarbeiter, der im Rahmen der durchgeführten Interviews

---

471 *Knauer/Buhlmann*, AnwBl. 2010, 387 (389).
472 *Knauer/Buhlmann*, AnwBl. 2010, 387 (389).
473 *Knauer/Buhlmann*, AnwBl. 2010, 387 (390).

aussagt, nicht wegen eines Verstoßes gegen den nemo-tenetur-Grundsatz durch ein Beweisverwertungsverbot geschützt ist.

Im Anschluss diskutieren sie, ob durch die Weitergabe der Ergebnisse der unternehmensinternen Untersuchung das Fairnessgebot verletzt ist und mithin ein Schutz des Mitarbeiters im Strafverfahren gewährleistet wäre.

Auf Grund der Tatsache, dass das Recht auf ein faires Verfahren im Rechtsstaatsprinzip verankert und die Strafprozessordnung an diesem ausgerichtet ist, kann ein Rückgriff lediglich dann erfolgen, wenn eine Regelungslücke der StPO vorhanden ist. Dies ist nach Ansicht der Verfasser bereits deswegen zu bejahen, weil das Leitbild der StPO nicht auf Ermittlungen durch Privatpersonen ausgerichtet ist.[474] Adressaten der StPO sind demnach die Strafverfolgungsbehörden und nicht private Ermittlungspersonen. Unter Hinzuziehung der Hörfallen-Entscheidung, BGHSt 42, 139, sowie einer solchen zum Fair-trial-Grundsatz, BGHSt 53, 294, stellen die Verfasser klar, dass eine Verwertung der Ergebnisse mit dem Grundsatz des fairen Verfahrens nicht vereinbar ist. Während bei der Hörfallen-Entscheidung ein Verstoß gegen die Selbstbelastungsfreiheit angenommen wurde und dem Angeklagten eine eigene Entscheidung, ob und was er aussagen wollte, möglich war, muss in den Konstellationen des Interviews ein Verstoß erst recht vorliegen, da die Aussage des Arbeitnehmers aus einer Zwangslage erfolgt. Spätestens unter Zugrundelegung der Fair-trial-Entscheidung ergibt sich aus der Gesamtschau der Umstände, dass diese für eine Beweisgewinnung nicht zumutbar sind, ein Verstoß gegen den Grundsatz des fairen Verfahrens vorliegt, der ein Beweisverwertungsverbot nach sich zieht.[475]

Übertragen auf die Internal Investigations ziehen die Verfasser folgende Rückschlüsse. Der Arbeitnehmer tätigt seine Aussage nicht im Status des Beschuldigten, wobei die Situation auch nicht einer staatlichen Vernehmung gleichkommt – so auch Jahn, StV 2009, S. 41. Wegen der mangelnden staatlich veranlassten Zwangslage, ist ein Verstoß gegen den nemo-tenetur-Grundsatz zu verneinen, wobei die Verfasser auf bereits von ihnen veröffentlichte Literatur zurückgreifen. Die Verfahrensweise der unternehmensinternen Untersuchungen kommt einem Verstoß gegen den Grundsatz aber zumindest nahe, wobei darüber hinaus durch das Vorliegen einer faktischen Zwangslage in das Recht des Mitarbeiters auf ein faires Verfahren eingegriffen wird. Die Amnestieangebote, die das Unternehmen den Mitarbeitern oft unterbreitet, lassen auch keine andere Bewertung zu, da ein Unternehmen keine Straffreiheit garantieren kann.

474 *Knauer/Buhlmann*, AnwBl. 2010, 387 (390/391).
475 *Knauer/Buhlmann*, AnwBl. 2010, 387 (391).

Die Autoren kommen daher zu dem Ergebnis, dass insbesondere bei Annahme einer umfangreichen Auskunftspflicht des Arbeitnehmers eine Verletzung des Fairnessgebotes gegeben ist und die Bejahung eines Beweisverwertungsverbotes geboten scheint. Die Tatsache, dass der Staat die durch die Untersuchung gewonnenen Beweise anschließend verwertet, steht im Widerspruch zu den Regelungen der §§ 136, 136a StPO und verletzt mithin auch aus den Gründen das Fairnessgebot.[476] Die Verfasser diskutieren daher ausführlich die Thematik der Untersuchungen und die mit ihnen im Zusammenhang stehenden Verletzungen.

bb.) Privatisierung des Ermittlungsverfahrens im Strafprozess, GA 2010, S. 571

Bereits der Überschrift dieses Aufsatzes ist zu entnehmen, dass sich die Ausführungen nicht lediglich auf die Internal Investigations beziehen, sondern sich der Beitrag mit der grundsätzlichen Beteiligung von Privatpersonen am Strafverfahren auseinandersetzt. Die Verfasserin macht zu Beginn deutlich, dass sich diese Nachforschungen Privater in drei Gruppen einteilen lassen: zum einen solche des Beschuldigten, diejenigen in Zusammenarbeit der Privatpersonen mit der Staatsanwaltschaft – beispielsweise V-Männer – sowie diejenigen, bei denen die Verletzten selbstständig tätig werden, wozu die Verfasserin die Internal Investigations subsummiert.[477]

Nach Ansicht der Autorin sind Zulässigkeit und Folgen der privaten Ermittlungen – trotz zahlreicher Veröffentlichungen – bisher nur unzureichend behandelt. Begründet wird dies ihrerseits damit, dass sie die bisher erschienene Literatur[478] lediglich erste Betroffenheitsberichte von Rechtsanwälten sind, bei denen nach ihrem Dafürhalten fast durchweg übergreifende Überlegungen fehlen.[479]

Im weiteren Verlauf thematisiert die Autorin die Zulässigkeit der privaten Straftataufklärung, wobei diese – entgegen den Ausführungen diesbezüglich in der bisher untersuchten Literatur – in Parallel- und Vorfeldnachforschungen sowie innerhalb dessen in die drei vorgenannten Bereiche unterteilt werden. Parallel zum Strafverfahren haben der Beschuldigte und sein Strafverteidiger grundsätzlich das Recht, eigenständig zu ermitteln, da der Beschuldigte nicht

---

476 *Knauer/Buhlmann*, AnwBl. 2010, 387 (392/393).

477 *Brunhöber*, Goltdammer's Archiv für Strafrecht 2010, 571.

478 *Beukelmann*, NJW-Spezial 2008, 280; *Leipold*, NJW-Spezial 2006, 375; *Schulte/Görts*, RIW 2006, 561; *Wastl/Litzka/Pusch*, NStZ 2009, 68.

479 *Brunhöber*, Goltdammer's Archiv für Strafrecht 2010, 571 (571/572).

zum Objekt des Strafverfahrens gemacht werden darf. Es ist hingegen zu berücksichtigen, dass sowohl Einleitung als auch Beendigung des Strafverfahrens in den Händen der Staatsanwaltschaft als Herrin des Verfahrens verbleiben. Die Ermittlung durch Private in der Form der Kooperation von einzelnen Privatpersonen mit der Staatsanwaltschaft, ist in den Grenzen der Strafprozessordnung zulässig, wenn wesentliche Verfahrensvorschriften nicht verletzt werden. Der (potentielle) Beschuldigte kann auch im Rahmen von Vorfeldmaßnahmen, da er den Status noch nicht innehat, bereits Untersuchungen vornehmen. Den Strafverfolgungsbehörden ist dies allerdings gemäß § 152 Abs. 2 StPO untersagt, weil ein Einschreiten ihrerseits tatsächliche Anhaltspunkte voraussetzt. Auf Grund der Tatsache, dass sich die Untersuchung anlässlich des Promotionsvorhabens auf die Internal Investigations beschränkt, verbleibt es hinsichtlich der beiden vorgenannten Gruppen bei den Ausführungen.

Der Verletzte oder auch das geschädigte Unternehmen hat nach der Systematik der StPO kein Recht auf Durchführung eigener Parallelnachforschungen, da das Ermittlungsmonopol grundsätzlich bei der Staatsanwaltschaft liegt und er – anders als der Beschuldigte – kein Gegenstand des Verfahrens ist. Die Verfasserin führt in längerer Diskussion zu Ausnahmen aus, die vom Offizialprinzip gemacht worden sind und dem Verletzten im Rahmen der Nebenklage oder dem Klageerzwingungsverfahren das Recht zu eigenen Nachforschungen gestattet worden ist. Weil beispielsweise verletzten Wirtschaftsunternehmen bessere Mittel zur Verfügung stehen, sind für diese weiteren Ausnahmen zu machen mit der Folge, dass Nachforschungen zulässig sind.[480]

Weiter wird zu Grenzen privater Straftataufklärung ausgeführt, wobei hier u. a. auf die Verletzung des höchstpersönlichen Lebensbereichs durch Bildaufnahmen, § 201a StGB, das Ausspähen von Daten, § 202a StGB sowie die Nötigung, § 240 StGB – als auch die zivilrechtlichen Grenzen des Allgemeinen Persönlichkeitsrechts im Sinne des § 823 BGB Bezug genommen wird. Für besondere Fallgruppen ergeben sich ihrer Ansicht nach zusätzliche Grenzen, zu denen sie – insbesondere vor dem Hintergrund der Internal Investigations – ausführlich Stellung nimmt. Bei Nachforschungen durch Unternehmen sind neben den datenschutzrechtlichen Vorschriften auch die arbeitsrechtlichen Vorgaben einzuhalten, wobei die Verfasserin diesbezüglich die Siemens-Affäre anspricht. Neben Regelungen zum Betriebsrat wird unter Zitierung der Aufsätze von Bittmann/Molkenbur, wistra 2009, S. 373, Diller, DB 2004, S. 313 und Göpfert/Merten/Siegrist, NJW 2008, S. 1703 die mögliche Verpflichtung des Arbeitnehmers

480 *Brunhöber*, Goltdammer's Archiv für Strafrecht 2010, 571 (574–576/579).

zur Aussage angesprochen. Diskutiert wird unter Hinzuziehung diverser Veröffentlichungen, dass die Aussagepflicht entfallen würde, wenn dem Mitarbeiter im Strafverfahren ein Aussageverweigerungsrecht zukäme – so Rieble, ZIP 2003, S. 1273, Wastl/Litzka/Pusch, NStZ 2009, S. 68 –, wobei im Anschlusssatz bereits klargestellt wird, dass dies von Rechtsprechung und h.M. verneint wird.[481] Nach Meinung der Autorin ist in diesen Fällen daher ein Beweisverwertungsverbot zu erörtern.

Für die Annahme eines solchen muss die Verwertung der Aussage einen unzulässigen Grundrechtseingriff darstellen, deren Anknüpfungspunkt daher staatlich ist. Die in der StPO geregelten Verbote sind nach Ansicht der Verfasserin nicht anwendbar, da Normadressaten lediglich die Strafverfolgungsbehörden sind. Hier sind daher die nicht normierten Verbote heranzuziehen. Ein Beweis kann auch dann ohne gesetzliches Verwertungsverbot unverwertbar sein, wenn eine Gesamtabwägung ergibt, dass das Interesse des Betroffenen an der Wahrung seiner verletzten Rechte dem staatlichen Verfolgungsinteresse überwiegt.[482] Kriterien zur Beurteilung sind die Unrechtsintensität, die umso höher ist, je stärker sie sich verbotenen Methoden des § 136a StPO nähert sowie die Verletzung von Grundrechten. Für die Verwertbarkeit streiten Kriterien der Straftataufklärung, wenn ein Täter nicht anders ermittelt werden kann.[483]

In ihrer abschließenden Zusammenfassung kommt die Autorin zu dem Ergebnis, dass hinsichtlich der Thematik der unternehmensinternen Untersuchungen Regelungsbedarf besteht. Für den Arbeitnehmer ist die Situation wegen der Aussagepflicht und des mangelnden Schweigerechts ungeklärt. Die Autorin benennt zwar die Abwägung als Instrument zur Feststellung eines Grundrechtseingriffes, stellt jedoch nicht klar, wann ein solcher vorliegt und wann er zum Verwertungsverbot führt.

b.) Die Autoren der Publikationen und ihre Biographien

Gleich den Untersuchungen der Vorjahre sollen auch die Verfasser der beiden vorgenannten Artikel vorgestellt und ihre Biographien untersucht werden.

---

481 *BGH – Urteil v. 30.04.1964 – VII ZR 156/62*; *Bittmann/Molkenbur*, wistra 2009, 373; *Diller*, DB 2004, 313.

482 *BGH – Urteil v. 18.04.2007 – 5 StR 546/06*; *BVerfG – Beschl. v. 19.09.2006 – 2 BvR 2115/01, 2 BvR 2132/01 u. 2 BvR 348/03.*

483 *Brunhöber*, Goltdammer's Archiv für Strafrecht 2010, 571 (586–588).

aa.) Unternehmensinterne (Vor-) Ermittlungen – was bleibt von nemo-tenetur und Fair-trial?, AnwBl. 2010, S. 387

Den Artikel im Anwaltsblatt haben Dr. Christoph Knauer und Dr. Erik Buhlmann verfasst.

Dr. Christoph Knauer studierte Rechtswissenschaften in den Jahren 1990 bis 1995 an der Ludwig-Maximilians-Universität München und war anschließend bis zum Jahr 2000 als Assistent am Institut für die gesamte Strafrechtswissenschaft bei Claus Roxin tätig. Seitdem ist er als Lehrbeauftragter an der Universität tätig. Nach seiner Promotion im Jahr 2000 und seinem zweiten juristischen Staatsexamen im Jahr 2002 arbeitete er in Unternehmen der Verlagsbranche zuletzt als Führungskraft, bis er im Jahr 2009 Partner der Kanzlei Ufer Knauer Rechtsanwälte wurde. Im Jahr 2015 folgte die Ernennung zum Honorarprofessor an der Ludwig-Maximilians-Universität in München, wobei er ebenso Prüfer der Ersten Juristischen Staatsprüfung ist.[484]

Dr. Christoph Knauer ist zum Zeitpunkt der Veröffentlichung des Beitrages im Jahr 2010 bereits als Rechtsanwalt tätig gewesen, wobei er nebenbei seine Tätigkeit als Lehrbeauftragter ausgeübt hat.

Dr. Erik Buhlmann studierte in den Jahren 1998 bis 2003 an den Universitäten Augsburg und Passau und promovierte im Anschluss am Lehrstuhl des bekannten Prof. Dr. Werner Beulke in Passau. Nachdem er im Referendariat mehrere Monate in einer amerikanischen Wirtschaftskanzlei in den USA tätig gewesen ist, beendete er dies im Jahr 2006 mit der Zweiten Juristischen Staatsprüfung und ist seit seiner Zulassung im selben Jahr ausschließlich als Strafverteidiger tätig. Nachdem er in der Kanzlei Ufer Knauer bereits als Associate tätig war, kehrte er nach kurzer Abwesenheit im Jahr 2015 als Salary Partner zurück. Seit 2009 darf er sich überdies Fachanwalt für Strafrecht nennen.[485]

Auch er war mithin zum Zeitpunkt der Veröffentlichung in der Praxis tätig.

bb.) Privatisierung des Ermittlungsverfahrens im Strafprozess, GA 2010, S. 571

Dr. Beatrice Brunhöber studierte an der Humboldt-Universität in Berlin, wo sie im Jahr 2009 promovierte und im Jahr 2016 habilitierte. In den Jahren 2009 bis

484 *Knauer*: Biographie, abrufbar unter https://www.ufer-knauer.de/dr-christoph-knauer.php; https://de. wikipedia.org/wiki/Christoph_Knauer (zuletzt geprüft am 23.07.2020).

485 *Buhlmann*: Biographie, abrufbar unter https://www.ufer-knauer.de/dr-erik-buhlmann.php (zuletzt geprüft am 23.07.2020).

2015 war sie wissenschaftliche Mitarbeiterin zunächst am Lehrstuhl für Strafrecht, Strafprozessrecht, Rechtsphilosophie von Prof. Dr. Marxen, dann an demjenigen von Prof. Dr. Hörnle an der Humboldt-Universität Berlin, wobei diesem Lehrstuhl die Rechtsvergleichung ebenfalls angehörte. Bevor sie im Jahr 2017 zur Professorin an der Leibnitz Universität Hannover ernannt wurde, war sie Visiting Scholar in Washington D.C. und Junior Fellow der Westfälischen Wilhelms-Universität Münster. Nachdem sie im Jahr 2018 den Ruf an die Universität Bielefeld angenommen hatte und dort den Lehrstuhl für Strafrecht, Strafprozessrecht, Rechtsphilosophie und Rechtsvergleichung übernahm, bekleidet sie diesen seit Februar 2019 an der Goethe-Universität in Frankfurt.[486]

Die Verfasserin war zum Zeitpunkt der Veröffentlichung des Aufsatzes bereits promoviert und mithin ausschließlich der Wissenschaft zuzuordnen.

c.) Zitierte Literatur

Auch für das Jahr 2010 ist von Bedeutung, welcher Autor wen zitiert. Im Folgenden wird daher die zitierte Literatur näher untersucht, wobei überwiegend auf diejenige Bezug genommen wird, die im Zusammenhang mit den arbeitsrechtlichen und strafrechtlichen Folgeproblemen bei Durchführung der Internal Investigations steht.

aa.) Unternehmensinterne (Vor-) Ermittlungen – was bleibt von nemo-tenetur und Fair-trial?, AnwBl. 2010, S. 387

Gleich zu Beginn des Aufsatzes nehmen die Verfasser Bezug auf einige der im Rahmen des Promotionsvorhabens untersuchten Veröffentlichungen, da sich zahlreiche Aufsätze bereits mit der Verwertbarkeit der Ermittlungsergebnisse auseinandergesetzt haben. Zitiert werden hier die Aufsätze von Jahn, StV 2009, S. 41, Wastl/Litzka/Pusch, NStZ 2009, S. 68, Dann/Schmidt, NJW 2009, S. 1851, Bittmann/Molkenbur, wistra 2009, S. 373 und Böhm, WM 2009, S. 1923, wobei auf einen Teil dieser Aufsätze auch im Verlauf des Aufsatzes erneut Bezug genommen wird.

Unter Rückgriff auf Jahn, StV 2009, S. 41, Bittmann/Molkenbur, wistra 2009, S. 373 und Wastl/Litzka/Pusch, NStZ 2009, S. 68 wird die Zulässigkeit der Ermittlungen diskussionslos bejaht.[487] Hinsichtlich des Verstoßes gegen die

486 *Brunhöber*: Biographie, abrufbar unter https://www.jura.uni-frankfurt.de/76716069/Brunhoe-ber_Lebenslauf.pdf; https://www.jura.uni-frank-furt.de/75523537/Professur_f%C3%BCr_Straf-recht__Strafprozessrecht__Rechtsphilosophie_und_Rechtsvergleichung (zuletzt geprüft am 23.07.2020).

487 *Knauer/Buhlmann*, AnwBl. 2010, 387 (389).

Selbstbelastungsfreiheit werden unterschiedliche Argumente aufgeführt, die zum Teil von den Verfassern verneint werden,[488] zum Teil auch mit Entscheidungen wie beispielsweise derjenigen des BVerfGE 38, 105 begründet werden.[489] Auch wenn der Gemeinschuldnerbeschluss nicht unmittelbar Gegenstand des Aufsatzes ist und seine Grundsätze nicht unmittelbar zur Diskussionsgrundlage werden, nehmen die Verfasser auf diese Entscheidung des BVerfG[490] Bezug, um eine Ausnahme zur lediglich staatlichen Bindung des nemo-tenetur-Grundsatzes darzustellen.[491]

In den nachfolgenden Diskussionen um die Umgehung des Rechtshilfeersuchens wird auf den Aufsatz von Wastl/Litzka/Pusch, NStZ 2009, S. 68 als andere Ansicht Bezug genommen, wobei die Verfasser in diesem Zusammenhang der von Jahn, StV 2009, S. 41 vertretenen Ansicht folgen. Des Weiteren werden die Urteile zur Hörfallen-Entscheidung[492] sowie zum Fair-trial Grundsatz[493] zur Diskussionsgrundlage gemacht und Grundsätze verwendet. Im Rahmen der Übertragung auf die Internal Investigations greifen die Verfasser darüber hinaus auf bereits ihrerseits veröffentlichte Literatur zurück.[494]

Die Verfasser führen hinsichtlich ihrer Diskussion zu bestehenden Problematiken und dem Aufzeigen von Lösungswegen überwiegend Grundsätze der Rechtsprechung und Rechtspraxis an, wenngleich auch die Ansicht von Prof. Jahn als Hybridtyp vertreten wird. Es überwiegt hingegen die Praxis.

bb.) Privatisierung des Ermittlungsverfahrens im Strafprozess, GA 2010, S. 571

Die Verfasserin verweist zunächst auf Veröffentlichungen der Jahre 2006, 2008 und 2009[495], und ordnet diese lediglich als Betroffenheitsberichte ein. Die

488 So die Ansicht von Wastl/Litzka/Pusch, dass durch die Untersuchungen Rechtshilfeersuchen unterlaufen werden; *Knauer/Buhlmann*, AnwBl. 2010, 387 (390); *Wastl/Litzka/Pusch*, NStZ 2009, 68.

489 Der Schutz vor Selbstbezichtigung ist nach dem Urteil des BVerfG als Teil des Allgemeinen Persönlichkeitsrechts anerkannt, weil niemand zugunsten seiner Persönlichkeit Falschaussagen machen oder Zwangsmitteln ausgesetzt werden soll.

490 *BVerfG – Beschl. v. 13.01.1981 – 1 BvR 116/77.*

491 *Knauer/Buhlmann*, AnwBl. 2010, 387 (389).

492 *BGH – Beschl. v. 13.05.1996 – GSSt 1/96.*

493 *BGH – Urteil v. 29.04.2009 – 1 StR 701/08.*

494 *Knauer/Buhlmann*, AnwBl. 2010, 387 (391/392).

495 *Beukelmann*, NJW-Spezial 2008, 280; *Leipold*, NJW-Spezial 2006, 375; *Schulte/Görts*, RIW 2006, 561; *Wastl/Litzka/Pusch*, NStZ 2009, 68.

Zulässigkeit der Ermittlungstätigkeit Privater entnimmt die Autorin allgemeinen strafrechtlichen Grundsätzen, Kommentarliteratur sowie Entscheidungen des BVerfG oder des BGH.[496]

Hinsichtlich der Grenzen der Straftaterforschung zitiert die Verfasserin die Aufsätze der Rechtsanwälte Göpfert/Merten/Siegrist, NJW 2008, S. 1703, Bittmann/Molkenbur, wistra 2009, S. 373 sowie Diller, DB 2004, S. 313, wobei zugleich auf die Meinung von Prof. Rieble, ZIP 2003, S. 1273 Bezug genommen wird, dessen Ansicht jedoch von der Rechtsprechung – BGHZ 41, 318 – sowie den vorgenannten Rechtsanwälten verneint wird. Nach Ansicht der Verfasserin sind die in der StPO geregelten Verwertungsverbote mangels Beteiligung der staatlichen Strafverfolgungsbehörden nicht anwendbar. Soweit jedoch verbotene Methoden im Sinne des § 136a StPO angewandt werden, folgt daraus auch ohne staatliche Beteiligung ein Verwertungsverbot. Insoweit wird, ohne explizit auf ihn zu verweisen, auf Jahn Bezug genommen. Daneben stützt die Verfasserin ihre Meinungen auf BVerfG, NStZ 2007, S. 159 sowie BGH NJW 2007, S. 2269, wobei die zugrundeliegenden Grundsätze Anwendung finden sollen.[497]

Aus dieser zu den Problemen zitierten Literatur geht mithin deutlich hervor, dass die Grundsätze bereits bekannter Rechtsprechung zur Argumentationsgrundlage der Ansicht der Verfasserin herangezogen und auf den Fall der Internal Investigations übertragen werden. Lediglich einmal wird ein Aufsatz des Professors aus dem Jahr 2003 erwähnt. Auffällig ist zudem, dass der Aufsatz von Prof. Jahn zu Beginn im Rahmen der Aufzählung angeführt wird, um Bezug zur Siemens-Affäre herzustellen, dieser jedoch, obwohl auch er gleich der Verfasserin grundsätzlich die Anwendbarkeit des § 136a Abs. 1 StPO verneint, gleichwohl ein Verwertungsverbot bei Verwendung verbotener Methoden annimmt, keine Beachtung findet.

Gleichwohl die Verfasserin beruflich der universitären Wissenschaft zugehörig ist, begründet sie ihre Ansicht überwiegend unter Hinzuziehung der Ansicht der Praxis. Nicht ausdrücklich, sondern lediglich an derselben Argumentation erkennbar, vertritt sie die Meinung des Hybridtypen Prof. Jahn.

d.) Zwischenergebnis

Die Literatur dieses Jahres mit derjenigen des Vorjahres verglichen, ist ein deutlicher Rückgang zu verzeichnen. Die Veröffentlichungen im Zusammenhang

496 *Brunhöber*, Goltdammer's Archiv für Strafrecht 2010, 571 (572–576).
497 *Brunhöber*, Goltdammer's Archiv für Strafrecht 2010, 571 (587).

mit der Siemens-Affäre haben abgenommen. Während sich ein Aufsatz in aller Deutlichkeit und Präzision mit der Fragestellung hinsichtlich der Selbstbelastungsfreiheit und dem Recht auf ein faires Verfahren auseinandersetzt, beleuchtet der andere die Privatisierung des Ermittlungsverfahrens im Strafprozess im Allgemeinen. Beiden Veröffentlichungen gemein ist die ausführliche Diskussion der Verwertbarkeit der im Rahmen der Internal Investigations gewonnen Erkenntnisse in einem parallel geführten oder nachfolgenden Strafverfahren. Unter Hinzuziehung zahlreicher Rechtsprechung und der den Entscheidungen zugrundeliegenden Grundsätze wird die Anwendbarkeit dieser auf die Ermittlungstätigkeit Privater überprüft, zum Teil bejaht, zum Teil verneint. Dabei wird ebenfalls deutlich, dass Argumentationsmuster der nemo-tenetur-Grundsatz sowie die Grundrechte der Arbeitnehmer im Allgemeinen sind, die Vorschriften des Strafprozessrechtes hingegen keine Grundlage bieten können. Die Verwertbarkeit wird mithin im Grundsatz von einem Grundrechtseingriff abhängig gemacht.

Die Verfasser des Aufsatzes erschienen im Anwaltsblatt, haben in Co-Autorentätigkeit veröffentlicht und sind allesamt in einer Kanzlei tätig. Der Schwerpunkt der Bearbeitung liegt im Wirtschaftsstrafrecht, wobei zum Teil Unternehmen bei der Durchführung der Internal Investigations beraten werden. Prof. Knauer hat zudem indem dem Promotionsverfahren zugrundeliegenden Siemens-Skandal beraten, sodass ausreichend Bezug zur Thematik besteht. Die Verfasserin des übrigen Artikels ist seit jeher ausschließlich Professorin, wobei ihr Tätigkeitsschwerpunkt ebenfalls im Strafrecht und Strafprozessrecht liegt.

Aus der von den Verfassern zitierten Literatur geht deutlich hervor, dass überwiegend Rechtsprechung zur Argumentations- und Diskussionsgrundlage gemacht wird, wobei diese wegen mangelnder Existenz nicht die Internal Investigations zum Thema hat. Vielmehr wurden hier zum Teil Grundsätze zur Ermittlungstätigkeit Privater gemeinsam mit den Strafverfolgungsbehörden entwickelt, die nunmehr auf die ausschließliche Ermittlungstätigkeit durch Privatpersonen übertragen werden sollen. Auffallend ist darüber hinaus, dass die Grundsätze des Gemeinschuldnerbeschlusses – zahlreich in den Veröffentlichungen im Jahr 2009 vorhanden – in den genannten Aufsätzen lediglich in einem im Rahmen einer Fußnote Berücksichtigung finden. Während die Rechtsanwälte in ihrem Aufsatz überwiegend auf Veröffentlichungen von Kollegen und Gerichtsentscheidungen Bezug nehmen und somit Praktiker Praktiker zitieren, ist dies auch hinsichtlich des Aufsatzes der Professorin erkennbar, sodass zu konstatieren ist, dass auch die Wissenschaft die Praxis zitiert. Für die dem Vorhaben zugrundeliegende Fragestellung lässt sich festhalten, dass überwiegend die Ansicht der Rechtspraxis vertreten wird. Dies gilt sowohl für die

Veröffentlichung aus der Praxis, als auch diejenige der Wissenschaft. Auffällig ist daneben, dass Prof. Jahn als Hybridtyp in beiden Aufsätzen gefolgt, wobei er nur einmal offensichtlich zitiert wird. Insbesondere in dem Aufsatz aus der Wissenschaft wird seine Ansicht vertreten, ohne ihn explizit zu zitieren. Der Wissenschaft kommt hier daher eine nachgeordnete Position zu.

II. Die erste Entscheidung der Rechtsprechung zur Problematik um die Internal Investigations-Landgericht Hamburg – 608 Qs 18/10

Nach den, insbesondere im Jahr 2009, zahlreich erschienen Aufsätzen, in denen unterschiedliche Problematiken und Thematiken diskutiert und Ansichten vertreten worden sind, hatte sich das Landgericht Hamburg im Jahr 2010 erstmalig mit der Thematik der Internal Investigations und Beschlagnahmefähigkeit / Beschlagnahmeverbot der Untersuchungsergebnisse auseinander zu setzen. Im Jahr 2012 folgten die Beschlüsse der Landgerichte Mannheim und Bonn, bis sodann schließlich das Landgericht Braunschweig im Jahr 2015 seine Ansicht in einem weiteren Beschluss vertrat. Auf Grund der Tatsache, dass für das vorliegende Promotionsvorhaben zum einen von Bedeutung ist, welche aus den Internal Investigations resultierenden Rechtsprobleme in welcher historischen Reihenfolge diskutiert werden, zum anderen die Frage beantwortet werden soll, wer wen zitiert und welche Ansätze in die Praxis einfließen, werden im Folgenden zunächst Inhalt und rechtliche Argumentation des Beschlusses des Landgerichts Hamburg dargestellt. Ausgehend davon soll sodann untersucht werden, ob das Gericht entsprechende in den vorgenannten Veröffentlichungen bereits dargestellte Thematiken und Lösungsvorschläge aufgreift und wenn ja, mit welchem Verfasser diese übereinstimmen.

Ziel soll die Beantwortung der Frage sein, ob eine von einem Professor veröffentlichte Ansicht oder eine solche eines Praktikers Grundlage der Entscheidung und mithin der Rechtsansicht des Gerichts geworden ist. Hierbei kann zugleich untersucht werden, ob das Gericht in seiner Entscheidung an eine bereits vertretene Problematik und deren Lösungsvorschlag anknüpft, lediglich Anhaltspunkte zum Anlass einer eigenen Argumentation nimmt oder eine bisher in Gänze unbeachtete Argumentation wählt.

Unter dem Aktenzeichen 608 Qs 18/10 hat das Landgericht Hamburg durch die Große Strafkammer am 15. Oktober 2010 beschlossen, dass eine Beschwerde einer Anwaltssozietät verworfen wird, eine weitere sowie ein Antrag auf Aussetzung der Vollziehung gegenstandslos sind. Grundlage dieses Beschlusses war die Beschwerde einer Anwaltssozietät gegen eine durch das Amtsgericht Hamburg angeordnete Beschlagnahme von Dateien und Dokumenten, erstellt im Zusammenhang mit internen Untersuchungen.

Mitglieder des Vorstandes einer Bank sollen sich wegen der Zustimmung eines finanziellen Engagements, das unvertretbare finanzielle Risiken für die Bank nach sich zieht und für dessen Risikoprüfung – dies war ihnen bekannt – lediglich ein unangemessen kurzer Zeitraum zur Verfügung stand, wegen Untreue strafbar gemacht haben. Zur näheren Aufklärung der von den Vorstandsmitgliedern mutmaßlich begangenen Pflichtverletzungen wurde die streitende Anwaltssozietät mit der Durchführung von Internal Investigations beauftragt, deren Ergebnis in Form eines Rechtsgutachtens an die Staatsanwaltschaft weitergeleitet wurde.

Im Nachfolgenden soll näher auf den Inhalt des Beschlusses eingegangen werden, wobei keine detaillierten Ausführungen zur Art der Pflichtverletzung erfolgen werden, da diese für das Promotionsvorhaben nicht von Bedeutung sind.

1.) Inhalt und Rechtsauffassung

Grundlage des Beschlusses ist eine Aufforderung der Staatsanwaltschaft Hamburg an die streitende Anwaltssozietät, neben dem ihr überlassenen Rechtsgutachten, das die Ergebnisse der internen Untersuchung beinhaltet, die Protokolle der mit den Mitarbeitern geführten Interviews sowie die Dateien und Dokumente, die in der Vorbereitung auf die Interviews entstanden sind, herauszugeben. Nachdem eine Ablehnung in schriftlicher Form durch die Sozietät erfolgte, beantragte die Staatsanwaltschaft die Durchsuchung der Geschäfts-, Büro- und sonstigen Betriebsräume der Sozietät, um mithilfe dieses Instrumentariums an Dateien, Vernehmungsprotokolle und sonstige in diesem Zusammenhang angefertigten Unterlagen zu gelangen. Weil die Sozietät für den Fall, dass ein gerichtlicher Beschlagnahmebeschluss erlassen wird, Herausgabebereitschaft zugesichert hatte, sandte das Amtsgericht Hamburg den Antrag an die Staatsanwaltschaft zurück. Diese jedoch setzte das Amtsgericht dahingehend in Kenntnis, dass die Anwaltssozietät trotz Zusage der Herausgabebereitschaft Bestrebungen unternommen habe, diese zu verhindern. Gleichzeitig erfolgte eine Beschränkung des Durchsuchungsbeschlusses auf die Herausgabe sämtlicher für das bereits übersandte Rechtsgutachten erstellter Interviewprotokolle sowie Dateien und handschriftlicher Aufzeichnungen zur Vorbereitung der Protokolle. Unter Verzicht des Durchsuchungsbeschlusses hielt die Staatsanwaltschaft Hamburg sodann den Beschlagnahmeantrag aufrecht, was zur Folge hatte, dass das Amtsgericht Hamburg mit Beschluss vom 16. September 2010 die Beschlagnahme der in den Geschäfts-, Büro- oder sonstigen Betriebsräumen der Sozietät bereits ausgesondert verwahrten Interviewprotokolle sowie Dateien und handschriftliche Aufzeichnungen zur Vorbereitung und Erstellung der Interviewprotokolle, die anlässlich des Rechtsgutachtens erhoben worden sind, anordnete. Daraufhin übergab die Sozietät die geforderten Unterlagen in einem versiegelten Behältnis. Zeitgleich wurde durch die Sozietät allerdings Beschwerde gegen den Beschluss eingelegt mit der Folge, dass die Versiegelung so lange bestehen bleiben sollte, bis über die Beschwerde der Sozietät entschieden worden ist.

Nach der vom Landgericht Hamburg vertretenen Ansicht ist die Beschwerde der Sozietät zulässig, hat aber in der Sache keinen Erfolg, da die Voraussetzungen der Beschlagnahme nach §§ 94, 98 StPO vorliegen und kein Beweisverwertungsverbot anzunehmen ist. Gegen die Beschuldigten besteht der Verdacht der Untreue in einem besonders schweren Fall, da sie als Mitglieder des Vorstandes der Bank einem Engagement zugestimmt haben, das in seinen Auswirkungen negativ für die Bank ist und schlussendlich zu einem hohen Verlust führt. Es folgen nähere Ausführungen zur Art und Weise sowie zur Funktion des Engagements und dessen Resultat für die Bank. Auf Grund der Tatsache, dass das Verständnis der Thematik für das Promotionsvorhaben nicht von Bedeutung ist, verbleibt es bei dem Vorgenannten.

Das Gericht ordnet die Interviewprotokolle, Dateien und handschriftlichen Aufzeichnungen als Beweismittel im Sinne des § 98 StPO ein. Auch die Beweisbedeutung der Unterlagen ist nach Ansicht des Gerichts gegeben.

Entgegen der von der streitenden Sozietät vertretenen Meinung ist die Frage nach einem für solche Unterlagen bestehenden Beschlagnahmeverbot zu verneinen. Das Gericht begründet seine Ansicht damit, dass sich ein solches weder aus §§ 97 Abs. 1 Nr. 3, 53 Abs. 1 S. 1 Nr. 3 StPO oder dem Konflikt zwischen arbeitsvertraglicher Auskunftspflicht und dem nemo-tenetur-Grundsatz, bei dem in Anwendung des § 97 Abs. 1 InsO zum Ausdruck des Rechtsgedankens ein Verwertungsverbot sowie im Vorgriff ein Beschlagnahmeverbot angenommen werden kann, noch aus einer mangelnden Verhältnismäßigkeit in Bezug auf die Vorschrift des § 160a Abs. 2 StPO ergibt.[498]

Zunächst wird die Verneinung des Beschlagnahmeverbotes aus §§ 97 Abs. 1 Nr. 3, 53 Abs. 1 S. 1 Nr. 3 StPO begründet. § 97 Abs. 1 Nr. 3 StPO regelt, dass der Beschlagnahme solche Gegenstände nicht unterliegen, auf die sich das Zeugnisverweigerungsrecht der in § 53 Abs. 1 S. 1 Nr. 3 StPO genannten Personen – u.a. Rechtsanwälte, die berechtigt sind, über die Informationen das Zeugnis zu verweigern, die ihnen in der Eigenschaft als Rechtsanwalt anvertraut oder

---

498 *LG Hamburg – Beschl. v. 15.10.2010 – 608 Qs 18/10.*

bekannt geworden sind – erstreckt. Nach Ansicht des Gerichts – hier zitiert es Kommentarliteratur, innerhalb derer wiederum Bezug auf Entscheidungen unterschiedlicher Gerichte genommen wird[499] – ist die Regelung des § 97 Abs. 1 Nr. 3 StPO dahingehend auszulegen, dass das Beschlagnahmeverbot nicht für das allgemeine Zeugnisverweigerungsrecht gilt, sondern sich lediglich auf das Vertrauensverhältnis des Beschuldigten zu seinem Rechtsanwalt als Zeugnisverweigerungsberechtigten bezieht. Ein solches Verständnis der Vorschrift ist auch – die Kammer zitiert einen Beschluss des Bundesverfassungsgerichts[500] – nicht zu beanstanden. Die Vorschrift ist insbesondere im Vergleich mit Nr. 1 und 2 des § 97 Abs. 1 StPO so auszulegen, da auch diese allein auf den Schutz der Vertrauensbeziehung zwischen dem Beschuldigten und dem Zeugnisverweigerungsberechtigten abstellen.[501]

Auch insoweit sich der Interviewpartner und der Beschuldigte in einer Person vereinen, ergibt sich aus den Vorschriften keine andere Wertung. Für die Beurteilung kann dahingestellt bleiben, dass nicht der Beschuldigte, sondern das Unternehmen bzw. in diesem Fall die Bank, Auftraggeber des Mandates gewesen sind, da zwischen dem Beschuldigten und der Anwaltssozietät im Zusammenhang mit der Erstellung des in Auftrag gegebenen Rechtsgutachtens kein „mandatsähnliches Vertrauensverhältnis" entstanden ist, aus dem die Schutzwirkung des § 97 StPO resultieren könnte. Ein solches kann bereits auf Grund der Zielrichtung und dem Zweck des Mandates nicht angenommen werden. Der Zweck des Mandates ist die Interessenvertretung der Bank bzw. im Allgemeinen des Auftraggebers gegenüber den Vorstandsmitgliedern bzw. denjenigen Mitarbeitern, die die Pflichtverletzungen begangen haben und mithin als Beschuldigte gesehen werden. Beschuldigte befinden sich allerdings nicht in einer mit derjenigen des Auftraggebers vergleichbaren „ratsuchenden" Stellung, insbesondere, weil sie im Hinblick auf ein mögliches Fehlverhalten Gegenstand der Untersuchung gewesen sind. Allein diese Tatsache führt dazu, dass es fernliegend erscheint, die Beschuldigten als im Rahmen des Mandates ebenfalls anwaltlich beratende und mithin in den Schutzbereich der §§ 53, 97 StPO einzubeziehende Personen zu

499 *Greven*, in: *Hannich* (Hrsg.), Karlsruher Kommentar zur Strafprozessordnung, 8. Auflage: § 97, Rn. 1.

500 *BVerfG – Beschl. v. 27.10.2003 – 2 BvR 2211/00.*

501 *LG Hamburg – Beschl. v. 15.10.2010 – 608 Qs 18/10*; *Greven*, in: *Hannich* (Hrsg.), Karlsruher Kommentar zur Strafprozessordnung, 8. Auflage: § 97, Rn. 1, *Schäfer*, in: *Erb/Esser/Franke u. a.* (Hrsg.), Löwe-Rosenberg, Die Strafprozessordnung und das Gerichtsverfassungsgesetz, 26. Auflage, Band 3: § 97, Rn. 21; *Schmitt*, in: *Meyer-Gossner/Schmitt* (Hrsg.), Strafprozessordnung, 63. Auflage: § 97, Rn. 10.

betrachten. Dieses angenommen, bestünden Abgrenzungsschwierigkeiten hinsichtlich des Straftatbestandes des Parteiverrats.[502]

Fernliegend erscheint nach Ansicht des Gerichts ebenso die Auffassung, dass sich ein Verwertungsverbot, und im Vorgriff auf dieses ein Beschlagnahmeverbot, hinsichtlich der Dokumente der Internal Investigations ergeben kann, weil bei den Interviewpartnern ein Konflikt zwischen arbeitsvertraglicher Auskunftspflicht gegenüber der Sozietät und dem nemo-tenetur-Grundsatz in Anwendung des § 97 Abs. 1 InsO besteht. Auf den vorliegenden Fall, in dem Privatpersonen in arbeitsvertraglichen Bindungen forschen, ist der Grundsatz, dass die Staatsgewalt den Mitarbeiter nicht durch Auskunftspflichten zur Selbstbelastung zwingen darf, nicht anwendbar. Hierbei ist insbesondere zu berücksichtigen, dass die Konfliktlage sich nicht aus einer gesetzlichen Verpflichtung ergibt, die im Widerspruch zur Selbstbelastungsfreiheit besteht, sondern aus einer vom Arbeitnehmer freiwillig eingegangenen vertraglichen Verpflichtung, mit der möglicherweise eine Verpflichtung zur Selbstbelastung einhergeht.[503]

Ferner stehen eine Unverhältnismäßigkeit im Sinne mangelnder Erforderlichkeit auf Grund des Bestehens eines milderen Mittels, aber auch die besondere Verhältnismäßigkeitsprüfung des § 160a Abs. 2 StPO der Beschlagnahmeanordnung nicht entgegen. Dies begründet das Gericht damit, dass ein Zuwarten auf die Zustimmung aller befragten Personen gesetzlich nicht geregelt und ein solches Verhalten den gesetzlichen Regelungen der Beschlagnahme im Übrigen fremd ist. Zum anderen wäre in den Fällen, in denen eine in § 53 Abs. 1 S. 1 Nr. 3 StPO genannte Person durch eine Ermittlungsmaßnahme betroffen wäre und Kenntnisse erlangen würde, über die sie das Zeugnis zu verweigern berechtigt wäre, diese Tatsache im Rahmen der Prüfung der Verhältnismäßigkeit besonders zu berücksichtigen. In der Regel überwiegt das Strafverfolgungsinteresse hingegen nicht. Des Weiteren bleiben nach § 160a Abs. 5 StPO die Vorschriften der §§ 97 bis 100c Abs. 6 StPO unberührt mit der Folge, dass dem § 97 StPO Vorrang zu gewähren ist und es einer Verhältnismäßigkeitsprüfung nicht bedarf. Hier verweist das Gericht auf die Kommentarliteratur Meyer-Goßner, § 160a Rn. 17, wobei an dieser Fundstelle auf die BT-Drucksache 16/5846 verwiesen wird.[504]

502 *LG Hamburg – Beschl. v. 15.10.2010 – 608 Qs 18/10.*

503 *LG Hamburg – Beschl. v. 15.10.2010 – 608 Qs 18/10.*

504 *LG Hamburg – Beschl. v. 15.10.2010 – 608 Qs 18/10*; *Schmitt*, in: *Meyer-Gossner/Schmitt* (Hrsg.), Strafprozessordnung, 63. Auflage: § 160a, Rn. 17.

2.) Herleitung der vom Gericht vertretenen Rechtsauffassung

Es stellt sich nunmehr die Frage, ob das Gericht hinsichtlich der mit den unternehmensinternen Untersuchungen verbundenen Problematiken und der Lösungswege denjenigen, der bereits unter § 3 I. dargestellten Veröffentlichungen folgt. Hierbei ist insbesondere zu berücksichtigen, dass sich ein Gericht während eines Verfahrens lediglich mit zumeist einer konkreten Problemstellung auseinanderzusetzen hat, während die Verfasser der o.g. Veröffentlichungen nicht in entscheidender, sondern informierender Weise tätig werden, sodass eine Beschäftigung mit mehreren Problemen erfolgen kann. Um einen Vergleich zwischen der vom Gericht im Vorgenannten dargestellten Ansicht, dass ein Beschlagnahmeverbot weder aus den §§ 97 Abs. 1 S. 3, 53 Abs. 1 S. 1 Nr. 3 StPO, noch aus dem Konflikt zwischen Auskunftspflicht und nemo-tenetur-Grundsatz, noch aus einer Unverhältnismäßigkeit gemäß § 160a StPO resultieren kann, zu ziehen, werden im Nachfolgenden einzelne Passagen der Veröffentlichungen der Jahre 2006 bis 2010 dargestellt. Im Anschluss soll sodann untersucht werden, welche dieser Veröffentlichung(en) das Gericht in seinem Beschluss aufgegriffen hat.

a.) Replik einzelner Segmente vorangegangener Veröffentlichungen

Bei der nachfolgenden Replik aus den bereits unter § 3 I genannten Veröffentlichungen sollen lediglich die Veröffentlichungen und Passagen Erwähnung finden, die im Zusammenhang mit den Ausführungen aus dem Beschluss stehen, sodass nicht der gesamte Inhalt erneut Berücksichtigung findet.

Von Rosen nimmt in seinem Aufsatz im BB 2009, S. 230 auf die strafprozessuale Sicht Bezug und stellt zunächst fest, dass die Durchführung der Interviews einer strafrechtlichen Vernehmung gleicht und mithin ein Zusammenhang zwischen dem staatlichen und privaten Verfahren besteht. Indem die Anwälte faktisch die Rolle der Staatsanwaltschaft einnehmen, die angefertigten Interviewprotokolle ihren Weg zu den Strafverfolgungsbehörden finden und diese Strafverfahren gegen die aussagenden Mitarbeiter einleiten, die sich in den Interviews selbst belastet haben, wird der nemo-tenetur-Grundsatz unterlaufen. Dies ist nach Ansicht des Verfassers nicht hinnehmbar.[505]

Die Rechtsanwälte Dann/Schmidt sehen in den internen Untersuchungen keine quasi-staatliche Maßnahme, da diese ausschließlich von Privatpersonen in Auftrag gegeben und ausgeführt werden. Nach der von den Verfassern

505 *Rosen*, BB 2009, 230 (231).

vertretenen Ansicht hängt eine Tangierung der Selbstbelastungsfreiheit von der Annahme einer Auskunftspflicht ab. Wird diese abgelehnt, ist eine Berührung des nemo-tenetur-Grundsatzes zu verneinen, da die Drucksituation, in der sich der befragte Mitarbeiter befindet, für die Annahme einer Verletzung der Selbstbelastungsfreiheit nach h.M. nicht ausreicht. Bestünde hingegen eine gesetzliche Grundlage für eine uneingeschränkte Informationspflicht des Arbeitgebers mit der Folge einer Aussagepflicht für den Arbeitnehmer, läge ein Eingriff in die Selbstbelastungsfreiheit vor, dem mit einem Verwertungsverbot entgegnet werden müsste.[506]

In ihrem Aufsatz in der NStZ 2009, S. 68 führen Wastl/Litzka/Pusch ebenfalls zum nemo-tenetur-Grundsatz und dessen Berührung im Rahmen der unternehmensinternen Untersuchungen aus. Nach der von ihnen vertretenen Ansicht ist eine solche zu bejahen, weil die Untersuchungen eine staatlich veranlasste Ermittlungstätigkeit darstellen, bei der eine Zwangswirkung für den Arbeitnehmer besteht. Die Durchführung der Mitarbeiterbefragung erfolgt entweder wegen der Auskunftspflicht der Mitarbeiter oder, bei Weigerung zur Aussage, wegen der Drucksituation, weil der Arbeitnehmer mit Sanktionen wie Gehaltskürzung und Kündigung rechnen muss. Diese Mitarbeiterbefragungen sind nach Meinung der Verfasser mit dem nemo-tenetur-Grundsatz nicht vereinbar.[507]

Gleich der von Dann/Schmidt vertretenen Auffassung sieht Jahn in seinem Aufsatz in der StV 2009, S. 41 die Ermittler als Privatpersonen an, die nicht auf Grund staatlicher Veranlassung tätig werden. Hinsichtlich der Anwendung des nemo-tenetur-Grundsatzes auf diese Verfahren ohne staatlichen Bezug mit der Folge eines Beweisverwertungsverbotes, ist die Frage des „Ob" noch ungeklärt, wobei der Autor auf die Rechtsprechung verweist, nach der das Prinzip lediglich Schutz vor staatlichen Verfahren bietet. Nach Ansicht des Verfassers sollte der Fall Siemens Anlass sein, die Anwendung des nemo-tenetur-Grundsatzes zu überprüfen.[508]

Im Unterschied zu den übrigen Veröffentlichungen spricht Knierim in seinem Aufsatz in der StV 2009, S. 324 nicht lediglich ein Beweisverwertungsverbot, sondern auch ein Beschlagnahmeverbot an. Der Zugriff von Dokumenten und Daten solcher internen Ermittlungen ist Behörden nach den §§ 94 ff., 102 ff., 161 Abs. 1 StPO gestattet. Der Autor weist auf die Problematik hin, dass dies nicht automatisch für externe Ermittler gelten kann. Eine Beschlagnahmefreiheit nach

506 *Dann/Schmidt*, NJW 2009, 1851 (1855).
507 *Wastl/Litzka/Pusch*, NStZ 2009, 68 (71).
508 *Jahn*, StV 2009, 41 (43/46).

§ 97 StPO ist daher grundsätzlich zu verneinen, wobei der Verfasser zunächst keine Begründung zu dieser vertretenen Meinung heranzieht. Im weiteren Verlauf des Aufsatzes wird deutlich, dass eine Beschlagnahmefreiheit nach §§ 53, 53a, 97 StPO nur in den dort geregelten Fällen gesetzlich vorgesehen ist und nicht für aus Organisationspflichten entstehende Dokumentationen gilt. Ein darüber hinausgehendes Verwertungsverbot ist nur für den Fall des § 97 Abs. 1 S. 3 InsO geregelt, der § 160a Abs. 2, 3 StPO greift bei Sicherstellung und Beschlagnahme nach den § 94 ff. StPO nicht, sodass zukünftig noch über die Beschlagnahmefähigkeit der durch private Ermittlungen erlangten Erkenntnisse entschieden werden muss.[509]

Nach Ansicht von Böhm, WM 2009, S. 1923 ist das Recht der Selbstbelastungsfreiheit durch die Aussagepflicht aus dem Arbeitsvertrag betroffen, das Schweigerecht aus dem Strafverfahren daher entwertet. Eine Kollision von Aussagepflicht und nemo-tenetur-Grundsatz ist regelmäßig zu bejahen. Er diskutiert eine analoge Anwendung des Beweisverwendungsverbotes aus § 97 Abs. 1 S. 3 InsO unter jeglichen Gesichtspunkten und kommt schließlich zu dem Ergebnis, dass vor dem Hintergrund der Verletzung des Allgemeinen Persönlichkeitsrechts des Mitarbeiters, aus dem der strafrechtliche nemo-tenetur-Grundsatz abgeleitet wird, eine gesetzliche Regelungslücke und eine vergleichbare Interessenlage vorhanden sind und eine analoge Anwendung des Beweisverwendungsverbotes daher geboten scheint.[510]

Knauer/Buhlmann thematisieren die Problematik der Selbstbelastungsfreiheit ausführlich und detailliert. Dabei machen sie das Spannungsfeld zwischen dem Informationsinteresse des Arbeitgebers und dem nemo-tenetur-Grundsatz deutlich, wobei sich nach der von ihnen vertretenen Ansicht bereits aus Art. 1 Abs. 3 GG ergibt, dass die Verfassung unmittelbar nur den Staat bindet und mithin der nemo-tenetur-Grundsatz nur vor staatlich veranlasstem Aussagezwang schützt. Eine direkte Anwendung des Grundsatzes der Selbstbelastungsfreiheit ist bereits deswegen zu verneinen, weil der im Rahmen der unternehmensinternen Untersuchungen veranlasste Zwang – wegen der Auslösung durch Private – nur vertraglich/faktisch und nicht staatlich ist. Ein Beweisverwertungsverbot lässt sich daher nicht daraus herleiten.[511]

509 *Knierim*, StV 2009, 324 (329–331).
510 *Böhm*, WM 2009, 1923 (1926–1929).
511 *Knauer/Buhlmann*, AnwBl. 2010, 387 (389/390).

b.) Parallele zur Beschlussbegründung

Im Folgenden soll nunmehr das Vorgenannte mit der Rechtsauffassung vom Landgericht Hamburg verglichen werden. Für das Promotionsvorhaben von Bedeutung ist die Frage, ob sich die von den Autoren der differenzierten Aufsätze vertretenen Ansichten in dem Beschluss des Landgerichts wiederfinden.

Zunächst ist festzuhalten, dass die Ansicht des Gerichts im Detail, so wie sie im Beschluss dargestellt ist, nicht von einem der Verfasser der vorgenannten Artikel vertreten und diskutiert worden ist. Die Begründung der Entscheidung des Landgerichts Hamburg basiert daher nicht – dies kann bereits an dieser Stelle festgehalten werden – auf Grundlage einer von einer Person dargestellten Meinung.

Beim Vergleich der Aufsätze mit dem Inhalt des Beschlusses fällt darüber hinaus auf, dass außer Rechtsanwalt Knierim niemand auf die Beschlagnahmefähigkeit der aus den unternehmensinternen Untersuchungen resultierenden Unterlagen abstellt. Sowohl Dann/Schmidt, als auch Wastl/Litzka/Pusch, Jahn, Böhm und Knauer/Buhlmann diskutieren in ihren Veröffentlichungen die Annahme eines Beweisverwertungs oder -verwendungsverbotes, wobei alle Verfasser in ihre Diskussion den nemo-tenetur-Grundsatz und mithin die Selbstbelastungsfreiheit einbeziehen. Die Verletzung und die damit einhergehende Beeinträchtigung des Mitarbeiters im Zusammenhang mit der Teilnahme an den Interviews sind nahezu in allen Aufsätzen Grundlage der weiterführenden Diskussion. Während das Gericht in seinem Beschluss den Konflikt zwischen Aufklärungspflicht und nemo-tenetur-Grundsatz kurz mit der Begründung anspricht, dass die Selbstbelastungsfreiheit nur bei staatlichem Zwang verletzt werden kann, vertreten die Autoren in den vorgenannten Aufsätzen diesbezüglich unterschiedliche Meinungen. Obschon zum Teil die Ansicht des Gerichts vertreten und eine Anwendung des nemo-tenetur-Grundsatzes für nicht staatliche Verfahren verneint wird[512], wird nach anderer Ansicht durch die unternehmensinterne Untersuchung das Prinzip der Selbstbelastungsfreiheit unterlaufen, was zur Kollision von diesem mit der Aussagepflicht führt und keinesfalls hinnehmbar ist. Es wird zum Teil auch von einer staatlich veranlassten Ermittlungstätigkeit ausgegangen, damit eine Anwendbarkeit und ein damit einhergehender Verstoß gegen den Grundsatz nicht verneint werden können.[513] Der Beschluss

---

512 *Böhm*, WM 2009, 1923; *Dann/Schmidt*, NJW 2009, 1851; *Jahn*, StV 2009, 41; *Knauer/Buhlmann*, AnwBl. 2010, 387.

513 *Rosen*, BB 2009, 230; *Wastl/Litzka/Pusch*, NStZ 2009, 68; *Böhm*, WM 2009, 1923.

teilt mithin nicht die Ansicht aller Veröffentlichungen, sondern stellt auch auf die gegenteilige Ansicht ab.

Das Gericht begründet die mangelnde Anwendbarkeit des Grundsatzes auf privat veranlasste Ermittlungen damit, dass eine Konfliktlage zwischen der Auskunftspflicht und dem nemo-tenetur-Grundsatz nicht entsteht, weil die Vertragsverhältnisse, aus denen eine Auskunftspflicht resultiert, freiwillig eingegangen werden. Indem das Gericht die Anwendbarkeit auf staatliche Verfahren beschränkt, vertritt es die Meinung der Rechtsanwälte Dann/Schmidt, Knauer/Buhlmann sowie diejenige von Professor Jahn und dem wissenschaftlichen Mitarbeiter Böhm.[514] Während diese Ansicht mehrfach vertreten wird, stellt niemand zur Verneinung der Anwendung auf die freiwillige Eingehung des arbeitsrechtlichen Vertragsverhältnisses ab. Diese Begründung ist daher durch das Gericht eigenständig eingebracht worden, ohne dass hieraus geschlossen werden kann, ob der Ansicht eines Wissenschaftlers oder eines Praktikers gefolgt worden ist. Da die Rechtsanwälte Wastl, Litzka und Pusch sowie der wissenschaftliche Mitarbeiter Böhm eine staatlich veranlasste Ermittlungstätigkeit bzw. eine Kollision von nemo-tenetur-Grundsatz und Auskunftspflicht des Mitarbeiters annehmen, vertritt das Gericht diesbezüglich die gegenteilige Ansicht. Es kann mithin festgehalten werden, dass in der Begründung des Gerichts hinsichtlich der mangelnden Anwendbarkeit des Selbstbelastungsprinzips die Ansichten zweier Wissenschaftler sowie eines Aufsatzes, verfasst von zwei Rechtsanwälten, vertreten wird.

Das Gericht stellt darüber hinaus in seiner Begründung darauf ab, dass die §§ 97 Abs. 1 S. 3, 53 Abs. 1 S. 3 StPO nicht zur Annahme eines Beschlagnahmeverbotes führen, da hierbei nur das Vertrauensverhältnis zwischen Rechtsanwalt und Mandant zu berücksichtigen ist. Dies ist jedoch auf Grund der Zielrichtung des Mandates zu verneinen, da Ansprüche des Auftraggebers gegen den Interviewten geprüft werden sollen und es fernliegend wäre, genau diesen Interviewten in den Schutzbereich miteinzubeziehen.

Wie bereits eingangs erwähnt, ist Rechtsanwalt Knierim mit seinem Aufsatz in der StV 2009, S. 324 der einzige Autor, der über die Problematik der Beschlagnahmefreiheit referiert, wenngleich auch seine Argumentation mit derjenigen des Gerichts nicht im Detail übereinstimmt. Er beschreibt allgemein, dass eine Beschlagnahmefreiheit nur in den gesetzlich geregelten Fällen, nicht aber für aus Organisationspflichten, Rechenschafts- und Informationspflichten

514 *Böhm*, WM 2009, 1923 (1927–1929); *Jahn*, StV 2009, 41 (43); *Knauer/Buhlmann*, AnwBl. 2010, 387 (389).

herrührenden Dokumentationen besteht. Eine darüberhinausgehende Unverwertbarkeit ist bisher nur in den Fällen des § 97 Abs. 1 S. 3 InsO geregelt und für die im Rahmen von Internal Investigations angefertigten Berichte noch nicht entschieden. Nach seiner Ansicht ist eine Anwendung des § 160a StPO aber bei der Beschlagnahme nach § 94 StPO ausgeschlossen. Die letztgenannte Ansicht wird vom Gericht geteilt. Es lässt sich mithin konstatieren, dass die von den Autoren angesprochenen Probleme zum Teil ihre Beantwortung im Beschluss des Landgerichts Hamburg finden, wobei das Gericht indem es hinsichtlich der §§ 97, 53 StPO auf das mangelnde Vertrauensverhältnis und in Bezug auf die nicht bestehende Konfliktlage auf das freiwillig eingegangene Vertragsverhältnis abstellt, seine Ansicht mit Argumenten begründet, die seinerzeit von den Autoren der bisher veröffentlichten Aufsätze nicht in Erwägung gezogen worden sind.

3.) Zwischenergebnis

Für die dem Promotionsvorhaben zugrundeliegende Fragestellung, ob die Wissenschaft oder die Rechtspraxis Schrittmacher sind und wessen Ansichten durch wen zitiert werden, lässt sich nach dem bisherigen Stand der Untersuchung konstatieren, dass im Beschluss des Landgerichts Hamburg lediglich zur Verdeutlichung der Ansicht, dass die §§ 97, 53 StPO nur das Vertrauensverhältnis zwischen Beschuldigtem und dem Zeugnisverweigerungsberechtigten, nicht jedoch das Zeugnisverweigerungsrecht allgemein betreffen, offensichtlich zitiert wird. Hierbei wird Bezug genommen auf eine von einem Vorsitzenden Richter des 1. Strafsenates des Bundesgerichtshofs geschriebene Veröffentlichung in einem Kommentar zur Strafprozessordnung, der wiederum Entscheidungen diverser Gerichte zitiert. Insoweit zitiert die Praxis einen Praktiker. Bei Betrachtung der im Übrigen vertretenen Ansichten des Gerichts wird deutlich, dass sich die Argumente zwar in den veröffentlichten Aufsätzen der Vorjahre wiederfinden, diese jedoch nicht vom Gericht zitiert werden und mithin lediglich spekuliert werden kann, ob das Gericht bei Begründung des Beschlusses von der Veröffentlichung Kenntnis hatte. Hinsichtlich der sowohl von Dann/Schmidt, Jahn, Böhm und Knauer/Buhlmann[515] als auch im Beschluss vertretenen Ansicht, dass der nemo-tenetur-Grundsatz nur auf staatliche Verpflichtungen anwendbar ist, wird im Beschluss zwar dieselbe Ansicht wie in den Veröffentlichungen vertreten. Jedoch ist hierbei zu berücksichtigen, dass die vorgenannten

515 *Böhm*, WM 2009, 1923; *Dann/Schmidt*, NJW 2009, 1851; *Jahn*, StV 2009, 41; *Knauer/Buhlmann*, AnwBl. 2010, 387.

Autoren in ihren Aufsätzen diese Meinung nicht aus eigenem Antrieb, sondern veranlasst durch Gesetz und Rechtsprechung vertreten, was nach dem Dafürhalten der Verfasserin nicht so bewertet werden kann, als zitiere das Gericht nunmehr die Ansicht der vorgenannten Autoren.

Indem das Landgericht Hamburg das Beschlagnahmeverbot hinsichtlich der durch die unternehmensinternen Untersuchung entstandenen Unterlagen in Bezug auf die §§ 97, 53 StPO mit der Begründung verneint, dass ein Vertrauensverhältnis zwischen den Mitarbeitern des die Anwälte beauftragenden Unternehmens und den Anwälten nicht besteht, weil der Zweck der Beauftragung das Auffinden von Fehlverhalten der Mitarbeiter ist, stellt das Gericht auf eine Begründung ab, die in den Aufsätzen keine Berücksichtigung gefunden hat. Gleich verhält es sich mit der Begründung, dass ein Beschlagnahmeverbot aus dem Konflikt zwischen dem nemo-tenetur-Grundsatz und der Auskunftspflicht des Mitarbeiters deswegen zu verneinen ist, weil eine Anwendung auf Private bereits auf Grund des freiwillig eingegangenen Vertragsverhältnisses und der mangelnden Entstehung einer Konfliktlage ausgeschlossen ist.

Darüber hinaus lässt sich konstatieren, dass das Gericht nur die Beschlagnahmeproblematik diskutiert, diese in den Aufsätzen der Jahre 2008 bis 2010 nur einmal im Aufsatz von Knierim besprochen wird. Es ist jedoch eine von ihm eigens vertretene Ansicht ohne Begründung. In den übrigen Veröffentlichungen diskutieren die Verfasser die Problematik des Beweisverwertungs- oder -verwendungsverbotes, wobei dieses unter allen denkbaren Gesichtspunkten geschieht.

Schließlich ist festzuhalten, dass das Landgericht Hamburg in seinen Begründungen sehr kurz und knapp und lediglich am Gesetz orientiert ausführt, während sich die Verfasser der Aufsätze, gleich ob diese den Beruf des Wissenschaftlers oder eines Praktikers ausüben, detailliert und verschiedene Gesichtspunkte berücksichtigend mit der Thematik auseinandersetzen. Die vom Gericht nunmehr vertretene Ansicht zur Schutzlosigkeit der im Rahmen eines Interviews aussagenden Mitarbeiter und dem Unterlaufen des Grundsatzes der Selbstbelastungsfreiheit ist nach deren Auffassung nicht hinnehmbar.

Aus dem Vorgenannten folgt ein Schwergewicht der Publikationen durch die Praxis. Dies wiederum führt zu einer Prägung der von der Praxis veröffentlichten Ansichten. Auf Grund der Tatsache, dass auch das Landgericht Hamburg seine Entscheidung mittels Rechtsprechungs- und Kommentarliteraturnachweise begründet, können auch hier Schwergewicht und Prägung praktischer Ansichten festgehalten werden. Strafrechtswissenschaft steht daher im Vergleich zur Rechtspraxis in einem nachgeordneten Verhältnis fremder seltsamer Welten, bei dem der Rechtspraxis die Schrittmacherfunktion zukommt.

III. Die Thesen der Bundesrechtsanwaltskammer (BRAK)

Einen Monat nach Veröffentlichung des vorgenannten Beschlusses hat der Strafrechtsausschuss der BRAK nach lebhaften und kontroversen Diskussionen Thesen zum Unternehmensanwalt im Strafrecht veröffentlicht. Die Tätigkeit der Rechtsanwälte im Wirtschaftsstrafrecht beinhaltet mehr und mehr die Beratung von Unternehmen im Hinblick auf drohende oder bereits bestehende Ermittlungsverfahren und ihre Konsequenzen. Dabei stellen sich den Rechtsanwälten regelmäßig rechtliche und praktische Fragen, wie sie zum Teil in den Veröffentlichungen der Jahre 2008 bis 2010 besprochen worden sind. Die Thesen erstrecken sich auf Verhaltensempfehlungen an die Rechtsanwälte insbesondere zu dogmatisch nicht eindeutig geklärten Fragen betreffend die Internal Investigations. Diese stellen allerdings lediglich eine Meinung, jedoch keine verbindlichen Maßstäbe dar. Im Folgenden soll kurz der Inhalt wiedergegeben, bevor die Verfasser sowie die den Thesen zugrundeliegenden findings erörtert werden.

1.) Der Inhalt

Der Inhalt beschränkt sich auf lediglich drei Thesen.

Die erste These betrifft das Mandat des Rechtsanwalts. *Das Mandat des Rechtsanwalts, der für ein Unternehmen Rechtsdienstleistungen auf dem Gebiet des Strafrechts erbringt (strafrechtlicher Unternehmensanwalt), wird – begrenzt durch die allgemeinen Gesetze, insbesondere das Straf- und Berufsrecht – durch den Mandatsauftrag und das Unternehmensinteresse geprägt.*[516] Grund der Entstehung dieser These ist, dass es für die Verteidigung von Unternehmen bisher lediglich Vorschriften im OWiG und §§ 434, 444 StPO gibt. Je nach Beauftragung dient das Mandat der Prävention – Vermeidung von Ermittlungsverfahren – oder Vertretung in einem bereits bestehenden. Der Mandatsauftrag richtet sich immer nach dem Unternehmensinteresse. Der Unternehmensanwalt hat dabei die Chancen und Risiken zu prüfen und sich ggfs. mit Individualverteidigern abzusprechen. Dabei sind stets die Pflichten und Grenzen aus dem Strafrecht, Berufsrecht, Datenschutzrecht und Arbeitsrecht zu beachten.[517]

---

516 *Bundesrechtsanwaltskammer*: BRAK-Stellungnahme-Nr. Nr. 35/2010, Thesen der Bundesrechtsanwaltskammer zum Unternehmensanwalt im Strafrecht, November 2010, abrufbar unter https://www.brak.de/zur-rechtspolitik/stellungnahmen-pdf/stellungnahmen-deutschland/20 10/november/stellungnahme-der-brak-2010-35.pdf (zuletzt geprüft am 21.07.2020); *Ignor*, CCZ 2011, 143 (144).

517 *Bundesrechtsanwaltskammer*: BRAK-Stellungnahme-Nr. Nr. 35/2010, Thesen der Bundesrechtsanwaltskammer zum Unternehmensanwalt im Strafrecht, November

Die zweite These befasst sich inhaltlich mit der Mandatstätigkeit des Unternehmensanwaltes, wobei sich diese immer an der Stellung des Unternehmens orientiert und danach auszurichten ist, ob das Unternehmen bereits Nebenbeteiligter im Verfahren ist oder nicht. *Die Mandatstätigkeit des strafrechtlichen Unternehmensanwalts richtet sich nach der jeweiligen prozessualen Stellung des Unternehmens als Geschädigter, Nebenklageberechtigter, Einziehungsbeteiligter (§ 73 Abs. 3 StGB) oder Adressat einer Geldbuße (§ 30 OWiG).*[518] Für den Fall, dass es Anhaltspunkte gibt, wirkt der Unternehmensanwalt darauf hin, dass der Sachverhalt intern untersucht, aufgeklärt und sodann das Fehlverhalten abgestellt wird. In diesem Zusammenhang prüft der Rechtsanwalt in Abstimmung mit dem Unternehmen, ob eine Kontaktaufnahme zur Staatsanwaltschaft erfolgen soll oder nicht. Naheliegend ist dies insbesondere dann, wenn diese bereits in Kenntnis ist. Daneben wirkt der Unternehmensanwalt auf die Wahrung der schützenden Formen des Strafprozesses hin und rät dem Unternehmen bei Einziehung oder Vermögensabschöpfung Nebenbeteiligter des Verfahrens zu werden und damit die Rechte eines Beschuldigten zu erhalten. Da dies immer mit einer Bezugstat durch einen Mitarbeiter verbunden ist, steht der Unternehmensanwalt auch hier unterstützend oder verteidigend zur Seite.[519]

Für das Promotionsvorhaben ist die dritte These von Bedeutung. Diese beinhaltet das Erforschen der Sachverhalte und die internen Erhebungen. *(1) Der Unternehmensanwalt erforscht straf- oder ordnungswidrigkeitenrechtliche Sachverhalte, soweit dies im Rahmen seines Mandatsauftrages und im Unternehmensinteresse erforderlich erscheint. (2) Bei internen Erhebungen, insbesondere bei der Befragung von Mitarbeitern des Unternehmens, wahrt der Unternehmensanwalt die allgemeinen Gesetze und die sich aus den rechtsstaatlichen Grundsätzen*

2010, abrufbar unter https://www.brak.de/zur-rechtspolitik/stellungnahmen-pdf/stellungnahmen-deutschland/20 10/november/stellungnahme-der-brak-2010-35.pdf (zuletzt geprüft am 21.07.2020); *Ignor*, CCZ 2011, 143 (144/145).

518 *Bundesrechtsanwaltskammer*: BRAK-Stellungnahme-Nr. 35/2010, Thesen der Bundesrechts-anwaltskammer zum Unternehmensanwalt im Strafrecht, November 2010, abrufbar unter https://www.brak.de/zur-rechtspolitik/stellungnahmen-pdf/stellungnahmen-deutschland/2010/november/stellungnahme-der-brak-2010-35.pdf (zuletzt geprüft am 21.07.2020).

519 *Bundesrechtsanwaltskammer*: BRAK-Stellungnahme-Nr. 35/2010, Thesen der Bundesrechtsanwaltskammer zum Unternehmensanwalt im Strafrecht, November 2010, abrufbar unter https://www.brak.de/zur-rechtspolitik/stellungnahmen-pdf/stellungnahmen-deutschland/2010/november/stellungnahme-der-brak-2010-35.pdf (zuletzt geprüft am 21.07.2020); *Ignor*, CCZ 2011, 143 (145).

ergebenen Standards. (3) Der Unternehmensanwalt führt seine Erhebungen in der Weise durch, dass Beweismittel in ihrer Qualität und Verwertbarkeit nicht beeinträchtigt werden.[520] Hierbei wird dem Unternehmensanwalt das Recht zur Durchführung eigener Erhebungen zugesprochen, wobei ihm keine Eingriffs- oder Zwangsbefugnisse zukommen. Er achtet hier insbesondere darauf, dass die Erhebungen nicht den Anschein amtlichen Handelns erwecken, da eine klare Distanzierung zu staatlichen Ermittlungen bestehen soll. Zu Beginn hat er den rechtlichen Bezug festzulegen und den Untersuchungsgegenstand zu definieren. Stets hat er darauf Acht zu geben, dass die staatlichen Standards gewährt sind, der nemo-tenetur-Grundsatz nicht unterlaufen wird und die Ergebnisse schließlich eine seriöse und verwertbare Basis für die Ermittlungstätigkeit der Staatsanwaltschaft darstellen. Die Befragung der Mitarbeiter im Rahmen der Interviews unterliegt den Regeln der Strafprozessordnung, sodass sie darüber zu belehren sind, dass ihnen das Recht auf einen eigenen Rechtsanwalt zusteht, dessen Kosten das Unternehmen trägt und er ein eigenes Mandatsverhältnis zu ihnen begründet. Der Unternehmensanwalt hat dabei unlautere Einwirkung – beispielsweise wie bei § 136a StPO – zu vermeiden. Der Mitarbeiter ist daneben dahingehend zu belehren, dass die Aufzeichnungen aus den Gesprächen, die schriftlich zu dokumentieren sind, ggfs. an Behörden weitergegeben werden und das Unternehmen eine strafrechtliche Amnestie nicht gewähren kann. Die Einhaltung der vorgenannten Grundsätze hat ggfs. Auswirkungen auf die Verwertbarkeit der Angaben in späteren Prozessen, sodass der Unternehmensanwalt für Einhaltung Sorge zu tragen hat. Daneben hat er sicherzustellen, dass eine Auswertung der E-Mails des Mitarbeiters ohne Anfangsverdacht nicht ohne dessen Zustimmung erfolgen darf.[521]

Das Vorgenannte zeigt, dass eine Durchführung insbesondere der Interviews nach staatlichen Standards und unter Einhaltung des nemo-tenetur-Grundsatzes erfolgen soll. Gleichwohl der Unternehmensanwalt dafür Sorge tragen soll,

---

520 *Bundesrechtsanwaltskammer*: BRAK-Stellungnahme-Nr. 35/2010, Thesen der Bundesrechtsanwaltskammer zum Unternehmensanwalt im Strafrecht, November 2010, abrufbar unter https://www.brak.de/zur-rechtspolitik/stellungnahmen-pdf/stellungnahmen-deutschland/2010/november/stellungnahme-der-brak-2010-35.pdf (zuletzt geprüft am 21.07.2020).

521 *Bundesrechtsanwaltskammer*: BRAK-Stellungnahme-Nr. 35/2010, Thesen der Bundesrechtsanwaltskammer zum Unternehmensanwalt im Strafrecht, November 2010, abrufbar unter https://www.brak.de/zur-rechtspolitik/stellungnahmen-pdf/stellungnahmen-deutschland/2010/november/stellungnahme-der-brak-2010-35.pdf (zuletzt geprüft am 21.07.2020); *Ignor*, CCZ 2011, 143 (145/146).

dass nicht der Eindruck staatlichen Handelns entsteht, sollen die Erhebungen sich an den Regeln der StPO orientieren, die auch für staatliches Handeln gelten. Gleich der Vorschrift des § 136a StPO soll auch die Einwirkung auf den Mitarbeiter unter Hinzuziehung der dort normierten Verbote, die eine Nichteinhaltung der gesetzlichen und rechtsstaatlichen Standards zur Folge hat, zu einer Unverwertbarkeit der Ergebnisse führen. Aus der Verpflichtung im Interesse des Unternehmens zu handeln ergibt sich die Notwendigkeit der Absprache sämtlicher Schritte nach erfolgter Belehrung.

2.) Die Autoren der Publikationen und ihre Biographien

Die vorgenannten Thesen sind vom Strafrechtsausschuss der BRAK erarbeitet worden. Diesem gehörten im Jahr 2010 der Vorsitzende Prof. Dr. Alexander Ignor aus Berlin, Dr. Alfred Dierlamm aus Wiesbaden, Thomas C. Knierim aus Mainz, Dr. Daniel Krause aus Berlin, Prof. Dr. Holger Matt aus Frankfurt am Main, Anke Müller-Jacobsen aus Berlin, Prof. Dr. Eckhardt Müller aus München, Prof. Dr. Tido Park aus Dortmund, Prof. Dr. Reinhold Schlothauer aus Bremen, Dr. Anne Wehnert aus Düsseldorf, Prof. Dr. Hans-Joachim Weider aus Frankfurt am Main – die allesamt Rechtsanwälte/- innen sind – sowie der Richter am OLG sowie Professor Prof. Dr. Matthias Jahn an. In der Geschäftsführung der BRAK ist Frank Johnigk für diesen Ausschuss zuständig. Auf den ersten Blick scheint, als wären die Thesen lediglich aus der Feder von Praktikern entstanden. Wie bereits im Rahmen des Promotionsvorhabens erörtert, ist Prof. Jahn jedoch lediglich im zweiten Hauptamt als Richter, überwiegend hingegen als Professor tätig.[522] Die Wissenschaft hat daher, wenn auch lediglich in Form des Hybridtyps, Einfluss auf die Thesen genommen, wenngleich auch der Großteil der Praxis entstammt.

3.) Legal findings

Der Verfasserin stellt sich nunmehr die Frage, auf welchen rechtlichen Erkenntnissen die Thesen der BRAK beruhen. Aus der Thematik der unternehmensinternen Untersuchungen resultieren viele Fragen, die Diskussionsgrundlage zur Entstehung der Thesen gewesen sein können. Hierzu gehören insbesondere der nemo-tenetur-Grundsatz, das Recht auf anwaltlichen Beistand, die bei Verneinung des Vorgenannten mangelnde Geltung der Grundrechte sowie die im Zusammenhang mit dem Gemeinschuldnerbeschluss des BVerfG stehende Frage

522 Siehe § 3 I Nr. 2.) b.) ee.).

nach dem Verwertungsverbot und dessen Fernwirkung. Prof. Jahn äußerte sich bereits kritisch zur mangelnden Berücksichtigung des Selbstbelastungsgrundsatzes und damit einhergehender Entkernung des Schweigerechts.[523] Direkte Verweise auf die den Thesen zugrundeliegende Literatur bzw. die diesen zugrundeliegenden Rechtsauffassungen sind nicht zu verzeichnen. Allerdings lassen manche Thesen und Erläuterungen den Schluss zu, dass zum Teil in den Veröffentlichungen des Jahres 2009 vertretende Ansichten Grundlage für die Formulierung der Thesen gewesen sind. So waren bereits Dann/Schmidt der Ansicht, dass eine Aussagepflicht gegen den Selbstbelastungsgrundsatz verstößt und zu einem Verwertungsverbot führen müsste. Auch Wastl/Litzka/Pusch diskutieren über den nemo-tenetur-Grundsatz und verneinen in diesem Zusammenhang eine Auskunftspflicht des Mitarbeiters. Würde ein solches hingegen angenommen, stimmen sie der insbesondere in der Literatur vertretenen Ansicht zu, vor allem in den Fällen des Verstoßes gegen § 136 StPO, ein Beweisverwendungsverbot anzunehmen. Bittmann/Molkenbur sprechen sich bei Aussage eines Mitarbeiters unter Zwang für ein Verwertungsverbot aus und Knierim kritisiert an der Durchführung der internen Untersuchungen vor allem die fehlende Bindung an Verfahrensrechte. Prof. Jahn hat bereits in seinem zuvor veröffentlichten Aufsatz für die Annahme eines Beweisverwertungsverbotes plädiert, in denen ein Verstoß gegen die Vorschrift des § 136a StPO vorliegt.[524] Insbesondere dies ist Grundlage der These drei der BRAK.

Auf Grund der Tatsache, dass außer Prof. Jahn alle Verfasser zwischen deren Ansicht und den Thesen Parallelen bestehen, ausschließlich aus der Praxis stammen, lässt sich konstatieren, dass die Thesen aus der Praxis entwickelt worden sind. Hierbei darf jedoch nicht unerwähnt bleiben, dass im Rahmen der Begründung zu These drei festgelegt worden ist, dass der Unternehmensanwalt die unlauteren Einwirkungen nach § 136a StPO vermeiden soll, Prof. Jahn eine Drittwirkung der Vorschrift mit der Folge der Geltung für private Interviews annimmt. Die Thesen sind daher auf Grund der in der Praxis auftauchenden Probleme, durch die Praxis unter Mitwirkung der Wissenschaft, wenn auch lediglich in Form eines Hybridtyps entwickelt worden. Für die dem Vorhaben zugrundeliegende Fragestellung lässt sich abschließend festhalten, dass auch die Thesen der BRAK betreffend von einer nachgeordneten Position der universitären Wissenschaft ausgegangen werden kann. Dies insbesondere deswegen, weil

523 *Ignor*, CCZ 2011, 143 (144); *Jahn*, StV 2009, 41.

524 *Bittmann/Molkenbur*, wistra 2009, 373; *Dann/Schmidt*, NJW 2009, 1851; *Jahn*, StV 2009, 41; *Knierim*, StV 2009, 324; *Wastl/Litzka/Pusch*, NStZ 2009, 68.

eine Parallele zwischen den Thesen und einer in der universitären Wissenschaft vertretenen Ansicht nicht besteht. Der größere inhaltliche Einfluss der Praktiker, geht mit dem Schwergewicht der Publikationen der Praktiker einher.

IV. Die Publikationen nach dem Beschluss in den Jahren 2011/2012

Nachdem auf die ersten Publikationen nunmehr eine Entscheidung des Gerichts folgte, die sich nicht mit den Lösungen der universitären Wissenschaft auseinandergesetzt hat, stellt sich die Verfasserin die Frage nach der weiteren historischen Entwicklung. Insbesondere ist von Bedeutung, wie sich die Rechtsauffassung des Landgerichts Hamburg auf die in darauffolgenden Jahren erschienene Literatur auswirkt und welche Autoren zu dieser Stellung nehmen. Im Folgenden sollen daher die Veröffentlichungen der Jahre 2011/2012 bis zu der nächsten gerichtlichen Entscheidung untersucht werden. Von Bedeutung ist hierbei, ob die vom Gericht geäußerte Argumentation von den Verfassern aufgegriffen und diskutiert worden ist und wenn ja, in welche Richtung eine Kritik erfolgt.

1.) Fundstellen, Inhalte und Rechtsfragen

Im Jahr 2011 sollen die Publikationen von Ignor in der CCZ 2011 S. 143, Fritz in der CCZ 2011, S. 155, Wisskirchen/Glaser in DB 2011, S. 1392, Gräfin von Galen in der NJW 2011, S. 942, Jahn/Kirsch in der StV 2011, S. 151, Theile in StV 2011, S. 381, Jahn ZIS 2011, S. 453, und Momsen in ZIS 2011, S. 508 untersucht werden. Anfang des Jahres 2012 veröffentlichten Gerst in CCZ 2012, S. 1, Wimmer in Festschrift für Roxin, Roxin in StV 2012, S. 116. sowie Rübensthal in WiJ 2012, S. 17 Aufsätze, die ebenfalls im Rahmen des Nachfolgenden Berücksichtigung finden sollen, weil sie zeitlich vor den Entscheidungen der Landgerichte Bonn und Mannheim publiziert worden sind.

a.) Rechtsstaatliche Standards für interne Erhebungen in Unternehmen, CCZ 2011, S. 143

Unter dem vorgenannten Titel veröffentlichte Prof. Dr. Alexander Ignor in seinem Aufsatz die „Thesen zum Unternehmensanwalt im Strafrecht" des Strafrechtsausschusses der Bundesrechtsanwaltskammer. Nach einer kurzen Einführung zum Kern der unternehmensinternen Ermittlungen, der Aufklärung möglicher Straftaten oder Pflichtverletzungen, weist der Verfasser darauf hin, dass die Dogmatik derzeit von Stimmen aus dem Arbeitsrecht beherrscht wird. Damit gehe einher, dass Aussageverweigerungsrechte in Bezug auf den nemo-tenetur-Grundsatz mit der Begründung verneint werden, dass diese im Strafprozess auf Grund des privaten Charakters der Untersuchungen keine Berücksichtigung finden können, wobei der Verfasser auf die Aufsätze von Jahn, StV 2009, S. 41 und Theile, StV 2011, S. 381 verweist und anmerkt, dass diese sich zu der Thematik kritisch geäußert haben.

Nach Ansicht des Verfassers ist die Thematik jedoch komplizierter, als dass sie mit einer solchen Begründung abgewiesen werden kann. Selten sind diese Fälle rein privater Motivation, da sie strafrechtlichen Zwecken mindestens dahingehend dienen, dass sie die Vorbereitung für eventuell folgende Strafanzeigen darstellen. Sodann nimmt der Verfasser Bezug auf den Gemeinschuldnerbeschluss des BVerfG, wobei nach der von ihm vertretenen Ansicht eine Gleichstellung des Beschlusses mit der Problematik der Internal Investigations nicht tragfähig erscheint. Ein Gemeinschuldner ist außerhalb des Strafverfahrens gegenüber Personen zur Information verpflichtet, auf die diese zur Durchsetzung ihrer zivilrechtlichen Interessen zwingend angewiesen sind. Wenn diese Offenbarung möglicherweise eine strafrechtliche Verurteilung nach sich ziehen kann, ist der Verpflichtete zu schützen. Das Unternehmen hingegen ist nicht verpflichtet, den Mitarbeiter anzuzeigen.[525]

Der Verfasser stellt sich sodann die Frage, ob der Grundsatz der Selbstbelastungsfreiheit im Arbeitsrecht keine Berücksichtigung finden soll, gleichwohl er im Allgemeinen Persönlichkeitsrecht und in der Menschenwürde verankert ist, und nimmt erneut auf den Aufsatz von Jahn Bezug. Daran anschließend wäre zu hinterfragen, ob dies mit der Bedeutung der Grundrechte vereinbar ist und welche Bedeutung dem strafrechtlichen Beweisverwertungsverbot bei zivilrechtlich erlangten Auskünften zukommt. Hier zitiert der Verfasser den in der StV 2011, S. 381 erschienenen Aufsatz von Theile. Über diese Problematik und die damit im Zusammenhang stehenden Fragen wurde im Strafrechtsausschuss der BRAK diskutiert, wobei nach Ansicht des Verfassers nicht festgehalten werden kann, dass die Problematik unternehmensinterner Untersuchungen vollständig durchdrungen wäre. Im Folgenden werden die Thesen der BRAK nebst Begründung aufgeführt, wobei für die vorliegende Arbeit lediglich die dritte These von Bedeutung ist.[526] Weil die These nebst Begründung unter § 3 III. 1.) ausführlich erörtert worden ist, soll an dieser Stelle auf Wiederholungen verzichtet werden.

525 *Ignor*, CCZ 2011, 143.
526 *Ignor*, CCZ 2011, 143 (144/145).

b.) LG Hamburg: Beschlagnahmefähigkeit von im Rahmen von unternehmensinternen Untersuchungen durch beauftragte Rechtsanwälte angefertigten Befragungsprotokollen, CCZ 2011, S. 155

Dr. Hans-Joachim Fritz hat in einem Aufsatz unmittelbar zu dem Beschluss des LG Hamburg und der dort vertretenen Rechtsauffassung Stellung genommen. Nachdem er kurz aus dem Sachverhalt zitiert, äußert er sich in gebotener Kürze zum Inhalt des Beschlusses, um daran anschließend die Bewertung desselben vorzunehmen. Auf die Darstellung des Inhalts soll an dieser Stelle verzichtet werden, da dies ausführlich in § 3 II. erfolgt ist.

In die Bewertung einführend verweist der Autor auf die weitreichende Bedeutung der Entscheidung der Großen Strafkammer des LG Hamburg sowohl für den Strafverteidiger als auch für den im Arbeitsrecht tätigen Rechtsanwalt. Zur Begründung führt er an, dass nicht nur Auskunftspflichten von Mitarbeitern auf dem Prüfstand stehen, sondern auch das Attorney-Client Privilege. Es folgt eine kurze Übersicht über die Thematik der Internal Investigations und die damit verbundene Auskunftspflicht des Mitarbeiters aus §§ 675, 666, 667 BGB sowie §§ 242, 241 Abs. 2 BGB.[527]

Die im Beschluss des LG Hamburg vertretene Rechtsauffassung bringt nach Ansicht des Verfassers die bisher genauestens abgestimmte arbeitsrechtliche Rechts- und Interessenlage aus der Balance, weil die Staatsanwaltschaft sich alle möglichen Protokolle übergeben lassen kann, unabhängig davon, ob die interviewten Mitarbeiter eigens an einem strafrechtlich relevanten Geschehen beteiligt sind. Eine umfassende Vertraulichkeit, insbesondere im Rahmen einer Amnestievereinbarung, kann durch das Unternehmen nicht garantiert werden. Es folgt sodann die kritische Würdigung der Entscheidung, bei der der Autor diese in einigen Punkten angreift. Nach seinem Dafürhalten hat das LG Hamburg die Vorschrift des § 97 StPO zu eng ausgelegt, ein mandatsähnliches Vertrauensverhältnis mit einer nicht ausreichenden Begründung verneint, eine zu knappe Verhältnismäßigkeitsprüfung vorgenommen, zu Unrecht die Anwendung des § 160a Abs. 2 StPO in der bis zum 01.02.2011 geltenden Fassung verneint und die Bedeutung des nemo-tenetur-Grundsatzes verkannt. Dies hat zur Folge, dass das Gericht der Konfliktlage des Mitarbeiters zwischen seiner Auskunftspflicht und seiner Selbstbelastung nicht gerecht wird.[528]

---

527 *Fritz*, CCZ 2011, 155 (156).
528 *Fritz*, CCZ 2011, 155 (157).

Der durch das Gericht vorgenommenen zu engen Auslegung des § 97 Abs. 1 Nr. 3 StPO entgegnet der Verfasser damit, dass weder der Wortlaut, noch Sinn oder Zweck der Vorschrift ein direktes Mandatsverhältnis zwischen dem Rechtsanwalt und der mit diesem in Kontakt stehenden Person voraussetzen. Nach seiner Meinung vertrauen die Interviewten dem Rechtsanwalt im Rahmen der Mitarbeiterbefragungen gerade in seiner Position und bringen ihm dies entgegen, ohne dass sie die Aussage nicht machen würden. Die Protokolle sind bereits deswegen nicht beschlagnahmefähig. Eine enge Auslegung der Vorschrift ist aber auch aus ihrem Zweck nicht anzunehmen, weil sie den § 160a Abs. 1 StPO ergänzen soll, was nicht mit der Annahme eines schwächeren Schutzes vereinbar ist, wobei der Autor Bezug auf die in der NJW 2011, S. 942 getätigten Anmerkungen von von Galen nimmt.[529] Des Weiteren verneint das Gericht mit lediglich formaler Begründung das Bestehen eines mandatsähnlichen Vertrauensverhältnisses i.S.d. § 97 StPO und weist darauf hin, dass dieses Verständnis der Vorschrift verfassungsrechtlich nicht zu beanstanden ist. Nach Ansicht des Verfassers hätte sich das Gericht allerdings mit der Beeinträchtigung, die eine solche für das Unternehmen darstellt – Verletzung Berufsausübungsfreiheit (Art. 12 GG) sowie Eigentumsfreiheit (Art. 14 GG) – aber auch für den Mitarbeiter, der in seiner Allgemeinen Handlungsfreiheit und Menschenwürde beeinträchtigt ist, auseinandersetzen müssen.[530]

Darüber hinaus kritisiert der Verfasser die verkürzte Verhältnismäßigkeitsprüfung, da das Gericht lediglich oberflächlich das mögliche Bestehen eines milderen Mittels geprüft hat und nur die Zustimmung des Interviewten zur Verwertung der Aussage anspricht. Eine unzureichende Prüfung der Verhältnismäßigkeit im Rahmen einer Beschlagnahme führt nach einem Urteil des BVerfG zu einem Verstoß gegen Art. 14 GG. In gebotener Kürze kritisiert der Autor schließlich die Nichtanwendung des § 160a Abs. 2 StPO, da die Vorschrift insbesondere solche Fälle erfassen soll, die sich nicht oder nur teilweise unter die spezielleren Beweiserhebungsverbote subsumieren lassen. Eine hilfsweise Prüfung durch das Gericht hätte daher insbesondere vor dem Hintergrund der Verneinung der Voraussetzungen des § 97 StPO erfolgen müssen.[531]

In großem und angebrachtem Umfang kritisiert der Autor die Verkennung der Bedeutung des nemo-tenetur-Grundsatzes durch das LG Hamburg, der seit der Gemeinschuldnerentscheidung des BVerfG als strafprozessualer Grundsatz

529 *Fritz*, CCZ 2011, 155 (158).
530 *Fritz*, CCZ 2011, 155 (158).
531 *Fritz*, CCZ 2011, 155 (159).

mit Verfassungsrang anerkannt ist. Er weist darauf hin, dass sich die Zeugnisverweigerungsrechte im Zivilprozess anders darstellen als im Strafprozess, bei Verletzung der Rechte des Beschuldigten prozessuale Nachteile entstehen und die im Arbeitsrecht bestehende erzwingbare Auskunftspflicht ein Eingriff in die Handlungsfreiheit des Mitarbeiters bedeutet. Indem sich das Gericht der Rechtsansicht des BGH, dass eine den Grundsatz der Selbstbelastungsfreiheit auslösende Konfliktlage bei arbeitsrechtlicher Auskunftspflicht nach § 666 BGB nicht besteht, da kein staatlicher Zwang anzunehmen ist, anschließt und die Geltung des nemo-tenetur-Grundsatzes abtut, versagt es sich eine hinreichende analoge Prüfung eines Beweisverwertungsverbotes nach § 136a Abs. 3 S. 2 StPO. In diesem Zusammenhang verweist der Autor auf die Entscheidungen des LAG Hamm – CCZ 2010, S. 237 – und ArbG Saarlouis – ZIP 1984, S. 364 –, die zwar ebenfalls ein Aussageverweigerungsrecht verneinen, jedoch über ein strafprozessuales Verwertungsverbot nicht entschieden haben. Das Gericht verkennt nach Ansicht des Verfassers, dass der Mitarbeiter – die Ansicht des Gerichts zugrunde gelegt – in unauflösbarem Konflikt zwischen Aussagepflicht und Selbstbelastung steht und insofern die in der Literatur vorherrschende Auffassung einer analogen Anwendung des § 97 Abs. 1 S. 3 InsO sowie des § 136a Abs. 3 S. 2 StPO geboten ist. Die dafür erforderliche gesetzliche Regelungslücke besteht in der mangelnden Regelung des Gesetzgebers zur o.g. Konfliktlage. Die vergleichbare Interessenlage ist ebenfalls zu bejahen, weil der Mitarbeiter sich zwar freiwillig in das Arbeitsverhältnis begeben hat, jedoch faktisch zur Sicherung seines Lebensunterhaltes zur Annahme eines solchen gezwungen und eine Freiwilligkeit daher auszuschließen ist.[532]

Abschließend gibt der Verfasser einen Ausblick und weist darauf hin, dass sich die Praxis mit der Entscheidung des LG Hamburg auseinandersetzen muss. Zukünftig gilt es nach der von ihm vertretenen Auffassung die Interessenkollision zu vermeiden und Lösungsmöglichkeiten für die genannte Problematik zu finden. Auf eine angemessene Klärung der Rechtslage bleibt zu hoffen, gleich ob sie durch ein Gericht oder den Gesetzgeber erfolgt, die ggf. ein strafprozessuales Verwertungsverbot bei internen Ermittlungen anerkennt, damit der Mitarbeiter eines Unternehmens nicht willkürlich zum Objekt von Ermittlungen wird. Der Verfasser kritisiert in dieser Stellungnahme deutlich die vom LG Hamburg vertretene Ansicht, wobei er gleichzeitig verschiedene Lösungsmöglichkeiten anspricht, in denen er sich detailliert mit der Prüfung einer Analogie auseinandersetzt und diese mit der Begründung bejaht, die schon zahlreiche Verfasser

532 *Fritz*, CCZ 2011, 155 (159/160).

der Aufsätze aus den Jahren 2008 bis 2010 angeführt haben, die jedoch vom Gericht unberücksichtigt geblieben ist.

c.) Unternehmensinterne Untersuchungen, DB 2011, S. 1392

Dr. Wisskirchen und Glaser geben in dem Aufsatz eine praktische Anleitung zu den Erhebungen. Hierbei erfolgt eine kurze Einleitung in die aus den USA stammende Methode zur Aufdeckung von Verletzungen interner Richtlinien sowie Gesetzen, um anschließend Ratschläge für Vorbereitung, Durchführung und Nachbereitung der Untersuchung zu geben, innerhalb derer die einzelnen Problematiken angesprochen und kommentiert werden.

Im Folgenden wird lediglich auf die Durchführung der Untersuchungen und hier insbesondere auf die Interviews mit den Mitarbeitern Bezug genommen, da lediglich dies für das Promotionsvorhaben von Bedeutung ist. Von den Verfassern werden zunächst Tipps zu Ort und Belehrung abgegeben, bevor Mitwirkungspflichten der Mitarbeiter am Interview und dessen Protokollierung erläutert werden. Im Rahmen der Mitwirkungspflicht wird auf die Verpflichtung aus §§ 666, 675, 241 Abs. 2, 242 BGB eingegangen, wobei diese bloß bejaht wird. Nach Ansicht der Verfasserinnen empfiehlt sich die Erstellung eines detaillierten Protokolls, auch wenn dieses – insoweit wird auf den Beschluss des LG Hamburg Bezug genommen – dem Zugriff staatlicher Behörden nicht zwingend entzogen sind. Die Autorinnen greifen allerdings nur die Begründung des Gerichts auf und weisen auf die bisher geäußerte Kritik in der Praxis hinsichtlich der mangelnden Verhältnismäßigkeitsprüfung hin, wenngleich sie selbst keine Kritik üben.[533]

In diesem Artikel wird der Beschluss des LG Hamburg zwar angesprochen und auf die bestehende Kritik verwiesen, ohne dass die Verfasserinnen aber selbst ihre Meinung zu der bestehenden Problematik äußern. Es ist daher fraglich, inwiefern dieser für das Promotionsvorhaben von Bedeutung ist und zur Beantwortung der Frage herangezogen werden kann.

d.) Beschlagnahme von Interviewprotokollen nach „Internal Investigations" –HSH Nordbank, NJW 2011, S. 942

Dr. Margarete Gräfin von Galen nimmt im Anschluss an die Veröffentlichung des Beschlusses des LG Hamburg zur vom Gericht vertretenen Rechtsansicht

533 *Wisskirchen/Glaser*, DB 2011, 1392 (1395).

Stellung. Nach ihrem Empfinden hat das Gericht zwei Entscheidungen getroffen, wobei jede für sich genommen Anlass zur Kritik gibt.

Gleich der h.M. vertritt das Gericht die Auffassung, dass § 97 Abs. 1 Nr. 3 StPO trotz seines umfassenden Wortlautes lediglich auf das Verhältnis zwischen Zeugnisverweigerungsberechtigten und Beschuldigten anwendbar ist und dass diese Ansicht auch nach Einführung des neuen § 160a StPO Gültigkeit hat. Darüber hinaus führt das Gericht die Verhältnismäßigkeitsprüfung lediglich kurz durch und geht damit – nach Meinung der Verfasserin – den richtigen Weg, da diese nach Einführung des neuen § 160a StPO entfallen ist. Die die unternehmensinternen Untersuchungen durchführenden Anwälte fallen unter den absoluten Schutz der StPO gegen Ermittlungsmaßnahmen, der keine Abwägung zulässt. Dies ergibt sich nach der in der Anmerkung vertretenen Ansicht bereits aus der Gesetzesbegründung zur Neuregelung des § 160a StPO[534], da ausdrücklich hervorgehoben wird, dass mit dessen Einführung eine Regelung geschaffen worden ist, wonach alle anderen Ermittlungsmaßnahmen Einschränkungen unterworfen sind. Diesbezüglich wird die Fundstelle der Begründung, nach der § 97 StPO den Schutz des § 160a StPO ergänzen und nicht einschränken soll, zitiert. Die Entscheidung des LG Hamburg bedeutet, dass Telefonate des Rechtsanwalts nicht aufgezeichnet, die Notizen dessen aber beschlagnahmt werden dürfen, was nach Ansicht der Verfasserin nicht nachvollziehbar ist.[535]

Nach der weiter von der Autorin vertretenen Ansicht hat das Gericht in seinem Beschluss mit zu kurzer Begründung die Annahme eines Verwertungsverbotes verneint. In seiner Begründung führt es aus, dass die Mitarbeiter das Arbeitsverhältnis freiwillig eingehen. Nach Meinung der Verfasserin steht diese Ansicht in Widerspruch zum Gemeinschuldnerbeschluss des BVerfG[536], nach dem der Schutz des Persönlichkeitsrechts mit umfasst, dass auch eine außerhalb des Strafverfahrens erzwungene Selbstbezichtigung gegen den Willen des Mitarbeiters nicht verwertet werden darf. Dies sei selbstverständlicher Ausdruck der rechtsstaatlichen Grundhaltung. Des Weiteren verweist die Verfasserin auf arbeitsgerichtliche Rechtsprechung, nach der ein Verwertungsverbot angenommen wird[537] und bisher in der Rechtsprechung nicht ersichtlich ist, dass dem Arbeitnehmer keinerlei Schutz gewährt werden soll, da insbesondere

---

534 *BT-Drs. 16/5846*. BT Drs. 16/5846.

535 *Galen*, NJW 2011, 942 (945).

536 *BVerfG – Beschl. v. 13.01.1981 – 1 BvR 116/77.*

537 *ArbG Saarlouis – Urteil v. 19.10.1983 – 1 Ca 493/83; LAG Hamm – Urteil v. 03.03.2009 – 14 Sa 1689/08.*

Arbeitsgerichte bei erzwungenen Auskünften ein strafprozessuales Verwertungsverbot bejaht haben, was die Verfasserin mit Urteilen des LAG Hamm, 14 Sa 1689/08 und des ArbG Saarlouis, ZIP 1984, 364 belegt. Ein Verwertungsverbot liegt daher nach ihrem Dafürhalten auf der Hand, da eine Lösung mit Pflicht zur Selbstbelastung und ohne Verwertungsverbot gegen die Verfassung verstößt. Aus der Entscheidung des LG Hamburg geht aber hinreichend hervor, dass diese Ansicht unter Juristen nicht selbstverständlich ist und mithin der Gesetzgeber gefordert ist, eine klare Regelung für ein Verwertungsverbot zu finden.

Aus dem Vorgenannten resultiert, dass die Verfasserin gegen die vom Gericht vertretene Ansicht ist und sich auf der Seite des schutzbedürftigen Arbeitnehmers positioniert. Auch sie nimmt Bezug auf die Gemeinschuldnerentscheidung, wie es bereits in vielen Veröffentlichungen der Jahre 2008 bis 2010 geschehen ist, und stellt die Grundrechte des Arbeitnehmers über dessen Aussagepflicht. In aller Deutlichkeit und unter Hinzuziehung von Rechtsprechung, die das Gegenteil der Ansicht des LG Hamburg vertreten hat, weist sie darauf hin, dass der Arbeitnehmer bislang nie so schutzlos gestellt war, wie er es nach der Entscheidung ist. Abschließend erfolgt eine Aufforderung an den Gesetzgeber, eine Regelung zu finden, die das Verwertungsverbot berücksichtigt.

e.) Anmerkung zu einer Entscheidung des LG Hamburg – Zur Geltung des Beschlagnahmeverbots für Erkenntnisse, die ein Anwalt im Wege der internen Untersuchungen in einem Unternehmen gewinnt, StV 2011, S. 151

Entsprechend der Rechtsanwältin von Galen in NJW 2011, S. 942 nehmen auch Prof. Dr. Jahn und Dr. Stefan Kirsch im Rahmen ihrer Anmerkungen unter dem Beschluss des LG Hamburg[538] zu diesem Stellung. Einleitend weisen die Autoren daraufhin, dass der Beschluss die erste Entscheidung einer Beschwerdekammer zur Thematik der internen Ermittlungen ist und dementsprechend für Aufsehen in der Tagespresse gesorgt hat. Zu Unrecht wird nach ihrer Ansicht vom Gericht ein Nichtbestehen eines Beschlagnahmeverbots angenommen, denn die der Entscheidung zugrundeliegende einschränkende Auslegung des § 97 Abs. 1 Nr. 3 StPO stimmt mit der Verfassung nicht überein.

Die Bedeutung der Entscheidung für die Praxis ergibt sich bereits daraus, dass die Geschäftsleitung eines Unternehmens, erhält sie Kenntnis von pflichtwidrigem oder gesetzeswidrigem Verhalten, verpflichtet ist, den Sachverhalt

538 *LG Hamburg – Beschl. v. 15.10.2010 – 608 Qs 18/10.*

aufzuklären. Insoweit wird häufiger die anwaltliche Praxis zu Rate gezogen, die in einem solchen Fall nicht in Unkenntnis über ihre Verhaltensweisen sein dürfen. Die Verfasser verweisen sodann auf die Verpflichtung der Mitarbeiter in den Interviews wahrheitsgemäße Angaben gegenüber den Vorgesetzten oder externen Ermittlern zu machen. Hier nehmen sie auf die Aufsätze in GA 2010, S. 571, AnwBl. 2010, S. 387, wistra 2009, S. 373, StV 2009, S. 41 und im BB 2009, S. 606 Bezug.[539] Auf Grund der Tatsache, dass die Mitarbeiter nunmehr befürchten müssen, in den Fokus strafrechtlicher Ermittlungen zu gelangen, entsteht für sie eine Konfliktlage, die strukturell derjenigen entspricht, die der gesetzlichen Regelung des § 97 Abs. 1 S. 3 InsO zugrunde liegt. Die Verfasser verweisen in diesem Zusammenhang die Aufsätze von Dann/Schmidt, NJW 2009, S. 1851, Wastl/Litzka/Pusch, NStZ 2009, S. 68 und Jahn, StV 2009, S. 41.[540]

Die beiden Verfasser setzen sich schließlich mit dem Zeugnisverweigerungsrecht interner Erhebungen auseinander und vertreten – entgegen der Meinung des Gerichts –, dass § 53 Abs. 1 Nr. 3 StPO dem Rechtsanwalt unabhängig vom Bestehen eines Verteidigungsmandates ein Zeugnisverweigerungsrecht zusteht. Problematisch ist ihrer Ansicht nach diesbezüglich aber oft – gerade bei Unternehmen mit vielen Organen – wer wen von der Schweigepflicht entbinden muss. Ungeachtet dessen ist aber nach Meinung der Verfasser eine Vertraulichkeitszusage durch den mit den Erhebungen beauftragten Rechtsanwalt nur möglich, wenn dieser zuvor mit seinem Auftraggeber vereinbart hat, dass dieser später auf die Entbindung von der Schweigepflicht verzichtet hat.[541]

Schlussendlich kritisieren die Verfasser sowohl die Begründung als auch das Ergebnis des LG Hamburg im Hinblick auf die Vorschrift des § 97 Abs. 1 Nr. 3 StPO, da das Gericht lediglich einen Teil der Literatur aus dem umfassenden Meinungsspektrum andeutet und die vom Gericht favorisierte Haltung in der Sache nach Ansicht der Verfasser nicht haltbar ist. Während das Gericht sich mit der Anwendbarkeit des § 97 Abs. 1 Nr. 3 StPO kaum auseinandersetzt und eine solche lediglich auf das Vertrauensverhältnis zwischen Beschuldigtem und seinem Verteidiger beschränkt, ohne die im Schrifttum weit verbreitete Ansicht, dass auch das Verhältnis zwischen Nichtbeschuldigtem und Rechtsanwalt umfasst wird, zu erwähnen, vertritt die noch h. L. die gegenteilige Auffassung. Der BGH hat diese Problematik in zwei Entscheidungen ausdrücklich offen gelassen, eine Tatsache, die in dieser Pattsituation besondere Beachtung finden sollte.[542]

539 *Jahn/Kirsch*, StV 2011, 151 (151/152).
540 *Jahn/Kirsch*, StV 2011, 151 (152).
541 *Jahn/Kirsch*, StV 2011, 151 (152).
542 *Jahn/Kirsch*, StV 2011, 151 (153).

Ähnlich einer wissenschaftlichen Ausarbeitung setzen sich die Autoren detailliert mit einer Auslegung des § 97 Abs. 1 Nr. 3 StPO auseinander und gehen hierbei sowohl auf das Wortlautargument, als auch auf dasjenige der Gesetzgebungsgeschichte ein. Dreh- und Angelpunkt der Entscheidung des LG Hamburg ist die Auslegung der Vorschrift, wobei das Gericht verkennt, dass das zugrundeliegende Verhältnis bereits seit Einführung der Vorschrift umstritten ist. Die Verfasser verweisen auf das Schrifttum – hier insbesondere Amelung, DNotZ 1984, S. 195, Krekeler NStZ 1987, S. 199 sowie Park Durchsuchung und Beschlagnahme 2009, S. 560 –, die h. L. – hier Schröder/Kroke wistra 2010, S. 466 und Goeckenjan FS für Samson 2010, S. 641 – sowie die Gerichte OLG Celle NJW 1965, S. 362, LG Bielefeld StV 2000, S. 12 und den BGH NStZ 1997, S. 562, StV 1998, S. 57 –, der die Entscheidung ausdrücklich offen gelassen hat.[543] Bereits das Wortlautargument streitet dafür, dass das Vertrauensverhältnis nicht auf dasjenige zwischen einem Beschuldigten und dessen Rechtsanwalt beschränkt ist, da entgegen der § 97 Abs. 1 Nr. 1, 2 StPO der Beschuldigte in Nr. 3 nicht erwähnt ist. Das Wortlautargument ergänzen nach Ansicht der Verfasser diejenigen aus der Gesetzgebungsgeschichte, insbesondere dasjenige, dass der § 97 Abs. 1 Nr. 3 StPO als Auffangtatbestand eingeführt worden ist, um das Zeugnisverweigerungsrecht des Berufsgeheimnisträgers nicht länger über die Beschlagnahmevorschriften umgehbar zu machen, wobei die Verfasser die BT-Drucksache zitieren. In diesem Zusammenhang weisen die Autoren darauf hin, dass diese Annahme zu der Schieflage führt, dass ein Rechtsanwalt verpflichtet ist, die Geheimnisse der Mandanten zu wahren, Gegenstände, die aus der Vertrauensbeziehung herrühren, jedoch nur dann dem Beschlagnahmeverbot unterliegen, wenn der Mandant auch Beschuldigter ist. Hinzu kommt, dass grundsätzlich jeder auf Grund seines Allgemeinen Persönlichkeitsrechts gemäß Art. 2 Abs. 1, Art. 1 Abs. 1 GG über Preisgabe und Verwendung seiner Daten bestimmen darf und strafprozessuale Beschlagnahmeanordnungen in diese Rechtsposition eingreifen[544], ein Argument, welches das LG Hamburg gänzlich außer Acht lässt. Die Rechtslage ändert sich auch nicht durch die Einführung des neuen § 160a StPO, da dessen Abs. 5 ausdrücklich klarstellt, dass § 97 StPO unberührt bleibt und somit der Anwendung des § 160a StPO vorgeht.[545]

Aus dem Vorgenannten wird hinreichend deutlich, dass die Verfasser harte Kritik an der Entscheidung des LG Hamburg üben und nach wissenschaftlicher

543 *Jahn/Kirsch*, StV 2011, 151 (153).

544 Die Verfasser nehmen hier Bezug auf OLG Koblenz, NStZ 1986, 145.

545 *Jahn/Kirsch*, StV 2011, 151 (154).

Auslegung unter Hinzuziehung von Wortlaut und Gesetzgebungsgeschichte deutlich machen, dass ein Beschlagnahmeverbot angenommen werden muss. Auffällig ist, dass Prof. Dr. Jahn in diesem Aufsatz lediglich auf die Argumentation des Gerichts Bezug nimmt und seine dazu konträre Ansicht darstellt, ohne dass er auf die bisher von ihm in der StV 2009, S. 41 veröffentlichte Argumentation der Drittwirkung des § 136a StPO eingeht oder diese wiederholt.

f.) Internal Investigations und Selbstbelastung, StV 2011, S. 381

In diesem Aufsatz setzt sich der Verfasser Prof. Dr. Theile einleitend mit der Thematik der Internal Investigations und der Titulierung der Straftaten im Unternehmen als Risiko auseinander und nimmt abschließend zum Verbot der Selbstbelastung und dem Beweisverwertungsverbot Stellung.

Eingangs informiert der Autor im Allgemeinen über die SEC, deren Auskunftsverlangen und die Motivation des Unternehmens mit der SEC zu kooperieren, um eine Strafmilderung zu erhalten, weil die Ergebnisse der Untersuchung trotz eines nichtstaatlichen Charakters Eingang in ein Strafverfahren finden können. Die Öffentlichkeit wird die im Interesse des Unternehmens begangenen Taten als Realisierung des durch das Unternehmen begründeten Risikos ansehen und dem Unternehmen zurechnen, sodass das Unternehmen, um die Taten von sich auf einen einzelnen Mitarbeiter zu transferieren, lediglich strafrechtliche Maßnahmen einsetzen kann, um in der Gesellschaft die Opferrolle zu erlangen, die es tatsächlich innehat.[546]

Im Rahmen der Ausführungen zum Verbot der Selbstbelastung und dem Beweisverwertungsverbot macht der Autor deutlich, dass sich die Mitarbeiter eines Unternehmens der Einleitung von Strafverfahren gegen sich ausgesetzt fühlen, wenn sie an der Untersuchung mitwirken. Gleichwohl trifft die Mitarbeiter eine Pflicht zur Aussage – auch bei Selbstbelastung – sowohl gegenüber ihrem Unternehmen als auch gegenüber Externen, die sich – wie bereits oben dargelegt – aus §§ 666, 675, 242, 241 Abs. 2 BGB ergeben kann.[547] Nach Ansicht des Verfassers kann eine Aussagepflicht diesen Ausmaßes ein Verstoß gegen den nemo-tenetur-Grundsatz darstellen, der zwar nicht auf das Strafrecht beschränkt ist, jedoch lediglich vor staatlichen Eingriffen schützen soll, die Internal Investigations jedoch keine staatlichen Verfahren darstellen. Der Autor verweist ebenfalls darauf, dass der Grundsatz nach dem Gemeinschuldnerbeschluss Ausdruck

546 *Theile*, StV 2011, 381.

547 Der Autor zitiert für die Pflicht im unmittelbaren Zusammenhang aus §§ 666, 675; BGB *Böhm*, WM 2009, 1923; *Diller*, DB 2004, 313; *Göpfert/Merten/Siegrist*, NJW 2008, 1703; *Jahn*, StV 2009, 41; *Bittmann/Molkenbur*, wistra 2009, 373.

des Allgemeinen Persönlichkeitsrechts des Mitarbeiters ist und daher auch unter Privaten seine Wirkung entfaltet. Die Aussagepflicht zugrunde gelegt, resultiert daraus für den Verfasser, dass die Folgen für ein sich eventuell anschließendes Strafverfahren zu klären sind. Diese Problematik war, wie auch die bereits zuvor beschriebenen Ausführungen zur Aussagepflicht und der Verankerung des nemo-tenetur-Grundsatzes, bereits Gegenstand zahlreicher bereits untersuchter Aufsätze. In diesem Zusammenhang geht der Verfasser auf ein eventuell bestehendes Verwertungsverbot ein, da die Anwendung des Zeugnisverweigerungsrechts des § 53 StPO ins Leere geht, weil dieses lediglich im Verhältnis Mandant/Rechtsanwalt Beachtung findet und der Rechtsanwalt darüber hinaus von seiner Schweigepflicht entbunden werden kann. Entgegen der häufig diskutierten Möglichkeit, den nach dem Gemeinschuldnerbeschluss eingeführten § 97 Abs. 1 S. 3 InsO analog anzuwenden, stützt der Verfasser ein Beweisverwertungsverbot auf Art. 2 Abs. 1, Art. 1 Abs. 1 GG[548] und erweitert damit den traditionellen Anwendungsbereich des nemo-tenetur-Grundsatzes. So kann vermieden werden, dass dieser zur Hülle ohne Inhalt wird. Auch wenn die Gemeinschaftsgebundenheit eine Selbstbezichtigung im Rahmen einer Aussage im Interesse Privater legitimiert, besteht die Grenze dort, wo sich eine Person innerhalb eines Strafverfahrens selbst bezichtigen muss. Zu dem Beweisverwertungsverbot wird man gleich der Gemeinschuldnerentscheidung und Böhm eine Fernwirkung und mithin ein Beweisverwendungsverbot annehmen müssen, da ein umfassender Schutz andernfalls nicht gewährleistet wäre.[549]

g.) Die verfassungskonforme Auslegung des § 97 Abs. 1 Nr. 3 StPO, ZIS 2011, S. 453

Mit der „verfassungskonformen Auslegung des § 97 Abs. 1 Nr. 3 StPO" hat sich Prof. Dr. Jahn in seinem Aufsatz auseinandergesetzt. Hierbei weist er einleitend darauf hin, dass diese Vorschrift dem Zweck dient, die Aushöhlung der Rechtsposition der in den §§ 52, 53 StPO genannten Personen zu verhindern und nicht den Schutz der von § 53 StPO erfassten Personen zu untergraben, wie es die h.M. derzeit vertritt. Um die Problematik deutlich zu machen, nimmt der Verfasser zum einen Bezug auf den Sachverhalt der Entscheidung des LG Hamburg sowie die vom Gericht vertretene Rechtsposition. Zum anderen verweist er auf einen kleinen Fall, in dem der Rechtsanwalt vom Gericht aufgefordert worden ist, Schriftwechsel und weitere Unterlagen auszuhändigen, die ihm von seiner Mandantin vor Einleitung

548 *Böhm*, WM 2009, 1923; *Bittmann/Molkenbur*, wistra 2009, 373; *BVerfG – Beschl. v. 13.01.1981 – 1 BvR 116/77.*

549 *Theile*, StV 2011, 381 (384–386).

des Verfahrens übergeben worden waren. Mit seinem Aufsatz möchte der Verfasser die gemeinsam mit dem Kollegen Kirsch verschriftlichen Gedanken im o.g. Aufsatz StV 2011, S. 151 vertiefen.

Der Verfasser beschäftigt sich mit der verfassungskonformen Auslegung des o.g. Paragraphen, wobei hierbei zunächst der Meinungsstand zum Schutz aufgeführt wird, um sodann mit der Meinung des Verfassers Stellung zu beziehen. In diesem Zusammenhang zieht der Autor zum einen die klassischen Auslegungsmethoden Wortlaut und Entstehungsgeschichte der Vorschrift heran, zum anderen sollen systematische und teleologische Gesichtspunkte sowie Grundrechte Berücksichtigung finden, um zeitgleich zu den Ausführungen Kritik an der vom LG Hamburg vertretenen Auffassung zu üben. Die Problematik, auf die der Verfasser kurz verweist, ergibt sich bereits aus dem Beschluss des LG Hamburg. Zwischen den Vertretern unterschiedlicher Ansichten ist umstritten, ob sich der Schutz der als Auffangtatbestand geschaffenen Vorschrift nur auf das Vertrauensverhältnis Rechtsanwalt/Beschuldigter oder auch auf dasjenige zwischen dem Rechtsanwalt und einem Zeugen bezieht, wobei letztere im Schrifttum weit verbreitet ist. Der Autor zitiert Veröffentlichungen in Festschriften sowie Zeitschriften, aber auch Monographien.[550] Erstere ist die Ansicht der Instanzgerichtsbarkeit und eines großen Teils der Stellungnahmen in der Wissenschaft, die vom Verfasser ebenfalls genannt wird.[551] Daneben führt er an, dass der BGH diese Frage in zwei Entscheidungen ausdrücklich offen gelassen hat.[552]

Der Autor nimmt sodann Bezug auf den Wortlaut der Vorschrift, die in Nr. 3 – entgegen der Nummern 1, 2 – den Beschuldigten nicht mehr aufführt, sodass bereits dieses Argument dafürspricht, dass eine Begrenzung des Schutzes auf ausschließlich dieses Verhältnis zum Rechtsanwalt nicht erfolgen sollte. Des Weiteren ergibt sich aus der Entstehungsgeschichte der Vorschrift, dass in § 97 StPO allein das Vertrauensverhältnis Beschuldiger/Rechtsanwalt geschützt war, jedoch durch die Änderung der Vorschrift des § 53 StPO mit § 97 Abs. 1

550 *Beulke*, in: *Prittwitz/Baurmann/Günther u. a.* (Hrsg.), Festschrift für Klaus Lüderssen zum 70. Geburtstag am 2. Mai 2002, S. 693 (706); *Böing*: Das Beschlagnahmeprivileg der steuerberatenden Berufe gem. § 97 StPO unter besonderer Berücksichtigung der Bedingungen der modernen Informationsverarbeitung S. 43 ff; *Kohlhaas*, JR 1965, 109, (110); *Krekeler*, NStZ 1987, 199 (201); *Park*: Durchsuchung und Beschlagnahme S. 560.

551 *OLG Celle – Beschl. v. 30.09.1964 – 3 Ws 362/64*; *LG Hamburg – Beschl. v. 15.10.2010 – 608 Qs 18/10*; *Schmitt*, in: *Meyer-Gossner/Schmitt* (Hrsg.), Strafprozessordnung, 63. Auflage: § 97, Rn. 10a; *Moosburger*, wistra 1989, 252.

552 *Jahn*, ZIS 2011, 453 (454/455).

S. 3 StPO ein Auffangtatbestand geschaffen werden sollte. In diesem Zusammenhang ist die Handlung des Gesetzgebers entscheidend. Unter Hinzuziehung des Wortlautarguments muss angenommen werden, dass die Entfernung des Begriffs „Beschuldigter" aus der Vorschrift die Anwendung auf das Verhältnis Nichtbeschuldigter/Rechtsanwalt zur Folge hat.[553]

Die vom LG Hamburg vertretene Ansicht führt – insoweit zitiert sich der Verfasser selbst – zu der Schieflage, dass ein Rechtsanwalt zwar zur Wahrung der Geheimnisse aller Mandanten verpflichtet ist (§ 203 StGB), aber die Gegenstände aus dieser Vertrauensbeziehung nur dann nicht beschlagnahmt werden dürfen, wenn der Mandant auch Beschuldigter eines Strafverfahrens ist.[554] Der Autor nimmt sodann abschließend im Rahmen seiner verfassungskonformen Auslegung des Beschlagnahmeverbots Bezug auf den Verhältnismäßigkeitsgrundsatz und dessen Erforderlichkeit der Maßnahme. Es darf zur Informationsgewinnung seitens des Gerichts kein anderes, gleich wirksames, aber den Berufsgeheimnisträger nicht oder weniger einschränkendes Mittel geben, das den Zweck in gleicher Weise erfüllt. Eine Beschlagnahmeanordnung ist daher immer dann unangemessen, wenn sie in das Vertrauensverhältnis eingreift, ohne dass verfassungsrechtliche Gründe streiten. In diesem Zusammenhang analysiert der Verfasser die Berufsausübungsfreiheit des Art. 12 GG, die Freiheit der Advokatur sowie das Recht auf informationelle Selbstbestimmung aus Art. 2 Abs. 1, Art. 1, Abs. 1 GG und kommt schlussendlich zu dem Ergebnis, dass ein ungerechtfertigter Eingriff in alle genannten Grundrechte vorliegt, sodass die besseren Gründe dafür sprechen, das Vertrauensverhältnis auch zum Nichtbeschuldigten von § 97 Abs. 1 Nr. 3 StPO erfasst zu sehen.[555]

Ebenso wie v. Galen in ihrem Aufsatz in der NJW 2011, S. 942 kritisiert der Verfasser dieses Artikels den Umgang des LG Hamburg mit der Norm des § 97 Abs. 1 Nr. 3 StPO und zeigt dabei unter Zuhilfenahme diverser verfassungsrechtlicher Auslegungsmethoden Ansichten auf, auf die das LG Hamburg in seinem Beschluss nicht einmal in Kürze Bezug nimmt. Die Begründung, warum sich der Schutz der Vorschrift auch auf das Verhältnis Nichtbeschuldigter/Rechtsanwalt erstrecken muss, ist zwar in beiden Aufsätzen eine unterschiedliche, im Ergebnis aber sind beide Verfasser der Ansicht, dass aus Gründen des Verfassungsrechts eine Rückführung der Norm auf den Schutz des umfassenden Wortlauts geboten

553 *Jahn*, ZIS 2011, 453 (455/456).

554 *Jahn*, ZIS 2011, 453 (457); *Jahn/Kirsch*, StV 2011, 151 (153); *Krekeler*, NStZ 1987, 199 (201).

555 *Jahn*, ZIS 2011, 453 (457–460).

ist. Dass die Begründung hierfür eine andere ist, ist jedoch nicht schädlich, da bekanntlich „viele Wege nach Rom führen." Unter Berücksichtigung der verfassungskonformen Auslegung im Hinblick auf den Grundrechtsschutz der Art. 12 Abs. 1, Art 2 Abs. 1 und Art. 1 Abs. 1 GG besteht nach Ansicht des Verfassers des hiesigen Aufsatzes kein Anhaltspunkt dafür, dass ein Zwei-Klassen-Recht entstehen darf, in dem die Mandatsverhältnisse eines Rechtsanwalts in Bezug auf den Schutz, der ihnen zukommt, nach dem Status des Mandanten beurteilt werden.[556]

h.) Internal Investigations zwischen arbeitsrechtlicher Mitwirkungspflicht und strafprozessualer Selbstbelastungsfreiheit, ZIS 2011, S. 508

Nur wenige Seiten nach dem vorgenannten Artikel hat Prof. Dr. Momsen seinen Aufsatz zu den „Internal Investigations zwischen arbeitsrechtlicher Mitwirkungspflicht und strafprozessualer Selbstbelastungsfreiheit" veröffentlicht. Einleitend stellt der Autor die Thematik der Compliance als Möglichkeit zur Abwendung eines weiteren Schadens vom Unternehmen dar, nimmt Bezug auf den Aufsatz von Knauer/Buhlmann, AnwBl. 2010, S. 387, die zu Recht darauf verweisen, dass die Thematik der Internal Investigations als von Privaten durchgeführte Compliance-Maßnahme seit dem Siemens-Skandal ein praxisrelevantes Thema darstellen, die in ein Spannungsverhältnis zu dem staatlichen Ermittlungsinteresse treten. Er schildert sodann den Ablauf im Fall Siemens mit der Pflicht zur Durchführung, der Listung an der New Yorker Börse und dem Auftrag durch die SEC, wobei es an dieser Stelle bei den Ausführungen verbleiben soll.

Weiter wird sodann die Verwertbarkeit der Ergebnisse unter Bezugnahme auf den Aufsatz von Jahn, StV 2009, S. 41 diskutiert, der der herrschenden Auffassung aufgibt, durch den Siemens-Skandal die Anwendbarkeit des nemo-tenetur-Grundsatzes zu überdenken.[557] Anschließend zitiert der Autor den Aufsatz von Knauer/Buhlmann im AnwBl. 2010, S. 387 erneut, nach deren Ausführungen der Druck auf die Mitarbeiter im Rahmen der Interviews so hoch ist, dass sie nicht in der Lage sind, sich der Kooperation zu entziehen und trotz der Tatsache, dass sie sich selbst belasten, aussagen. Die Ergebnisse können aber anschließend den Strafverfolgungsbehörden zur Verfügung gestellt werden. Diese Thematik greift der Autor auf, um die Verwertbarkeit der Ergebnisse im Strafverfahren

556 *Jahn*, ZIS 2011, 453 (460).
557 *Momsen*, ZIS 2011, 508 (512).

zu diskutieren, da der Zweck der verfassungsrechtlich garantierten Selbstbelastungsfreiheit darin besteht, dass der Bürger nicht vom Staat in den Konflikt zwischen sich selbst und einer staatlichen Pflicht gerät. Unter erneuter Zitierung von Knauer/Buhlmann, die die Problematik nach seiner Auffassung umfangreicher und detaillierter angesprochen haben, verweist er darauf, dass der Grundsatz zwar nicht auf das Strafrecht beschränkt ist, jedoch lediglich vor staatlichem, nicht aber faktischem Zwang schützt. Die Mitarbeiter sind hingegen lediglich diesem ausgesetzt, sodass eine Anwendung des nemo-tentur-Grundsatzes ausscheidet. Er schließt sich daher dem LG Hamburg an. Langwierig diskutiert der Verfasser sodann die Verletzung des Rechts auf ein faires Verfahren, auf das allerdings nur zurückgegriffen werden kann, wenn eine planwidrige Regelungslücke besteht. Diese ist nach Ansicht des Verfassers zu bejahen, weil der Mitarbeiter zur Aussage verpflichtet ist und sich ihr nicht entziehen kann und darüber hinaus das Leitbild der StPO nicht auf die Thematik der Beteiligung Privater am Strafverfahren ausgelegt ist. Ein Verwertungsverbot der Ergebnisse – auch hier nimmt er Bezug auf den Aufsatz von Knauer/Buhlmann – wird zu Recht gefordert.

Festzuhalten bleibt, dass sich der Verfasser des Aufsatzes sehr ausführlich mit der Thematik der Compliance auseinandersetzt und detailliert in die Internal Investigations einführt, wie es andernfalls lediglich in den Aufsätzen aus den Jahren 2008 bis 2010 zu verzeichnen ist. Ohne ausdrückliche Erwähnung des Beschlusses des LG Hamburg weist er darauf hin, dass der Aussagezwang der Mitarbeiter lediglich faktisch und nicht staatlich ist und eine Anwendung des nemo-tenetur-Grundsatzes, gestützt auf diese Argumentation, zu verneinen ist. Auf den Beschluss selbst oder dessen anderweitige Argumentation nimmt er keinen Bezug, sodass auch keine Kritik desselben erfolgt. Diese wäre allerdings gegeben, vergleicht man die Ansicht des Aufsatzes mit derjenigen des Beschlusses, da der Autor eine Verletzung des Rechts auf ein faires Verfahren bejaht und daraus resultierend ein Verwertungsverbot geboten scheint. Trotz der Tatsache, dass der Beitrag zeitlich nach dem Beschluss erschienen ist, sind keine Ausführungen zur Beschlagnahme zu verzeichnen.

i.) Unternehmensinteresse und Beschuldigtenrechte bei Internal Investigations, CCZ 2012, S. 1

Dr. Gerst hat in 2012 den Aufsatz Unternehmensinteresse und Beschuldigtenrechte bei Internal Investigations – Problemskizze und praktische Lösungswege – veröffentlicht, in dem er auf unterschiedliche Interessen sowie die Rechte und Pflichten der Beteiligten eingeht, bevor er einen eigenen Lösungsweg präsentiert. Im Rahmen einer allgemeinen Einführung verweist der Autor auf das Bekanntwerden der Thematik durch Siemens und die Vielzahl der Veröffentlichungen sowie die von der BRAK herausgegebenen Thesen. Daneben nennt er die Aufsätze von Jahn, StV 2009, S. 41, Wastl/Litzka/Pusch, NStZ 2009, S. 68, Behrens, RIW 2009, S. 22 sowie Knierim, StV 2009, S. 324 und Ignor, CCZ 2011, S. 143.[558]

Bei der Durchführung der Internal Investigations können Folgeproblematiken entstehen, die ihren Ursprung vor allem in der Interessenskollision zwischen denen der Unternehmen und denen der Mitarbeiter haben. Das Unternehmen möchte seine finanzielle Sanktion, die sich oft auf Grund der Verbindung zum Ausland ergibt, so gering wie möglich halten, während der Mitarbeiter wegen einer eventuellen Begründung einer Strafbarkeit eine Mitwirkung an der Aufklärung der im Unternehmen begangenen Verstöße vermeiden möchte. Er möchte den worst case, Kooperation im Rahmen der Untersuchungen, bei Schaffung einer Grundlage für ein Strafverfahren, vermeiden. Auch dieser Verfasser verweist auf die bestehenden Pflichten, die die Probleme nach sich ziehen. Zum einen, ob der Arbeitnehmer trotz Selbstbelastung zur Auskunft verpflichtet ist und zum anderen, ob eine Beschlagnahme/Verwertbarkeit der Untersuchungsergebnisse möglich wäre. Der Verfasser weist – wie zahlreiche Aufsätze vorher – auf die mangelnde Existenz höchstrichterlicher Rechtsprechung hin. Eine Auskunftspflicht wird trotz Selbstbelastung bejaht, wobei der Autor die Aufsätze von Böhm, WM 2009, S. 1923, Bittmann/Molkenbur, wistra 2009, S. 373 und Theile, StV 2011, S. 381 zitiert und auf die von Jahn, StV 2009, S. 41 vertretene andere Ansicht verweist. Der Mitarbeiter hat andernfalls mit Sanktionen, wie beispielsweise einer Kündigung zu rechnen. Hinsichtlich der Verwertbarkeit im Strafverfahren nimmt der Verfasser zunächst auf den Gemeinschuldnerbeschluss des BVerfG Bezug, welches ein strafprozessuales Verwertungsverbot für erzwungene Aussagen in einem Konkursverfahren angenommen hat und erörtert sodann, dass die strafprozessuale Literatur zum selben Ergebnis gelangt. Diesbezüglich spricht er seine Zustimmung aus, und verweist auf die Veröffentlichungen von Theile, StV 2011, S. 381, Wastl/Litzka/Pusch, NStZ 2009, S. 68 und Bittmann/Molkenbur, wistra 2009, S. 373.[559]

Die Entscheidung des LG Hamburg zitierend schließt er sich den kritischen Stimmen im Schrifttum an, dass ein Verneinen der Beschlagnahmefreiheit nicht geboten und stattdessen die Annahme eines umfassenden Verwendungsverbotes

558 *Gerst*, CCZ 2012, 1.
559 *Gerst*, CCZ 2012, 1 (2/3).

überzeugender erscheint, wie es bereits von Theile in StV 2011, S. 381 angesprochen worden ist. Seiner Ansicht nach ist trotz aller Unsicherheiten hinsichtlich dieser Verfahren zu bedenken, dass das Unternehmen mit einem zeitaufwändigen Rechtsstreit zu rechnen hat, wenn es die Auskunft des Mitarbeiters einklagt, der Mitarbeiter sich hingegen bei Verweigerung zwischen Knast und Kündigung entscheiden kann und deswegen für beide Seiten bis zur Klärung der Rechtslage eine gangbare Lösung gefunden werden sollte, wobei der Autor im Anschluss eine solche präsentiert. Das Unternehmen sollte sicherstellen, dass sich der Mitarbeiter von einem für ihn zuständigen Rechtsanwalt beraten lassen kann, bei der eine individuelle Mandatserteilung durch den Mitarbeiter und nicht lediglich eine solche durch das Unternehmen erfolgt. Interviews werden so zu gewöhnlichen Mandantengesprächen und der Mitarbeiter erhält eine Dispositionsbefugnis hinsichtlich der an die Strafverfolgungsbehörden weiterzuleitenden Informationen. Auf Grund der Tatsache, dass bis zur gerichtlichen Klärung, beispielsweise der Frage nach der Verwertbarkeit, einige Interessenskollisionen zu erwarten sind, sollte der vorangegangene Lösungsweg eingeschlagen werden, um die Ergebnisse von einem staatlichen Zugriff fernzuhalten.[560]

Der Verfasser dieses Artikels schildert in Kürze die bisherigen Erkenntnisse hinsichtlich der Problematik um die Internal Investigations, wobei er die Auskunftspflicht nicht diskutiert oder zu dieser näher ausführt, sondern lediglich unter Bezugnahme auf das Schrifttum feststellt, dass eine solche besteht. Bezüglich der Verwertbarkeit verweist der Autor ebenfalls auf die unterschiedlich vertretenen Ansichten und schließt sich – wiederum ohne eine große Begründung – der von einigen im Schrifttum vertretenen Ansicht an. Diese bejaht sowohl ein Verwertungs- als auch ein Verwendungsverbot. Auffällig ist, dass er – entgegen der bisher untersuchten Literatur – den eigenen Lösungsweg nicht auf prozessualer, sondern auf tatsächlicher Ebene im Rahmen der Durchführung sieht, um bis zu Klärung der Rechtslage den unterschiedlichen Interessen gerecht zu werden.

j.) Die Verwertung unternehmensinterner Untersuchungen – Aufgabe oder Durchsetzung des Legalitätsprinzips, Festschrift für Roxin 2012, S. 537

Im Rahmen eines Betrages zur Widmung an Imme Roxin äußert sich die Verfasserin zur Thematik der Internal Investigations, die ihrer Ansicht nach

560 *Gerst*, CCZ 2012, 1 (3–5).

Wissenschaft und Praxis vereint. Seit Aufkommen der Siemens-Affäre hat es viele Veröffentlichungen mit unterschiedlichen Ansichten gegeben, AnwBl. 2010, S. 387, wistra 2009, S. 373, WM 2009, S. 1923, NStZ 2009, S. 68, um nur einige Beispiele zu nennen. Das LG Hamburg hat nach Ansicht der Verfasserin eine ermittlerfreundliche Haltung eingenommen, die kritische Stimmen zur Folge hatte. Kritisch verweist sie auf die Tatsache, dass das Gericht von einer freiwilligen Tätigkeit im Rahmen des Arbeitsverhältnisses ausgeht, bei dem der Mitarbeiter seine Aussage machen soll, die nicht mit einem staatlichen Zwang vergleichbar ist. Eine nähere Auseinandersetzung diesbezüglich bleibt hingegen aus. Dass die Untersuchungen rechtlich zulässig sind und dass den Mitarbeitern auch bei Selbstbelastung eine Aussagepflicht trifft, behandelt sie kurz. Bittmann/Molkenbur, wistra 2009, S. 373 und das LAG Hamm 14 Sa 1689/08 zitierend, schließt sie sich der Auffassung an.[561]

Anschließend diskutiert die Verfasserin die Verwertbarkeit und Beschlagnahme etwaiger Erkenntnisse, wobei sie auf die Problematik verweist, ob eine Aussagepflicht gegen den nemo-tenetur-Grundsatz verstößt. Der vom LG Hamburg vertretenen Ansicht, dass eine Beschlagnahme zu bejahen ist, weil das Mandatsverhältnis nicht zwischen Mitarbeiter und Rechtsanwalt besteht, stimmt sie zu. Zeitgleich lehnt sie die von Knierim vertretene Ansicht, dass § 160a StPO in den Fällen greift, ab und beschränkt den Anwendungsbereich des § 97 StPO ebenso wie Knierim auf das Verhältnis Beschuldigter/Rechtsanwalt. Damit tritt sie Jahn/Kirsch, StV 2011, S. 151 entgegen. Ebenso kann die von v. Galen, NJW 2011, S. 942 vertretene Ansicht, dass eine Beschlagnahme nie zulässig ist, nach ihrem Dafürhalten nicht überzeugen. Schließlich weist die Verfasserin darauf hin, dass ganz gleich ob eine Beschlagnahmefreiheit bejaht oder verneint wird, das Spannungsverhältnis zwischen arbeitsrechtlicher Auskunftspflicht und dem nemo-tenetur-Grundsatz nicht gelöst ist. Sie stellt im Folgenden – ohne sich einer Meinung anzuschließen – den Meinungsstand aus Rechtsprechung und Literatur dar, der sich aus dem bereits Gesagten ergibt, weswegen auf eine erneute Darstellung verzichtet werden soll.[562]

Nachfolgend vergleicht die Autorin die Problematik mit anderen Rechtsgebieten, wobei sie auf den Gemeinschuldnerbeschluss, das Zivilprozessrecht, das Verwaltungsrecht und die Angaben des Versicherungsnehmers gegenüber

561 *Wimmer*, in: *Schulz/Reinhart/Sahan* (Hrsg.), Festschrift für Imme Roxin zum 75. Geburtstag am 15. Mai 2012, S. 537 (537–540).

562 *Wimmer*, in: *Schulz/Reinhart/Sahan* (Hrsg.), Festschrift für Imme Roxin zum 75. Geburtstag am 15. Mai 2012, S. 537 (542–546).

seinem Kfz-Haftpflichtversicherer verweist. Im Rahmen des Zivilprozesses wird ein Verwertungsverbot auch in den Fällen verneint, in denen die selbstbelastende Aussage auf Grund der Beweislast bei der beweisbelasteten Partei erfolgt. Zur Begründung wird herangezogen, dass lediglich das Risiko des Prozessverlustes droht und mithin eine Entscheidungsfreiheit besteht. Im Rahmen der sich daran anschließenden Bewertung sucht die Verfasserin die Parallele zu dem Konflikt Aussagepflicht/Selbstbelastungsfreiheit und stimmt dem LG Hamburg im Ergebnis zu, dass ein Beschlagnahme- oder Verwertungsverbot auf Grund der Freiwilligkeit des Arbeitsverhältnisses nicht bestehe. Das Arbeitsverhältnis ist zwar existenznotwendig, jedoch kann der mangelnde Erfolg in einem gewöhnlichen Zivilverfahren ebenso existenzbedrohlich sein, sodass diese Situationen gleich zu behandeln sind. Die Aussagepflicht ist daher lediglich eine vertragliche Folge der Freiwilligkeit. Sie folgt hingegen der in der Literatur vertretenen Gegenansicht, die ein Verwertungsverbot annimmt. Eine Fernwirkung ist aber keineswegs anzunehmen. Trotz aller negativer Kritik der Untersuchungen stellen diese nach Ansicht der Verfasserin einen Nutzen dar, da die Ergebnisse diejenigen der staatlichen Behörden ergänzen, deren Arbeit jedoch nicht behindern.[563]

Die Verfasserin stimmt in ihrer rechtlichen Bewertung daher der Rechtsansicht des Landgerichts Hamburg aus seinem Beschluss zu.

k.) Probleme und Strategien der Compliance-Begleitung in Unternehmen, StV 2012, S. 116

Während der vorgenannte Artikel ihr gewidmet worden ist, hat sie den Folgenden selbst verfasst. Die Verfasserin setzt sich mit den Problemen und Strategien der Compliance-Begleitung in Unternehmen auseinander, wobei der Begriff der unternehmensinternen Untersuchungen nicht explizit genannt, durch die Bezugnahme auf die Siemens-Affäre jedoch bereits eingangs deutlich gemacht wird, dass der Artikel die inzwischen viel diskutierte Problematik zum Gegenstand hat. Als Konzept zur Einhaltung von rechtlichen und ethischen Regelungen sowie Sicherstellung regelkonformen Verhaltens dient Compliance dem Herausfinden von Schwachstellen und der Überprüfung von Unterlagen sowie Durchführung von Interviews. Probleme tauchen nach Ansicht der Verfasserin vor allem dann auf, wenn die Interviewten Beschuldigte eines Strafverfahrens werden und den Hinweis erhalten, dass ihre Aussage im Strafverfahren verwertet

563 *Wimmer*, in: *Schulz/Reinhart/Sahan* (Hrsg.), Festschrift für Imme Roxin zum 75. Geburtstag am 15. Mai 2012, S. 537 (546–551).

werden kann. Hier stellen sich der Autorin die Fragen nach dem nemo-tenetur-Grundsatz, einer Belehrungspflicht, der arbeitsrechtlichen Auskunftspflicht, einem Zeugnisverweigerungsrecht oder Beweisverwertungsverbot. Im Zusammenhang mit den von ihr aufgeführten Lösungsmöglichkeiten wird zunächst auf die BRAK-Thesen hingewiesen, bei deren Veröffentlichung auf die Brisanz des Spannungsverhältnisses privater Ermittler zu dem nemo-tenetur-Grundsatz Bezug genommen wird.[564]

Weder die arbeitsrechtliche Auskunftspflicht noch die Abgabe der Unterlagen an die Staatsanwaltschaft, sei es freiwillig durch Rechtsanwälte oder – wie im Beschluss des LG Hamburg – unter Zuhilfenahme der Beschlagnahme lassen sich verneinen. Die Verfasserin verweist in diesem Zusammenhang auf Jahn/Kirsch, StV 2011, S. 151, die für ein Beschlagnahmeverbot nach § 97 Abs. 1 Nr. 3 StPO plädieren. Demgegenüber stellen Knauer/Buhlmann, AnwBl. 2010, S. 387, Jahn in StV 2009, S. 41 und Momsen, ZIS 2011, S. 508 auf ein Beweisverwertungsverbot bei ohne Belehrung zustande gekommenen Aussagen ab. Ein solches nehmen v. Galen, NJW 2011, S. 942 und Jahn, StV 2009, S. 41 auf Grund der Grundsätze des Gemeinschuldnerbeschlusses an. In diesem Zusammenhang nimmt die Autorin erneut Bezug auf den Beschluss des LG Hamburg und dessen Verneinen eines Beschlagnahmeverbotes wegen mangelnder Staatlichkeit privater Ermittlungen. Die Verfasserin hält die Entscheidung für unhaltbar, da das Abstellen auf die Freiwilligkeit des Arbeitsverhältnisses ein Verzicht auf die Selbstbelastungsfreiheit bedeutet und mithin ein Verwertungsverbot anzunehmen ist. Im Rahmen ihres eigenen Lösungsvorschlages wird die Kooperation mit der Staatsanwaltschaft vorgeschlagen und sodann eine Abwägung der unterschiedlichen Interessen anzunehmen sein, damit dem Recht des Arbeitnehmers sich nicht selbst belasten zu müssen, hinreichend Rechnung getragen wird. Grundsätzlich wird allerdings von der Verfasserin die Notwendigkeit der Selbstbelastung durch den Arbeitnehmer verneint, da die Interviews lediglich eine zusätzliche Absicherung darstellen mit der Folge, dass von einem Auskunftsverweigerungsrecht auszugehen ist.[565]

---

564 *Roxin*, StV 2012, 116 (118).
565 *Roxin*, StV 2012, 116 (119–121).

l.) Keine Beschlagnahmefreiheit für Unterlagen eines mit internen Ermittlungen beauftragten Rechtsanwalts, StV 2012, S. 277

Den Beschluss des LG Hamburg und die Kritiken von Jahn/Kirsch, StV 2011, S. 151 sowie v. Galen, NJW 2011, S. 942 aufgreifend, formuliert Bauer in seiner Veröffentlichung einige Anmerkungen, bei denen er eingangs klarstellt, dass sich durch die in Kraft getretene Änderung des § 160a StPO die Rechtslage nicht verändert hat. Er tritt damit v. Galen entgegen, die annimmt, dass durch Auslegung des § 97 Abs. 1 Nr. 3 StPO der Schutz des Gesetzgebers unterlaufen werden soll. Gleich Jahn/Kirsch empfiehlt der Autor eine Auslegung der Vorschrift nach allgemeinen Kriterien und dem auf Savigny zurückgehenden Auslegungskanon. In diesem Zusammenhang merkt er an, dass sowohl Jahn/Kirsch, als auch v. Galen davon ausgehen, dass der Wortlaut der Vorschrift nicht mit der durch das LG Hamburg und der von der h.M. vertretenen Auslegung übereinstimmt, da der Beschuldigte in § 97 Abs. 1 Nr. 3 StPO nicht erwähnt ist. Entgegen dieser Ansicht vertritt der Autor die Auffassung, dass der Wortlaut der Vorschrift nicht eindeutig ist und sich mithin aus der grammatikalischen Auslegung keine ausreichenden Schlüsse ziehen lassen mit der Folge der Notwendigkeit der teleologischen Auslegung. Verfassungsrechtlich ist – hier stimmt der Autor Jahn/Kirsch, StV 2011, S. 151 zu – nicht begründbar, ein nicht bestehendes Mandatsverhältnis auf Grund von arbeitsrechtlichen Beziehungen zwischen Mandant und zu befragendem Mitarbeiter, einem verfassungsrechtlich geschützten Mandatsverhältnis gleich zu stellen. Das LG Hamburg hat daher zu Recht ein solches verneint und angenommen, dass der verfassungsrechtliche Schutz lediglich bei einem mandatsähnlichen Vertrauensverhältnis angenommen werden könnte, ein solches jedoch auch nicht zu bejahen ist. Nach Meinung des Autors drängt sich bei den Internal Investigations die Bewertung auf, dass dieses Tätigkeitsfeld gar nicht schutzwürdig ist, weil es auf den Interessenkonflikt zwischen Mitarbeiter und Unternehmen sowie Unternehmen und externen Kanzlei ausgerichtet ist.[566]

In einer zweiten Anmerkung stimmt der Autor erneut Jahn/Kirsch erneut zu, indem er den Hinweis auf den nemo-tenetur-Grundsatz für fernliegend erachtet. Ebenso wie das LG Hamburg sieht er keine Konfliktlage zwischen dem Grundsatz und einer Auskunftspflicht, da die Rechtsprechung bisher zu Recht ein Verwertungsverbot auf Grund des Aussageverweigerungsrechts bei Selbstbelastung verneint hat, gleichwohl der BGH auch bei einer solchen eine Aussagepflicht

566 *Bauer*, StV 2012, 277 (277/278).

a.) Rechtsstaatliche Standards für interne Erhebungen in Unternehmen, CCZ 2011, S. 143

Prof. Dr. Alexander Ignor studierte in Berlin und promovierte 1984 nach dem ersten Staatsexamen zum Dr. phil. an der Universität in Zürich. Nachdem er 1987 sein Zweites Staatsexamen erhielt, wurde er Rechtsanwalt in Berlin und promovierte 1994 zum Dr. iur. an der Universität in Würzburg. 1997 legte er seine Habilitationsschrift vor, wurde zunächst Privatdozent in Würzburg, später in Berlin. Seit 2003 ist er außerplanmäßiger Professor mit Lehrbefugnis für Strafrecht und seit 2007 Vorsitzender des Strafrechtsausschusses der Rechtsanwaltskammer. Neben seiner außerplanmäßigen Tätigkeit als Professor ist er Strafverteidiger der Kanzlei Ignor & Partner.[572] Ignor ist damit sowohl in der Praxis als auch in der Wissenschaft tätig, wobei kein Anstellungsverhältnis zu einer Hochschule besteht, sondern lediglich eine Privatdozententätigkeit, bei der unbezahlte Lehraufträge zu leisten sind. Er ist daher in Bezug auf das Promotionsvorhaben der Praxis zuzuordnen.

b.) LG Hamburg: Beschlagnahmefähigkeit von im Rahmen von unternehmensinternen Untersuchungen durch beauftragte Rechtsanwälte angefertigten Befragungsprotokollen, CCZ 2011, S. 155

Dr. Hans-Joachim Fritz hat 1987 sein Erstes, 1990 sein Zweites Staatsexamen abgelegt und 1997 an der Universität Mannheim zum Dr. iur. promoviert. Zum Zeitpunkt der Veröffentlichung des Aufsatzes im Jahr 2011 war er Partner der Kanzlei Kaye Scholer LLP in Frankfurt am Main und leitete regelmäßig unternehmensinterne Ermittlungen, denen er zum Teil als außerplanmäßiger Sonderermittler beiwohnte. Heute ist er Partner der Sozietät Arnold & Porter in Frankfurt und weiterhin auf dem Gebiet der unternehmensinternen Untersuchungen sowie dem Arbeits- und Gesellschaftsrecht tätig.[573] Dr. Hans-Joachim Fritz ist damit ausschließlich der Praxis zuzuordnen.

c.) Unternehmensinterne Untersuchungen, DB 2011, S. 1392

Der Aufsatz wurde von zwei Autorinnen in Co-Autorentätigkeit verfasst. Dr. Gerlind Wisskirchen und Julia Glaser haben eine praktische Anleitung zu

572 *Ignor*: Biographie, abrufbar unter https://www.verteidiger-in-berlin.de/kanzlei/ignor.html (zuletzt geprüft am 24.07.2020).

573 *Fritz*: Biographie, abrufbar unter https://www.arnoldporter.com/de/people/f/fritz-hansjoachim (zuletzt geprüft am 24.07.2020).

den unternehmensinternen Untersuchungen veröffentlicht. Dr. Gerlind Wisskirchen hat in Bonn, in der Schweiz und in den USA studiert und 1993 promoviert. Seit 1998 ist sie als Rechtsanwältin bei der Kanzlei CMS Hasche Sigle in Köln, inzwischen mit Fachanwaltstitel Arbeitsrecht, tätig. Mittlerweile ist sie Partnerin.[574]

Julia Glaser war von 2007 bis 2015 ebenfalls als Rechtsanwältin bei CMS Hasche Sigle in Köln tätig. Heute hat sie ihr eigenes Büro in Köln.[575]

Beide sind daher ausschließlich der Praxis zuzuordnen.

d.) Beschlagnahme von Interviewprotokollen nach „Internal Investigations“ – HSH Nordbank, NJW 2011, S. 942

Dr. Margarete Gräfin von Galen hat in Heidelberg, Lausanne, Bonn und München studiert und ihre Referendarzeit in München und Berlin verbracht. Seit 1983 ist sie als Rechtsanwältin zugelassen und erwarb 1998 den Fachanwaltstitel für Strafrecht. Im Jahr 2004 hat sie in Berlin promoviert. Seit 2000 ist sie in einer von ihr mitbegründeten Anwaltssozietät in Berlin tätig – Galen Rechtsanwälte – und übt daneben das Amt der Richterin am Verfassungsgerichtshof des Landes Berlin aus.[576] Auch sie ist mithin ausschließlich der Praxis zuzuordnen.

e.) Anmerkung zu einer Entscheidung des LG Hamburg – Zur Geltung des Beschlagnahmeverbots für Erkenntnisse, die ein Anwalt im Wege der internen Untersuchungen in einem Unternehmen gewinnt, StV 2011, S. 151

Diese Anmerkung zum Beschluss des LG Hamburg wurde von Prof. Dr. Jahn und Dr. Kirsch in Co-Autorentätigkeit verfasst. Bezüglich der Biographie des Verfassers Jahn wird auf diejenige unter § 3 I, 2.) b.), ee.) verwiesen. Prof. Jahn ist zum Zeitpunkt der Veröffentlichung des hiesigen Beitrages neben seiner Tätigkeit als Professor Richter am 1. Strafsenat am OLG Nürnberg gewesen und damit den Hybridtypen zugehörig.

---

574 *Wisskirchen*: Biographie, abrufbar unter https://cms.law/de/deu/people/gerlind-wiss kirchen; https:// www.xing.com/profile/Gerlind_Wisskirchen/cv (zuletzt geprüft am 24.07.2020).

575 *Glaser*: Biographie, abrufbar unter https://cms.law/en/deu/alumni/alumni/gesprae che-mit-alumni-von-cms-deutschland/julia-glaser; https://anwaltauskunft.de/anwal tssuche/julia-glaser-gj5ly (zu-letzt geprüft am 24.07.2020).

576 *Galen*: Biographie, abrufbar unter https://www.galen.de/anwaelte/dr-margarete-grae fin-von-galen/ (zuletzt geprüft am 24.07.2020).

Sein Mitverfasser Dr. Kirsch war nach dem Ersten Staatsexamen im Jahr 1993 zunächst als wissenschaftlicher Mitarbeiter tätig. Nach seinem Referendariat wurde er 1997 zur Anwaltschaft zugelassen und war bis zum Jahr 2019 in einer Kanzlei tätig, bevor er im selben Jahr in ein anderes Büro wechselte, in dem er sich überwiegend mit dem Wirtschaftsstrafrecht – hier auch der Beratung von Unternehmen bei unternehmensinternen Untersuchungen – beschäftigte.[577] Während Jahn sowohl wissenschaftlich als auch praktisch tätig ist, beschränkt sich der berufliche Werdegang seines Mitverfassers ausschließlich auf die Praxis.

f.) Internal Investigations und Selbstbelastung, StV 2011, S. 381

Der Autor dieses Aufsatzes – Prof. Dr. Hans Theile – hat im Anschluss an sein Erstes Staatsexamen 1996 im Jahr 1998 die Promotion abgeschlossen. Nach seinem Zweiten Staatsexamen 2000 folgte im Jahr 2008 die Habilitation mit anschließender Tätigkeit als Professor an der Universität Konstanz, die er seitdem ausübt. Neben der Professur ist er seit 2011 im Beirat der Zeitschrift Strafverteidiger (StV), Mitglied der Redaktion der Zeitschrift für internationale Strafrechtsdogmatik (ZIS) und Herausgeber und Mitglied des Beirates der Zeitschrift für das juristische Studium (ZJS).[578] Prof. Dr. Hans Theile ist daher ausschließlich in der universitären Wissenschaft tätig.

g.) Die verfassungskonforme Auslegung des § 97 Abs. 1 Nr. 3 StPO, ZIS 2011, S. 453

Auch dieser Artikel wurde von Prof. Dr. Jahn verfasst, sodass auf die Ausführungen zu § 3 I, 2.) b.), ee.) Bezug genommen wird. Auffallend ist, dass dem Autor im Aufsatz aus 2009 lediglich die Berufsbezeichnung Prof. beigefügt wurde, obwohl dieser zugleich Richter im zweiten Hauptamt gewesen ist. Im Vergleich dazu, ist im hiesigen Artikel ausschließlich der Beruf des Richters angeführt, sodass lediglich der Zusatz Prof. auf die Zugehörigkeit zur universitären Wissenschaft schließen lässt.

---

577 *Kirsch*: Biographie, abrufbar unter https://www.klinkert.pro/rechtsanwaelte/prof-dr-stefan-kirsch/ (zuletzt geprüft am 24.07.2020).

578 *Theile*: Biographie, abrufbar unter https://www.jura.uni-konstanz.de/theile/personen/prof-dr-hans-theile-llm/ (zuletzt geprüft am 24.07.2020).

h.) Internal Investigations zwischen arbeitsrechtlicher Mitwirkungspflicht und strafprozessualer Selbstbelastungsfreiheit, ZIS 2011, S. 508

Prof. Dr. Carsten Momsen hat 1993 sein Erstes Staatsexamen abgeschlossen, es folgten 1996 die Promotion und 1998 das Zweite Staatsexamen. Während seiner bis in das Jahr 2004 andauernden Tätigkeit als wissenschaftlicher Assistent am Lehrstuhl von Prof. Maiwald, war er seit 1998 nebenberuflich Strafverteidiger. Im Jahr 2004 folgte bis 2010 sodann die Habilitation, fortan die Inhaberschaft des Lehrstuhls für Strafrecht an der Universität des Saarlandes, bis er an den gleichnamigen Lehrstuhl der Universität Hannover wechselte und das Amt bis 2015 innehatte. 2010 wechselte die Strafverteidigertätigkeit in diejenige eines Of-Counsels. Seit 2015 leitet er den Arbeitsbereich für Strafrecht, Strafverfahrensrecht, Wirtschafts- und Umweltstrafrecht an der Freien Universität Berlin.[579] Zum Zeitpunkt der Veröffentlichung im Jahr 2011 war Prof. Momsen mithin Lehrstuhlinhaber und nebenberuflich Strafverteidiger. Gleich Prof. Jahn ist Prof. Momsen somit den Hybridtypen zugehörig.

i.) Unternehmensinteresse und Beschuldigtenrechte bei Internal Investigations, CCZ 2012, S. 1

Dr. Hans-Joachim Gerst absolvierte in den Jahren 1994 bis 2002 sein Studium und Referendariat, promovierte 2001 und ist seit 2002 als selbstständiger Rechtsanwalt und Strafverteidiger tätig. Seit 2006 ist er Fachanwalt für Strafrecht und berät und verteidigt in wirtschafts- und steuerstrafrechtlichen Verfahren.[580]

Der Autor ist mithin ausschließlich der Praxis zuzuordnen.

j.) Die Verwertung unternehmensinterner Untersuchungen – Aufgabe oder Durchsetzung des Legalitätsprinzips, Festschrift für Roxin 2012, S. 537

Renate Wimmer wurde nach ihrem Ausbildungsabschluss im Jahr 1996, 1999 zur Richterin am Landgericht Landshut ernannt. Im Jahr 2008 wurde sie sodann Oberstaatsanwältin der Staatsanwaltschaft München, deren Leitung sie im

579 *Momsen*: Biographie, abrufbar unter https://www.jura.fu-berlin.de/fachbereich/einrichtungen/straf-recht/lehrende/momsenc/index.html (zuletzt geprüft am 24.07.2020).

580 *Gerst*: Biographie, abrufbar unter https://www.gerst.info/#accordion (zuletzt geprüft am 24.07.2020).

Jahr 2011 übernahm, bis sie 2014 Richterin am 2. Strafsenat des BGH wurde.[581] Zum Zeitpunkt der Veröffentlichung des Beitrages in der Festschrift war sie mithin Leiterin der Staatsanwaltschaft München und mithin ausschließlich in der Praxis tätig.

k.) Probleme und Strategien der Compliance-Begleitung in Unternehmen, StV 2012, S. 116

Verfasst wurde der Artikel von Dr. Imme Roxin, die nach ihrer Anwaltszulassung im Jahre 1985 Rechtsanwältin bei PWC gewesen ist, bis sie sich 2004 als Gründerin der Kanzlei Roxin Rechtsanwälte LLP selbstständig gemacht hat. Seitdem ist sie auf den Gebieten des Wirtschafts-, Steuer- und Umweltstrafrechts tätig.[582] Frau Roxin ist daher ausschließlich der Praxis zuzuordnen.

l.) Keine Beschlagnahmefreiheit für Unterlagen eines mit internen Ermittlungen beauftragten Rechtsanwalts, StV 2012, S. 277

Dr. Wolfram Bauer hat nach seinem Studium promoviert und sein zweites Staatsexamen abgelegt. Bereits von Beginn an wollte er sein Wissen in die Praxis einbringen und wurde Rechtsanwalt. In diesem Beruf ist er seit über 40 Jahren bis heute tätig ist. Er ist ausschließlich Strafverteidiger, wobei er seine Mandanten bis zum BGH vertritt.[583]

Dr. Bauer ist daher ausschließlich der Praxis zuzuordnen.

m.) Internal Investigations (Unternehmensinterne Ermittlungen) – status quo, WiJ 2012, S. 17

Dr. Markus Rübenstahl – bei der Veröffentlichung des Aufsatzes noch nicht promoviert – ist seit mehr als 15 Jahren Strafverteidiger und überwiegend im Wirtschafts- und Steuerstrafrecht tätig. Nachdem er die meiste Zeit in Großsozietäten

---

581 *Wimmer*: Biographie, abrufbar unter https://www.beck-shop.de/renate-wimmer/creator/339149716; https://www.bundesgerichtshof.de/DE/DasGericht/Geschaeftsverteilung/Archiv/Praesidiumsbeschluesse2014/praesidiumsbeschluesse2014.html?nn=11645278 (zuletzt geprüft am 24.07.2020).

582 *Roxin*: Biographie, abrufbar unter https://roxin.de/anwaelte/ (zuletzt geprüft am 24.07.2020).

583 *Bauer*: Biographie, abrufbar unter https://www.rechtsanwalt-drwbauer.de/ (zuletzt geprüft am 24.07.2020).

gearbeitet hat, hat er im Jahr 2018 die Rübenstahl Rechtsanwälte gegründet und ist dort nunmehr als Partner tätig.[584]

Auch Rübenstahl ist mithin ausschließlich Praktiker.

3.) Zitierte Literatur

Insbesondere nach der ersten Entscheidung durch ein Gericht stellt sich der Verfasserin die Frage, auf welche Literatur in den danach veröffentlichten Aufsätzen Bezug genommen wird und ob der Beschluss des LG Hamburg eine Veränderung zur Folge hat. Des Weiteren ist für das Promotionsvorhaben von Bedeutung, ob die Entscheidung des LG Hamburg in der zitierten Literatur Berücksichtigung findet oder ob überwiegend auf Aufsätze zur Thematik verwiesen wird.

a.) Rechtsstaatliche Standards für interne Erhebungen in Unternehmen, CCZ 2011, S. 143

Der von einem Rechtsanwalt und außerplanmäßigen Professor verfasste Aufsatz verweist auf zehn Fußnoten, wobei für das Promotionsvorhaben lediglich diejenigen sechs bis zehn relevant sind, da diese sich auf die mit den unternehmensinternen Untersuchungen im Zusammenhang stehenden Probleme beziehen. Im Rahmen dieser Fußnoten nimmt der Autor auf den Gemeinschuldnerbeschluss BVerfG NJW 1981, S. 1431 sowie die Aufsätze von Jahn, StV 2009, S. 41 und Theile, StV 2011, S. 381 Bezug. Die der Professoren Jahn und Theile sind als kritische Anmerkung zu der im Aufsatz aufgeführten Ansicht dargestellt, die jedoch nicht diejenige des Verfassers, sondern eine Allgemeine – auch im Beschluss des LG Hamburg vertretene – ist. Auffallend ist, dass Theile ausschließlich und Jahn überwiegend als Professor tätig sind, wobei sie von einem Rechtsanwalt und außerplanmäßigen Professor zitiert werden. Gleichwohl seit dem Erscheinen des Aufsatzes von Jahn bereits zwei Jahre vergangen sind, wird auf diesen und dessen kritische Äußerungen zur Problematik nach wie vor Bezug genommen. Auf Grund der Tatsache, dass Jahn überwiegend im Rahmen seiner Professur tätig ist, lässt sich festhalten, dass die Praxis einen Hybridtypen zitiert, sich jedoch der Ansicht der Praxis anschließt.

584 *Rübenstahl*: Biographie, abrufbar unter https://ruebenstahl.net/personen/#mr (zuletzt geprüft am 24.07.2020).

b.) LG Hamburg: Beschlagnahmefähigkeit von im Rahmen von unternehmensinternen Untersuchungen durch beauftragte Rechtsanwälte angefertigten Befragungsprotokollen, CCZ 2011, S. 155

Im Rahmen dieser Anmerkungen zum Beschluss des LG Hamburg wird an diesem zahlreiche Kritik geübt. Um diese zu stützen, wird größtenteils auf Entscheidungen anderer Gerichte Bezug genommen. Für die Benennung der Anforderungen an ein mandatsähnliches Vertrauensverhältnis sind nach Ansicht des Verfassers unter Bezugnahme auf ein Urteil des BGH andere Maßstäbe zu stellen. Den Kritikpunkt der fehlenden oder unzureichenden Verhältnismäßigkeitsprüfung schließt der Autor mit dem Hinweis auf ein Urteil des Bundesgerichtshofes ab. Für die unzureichende Behandlung des nemo-tenetur-Grundsatzes verweist der Autor auf den Gemeinschuldnerbeschluss sowie Urteile von Arbeitsgerichten.[585] Des Weiteren zitiert der Verfasser die von von Galen verfassten Anmerkungen zum Beschluss des LG Hamburg, um deutlich zu machen, dass sich ein schwächerer Schutz des § 97 StPO gegenüber demjenigen des § 160a StPO verbietet.[586]

Die Praxis stützt ihre Meinung ausschließlich auf die Praxis, entweder in Form von aus der Praxis verfassten Aufsätzen oder Gerichtsentscheidungen.

c.) Unternehmensinterne Untersuchungen, DB 2011, S. 1392

Dieser Aufsatz stellt lediglich eine Anleitung zum Umgang mit Internal Investgations dar, wobei Vorbereitung, Durchführung und Nachbereitung besprochen werden. Es mangelt an der Darstellung von Problemen und unterschiedlichen Ansichten, von denen sich die Verfasser einer anschließen. Zur Beantwortung der Frage nach dem Verhältnis kann der Aufsatz daher nicht bzw. nur bedingt herangezogen werden.

d.) Beschlagnahme von Interviewprotokollen nach „Internal Investigations" – HSH Nordbank, NJW 2011, S. 942

In dieser Anmerkung sind keine Fußnoten zu verzeichnen, sodass der erste Eindruck entsteht, dass die Verfasserin nicht auf anderweitige Literatur Bezug nimmt. Anmerkungen sind jedoch im Text der eingefügt, wenngleich es auch lediglich drei Fundstellen sind, die die Verfasserin zitiert. Dies ist zum einen die

---

585 *Fritz*, CCZ 2011, 155 (158/159).
586 *Fritz*, CCZ 2011, 155 (158).

Gesetzesbegründung zur Einführung des neuen § 160a StPO, zum anderen der Gemeinschuldnerbeschluss des BVerfG und die Urteile des LAG Hamm sowie ArbG Saarlouis, deren Meinung sich die Verfasserin anschließt.[587]

Auch hier nimmt die Verfasserin als Rechtsanwältin Bezug auf die Praxis.

e.) Anmerkung zu einer Entscheidung des LG Hamburg – Zur Geltung des Beschlagnahmeverbots für Erkenntnisse, die ein Anwalt im Wege der internen Untersuchungen in einem Unternehmen gewinnt, StV 2011, S. 151

Die Verfasser dieser Anmerkung nehmen zunächst im Rahmen der allgemeinen Einführung Bezug auf die Aussagepflicht und zitieren die Aufsätze von Prof. Brunhöber, GA 2010, S. 571, von den Rechtsanwälten Knauer/Buhlmann, AnwBl. 2010, S. 387, dem Rechtsanwalt und Richter Bittmann/Molkenbur, wistra 2009, S. 373, von Honorarprofessor v. Rosen, BB 2009, S. 606 und Professor und Richter Jahn, StV 2009, S. 41. Im weiteren Verlauf wird die Lage des Mitarbeiters mit derjenigen verglichen, die der Vorschrift des § 97 Abs. 1 S. 3 InsO entspricht, wobei die Verfasser dahingehend die Ansichten der Rechtsanwälte Dann/Schmidt, NJW 2009, S. 1851, der Rechtsanwälte Wastl/Litzka/Pusch, NStZ 2009, S. 68 und von Professor und Richter Jahn, StV 2009, S. 41 teilen.[588]

Bei der Darstellung der unterschiedlich vertretenen Ansichten hinsichtlich der Auslegung des Verhältnisses in § 97 Abs. 1 Nr. 3 StPO wird aus dem Schrifttum Rechtsanwalt Krekeler, NStZ 1987, S. 199, Prof. Amelung, DNotZ 1984, S. 195 und Rechtsanwalt Park zitiert.[589] Die h. L. hat sich mit der Thematik in Person von Prof. Goeckenjan, FS für Samson 2010, S. 641 und durch Prof. Schröder und seine wissenschaftliche Mitarbeiterin Kroke in wistra 2010, S. 466 auseinandergesetzt.[590] Abschließend nehmen die Autoren Bezug auf die Entscheidungen des OLG Celle, NJW 1965, S. 362, LG Bielefeld, StV 2000, S. 12, BGH, NStZ 1997, S. 562, StV 1998, S. 57 sowie diejenige des OLG Koblenz, NStZ

587 *Galen*, NJW 2011, 942.

588 *Jahn/Kirsch*, StV 2011, 151 (152).

589 *Amelung*: Biographie, abrufbar unter https://de.wikipedia.org/wiki/Knut_Amelung (zuletzt geprüft am 24.07.2020); *Park*: Biographie, abrufbar unter https://www.park-wirtschaftsstrafrecht.de/prof-dr-tido-park.html (zuletzt geprüft am 24.07.2020).

590 *Goeckenjan*: Biographie, abrufbar unter ps://www.ruhr-uni-bochum.de/ls-strafrecht/prof/index. html.de (zuletzt geprüft am 24.07.2020); *Schröder*: Biographie, abrufbar unter https://schroeder. jura.uni-halle.de/prof_dr_schroeder/ (zuletzt geprüft am 24.07.2020).

1986, S. 145. Folgen tun sie der erstgenannten Ansicht, die auch von einem Professor vertreten wird.

Bei Betrachtung der in diesem Aufsatz aufgeführten Literatur fällt zum einen auf, dass diese ausführlicher zitiert wird als diejenige im Rahmen der Anmerkung der vorgenannten Verfasserin. Zum anderen wird im Allgemeinen Bezug genommen auf die bisher in den Jahren 2008 bis 2010 veröffentlichte Literatur sowie die unterschiedlich vertretenen Ansichten in Schrifttum, h. L. und Rechtsprechung, mit der sich das LG Hamburg nicht auseinandergesetzt hat. Wenngleich auch insbesondere mit Prof. Brunhöber, Prof. Amelung, Prof. Goeckenjan und Prof. Schröder einige Wissenschaftler unter der zitierten Literatur zu finden sind, bleibt die zitierte Praxis mit ihren Vorschlägen hinsichtlich der Anwendung des § 97 InsO sowie dem Eingriff durch Beschlagnahmeanordnungen in der Überzahl. Bezug genommen wird auch auf die von Prof. Jahn als Hybridtyp vertretene Ansicht. Wenngleich sich die Verfasser einer Ansicht anschließen, die auch von der universitären Wissenschaft getragen wird, verbleibt das Schwergewicht der Publikationen bei der Praxis.

f.) Internal Investigations und Selbstbelastung, StV 2011, S. 381

Der Autor leitet die Diskussion unter Bezugnahme auf die Aussagepflicht des Mitarbeiters ein, die in Wechselwirkung zu den Folgen in einem Strafverfahren steht und weist in diesem Zusammenhang darauf hin, dass es sich um nichtstaatliche Ermittlungen handelt, die nicht als Umgehung des Rechtshilfeersuchens gesehen werden können, wobei er Bittmann/Molkenbur, wistra 2009, S. 373, und v. Rosen, BB 2009, S. 230 Wastl/Litzka/Pusch, NStZ 2009, S. 68 und Knierim StV 2009, S. 324 als Vertreter seiner Ansicht zitiert. Während seiner Darstellung der herrschenden Auffassung hinsichtlich der bestehenden Aussagepflicht eines Mitarbeiters und der Tatsache, dass diese einen Verstoß gegen den nemo-tenetur-Grundsatz darstellen kann, zitiert er die Aufsätze von Prof. Rieble, ZIP 2003, S. 1273, Rechtsanwalt Diller, DB 2004, S. 313, den Rechtsanwälten Göpfert/Merten/Siegrist, NJW 2008, S. 1703, Prof. Jahn, StV 2009, S. 41, der Rechtsanwälte Wastl/Litzka/Pusch, NStZ 2009, S. 68 und dem Oberstaatsanwalt und Richter Bittmann/Molkenbur, wistra 2009, S. 373 sowie die Gemeinschuldnerentscheidung des Bundesverfassungsgerichts BVerfGE 56, 37.[591]

Der Verfasser legt seine Ansicht zum Beweisverwertungsverbot und dessen Fernwirkung unter Zugrundelegung diverser Literatur dar. Dass die

591 *Theile*, StV 2011, 381 (383).

Strafverfolgungsbehörden im Hinblick auf das Legalitätsprinzip ein Strafverfahren durchzuführen verpflichtet sind, und dass anwaltliche Zeugnisverweigerungsrecht aus § 53 Abs. 1 Nr. 3 StPO in der hiesigen Problematik nicht zielführend ist, da für die Anwendbarkeit die Mandatsbeziehung zwischen Rechtsanwalt und Mitarbeiter fehlt, haben bereits der wissenschaftliche Mitarbeiter Böhm, WM 2009, S. 1923, die Rechtsanwälte Wastl/Litzka/ Pusch, NStZ 2009, S. 68 und Rechtsanwalt Pfordte, Festschrift für Strauda, 740 erörtert. Auch der Druck, der auf den Mitarbeitern lastet, reicht nach Ansicht des Verfassers, hier zitiert er den wissenschaftlichen Mitarbeiter Böhm, WM 2009, S. 1923 und den Professor/Richters Jahn, StV 2009, S. 41, nicht aus, um ein Verwertungsverbot zu begründen. Dieses folge vielmehr – insoweit wird auf den Gemeinschuldnerbeschluss BVerfGE 56, 37 sowie auf die Aufsätze der Praktiker Bittmann/Molkenbur, wistra 2009, S. 373, des wissenschaftlichen Mitarbeiters Böhm, WM 2009, S. 1923, der Rechtsanwälte Wastl/Litzka/Pusch, NStZ 2009, S. 68, von Prof. Jahn StV 2009, S. 41 sowie Rechtsanwalt Pfordte Festschrift für Strauda, 740 Bezug genommen – aus Art. 2 Abs. 1, Art. 1 Abs. 1 GG.[592]

Auffallend ist, dass der Verfasser dieses Aufsatzes trotz der Tatsache, dass der Beschluss des LG Hamburg bereits ein Jahr alt ist, keinen Bezug zu diesem herstellt. Es mangelt bereits an jeglicher Diskussion über ein möglicherweise bestehendes Beschlagnahmeverbot. Hinsichtlich der zitierten Aufsätze in Bezug auf die Problematik der Selbstbelastungsfreiheit sowie der Beweisverwertung lässt sich konstatieren, dass überwiegend die in der Literatur aus dem Jahr 2009 aufgeführten Meinungen vertreten und mithin auch zitiert werden. Die Verfasser dieser Meinungen entstammen überwiegend – bis auf Prof. Jahn und Böhm – ausschließlich aus der Praxis mit der Folge, dass dieser die derzeit dominantere Position zukommt und die universitäre Wissenschaft ihr bereits wegen des Schwerpunktes der Veröffentlichung nachgeordnet ist.

g.) Die verfassungskonforme Auslegung des § 97 Abs. 1 Nr. 3 StPO, ZIS 2011, S. 453

Der Verfasser dieses Artikels ist bereits mehrfach mit seinem in StV 2009, S. 41 publizierten Aufsatz zitiert worden. Der hiesige Aufsatz stellt eine Vertiefung desjenigen aus StV 2011 S. 151 dar mit der Folge, dass auf diese Anmerkung des Öfteren Bezug genommen wird.[593] Darüber hinaus zitiert der Verfasser die Anmerkung von von Galen, NJW 2011, S. 942.[594]

---

592 *Theile*, StV 2011, 381 (384/385).

593 *Jahn*, ZIS 2011, 453 (454/455/457/459/460).

594 *Jahn*, ZIS 2011, 453 (454/460).

Um den Meinungsstand zur Problematik darzulegen, verweist der Verfasser auf die im Schrifttum, der Instanzgerichtsbarkeit sowie eines Teils der Wissenschaft vertretenen Ansichten,[595] wobei im weiteren Verlauf seine eigene Ansicht dargelegt und begründet wird. Hierbei wird sowohl auf Bundestagsdrucksachen, als auch auf Entscheidungen des Bundesverfassungsgerichts und weiterer Gerichte sowie Aufsätze von Prof. Amelung oder Rechtsanwalt Krekeler Bezug genommen.[596] Im Rahmen seiner detaillierten Auseinandersetzung mit der im Beschluss des LG Hamburg vertretenen Ansicht ist die Auslegung der Vorschrift des § 97 Abs. 1 Nr. 3 StPO Hauptkritikpunkt dieser Entscheidung. Der Autor arbeitet in seinem Aufsatz mit den gängigen Auslegungsmethoden Wortlaut und Entstehungsgeschichte der Norm und zitiert daher auch die Bundestagsdrucksachen sowie bereits ergangene Entscheidungen und Kommentarliteratur. Neben dem Aufsatz des Prof. Amelung tritt daher die Praxis in Form der Entscheidungen und Veröffentlichungen von Rechtsanwälten in den Mittelpunkt.

h.) Internal Investigations zwischen arbeitsrechtlicher Mitwirkungspflicht und strafprozessualer Selbstbelastungsfreiheit, ZIS 2011, S. 508

Prof. Momsen thematisiert in seinem Aufsatz neben einer allgemeinen Einführung die Verwertbarkeit der durch interne Ermittlungen gewonnenen Beweismittel und diskutiert die Verletzung des nemo-tenetur-Grundsatzes sowie die Verletzung des Rechts auf ein faires Verfahren. In diesem Zusammenhang nimmt er zum einen Bezug auf die Veröffentlichung von Prof. Jahn, StV 2009, S. 41 sowie zum anderen auf den Aufsatz der Rechtsanwälte Knauer/Buhlmann, AnwBl. 2010, S. 387, denen er sich anschließt, als auch denjenigen von Schneider in der NZG 2010, S. 1201. Der Autor des letztgenannten Artikels ist Of-Counsel einer Rechtsanwaltskanzlei und mithin beratend tätig.[597]

Auch in diesem Aufsatz ist keine Bezugnahme auf den Beschluss des LG Hamburg zu verzeichnen. Abwechselnd wird auf die Veröffentlichungen von Prof. Jahn und Knauer/Buhlmann Bezug genommen, wobei sich Letzteren und mithin den Praktikern angeschlossen wird.[598]

595 *Jahn*, ZIS 2011, 453 (454).

596 *Jahn*, ZIS 2011, 453 (455/456/458–460).

597 *Momsen*, ZIS 2011, 508 (512–516); *Schneider*: Biographie, abrufbar unter https://schmitzpartner-ffm.de/de/team/prof-uwe-schneider/ (zuletzt geprüft am 24.07.2020).

598 *Momsen*, ZIS 2011, 508 (513–516).

i.) Unternehmensinteresse und Beschuldigtenrechte bei Internal Investigations, CCZ 2012, S. 1

Im Rahmen dieses Aufsatzes schließt sich der Verfasser zur Begründung der Auskunftsplicht der von Böhm, WM 2009, S. 1923, Bittmann/Molkenbur, wistra 2009, S. 373 und Theile, StV 2011, S. 381 vertretenen Ansicht an, wobei er auch auf die Gegenansicht von Jahn, StV 2009, S. 41 Bezug nimmt. Bezüglich der Verwertbarkeit wird auf die Veröffentlichungen von Theile und Bittmann/Molkenbur sowie Wastl/ Litzka/Pusch, NStZ 2009, S. 68 verwiesen, wobei er bezüglich des Verwendungsverbotes die Ansicht von Theile zustimmt. Auf Grund der Tatsache, dass Theile Professor und Böhm wissenschaftlicher Mitarbeiter ist, nimmt der Verfasser dieses Artikels überwiegend auf die Wissenschaft Bezug, gleichwohl er selbst ausschließlich in der Praxis tätig ist. Hier zitiert daher die Praxis die Wissenschaft.

j.) Die Verwertung unternehmensinterner Untersuchungen – Aufgabe oder Durchsetzung des Legalitätsprinzips, Festschrift für Roxin 2012, S. 537

Die Verfasserin verweist im Hinblick auf die Auskunftspflicht auf die Rechtsprechung des LAG Hamm, den Aufsatz von Bittmann, Molkenbur, wistra 2009, S. 373 sowie auf die Tatsache, dass diese Frage vom LG Hamburg in seinem Beschluss offengelassen worden ist. Unter Hinzuziehung des Beschlusses und Knauer/Buhl-mann, AnwBl. 2010, S. 387, Bittmann/Molkenbur, wistra 2009, S. 373, Böhm, WM 2009, S. 1923, Wastl/Litzka/Pusch, NStZ 2009, S. 68 und Theile, StV 2011, S. 381 stellt die Verfasserin den unterschiedlichen Meinungsstand zwischen Rechtsprechung und Literatur dar, wobei sie wegen des Arguments der Freiwilligkeit dem LG Hamburg Zustimmung erteilt. Eine differenziert vom sonstigen Zivilprozess und der damit verbundenen Risikolage der Parteien zu betrachtende Zwangslage kann sie – ebenso wir das LG Hamburg – nicht verzeichnen mit der Folge, dass sie sich der Ansicht des LG Hamburg und mithin der Rechtsprechung anschließt. Für den Fall, dass mit der Gegenansicht[599] wegen des Verstoßes gegen nemo-tenetur oder den Grundsatz fairen Verfahrens ein Verwertungsverbot angenommen wird, ist eine Fernwirkung dessen hingegen zu verneinen. Hier zitiert eine Praktikerin daher die Praxis.

599 *Bittmann/Molkenbur*, wistra 2009, 373; *Knauer/Buhlmann*, AnwBl. 2010, 387.

k.) Probleme und Strategien der Compliance-Begleitung in Unternehmen, StV 2012, S. 116

Im Zusammenhang mit ihrem Artikel verweist die Verfasserin auf bereits bekannte Literatur, um die von ihr vertretene Ansicht zu untermauern. Oft wird Bezug genommen auf den Beschluss des LG Hamburg, wobei die dort vertretene Ansicht zum Anlass genommen werden soll, die von von Galen, NJW 2011, S. 942 geübte Kritik und die von Jahn, StV 2009, S. 41 vertretene Ansicht darzustellen. Dieser wird sich sodann – entgegen der Ansicht des LG Hamburg – angeschlossen. Dies hat zur Folge, dass die Verfasserin der Ansicht der o.g. Autoren zustimmt und ein Verwertungsverbot annimmt. Sie zitiert in diesem Zusammenhang auch den Gemeinschuldnerbeschluss des BVerfG und sieht eine deutliche Parallele zwischen den Interessen des Gläubigers und denjenigen des Arbeitnehmers, die der Staat nicht für die Strafverfolgung missbrauchen darf.[600] Die Praktikerin schließt sich daher der Ansicht der Praxis sowie eines Hybridtypen an.

l.) Keine Beschlagnahmefreiheit für Unterlagen eines mit internen Ermittlungen beauftragten Rechtsanwalts, StV 2012, S. 277

Der Autor nimmt im Rahmen seiner Veröffentlichung auf den Beschluss des LG Hamburg, dessen Kommentierung von Jahn/Kirsch, StV 2011, S. 151 und v. Galen, NJW 2011, S. 942 sowie die Aufsätze von Theile, StV 2011, S. 381 und Rudkowski, NZA 2011, S. 612 Bezug. An unterschiedlichen Stellen des Beitrages stimmt der Verfasser der Ansicht des LG Hamburgs insbesondere dahingehend zu, dass ein Schutz der Mitarbeiter nicht anzunehmen ist, da es an einem mandatsähnlichen Vertrauensverhältnis scheitert. Eine Verletzung des nemotenetur-Grundsatzes sieht er, ebenso wie das LG Hamburg und Jahn/Kirsch, nicht und vertritt damit ebenso die vom Gericht veröffentlichte Ansicht. Auch hinsichtlich der Auslegung des § 97 Abs. 1 Nr. 3 StPO stimmt der Autor Jahn/Kirsch, StV 2011, S. 151 zu, dass diese nach Historie, Systematik etc. vorzunehmen ist. Er schließt sich daher sowohl der Praxis als auch einem Hybridtypen an.

600 *Roxin*, StV 2012, 116 (119/120).

m.) Internal Investigations (Unternehmensinterne Ermittlungen) – status quo, WiJ 2012, S. 17

Der Autor dieses Artikels nimmt im Rahmen seiner Ausführungen zum status quo Bezug auf die Aufsätze von Bittmann/Molkenbur, wistra 2009, S. 373, die Rechtsprechung des LAG Hamm sowie ArbG Saarlouis, die kritischen Anmerkungen zum Beschluss des LG Hamburg durch von Galen, NJW 2011, S. 942, den Beschluss des LG Hamburg, 608 Qs 18/10 sowie allgemeine BGH Rechtsprechung. Ein Anschluss an eine der Ansichten ist hingegen nicht zu verzeichnen, sodass fraglich ist, inwiefern sich die dem Vorhaben zugrundeliegende Fragestellung mit Hilfe dieses Beitrages beantworten lässt.

4.) Zwischenergebnis

Bei Betrachtung der durchsuchten Literatur wird zunächst deutlich, dass es, obwohl seit Veröffentlichung des Beschlusses des LG Hamburg bereits über ein Jahr vergangen ist, Publikationen gibt, die weder den Beschluss an sich, noch die dort vertretene Rechtsauffassung erwähnen. Andere wiederum, setzen sich detailliert mit der Entscheidung auseinander, wobei manche zustimmend, andere Kritik übend, replizieren. Dies hat zur Folge, dass sich die Aufsätze auch inhaltlich unterscheiden, wobei diese zum Teil stark an diejenigen – erschienen im Jahr 2009 – angelehnt und diesen mithin in Aufbau und Inhalt ähnlich sind. Im Großen und Ganzen lassen sich die Veröffentlichungen in zwei Kategorien einteilen – diejenigen, die auf den Beschluss des LG Hamburg Bezug nehmen und diesen kritisieren oder ihm zustimmen und diejenigen, bei denen der Beschluss keine Erwähnung findet. Diese behandeln die Thematik der Internal Investigations jedoch ausführlich, wobei neben der Auskunftspflicht und Selbstbelastungsfreiheit – und dies haben viele der genannten Artikel gemein – auf die mangelnde Vereinbarkeit mit den Grundrechten des Mitarbeiters als Interviewten abgestellt wird. In einem Artikel wird überdies auf die Diskussion des Strafrechtsausschusses der Bundesrechtsanwaltskammer verwiesen, im Rahmen derer Thesen erstellt worden sind, die dem Unternehmensanwalt, der die Untersuchungen durchführt, einen Leitfaden an die Hand geben, damit eine Sicherung der Rechte der Interviewten erreicht werden kann. Bei Betrachtung der vier Anmerkungen zum Beschluss des LG Hamburg fällt auf, dass in drei Veröffentlichungen Kritik an der Entscheidung des Gerichts geübt wird, wobei die Argumentation eine unterschiedliche, das Ergebnis hingegen dasselbe ist. Nach Ansicht aller Anmerkenden darf der Mitarbeiter nicht schutzlos gestellt werden, weil eine Schieflage existiert, bei der der Rechtsanwalt zur Wahrung der Geheimnisse seiner Mandanten verpflichtet ist, eine Beschlagnahme der Unterlagen allerdings insoweit erfolgen darf, als dass sein Mandant nicht Beschuldigter in einem Strafverfahren ist. Im Rahmen der Anmerkungen wird insbesondere der Umgang des Gerichts mit § 97 Abs. 1 S. 3 StPO kritisiert, da weder Wortlaut noch Zweck der Vorschrift die Begründung des Gerichts rechtfertigen. Dass die Annahme eines Zeugnisverweigerungsrechts des Rechtsanwalts gemäß § 53 StPO und das damit einhergehende Beschlagnahmeverbot des § 97 Abs. 1 Nr. 3 StPO von einem Vertrauensverhältnis zwischen dem Mandant als Beschuldigten und seinem Rechtsanwalt abhängig ist und sich nicht auch auf das Vertrauensverhältnis eines Rechtsanwalts zu einem nichtbeschuldigten Zeugen erstreckt, wird zwar zum Teil in der Rechtsprechung vertreten, jedoch verweisen die Verfasser der Anmerkungen auf die im Schrifttum vertretene Ansicht, dass ein solches zwischen Rechtsanwalt und Zeugen ausreichend ist. Dabei wird kritisiert, dass sich das LG Hamburg mit der Ansicht nicht auseinandergesetzt bzw. diese nicht einmal Erwähnung gefunden hat. Zur Begründung wird angeführt, dass das Wort „Beschuldigter" in § 97 Abs. 1 Nr. StPO nicht existiert. Auch die Entstehungsgeschichte der Vorschrift lässt keine andere Bewertung zu. Diese wurde eingeführt, um das Zeugnisverweigerungsrecht nicht durch die Beschlagnahmeanordnung unumgänglich zu machen. Im Übrigen stehen die Grundrechte des Mitarbeiters ohnehin über dessen Aussagepflicht. Ein Beschlagnahmeverbot ist daher anzunehmen. Lediglich im Rahmen der vierten Anmerkung[601] wird die Ansicht des LG Hamburg gestützt, wobei zeitgleich festgestellt werden kann, dass der Autor die Untersuchungen an sich nicht für schutzwürdig hält und – wenn auch vorsichtig – als deren Gegner eingestuft werden kann. Zu dem entgegenstehenden Ergebnis, dass der Schutz des Mitarbeiters vor Selbstbezichtigung gewährleistet werden muss, kommen auch diejenigen Verfasser, in deren Aufsätzen kein Bezug zum Beschluss des LG Hamburg genommen wird. Ähnlich der Literatur aus dem Jahr 2009 argumentieren diese mit der Annahme eines Beweisverwertungsverbotes auf Grund Verletzung des nemo-tenetur-Grundsatzes aus Art. 2 Abs. 1, Art. 1 Abs. 1 GG, damit dieser nicht zur Hülle ohne Inhalt wird oder auf Grund der Verletzung des Rechts auf ein faires Verfahren. Es lässt sich bei Betrachtung der Literatur daher konstatieren, dass auch nach Veröffentlichung der Entscheidung weiterhin der Schutz des Mitarbeiters und sein Recht auf Selbstbelastungsfreiheit im Vordergrund der Argumentation stehen. Um dieses zu erreichen, werden zum Teil Lösungen auf der prozessualen, teilweise auch auf der Ebene der Durchführung vorgeschlagen, wobei wiederum andere

601 *Bauer*, StV 2012, 277.

lediglich den status quo zusammenfassen und mithin keine eigenen Lösungswege entwickeln oder sich einer Ansicht anschließen.

Nach der Analyse der Verfasser ist festzuhalten, dass diese überwiegend aus dem Bereich der Praxis stammen, wobei es größtenteils Rechtsanwälte sind, die sich täglich im Rahmen der Strafverteidigung oder der arbeitsrechtlichen Beratung von Unternehmen mit der Thematik der Internal Investigations auseinandersetzen. Lediglich Prof. Theile, Prof. Momsen und Prof. Jahn sind in der Wissenschaft tätig, wobei ersterer dieser Tätigkeit ausschließlich nachkommt und die beiden letztgenannten daneben Strafverteidiger und Richter und mithin Hybridtypen sind.

Hinsichtlich der zitierten Literatur ist insbesondere im Hinblick auf die Anmerkungen zum Beschluss des LG Hamburg zu beobachten, dass die Praxis die Praxis zitiert. In diesem Zusammenhang wird neben Gesetzesbegründungen und Rechtsprechung überdies auf den Gemeinschuldnerbeschluss des BVerfG Bezug genommen, der auch in den übrigen Veröffentlichungen immer wiederkehrend thematisiert wird. Des Weiteren nehmen die Verfasser der Anmerkungen zum Teil zu den anderen Anmerkungen Stellung. Auffällig ist, dass die Veröffentlichungen der Jahre vor dem Beschluss, insbesondere das Jahr 2009, wenig zitiert werden, wenn jedoch Bezug auf eine solche genommen wird, es diejenige von Prof. Jahn[602] ist. Schließlich ist festzustellen, dass, obwohl die Entscheidung bereits im Jahr 2010 veröffentlicht worden ist, im Jahr 2011 trotzdem Aufsätze erschienen sind, die den Beschluss des LG Hamburg nicht thematisieren. Ein Anschluss erfolgt überwiegend an die Ansicht der Praxis sowie derjenigen von Hybridtypen.

Abschließend lässt sich für die dem Promotionsvorhaben zugrundeliegende Fragestellung konstatieren, dass auch in diesem Zeitabschnitt ein Schwergewicht der Publikationen der Praktiker zu verzeichnen ist. Dies hat zu Folge, dass der universitären Wissenschaft eine nachgeordnete Stellung zukommt. Gleiches gilt für die in den vorstehend untersuchten Aufsätzen zitierte Literatur. Anzumerken ist, dass der Hybridtyp Prof. Jahn, wenn auch nicht immer im Rahmen der Zustimmung, stetig Berücksichtigung findet.

602 *Jahn*, StV 2009, 41.

V. Beschlüsse der Landgerichte Mannheim und Bonn - 2012

Nachdem im Jahr 2010 der erste Beschluss des LG Hamburg veröffentlicht worden ist und zahlreiche negative Kritik erfahren hat, hatten sich die Landgerichte Bonn und Mannheim erneut mit dem Beschlagnahmeverbot von Verteidiger- oder Anwaltskorrespondenz auseinanderzusetzen. Der Verfasserin stellt sich nunmehr die Frage, ob die bisher untersuchte Literatur sowie der Beschluss des LG Hamburg in den Entscheidungen der Landgerichte Bonn und Mannheim Berücksichtigung finden oder sogar darauf aufbauen oder ob die Gerichte eine eigene Ansicht vertreten und weder auf die bisher veröffentlichte Literatur noch auf die bereits ergangene Entscheidung Bezug nehmen.

1.) Landgericht Bonn - 27 Qs 2/12

Unter dem Aktenzeichen 27 Qs 2/12 hat das Landgericht Bonn am 21. Juni 2012 beschlossen, dass die Beschwerde der Beschwerdeführerin gegen den Beschluss des Amtsgerichts Bonn als unbegründet verworfen und die weitergehenden Anträge der Beschwerdeführerin zurückgewiesen werden.

Die Beschwerdeführerin ist ein Tochterunternehmen der Firma S, das im Vertrieb von Matratzen und Lattenrosten tätig ist, wobei der Mutterkonzern einen bei der Matratzenproduktion eingesetzten Rohstoff produziert. Wegen des Verdachts von getroffenen Preisabsprachen, Aufteilung von Marktanteilen sowie dem Austausch von sensiblen Daten zwischen Herstellern und Lieferanten des Rohstoffes im Gebiet des Europäischen Wirtschaftsbereichs führte die Europäische Kommission ein kartellrechtliches Ermittlungsverfahren, bei dem sie einen Durchsuchungsbeschluss gegen den Mutterkonzern erließ, der sodann die Rechtsanwälte der Kanzlei T3 mit der kartellrechtlichen Beratung beauftragte. Der Mutterkonzern informierte gruppenangehörige Unternehmen sodann darüber, dass die Anwaltskanzlei T3 mit internen Untersuchungen aller Geschäftsvorgänge der Gruppe beauftragt worden ist und diese Untersuchung die Führung von Gesprächen mit Mitgliedern aus dem Management beinhaltete. In diesem Zusammenhang ist ein Gespräch mit dem Geschäftsführer geführt worden, dessen Ergebnis in einem Vermerk (Dokument 1) gespeichert worden ist.

Gegen die Beschwerdeführerin wurde durch C2 eine Klage vor dem Landgericht E wegen vertikaler Kartellrechtsverstöße erhoben, wobei diese den Mutterkonzern vor dem Hintergrund der Untersuchungen darüber in Kenntnis setzte. Die hatte zur Folge hatte, dass die Anwälte der T3 auch mit dem Geschäftsführer der Beschwerdeführerin ein Gespräch führten, dessen Ergebnis sodann in einem Vermerk (Dokument 2) gespeichert worden ist.

Im Folgenden soll auf den Inhalt des Beschlusses, insbesondere auf die rechtliche Bewertung eingegangen werden, wobei auf die behaupteten kartellrechtlichen Verstöße nicht im Detail eingegangen werden soll, da diese für das Promotionsvorhaben nicht von Bedeutung sind.

a.) Inhalt und Rechtsauffassung

Grundlage des Beschlusses des LG Bonn war ein vom Bundeskartellamt gegen die Beschwerdeführerin eingeleitetes Bußgeldverfahren wegen des Verdachts der Absprache bzgl. wettbewerbsbeschränkender Vereinbarungen über Mindestpreise beim Wiederverkauf von Matratzen. Die Beschwerdeführerin soll an diesen Absprachen beteiligt gewesen sein. Der Durchsuchungsbeschluss ist durch das AG Bonn im Juli 2011 erlassen und sodann im August 2011 vollstreckt worden, wobei zahlreiche Unterlagen gefunden worden sind. Nach Widerspruch durch die Beschwerdeführerin bestätigte das AG Bonn die Durchsuchung. Hiergegen wandte sich die Beschwerdeführerin mit ihrer Beschwerde. Diese wurde seitens der Beschwerdeführerin damit begründet, dass es sich bei den Dokumenten 1, 2 um Korrespondenz zwischen Rechtsanwalt und Mandant handele, wobei hier nicht von Bedeutung sei, dass diese Dokumente im Zusammenhang mit dem Ermittlungsverfahren der Europäischen Kommission und dem Zivilverfahren vor dem LG E erstellt worden sind. Des Weiteren seien die genannten Dokumente wegen § 148 StPO beschlagnahmefrei. Im Übrigen verstoße die Beschlagnahme gegen den effet utile und sei auf Grund des EU-rechtlichen Anwaltsprivilegs sowieso beschlagnahmefrei.

Nach der vom Gericht vertretenen Ansicht ist die Beschwerde zwar zulässig, jedoch unbegründet, da das Amtsgericht Bonn die durchgeführte Beschlagnahme zu Recht bestätigt hat. Ein Beschlagnahmeverbot steht dem nicht entgegen.[603]

Wie bereits das LG Hamburg in seinem Beschluss im Jahr 2010, vertritt auch das LG Bonn die Ansicht, dass nach §§ 97 Abs. 1 Nr. 1, 53 Abs. 1 S. 1 StPO Mitteilungen zwischen dem Beschuldigten und seinem Verteidiger oder sonstigem Rechtsanwalt beschlagnahmefrei sind, die Regelung des § 97 Abs. 1 Nr. 1 StPO allerdings – entgegen ihrem umfassenden Wortlaut – nicht das allgemeine Zeugnisverweigerungsrecht des Rechtsanwalts aus § 53 StPO wiederspiegelt,

603 *LG Bonn – Beschl. v. 21.06.2012 – 27 Qs 2/12.*

sondern lediglich das Vertrauensverhältnis des Beschuldigten im Strafverfahren zu einem vom ihm in Anspruch genommenen Zeugnisverweigerungsberechtigten. Lediglich dieses ist auch durch das Beschlagnahmeverbot geschützt. Auch das LG Bonn zitiert die vom LG Hamburg gewählte Kommentarliteratur, wobei eine Veröffentlichung aus dem Jahr 2012 hinzutritt.[604]

Die Kommentierung aus Meyer-Goßner stammt von Dr. Bertram Schmitt, der seinerzeit Richter am Internationalen Strafgerichtshof, Richter am Bundesgerichtshof sowie Honorarprofessor an der Universität Würzburg war. Armin Nack kommentierte selbiges im Karlsruher Kommentar. Er war zum Zeitpunkt des Beschlusses Vorsitzender Richter am 1. Strafsenat des BGH. In der Zeit von 1996 bis 2002 hatte dieses Amt Gerhard Schäfer inne, der sodann in den Ruhestand getreten ist und nach seiner Zeit als Vorsitzender Richter nicht nur geschäftsführender Herausgeber der Juristischen Rundschau gewesen ist, sondern auch Leiter der Untersuchungskommission, die die Arbeit des Verfassungsschutzes und der Polizei kontrolliert. Die Verfasser Polley, Kuhn und Wegmann sind allesamt in der Praxis tätig, wobei die Erstgenannten Rechtsanwälte, der Letztgenannte Legal Counsel bei der Goodyear GmbH ist.[605]

Anders als das LG Hamburg nimmt das LG Bonn das Beschlagnahmeverbot lediglich dann an, wenn sich die Unterlagen des Verteidigers oder Rechtsanwalts auch in dessen Gewahrsam befinden. Ist dies zu verneinen und befinden sich die Unterlagen beim Beschuldigten, ist ein Beschlagnahmeverbot nur dann anzunehmen, wenn es sich um Verteidigerunterlagen i.S.d. § 148 StPO handelt, wobei sich der Schutz sodann aus Art. 2 Abs. 1 GG i.V.m. Art. 20 Abs. 3 GG, Art. 6 Abs. 3 EMRK ergibt. Diese Ansicht vertritt das LG unter Zitierung der Rechtsprechung vom OLG München, NStZ 2006, S. 300, BVerfG NStZ 2002, S. 377,

---

604 *Greven*, in: *Hannich* (Hrsg.), Karlsruher Kommentar zur Strafprozessordnung, 8. Auflage: § 97, Rn. 1; *Polley/Kuhn/Wegmann*, KSzW 2012, 206; *Schäfer*, in: *Erb/Esser/Franke u. a.* (Hrsg.), Löwe-Rosenberg, Die Strafprozessordnung und das Gerichtsverfassungsgesetz, 26. Auflage, Band 3: § 97, Rn. 21; *Schmitt*, in: *Meyer-Gossner/Schmitt* (Hrsg.), Strafprozessordnung, 63. Auflage: § 97, Rn. 10.

605 *Nack*: Biographie, abrufbar unter https://juris.bundesgerichtshof.de/cgi-bin/rechtsprechung/docu-ment.py?Gericht=bgh&Art=pm&Datum=2013-4&nr=63954&pos=1&anz=26 (zuletzt geprüft am 24.07.2020); *Schäfer*: Biographie, abrufbar unter https://de.wikipedia.org/wiki/Ger-hard_Sch%C3%A4fer_(Richter) (zuletzt geprüft am 24.07.2020); *Wegmann*: Biographie, abrufbar unter https://www.rws-seminare.de/referenten/henning-wegmann/ (zuletzt geprüft am 24.07.2020); *Polley*: Biographie, abrufbar unter https://www.clearygottlieb.com/professionals/romina-polley (zuletzt geprüft am 24.07.2020).

BGH NJW 1998, S. 1963 sowie der bereits genannten Kommentierung aus dem Karlsruher Kommentar.[606]

Vom Begriff der Verteidigungsunterlagen sind neben schriftlicher Korrespondenz zwischen dem Beschuldigten und seinem Verteidiger auch Aufzeichnungen des Beschuldigten umfasst, die dieser auf Grund der gegen ihn erhobenen Vorwürfe zum Zwecke seiner Verteidigung gefertigt hat. Eine Beschlagnahmefreiheit kann lediglich dann angenommen werden, wenn gegen den Beschuldigten bereits ein Ermittlungsverfahren eingeleitet ist und zwischen ihm und dem Rechtsanwalt ein Verteidigungsverhältnis besteht, da der freie Verkehr gemäß § 148 Abs. 1 StPO erst ab diesem Zeitpunkt gewährleistet wird. Um dies zu bejahen, sind Erteilung und Annahme eines Mandates erforderlich sowie die Tatsache, dass die Strafverfolgungsbehörde Maßnahmen eingeleitet hat, aus denen ein Handeln gegen den Beschuldigten erkennbar ist und die Behörde diesem als solchen gegenübertritt. Das Gericht nimmt hier Bezug auf die Kommentierung zu § 148, Rn. 4 in Meyer-Goßner sowie diejenige von Laufhütte im Karlsruher Kommentar, § 148 Rn. 4/5 und BGH NStZ 1998, S. 309, NStZ 1992, S. 294.

Das LG Bonn hat unter Zugrundelegung des Vorgenannten sowohl für die Unterlagen als auch für die Dokumente 1 und 2 eine Beschlagnahmefreiheit verneint. Hinsichtlich der ersten Gruppe handelt es sich nach Ansicht des Gerichts nicht um Unterlagen, die die Beschwerdeführerin zum Zwecke ihrer Verteidigung erstellt hat, da diese lediglich im Rahmen von Zivilverfahren zur Aufdeckung von Wettbewerbsverstößen erstellt worden sind. In Bezug auf die Dokumente 1 und 2 war eine Beschlagnahmefreiheit aus diversen Gründen zu verneinen. Zum einen, weil Auftraggeber der Untersuchung der Mutterkonzern der Beschwerdeführerin gewesen ist und damit nicht automatisch ein Verteidigungsmandat auch für das Tochterunternehmen einhergeht. Dies ergebe sich insbesondere aus der von dem Mutterkonzern überschriebenen Vollmacht, der Bezugnahme auf die Europäische Kommission sowie der Tatsache, dass die Dokumente zeitlich weit vor Verfahrenseinleitung des hiesigen Falles erstellt worden sind. Zum anderen, weil auch die Argumentation der Beschwerdeführerin, dass die Dokumente zwar für ein anderes Verfahren erstellt worden sind, jedoch im Kern beide denselben Sachverhalt betreffen und sich daraus die Beschlagnahmefreiheit ergibt, nach Ansicht des Gerichts fehl schlägt, da das BVerfG bereits im Jahr 2009 entschieden hat, dass von § 148 Abs. 1 StPO nur Schriftstücke umfasst sein sollen, die unmittelbar das Strafverfahren betreffen.[607] Auch der europarechtliche effet

606 *LG Bonn – Beschl. v. 21.06.2012 – 27 Qs 2/12.*

607 *BVerfG – Beschl. v. 13.10.2009 – 2 BvR 256/09; LG Bonn – Beschl. v. 21.06.2012 – 27 Qs 2/12.*

utile gebietet keine andere Auslegung, wenngleich eine Beschlagnahmefreiheit in bestimmten Fällen auf gemeinschaftsrechtlichen Grundsätzen des Schutzes der Vertraulichkeit zwischen Rechtsanwalt und Mandant beruhen kann, der sich sodann aus Art. 6 Abs. 1, 3 EMRK, dem Recht auf ein faires Verfahren, ergibt. Die für die Annahme des Schutzes notwendige Voraussetzung, dass der Schriftwechsel, der von unabhängigen, d.h. nicht mit dem Mandanten durch einen Dienstvertrag verbundenen Rechtsanwälten, ausgeht, mit der Ausübung des Rechts des Mandanten auf Verteidigung in Zusammenhang steht, liegt nach vom LG Bonn vertretener Rechtsauffassung nicht vor. Dies beruht auf dem Umstand, dass zwischen der Beschwerdeführerin und den Rechtsanwälten der vom Mutterkonzern beauftragten T3 Kanzlei kein Mandatsverhältnis besteht und diese mithin für die Beschwerdeführerin zwar Dritte, aber weder als Verteidiger, noch als Mandant tätig sind.[608]

Im Beschluss des LG Bonn wird, gleich der vom LG Hamburg vertretenen Rechtsauffassung, eine Beschlagnahmefreiheit der im Rahmen der Internal Investigations erarbeiteten Unterlagen verneint, wenngleich die Entscheidungen auch unterschiedlich begründet werden.

b.) Herleitung der vom Gericht vertretenen Auffassung

Der Verfasserin stellt sich nunmehr die Frage, ob und wenn ja, inwiefern die untersuchten Veröffentlichungen oder auch der Beschluss des LG Hamburg aus dem Jahr 2010 die Entscheidung des LG Bonn beeinflusst haben. Hierbei sollen nicht lediglich die letzten Veröffentlichungen aus dem Jahr 2011, sondern auch diejenigen aus den Vorjahren Berücksichtigung finden. Im Folgenden werden zunächst in gebotener Kürze die in den Veröffentlichungen 2008 bis 2010 vertretenen Rechtsauffassungen dargestellt, um sodann auf diejenige des Landgerichts Hamburg und der Veröffentlichungen der Jahre 2011/2012 bis zum Beschluss des Landgerichts Bonn 2012 einzugehen und miteinander zu vergleichen.

aa.) Replik einzelner Segmente vorangegangener Veröffentlichungen

Auf Grund der Vielzahl an Literatur werden nachfolgend lediglich einige bedeutende Ansichten dargestellt, um den historischen Ablauf der Rechtsauffassungen nachvollziehen zu können.

In den Veröffentlichungen der Jahre 2009 und 2010 wird bis auf eine Ausnahme ausschließlich die strafprozessuale Verwertbarkeit diskutiert und dabei

608 *LG Bonn – Beschl. v. 21.06.2012 – 27 Qs 2/12.*

unterschiedliche Ansichten vertreten sowie unterschiedliche Begründungen herangezogen. Während Dann/Schmidt und Wastl/Litzka/Pusch bei einer Aussagepflicht des Arbeitnehmers eine Verletzung der Selbstbelastungsfreiheit mit der Folge eines Verwertungsverbotes bejahen,[609] geht Jahn nicht von einer Aussagepflicht aus, nehmen Bittmann/Molkenbur generell ein Verwertungsverbot an, weil der Mitarbeiter im Arbeitsverhältnis aus Angst vor Kündigung zur Aussage gezwungen ist,[610] lehnen Knauer/Buhlmann eine Verletzung des nemo-tenetur-Grundsatzes wegen mangelnder staatlicher Veranlassung generell ab und stützen ein Verwertungsverbot auf die Verletzung des Fairnessgebotes und diskutiert Böhm ausführlich über die analoge Anwendung des § 97 InsO, aus dem er ein Verwertungsverbot herleitet.[611] Knierim hingegen thematisiert bereits in seinem Aufsatz die Beschlagnahmefähigkeit der aus den Untersuchungen resultierenden Unterlagen und lehnt eine Beschlagnahmefreiheit für diesen Fall ab, da die §§ 53, 53a, 97 StPO auf diese Fälle nicht anwendbar sind, in denen die Dokumentation auf Grund von Organisations-, Rechenschafts- oder Informationspflichten herrührt.[612]

Der Beschluss des LG Hamburg aus dem Jahr 2010 thematisiert ausschließlich die Beschlagnahmefähigkeit, ohne auf eine Aussagepflicht der Mitarbeiter oder ein eventuell bestehendes Beweisverwertungsverbot näher und detaillierter einzugehen. Mit kurzer Begründung wird das Bestehen eines Beschlagnahmeverbotes aus §§ 97 Abs. 1 Nr. 3, 53 Abs. 1 Nr. 3 StPO verneint, weil das Vertrauensverhältnis zwischen dem Beschuldigten und seinem ausgewählten Verteidiger maßgeblich ist und zwischen dem Mitarbeiter und dem Interviewer kein mandatsähnliches Vertrauensverhältnis besteht. Des Weiteren verneint das Gericht einen Konflikt zwischen einer Auskunftspflicht und dem nemo-tenetur-Grundsatz, weil dieser lediglich den Staat bindet und unternehmensinterne Untersuchungen privater Natur sind. Darüber hinaus ist auch eine Unverhältnismäßigkeit nach der besonderen Prüfung des § 160a StPO zu verneinen, da es einer solchen nicht bedarf, weil nach der vom Gericht vertretenen Ansicht die Regelung des § 97 StPO derjenigen des § 160a StPO im Rahmen der Spezialität vorgeht.[613]

---

609 *Dann/Schmidt*, NJW 2009, 1851; *Wastl/Litzka/Pusch*, NStZ 2009, 68.

610 *Jahn*, StV 2009, 41; *Bittmann/Molkenbur*, wistra 2009, 373.

611 *Böhm*, WM 2009, 1923; *Knauer/Buhlmann*, AnwBl. 2010, 387.

612 *Knierim*, StV 2009, 324.

613 *LG Hamburg – Beschl. v. 15.10.2010 – 608 Qs 18/10.*

Ignor thematisiert in seinem Aufsatz den nemo-tenetur Grundsatz und das Allgemeine Persönlichkeitsrecht und sieht beide als schützenswert an mit der Folge, dass die Thesen des Strafrechtsausschusses der Bundesrechtsanwaltskammer entwickelt wurden, die den Schutz des Aussagenden berücksichtigen.[614]

Fritz übt in seiner Veröffentlichung harte Kritik an dem Beschluss des LG Hamburg und sieht insbesondere die Verkennung des nemo-tenetur-Grundsatzes als gravierend an, weil ein Arbeitnehmer zur Finanzierung des Lebensunterhaltes und nicht lediglich freiwillig arbeiten geht. Darüber hinaus kritisiert er die Auslegung der Vorschrift des § 97 StPO sowie sämtliche Begründungen zur Verneinung des Vertrauensverhältnisses zwischen Aussagendem und Befragendem sowie zur Verhältnismäßigkeitsprüfung im Rahmen des § 160a StPO.[615]

Neben Fritz äußern sich auch von Galen sowie Jahn/Kirsch kritisch zu der Entscheidung des LG Hamburg. Auch ihrer Ansicht nach ist das Allgemeine Persönlichkeitsrecht schützenswert und im Beschluss zu wenig berücksichtigt. Des Weiteren hat sich das Gericht nicht hinreichend mit den bezüglich der Anwendung des § 97 StPO vertretenen Ansichten auseinandergesetzt und unerwähnt gelassen, dass der BGH in zwei Entscheidungen seine Meinung offengelassen hat. Die vom Gericht vertretene Auffassung steht nach Ansicht der Verfasser im Widerspruch zum Gemeinschuldnerbeschluss und ist – kommt es zu einer Lösung ohne Verwertungs- oder Beschlagnahmeverbot – verfassungswidrig. Der Gesetzgeber ist daher angehalten, eine einheitliche und alle Interessen sowie schützenswerte Rechtspositionen berücksichtigende Lösung zu finden.[616]

Theile, Jahn und Momsen argumentieren ähnlich der Veröffentlichungen der Jahre 2009/2010. Ein Beweisverwertungsverbot ist gegebenenfalls aus Art. 2 Abs. 1, 1 Abs. 1 GG anzunehmen, da andernfalls der nemo-tenetur-Grundsatz zur Hülle ohne Inhalt würde. Darauf abgestellt, dass der Grundsatz der Selbstbelastungsfreiheit lediglich auf staatliche, nicht aber private Verfahren anwendbar ist, ist ein Mitarbeiter in seinem Recht auf ein faires Verfahren verletzt, sodass aus diesem Grund ein Verwertungsverbot anzunehmen ist.[617]

bb.) Parallele zur Beschlussbegründung

Im Folgenden soll das Vorgenannte mit der vom Landgericht Bonn vertretenen Rechtsansicht verglichen werden. Hierbei ist für das Promotionsvorhaben

614 *Ignor*, CCZ 2011, 143.
615 *Fritz*, CCZ 2011, 155.
616 *Jahn/Kirsch*, StV 2011, 151; *Galen*, NJW 2011, 942.
617 *Jahn*, ZIS 2011, 453; *Theile*, StV 2011, 381; *Momsen*, ZIS 2011, 508.

insbesondere von Bedeutung, ob die vom Gericht vertretene Auffassung mit der des LG Hamburg oder eines Verfassers der bereits veröffentlichten Artikel übereinstimmt oder ob das LG Bonn eine differenzierende Ansicht vertritt.

Festgehalten werden kann auch hier, wie bereits bei Vergleich des Beschlusses des LG Hamburg mit der diesem vorangegangenen Literatur, dass die vom Gericht vertretene Ansicht in Gänze keiner der vorangegangenen Veröffentlichungen entspricht. Auch die Entscheidung des Landgerichts Bonn beruht daher nicht auf der von einer Person/Berufsgruppe vertretenen Ansicht.

Das Landgericht Bonn stützt seine Argumentation – wie bereits das Landgericht Hamburg – lediglich auf die Beschlagnahmefähigkeit der aus den Internal Investigations hervorgehenden Unterlagen. Knierim[618] behandelt als einziger Autor ebenfalls die Thematik der Beschlagnahmefähigkeit. Sämtliche übrigen Veröffentlichungen nach der ersten Entscheidung diskutieren entweder im Rahmen ihrer Kritik am Beschluss des LG Hamburg[619] oder im Allgemeinen die Verkennung der Bedeutung des nemo-tenetur-Grundsatzes und die Schutzbedürftigkeit des Allgemeinen Persönlichkeitsrechts neben der Selbstbelastungsfreiheit und fordern ein Verwertungsverbot der durch das Interview gewonnenen Erkenntnisse.[620] Bei Vergleich der beiden Beschlüsse der Gerichte miteinander lässt sich konstatieren, dass die Annahme des Beschlagnahmeverbotes nach §§ 97 Abs. 1 Nr. 1, 53 Abs. 1 Nr. 2 StPO mit gleicher Begründung verneint und sogar auf dieselbe Literatur abgestellt wird. Es werden sowohl im Beschluss des LG Hamburg, als auch in demjenigen des LG Bonn die Kommentierungen von in Meyer-Goßner, StPO Kommentar, im Karlsruher Kommentar sowie im Löwe-Rosenberg zitiert, wobei es sich bei den Verfassern der Kommentarstellen ausschließlich um Vorsitzende Richter in der Strafgerichtsbarkeit handelt, somit um in der Praxis Tätige. Das Landgericht Bonn zieht dieser Begründung noch einen Aufsatz hinzu, der allerdings ebenfalls von Praktikern verfasst worden ist.[621]

Mit der Begründung, dass die Beschlagnahmefreiheit lediglich dann greift, wenn die Unterlagen im Gewahrsam des Rechtsanwalts sind oder – im Gewahrsam des Beschuldigten – Verteidigungsunterlagen i. S. v. § 148 StPO vorliegen

---

618 *Knierim*, StV 2009, 324.

619 *Fritz*, CCZ 2011, 155; *Galen*, NJW 2011, 942; *Jahn/Kirsch*, StV 2011, 151.

620 *Ignor*, CCZ 2011, 143; *Jahn*, ZIS 2011, 453; *Momsen*, ZIS 2011, 508; *Theile*, StV 2011, 381.

621 *LG Hamburg – Beschl. v. 15.10.2010 – 608 Qs 18/10; LG Bonn – Beschl. v. 21.06.2012 – 27 Qs 2/12.*

müssen, die eine Beschlagnahmefreiheit aus dem Grundgesetz sowie Art. 6 EMRK nach sich ziehen, stellt das Gericht neue Überlegungen an. Daneben ist Voraussetzung, dass gegen den Beschuldigten ein förmliches Ermittlungsverfahren eingeleitet ist. Für die Begründung sowie im Rahmen der Definition der Verteidigungsunterlagen wird auf Entscheidungen von OLG, BGH und BVerfG sowie auf Kommentarliteratur abgestellt, wobei die Entscheidungen zum Teil aus dem Jahr 1998 stammen.[622] Gleichwohl Verteidigungsunterlagen nach bestehender Kenntnis weder beschlagnahmt, noch gegen den Willen des Beschuldigten verwertet werden dürfen, hat vor dem Landgericht Bonn niemand auf diese Argumentation zurückgegriffen bzw. diese aufgeführt.

Weiteres Argument des LG Bonn ist, dass der effet utile eine Beschlagnahmefreiheit nicht gebiete, gleichwohl der Schutz des Anwaltsgeheimnisses im Unionsrecht den Rang eines allgemeinen Rechtsgrundsatzes hat, der sich u. a. aus Art. 8 EMRK i.V.m. Art. 6 EMRK, dem Recht auf ein faires Verfahren, ergibt. Dieser Schutz ist von zwei Voraussetzungen abhängig. Zum einen muss der Schriftwechsel des Rechtsanwalts im Zusammenhang mit dem Recht des Beschuldigten auf Verteidigung stehen und von einem Rechtsanwalt ausgehen, der nicht mit dem Mandanten durch einen Dienstvertrag verbunden ist. Mit dieser Argumentation greift das Gericht zumindest dem Grunde nach die Ansicht von Knauer/Buhlmann[623] auf, die ebenfalls auf die Verletzung des Rechts auf ein faires Verfahren gemäß Art. 6 EMRK abstellen. Es kann nicht festgestellt werden, ob die Ansicht bewusst oder unbewusst mit derjenigen von Knauer/Buhlmann übereinstimmt, da sie nicht zitiert werden. Sowohl Argumentation als auch Ergebnis sind jedoch verschieden, da die Rechtsanwälte nicht auf die zwei genannten Voraussetzungen abstellen und mithin die Verletzung verneinen. Vielmehr entsprechen die Internal Investigations nicht dem Leitbild der StPO, die Umstände der Beweisgewinnung sind nicht hinnehmbar und der nemo-tenetur-Grundsatz wird tangiert. Auf Grund des Verstoßes gegen das Gebot des fairen Verfahrens raten sie zu einem Beweisverwertungsverbot.

Es lässt sich mithin konstatieren, dass sich das Landgericht Bonn zum einen an der Entscheidung des LG Hamburg orientiert, mit dem Abstellen auf die Verteidigungsunterlagen gemäß § 148 StPO sowie dem effet utile und dessen zwei Voraussetzungen, zum anderen jedoch auf eine Argumentationsgrundlage abstellt, deren Gerüst zwar von Knauer/Buhlmann angesprochen worden ist, jedoch lediglich ihren Gedanken heranzieht, um eine gegensätzliche

---

622 *LG Bonn – Beschl. v. 21.06.2012 – 27 Qs 2/12.*

623 *Knauer/Buhlmann*, AnwBl. 2010, 387.

Entscheidung zu treffen. Diese ist zwar im Ergebnis, jedoch noch nicht in ihrer Grundlage im Rahmen der bisherigen Literatur in Erwägung gezogen worden.

c.) Zwischenergebnis

Zur Beantwortung der dem Promotionsvorhaben zugrundeliegenden Fragestellung, ob die Wissenschaft oder die Rechtsprechung Schrittmacher sind und wessen Ansichten durch wen zitiert werden, lässt sich zunächst festhalten, dass im Beschluss des Landgerichts Bonn in Bezug auf die §§ 97, 53 StPO offensichtlich zitiert wird und die dort genannten Fundstellen von Praktikern verfasst worden sind. Weiterhin lässt sich konstatieren, dass im Beschluss kaum Aufsätze, sondern vielmehr Rechtsprechung unterschiedlicher Gerichte aufgeführt worden ist.

Wenngleich auch Grundsteine der Argumentation aus Aufsätzen, verfasst von Rechtsanwälten, stammen, so werden diese nicht zitiert. Dies ist beispielsweise für Knauer/Buhlmann[624] zu bejahen, da sie ebenfalls auf den Grundsatz des fairen Verfahrens aus Art. 6 EMRK abstellen, jedoch mit einer differenzierten Argumentation zu unterschiedlichem Ergebnis gelangen.

Die Argumentation des Gerichts, dass die Frage nach der Beschlagnahmefreiheit abhängig vom Ort des Gewahrsams ist und die Tatsache, dass es sich zur Annahme eines Verbotes um Verteidigungsunterlagen i.S.d. § 148 StPO handeln muss, wurde bisher nicht vertreten. Ebenso wenig wie die Voraussetzungen des effet utile, dass die Unterlagen im Zusammenhang mit der Verteidigung, aber ausgehend von einem nicht mit dem Beschuldigten im Dienstverhältnis stehenden Rechtsanwalt erstellt worden sein müssen.

Auffällig ist, dass der Verfasser Knierim[625] nach wie vor der einzige Autor eines Aufsatzes bleibt, der die Beschlagnahme anspricht. Im Übrigen verbleibt es auch im Jahr 2011 bei der Argumentation hinsichtlich des Verwertungsverbotes und der Verletzung des nemo-tenetur-Grundsatzes. Dies gilt auch für die Aufsätze, deren Verfasser starke Kritik an der Entscheidung üben, da auch sie nicht auf die Beschlagnahmefähigkeit eingehen.

Die bereits nach dem ersten Beschluss des LG Hamburg im Jahr 2010 sichtbar gewordene Annahme, dass die Rechtsprechung und die Wissenschaft in einem Verhältnis fremder seltsamer Welten stehen, kann auch nach dem zweiten Beschluss des LG Bonn zwei Jahre später nicht revidiert werden, da das nach wie

---

624 *Knauer/Buhlmann*, AnwBl. 2010, 387.

625 *Knierim*, StV 2009, 324.

vor bestehende Schwergewicht der Veröffentlichungen in der Praxis besteht und somit eine Zitierung ausschließlich der Praktiker, nicht jedoch der universitären Wissenschaftler erfolgt.

2.) Landgericht Mannheim 24 Qs 2/12

Nur wenige Tage nach der Beschlussfassung durch das LG Bonn hat auch das LG Mannheim eine Entscheidung veröffentlicht. Grundlage waren zwei durch das Amtsgericht Mannheim angeordnete Beschlagnahmen, gegen die jeweils von der Beschwerdeführerin zu 1 und 2 Beschwerde eingelegt worden ist. Im Rahmen eines Ermittlungsverfahrens bestand der Verdacht der gewerbsmäßigen Urheberrechtsverletzung, der sich gegen ein paar Verantwortliche der Beschwerdeführerin zu 2 richtete, weswegen von der Staatsanwaltschaft ein Durchsuchungs- und Beschlagnahmebeschluss beantragt und der auch vom Amtsgericht Mannheim erlassen worden ist. Bei der Beschwerdeführerin zu 1 handelt es sich um diejenige, die von der Beschwerdeführerin zu 2 mit der Durchführung der Internal Investigations beauftragt worden ist. Auf Grund des von der Beschwerdeführerin zu 2 eingelegten Widerspruchs gegen den Zwischenbericht erließ das Amtsgericht Mannheim am 28.02.2012 den Beschluss zur Beschlagnahme des Berichts, den die Rechtsanwälte X. für den Aufsichtsrat der Y. AG zu möglichen Pflichtverletzungen der Vorstände der Y. im Zusammenhang mit dem Z. Rechtsstreit erstellt haben, nebst der für den Bericht erhobenen Unterlagen und Aufzeichnungen über Interviews. Die Zustellung des Beschlusses erfolgte an die beiden Beschwerdeführer am 08.03.2012, wobei mit Datum vom 12.03.2012 durch beide Beschwerdeführer Beschwerde gegen den Beschluss eingelegt worden ist.

Sie sind der Ansicht, dass der Rechtsanwalt unabhängiger Berater des Mandanten sei, der den Beruf nur dann ordnungsgemäß ausüben könne, wenn ein Vertrauensverhältnis bestehe, da sich andernfalls niemand mehr seinem Rechtsanwalt anvertraue. § 160a StPO sei eingeführt worden, um einen umfassenden Schutz der Vertraulichkeit der Kommunikation zwischen Rechtsanwalt und Mandant zu gewährleisten, wobei dieser auch für die Durchführung von Internal Investigations gelte und, da die beschlagnahmten Unterlagen Teil der Kommunikation des Rechtsanwalts mit seinem Mandanten seien, eine solche rechtswidrig gewesen sei. Die Entscheidung des LG Hamburg sei bereits auf Grund der Gesetzesänderung überholt.

Im Folgenden soll daher der Inhalt des Beschlusses, insbesondere im Hinblick auf seine rechtliche Bewertung, untersucht werden, wobei die Ausführungen zum jeweiligen Tatverdacht unberücksichtigt bleiben, da diese für das Promotionsvorhaben nicht relevant sind.

a.) Inhalt und Rechtsauffassung

Grundlage des Beschlusses waren die von den Beschwerdeführern eingelegten Beschwerden mit der Folge, dass das LG Mannheim sich mit der Rechtmäßigkeit der vom Amtsgericht angeordneten Durchsuchung und Beschlagnahme auseinanderzusetzen hatte. Diesbezüglich teilt sich der Beschluss in die Beschlagnahmeanordnung gegenüber den Rechtsanwälten X und diejenige die Fa Y. AG betreffend.

Bezüglich der Anordnung gegenüber den Rechtsanwälten hat das Gericht entschieden, dass diese unzulässig gewesen und die Beschwerde daher begründet ist, gleichwohl ein Tatverdacht vorliegt. Nachdem das Gericht einen solchen bejaht hat, führt es zunächst zur neuen Rechtslage seit dem 01.02.2011 aus, wobei einleitend der neue § 160a StPO zitiert wird, nach dem eine Ermittlungsmaßnahme, die sich gegen eine in § 53 Abs. 1 S. 1 Nr. 1, 2, 4 StPO genannte Person, einen Rechtsanwalt, eine nach § 206 der BRAO in eine Rechtsanwaltskammer aufgenommene Person oder einen Kammerrechtsbeistand richtet und voraussichtlich Erkenntnisse erbringen würde, über diese das Zeugnis zu verweigern berechtigt ist, unzulässig ist. Der Gesetzgeber hat sich daher nach Ansicht des Gerichts bewusst dafür entschieden, alle Rechtsanwälte in die Norm einzubeziehen. Hierbei verweist das Gericht auf die BT-Drucksachen 17/2637 vom 22.07.2010, 17/3693 und 17/3705 vom 10.11.2010 sowie auf die Bundesratsdrucksache 229/10 vom 23.04.2010.

Im Folgenden zitiert das Gericht die Bundesministerin für Justiz im Rahmen ihrer in der Bundestagsdebatte vom 11.10.2010 getätigten Aussage, dass das Vertrauen eines Mandanten zum Rechtsanwalt und mithin dessen gerecht werden seiner Funktion gefährdet ist, wenn der Mandant nicht die Gewähr hat, dass er mit seinem Rechtsanwalt frei und offen sprechen kann und er befürchten muss, dass etwa bei einem Telefonat jemand mithört.[626]

In diesem Zusammenhang wurde im Übrigen auch der Gesichtspunkt eingebracht, dass die alte Gesetzesfassung ein Zwei-Klassen-Recht unter Rechtsanwälten zur Folge hatte, welches nunmehr angesichts ihrer Stellung als Organe der Rechtspflege beseitigt werden sollte. Hier zitiert das Gericht die Veröffentlichung

626 *LG Mannheim – Beschl. v. 03.07.2012 – 24 Qs 1/12 / 24 Qs 2/12.*

von Frau Rechtsanwältin Müller-Jacobsen, NJW 2011, S. 257, die zudem Mitglied des Strafrechtsausschusses der BRAK ist.[627]

Nachfolgend zitiert das Gericht die Bundesratsdrucksache 229/10 vom 23.04.2010 und führt aus, dass der Gesetzgeber mit dem neu eingefügten § 160a StPO erstmals eine Regelung geschaffen hat, die alle Ermittlungsmaßnahmen erfasst, die in einer Vernehmungssituation dem Zeugnisverweigerungsrecht des Berufsgeheimnisträgers unterfallen würden. Hierbei hat er die Zeugnisverweigerungsrechte sowie das Beschlagnahmeverbot nach § 97 StPO und das Verbot akustischer Wohnraumüberwachung nach § 100c Abs. 6 StPO uneingeschränkt beibehalten. Indem Rechtsanwälte und Verteidiger gleich behandelt werden, ist das Ziel der Erweiterung des Schutzes der Berufsgeheimnisträger erreicht. Dies ist nach Ansicht der Kammer die ausschließliche Intention des Gesetzgebers, nicht eine Ausweitung der bereits bestehenden Beschränkungen der Beschlagnahmevorschriften.[628]

Für das Landgericht Mannheim ergeben sich aus der Fortschreibung der bisherigen Rechtsprechung unmittelbare Folgen. Zur überwiegenden Meinung, dass schriftliche Unterlagen, die sich im Gewahrsam des Verteidigers befinden und dem Vertrauensverhältnis zwischen Rechtsanwalt und Mandant unterfallen, gemäß § 97 Abs. 1 S. 3 StPO einem Beschlagnahmeverbot unterlagen,[629] wird hierzu Schmitt in Meyer-Goßner, § 97 Rn. 30, 36 sowie eine Entscheidung des OLG Frankfurt am Main, NStZ-RR 2005, S. 270 und ein Beschluss des OLG Karlsruhe – 3 Ws 66/12 – zitiert. Allerdings – insofern führt das Gericht unter Zitierung von BVerfG – 2 BvR 2211/00 –, Schmitt in Meyer-Goßner, § 97 Rn. 10, Nack in Karlsruher Kommentar, § 97 Rn. 1 sowie zum Streitstand Jahn/Kirsch aus –, war der Anwendungsbereich nach alter Rechtslage auf das Verhältnis zwischen Beschuldigtem und Verteidiger beschränkt. Diese Auffassung wurde vor dem Hintergrund der Neugestaltung des § 160a StPO erneut von Jahn/Kirsch und Bauer diskutiert. Das Landgericht Mannheim spricht daher insbesondere die vom Landgericht Hamburg bereits im Jahr 2010 vertretene Ansicht an.[630]

627 *Müller-Jacobsen*: Biographie, abrufbar unter http://www.verteidiger-in-berlin.de/kanz lei/mueller _jacobsen.html (zuletzt geprüft am 24.07.2020); *LG Mannheim – Beschl. v. 03.07.2012 – 24 Qs 1/12 / 24 Qs 2/12.*

628 *LG Mannheim – Beschl. v. 03.07.2012 – 24 Qs 1/12 / 24 Qs 2/12.*

629 Sie müssen hierfür nicht ausdrücklich in diesem entstanden sein.

630 *LG Mannheim – Beschl. v. 03.07.2012 – 24 Qs 1/12 / 24 Qs 2/12*; *Jahn/Kirsch*, StV 2011, 151; *Bauer*, StV 2012, 277.

Die neue Rechtsauffassung zugrunde gelegt, müsste eine Beschlagnahmefreiheit allerdings nunmehr für alle Unterlagen gelten, die im Rahmen des bestehenden Mandatsverhältnisses in den Gewahrsamsbereich des Rechtsanwalts gelangen. Insoweit ist nach Meinung des Landgerichts Mannheim allerdings zu berücksichtigen, dass die bisherige Fassung des § 160a StPO einen sehr kleinen Personenkreis betraf, der nicht lediglich erweitert, sondern vervielfacht worden ist. Das Kräfteverhältnis im Strafverfahren ist daher aus dem Gleichgewicht gebracht worden und die vom Gericht aufgeführten Gesichtspunkte hätten nach dessen Ansicht Beachtung finden müssen. Insbesondere das Recht des Beschuldigten auf ein faires Verfahren, das in Art. 2 Abs. 1, Art. 1 Abs. 1 GG verankert ist und verbietet, den Menschen zum Objekt des Verfahrens zu machen, ist zu berücksichtigen, da dieses dem Beschuldigten Schutz vor Eingriffe durch staatliche Stellen bietet, BVerfGE 38, 105. Grundrechte sind daher zu sichern, das Prinzip „Keine Strafe ohne Schuld" zu gewährleisten, wobei das zentrale Anliegen des Strafprozesses die Ermittlung des wahren Sachverhalts verbleiben soll. Das Gericht diskutiert ausführlich, wann eine Verletzung des Rechts auf ein faires Verfahren angenommen werden kann, und dass dies lediglich dann zu bejahen ist, wenn die Gesamtschau ergibt, dass rechtsstaatlich zwingende Folgerungen nicht gezogen worden sind. Das Gericht zitiert die Entscheidung BVerfGE 57, 250 erneut. Zweifelhaft ist nach Meinung des Gerichts daher, ob durch die Ausweitung des Personenkreises die Entscheidung, ob strafprozessuale Zwangsmaßnahmen ausgeführt werden dürfen, lediglich an § 160a StPO n.F. getroffen werden kann und ob trotzdem noch eine zuverlässige Sachverhaltsaufklärung gewährleistet werden kann. Auch dies ist nach Ansicht des Gerichts zu berücksichtigen.[631]

Im Zusammenhang mit den weiteren Problemen, die nach der Gesetzesänderung bestehen können, nimmt das Gericht auf die Entscheidung des LG Hamburg vom 15.10.2010 – 608 Qs 18/10[632] – Bezug, die deutlich aufzeigt, dass weitere Gefahren durch eine zu weite Beschränkung der Aufklärung durch die Strafverfolgungsbehörden entstehen können. Unter Zitierung von Schuster, von Galen, Jahn/Kirsch und Bauer weist das Gericht darauf hin, dass die Entscheidung des LG Hamburg vielfach als überholt betrachtet worden ist. Eine Sachverhaltsaufklärung wäre nach Meinung des Gerichts weitgehend unmöglich, wenn es im Belieben eines Arbeitgebers stände, die Dokumente dem Zugriff der Behörden durch Übergabe an einen Rechtsanwalt zu entziehen. Der neue § 160a

631 *LG Mannheim – Beschl. v. 03.07.2012 – 24 Qs 1/12 / 24 Qs 2/12.*

632 Siehe § 3 II.

StPO ist daher dazu geeignet, die Sachverhaltsaufklärung im strafprozessualen Verfahren weitgehend zu beschränken.[633]

Das Gericht nimmt im Folgenden eine Bewertung und denkbare Einschränkungen vor. Die Rechtsstaatlichkeit des Verfahrens verbiete es bereits, dass der Zeuge es generell selbst in der Hand hat, durch Übergabe der Beweismittel an einen Rechtsanwalt eine Verwendung dieser im Strafverfahren zu verhindern und somit die in diesem Verfahren vorliegenden Beweismittel eigens zu bestimmen. Unter Hinzuziehung des Beispiels der Sperrung von Beamten und unter Zitierung eines BGH Urteils[634]weist das Gericht auf die Möglichkeiten hin, in einem solchen Fall im Rahmen eines Verwertungsverbotes einen fairen, rechtsstaatlichen Verfahrensablauf sicherzustellen. Daran anschließend folgen Ausführungen des BVerfG[635] zur Verfassungsmäßigkeit des neuen § 160a StPO folgen, aus denen zwar eindeutig hervorgeht, dass durch die absoluten Beweiserhebungs- und Verwendungsverbote in § 160a StPO n.F. die Strafverfolgung in erheblichem Maße eingeschränkt wird, was verfassungsrechtlich nur in engen Grenzen zulässig ist, die Einbeziehung aller Rechtsanwälte jedoch vor dem Hintergrund des Art. 3 Abs. 1 GG sowie der damit zusammenhängenden Tatsache, dass eine Differenzierung von Rechtsanwälten und Verteidigern faktisch kaum möglich ist, hinreichend gerechtfertigt ist. Eine verfassungskonforme Auslegung hat dahingehend zu erfolgen, dass der Schutz des potentiellen Verteidigungsmandates, nicht derjenige des Zeugen gewährleistet werden soll. Der missbräuchlichen Verwendung durch Vermischung von unzulässigen mit zulässigen Beweismitteln und somit einer Beweismittelverlagerung, kann dadurch Einhalt geboten werden, dass dann Ermittlungsmaßnahmen zulässig wären.

Einen solchen Anhaltspunkt sieht das Gericht im vorliegenden Fall allerdings nicht, sodass es die Beschlagnahmefreiheit der Unterlagen sowie des Berichtes der Rechtsanwälte X mit der Begründung annimmt, dass sich diese im Gewahrsamsbereich der Rechtsanwälte befinden und zur Beratung des Mandates erstellt worden sind und daher sowohl nach § 97 StPO als auch nach § 160a StPO beschlagnahmefrei sind.[636]

Nachfolgend übt das Gericht Kritik am Beschluss des Landgerichts Hamburg, das im Rahmen seiner Entscheidung nicht zwischen Fragen der Rechtsanwälte

---

633 *Bauer*, StV 2012, 277; *Galen*, NJW 2011, 942; *Jahn/Kirsch*, StV 2011, 151; *Schuster*, NZWiSt 2012, 26; *LG Mannheim – Beschl. v. 03.07.2012 – 24 Qs 1/12 / 24 Qs 2/12.*

634 *BGH – Urteil v. 17.08.2004 – 1 StR 315/04.*

635 *BVerfG – Beschl. v. 12.10.2011 – 2 BvR 236/08; 2 BvR 237/08; 2 BvR 422/08.*

636 *Bauer*, StV 2012, 277; *LG Mannheim – Beschl. v. 03.07.2012 – 24 Qs 1/12 / 24 Qs 2/12.*

und Antworten der Mitarbeiter unterscheidet. Die Fragen unterliegen zweifelsohne dem Schutzbereich der Normen, jedoch sind die Antworten der Mitarbeiter – diese stehen nicht in einer Mandatsbeziehung zu den Fragenden – nicht darunter zu subsumieren. Nach Ansicht des Gerichts bezieht sich der Schutz allerdings auf die Gesamtheit der Dokumente, wobei es die von Bauer vertretene andere Ansicht zitiert, der die Tätigkeit der Internal Investigations generell nicht für schutzwürdig hält.[637]

Das Gericht führt sodann zur Beschwerde der Fa. Y. AG aus, bei der es die Beschlagnahme als rechtmäßig einstufte und die Beschwerde mithin unbegründet ist. In diesem Zusammenhang geht es auf das Verhältnis der §§ 97, 160a StPO n.F. ein, wobei sich die Wechselwirkung der beiden Vorschriften bereits aus dem gegenseitigen Verweis in den Wortlauten ergibt. Unter Hinzuziehung der Kommentierungen von Nack in Karlsruher Kommentar, § 160a, Rn. 21, Schmitt in Meyer-Goßner, § 160a, Rn. 17, Patzak in Beck-Online Kommentar, § 160a, Rn. 17 sowie der Veröffentlichung von Müller-Guggenberger/Bieneck-Häcker, § 93, Rn. 41 verweist das Gericht auf die wohl h.M., nach der § 97 StPO spezieller ist als § 160a StPO, wobei sich dies bereits aus dem Wortlaut ergeben soll. Die Zulässigkeit der Beschlagnahme ist daher grundsätzlich nach § 97 Abs. 1 StPO zu beurteilen und § 160a StPO lediglich dann anwendbar, wenn § 97 StPO keine Regelung trifft oder zum Ergebnis der Beschlagnahmefreiheit führt und hinsichtlich der (Nicht-) Verwertbarkeit zusätzlich § 160a StPO hinzuzuziehen ist. Hier wird auf die vorgenannte Literatur Bezug genommen, wobei die letztgenannte Kommentierung durch Jahn/Kirsch, Bauer sowie die a.A. von Bertheau zu ersetzen ist.[638] Ein solches ist nach Ansicht des Gerichts auch heute noch anzunehmen. Auf Grund der Tatsache, dass es sich bei der Fa. Y. AG weder um eine Beschuldigte des Verfahrens noch um eine zeugnisverweigerungsberechtigte Person handelt, ist nach dem Vorgenannten nicht von einer Beschlagnahmefreiheit auszugehen mit der Folge, dass die Beschlagnahme zu Recht erfolgte und die Beschwerde unbegründet ist.[639]

Dem Vorgenannten ist zu entnehmen, dass sich das Gericht umfassend und detailliert mit der Beschlagnahmeproblematik auseinandersetzt und dabei insbesondere auf die Regelungen der §§ 97, 160a StPO sowie deren Verhältnis eingeht. Auffällig ist, dass das LG Bonn in seinem Beschluss diese Normen zu keiner Zeit nennt, während das LG Mannheim die von dem LG Bonn ausgeführte

---

637 *Bauer*, StV 2012, 277; *LG Mannheim – Beschl. v. 03.07.2012 – 24 Qs 1/12 / 24 Qs 2/12.*
638 *Bauer*, StV 2012, 277; *Jahn/Kirsch*, StV 2011, 151; *Bertheau*, StV 2012, 303.
639 *LG Mannheim – Beschl. v. 03.07.2012 – 24 Qs 1/12 / 24 Qs 2/12.*

Problematik um den § 148 StPO unbeachtet lässt. Das LG Mannheim nimmt im Gegensatz zum LG Hamburg im Jahr 2010 und LG Bonn im Jahr 2012 nicht lediglich entscheidend zur Problematik Stellung, sondern führt unter Hinzuziehung zahlreicher Literatur zur neuen Rechtslage nach Veränderung des § 160a StPO, den daraus entstehenden Folgen für die Rechtsprechung und den nach Ansicht des Gerichts zu beachtenden Gesichtspunkten aus, bevor es im Rahmen der Bewertung und Einschränkung seine Bedenken bzgl. der nunmehr bestehenden Regelung äußert und schließlich die Rechtslage auf den von ihm zu entscheidenden Fall subsumiert. Anlässlich der Entscheidung über die zweite Beschwerde führt es schließlich zum Verhältnis der Vorschriften §§ 97, 160a StPO aus.

b.) Herleitung der vom Gericht vertretenen Auffassung

Die Verfasserin stellt sich nunmehr die Frage, ob die dem Beschluss des Landgerichts Mannheim vorangegangenen Veröffentlichungen sowie die Beschlüsse der Landgerichte Hamburg und Bonn Einfluss auf die Entscheidung genommen haben. Dies soll im Folgenden untersucht werden, wobei sowohl die Veröffentlichungen aus dem Jahr 2011 als auch diejenigen der vorherigen Jahre Berücksichtigung finden sollen.

aa.) Replik einzelner Segmente vorangegangener Veröffentlichungen

Auf Grund der Tatsache, dass die Beschlüsse der Landgerichte Bonn und Mannheim zeitlich nah beieinander veröffentlicht worden sind und im Zusammenhang mit der Herleitung der Auffassung des LG Bonn die Replik einzelner Segmente der Veröffentlichungen erfolgte, soll im Folgen bezüglich der Entscheidung des LG Mannheim lediglich kurz auf eine solche eingegangen werden.

Hinsichtlich der Literatur der Jahre 2006 bis 2010 wird auf das unter § 3 V 1.) b.) aa.) Gesagte verwiesen.

Das LG Hamburg geht in seinem Beschluss aus dem Jahr 2010 lediglich im Rahmen der grundsätzlich von § 160a Abs. 2 StPO geforderten besonderen Verhältnismäßigkeitsprüfung auf diesen ein, legt allerdings gleich zu Beginn der Ausführungen fest, dass diese der Beschlagnahmeanordnung ebenfalls nicht entgegensteht. Begründet wird dies seitens des Gerichts damit, dass es einer solchen nicht bedarf, weil sich bereits aus dem Wortlaut des § 160a Abs. 5 StPO ergibt, dass die Vorschrift des § 97 StPO spezieller ist und mithin der erstgenannten vorgeht. In einem kurzen abschließenden Nebensatz vertritt das Gericht im

Übrigen, dass eine Verhältnismäßigkeit – müsste eine Prüfung erfolgen – vor dem Hintergrund des potentiellen Schadens in Millionenhöhe zu bejahen wäre.[640]

Im Gegensatz zum Landgericht Hamburg geht das Landgericht Bonn in seiner Entscheidung im Jahr 2012 nicht auf § 160a StPO ein, gleichwohl dieser inzwischen in seiner neuen Fassung anzuwenden ist. Zur Beurteilung der Rechtmäßigkeit der Beschlagnahme ist von Bedeutung, so führt das Gericht erstmals aus, in wessen Gewahrsam sich die zu beschlagnahmenden Unterlagen befinden. Des Weiteren kann eine Beschlagnahme nach Ansicht des Gerichts unzulässig sein, wenn es sich um Verteidigungsunterlagen im Sinne des § 148 StPO handelt.[641]

Während die beiden vorgenannten Gerichte ihre Ansicht lediglich kurz und teilweise allein durch einen Satz begründen und das LG Bonn – gleichwohl diese bereits in Kraft getreten war – nicht auf die n.F. des § 160a StPO eingeht, führt das LG Mannheim in seiner Entscheidung ausführlich zur alten und neuen Gesetzeslage sowie den daraus resultierenden Folgen und seiner Ansicht nach zu beachtenden Gesichtspunkten aus. Darüber hinaus äußert das Landgericht Mannheim die nach seinem Dafürhalten bestehenden Bedenken und bewertet detailliert die einzelnen im Rahmen der Durchführung der Interviews notwendigen Schritte. Daneben führt es unter Zitierung des BVerfG zur Verfassungsmäßigkeit des neuen § 160a StPO aus, bevor es seine Ausführungen auf die zu bewertenden Beweismittel anwendet und schließlich eine abschließende Bewertung vornimmt. Gleich dem LG Hamburg verweist das LG Mannheim auf die herrschende Meinung, dass § 97 StPO zu § 160a StPO die speziellere Vorschrift ist, wobei die Anwendung der beiden Vorschriften auch nach der Neufassung des § 160a StPO derart erfolgt, dass § 97 StPO dann Anwendung findet, wenn es um die Bewertung von Sicherstellung und Beschlagnahme geht, der Anwendungsbereich des § 160a StPO hingegen eröffnet ist, um eine nicht durch den speziellen § 97 StPO geregelte Fragestellung zu beantworten sowie eine Entscheidung hinsichtlich der Verwertbarkeit der nach § 97 StPO als beschlagnahmefrei eingestuften Gegenstände zu treffen.[642]

Lediglich Fritz und von Galen nehmen im Rahmen der Kritik am Beschluss des LG Hamburg auf den § 160a StPO Bezug, wenngleich auch nicht in dem Maße, in dem das LG Mannheim dazu ausführt. Ebenso wie das LG Mannheim

640 *LG Hamburg – Beschl. v. 15.10.2010 – 608 Qs 18/10.*

641 *LG Bonn – Beschl. v. 21.06.2012 – 27 Qs 2/12.*

642 *LG Mannheim – Beschl. v. 03.07.2012 – 24 Qs 1/12 / 24 Qs 2/12.*

nehmen sie allerdings an, dass sich die §§ 97, 160a StPO ergänzen und insbesondere dann, wenn § 97 StPO als speziellere Vorschrift verneint wird, mindestens hilfsweise die Voraussetzungen des § 160a StPO zu prüfen sind. Kritisiert wird insbesondere, dass sich das Gericht mit dieser Thematik nicht hinreichend auseinandergesetzt hat und eine Anwendung auf die Ergebnisse der unternehmensinternen Untersuchungen nicht zumindest problematisiert.[643]

bb.) Parallele zur Beschlussbegründung

Im Folgenden soll das Vorgenannte mit der vom Landgericht Mannheim getroffenen Rechtssauffassung verglichen werden. Für das Promotionsvorhaben von Bedeutung ist die Frage, ob sich die von den Autoren in den differenzierten Aufsätzen oder von den Gerichten in den Entscheidungen vertretenen Rechtsansichten in dem Beschluss des Landgerichts Mannheim wiederfinden.

Bereits jetzt kann konstatiert werden, dass die Ansicht des Gerichts in Gänze nicht von dem Verfasser eines Aufsatzes oder einem Gericht in der Vergangenheit vertreten worden ist. Die Begründung der Entscheidung des Landgerichts Mannheim basiert daher nicht auf Grundlage einer von einer Person oder einem Gericht dargestellten Ansicht.

Das Landgericht Mannheim führt in seiner Entscheidung umfassend zur Beschlagnahmeproblematik insbesondere die Anwendung der Norm des § 160a StPO in seiner neuen Fassung neben derjenigen des § 97 StPO aus. Hierbei geht es umfassend und ausführlich auf die neue Rechtslage ein und zitiert aus Gesetzesbegründung, den Worten der Bundesministerin für Justiz und der Entscheidung des Bundesverfassungsgerichts zur Verfassungsmäßigkeit der Vorschrift. Gleich den Landgerichten Hamburg und Bonn geht es lediglich auf die Beschlagnahmefähigkeit ein, ohne dass die Problematiken der Selbstbelastung, einer arbeitsvertraglichen Verpflichtung oder einer Verletzung des nemo-tenetur-Grundsatzes diskutiert werden. Wenngleich die Gerichte dieselbe Problematik diskutieren, vertreten sie differenzierte Ansichten und Lösungswege, da das LG Bonn die Beurteilung ausschließlich an § 148 StPO und die übrigen Gerichte die §§ 97, 160a StPO diskutieren. Daraus folgt, dass später erschienene Entscheidungen nicht diejenige Ansicht vertreten, die bereits ein Gericht zuvor vertreten hat. Das Gegenteil ist der Fall, da das LG Mannheim in seinem Beschluss auf diejenige des LG Hamburg insbesondere unter dem Hinweis verweist, dass diese in der Literatur oft als überholt bezeichnet wird, weil sich die Rechtslage des § 160a StPO geändert hat und zeitgleich an dessen Begründung Kritik übt.

643 *Fritz*, CCZ 2011, 155; *Galen*, NJW 2011, 942.

Auf die Entscheidung des LG Bonn wird hingegen weder verwiesen noch Bezug genommen.

Ebenso wie Jahn/Kirsch und von Galen in ihren Anmerkungen zum LG Hamburg und Bauer in seinem Aufsatz ausführen,[644] ist gemäß dem LG Mannheim von einer Beurteilung nach § 160a StPO n.F. auszugehen. Dies hat zur Folge, dass bei Verneinen der Voraussetzungen des § 97 StPO eine hilfsweise Prüfung des § 160a StPO zu erfolgen hat und die Entscheidung auf Grund der neuen Rechtslage nunmehr als überholt anzusehen ist.

Wenngleich das LG Mannheim ausführlich zum § 160a StPO und dessen Verhältnis zur Vorschrift des § 97 StPO ausführt, so kann die vom Landgericht Hamburg diskutierte Frage, ob § 97 Abs. 1 S. 1 Nr. 3 StPO vor § 160a StPO n.F. und auch auf das Verhältnis zwischen Rechtsanwalt und Nichtbeschuldigten anwendbar ist, dahinstehen, wenn die Unterlagen im Gewahrsam des Zeugnisverweigerungsberechtigten sind. Für den Fall, dass diese Problematik doch relevant wird, wurde die Beschlagnahme bisher nach § 97 StPO beurteilt, die Verwertbarkeit nach § 160a StPO, der ebenfalls ergänzend zur Beurteilung herangezogen wird, wenn eine Beschlagnahmefreiheit anzunehmen ist. Der Gesetzgeber wollte nach Ansicht des Gerichts lediglich die Gleichstellung der Rechtsanwälte mit den Verteidigern erreichen mit der Folge, dass es auch nach der Gesetzesänderung bei dem Vorgenannten verbleibt. Zur Begründung dieser Ansicht zitiert das Gericht Kommentierungen in Praxiskommentaren, die von Rechtsanwälten und Vorsitzenden Richtern verfasst worden sind sowie von Richtern und Rechtsanwälten verfasste Aufsätze.

Das LG Mannheim führt zur Begründung seiner Entscheidung zwar Kommentarstellen sowie Gesetzesbegründungen und kritische Aufsätze/Anmerkungen bezüglich der Entscheidung des LG Hamburg an. Gleichzeitig ist aber festzustellen, dass die Begründung nicht auf einer bereits vertretenen Ansicht erfolgt, sondern lediglich auf dem Willen des Gesetzgebers beruht. Es stellt sich daher nicht so dar, dass das Gericht seine Entscheidung auf Argumente stützt, die bereits in Literatur oder Rechtsprechung vertreten sind. Vielmehr legt das Gericht anhand der Kommentierungen und Gesetzesbegründungen die Vorschriften aus und wendet diese auf den von ihm zu beurteilenden Fall an.

---

644 *Bauer*, StV 2012, 277; *Galen*, NJW 2011, 942; *Jahn/Kirsch*, StV 2011, 151.

c.) *Zwischenergebnis*

Bezüglich der dem Promotionsvorhaben zugrundeliegenden Fragestellung, ob die Wissenschaft oder die Rechtsprechung Schrittmacher von Meinungen sind und wessen Ansichten durch wen vertreten und zitiert werden, lässt sich bisher konstatieren, dass – die Entscheidung des LG Hamburg, die zuvor veröffentlichte Literatur, diejenige des LG Bonn, die zwischen den Entscheidungen veröffentlichte Literatur sowie den Beschluss des LG Mannheim – betrachtet, kein Gericht die Thematiken problematisiert, die zuvor von dem Autor eines Aufsatzes vertreten bzw. behandelt worden sind. Des Weiteren fällt bei Vergleich der Rechtsauffassungen der Gerichte in ihren Beschlüssen auf, dass sich alle drei mit der Beschlagnahmeproblematik beschäftigen, jedoch auf unterschiedlichen Wegen zu differenzierten Ansichten gelangen. Während das LG Hamburg die Beschlagnahmefreiheit nach § 97 Abs. 1 Nr. 3 StPO beurteilt und mithin lediglich daran festmacht, ob ein Vertrauensverhältnis zwischen Rechtsanwalt und Mandant besteht, stellen die Landgerichte Bonn und Mannheim bei ihrer Beurteilung auf § 97 Abs. 2 S. 1 StPO ab, wobei das LG Bonn zudem den § 148 StPO heranzieht, wenn sich die Unterlagen nicht – wie von § 97 Abs. 2 S. 1 StPO vorgeschrieben – im Gewahrsam des Verteidigers befinden. Gleichwohl sich die Ansichten der Landgerichte Bonn und Mannheim ähneln, nimmt das Letztere nicht auf die Entscheidung des Ersteren Bezugs mit der Folge, dass hier nicht das eine Gericht das andere zitiert.

Der Beschluss des Landgerichts Mannheim ist der erste unter den drei bisher untersuchten, der gutachterlich aufgebaut ist und Kritik unterschiedlicher Personen aufführt. Zitiert werden Urteile sowie von Praktikern verfasste Kommentarliteratur und Aufsätze, die jedoch dem Verschaffen des Überblickes über die Thematik und die unterschiedlich vertretenen Ansichten sowie der Herleitung der vom Gericht im Folgenden vertretenen Ansicht zu dienen vermögen und nicht dafür, eine Meinung aufzuzeigen, die sodann im Anschluss unverändert vertreten werden soll. Die Aussage von Jahn, dass die Wissenschaft nur solche Gegenstände als beschlagnahmefrei ansieht, die nach § 97 Abs. 1 S. 3 StPO aus dem Verhältnis zwischen Beschuldigtem und Verteidiger stammen, zugrunde gelegt[645], lässt den Schluss zu, dass das Landgericht Mannheim noch am ehesten eine Meinung der Wissenschaft vertritt, als die übrigen beiden. Die Praxis zitiert zur Unterstützung ihrer Ansicht Kommentarliteratur und Rechtsprechung, mithin weiterhin überwiegend die Praxis. Wenn auch nur aufzählend,

645 *Jahn*, ZIS 2011, 453 (454).

wird jedoch eine Publikation der Wissenschaft zitiert, sodass diese der Praxis nicht unbekannt ist. Auf die im Schrifttum aufgeführten Ansichten zur Anwendbarkeit des Gemeinschuldnerbeschlusses und zur Verletzung von nemo-tenetur und dem Grundsatz fairen Verfahrens wird hingegen kaum eingegangen. Das Landgericht Mannheim nimmt als erstes Gericht auf Veröffentlichungen von Prof. Jahn Bezug und schließt sich der von ihm und seinem Co-Autor Kirsch vertretenen Auffassung an. Aufgeführt wird – wenn auch lediglich aufzählend – die Ansicht von Prof. Schuster. Weil jedoch mehrheitlich Bezug auf die von der Praxis vertretene Meinung Bezug genommen wird, kann bejaht werden, dass die universitäre Wissenschaft der Praxis nachgeordnet ist. Wissenschaft und Rechtsprechung/Rechtspraxis stehen daher weiterhin in einem Verhältnis fremder seltsamer Welten.

VI. Die Publikationen nach den Beschlüssen der Landgerichte Bonn und Mannheim in den Jahren 2012 bis 2015

Nachdem sich die Landgerichte Bonn und Mannheim zwei Jahre nach der Entscheidung des Landgerichts Hamburg ebenfalls mit der Thematik auseinanderzusetzen hatten und teilweise eine von der Ansicht des LG Hamburg differenzierende Meinung vertreten haben, stellt sich die Verfasserin die Frage nach der weiteren historischen Entwicklung der Veröffentlichungen zur Thematik der Internal Investigations. Hierbei soll insbesondere untersucht werden, ob die Entscheidungen der Landgerichte Bonn und Mannheim ebenso viel Kritik erfahren, wie es seinerzeit für diejenige des Landgerichts Hamburg der Fall gewesen ist. Daneben ist interessant, ob sich auch nach Veröffentlichung zweier weiterer gerichtlicher Entscheidungen Verfasser lediglich mit der Thematik im Allgemeinen beschäftigen, ohne auf die ergangenen Entscheidungen Bezug zu nehmen. Um diese Fragen beantworten zu können, sollen im Folgenden die nach den Beschlüssen veröffentlichten Publikationen bis zum Beschluss des Landgerichts Braunschweig im Jahr 2015 untersucht werden.

1.) Fundstellen, Inhalte und Rechtsfragen

Hierbei sind insbesondere die Anmerkungen und Aufsätze von Schuster, NZWiSt 2012, S. 424, Jahn/Kirsch in NStZ 2012, S. 713, Milde, CCZ 2013, S. 78, NZWiSt 2013, S. 21, Ballo, NZWiSt 2013, S. 46, v. Saucken, WiJ 2013, S. 30, Wimmer, WiJ 2013, S. 102, sowie Zerbes in ZStW 2013, S. 551, Kasiske, NZWiSt

2014, S. 262, Theile/Gatter/Wiesenack, ZStW 2014, S. 803 und Greco/Caracas NStZ 2015, S. 7 relevant.

a.) Beurteilung der Beschlagnahmefreiheit von Unterlagen im Gewahrsam eines Zeugen vorrangig nach § 97 Abs. 2 StPO, NZWiSt 2012, S. 424

Gleich der Entscheidung des LG Hamburg ist auch diejenige des LG Mannheim nicht unkommentiert geblieben. Gegenteiliges ist der Fall. Entgegen der Entscheidung des LG Hamburg, die eher negative Kritik erhalten hat, findet die Entscheidung des LG Mannheim zumindest von diesem Kritiker im Ergebnis Zustimmung, bezüglich der Beschlagnahmefreiheit der sich im Gewahrsam eines Rechtsanwalts befindenden Unterlagen. Zu widersprechen ist dem Gericht nach Ansicht des Verfassers allerdings insoweit, als es dahinstehen lässt, ob § 97 StPO vor § 160a StPO Anwendung findet und in diesem Zusammenhang eine Durchbrechung der Erhebungsverbote annimmt. Nach Ansicht des Verfassers sind die Vorschriften nebeneinander zu verstehen. Dies bedeutet für den vom LG Mannheim zu entscheidenden Fall, dass, wenn eine Anwendbarkeit ausschließlich auf den Beschuldigten beschränkt wird, die § 97 Abs. 1 Nr. 1, 2 StPO bereits deswegen und Nr. 3 aus systematischen Gründen nicht herangezogen werden kann. Insofern wird auf die vielfach zitierte Kommentarliteratur zu § 97 StPO verwiesen. Nach Ansicht des Verfassers muss aber einzelfallbezogen gearbeitet werden. Auf den hiesigen Fall bezogen bedeutet das, dass das Unternehmen Begünstigter der Taten gewesen ist und vermutlich eine Geldbuße nach §§ 30, 130 OWiG zu erwarten hat, die dem Unternehmen den Status eines Nebenbeteiligten verleiht, der wiederum für eine Anwendbarkeit der § 97 Abs. 1 Nr. 1 bis 3 StPO sorgt, da dem Nebenbeteiligten gemäß §§ 433, 442, 444 StPO dieselben Rechte zukommen wie einem Angeklagten.[646]

Der Verfasser verweist im Anschluss zu dem Vorgenannten auf § 160a StPO, der sowohl Beschuldigte als auch Nichtbeschuldigte schützen soll und ein absolutes Verbot von Ermittlungsmaßnahmen gegen die dort genannten Personen enthält. Nicht überzeugend ist nach Meinung des Verfassers, dass – wie vom LG Hamburg vertreten – § 160a StPO auf Beschlagnahmen nicht oder nur eingeschränkt anwendbar ist, da der Gesetzgeber nicht dem Beschuldigten durch § 97 StPO einen über § 160a StPO hinausgehenden Schutz, dem Nichtbeschuldigten hingegen gar keinen Schutz gewähren wollte. Der Verfasser weist in

646 *Schuster*, NZWiSt 2012, 424 (432).

diesem Zusammenhang auch auf die mangelnde Nachvollziehbarkeit hin, wieso eine Beschlagnahmefähigkeit in diesen Fällen angenommen werden soll, wenn den Strafverfolgungsbehörden bei Weigerung keine Zwangsmittel oder Durchsuchungsmöglichkeiten zur Verfügung stehen. Des Weiteren kritisiert der Verfasser die vom Gericht genannte Problematik, dass der Zeuge es nicht selbst in der Hand haben darf, welche Beweise Eingang ins Strafverfahren finden. Dieses Argument schlägt bereits deswegen fehl, weil die unternehmensinternen Untersuchungen lediglich zusätzliche Informationsquellen sind. Der Verfasser übt mithin Kritik an der vom Gericht verwendeten Argumentation bezüglich des § 160a StPO, wenngleich der Ansicht einer Beschlagnahmefreiheit nach § 97 StPO zuzustimmen ist. In diesem Zusammenhang weist der Verfasser auf die vom LG Bonn in seinem Beschluss diskutierte Beschlagnahmefreiheit auf Grund von Verteidigerunterlagen im Sinne der Vorschrift des § 148 StPO, die über den Wortlaut des § 97 hinaus grundsätzlich Anwendung findet.

b.) Beurteilung der Beschlagnahmefreiheit von Unterlagen im Gewahrsam eines Zeugen, NStZ 2012, S. 713

Im Anschluss an die Veröffentlichung des Beschlusses formulieren Jahn/Kirsch einige Anmerkungen zu diesem. Eingangs verweisen die Autoren darauf, dass die Neuregelung des § 160a StPO seit Längerem für Verunsicherung sorgt und das LG Mannheim als erstes Gericht die Neufassung zu beachten hatte. Des Weiteren merken die Verfasser an, dass der Beschluss der seit der Siemens-Affäre bestehenden Diskussion im Ergebnis den richtigen Weg weist und zeigen so bereits zu Beginn ihre mit dem Beschluss übereinstimmende Auffassung. Eine Zustimmung erfolgt hingegen nicht in Gänze, da die Aussage, die Neuregelung des § 160a StPO führe zu einer Verschiebung der Kräfteverhältnisse im Strafverfahren, zurückzuweisen ist.

Nach der Einführung in den Kontext stellen sich die Verfasser die Frage, ob die Neufassung des § 160a StPO eine Meistbegünstigungsklausel darstellen soll. Diese Regelung führt zu unterschiedlichen Stellungnahmen in der Literatur, wobei der Frage, in welchem Verhältnis die Vorschrift zu § 97 StPO steht, hohes Gewicht zukommt, insbesondere, weil § 160a Abs. 5 StPO regelt, dass § 97 StPO unberührt bleibt. Die Verfasser stellen klar, dass Einigkeit darüber besteht, dass § 160a StPO dann zurücktritt, wenn § 97 StPO die für den Eingriff stärkere Hemmung darstellt. Grundlage der Änderung ist das Gesetz zur Stärkung des Schutzes vom Vertrauensverhältnis der Rechtsanwälte gewesen, sodass dies keine andere Beurteilung zulässt. Damit treten die Autoren von Galen entgegen, nach deren Meinung dieser Schutz durch die Auslegung unterlaufen werden soll.[647]

Darüber hinaus stellen die Verfasser die unterschiedlichen Bewertungsmöglichkeiten dar, wenn § 160a StPO für den Gewahrsamsinhaber zu weitergehendem Schutz führt, was insbesondere in den Fällen der internen Untersuchungen angenommen werden kann. Dies vor allem, weil die h.M. § 97 StPO nach wie vor nur im Verhältnis Rechtsanwalt/Beschuldigter anwendet. Die Verfasser, die diese enge Interpretation akzeptieren – beispielsweise von Galen, Fritz, Winterhoff und Knauer[648] - wenden § 160a StPO trotz seines Absatz 5 an, um nicht von einer absoluten Schutzlosigkeit ausgehen zu müssen. Dies auch deswegen, weil nach Ansicht der Verfasser kein Grund für eine Aussparung des Beschlagnahmeschutzes besteht.

Im Folgenden verneinen die Verfasser das Verständnis einer Meistbegünstigungsklausel des § 160a StPO. Begründet wird dies mit dem Wortlaut des § 160a Abs. 5 StPO, nach dem der Normbereich des § 97 StPO unberührt bleiben soll. Wende man trotz dessen immer § 160a StPO an, wenn § 97 StPO keine Lösung bietet, wäre Abs. 5 obsolet. Auch nach der Gesetzesbegründung, die die Autoren im Rahmen der Anmerkung zitieren, sprechen die besseren Argumente ihrer Ansicht nach für die Annahme des LG Mannheim, dass § 97 StPO in Gänze dem § 160a StPO vorgeht. Gleich Fritz stimmen die Verfasser dem LG Mannheim auch dahingehend zu, dass § 97 StPO auch auf das Verhältnis Nichtbeschuldigter/Rechtsanwalt anzuwenden ist. Zur Begründung wird das Wortlautargument, dass der Beschuldigte in Nr. 3 nicht erwähnt ist, angeführt. Der Ansicht des LG Bonn in seinem o.g. Beschluss, dass ein Beschlagnahmeschutz auch aus § 148 StPO folgen kann, zustimmend, gehen die Verfasser kurz auf diese Thematik ein. Hiermit brauchte sich das LG Mannheim hingegen nicht zu beschäftigen, da das Argument, die beschlagnahmten Unterlagen seien Verteidigungsunterlagen, durch die Beschwerdeführer nicht angeführt worden ist.[649] Im Ergebnis hat das Landgericht nach Meinung der Verfasser über § 97 Abs. 1 Nr. 3 StPO den zutreffenden Lösungsweg gewählt.

647 *Galen*, NJW 2011, 942 (945); *Jahn/Kirsch*, NStZ 2012, 713 (718).

648 *Fritz*, CCZ 2011, 155; *Galen*, NJW 2011, 942; *Knauer*, ZWH 2012, 81; *Winterhoff*, AnwBl. 2011, 789.

649 *Jahn/Kirsch*, NStZ 2012, 713 (718–720).

c.) LG Mannheim: Zur Beschlagnahmefähigkeit von Unterlagen im Gewahrsam eines Zeugen, CCZ 2013, S. 78

Auch hier kommentiert der Verfasser die Entscheidung des LG Mannheim. Er schildert zu Beginn Sachverhalt und Entscheidung des Gerichts, um sodann im Rahmen seiner Anmerkung auf den Streitstand und seine Wertungen einzugehen. Nachdem er den Kern der Entscheidung festgelegt hat – ob § 97 Abs. 1 Nr. 3 StPO auch dann ein Beschlagnahmeverbot anordnet, wenn sich die Unterlagen im Gewahrsam des Unternehmensanwaltes befinden –, stellt er die zu dieser Problematik unterschiedlich vertretenen Ansichten dar und nimmt dabei Bezug auf die letzte gerichtliche Entscheidung des LG Hamburg. Dieses nahm – im Einklang mit Rechtsprechung und überwiegender Literatur – an, dass lediglich die Unterlagen einem Beschlagnahmeverbot unterliegen, die aus einem Vertrauensverhältnis zwischen Beschuldigtem und Rechtsanwalt resultieren. Hierbei zitiert er das LG Hamburg, Schmitt in Meyer-Goßner, § 97 Rn. 10, Nack in Karlsruher Kommentar, § 97 Rn. 21 und u. a. Winterhoff, AnwBl. 2011, S. 789. Die Gegenansicht in der Literatur vertritt hingegen die Meinung, dass § 97 Abs. 1 Nr. 3 StPO auch für einen Nichtbeschuldigten Anwendung finden muss, wobei der Verfasser Bezug auf Winterhoff, AnwBl. 2011, S. 789, Krekeler, NStZ 1987, S. 199 und Jahn, ZIS 2011, S. 453 nimmt. Als Begründung führt diese Ansicht das Wortlautargument an, da der Beschuldigte in § 97 Abs. 1 Nr. 3 StPO keine Erwähnung findet sowie die Tatsache, dass es sich bei den Unterlagen des Unternehmensanwalts um Verteidigerunterlagen im Sinne des § 148 StPO handelt und eine Beschlagnahme bereits aus diesen Gründen zu verneinen ist.[650]

Sodann bewertet er die bisher vertretenen Ansichten. Die vom Landgericht Mannheim aufgeführte Ansicht ist nach Meinung des Verfassers längst überflüssig. Das anwaltliche Vertrauensverhältnis bekommt neue Qualität, weil die Anwälte nunmehr die Chance bekommen, nachweisen zu können, dass es sich um Verteidigungsunterlagen in ihrem Gewahrsam handelt und somit die Beschlagnahme unzulässig ist. Dass § 97 StPO im Verhältnis zu § 160a StPO die speziellere Vorschrift ist, ist nach Ansicht des Verfassers nicht neu und nimmt Bezug auf bereits genannte Literatur. Dass das Gericht die Ansicht vertritt, lediglich die Unterlagen unterliegen der Beschlagnahmefreiheit, die sich im Gewahrsam der Kanzlei befinden und hierzu den Wortlaut des § 97 Abs. 2 StPO heranzieht, kann nach seiner Meinung – die derjenigen von Jahn/ Kirsch entspricht – dahingehend umgangen werden, dass eine naheliegende

650 *Milde*, CCZ 2013, 78 (79).

Verfahrensstellung eines Verfallsbeteiligten geltend gemacht wird. Dies hat dann zur Folge, dass § 148 StPO über §§ 434, 442, 444 StPO Anwendung findet und wenn Verteidigungsunterlagen vorliegen, diese von der Beschlagnahme ausgeschlossen sind. Nach Meinung des Verfassers kann ein Unternehmen im Verhältnis zu seinem Rechtsanwalt nicht schlechter stehen als ein Beschuldigter im Verhältnis zu seinem Verteidiger. Hieraus lässt sich vermuten, dass der Verfasser die Beschlagnahmefreiheit von Unterlagen im Rahmen der Untersuchungen nicht an einen Ort festmachen möchte. Im Anschluss daran übt der Autor Kritik an dem Beschluss, soweit vertreten wird, dass die Erhöhung der Personenanzahl im § 160a StPO zu einer Verschiebung der Kräfteverhältnisse im Verfahren führt. Das BVerfG hat diese Erhöhung jedoch abgesegnet mit der Folge, dass die erforderlichen Gründe zu bejahen sind.[651]

Abschließend ist die positive Tendenz zu erkennen, die der Verfasser der Entscheidung des LG Mannheim entgegenbringt, da auch seiner Meinung nach von einer Beschlagnahmefreiheit auszugehen ist. Wenngleich der Autor für die Darstellung seiner Ansicht nicht explizite Argumente bringt, wird deutlich – insbesondere bezüglich der Geltendmachung der Einziehungsbeteiligung zur Erlangung eines Beschlagnahmeverbotes –, dass für ihn die Interessen der Verfahrensbeteiligten schützenswert sind. Damit folgt er der Ansicht von Jahn/Kirsch, die dieses ebenfalls in ihrem Aufsatz anmerken.

d.) Der Beschlagnahmeschutz von Dokumenten aus unternehmensinternen Untersuchungen, NJW 2013, S. 3549

Angelehnt an die Entscheidung des LG Mannheim haben die Verfasser einen Aufsatz publiziert, der den Beschlagnahmeschutz der Dokumente aus unternehmensinternen Untersuchungen zum Gegenstand hat und insbesondere die Rechtslage nach der Reform des § 160a StPO darstellt. Einleitend weisen die Verfasser auf die bestehende Problematik hin, dass die Staatsanwaltschaft trotz des verfassungsrechtlichen Schutzes des Vertrauensverhältnisses zwischen Rechtsanwalt und Mandant sowohl bei den Unternehmen als auch bei den beauftragten Rechtsanwälten eine Durchsuchung durchführt, Dokumente beschlagnahmt und mithin empfindlich in dieses Vertrauensverhältnis eingreift. Unter Bezugnahme auf die Entscheidung des LG Mannheim wird auf die vom Gericht erstmalig zu berücksichtigende Rechtsänderung des § 160a StPO verwiesen. Obwohl der Schutz des LG Mannheim schon weitergeht als derjenige der übrigen Gerichte,

651 *Milde*, CCZ 2013, 78 (79/80).

wäre es nach Ansicht der Verfasser wünschenswert, wenn der Schutz sich auch auf Unterlagen im Gewahrsam des Mandanten beziehen würde. Sodann folgt die Überleitung zum Überblick über den Inhalt der Publikation.[652]

Zunächst wird die alte Rechtslage bis zur Einführung des § 160a StPO wiederholt, bei der § 97 Abs. 1 Nr. 3 StPO nach h.M. in der Rechtsprechung und Literatur lediglich das Verhältnis Beschuldigter/Rechtsanwalt schützte und somit die Unterlagen im Verhältnis des Nichtbeschuldigten zum Rechtsanwalt, ganz gleich in wessen Gewahrsam sie sich befanden, beschlagnahmt werden durften. Auch nach Einführung des § 160a a.F. im Jahr 2007 änderte sich diese Ansicht nicht, da lediglich § 97 StPO, nicht aber § 160a StPO die Beschlagnahme regelte. Im weiteren Verlauf verweisen die Autoren auf die Reform des § 160a StPO, die der Ausweitung des Schutzes vor staatlichen Ermittlungsmaßnahmen auf alle Rechtsanwälte dient. Ausführlicher wird sodann im Anschluss auf die Situation nach der Reform eingegangen, wobei dieser Teil einmal bezüglich der Unterlagen im Gewahrsam des Rechtsanwalts und anschließend für diejenigen im Gewahrsam des Unternehmens dargestellt wird. Hier gehen die Ansichten auseinander. Zum Teil wird auch nach der Reform auf Grund des Vorranges von § 97 StPO eine Beschlagnahmefreiheit der Unterlagen des Rechtsanwalts bei internen Untersuchungen verneint, wobei die Verfasser in diesem Zusammenhang auf einen Beitrag von Rechtsanwältin Siegrist in der wistra 2010, S. 427 verweisen. Dass diese Ansicht in Teilen der Literatur geteilt wird, stellen die Verfasser sodann unter Bezugnahme auf die Veröffentlichung von Bauer, StV 2012, S. 277 und die Kommentierung von Schmitt in Meyer Goßner, § 97 Rn. 10a dar. Schließlich vertritt die andere Ansicht, insbesondere das LG Mannheim, dass eine Beschlagnahme der Unterlagen im Gewahrsam des Rechtsanwalts seit der Reform unzulässig, eine solche im Gewahrsam des Mandanten hingegen weiterhin zulässig ist. Für die Unterlagen beim Rechtsanwalt erhält die Entscheidung die Zustimmung der Verfasser, für diese beim Mandant hingegen nicht.[653]

Anhand der vom Landgericht Mannheim getroffenen Feststellungen nehmen die Autoren zur dortigen Entscheidung Stellung. Nach zustimmender Ansicht ist den Unterlagen im Gewahrsam eines Rechtsanwalts umfassender Schutz zu gewähren, wobei dieser sowohl aus § 97 StPO als auch aus § 160a StPO folgen kann. Die erforderliche Mandatsbezogenheit wird durch Vermischung der Fragen und Antworten erreicht mit der Folge, dass das Nichtvorliegen eines Mandatsverhältnisses zwischen dem Interviewten und seinem Interviewer nicht

652 *de Lind van Wijngaarden/Egler*, NJW 2013, 3549 (3549/3550).
653 *de Lind van Wijngaarden/Egler*, NJW 2013, 3549 (3550/3551).

von Konsequenz gekennzeichnet ist. Keine Zustimmung der Autoren findet hingegen die Ansicht des Gerichts, dass eine Beschlagnahmefreiheit zu verneinen ist, wenn – beispielsweise durch absichtliche Lagerung von Unterlagen beim Rechtsanwalt – Missbrauch betrieben wird, um so die Unterlagen absichtlich dem Zugriff der Ermittlungsbehörden zu entziehen. Dies ist nach Ansicht der Autoren rein praktisch nicht durchführbar. Hinsichtlich der Beurteilung der Situation bei Syndikusanwälten ist auf allgemeine Regelungen abzustellen.[654]

Detaillierter setzen sich die Autoren mit der Problematik der Beschlagnahmefreiheit der Dokumente im Gewahrsam des Unternehmens auseinander. Kritisch äußern sie sich dazu, dass das Landgericht Mannheim die Zulässigkeit der Beschlagnahme dieser Unterlagen lediglich nach § 97 StPO beurteilt hat, weil es das Verhältnis der Normen untereinander verkennt. Nach Ansicht der Verfasser geht das Landgericht von einem völlig falschen Verständnis aus, wenn es § 97 StPO gegenüber § 160a StPO als speziellere Regelung sieht. Unter Hinzuziehung von Wortlaut – nach dem § 97 StPO gemäß § 160a Abs. 5 StPO unberührt bleibt –, Systematik und Historie – nach der § 160a StPO einen Beschlagnahmeschutz des § 97 StPO nicht verhindern, sondern ausdehnen soll – stellen sie klar, dass § 160a StPO die allgemeine Mandatsbeziehung schütze und daher die Beschlagnahme beim Nichtbeschuldigten nach dieser Vorschrift und nicht nach § 97 StPO zu beurteilen ist. Hierbei wird Bezug genommen auf Schuster, Winterhoff, Bertheau und Ballo.[655]

Ebenfalls auf Unverständnis stößt die Ansicht des Landgerichts Mannheim, die auch die h.M. teilt, dass nur echte Verteidigungsunterlagen dem Beschlagnahmeschutz unterfallen. In diesem Zusammenhang widersprechen die Autoren, dass sich der Schutz des § 97 Abs. 1 Nr. 3 StPO auf ein bestimmtes Verteidigungsverhältnis bezieht und zitieren hier von Galen, Jahn/Kirsch und Jahn.[656] In den Fällen, in denen das Unternehmen Beschuldigter sein müsste, es in Deutschland jedoch kein Unternehmensstrafrecht gibt, können gegen das Unternehmen trotzdem Bußgelder gemäß §§ 30, 130 OWiG festgesetzt werden. Ein Beschlagnahmeschutz kommt dann in Betracht, wenn es Verteidigungsunterlagen im Sinne des § 148 StPO sind. Im Anschluss erörtern die Verfasser die Ausweitung dieses Schutzes in zeitlicher und persönlicher Hinsicht. Zur

654 *de Lind van Wijngaarden/Egler*, NJW 2013, 3549 (3551/3552).
655 *Ballo*, NZWiSt 2013, 46; *Bertheau*, StV 2012, 303; *de Lind van Wijngaarden/Egler*, NJW 2013, 3549 (3552); *Schuster*, NZWiSt 2012, 424; *Winterhoff*, AnwBl. 2011, 789.
656 *Galen*, NJW 2011, 942; *Jahn*, ZIS 2011, 453; *Jahn/Kirsch*, StV 2011, 151; *Jahn/Kirsch*, NStZ 2012, 713.

zeitlichen Komponente hat das LG Bonn in der auch hier untersuchten Entscheidung darauf abgestellt, dass ein förmliches Ermittlungsverfahren eingeleitet sein muss. Das LG Gießen ist diesem in seinem Beschluss vom 15. Juni 2012[657] entgegengetreten und hat die Einleitung eines förmlichen Verfahrens abgelehnt. Diese Ansicht verdient nach Ansicht der Verfasser Zustimmung, da der Vertrauensschutz auch schon bei Befürchtung der Einleitung eines solchen Verfahrens gewährleistet sein muss und die Behörde andernfalls Einfluss darauf hätte, ab welchem Zeitpunkt die Unterlagen geschützt sind. In persönlicher Hinsicht wird deutlich gemacht, dass sich der Schutz nicht auf die Konzerntochter bezieht, wenn die Konzernmutter die Untersuchungen in Auftrag gibt. Abschließend ordnen die Verfasser die Beschlagnahme bei Mandanten als unverhältnismäßig ein, weil das Vertrauensverhältnis zwischen Rechtsanwalt und Mandant gemäß Art. 2 Abs. 1, Art. 1 Abs. 1, Art. 20 Abs. 3 GG zu schützen, die effektive Verteidigung zwar durch Gesetz einschränkbar ist, dieses jedoch im Einklang mit dem schützenswerten Interesse am Vertrauensverhältnis und dem staatlichen Verfolgungsinteresse geschehen muss, was jedoch regelmäßig zu verneinen ist.[658]

Festzuhalten bleibt, dass die Ergebnisse der Internal Investigations sicherheitshalber im Gewahrsam des Rechtsanwalts aufbewahrt werden sollten, da der Schutz der Unterlagen bei Mandanten selbst sehr umstritten ist. Besonders geschützt sind auch Verteidigungsunterlagen, wobei diese entsprechend zu kennzeichnen sind.

e.) Kartellrechtliches Ermittlungsverfahren, NZWiSt 2013, S. 21

Gleich der Veröffentlichung in der NStZ, bei der die Entscheidung des LG Mannheim kommentiert worden ist, haben die Verfasser Stellung zur Entscheidung des LG Bonn genommen. Diese Sachverhalte unterscheiden sich dahingehend, dass die Beschlagnahme beim LG Mannheim überwiegend in der beauftragten Kanzlei, beim LG Bonn direkt beim Unternehmen erfolgte. Das LG Bonn beschäftigte sich daher nicht mit den §§ 97, 160a StPO, sondern vielmehr mit der Frage, ob ein Beschlagnahmeverbot auch außerhalb des Gewahrsams des Zeugnisverweigerungsberechtigten möglich ist. Die Verfasser weisen in diesem Zusammenhang darauf hin, dass dieses Problemfeld auch vom LG Mannheim hätte behandelt werden können, da auch dort Unterlagen im Unternehmen sichergestellt worden sind.

---

657 *LG Gießen – Beschl. v. 25.06.2012 – 7 Qs 100/12.*

658 *de Lind van Wijngaarden/Egler*, NJW 2013, 3549 (3553/3554).

Die Verfasser führen zunächst zur Bedeutung des § 148 StPO im Wirtschaftsstrafrecht aus, wobei dieser im Rahmen der Unternehmensverteidigung von Bedeutung ist und über die Kette §§ 442, 434 StPO zur Anwendung kommt. Ab welchem Zeitpunkt dieses möglich ist, ist Interpretationssache und seither umstritten. Einerseits kann auf Grund der Verwendung des Begriffes „Beschuldigter" angenommen werden, dass durch die Staatsanwaltschaft bereits Ermittlungen aufgenommen sein müssen. Das LG Bonn stellt zudem darauf ab, dass ein Verteidigungsverhältnis zwischen dem Beschuldigten und seinem Rechtsanwalt bestehen muss. Andererseits – die Verfasser führen hierzu die Entscheidung des LG Gießen[659] an – wird ein solches nicht für notwendig erachtet.[660]

Die Verfasser diskutieren sodann über die unterschiedlichen Ansichten. Zunächst argumentierten sie dahingehend, dass § 137 Abs. 1 S. 1 StPO anordnet, dass ein Verteidiger in jeder Lage des Verfahrens tätig werden kann und zu dieser auch die Vorfeldtätigkeit zählt, da der Rechtsanwalt oft im Vorfeld mandatiert wird, um ein förmliches Ermittlungsverfahren zu vermeiden. Mit dieser Erweiterung des Verfahrensbegriffes geht nach Ansicht der Verfasser allerdings die Ausdehnung der zeitlichen Anwendbarkeit des § 148 StPO einher. Dieser bezieht die Anbahnung des Mandatsverhältnisses mit ein mit der Folge, dass, wenn eine interne Untersuchung einer Verbandsgeldbuße oder ähnlichem entgegentreten soll, die dazu angefertigten Unterlagen dem Beschlagnahmeschutz des § 148 StPO unterliegen.[661]

In einem dritten Teil kritisieren die Verfasser die Ablehnung der Beschlagnahmefreiheit des LG Bonn als unzutreffend und weisen in diesem Zusammenhang darauf hin, dass auch die Frage nach einem eigenständigen Beschlagnahmeschutz dieser Unterlagen unzureichend behandelt worden ist. Nach Meinung der Verfasser ist zu diskutieren, ob es einen grundrechtlichen Schutz aus Art. 2 Abs. 1, Art. 1 Abs. 1 GG gibt, der ein Beweisverwertungsverbot in Anlehnung an § 97 Abs. 1 S. 3 InsO bereitstellt. Daneben kann über ein individuell-verfahrensstrukturelles Beweisverwertungsverbot nachgedacht werden, da Mitarbeiter und Unternehmen lediglich dann zu den Untersuchungen bereit sind, wenn sie nicht die Munition für den Angriff selbst liefern. Klarstellend schließen die Autoren die Anmerkung damit ab, dass es sich hierbei um drängende Fragen des Wirtschaftsstrafrechts handelt, zu deren Lösung das LG Bonn nichts beigetragen hat.[662]

---

659 *LG Gießen – Beschl. v. 25.06.2012 – 7 Qs 100/12.*
660 *Jahn/Kirsch*, NZWiSt 2013, 21 (29/30).
661 *Jahn/Kirsch*, NZWiSt 2013, 21 (30).
662 *Jahn/Kirsch*, NZWiSt 2013, 21 (30/31).

Die Verfasser kritisieren vorliegend die Entscheidung des LG Bonn und bieten zeitgleich weitere Anhaltspunkte zum weiteren Umgang mit der Thematik in der Zukunft.

f.) Beschlagnahmeschutz im Rahmen von Internal Investigations – Zur Reichweite und Grenze des § 160a StPO, NZWiSt 2013, S. 46

Der Verfasser dieses auf dem Beschluss des LG Mannheim basierenden Artikels beschäftigt sich mit der Reichweite und den Grenzen des § 160a StPO. Hierbei weist er einleitend auf die seit dem Siemens-Skandal viel diskutierte Problematik der Beschlagnahmefreiheit der Ergebnisse aus den Internal Investigations hin, wobei die Reichweite und Grenzen des § 160a StPO lediglich vereinzelt behandelt werden, hier wird auf Winterhoff, Jahn/Kirsch, v. Galen und Bertheau verwiesen.[663]

Im Anschluss daran folgen Ausführungen zum Ausgangspunkt der Internal Investigations, dem Beschluss des LG Mannheim in Sachverhalt und Entscheidungsgründen mit den dort vertretenen Rechtsansichten, wobei auf eine Wiederholung an dieser Stelle verzichtet werden soll. Nach Ansicht des Verfassers ist zur Auslegung des § 160a StPO auf die Schulmäßige zurückzugreifen. Es folgen Darstellungen zur grammatikalischen, historischen, systematischen und teleologischen Auslegung. Im Rahmen der grammatikalischen Auslegung geht der Verfasser auf den Wortlaut insbesondere des § 160a Abs. 1 S. 1, 2 und 5 sowie Abs. 5 StPO ein. Nach S. 1 ist eine Ermittlungsmaßnahme dann unzulässig, wenn sie sich gegen einen Rechtsanwalt richtet und voraussichtlich Erkenntnisse hervorbringt, bei der dieser das Zeugnis verweigern dürfte. Nach S. 5 gelten die vorherigen Sätze entsprechend, wenn sich die Ermittlungsmaßnahme nicht gegen eine in Satz 1 aufgezählte Person richtet und von dieser Person Kenntnisse erlangt werden, über die diese das Zeugnis verweigern dürfte, wobei mit „diese“ nach h.M. eine in Satz 1 genannte Person mit der Folge eines Beschlagnahmeschutzes auch für Unterlagen im Gewahrsam des Unternehmens gemeint ist.[664]

Im Rahmen der historischen Auslegung geht der Verfasser auf die Änderung im Jahr 2011 ein, nach der der Gesetzgeber über die Vorschrift des Absatz 5 keine Einschränkung vorgenommen hat, sodass auch nach der Auslegung § 160a StPO anzuwenden ist, wenn § 97 StPO keine klare Regelung trifft. Sodann geht der

663 *Ballo*, NZWiSt 2013, 46; *Bertheau*, StV 2012, 303; *Galen*, NJW 2011, 942; *Jahn/Kirsch*, StV 2011, 151; *Winterhoff*, AnwBl. 2011, 789.

664 *Ballo*, NZWiSt 2013, 46 (48); *Schmitt*, in: *Meyer-Gossner/Schmitt* (Hrsg.), Strafprozessordnung, 63. Auflage: § 160a, Rn. 7; *Winterhoff*, AnwBl. 2011, 789.

Verfasser auf die systematische Auslegung ein, wobei er kurz der überwiegend in der Literatur[665] vertretenen Ansicht, dass § 97 StPO im Verhältnis zu § 160a StPO spezieller ist, zustimmt. Daran anschließend jedoch die vom Landgericht Mannheim gezogene Schlussfolgerung kritisiert, dass eine Ermittlungsmaßnahme nach § 160a StPO zulässig ist, wenn § 97 StPO kein Verbot anordnet. Die Prüfung, ob eine Maßnahme nach § 160a StPO zulässig ist, wird nicht dadurch ausgeschlossen, so Winterhoff, andeutungsweise Fritz. Durch die Gesetzesänderung sollten insbesondere systematisch unverträgliche Ergebnisse vermieden werden, was jedoch zu erwarten wäre, wenn der Schutz sich nicht auf die Unterlagen des Nichtbeschuldigten beziehen würde. Nach Ansicht des Verfassers schützt § 160a StPO daher auch im Hinblick auf die systematische Auslegung vor der Beschlagnahme der Unterlagen unabhängig vom Gewahrsamsinhaber. Auch aus der teleologischen Auslegung resultiert nichts Gegenteiliges, da der Zweck des Gesetzes darin liegt, das Vertrauensverhältnis von Rechtsanwalt und Mandant zu schützen, nicht lediglich dasjenige zwischen einem beschuldigten Mandanten und seinem Verteidiger. Wortlaut, Systematik, Historie und Telos sprechen daher nach Ansicht des Verfassers gegen die Auffassung des LG Mannheim für die Unzulässigkeit Beschlagnahme unabhängig vom Gewahrsam der Unterlagen.[666]

Auch eine mögliche Missbrauchsgefahr oder die Verschiebung Kräfteverhältnisse verändern dieses Ergebnis nicht, da es der Staatsanwaltschaft auch nach Durchführung der Untersuchungen unbenommen bleibt, die den Berichten zugrundeliegenden Unterlagen zu beschlagnahmen. Das LG Mannheim hat somit mit seiner einschränkenden Auslegung die Reichweite des § 160a StPO zulasten des Schutzes des Vertrauensverhältnisses zum Rechtsanwalt austariert. Bis zur Etablierung in der Rechtsprechung bleibt daher lediglich die Aufbewahrung der Unterlagen in den Kanzleiräumen übrig.

g.) Zur Beschlagnahmefreiheit von Unterlagen im Gewahrsam eines Zeugen nach §§ 160a, 97 Abs. 2 StPO, WiJ 2013, S. 30

Nach Einführung durch die redaktionellen und amtlichen Leitsätze weist der Verfasser auf die seit der Entscheidung des LG Hamburg bestehenden Unsicherheiten hinsichtlich des Schutzes von Mandatsunterlagen hin, um anschließend

---

665 *Griesbaum*, in: *Hannich* (Hrsg.), Karlsruher Kommentar zur Strafprozessordnung, 8. Auflage: § 160a, Rn. 21; *Jahn/Kirsch*, StV 2011, 151; *Schmitt*, in: *Meyer-Gossner/Schmitt* (Hrsg.), Strafprozessordnung, 63. Auflage: § 160a, Rn. 17.

666 *Ballo*, NZWiSt 2013, 46 (50/51); *Fritz*, CCZ 2011, 155; *Winterhoff*, AnwBl. 2011, 789.

die Entscheidungsgründe des LG Mannheim zu nennen, auf deren Wiederholung vorliegend verzichtet werden soll. Im Anschluss daran erfolgt die Bewertung der Entscheidung durch den Verfasser als problematisch, weil sie nicht zur Beseitigung der Verunsicherung beiträgt, wenn daraus hervorgeht, dass Mandatsunterlagen im Gewahrsam der Rechtsanwälte beschlagnahmefrei, beim Auftraggeber jedoch beschlagnahmefähig sind.[667]

Im Einzelnen kritisiert der Autor zunächst die vom Gericht getroffene Entscheidung nebst unhaltbarer Begründung, dass das Unternehmen im Verfahren lediglich deswegen als Zeuge zu behandeln ist, weil juristische Personen zwar Betroffene eines Einziehungs- oder Owi-Verfahrens, jedoch niemals Beschuldigte eines Strafverfahrens sein können. Bereits auf Grund der Tatsache, dass diese Verfahren für die Unternehmen oft finanzielle Konsequenzen haben, ist diese formalistische Sichtweise nach Meinung des Verfassers unangebracht. Die §§ 442, 431, 434, 137 StPO sehen insbesondere vor, dass Einziehungs- und Verfallsbeteiligte unter Zuhilfenahme eines anwaltlichen Beistands „Nebenbeteiligungsinteressenten" am Verfahren sein können, wobei diese Vorschriften auch bei einer Geldbuße Anwendung finden.[668]

Der Verfasser sieht zwischen dem genannten Fall und demjenigen vom LG Mannheim eine Parallele mit der Folge, dass eine Beurteilung nach § 97 Abs. 1 Nr. 3 StPO zu erfolgen hätte und auf Grund der prozessualen Gleichstellung eines nebenbeteiligten Unternehmens die Erkenntnisse konsequenterweise der Beschlagnahmefreiheit unterliegen sollten. In diese Freiheit sind auch die Mandatsunterlagen vor Einleitung eines Verfahrens mit einzubeziehen, wie schon das LG Gießen[669] annahm. Der Verfasser spricht sich klar dafür aus, dass die Frage der Beschlagnahmefreiheit nicht vom Lagerort der Unterlagen abhängen darf. Die in diesem Zusammenhang häufig zitierte Regelung des § 97 Abs. 2 StPO steht dem nicht entgegen, da diese verunglückt ist und eine Kommunikation zwischen Beschuldigtem und Verteidiger nicht zu begrenzen vermag. Der Verfasser hofft, dass das LG Mannheim mit seiner Entscheidung gegen die Beschlagnahmefreiheit allein bleibt, da neben dem Vorgenannten auch die Ausführungen des LG zu § 160a StPO n.F. kritisch zu bewerten sind. Dies insbesondere deswegen, weil die Begründung, dass die Einbeziehung der Rechtsanwälte in die Vorschrift zur Folge habe, dass alle Mandanten sämtliche Unterlagen beim Rechtsanwalt „parken", um sie den Strafverfolgungsbehörden zu entziehen, ein

667 *Saucken*, WiJ 2013, 30 (31).
668 *Saucken*, WiJ 2013, 30 (31).
669 *LG Gießen – Beschl. v. 25.06.2012 – 7 Qs 100/12.*

beunruhigendes Signal darstellt und das Gericht somit an der Grundlage des Mandatsverhältnisses rüttelt.[670]

Es bleibt festzuhalten, dass die rechtliche Begründung des LG Mannheim vom Verfasser nicht geteilt und mithin als äußerst kritisch zu bewerten ist.

h.) „Gesetzliche Privilegierung" von internal investigations durch externe Kanzleien?, WiJ 2013, S. 102

Wenige Seiten nach dem vorgenannten Artikel hat sich Renate Wimmer erneut zur Problematik der Beschlagnahme der aus den Internal Investigations hervorgegangenen Unterlagen geäußert, wobei sie dieses Mal nicht lediglich auf den Beschluss des LG Hamburg, sondern auch auf denjenigen des LG Mannheim eingeht und die dort vertretene Ansicht kommentiert.

Anhand der Darstellung der unterschiedlichen Ansichten und Ergebnisse weist sie auf die Kritik hin, die die Entscheidung des LG Hamburg ausgelöst hat, wobei eine explizite Erörterung ausbleibt. Diesbezüglich verweist die Autorin auf ihren Aufsatz in der Festschrift für Roxin, der bereits Gegenstand der vorliegenden Untersuchung gewesen ist.[671]

Dem Beschluss des LG Hamburg sowie der Kommentarliteratur im Meyer-Goßner zustimmend, geht nach Ansicht der Verfasserin § 97 StPO dem § 160a StPO vor, wobei Ersterer lediglich im Verhältnis Beschuldigter/Rechtsanwalt anwendbar ist. Ebenso stimmt sie dem LG Mannheim dahingehend zu, dass die Unterlagen im Gewahrsam des Unternehmens der Beschlagnahme unterliegen, wobei sie die Begründung des Gerichts nicht teilen kann, sondern vielmehr zu kritisieren vermag. Nach ihrer Auffassung ist für die Beurteilung der Beschlagnahmefähigkeit lediglich das Verhältnis zwischen Beschuldigtem/Nichtbeschuldigtem und seinem Rechtsanwalt von Bedeutung. Der Gewahrsamsort der Unterlagen hingegen irrelevant. Damit schließt sie sich stringent der Auffassung des LG Hamburg an. Begründet wird dies mit dem Vorrang des § 97 StPO gegenüber § 160a StPO und der daraus resultierenden Notwendigkeit eines Mandatsverhältnisses.[672]

Abschließend lässt sich festhalten, dass die Autorin an den Entscheidungen der Landgerichte sowohl Kritik übt als auch diesen zustimmt. Es wird eine generelle Ablehnung der Beschlagnahmefreiheit außerhalb eines Mandatsverhältnisses

---

670 *Saucken*, WiJ 2013, 30 (32/33).

671 Kritik üben insbesondere: *Galen*, NJW 2011, 942; *Jahn/Kirsch*, StV 2011, 151; *Knierim*, FD-StrafR 2011, 314177.

672 *Wimmer*, WiJ 2013, 102 (103/104).

vertreten, sodass die Ansicht der Gerichte im Hinblick auf diese Argumentation Zustimmung findet.

i.) Unternehmensinterne Untersuchungen, ZStW 2013, S. 551

Der Inhalt dieses Artikels über unternehmensinterne Untersuchungen war Gegenstand des Vortrages der Verfasserin auf der Strafrechtslehrertagung im Mai 2013 in Zürich. Sie stellt zunächst die Ausgangslage der Thematik unterteilt nach Fakten, Interessen und Rechtsfragen dar, nimmt sodann Bezug auf den Ablauf der Untersuchungen, bevor sie sich der Problematik der durch Private ermittelten Beweise im Strafverfahren widmet und explizit die Verwertung der Ergebnisse in einem sich an die Untersuchung anschließenden Strafverfahren thematisiert, um dann ein abschließendes Fazit zu ziehen.

Im Rahmen der Information über die Ausgangslage wird Bezug genommen auf die Untersuchung bei der Siemens-Affäre sowie darauf, dass die Unternehmen, bei denen der Verdacht einer Straftat besteht, den Ermittlern der Untersuchungen Zugang zu Unterlagen gewähren und sie Interviews führen lassen, um insbesondere die Sanktionen in einem Strafverfahren gering zu halten. Anschließend werden die unterschiedlichen Interessen von Unternehmen und Strafverfolgungsbehörden aufgezeigt, wobei diese insbesondere für die Behörden eine Arbeitserleichterung bedeuten können. Grundsätzlich stellen die Untersuchungen private Tatsachenerhebungen dar, die jedoch zum Teil von staatlichen Verfahren motiviert sind und deren Sinn eine Kooperation mit den Strafverfolgungsbehörden ist, bei denen die Ergebnisse von Beginn an dem staatlichen Strafverfahren gewidmet sind. In diesem Zusammenhang stellen sich der Verfasserin die Fragen, ob durch die oft auch internationale Tätigkeit Rechtshilferegelungen umgangen werden, welche Regeln grundsätzlich verwendet werden, und ob das gewonnene Material grenzenlos verwendet und zur Urteilsbegründung verwertet werden darf.[673]

Nach Ansicht der Verfasserin ist es zu einfach, zur Beurteilung lediglich deswegen ausschließlich private Regelungen heranzuziehen, weil es private Ermittlungen sind. Insbesondere deswegen, weil in den meisten Fällen ein Strafprozess die Motivation der Untersuchungen darstellt. Als Pendant zur staatlichen Vernehmung ist das Interview Hauptbestandteil der Durchführung der Untersuchung. Im Rahmen der Mitwirkungspflicht thematisiert die Autorin als Gegenargument zu einer solchen kurz den nemo-tenetur-Grundsatz, der jedoch

673 *Zerbes*, ZStW 2013, 551 (552–555).

lediglich vor staatlichen Verfahren, nicht jedoch vor privaten schützt. Anschließend verweist sie auf die in der Literatur vorgenommene Trennung von Straf- und Arbeitsrecht und zitiert zu den unterschiedlich vertretenen Ansichten die jeweils ihre Meinung vertretene Literatur, die im Rahmen des Vorgenannten bereits Berücksichtigung gefunden hat und daher an dieser Stelle nicht erneut detailliert ausgeführt werden soll. Es wird zum einen eine grundlegende Auskunftspflicht angenommen, die auch bei Selbstbelastungsgefahr nicht generell abzusprechen ist.[674] Zum anderen soll bei Informationen, die nicht den Arbeitsplatz des Mitarbeiters betreffen, eine Interessenabwägung stattfinden, bei der jedoch oft die Interessen des Arbeitgebers denjenigen des Arbeitnehmers übergeordnet werden und mithin ein Bezug zum Gemeinschuldnerbeschluss hergestellt wird.[675]

Dieser Bezug kann nach Ansicht der Verfasserin jedoch – hier vertritt sie die Gegenansicht zu vielen anderen Autoren – nicht hergestellt werden, da im Gemeinschuldnerbeschluss zivilrechtliche Ansprüche durchgesetzt werden sollen und deswegen eine Pflicht zur Aussage besteht. Die Untersuchungen sind hingegen stets auf das Strafverfahren ausgelegt, weswegen eine Abstinenz des Strafverfahrens bei Beurteilung der damit verbundenen Vorgehensweisen nicht stimmig ist.[676]

Als Konsequenz der Untersuchungen sieht die Verfasserin die Tatsache, dass privat ermittelte Beweise im Strafverfahren verwendet werden. Vom Unternehmen – hier nimmt sie Bezug auf das Urteil des LG Mannheim sowie die Anmerkung von Jahn/Kirsch, CCZ 2013, S. 73 – können die Beweise herausverlangt werden. Befinden sich die im Rahmen der Untersuchung erstellten Unterlagen hingegen bei der Kanzlei, ist dies davon abhängig, welcher Ansicht sich angeschlossen wird. Die Verfasserin verweist auf den Beschluss des LG Hamburg nebst Anmerkungen von Jahn/Kirsch, StV 2011, S. 148 und v. Galen, NJW 2011, S. 942 sowie Fritz, CCZ 2011, S. 155 und Bauer, StV 2012, S. 277 und die bereits mehrfach zitierte Kommentarliteratur, die die Anwendbarkeit des § 97 Abs. 1 Nr. 3 StPO auf das Verhältnis Beschuldigter/Rechtsanwalt beschränken. Dieser Ansicht kann nach Meinung der Verfasserin bereits auf Grund des Wortlautes

674 *Dann/Schmidt*, NJW 2009, 1851; *Göpfert/Merten/Siegrist*, NJW 2008, 1703; *Mengel/Ullrich*, NZA 2006, 240; *Knauer/Buhlmann*, AnwBl. 2010, 387; *Wastl/Litzka/Pusch*, NStZ 2009, 68.

675 *Jahn*, StV 2009, 41; *Göpfert/Merten/Siegrist*, NJW 2008, 1703; *Dann/Schmidt*, NJW 2009, 1851; *Theile*, StV 2011, 381; *Momsen*, ZIS 2011, 508.

676 *Zerbes*, ZStW 2013, 551 (558/559).

nicht zugestimmt werden, weil der Beschuldigte nicht ausdrücklich erwähnt ist und das Ziel der Beschlagnahmeverbote die Sicherung des Schweigerechts der Anwälte ist, welches damit wertlos wäre. Hiermit stimmt sie ausdrücklich der von Jahn, Jahn/Kirsch sowie der vom LG Mannheim vertretenen Ansicht zu.[677] Eine weitere Begründung ihrer Ansicht folgt hingegen nicht.

Vielmehr stellt sich ihr die Frage nach einem Verwertungsverbot in den Fällen, in denen private Ermittler in ihrem Verhalten zu weit gegangen sind, die Strafverfolgungsbehörden die Unterlagen hingegen bereits in den Händen halten. Die Verfasserin verweist erneut auf den Einwand der mangelnden Staatlichkeit der Untersuchung und der daraus resultierenden Nichtanwendbarkeit der StPO, allerdings auch darauf, dass Schrifttum und Rechtsprechung sich hingegen von einer derartigen stringenten Verwertbarkeitsbeurteilung gelöst haben. Zur weiteren Beurteilung ist zu hinterfragen, ob hinter dem privaten Vorgehen nicht generell behördliche Verantwortung steht und unter welchen Parametern die Durchführung erfolgt. Im Rahmen der Beantwortung der ersten Frage zieht die Verfasserin den Vergleich zu der gezielten Bedienung Privater bei Ermittlungen der Staatsanwaltschaft, bei denen sich das Handeln der Privaten unter das Regime des Strafprozessrechts schiebt mit der Folge, dass eine vernehmungsähnliche Situation vorliegt, die die Beachtung der Grundsätze des Strafverfahrens nach sich zieht. Wegen dem Druck Mitarbeiter, der Vorhalte aus Unterlagen, der arbeitsrechtlichen Konsequenzen und der Tatsache, dass die Staatsanwaltschaft in vielen Fällen nur auf den Fang warten dürfte und sich mithin eigene Durchsuchungen spart, ist dies auf die Untersuchungen übertragbar. Hier muss ein Verwertungsverbot gelten. Unter Verweis auf den Fall Siemens zieht die Verfasserin den Vergleich der Vorgehensweisen deutscher Behörden und der amerikanischen, wobei in diesen Fällen entscheidend ist, dass die Kooperation des Unternehmens mit den Behörden oft auf Grund des Drucks durch eben diese erfolgt und bereits diese Tatsache den Schluss zulässt, dass private Ermittler im staatlichen Auftrag tätig werden. Eine solche unter fremdstaatlicher Mithilfe erlangte Aussage, die in Deutschland das Recht zur Selbstbelastungsfreiheit verletzt, müsste auch in Deutschland unverwertbar sein, wird der Ansicht der Verfasserin gefolgt. Daneben wird die Begründung, dass die Untersuchungen durch Private durchgeführt werden, die mit dem Strafprozessrecht nicht in Verbindung stehen, der Problematik deswegen nicht gerecht, da die externen Ermittler in die Position des weisungsbefugten Arbeitgebers eintreten und die Arbeitnehmer

677 *Jahn*, ZIS 2011, 453; *Jahn/Kirsch*, StV 2011, 151; *Jahn/Kirsch*, NStZ 2012, 713; *Zerbes*, ZStW 2013, 551 (564–563).

dem nicht viel entgegenzubringen haben. Abschließend fasst sie ihre Meinung zusammen, dass die Trennung von staatlichen und privaten Verfahren den sachgerechten Umgang mit den Internal Investigations und insbesondere die dahinterstehende Macht verfehlt und die Überlassung der Ermittlungsphase an ein privates Regime ein Verstoß gegen den Justizgewährungsanspruch darstellt.[678]

Im Vergleich zur bisher untersuchten Literatur fällt auf, dass die Verfasserin – entgegen vieler – nicht anhand der Beurteilung eines Gerichts, der Verletzung eines Rechts oder der Auslegung einer Norm diskutiert, sondern eher grundsätzlich auf das Verhältnis staatlich/privat und die Verhaltensweise der Ermittler abstellt. Als erste Autorin sieht sie ausdrücklich die hinter den Untersuchungen stehende Macht und die Position der Ermittler als Grund, die Trennung von staatlichen und privaten Vorschriften für diesen Fall aufzuheben, um einen sachgerechten Umgang mit der Problematik zu erreichen. Die Autorin selbst spricht hierbei lediglich von einem Verwertungsverbot im Konjunktiv, erachtet aber die allgemeine Anwendbarkeit der Verfahrensregeln der StPO für notwendig, spricht sich jedoch nicht explizit für eine mangelnde Verwertbarkeit der Ergebnisse der Untersuchungen aus, sondern macht dies von dem Verhalten der externen Ermittler abhängig. Sie verweist darauf, dass die externen Ermittler eine gesamte Verfahrensphase übernehmen und nicht lediglich, wie sonst üblich, bezüglich eines konkreten Beweises herangezogen werden. Deswegen muss den Mitarbeitern bei den Interviews der Schutz strafprozessualer Verfahrensregeln zugutekommen. Dies hat zur Folge, dass das Verhalten der Befragenden an §§ 136, 136a StPO zu beurteilen und eine Verwertung der Ergebnisse dann zu verneinen ist, wenn Regelverstöße anhand dieser Vorschriften anzunehmen sind.[679]

j.) Mitarbeiterbefragungen im Rahmen interner Ermittlungen – Auskunftspflichten und Verwertbarkeit im Strafverfahren, NZWiSt 2014, S. 262

Dieser Aufsatz beinhaltet ausschließlich Mitarbeiterbefragungen im Rahmen der internen Ermittlungen, wobei Auskunftspflicht und Verwertbarkeit im Strafverfahren im Fokus stehen. In den einleitenden Sätzen gibt der Verfasser einen kurzen Überblick über den folgenden Inhalt, sodass bereits zu Beginn erkennbar ist, dass die Verwertbarkeit der Auskünfte, die aus den Untersuchungen

678 *Zerbes*, ZStW 2013, 551 (565–572).
679 *Zerbes*, ZStW 2013, 551 (571/572).

resultieren, nicht lediglich an dem nemo-tenetur-Grundsatz gemessen werden sollen, sondern auch an § 254 StPO, einer Norm, die in den bisher untersuchten Veröffentlichungen keine Berücksichtigung gefunden hat. Nach einleitenden Sätzen teilt der Verfasser die Untersuchungen in einzelne Gruppen ein, wobei diese danach geordnet werden, zu welchem Zeitpunkt sie stattfinden. Sei es im Vorfeld eines Verdachts als präventive Maßnahme, als repressive Maßnahme, weil bereits ein Verdacht seitens der Unternehmensleitung besteht, von Beginn an angelegt auf die Kooperation mit den staatlichen Ermittlungsbehörden oder – wenn die Kooperation ein solches Ausmaß annimmt, dass das Unternehmen als verlängerter Arm der Behörden tätig wird – als substitutive Untersuchung. Bei letzterer wird durch den Verfasser die Parallele zu Siemens gezogen.[680]

Sowohl die Frage der Auskunftspflicht als auch diejenige der Verwertbarkeit werden vom Verfasser anhand der vorgenannten Gruppierungen beantwortet, wobei eine Einteilung hierbei nicht in vier, sondern lediglich in zwei Gruppen, die nicht substitutiven – hierzu gehören die präventiven, repressiven und kooperativen Untersuchungen – sowie die substitutiven, die im Rahmen der Siemens-Affäre von Bedeutung waren, erfolgt ist. In den dem Vorhaben bisher zugrundeliegenden Veröffentlichungen wurde zum Teil vertreten wurde, dass keine selbstbelastende Auskunftspflicht besteht und sich mithin die Frage der Verwertbarkeit nicht stellt.[681] Die übrige Literatur nimmt eine grundsätzliche Mitwirkungspflicht des Mitarbeiters zur Teilnahme an den Untersuchungen an und die h.M. weicht von dem Grundsatz nicht ab, wenn sich der Mitarbeiter – zumindest, wenn es seinen unmittelbaren Arbeitsplatz betrifft – selbst belastet. Die Auskunftspflicht hängt nach Ansicht dieses Verfassers davon ab, in welche der o. g. Gruppen der Untersuchungen sich diejenige einstufen lässt. Nach seinem Dafürhalten sind bei den substitutiven Untersuchungen, die von Beginn unter Einflussnahme der Strafverfolgungsbehörden erfolgen, die Vorschriften der StPO anwendbar mit der Folge, dass sowohl dem Beschuldigten als auch dem Zeugen die Schweigerechte der StPO zugutekommen. Die nichtsubstitutiven Untersuchungen können nach Ansicht des Verfassers nicht an den Regeln der StPO gemessen werden, sodass diese mithilfe des Arbeitsrechts zu lösen sind. In diesem Zusammenhang erörtert der Verfasser die Geltung des nemo-tenetur-Grundsatzes im Arbeitsrecht sowie die Auskunftsverpflichtung nach § 666 BGB. Hinsichtlich des nemo-tenetur-Grundsatzes zählt er die unterschiedlich vertretenen Ansichten auf. Der teilweise vertretenen Ansicht, dass der Grundsatz

680 *Kasiske*, NZWiSt 2014, 262 (262/263).
681 *Bauer*, StV 2012, 277.

seine Wirkung auch auf das Arbeitsverhältnis ausstrahlen soll, weil es ein Recht mit Verfassungsrang ist, dem die Drittwirkung wie auch bei anderen Grundrechten gleichkommen soll, kann der Verfasser nicht zustimmen. Der Grundsatz ist lediglich auf staatliche Verfahren anwendbar, da es andernfalls zu einem falschen Kräfteverhältnis kommen würde. Nach anderer Ansicht kann sich ein Auskunftsverweigerungsrecht jedoch aus anderen Gründen ergeben, die im Rahmen einer Interessenabwägung zu beurteilen sind. Zumindest soweit sich die Tätigkeit nicht auf seinen unmittelbaren Arbeitsbereich bezieht, wird daher vielfach im Rahmen der Interessenabwägung ein Auskunftsverweigerungsrecht des Mitarbeiters angenommen. Der Verfasser führt sodann zum Streit aus, ob diese Interessenabwägung mit der Folge einer Auskunftsverweigerung auch besteht, wenn die Auskünfte mit dem unmittelbaren Arbeitsbereich des Mitarbeiters im Zusammenhang stehen. Er nennt hier die Aufsätze von Rudkowski, NZA 2011, S. 612, Roxin, StV 2012, S. 116 und Dann/Schmidt, NJW 2009, S. 1851, die auch in den Fällen ein Auskunftsverweigerungsrecht des Mitarbeiters annehmen, führt jedoch weder die gegenteilige Auffassung, noch die diese bevorzugenden Vertreter an. Anschließend stimmt er der h.M. zu, die eine Auskunftspflicht des Mitarbeiters auch bei Selbstbelastung annimmt, wenn der unmittelbare Arbeitsbereich betroffen ist, und verweist in diesem Zusammenhang auf Böhm, WM 2009, S. 1923, Diller, DB 2004, S. 313 und Mengel/Ullrich, NZA 2006, S. 240.[682]

Im Anschluss daran thematisiert der Verfasser die Problematik der Verwertbarkeit der Ergebnisse von internen Untersuchungen, wobei er auch hier erneut eine Unterteilung vornimmt und zum einen den nemo-tenetur-Grundsatz, zum anderen § 254 StPO heranzieht. Einleitend nimmt er Bezug auf den Beschluss des LG Hamburg, nach dem eine Unverwertbarkeit der Ergebnisse auf Grund des nemo-tenetur-Grundsatzes als fernliegend angesehen worden ist sowie auf die zahlreichen Stimmen in der Literatur, die ein Verwertungs- oder sogar Verwendungsverbot annehmen wollen.[683] Seiner Auffassung nach ist die Anwendbarkeit des Grundsatzes anhand der Art der Ermittlung zu beurteilen. Auch hier stehen wieder die substitutiven auf der einen, die nicht substitutiven auf der anderen Seite, wobei nach der vom Verfasser vertretenen Ansicht bei den substitutiven auf Grund der Nähe zum Strafverfahren und der Veranlassung durch Ermittlungsbehörden die StPO und mithin auch der nemo-tenetur-Grundsatz

682 *Kasiske*, NZWiSt 2014, 262 (263–265).

683 *Galen*, NJW 2011, 942; *Wastl/Litzka/Pusch*, NStZ 2009, 68; *Bittmann/Molkenbur*, wistra 2009, 373; *Böhm*, WM 2009, 1923; *Theile*, StV 2011, 381; *Gerst*, CCZ 2012, 1; *Roxin*, StV 2012, 116.

Anwendung finden. Ein Verstoß gegen die Belehrungspflichten und verbotenen Vernehmungsmethoden nach § 136a StPO hat daher auch ein Verwertungsverbot zur Folge. Insoweit zitiert der Autor die von Prof. Zerbes vertretene Ansicht.[684] Bei den unsubstitutiven Untersuchungen ist nach Meinung des Verfassers zwischen denjenigen mit Aussagepflicht und denjenigen ohne eine solche zu differenzieren. Während bei den Untersuchungen ohne Aussagepflicht eine Verwertung unproblematisch ist, werden bei den Befragungen mit Aussagepflicht unterschiedliche Ansichten vertreten, die der Verfasser sodann aufführt. Diesbezüglich verweist auf diejenigen, die die Grundsätze des Gemeinschuldnerbeschlusses auf die Internal Investigations übertragen, sowie auf diejenige Ansicht, die zum Verneinen auf die vertragliche und mithin nicht gesetzliche Verpflichtung abstellt.[685] Dieser Auffassung tritt der Autor allerdings entgegen und hält auf Grund der bestehenden Zwangslage, die unabhängig davon besteht, ob es eine vertragliche oder gesetzliche Pflicht ist, eine Anwendung der Grundsätze des Gemeinschuldnerbeschlusses für geboten. Weil ein alleiniges Verwertungsverbot für die Mitarbeiter eines Unternehmens sinnlos ist, hält er auch für die hier durchgeführten Internal Investigations ein Verwendungsverbot ebenso wie Theile, StV 2011, S. 381, für sinnvoll.[686]

Als einziger Autor bisher thematisiert er abschließend ein sich eventuell aus § 254 StPO ergebenes Verwertungsverbot. Gemäß dieser Vorschrift dürfen in einem Strafverfahren nur solche Aufzeichnungen verlesen werden, die während einer richterlichen Vernehmung gefertigt wurden. Nach Meinung des Verfassers greift diese wegen der staatlichen Beauftragung auch bei substitutiven Untersuchungen. Fraglich ist eine Anwendung in Bezug auf nicht substitutive Untersuchungen, wobei der Autor zunächst auf den mangelnden staatlichen Charakter verweist. In den Fällen, in denen diese Untersuchungen hingegen vernehmungsähnlichen Charakter haben, ist eine Anwendbarkeit jedoch bereits auf Grund des überlegenden Wissens des Arbeitgebers zu bejahen. Diese erstreckt sich nach vom Verfasser vertretener Auffassung nicht nur auf die Verlesbarkeit der Unterlagen, sondern auch auf die Zeugenvernehmung der mit den Untersuchungen beauftragten Personen.[687]

Dem Vorgenannten ist zu entnehmen, dass der Verfasser bezüglich der unternehmensinternen Untersuchungen Unterteilungen vornimmt, die bisher keiner

684 *Kasiske*, NZWiSt 2014, 262 (265); *Zerbes*, ZStW 2013, 551.

685 *LG Hamburg – Beschl. v. 15.10.2010 – 608 Qs 18/10*; *Schuster*, NZWiSt 2012, 26.

686 *Kasiske*, NZWiSt 2014, 262 (265–267).

687 *Kasiske*, NZWiSt 2014, 262 (267/268).

der Autoren in der Art und Weise thematisiert hat. Insbesondere gab es bisher keine derartige Unterscheidung zwischen einer staatlichen Beteiligung im Rahmen einer von Beginn an bestehenden Kooperation und derjenigen, bei der die Kooperation ein größeres Ausmaß annimmt. Entgegen der viel vertretenen Ansicht, dass die StPO auf diese Fälle nicht anwendbar ist, ordnet der Verfasser den Fall Siemens den substitutiven Untersuchungen zu, bei denen eine Anwendbarkeit der StPO stets bejaht wird. Gleich der Ansicht einer Vielzahl der untersuchten Veröffentlichungen, steht der Schutz des Mitarbeiters nach Ansicht dieses Autors hingegen an oberster Stelle mit der Folge, dass er sowohl in Bezug auf die Anwendung der Grundsätze des Gemeinschuldnerbeschlusses des BVerfG, als auch hinsichtlich der bisher unbekannten Argumentation mit § 254 StPO ein Verwertungs- sowie ein Verwendungsverbot als gegeben sieht.

k.) Domestizierung von Internal Investigations?, ZStW 2014, S. 803

Unter der Überschrift „Domestizierung von Internal Investigations“ haben sich die Verfasser dieses Artikels mit der Thematik auseinandergesetzt. Die Autoren weisen in zunächst darauf hin, dass sich die Internal Investigations einerseits im rechtlichen „Niemands-“, andererseits auch im rechtlichen „Jedermannsland“ einordnen lassen, da unterschiedliche Rechtsgebiete und Vorschriften Anwendung finden können. Dies hat ebenfalls zur Folge, dass deren Durchführung von unterschiedlich möglichen Verfahrensweisen geprägt ist, wobei sich bereits Charakteristika abgezeichnet haben. Hier sei insbesondere auf die Thesen der BRAK verwiesen, die zwar lediglich eine Selbstverpflichtung der durchführenden Organe beinhalten, je mehr diese sich hingegen etablieren, umso eher bilden sich Vertrauenstatbestände. Die Internal Investigations sind nach Ansicht der Verfasser nur vor dem Hintergrund der Compliance-Entwicklung insbesondere in Unternehmen in den letzten Jahren nachvollziehbar, für die strafrechtliche Sanktionen durch die Durchführung der Untersuchungen von einer nicht beeinflussbaren Gefahr zu einem beeinflussbaren Risiko werden. Aus diesem Grund können Verfehlungen und Straftaten in Unternehmen leichter zugeordnet und Täter und Opfer bestimmt werden. Daraus folgt nach Ansicht der Verfasser die Frage nach dem Austarieren der Interessen von Unternehmen, Mitarbeitern und Strafjustiz.[688]

Im Folgenden stellen die Verfasser die Situation der Internal Investigations in der Wirklichkeit dar, wobei die dortigen Ausführungen jeweils durch Zitate

688 *Theile/Gatter/Wiesenack*, ZStW 2014, 803 (804–809).

von im Rahmen eines Forschungsprojektes zur Thematik befragten Praktikern ergänzt und begründet werden.[689] Die Verfasser zeigen die Zusammenhänge zwischen nichtstaatlichen und staatlichen Verfahren, wobei für Internal Investigations im Vergleich zu klassischen Strafverfahren starke Wechselbezüge zu verzeichnen sind. Diese bestehen zum einen gegenüber anderen unternehmensinternen Kontrollen, wie beispielsweise eine steuerliche Betriebsprüfung, aber auch gegenüber staatlichen Verfahren, da die Praxis von Kooperationen der Unternehmen mit den Strafverfolgungsbehörden geprägt ist, die oft alternativlos geschieht, da dem Unternehmen andernfalls Sanktionen drohen. Weil die Strafverfolgungsbehörden zum Teil von Unternehmen gebeten werden tätig zu werden, findet auch das Legalitätsprinzip weiterhin Anwendung und es besteht ein enger Zusammenhang zwischen staatlichen Verfahren und Internal Investigations, wenngleich eine Durchführung auf Grund mangelnder einheitlicher Verfahrensabschnitte, der Verschiedenartigkeit des Untersuchungsgegenstandes und der Wechselwirkungen abzulehnen ist.[690]

Zentrale Charakteristika der unternehmensinternen Untersuchungen sind nach Ansicht der Verfasser das Ziel und die Intensität der Untersuchung, wobei Letztere stark durch wirtschaftliche Interessen motiviert und vom Mandantenauftrag abhängig ist. Anschließend beschreiben sie die Art und Weise der Sachverhaltsaufklärung, wobei eine Vielzahl von Ermittlungsinstrumenten zugrunde gelegt werden kann, die den Vorgaben unterschiedlicher Rechtsgebiete entsprechen. Es wird auf die Datenscreenings und deren Zulässigkeit bei Anfangsverdacht – zumindest nach der These der BRAK – sowie auf die mit den Mitarbeitern geführten Interviews eingegangen, die das zentrale Instrument der Untersuchungen darstellen. Zur Aussagepflicht auch bei Selbstbelastung werden Diller, Göpfert/Merten/Siegrist, Böhm sowie Bittmann/Molkenbur zitiert. Oftmals, so zur Frage nach anwaltlichem Beistand oder dem Verhalten der Befragenden, wird auf die von der BRAK formulierten Thesen Bezug genommen. Ein Belehrungsschema, angelehnt an die Vorschriften der StPO, ist nach Auskunft der Experten nicht erkennbar, ebenso wenig wie eine einheitliche Behandlung

---

689 Forschungsprojekt der Universität Konstanz, bei dem, ausgerichtet an der von Glaser/Strauss entwickelten Grounded Theory, der empirische Zugang in Anlehnung an die von Meuser/Nagel entwickelte soziologische Kategorie des Experteninterviews, erfolgt und 14 Experten aus Praxiserfahrung mit dem Phänomen Internal Investigations berichten.

690 *Theile/Gatter/Wiesenack*, ZStW 2014, 803 (809–816).

der Dokumentation.[691] Die Verpflichtung zur Belehrung wird wohl abgelehnt, wobei dir Verfasser auf Rudkowski und Rübenstahl verweisen.[692]

Abschließend führen die Verfasser zum Unternehmensanwalt aus, der in den Gesetzen bisher keine Berücksichtigung gefunden hat. Sein Berufsbild ist von dem des Strafverteidigers zu unterscheiden, weil er auf Grund eines Mandates Vorgänge untersucht, deren Ergebnis mit hoher Wahrscheinlichkeit Eingang in ein Strafverfahren finden oder ein solches einleiten. Nach Ansicht der Verfasser verändert diese Person das bisher bestehende Kräfteverhältnis im Strafverfahren, welches sodann wieder auszutarieren ist. Sie führen dazu aus, dass die sich aus der Schaffung der Person ergebene Frage nach der Beschlagnahmefähigkeit der sich bei ihm befindenden Unterlagen bisher lediglich Auftakt einer Vielzahl künftiger rechtlicher Problemlagen ist, wobei auf die bisher geführte Diskussion lediglich im Rahmen einer Fußnote eingegangen wird. Hier werden die ein Beschlagnahmeverbot verneinende Entscheidung des LG Hamburg sowie die Anmerkung von Bauer, die diese Entscheidung ablehnenden Aufsätze von von Galen, Jahn/Kirsch, Fritz, und Knierim und die ein Beschlagnahmeverbot annehmende Entscheidung des LG Mannheim aufgeführt.[693]

Abschließend fassen die Autoren den Aufsatz zusammen und weisen insbesondere erneut darauf hin, dass die Internal Investigations immer im Zusammenhang mit weiteren Instrumenten und den Wechselwirkungen zwischen nichtstaatlicher und staatlicher Kontrolle stehen. Entgegen einer bereits vertretenen Ansicht ziehen die Untersuchungen keine Erosion der staatlichen Ermittlungen nach sich, sondern ergänzen diese eher. Nach Ansicht der Verfasser soll der Gesetzgeber aus dem Nebeneinander Folgen ziehen und dem Schutzinteresse der Personen Rechnung tragen.[694]

Insgesamt ist zu erkennen, dass sich auch dieser Aufsatz mit den Untersuchungen im Allgemeinen beschäftigt und auf die Verwertbarkeit und die Beschlagnahme der Unterlagen lediglich kurz eingegangen wird. Daneben ist in dieser Veröffentlichung nicht zu erkennen, dass zu einer Problematik unterschiedliche Ansichten vertreten werden und sich die Verfasser einer Ansicht anschließen oder eine eigene begründen.

691 *Böhm*, WM 2009, 1923; *Bittmann/Molkenbur*, wistra 2009, 373; *Diller*, DB 2004, 313; *Göpfert/ Merten/Siegrist*, NJW 2008, 1703; *Theile/Gatter/Wiesenack*, ZStW 2014, 803 (817–839).

692 *Rübenstahl*, WIJ 2012, 17; *Rudkowski*, NZA 2011, 612.

693 *Theile/Gatter/Wiesenack*, ZStW 2014, 803 (839/840).

694 *Theile/Gatter/Wiesenack*, ZStW 2014, 803 (841–843).

l.) Internal Investigations und Selbstbelastungsfreiheit, NStZ 2015, S. 7

Die Verfasser dieses Aufsatzes setzen sich detailliert mit der Problematik der Konfliktlage zwischen arbeitsrechtlicher Auskunftspflicht und strafprozessualer Selbstbelastungsfreiheit auseinander. Nach einleitenden Bemerkungen und kurzer Einführung in die Thematik äußern sie sich zur Problematik der Verwertbarkeit, das bzgl. der mit den Mitarbeitern geführten Interviews besteht. Im weiteren Verlauf besprechen die Autoren drei bisher in der Literatur diskutierte Lösungsansätze, wobei im Zusammenhang mit der Kommentierung der Vorschläge zugleich ein eigener Lösungsvorschlag entwickelt wird.[695]

Zunächst gehen die Autoren auf die Beweiswürdigungslösung ein, die so zum Teil von Knierim[696] vertreten wird. Hierbei wird – ähnlich der Wertung bei Einsatz von V-Männern, bei dem die Vorschriften der StPO mangels Vernehmung ebenfalls nicht anwendbar sind – die Angabe zwar verwertet, allerdings ein Schuldspruch zu keiner Zeit ausschließlich auf die Angabe gestützt. Die Ansicht kann jedoch von den Verfassern nicht vertreten werden, da es dem privaten Ermittler an Objektivität mangele und mithin die Wahrheitsfindung gefährdet ist und das Kernproblem aus den Augen gerät. Im Anschluss daran thematisieren sie die zweite Lösung, die eine Auskunftspflicht der Mitarbeiter verneint und unter anderem von Roxin[697] vertreten wird, bei der diese Pflicht nicht als erforderlich angesehen wird und sich mithin als unverhältnismäßig erweist. Auch diese Lösung ist nach Meinung der Verfasser abzulehnen, da trotz mangelnder Aussagepflicht dem Arbeitnehmer bei Verweigerung der Aussage mit Kündigung gedroht werden kann. Dies wiederum ließe eine Zwangslage nicht entfallen mit der Folge, dass sich der Arbeitnehmer immer zwischen Knast und Kündigung entscheiden muss. Des Weiteren ist die Selbstbelastungsfreiheit ein prozessuales Institut, das sich nicht auf materiell-rechtlich fundierte Pflichten auszuwirken vermag.[698]

Schließlich und weitaus ausführlicher thematisieren die Verfasser den Lösungsansatz des Beweisverbotes, das sich zum einen auf den Grundsatz des fairen Verfahrens, zum anderen auf denjenigen der Selbstbelastungsfreiheit

---

695 *Greco/Caracas*, NStZ 2015, 7.

696 *Knierim*, StV 2009, 324.

697 Aber auch *Dann/Schmidt*, NJW 2009, 1851; *Göpfert/Merten/Siegrist*, NJW 2008, 1703; *Mengel/Ullrich*, NZA 2006, 240; *Wastl/Litzka/Pusch*, NStZ 2009, 68; *Zerbes*, ZStW 2013, 551.

698 *Greco/Caracas*, NStZ 2015, 7 (8/9).

stützen lässt. Auf den Grundsatz des fairen Verfahrens stützen ein Beweisverbot lediglich wenige Verfasser[699], die diesen Ansatz jedoch u. a. wegen der Flexibilität des Maßstabes und der weniger strengen Regelungen präferieren. Die Verfasser äußern hierzu ihre Bedenken insbesondere dahingehend, dass die von den Vertretern als positiv empfundene Flexibilität im Hinblick auf das damit einhergehende Rechtsstaatsprinzip und der Funktionstüchtigkeit der Strafrechtspflege zu einer Abwägungsprüfung führt, die sich nachteilig auf die Position des Arbeitnehmers auswirken kann. Im Anschluss thematisieren sie den nemo-tenetur-Grundsatz, der sich auf unterschiedliche Argumentationsstränge fußen lässt, die sodann nach dem Exkurs zum Zwang zur Selbstbelastung, im Folgenden erläutert und kommentiert werden. Die Verfasser stellen die unterschiedlichen Ansichten dar, da zum einen ein Zwang verneint wird, weil den Ermittlern keine Zwangsmittel zur Verfügung stehen. Zum anderen kann ein solcher angenommen werden, weil eine arbeitsrechtliche Mitwirkungspflicht besteht, wobei hier zum Teil vertreten wird, dass diese lediglich eine vertragliche und keine staatliche Pflicht darstellt und mithin ein Zwang wieder zu verneinen wäre. Schließlich kommen sie zum Ergebnis, dass eine unterschiedliche Deutung der Situation unterschiedliche Ergebnisse nach sich zieht, ein Selbstbelastungszwang jedoch deswegen zu bejahen ist, weil ein freiwilliges Arbeitsverhältnis nicht mit einer Einwilligung in die Selbstbelastung gleichgesetzt werden kann.[700]

Im Folgenden zeigen die Verfasser die drei Argumentationen auf, die in der Vergangenheit am häufigsten im Zusammenhang mit dem nemo-tenetur-Grundsatz Erwähnung gefunden haben und teilen diesbezüglich zugleich ihre Ansicht mit, sodass am Ende daraus ein eigener Lösungsvorschlag entsteht. Der von einigen Autoren[701] vertretene Lösungsweg, die Grundsätze des Gemeinschuldnerbeschlusses auf die Internal Investigations zu übertragen, trifft bei den Verfassern auf einige Bedenken. Der vom Landgericht Hamburg in seinem Beschluss geführten Argumentation folgend, vertreten sie auch die Ansicht, dass den Arbeitnehmer lediglich vertragliche, hingegen keine gesetzlichen Pflichten treffen, diese jedoch auch im Gemeinschuldnerbeschluss keine Verwertungsverbote nach sich ziehen. Zum anderen wird die Entscheidung falsch gedeutet, wenn gesetzliche Selbstbelastungspflichten fortan generell ein Verwertungsverbot

699 *Knauer/Buhlmann*, AnwBl. 2010, 387; *Momsen*, ZIS 2011, 508; *Momsen/Grützner*, DB 2011, 1792.

700 *Greco/Caracas*, NStZ 2015, 7 (10/11).

701 *Böhm*, WM 2009, 1923; *Bittmann/Molkenbur*, wistra 2009, 373; *Jahn/Kirsch*, StV 2011, 151.

nach sich ziehen sollen. Nach Ansicht der Verfasser ist für eine solche generelle Regel auf Grundlage der Entscheidung weder Raum, noch können diese Grundsätze im Allgemeinen problemlos auf andere Fälle übertragen werden. Die vertraglichen Pflichten sind freiwillig eingegangen mit der Folge, dass sich die Fälle der Internal Investigations und die des Insolvenzschuldners nicht miteinander vergleichen lassen. Insofern stimmen die Autoren Prof. Jahn in StV 2009, S. 41 sowie Prof. Zerbes, ZStW 2013, S. 551 zu. Weiterhin könnte der nemo-tenetur-Grundsatz im Rahmen einer Schutzbereichserweiterung Anwendung finden. Weil es grundsätzlich denkbar wäre, den Anwendungsbereich des nemo-tenetur-Grundsatzes auf staatliches Verhalten zu beschränken und zwischen Arbeitnehmer und Arbeitgeber dann eine materielle Ungleichheit besteht, der sich eine Argumentation nicht entziehen kann und der Grundsatz in Grenzen und Grund nicht fundiert ist, distanzieren sich die Verfasser von einer Schutzbereichserweiterung des Grundsatzes auf privates Verhalten.[702]

Schließlich thematisieren sie die Anwendbarkeit von nemo-tenetur durch Zurechnung des vermeintlich privaten Handelns zum Staat, denn gleichwohl faktischer Zwang für die Anwendung ausreichend ist,[703] muss es sich hierbei um staatlichen Zwang handeln. Es sind vorliegend hingegen Privatpersonen, die den Zwang ausüben, nicht der Staat. Nach Ansicht der Verfasser kann das Verhalten der privaten Ermittler dem Staat allerdings zugerechnet werden. Eine Zurechnung mit der Folge eines Verwertungsverbotes ist nach hier vertretener Ansicht dann gegeben, wenn der Staat entweder Veranlassung zur Durchführung der Untersuchungen gibt oder bereits in Auftrag gegebene Durchführungen ausnutzt. Veranlassung ist zu bejahen, wenn die Strafverfolgungsbehörden auf das Unternehmen eingewirkt haben, wobei hierfür bereits eine informelle Frage ausreichend ist. Ausnutzen wird angenommen, wenn ihnen die Ergebnisse der Untersuchung als „Geschenk" überreicht werden oder aber, wenn sie mit der Weitergabe der Informationen an sie rechnen und sich deswegen nicht veranlasst sehen, eigene Ermittlungen anzustrengen. Nach Meinung der Verfasser begründen die vorgenannten Punkte ein Verwertungsverbot der unter diesen Umständen gewonnenen Beweismittel. Die Zurechnung des Zwangs zum Staat führt mithin zur Annahme eines Verwertungsverbotes auf Grund des Schutzes durch den nemo-tenetur-Grundsatz, wobei dies – hier schließen sich die Verfasser der bereits von den Rechtsanwälten Wastl/Litzka/Pusch und Gerst sowie von

---

702 *Greco/Caracas*, NStZ 2015, 7 (11/12/14/15).

703 Hier vertreten die Verfasser die Ansicht von: *Kasiske*, NZWiSt 2014, 262; *Böhm*, WM 2009, 1923.

Prof. Theile und Prof. Kasiske vertretenen Ansicht an – mit Fernwirkung gelten muss, da es andernfalls sinnlos ist.[704]

Aus dem Vorgenannten ergibt sich, dass die Autoren die Problematik gleich vieler anderer auf der Ebene des nemo-tenetur-Grundsatzes lösen wollen, ihnen gleichwohl aber die Problematik der mangelnden Anwendbarkeit auf nichtstaatliche Verfahren bewusst ist. Unter Hinzuziehung einfacher Argumentationen bieten sie einen Lösungsvorschlag an, der die Zweigliedrigkeit zwischen privatem und staatlichem Handeln lösen kann, ohne, dass auf für andere Pflichten entwickelte Grundsätze oder analoge Anwendungen zurückgegriffen werden muss.

2.) Die Autoren der Publikationen und ihre Biographien

Gleich der bisherigen Vorgehensweise sind auch die Biographien der Verfasser der vorgenannten Veröffentlichungen zu untersuchen.

a.) Beurteilung der Beschlagnahmefreiheit von Unterlagen im Gewahrsam eines Zeugen vorrangig nach § 97 Abs. 2 StPO, NZWiSt 2012, S. 424

Die Anmerkung zum Beschluss des LG Mannheim wurde von Prof. Dr. Frank Peter Schuster verfasst. Dr. Schuster hat im Jahr 2000 sein erstes, im Jahr 2002 sein zweites Examen abgeschlossen und war sodann in der Zeit von 2002 bis 2005 wissenschaftlicher Mitarbeiter am Lehrstuhl von Prof. Dr. Erb. Er promovierte 2005, habilitierte 2010 und ist seit 2011 Inhaber des Lehrstuhls für Strafrecht und Strafprozessrecht, Wirtschafts- und Steuerstrafrecht an der Universität Würzburg, wobei er in den Jahren 2006 bis 2011 eine Nebentätigkeit als Rechtsanwalt ausübte. Bei Veröffentlichung des Beitrages im Jahr 2012 war er mithin ausschließlich Wissenschaftler.

b.) Beurteilung der Beschlagnahmefreiheit von Unterlagen im Gewahrsam eines Zeugen, NStZ 2012, S. 713

Bezüglich der Biographien der Verfasser wird auf das zu § 3 IV Nr. 2.) e.) Gesagte verwiesen. Während Prof. Jahn wegen seiner wissenschaftlichen und praktischen Tätigkeit als Hybridtyp einzustufen ist, gehört Kirsch ausschließlich der Praxis an.

---

704 *Gerst*, CCZ 2012, 1; *Greco/Caracas*, NStZ 2015, 7 (12–15); *Kasiske*, NZWiSt 2014, 262; *Theile*, StV 2011, 381; *Wastl/Litzka/Pusch*, NStZ 2009, 68.

c.) LG Mannheim: Zur Beschlagnahmefähigkeit von Unterlagen im Gewahrsam eines Zeugen, CCZ 2013, S. 78

Dr. Oliver Milde ist seit seinem Ausbildungsende als Rechtsanwalt tätig und mithin ausschließlich der Praxis zuzuordnen.[705]

d.) Der Beschlagnahmeschutz von Dokumenten aus unternehmensinternen Untersuchungen, NJW 2013, S. 3549

Dieser Artikel wurde von in Co-Autorentätigkeit veröffentlicht. Frau Dr. Martina de Lind van Wijngaarden hat ihre universitäre Ausbildung in Passau, Cardiff und Münster genossen. Für die Promotion ist sie nach Heidelberg gewechselt und absolvierte sodann den LL.M. an der Columbia in New York. Nunmehr ist sie als Rechtsanwältin bei Freshfields Bruckhaus Deringer u.a. im Bereich der Internal Investigations tätig.[706]

Sie ist daher ausschließlich der Praxis zuzuordnen.

Der Autor Dr. Philipp Egler hat an der Bucerius Law School in Hamburg und der University of Cambridge sowie der Deutschen Universität für Verwaltungswissenschaften in Speyer studiert. Seinen LL.M. hat er an der University of Miami erworben. Nach der Promotion an der Universität Hamburg folgte dort das Rechtsreferendariat. Seit seiner Zulassung im Jahr 2010 ist er als Rechtsanwalt tätig, wobei er zum Zeitpunkt der Veröffentlichung des Aufsatzes Associate der Kanzlei Freshfields Bruckhaus Deringer gewesen ist, inzwischen jedoch bei Bird & Bird arbeitet.[707]

Auch dieser Autor ist ausschließlich in der Praxis tätig.

e.) Kartellrechtliches Ermittlungsverfahren, NZWiSt 2013, S. 21

Es gilt hier das unter b.) Genannte, da es dieselben Verfasser sind.

---

705 *Milde*: Biographie, abrufbar unter https://www.xing.com/profile/Oliver_Milde (zuletzt geprüft am 25.07.2020).

706 *de Lind van Wijngaarden*: Biographie, abrufbar unter https://www.freshfields.com/de/contacts/ anwaltssuche/d/de-lind-van-wijngaarden-martina/ (zuletzt geprüft am 25.07.2020).

707 *Egler*: Biographie, abrufbar unter https://www.twobirds.com/de/our-lawyers/d/dr-philipp-egler (zuletzt geprüft am 25.07.2020).

f.) Beschlagnahmeschutz im Rahmen von Internal Investigations – Zur Reichweite und Grenze des § 160a StPO, NZWiSt 2013, S. 46

Der Verfasser dieses Artikels, Dr. Emanuel H. F. Ballo, hat im Jahr 2007 das erste und im Jahr 2011 das zweite Examen erworben. Nach Erlangen der Doktorwürde im Jahr 2010 hat er 2011 als Associate bei DLA Piper angefangen, seit 2019 ist er dort Partner.[708]

Der Verfasser ist daher ausschließlich Praktiker.

g.) Zur Beschlagnahmefreiheit von Unterlagen im Gewahrsam eines Zeugen nach §§ 160a, 97 Abs. 2 StPO, WiJ 2013, S. 30

Die kritische Anmerkung zum Beschluss des LG Mannheim wurde von Dr. Alexander v. Saucken verfasst. Nachdem dieser sein Referendariat abgeschlossen hatte, wurde er zur Rechtsanwaltschaft zugelassen und hat seitdem in namhaften Kanzleien gearbeitet, wobei er ebenfalls Partner der Kanzlei Roxin Rechtsanwälte gewesen ist. Seit dem 01. Oktober 2017 ist er Gründungspartner der Kanzlei SvS, einer auf das Wirtschaftsstrafrecht spezialisierten Kanzlei.[709]

Der Verfasser ist mithin ausschließlich Praktiker.

h.) „Gesetzliche Privilegierung" von internal investigations durch externe Kanzleien?, WiJ 2013, S. 102

Die Verfasserin Renate Wimmer ist Leiterin der Staatsanwaltschaft München und somit der Praxis zuzuordnen. Es wird insoweit Bezug genommen auf § 3 IV Nr. 2.) j.).

i.) Unternehmensinterne Untersuchungen, ZStW 2013, S. 551

Dieser Aufsatz wurde von Prof. Dr. Ingeborg Zerbes verfasst. Sie absolvierte ihre wissenschaftliche Grundausbildung an der Universität Wien, hat dort promoviert und habilitiert. In der Zeit von 2011 bis 2019 war sie Professorin für Kriminalwissenschaften an der Universität Bremen und ist seit 2019 Professorin für Strafrecht und Strafprozessrecht an der Universität Wien.[710]

---

708 *Ballo*: Biographie, abrufbar unter https://www.dlapiper.com/de/germany/people/b/ballo-emanuel/ ?tab=credentials (zuletzt geprüft am 25.07.2020).

709 *Saucken*: Biographie, abrufbar unter https://svs-legal.de/rechtsanwaelte/ (zuletzt geprüft am 25.07.2020).

710 *Zerbes*: Biographie, abrufbar unter https://www.law-school.de/fileadmin/content/law-school.de/de/ pdf/publications/Vorlage_Referenten_Ingeborg_Zerbes.pdf; https://str

Die Verfasserin dieses Aufsatzes ist ausschließlich der universitären Wissenschaft angehörig.

j.) Mitarbeiterbefragungen im Rahmen interner Ermittlungen – Auskunftspflichten und Verwertbarkeit im Strafverfahren, NZWiSt 2014, S. 262

Der Verfasser dieses Aufsatzes, Dr. Peter Kasiske, hat in den Jahren 1997 und 1999 seine Staatsexamina abgelegt. In den Jahren 2007 und 2017 folgten Promotion und Habilitation, wobei er von 2007 bis 2017 wissenschaftlicher Mitarbeiter an der Ludwig-Maximilians-Universität in München gewesen ist. In der Zeit von 2017 bis 2019 hat er eine Vertretungsprofessur an der LMU München übernommen, bis er im Jahr 2019 seinem Ruf an die Universität Augsburg folgte, an der er nunmehr den Lehrstuhl für Strafrecht, Strafprozessrecht und Wirtschaftsstrafrecht innehat.[711]

Zum Zeitpunkt der Veröffentlichung war Kasiske wissenschaftlicher Mitarbeiter, wobei sein Werdegang sich ausschließlich auf die universitäre Wissenschaft konzentriert und er dieser mithin angehörig ist.

k.) Domestizierung von Internal Investigations?, ZStW 2014, S. 803

Zur Domestizierung von Internal Investigations führen Prof. Dr. Hans Theile, Marcelle Janina Gatter und Tobias C. Wiesenack aus. Prof. Theile ist ausschließlich als Wissenschaftler an der Universität tätig. Insoweit wird auf die Ausführungen in § 3 IV Nr. 2.) f.) verwiesen. Tobias Wiesenack war zum Zeitpunkt der Veröffentlichung – dies ergibt sich aus den Angaben des Aufsatzes – wissenschaftlicher Mitarbeiter am Lehrstuhl von Prof. Theile. Heute ist er Rechtsanwalt[712] und daher von der Wissenschaft in die Praxis gewechselt. Zum Zeitpunkt der Veröffentlichung gehörte er jedoch der universitären Wissenschaft an. Gleiches gilt zumindest in Bezug auf die Tätigkeit zum Zeitpunkt der Veröffentlichung für Marcelle Janina Gatter. Zur heutigen Tätigkeit konnten keine Ergebnisse erzielt werden.

---

afrecht.univie.ac.at/team/ zerbes-ingeborg/information-zur-person/ (zuletzt geprüft am 25.07.2020).

711 *Kasiske*: Biographie, abrufbar unter https://www.uni-augsburg.de/de/fakultaet/jura/lehrende/kasis-ke/lehrstuhlteam/prof-dr-kasiske/ (zuletzt geprüft am 25.07.2020).

712 *Wiesenack*: Biographie, abrufbar unter https://www.nowack-rae.de/team/ (zuletzt geprüft am 25.07.2020).

l.) Internal Investigations und Selbstbelastungsfreiheit, NStZ 2015, S. 7

Auch dieser Artikel ist in Co-Autorentätigkeit erschienen. Prof. Dr. Luís Greco legte im Jahr 2003 den LL.M. ab, hat im Jahr 2008 promoviert und bereits 2014 habilitiert. Ein Jahr darauf erhielt er das erste Staatsexamen und leitete den strafrechtlichen Lehrstuhl in Augsburg, bis er schließlich im Jahr 2017 den Lehrstuhl für Strafrecht, Strafprozessrecht, ausländisches Strafrecht und Strafrechtstheorie an der Humboldt-Universität in Berlin übernahm.[713] Luís Greco ist mithin ausschließlich Wissenschaftler.

Dr. Christian Caracas hat nach seinen Examina promoviert und ist seitdem als Rechtsanwalt tätig, wobei er nebenberuflich als Hochschuldozent lehrt.[714] Weil er auf Grund überwiegender Tätigkeit in der Praxis nicht wie Prof. Jahn den Hybridtypen zugeordnet werden kann, ist er ausschließlich der Praxis zuzuordnen, wenngleich auch eine Tätigkeit als Dozent besteht.

Dieser Artikel ist daher durch einen Wissenschaftler in Co-Autorentätigkeit mit einem Praktiker gefertigt worden.

3.) Zitierte Literatur

Bei Vergleich der drei bisher ergangenen gerichtlichen Entscheidungen ist festzustellen, dass entweder deren einheitliche Ergebnisse auf unterschiedlicher Argumentation beruhen oder die Gerichte differenzierte Ansichten vertreten. Der Verfasserin stellt sich daher die Frage, ob und wenn ja welche Entscheidung in der zitierten Literatur Berücksichtigung gefunden hat oder, ob die Verfasser der Aufsätze lediglich auf die bisher erschienen Literatur Bezug nehmen.

a.) Beurteilung der Beschlagnahmefreiheit von Unterlagen im Gewahrsam eines Zeugen vorrangig nach § 97 Abs. 2 StPO, NZWiSt 2012, S. 424

Der universitäre Wissenschaftler nimmt, teils zustimmend, teils kritisierend, zu dem Beschluss des LG Mannheim Stellung. Auf die bisher viel diskutierte Problematik, ob § 97 StPO auch auf das Verhältnis des Nichtbeschuldigten zum Rechtsanwalt anwendbar ist, geht der Verfasser nicht ein, da eine Anwendbarkeit

---

713 *Greco*: Biographie, abrufbar unter https://www.rewi.hu-berlin.de/de/lf/ls/grc/greco/person (zuletzt geprüft am 25.07.2020).

714 *Caracas*: Biographie, abrufbar unter https://www.caracaslegal.de/ihr-anwalt/lebenslauf/ (zuletzt geprüft am 25.07.2020).

der Vorschrift nach seiner und der von ihm zitierten Ansicht von Jahn/Kirsch, StV 2011S. 151 gegeben ist.[715] Bei den Problemen, bei denen er der Ansicht des LG Mannheim zustimmt, schließt er sich derjenigen der Praxis an. Dort, wo er Jahn/Kirsch zustimmt, wird die Meinung eines Hybridtypen vertreten.

b.) Beurteilung der Beschlagnahmefreiheit von Unterlagen im Gewahrsam eines Zeugen, NStZ 2012, S. 713

Die Verfasser kommentieren ebenfalls die Entscheidung des LG Mannheim. Zustimmung erhält die Entscheidung unter Hinzuziehung von Fritz, CCZ 2011, S. 155 dahingehend, dass § 97 Abs. 1 Nr. 3 StPO auch bei einem Nichtbeschuldigten Anwendung findet. Daneben kann § 160a StPO nicht als Meistbegünstigungsklausel ausgelegt werden, sodass eine Lösung über § 97 StPO erfolgt, wobei hierzu neben Fritz auch von Galen, NJW 2011, S. 942, Knierim, FD-StrafR 2011, 314177 und Szesny, GWR 2011, S. 169 zitiert werden, die die Gegenansicht vertreten.[716] Fritz wird somit einmal zugestimmt, einmal wird ihm widersprochen. Hier ist ein Schwergewicht der Zitierungen der Aufsätze aus der Praxis zu verzeichnen.

c.) LG Mannheim: Zur Beschlagnahmefähigkeit von Unterlagen im Gewahrsam eines Zeugen, CCZ 2013, S. 78

In dieser Anmerkung nimmt der Verfasser Bezug auf die zu § 97 Abs. 1 Nr. 3 StPO vertretenen Ansichten und zitiert ihre Vertreter. Er schließt sich jedoch keiner an, sondern stimmt zum Teil der Entscheidung des LG Mannheim zu. Daneben verweist er auf die Anwendbarkeit des § 148 StPO und schließt sich diesbezüglich der Ansicht von Jahn/Kirsch, NStZ 2012, S. 718 an.[717] Demnach erteilt er sowohl der Praxis, als auch einem Hybridtyp mit Co-Autorentätigkeit durch einen Praktiker die Zustimmung,

d.) Der Beschlagnahmeschutz von Dokumenten aus unternehmensinternen Untersuchungen, NJW 2013, S. 3549

Die Verfasser dieser Veröffentlichung strukturieren diese anhand des Beschlusses des LG Mannheim mit der Folge, dass die vom Gericht vertretene Ansicht zuerst geschildert und dieser entweder zugestimmt oder diese abgelehnt wird. Im

715 *Schuster*, NZWiSt 2012, 424 (432).
716 *Jahn/Kirsch*, NStZ 2012, 713 (719/720).
717 *Milde*, CCZ 2013, 78 (79/80).

Zusammenhang mit der Beurteilung der Situation nach der Reform des § 160a StPO wird die Kommentierung Schmitt in Meyer-Goßner, § 97 Rn. 10 sowie die Veröffentlichung von Rechtsanwalt Bauer, StV 2012, S. 277 als Befürworter der Ansicht des Gerichts zitiert. Hinsichtlich des Verhältnisses der §§ 97, 160a StPO stellen die Autoren die differenzierten Ansichten dar, wobei Rechtsanwalt Knierim, Prof. Schuster, Rechtsanwalt Winterhoff, Rechtsanwältin Bertheau und Rechtsanwalt Ballo zitiert werden. Zustimmung findet die diejenige von Prof. Schuster.[718] § 97 Abs. 1 Nr. 3 StPO ist nach Meinung von von Galen, NJW 2011, S. 942 und Jahn/Kirsch, StV 2011, S. 151, NStZ 2012, S. 718 und ZIS 2011, S. 453 nicht auf das Verhältnis Verteidiger/Beschuldigter beschränkt. Eine Ansicht, der die Verfasser Zustimmung erteilen. Im Rahmen der Diskussion bezüglich der Verteidigungsunterlagen schließen sich die Verfasser der Ansicht des LG Gießen an und zitieren im Rahmen der vorhergehenden Diskussion Rechtsanwältin von Galen, Prof. Jahn und Rechtsanwalt Kirsch.[719]

Wenngleich ein Schwergewicht der zitierten Literatur in der Praxis liegt und mithin ein überwiegender Anschluss zu sehen ist, ist festzuhalten, dass die Verfasser durch Schuster Bezug auf die Praxis nehmen und eine Vielzahl, der von einem Hybridtypen verfassten Literatur zitieren bzw. sich dieser anschließen.

e.) Kartellrechtliches Ermittlungsverfahren, NZWiSt 2013, S. 21

Im Rahmen dieser Veröffentlichung wird die Entscheidung des LG Bonn kritisiert und kommentiert. Auf Grund der Tatsache, dass sich das Gericht § 148 StPO zu diskutieren hatte, stellen die Verfasser die hierzu vertretenen Ansichten und Probleme dar, wobei auf Kommentarliteratur zurückgegriffen wird. [720] Bei der Darstellung der unterschiedlichen Ansichten zur Annahme eines kumulativen Schutzes wird auf die Literatur von Theile, StV 2011, S. 381 sowie einen noch zurückhaltenden Standpunkt des Verfassers Jahn, StV 2009, S. 41 verwiesen. Ein Anschluss an eine Ansicht erfolgt hingegen nicht. Hinsichtlich der dem Vorhaben zugrundeliegenden Fragestellung kann daher lediglich festgehalten werden, dass, wenngleich auch kein Anschluss an eine Meinung erfolgt, durch Aufführen der Ansicht von Prof. Theile und Prof. Jahn zumindest diejenigen der Wissenschaft und eines Hybridtypen gelesen worden sind.

---

718 *de Lind van Wijngaarden/Egler*, NJW 2013, 3549 (3553); *Ballo*, NZWiSt 2013, 46; *Bertheau*, StV 2012, 303; *Knierim*, FD-StrafR 2011, 314177; *Schuster*, NZWiSt 2012, 26; *Winterhoff*, AnwBl. 2011, 789.

719 *de Lind van Wijngaarden/Egler*, NJW 2013, 3549 (3553).

720 *Jahn/Kirsch*, NZWiSt 2013, 21 (31).

f.) Beschlagnahmeschutz im Rahmen von Internal Investigations – Zur Reichweite und Grenze des § 160a StPO, NZWiSt 2013, S. 46

Der Verfasser dieses Aufsatzes setzt sich inhaltlich mit der Auslegung einer Vorschrift auseinander, wobei er zeitgleich Kritik an der vom Landgericht Mannheim getroffenen Entscheidung übt. Im Zusammenhang mit den Auslegungsmethoden wird Bezug genommen auf die Kommentarliteratur in Meyer-Goßner und dem Karlsruher Kommentar.[721] Um seine diesbezüglich vertretene Ansicht zu fundieren, bezieht sich der Verfasser auf die Aufsätze von Winterhoff, AnwBl. 2011, S. 789 und Fritz, CCZ 2011, S. 155. Prof. Dr. Christian Winterhoff ist Rechtsanwalt in Hamburg und nebenbei außerplanmäßiger Professor an der Universität Göttingen.[722] Wegen der überwiegenden Tätigkeit in der Praxis, ist er – ebenso wie Fritz – dieser zuzuordnen. Im Zusammenhang mit den Auslegungsmethoden, insbesondere mit der historischen, zieht der Verfasser die Intention des Gesetzgebers heran, um seine Ansicht zu begründen. Er zitiert mithin ausschließlich die Praxis.

g.) Zur Beschlagnahmefreiheit von Unterlagen im Gewahrsam eines Zeugen nach §§ 160a, 97 Abs. 2 StPO, WiJ 2013, S. 30

Der Verfasser verwendet in seiner Anmerkung lediglich drei Fußnoten in denen das LG Gießen aufgeführt ist, wobei dies nur als Vertreter der Ansicht geschieht. Seine darüberhinausgehenden Ausführungen belegt der Verfasser nicht mit der Folge, dass nicht nachvollzogen werden kann, ob er mit seiner Begründung der Wissenschaft oder der Rechtsprechung folgt. Auf Grund der Tatsache, dass er eine Beschlagnahmefreiheit für geboten erachtet, entspricht seine Ansicht nicht derjenigen der Beschlüsse der Landgerichte Hamburg und Bonn, da diese eine solche verneinen. Für die Beurteilung, wer wen zitiert, ist diese Anmerkung daher unergiebig. Da die übrigen Ausführungen nicht mit Literatur belegt werden, kann nicht einmal beantwortet werden, von wessen Literatur der Verfasser Kenntnis hat.

---

721 *Ballo*, NZWiSt 2013, 46.

722 *Winterhoff*: Biographie, abrufbar unter https://christianwinterhoff.de/uebermich/ (zuletzt geprüft am 25.07.2020).

h.) „Gesetzliche Privilegierung" von internal investigations durch externe Kanzleien?, WiJ 2013, S. 102

Die Verfasserin nimmt wenig Bezug auf bereits veröffentlichte Aufsätze. Im Rahmen der Darstellungen werden die Beschlüsse der Landgerichte Hamburg und Mannheim sowie die am Beschluss des LG Hamburg Kritik übenden Aufsätze von von Galen, Jahn/Kirsch, Knierim und Schuster zitiert, wobei sich die Verfasserin der Ansicht der Landgerichte Mannheim und Hamburg sowie derjenigen aus Meyer-Goßner und mithin der Praxis anschließt.[723] Wenngleich die Verfasserin durch die Zitierung aufzeigt, von Veröffentlichungen von Prof. Jahn und Prof. Schuster Kenntnis zu haben, schließt sie sich doch der von der Praxis vertretenen Ansicht an.

i.) Unternehmensinterne Untersuchungen, ZStW 2013, S. 551

Der Artikel ist unter Hinzuziehung vieler Literatur verfasst, wobei entscheidend lediglich diejenige ist, die die Verfasserin in Bezug auf die Frage der Verwertbarkeit der Ergebnisse heranzieht. Die Verfasserin schließt sich der Ansicht des LG Mannheim an, wenn sie die Beschlagnahmefähigkeit der Unterlagen im Gewahrsam des Unternehmens bejaht.[724] Werden die Unterlagen jedoch in den Kanzleiräumen der mit den Untersuchungen beauftragten Rechtsanwälte beschlagnahmt, genießen sie Beschlagnahmeschutz. Ob dies auf den hiesigen Fall übertragen werden kann, dazu werden unterschiedliche Ansichten vertreten, die die Verfasserin zunächst aufführt. Auf die Anwendung des Schutzes lediglich im Verhältnis Beschuldigter/Rechtsanwalt stellen ein Großteil der Rechtsprechung und die h.L. ab. Hier zitiert die Verfasserin die Entscheidungen der Landgerichte Hamburg und Bonn sowie Kommentarliteratur.[725]

Dieser Ansicht tritt die Verfasserin wegen Widerspruch gegen Gesetzessystematik, Wortlaut und Sicherung des Schweigerechts der Rechtsanwälte entgegen. Diesbezüglich zitiert die Autorin den Beschluss des Landgerichts Mannheim sowie die Anmerkungen von Jahn(/Kirsch).[726]

---

723 *Wimmer*, WiJ 2013, 102 (102/103).

724 *Zerbes*, ZStW 2013, 551 (561).

725 *Zerbes*, ZStW 2013, 551 (562); *Greven*, in: *Hannich* (Hrsg.), Karlsruher Kommentar zur Strafprozessordnung, 8. Auflage: § 97, Rn. 1; *Schäfer*, in: *Erb/Esser/Franke u. a.* (Hrsg.), Löwe-Rosenberg, Die Strafprozessordnung und das Gerichtsverfassungsgesetz, 26. Auflage, Band 3: § 97, Rn. 21; *Schmitt*, in: *Meyer-Gossner/Schmitt* (Hrsg.), Strafprozessordnung, 63. Auflage: § 97, Rn. 10.

726 *Zerbes*, ZStW 2013, 551 (562/563); *Jahn*, ZIS 2011, 453; *Jahn/Kirsch*, StV 2011, 151; *Jahn/Kirsch*, NStZ 2012, 713; *Jahn/Kirsch*, NZWiSt 2013, 21.

Die Verfasserin, selbst ausschließlich aus der universitären Wissenschaft, stellt zur Begründung ihrer Ansicht auf die Entscheidung des LG Mannheim und somit die Praxis ab. In diesem Zusammenhang zitiert sie auch die Anmerkungen zu allen drei bisher ergangenen Beschlüssen von Prof. Jahn und Kirsch, sowie den Aufsatz von Prof. Jahn zur verfassungskonformen Auslegung. Es erfolgt daher ein Anschluss an die Ansichten der Praxis sowie an diejenige eines Hybridtypen.

j.) Mitarbeiterbefragungen im Rahmen interner Ermittlungen – Auskunftspflichten und Verwertbarkeit im Strafverfahren, NZWiSt 2014, S. 262

Der Verfasser thematisiert neben der Auskunftspflicht des Mitarbeiters die Verwertbarkeit im Strafverfahren, zu der er die differenziert vertretenen Ansichten aufführt. Hinsichtlich der Auskunftspflicht schließt er sich unter Zitierung von dem wissenschaftlichen Mitarbeiter Böhm, von Rechtsanwalt Diller sowie der Rechtsanwälte Mengel/Ullrich dementsprechend einer sowohl von der Wissenschaft, als auch der Praxis vertretenen Auffassung an.[727] In Bezug auf ein möglicherweise daraus resultierendes Verwertungsverbot verweist der Autor zunächst auf die Entscheidung des LG Hamburg.[728] Ferner wird Bezug genommen auf die Literatur, die ein Verwertungs- bzw. Verwendungsverbot annimmt, wobei mit Wastl/Litzka/Pusch, Bittmann/Molkenbur, von Galen, Gerst und Roxin deutlich mehr Praktiker zitiert werden als mit Böhm und Theile als Vertreter der Wissenschaft.[729] Unter Zitierung von Prof. Zerbes[730] schließt sich der Verfasser der dort vertretenen Ansicht an, dass ein Verstoß gegen die Belehrungspflichten sowie die Durchführung mittels verbotener Vernehmungsmethoden gemäß § 136a StPO ein Verwertungsverbot zur Folge hat. Im Zusammenhang mit den näheren Ausführungen stellt der Verfasser die Befragungen mit Auskunftspflicht betreffend auf ein umfassendes Verwertungs- und Verwendungsverbot ab und vertritt damit die Ansicht von Prof. Theile sowie dem wissenschaftlichen Mitarbeiter Böhm und mithin die Ansicht der Wissenschaft.[731]

---

727 *Böhm*, WM 2009, 1923; *Diller*, DB 2004, 313; *Kasiske*, NZWiSt 2014, 262 (265); *Mengel/Ullrich*, NZA 2006, 240.

728 *LG Hamburg – Beschl. v. 15.10.2010 – 608 Qs 18/10.*

729 *Bittmann/Molkenbur*, wistra 2009, 373; *Böhm*, WM 2009, 1923; *Galen*, NJW 2011, 942; *Gerst*, CCZ 2012, 1; *Roxin*, StV 2012, 116; *Wastl/Litzka/Pusch*, NStZ 2009, 68; *Theile*, StV 2011, 381.

730 *Zerbes*, ZStW 2013, 551.

731 *Kasiske*, NZWiSt 2014, 262 (265/266); *Böhm*, WM 2009, 1923; *Theile*, StV 2011, 381.

Im Zusammenhang mit der Veröffentlichung weist der Verfasser auf eine Vielzahl Literatur hin, von denen die meisten Verfasser aus der Praxis stammen. Im Zusammenhang mit dem umfassenden Verwertung- und Verwendungsverbot stimmt der Verfasser jedoch der Ansicht der Wissenschaft zu. Diesbezüglich zitiert daher die Wissenschaft die Wissenschaft.

k.) Domestizierung von Internal Investigations?, ZStW 2014, S. 803

Auf Grund der Tatsache, dass die Verfasser dieses Beitrages – wie bereits erläutert – einen allgemeinen Überblick über die Thematik geben, der an der Verbindung staatlicher/nichtstaatlicher Verfahren orientiert ist, ist dieser Aufsatz für die dem Vorhaben zugrundeliegende Fragestellung unergiebig. Es erfolgt keine Darstellung unterschiedlicher Ansichten. Bezug genommen wird im Zusammenhang mit den Ausführungen zwar auf die Thesen der BRAK, durch die nach Ansicht der Verfasser ein Vertrauenstatbestand geschaffen werden kann. Zudem liegt dem Aufsatz ein Forschungsprojekt zugrunde, bei dem Experten aus der Praxis Erfahrungen und Wissen geteilt haben, sodass sich der Inhalt der Veröffentlichung zu einem großen Teil an den Erfahrungsberichten der Experten aus der Praxis orientiert.[732] Dies lässt den Schluss einer Zustimmung zur Praxis zu. Im Rahmen des kurzen Verweises auf die Problematik der Beschlagnahme der Unterlagen stellen die Autoren die vom LG Hamburg vertretene Ansicht sowie die diese ablehnenden Ansichten von von Galen, Jahn/Kirsch, Fritz und Knierim als auch die zustimmende Ansicht von Bauer dar. Darüber hinaus finden die bereits häufig erwähnte Kommentarliteratur und der Beschluss des LG Mannheim Erwähnung, wobei ein Anschluss an keine der Ansichten erfolgt.[733]

Gleichwohl festgehalten werden kann, dass Prof. Jahn als Hybridtyp und Fritz, von Galen, Knierim und Bauer als Rechtsanwälte Erwähnung finden, ist eine Ansicht der Verfasser nicht erkennbar mit der Folge, dass dieser Aufsatz bezüglich der dem Vorhaben zugrundeliegenden Fragestellung unergiebig ist.

l.) Internal Investigations und Selbstbelastungsfreiheit, NStZ 2015, S. 7

Im Rahmen dieses Aufsatzes werden verschiedene Lösungsmöglichkeiten der Problematik aufgezeigt, die zum Teil bereits vertreten und anlässlich des Promotionsvorhabens untersucht worden sind. Die dort beschriebene

732 *Theile/Gatter/Wiesenack*, ZStW 2014, 803 (809/810/824–828).

733 *Theile/Gatter/Wiesenack*, ZStW 2014, 803 (840/841).

Beweiswürdigungslösung wird in ähnlicher Weise bereits von Knierim erörtert. Die Verneinung arbeitsrechtlicher Auskunftspflicht wurde insbesondere in der arbeitsrechtlichen Literatur diskutiert und schließlich von Mengel/Ullrich, Göpfert/Merten/Siegrist, Dann/Schmidt, Wastl/ Litzka/Pusch, Roxin, sowie Zerbes angenommen.[734] Bis auf Prof. Zerbes, die ausschließlich als Wissenschaftlerin ist, sind sämtliche der Vorgenannten als Rechtsanwälte und mithin in der Praxis tätig. Eine Lösung auf prozessualer Ebene unter Anwendung der Grundsätze des Rechts auf ein faires Verfahren schlagen die Rechtsanwälte Knauer/Buhlmann sowie Prof. Momsen[735] vor, wobei deren Ansichten durch die Verfasser nicht gefolgt wird. Abschließend nehmen sie Bezug auf den nemo-tenetur-Grundsatz dessen unterschiedliche Anknüpfungspunkte sie ansprechen und jeweils die Vertreter zitieren.[736] Hier wird auf Wissenschaft und Praxis Bezug genommen. Zustimmung erhält die Ansicht, die eine Fernwirkung annimmt und die Anwendung der Grundsätze des Gemeinschuldners ablehnt. Dies sind insbesondere Wastl/Litzka/ Pusch, Theile, Gerst, und Kasiske. Zur Ablehnung der Anwendbarkeit der Grundsätze des Gemeinschuldnerbeschlusses stimmen die Verfasser Prof. Jahn und Prof. Zerbes zu.[737]

Abschließend kann festgehalten werden, dass die Autoren sowohl der universitären Wissenschaft als auch der Praxis zustimmen. Auf Grund des Schwergewichts der Veröffentlichungen aus der Praxis kann diese als Schrittmacher bewertet werden, wenngleich auch nicht unbeachtet bleiben soll, dass zur Ansicht des Verwendungsverbotes zwei aus der universitären Wissenschaft stammende Publikationen zitiert worden sind, die Ansicht dieser mithin nicht unbekannt und folglich nicht unbeachtet geblieben ist.

---

734 *Greco/Caracas*, NStZ 2015, 7 (8/9); *Dann/Schmidt*, NJW 2009, 1851; *Göpfert/Merten/Siegrist*, NJW 2008, 1703; *Knierim*, StV 2009, 324; *Mengel/Ullrich*, NZA 2006, 240; *Roxin*, StV 2012, 116; *Wastl/Litzka/Pusch*, NStZ 2009, 68; *Zerbes*, ZStW 2013, 551.

735 *Greco/Caracas*, NStZ 2015, 7 (9/10); *Knauer/Buhlmann*, AnwBl. 2010, 387; *Momsen*, ZIS 2011, 508.

736 *Greco/Caracas*, NStZ 2015, 7 (10/11); *Bittmann/Molkenbur*, wistra 2009, 373; *Böhm*, WM 2009, 1923.

737 *Gerst*, CCZ 2012, 1; *Greco/Caracas*, NStZ 2015, 7 (11–15); *Jahn*, StV 2009, 41; *Kasiske*, NZWiSt 2014, 262; *Theile*, StV 2011, 381; *Wastl/Litzka/Pusch*, NStZ 2009, 68; *Zerbes*, ZStW 2013, 551.

4.) Zwischenergebnis

Bei Betrachtung der vorgenannten Literatur wird deutlich, dass diese zum Teil lediglich kurze Anmerkungen zu einer gerichtlichen Entscheidung, zum Teil aber auch umfassende Aufsätze zur Thematik der Internal Investigations beinhalten, deren Ziel nicht das Aufzeigen eines Lösungsweges, sondern die allgemeine Information über die Thematik ist. Die Veröffentlichungen, die nicht im Allgemeinen über die Untersuchungen informieren, kommentieren die Entscheidung eines Gerichts, wobei diese entweder direkt im Anschluss an den Beschluss abgedruckt oder separat veröffentlicht sind. Meist diskutiert werden – insbesondere in den Anmerkungen zu dem Beschluss des Landgerichts Mannheim – das Verhältnis der §§ 97 und 160a StPO und die Schlussfolgerung daraus, wobei in diesem Zusammenhang unterschiedliche Ansichten vertreten werden. In den Fällen, in denen einer vom Gericht vertretenen Ansicht gefolgt wird, geschieht dies nicht in Gänze, sondern vielmehr unter Bezugnahme auf einzelne Entscheidungen des Gerichts. Des Weiteren lässt sich schlussfolgern, dass die Beurteilung der Frage nach der Beschlagnahmefähigkeit stets eine Einzelfallentscheidung unter Hinzuziehung diverser Parameter ist. Von großer Bedeutung ist der Gewahrsamsort der Unterlagen, da diesbezüglich weitestgehend Uneinigkeit besteht. Sind Mandatsunterlagen beschlagnahmt worden, gilt für diese ein Beschlagnahmeschutz, sodass zum Teil vertreten wird, dass, ungeachtet des Gewahrsams, keine Mandatsunterlagen immer beschlagnahmefähig sind. In diesem Zusammenhang ist ebenfalls zu konstatieren, dass Gerichte und die Staatsanwaltschaft in ihren Ansichten dem Schutz der Mitarbeiter und Unternehmen eine geringere Bedeutung beimessen, als es die universitäre Wissenschaft und die Rechtsanwälte tun. Diese nehmen eine Verletzung des Schutzbereiches der Mitarbeiter mit der Folge eines Verwertungsverbotes zumindest dann an, wenn sich die Unterlagen im Gewahrsam des Rechtsanwalts befinden.

Die Untersuchung der vorgenannten Literatur hat darüber hinaus ergeben, dass einer der in der ZStW ausschließlich von Seiten der Wissenschaft veröffentlichten Aufsätze, im Gegensatz zur übrigen Literatur, nicht auf die Auslegung einer Vorschrift oder die Anwendbarkeit strafprozessualer Grundsätze bei von Privaten durchgeführten Untersuchungen abstellt, sondern das Verhältnis Staat/Privatpersonen thematisiert.[738] Dieser hat daneben keinen eigenen Lösungsvorschlag zum Gegenstand, sondern verweist lediglich auf eventuell zukünftig auftauchende Probleme. Diese Veröffentlichung beschäftigen sich eher mit der

738 *Theile/Gatter/Wiesenack*, ZStW 2014, 803.

Thematik im Allgemeinen, wenngleich bereits seit Jahren unterschiedliche Problematiken diskutiert und Entscheidungen ergangen sind, auf die sich die Verfasser hätten fokussieren können. Der zweite Aufsatz veröffentlicht in der ZStW informiert ebenfalls über die Thematik im Allgemeinen, führt jedoch unter Hinzuziehung unterschiedlicher Ansichten zur Verwertbarkeit aus und nimmt dazu Stellung.[739] Anhand der übrigen Literatur, die auf Grundlage der bisher veröffentlichten gerichtlichen Entscheidungen basiert, lässt sich die Komplexität und Vielfältigkeit der Thematik erkennen, was schließlich zu unterschiedlich vertretenen Ansichten, gestützt auf differenzierte Argumente, führt.

Hinsichtlich der Verfasser ist zu beobachten, dass fünf der Aufsätze ausschließlich von Praktikern vier ausschließlich von der universitären Wissenschaft verfasst worden sind, wobei die Wissenschaftler zumeist alleine, lediglich einmal zu dritt[740] publiziert haben. Bei einem Aufsatz haben sich ein Wissenschaftler und ein Praktiker zur gemeinschaftlichen Veröffentlichung verbunden. Weitere zwei sind von einem Hybridtypen gemeinschaftlich mit einem Praktiker verfasst worden. Weil die Anzahl der Veröffentlichungen der Praktiker und derjenigen der Wissenschaftler lediglich in einer Veröffentlichung abweicht, kann anhand dieser keine wesentliche Aussage darüber getroffen werden, wer die Schrittmacherfunktion innehat.

Anders hingegen verhält es sich bei der zitierten Literatur. Hier wird überwiegend auf die Veröffentlichungen aus der Praxis Bezug genommen, wobei manche Verfasser zum Teil auch keine Tendenz erkennen lassen. Auffallend ist hier, dass, während der Beschluss des LG Hamburg überwiegend negative Kritik erfahren hat, derjenige des Landgericht Mannheim hinsichtlich der von ihm vertretenen Beschlagnahmefreiheit von sich im Gewahrsam des Rechtsanwalts befindlichen Unterlagen hingegen zahlreiche Zustimmung erfahren hat. Es lässt sich des Weiteren konstatieren, dass die Anmerkungen von Prof. Jahn oder solche, an denen er in Co-Autorentätigkeit gearbeitet hat, sehr häufig Erwähnung finden, wenn sich auch nicht immer seiner Ansicht angeschlossen wird. Darüber hinaus sind es die beispielsweise von von Galen und Fritz veröffentlichten Anmerkungen zum Gerichtsbeschluss[741], deren Ansichten auch von der übrigen Literatur aufgegriffen und größtenteils bejaht werden. Insbesondere im Zusammenhang mit der Fernwirkung von Verwertungsverboten wird hingegen auf die Ansicht der universitären Wissenschaft verwiesen und sich dieser angeschlossen.

739 *Zerbes*, ZStW 2013, 551.
740 *Theile/Gatter/Wiesenack*, ZStW 2014, 803.
741 *Fritz*, CCZ 2011, 155; *Galen*, NJW 2011, 942.

Für die dem Vorhaben zugrundeliegende Fragestellung lässt sich konstatieren, dass das Verhältnis der Veröffentlichungen aus der Praxis gegenüber derjenigen aus der Wissenschaft zwar in diesem Zeitabschnitt ausgewogen ist, jedoch bei den Ansichten, denen sich die Verfasser anschließen, ein Schwergewicht der Praxis verzeichnet werden kann. Sowohl die Veröffentlichungen aus der Praxis als auch ein Teil der Wissenschaft nimmt überwiegend auf eine gerichtliche Entscheidung Bezug, kommentiert diese oder setzt sich mit der dort diskutierten Problematik auseinander. Während die überwiegende Anzahl der Praktiker direkt Bezug zur Entscheidung des Gerichts nimmt und somit einen schnellen Lösungsweg präsentieren möchte, führen die Publikationen der Wissenschaftler insgesamt zur Thematik der Internal Investigations aus.

Während das Verhältnis der Verfasser ein Ausgewogenes ist und ein Gefühl des Miteinander zeigt, bei dem Wissenschaft und Rechtspraxis eine unzertrennbare Einheit sind, kann dies für die zitierte Literatur nicht bejaht werden. Hier kommt der Wissenschaft eine eher nachgeordnete Position zu.

VII. Beschluss des Landgerichts Braunschweig – 6 Qs 116/15

Nachdem in den Jahren 2010 und 2012 Beschlüsse der Landgerichte Hamburg, Bonn und Mannheim ergangen sind, hatte sich erst wieder im Jahr 2015 ein Gericht mit der Thematik zu beschäftigen. Unter dem Aktenzeichen 6 Qs 116/15 hat das Landgericht Braunschweig am 21. Juli 2015 beschlossen, den Beschlagnahmebeschluss des Amtsgerichts Braunschweig aufzuheben, soweit die bei der Beschwerdeführerin aufgefundenen Unterlagen der Zusammenstellung, der tabellarischen Aufstellung Komplex sowie des Schaubildes Komplex beschlagnahmt worden sind. Die weitergehende Beschwerde betreffend die übrigen Unterlagen wurde als unbegründet verworfen.

1.) Inhalt und Rechtsauffassung

Grundlage des Beschlusses war eine Beschwerde der Beschwerdeführerin gegen eine vom Amtsgericht Braunschweig am 25. März 2015 angeordnete Beschlagnahme von Unterlagen, die wenige Tage zuvor im Büro des Finanzvorstandes der Beschwerdeführerin aufgefunden worden sind. Hierbei handelte es sich um Zufallsfunde im Rahmen einer Durchsuchung, die in einem Ermittlungsverfahren gegen eine andere Person durchgeführt worden ist, wobei Gegenstand dieses Ermittlungsverfahrens andere Vorwürfe waren als diejenigen, die gegen den Beschuldigten bestanden. Die im Rahmen der o.g. Durchsuchung aufgefundenen

Unterlagen betreffen Sachverhalte, die mit dem Ermittlungsverfahren gegen den Beschuldigten in Zusammenhang stehen, wobei die Geschäftsräume der Beschwerdeführerin im Ermittlungsverfahren gegen den Beschuldigten bereits auf Grund eines Durchsuchungsbeschlusses vom 23. April 2014 durchsucht worden waren.[742]

Entgegen der Auffassung der Beschwerdeführerin hat die Beschwerde nach Ansicht des Gerichts nur teilweise Erfolg. Im Rahmen seiner Entscheidung nennt es Unterlagen, die Verteidigungsunterlagen i.S.d. § 148 StPO darstellen und die mithin auf Grund ihrer Einordnung beschlagnahmefrei sind. Unter Zitierung von Greven, Karlsruher Kommentar StPO, § 97, Rn. 24 führt das Gericht aus, dass Verteidigungsunterlagen des § 148 StPO auch über den Wortlaut des § 97 Abs. 2 S. 1 StPO hinaus dann beschlagnahmefrei sind, wenn sie sich im Gewahrsam des Beschuldigten befinden. Es ist – so führt das Gericht weiter aus – nicht notwendig, dass gegen den Betroffenen ein Ermittlungsverfahren eingeleitet wird, weil eine Vertrauensbeziehung zwischen Anwalt und möglicherweise Beschuldigten – die schützenswert ist – auch dann bestehen kann, wenn lediglich die Befürchtung besteht, dass in Zukunft ein Ermittlungsverfahren folgen könne. Die vom Gericht aufgeführten Unterlagen – beispielsweise eine Zusammenstellung, Aufstellung und ein Schaubild – haben die Aufklärung eines abgeschlossenen Sachverhalts zum Gegenstand. Die Aufklärung ist von der Beschwerdeführerin in Auftrag gegeben worden, um diese in einem gegen die Beschwerdeführerin geführten und mit dem Sachverhalt dieses Verfahrens in Zusammenhang stehenden Ermittlungsverfahrens oder eines eventuell einzuleitenden Ordnungswidrigkeitenverfahrens nutzen zu können. Auf Grund der Tatsache, dass die Unterlagen, die sich im Gewahrsam einer möglichen Beschuldigten befinden, erkennbar zur Verteidigung gefertigt worden sind, ist eine Beschlagnahmefreiheit gemäß § 148 StPO zu bejahen.[743]

Die von der Beschwerdeführerin angegriffene Beschlagnahme der übrigen Unterlagen wurde vom Gericht als rechtmäßig eingestuft mit der Folge, dass die Unterlagen nicht der Beschlagnahmefreiheit unterliegen. Das Gericht begründet seine Entscheidung damit, dass bei der im Jahr 2015 durchgeführten Durchsuchung nicht gezielt nach Gegenständen gesucht worden ist, die im vorliegenden Ermittlungsverfahren als Beweis dienen können. Diese sind lediglich als Zufallsfunde gemäß § 108 StPO einzustufen und mithin nicht beschlagnahmefrei. Auch die Tatsache, dass im hiesigen Verfahren bereits eine Durchsuchung

742 *LG Braunschweig – Beschl. v. 21.07.2015 – 6 Qs 116/15.*
743 *LG Braunschweig – Beschl. v. 21.07.2015 – 6 Qs 116/15.*

stattgefunden hat, führt zu keiner anderen rechtlichen Bewertung. Diese Ergebnisse können nicht als Verteidigungsunterlagen eingestuft werden, da es sich bei den vorliegenden Unterlagen um einen Prüfbericht der Revision der Beschwerdeführerin handelt, der nicht zum Zweck der Verteidigung angefertigt worden ist.[744]

2.) Herleitung der vom Gericht vertretenen Auffassung

Gleich dem Verfahren der vorangegangenen Beschlüsse stellt sich der Verfasserin die Frage, ob und wenn ja, inwiefern die Veröffentlichungen und bisherigen Beschlüsse der Gerichte die Entscheidung des LG Braunschweig beeinflusst haben. Im Folgenden sollen zunächst die Rechtsauffassungen einiger Veröffentlichungen in gebotener Kürze wiederholt werden, um diese im Anschluss mit der Ansicht des Landgerichts Braunschweig in Beziehung zu setzen. Hierbei wird lediglich auf die Publikationen abgestellt, deren Argumentation und Auffassung derjenigen des LG Braunschweig gleichkommen, da ein Vergleich der bisher insgesamt untersuchten Literatur an dieser Stelle nicht geleistet werden kann.

a.) Replik einzelner Segmente vorangegangener Veröffentlichungen

Wie bereits mehrfach angeführt, hat sich im Rahmen der ersten Veröffentlichungen nach Entstehen der Thematik lediglich Knierim in seinem Aufsatz in StV 2009, S. 324 mit der Beschlagnahme der Unterlagen, hervorgehend aus Internal Investigations, beschäftigt. Eine breite Diskussion hat allerdings auch er nicht geführt. Vielmehr hat er eine Beschlagnahmefreiheit zum damaligen Zeitpunkt mit der Begründung verneint, dass die §§ 53, 53a, 97 StPO auf die Dokumentation aus Organisations-, Informations- und Rechenschaftspflichten nicht anwendbar sind.[745] Eine Argumentation, die sich in den anderen Veröffentlichungen nicht wiederholt hat.

Das Landgericht Hamburg hatte über die Rechtmäßigkeit einer Beschlagnahme in den Räumen der mit den Untersuchungen beauftragten Kanzlei zu entscheiden. Hier sah das Gericht eine Beschlagnahme ebenfalls als rechtmäßig an, weil die §§ 97 Abs. 1 Nr. 3, 53 Abs. 1 Nr. 3 StPO ein Mandatsverhältnis voraussetzen, das zwischen den Mitarbeitern des Unternehmens und der mit den Untersuchungen beauftragten Kanzlei nicht bestand.[746]

---

744 *LG Braunschweig – Beschl. v. 21.07.2015 – 6 Qs 116/15.*
745 *Knierim*, StV 2009, 324.
746 *LG Hamburg – Beschl. v. 15.10.2010 – 608 Qs 18/10.*

Diese Entscheidung wurde in den Folgejahren stark kritisiert, zum Teil wurde ihr aber auch zugestimmt. Unter anderem Fritz, von Galen und Jahn/Kirsch sehen in der Entscheidung des Gerichts den nemo-tenetur-Grundsatz nicht hinreichend berücksichtigt. Bauer hingegen kann eine Verletzung des Grundsatzes und insbesondere einen Konflikt zur arbeitsrechtlichen Aussagepflicht nicht bejahen.[747]

Der Beschluss des Landgerichts Bonn thematisiert die Beschlagnahmefähigkeit von Verteidigungsunterlagen, da die Beschlagnahme im Unternehmen vollzogen worden ist. Begründet wird dies an der Stelle mit der Verletzung von Art. 6 EMRK, Art. 2 Abs. 1, 20 Abs. 3 GG, wobei die Verteidigungsunterlagen unter Hinzuziehung von Kommentarstellen definiert werden. Das Gericht thematisiert unter Hinzuziehung von Rechtsprechung detailliert den Inhalt von Verteidigungsunterlagen, schränkt deren Beschlagnahmefähigkeit jedoch dahingehend ein, dass als weitere Voraussetzung ein Ermittlungsverfahren gegen den Beschuldigten bereits eingeleitet worden sein muss. Nach der vom Gericht zitierten BGH Rechtsprechung und Kommentarliteratur gilt § 148 StPO lediglich in den Fällen.[748]

Während die Beschlagnahmefreiheit von Verteidigungsunterlagen nach § 148 StPO im Beschluss des Landgerichts Mannheim nicht diskutiert werden braucht, vertritt Schuster die Ansicht des LG Bonn, jedoch ohne die Entscheidung zu zitieren. Jahn/Kirsch und ebenso Milde verweisen in ihren Anmerkungen zur Entscheidung des LG Mannheim darauf, dass der Beschlagnahmeschutz des § 148 StPO vom Gericht nicht diskutiert zu werden brauchte, da die Beschwerdeführerin, der diese Argumentation dienlich gewesen wäre, sie nicht angebracht hat. In einer weiteren Anmerkung zum Beschluss des LG Bonn thematisieren Jahn/Kirsch die zeitliche Anwendbarkeit der Beschlagnahmefreiheit durch Verteidigungsunterlagen, wobei sie auf die Entscheidung des LG Bonn Bezug nehmen und auf die Einleitung des Ermittlungsverfahrens als Voraussetzung hinweisen. Ebenso wird Bezug genommen auf eine kurze Zeit später ergangene Entscheidung des LG Gießen, die ein Ermittlungsverfahren nicht für notwendig erachtet, deren Meinung sich die Verfasser sodann mit der Begründung anschließen, dass die Anbahnung eines Mandates bereits mit eingeschlossen ist und deswegen kein Ermittlungsverfahren gegen den Beschuldigten notwendig ist.[749]

---

747 *Bauer*, StV 2012, 277; *Fritz*, CCZ 2011, 155; *Galen*, NJW 2011, 942; *Jahn/Kirsch*, StV 2011, 151.

748 *LG Bonn – Beschl. v. 21.06.2012 – 27 Qs 2/12.*

749 *Schuster*, NZWiSt 2012, 424; *Jahn/Kirsch*, NStZ 2012, 713; *Jahn/Kirsch*, NZWiSt 2013, 21; *Milde*, CCZ 2013, 78; *LG Gießen – Beschl. v. 25.06.2012 – 7 Qs 100/12.*

b.) Parallele zur Beschlussbegründung

Gleich der Vorgehensweise betreffend die übrigen Gerichtsentscheidungen soll auch für die Entscheidung des Landgerichts Braunschweig untersucht werden, ob die vom Gericht vertretene Auffassung bereits von einem anderen Gericht oder im Rahmen der Veröffentlichung eines Aufsatzes aufgeführt wurde. Auch hier kann bereits jetzt vorweggenommen werden, dass die Ansicht des Gerichts nicht in Gänze von einem anderen Autor oder Gericht vertreten wurde. Dies hat zur Folge, dass es sich bei der Rechtsansicht des LG Braunschweig nicht um die von einer Person oder einem Gericht zitierte Ansicht handelt, sondern diese sich gegebenenfalls aus mehreren Meinungen und/oder einer vom Gericht eigens entwickelten Argumentation zusammensetzt.

Bei Vergleich der Aufsätze und Entscheidungen mit dem Beschluss des Landgerichts Braunschweig fällt zunächst auf, dass die von Knierim in seinem im Jahr 2009 erschienenen Aufsatz angesprochene Problematik, dass die §§ 53, 53a, 97 StPO auf Dokumentationen aus Organisationspflichten etc. nicht wieder vertreten wurde, gleichwohl dieser sich mit der Beschlagnahmefähigkeit der Unterlagen beschäftigt hat. Das Landgericht Hamburg hat im Jahr 2010 kein Beschlagnahmeverbot angenommen und seine Begründung – entgegen derjenigen des LG Braunschweig – auf das fehlende Mandatsverhältnis gestützt, das für § 97 Abs. 1 Nr. 3 StPO nach h.M. notwendig ist. Hierbei ist allerdings zu berücksichtigen, dass sich die Unterlagen im vom Landgericht Hamburg zu entscheidenden Fall bei der die Untersuchung durchführenden Kanzlei, in demjenigen des LG Braunschweig hingegen im Unternehmen selbst befanden. Die die Entscheidung des LG Hamburg kritisierenden Autoren gehen in ihren Stellungnahmen zwar ausführlicher als das Gericht auf die Thematik der Beschlagnahme der Unterlagen bei unternehmensinternen Untersuchungen ein. Sie betrachten diese jedoch auch lediglich vor dem Hintergrund der Verletzung der Rechte der Mitarbeiter des Unternehmens in den Interviews und stellen auf die Beschlagnahme der Ergebnisse in der Kanzlei ab. Eine Parallele zur Entscheidung des LG Braunschweig kann daher auch hier nicht gezogen werden.[750]

Zwischen dem Beschluss des Landgerichts Bonn aus dem Jahr 2012 sowie der Entscheidung des LG Braunschweig sind hingegen Parallele erkennbar. Beiden Entscheidungen ist gemein, dass die Beschlagnahme der Unterlagen in den Räumen des Unternehmens stattgefunden hat. Dies hat zur Folge, dass beide

---

750 *LG Hamburg – Beschl. v. 15.10.2010 – 608 Qs 18/10*; *Knierim*, StV 2009, 324; *Fritz*, CCZ 2011, 155; *Galen*, NJW 2011, 942; *Jahn/Kirsch*, StV 2011, 151.

Gerichte zur Beantwortung der Frage nach der Beschlagnahmefreiheit der Unterlagen auf die Definition der Verteidigungsunterlagen gemäß § 148 StPO abstellen. Ist dies zu bejahen, kommt nach Ansicht des Landgerichts Bonn eine Beschlagnahmefreiheit gemäß Art. 6 Abs. 3 EMRK, Art. 2 Abs. 1, 20 Abs. 3 GG in Betracht. Hierbei definiert das Gericht die Verteidigungsunterlagen und verweist auf Rechtsprechung und Kommentarliteratur zum Nachweis der von ihm vertretenen Ansicht. Ebenfalls unter Zitierung von Rechtsprechung und Kommentarliteratur schränkt das Gericht die Beschlagnahmefreiheit dahingehend ein, dass diese bei Verteidigungsunterlagen nur dann angenommen werden kann, wenn ein Ermittlungsverfahren bereits läuft. Hier unterscheidet es sich vom Landgericht Braunschweig, das in seiner Argumentation zwar ebenfalls auf die Verteidigungsunterlagen eingeht und unter Hinweis auf die gleiche Kommentarliteratur darauf abstellt, dass diese Unterlagen über den Wortlaut des § 97 Abs. 2 StPO hinaus auch beim Beschuldigten eine Beschlagnahmefreiheit nach sich ziehen können. Jedoch ist die Einleitung des Ermittlungsverfahrens nach Ansicht des Braunschweiger Gerichts keine notwendige Voraussetzung zur Bejahung einer Beschlagnahmefreiheit. Begründet wird dies durch das Gericht ohne Hinzuziehung anderer Literatur oder Rechtsprechungsnachweise.[751]

Gleichwohl Schuster[752] in seiner Anmerkung kritisch zur Entscheidung des LG Mannheim Stellung nimmt, verweist er darauf, dass im Gewahrsam des Beschuldigten befindlichen Unterlagen nach § 148 StPO beschlagnahmefrei sind, wenn dieser sie zu seiner Verteidigung angefertigt hat. Auch er zieht hier Rechtsprechung und Kommentarliteratur zur Untermauerung seiner Entscheidung heran und begründet dies – ebenso wie das LG Bonn – aus Art. 6 Abs. 3 EMRK, Art. 2 Abs. 1, 20 Abs. 3 GG. Auch er erachtet hingegen unter Verweis auf die Kommentarliteratur ein bestehendes Verteidigungsverhältnis als zusätzliche Voraussetzung für notwendig. Auch Jahn/Kirsch und Milde verweisen im Rahmen ihrer Anmerkungen zum Beschluss des Landgerichts Mannheim auf die Beschlagnahmefreiheit der Verteidigungsunterlagen, gehen jedoch nicht detailliert auf die Voraussetzungen ein.[753]

Detaillierter setzen sich Jahn/Kirsch hingegen in ihren Anmerkungen zum Beschluss des LG Bonn mit der Thematik der Beschlagnahmefreiheit von Verteidigungsunterlagen auseinander. Im Zuge der Problematisierung der zeitlichen

751 *LG Bonn – Beschl. v. 21.06.2012 – 27 Qs 2/12*; *LG Braunschweig – Beschl. v. 21.07.2015 – 6 Qs 116/15.*

752 *Schuster*, NZWiSt 2012, 424.

753 *Milde*, CCZ 2013, 78; *Jahn/Kirsch*, NStZ 2012, 713.

Anwendbarkeit des § 148 StPO zeigen sie die unterschiedlichen Ansichten der Landgerichte Bonn und Gießen auf, da Letzteres die Notwendigkeit des förmlich eingeleiteten Ermittlungsverfahrens nicht sieht und eine Anwendbarkeit des § 148 StPO bereits für vor Einleitung eines Ermittlungsverfahrens angefertigte Unterlagen annimmt. Jahn/Kirsch verdeutlichen diese Aussage und sehen eine Anwendbarkeit des § 148 StPO bereits dann gegeben, wenn sich die Kommunikation auf den Zweck der Verteidigung bezieht und der Rechtsanwalt von einem solchen ausgehen durfte. In diesen Fällen ist auch die Anbahnung des Verteidigungsverhältnisses mit eingeschlossen. Das LG Braunschweig hingegen diskutiert weder die unterschiedlich bestehenden Ansichten, noch setzt es ausdrücklich ein materielles Verteidigungsverhältnis voraus. Vielmehr wird lediglich die mangelnde Notwendigkeit des Ermittlungsverfahrens und das Ausreichen der Vertrauensbeziehung in Vorbereitung einer Verteidigung auch bei Befürchtung eines Ermittlungsverfahrens deutlich.[754]

Schließlich lässt sich konstatieren, dass insbesondere zwischen der Anmerkung der Entscheidung des LG Bonn durch die Verfasser Jahn und Kirsch und der Entscheidung des LG Braunschweig einige Parallelen bestehen, wobei Wortlaut und Umfang sich derart unterscheiden, dass lediglich gemutmaßt werden kann, ob das LG Braunschweig in seiner Entscheidung das ausdrücken wollte, was Jahn und Kirsch bereits Jahre zuvor vertreten haben.

3.) Zwischenergebnis

Für die dem Promotionsvorhaben zugrundeliegende Fragestellung, ob die Wissenschaft oder die Rechtspraxis Schrittmacher ist und wessen Ansichten durch wen zitiert werden, lässt sich bisher festhalten, dass die Gerichte in ihren Beschlüssen und hier insbesondere auch das LG Braunschweig sich keiner von Wissenschaftlern vertretenen Ansichten anschließen, sondern lediglich Kommentarliteratur zu einzelnen Paragraphen aufgeführt werden. Die Replik einzelner Segmente zeigt, dass sich die Diskussion um die Problematik der Beschlagnahmefähigkeit der aus den Untersuchungen resultierenden Unterlagen bereits in der Literatur vor der ersten gerichtlichen Entscheidung im Jahr 2010 wiederfinden lässt. Seit dem ersten Beschluss ist diese intensiver und inhaltlich differenzierter geworden, da insbesondere zu unterscheiden ist, in wessen Gewahrsam sich die Unterlagen befinden. Beim Vergleich der untersuchten Veröffentlichungen lässt sich zusammenfassen, dass Art und Weise der inhaltlichen

754 *Jahn/Kirsch*, NStZ 2012, 713.

Argumentation vom Gewahrsamsort abhängig sind, da auf andere Vorschriften abzustellen ist. Daneben ist festzuhalten, dass die Entscheidungen der Gerichte – abgesehen von derjenigen des Landgericht Mannheim – knapp gefasst sind und keine anderweitig vertretenen Auffassungen aufführen, zu denen das Gericht sodann Stellung nimmt. Die vom Landgericht Braunschweig angesprochene Thematik bezüglich der Beschlagnahmefreiheit von Verteidigungsunterlagen wurde bisher nur vom Landgericht Bonn thematisiert, da in den übrigen Sachverhalten die Beschlagnahme nicht beim Unternehmen selbst, sondern in den Räumen der die Untersuchung durchführenden Kanzlei stattgefunden hat. Gleichwohl Jahn/Kirsch im Rahmen ihrer Anmerkungen zum Beschluss des LG Bonn sowohl dessen Ansicht, aber auch die gegenteilige des LG Gießen aufzeigen und ausführlich Stellung dazu nehmen, spricht sich das LG Braunschweig ohne langatmige Begründung gegen die Ansicht des LG Bonn aus und vertritt eine eigene Rechtsauffassung. Diese wird wiederum lediglich unter Hinzuziehung der Kommentarliteratur zu einer Vorschrift begründet. Aus dem Vergleich der Formulierungen der Anmerkungen von Jahn/Kirsch zum LG Bonn und der Entscheidung des LG Braunschweig kann im übertragenen Sinn die Schlussfolgerung gezogen werden, dass diese Ansichten identisch sind und den Schutz der Beschlagnahmefreiheit für Unternehmen als Beschuldigte im Rahmen von Internal Investigations ausweiten sollen. Weil eine exakte Übereinstimmung der Ansichten sowie eine Zitierung nicht erfolgt, kann jedoch nicht vertreten werden, dass das Landgericht Braunschweig in seinem Beschluss der Ansicht von Jahn/Kirsch gefolgt ist. Während das Landgericht Bonn seine Annahme, dass ein Ermittlungsverfahren notwendig ist, auf Rechtsprechung und Kommentarliteratur stützt, vertritt das Landgericht Braunschweig seine Ansicht ohne Hinzuziehung anderer Meinungen.

Daraus lässt sich schließen, dass das Landgericht Braunschweig die bisher im Schrifttum erschienene Literatur entweder nicht kennt oder sie zwar kennt, jedoch auf diese nicht explizit Bezug nehmen möchte. Auf Grund der mangelnden Berücksichtigung anderer Literatur oder Entscheidungen kann auch nach dem Beschluss des Landgerichts Braunschweig nicht von dem bisher aus der Untersuchung resultierenden Ergebnis Abstand genommen werden, dass die Wissenschaft und Rechtsprechung zueinander im Verhältnis fremder seltsamer Welten stehen.

VIII. Die Publikationen nach dem Beschluss des Landgerichts Braunschweig in den Jahren 2015 bis 2017

Auch nach der Entscheidung des Landgerichts Braunschweig, das, nachdem das Landgericht Hamburg eine Beschlagnahmefreiheit in Gänze verneint und das Landgericht Mannheim diese lediglich für die Unterlagen im Gewahrsam der die Untersuchungen durchführenden Rechtsanwälte bejaht hat, den Schutz der Unternehmen mit seiner Ansicht ausgeweitet hat, stellt sich der Verfasserin die Frage nach der weitergehenden historischen Entwicklung der Thematik. Für das Promotionsvorhaben von Bedeutung ist insbesondere die Frage, wer nach diesen Entscheidungen Stellung nimmt und auf wessen Ansichten im weiteren Verlauf Bezug genommen wird.

1.) Fundstellen, Inhalte und Rechtsfragen

Im Folgenden sollen zur Beantwortung der Frage daher die Aufsätze von Szesny, BB 2015, S. 2771, Schneider, NStZ 2016, S. 308, Klengel/Buchert, NStZ 2016, S. 383, Jahn/Kirsch NZWiSt 2016, S. 37 und Kottek, wistra 2017, S. 9 untersucht werden.

a.) LG Braunschweig: Interne Ermittlungen im Unternehmen – Beschlagnahmefreiheit von Anwaltsunterlagen, BB 2015, S. 2771

In diesem Aufsatz wird in gebotener Kürze zur Entscheidung des Landgerichts Braunschweig Stellung genommen, nachdem zunächst der Inhalt des Beschlusses verkürzt dargestellt wird. Im Rahmen eines Kommentares führt der Verfasser unter dem Titel „Die empfindlichen Folgen einer Verbandsgeldbuße gemäß § 30 OWiG rechtfertigen die Stärkung des Unternehmens“ in die Problematik ein, wobei hierbei stets der Bezug zum vom Landgericht Braunschweig zu entscheidenden Fall hergestellt wird. Im Anschluss fasst der Autor die vom Landgericht vertretene Ansicht zusammen und führt sodann zu den sich daraus ergebenen Praxisfolgen aus. Hierbei hebt er die Stärkung der Rechte von Unternehmen hervor, die dem Verdacht einer begangenen Straftat mit der Durchführung der Internal Investigations entgegentreten. Unter Hinzuziehung der Entscheidung des Landgericht Hamburg[755] stellt der Autor klar, dass die Rechtsprechung bisher eine Beschlagnahmefreiheit der aus den Untersuchung

755 *LG Hamburg – Beschl. v. 15.10.2010 – 608 Qs 18/10.*

resultierenden Unterlagen mit der Begründung verneint hat, dass das Mandatsverhältnis zwischen Unternehmen und den die Untersuchungen durchführenden Anwälten nicht mit einem solchen zwischen Beschuldigten und Verteidiger vergleichbar ist. Im Anschluss wird die Entscheidung des LG Mannheim[756] thematisiert, in der ein Schutz zumindest für die Unterlagen angenommen wird, die sich im Gewahrsam der mit den Investigations beauftragten Rechtsanwälte befinden. Die vom Landgericht Braunschweig weitere Jahre später vertretene Auffassung, dass – wenn dem Unternehmen eine Verbandsgeldbuße droht – ein solches Verteidigerprivileg auch dann gilt, wenn die Anwälte oder Mitarbeiter des Unternehmens die Unterlagen im Zusammenhang mit der strafrechtlichen Verteidigung erstellt haben, verdient nach Ansicht des Verfassers Zustimmung. Auch er hält die Einleitung eines Ermittlungsverfahrens hierfür nicht für notwendig, weil die Verbandsgeldbußen für ein Unternehmen empfindliche Folgen darstellen können. Klarstellend schließt er seine Anmerkungen mit dem Verweis, dass, wenn dem Unternehmen keine Verbandsgeldbuße droht, die Beurteilung anhand der Ausführungen des Landgericht Mannheim erfolgt und eine Beschlagnahmefreiheit lediglich der Unterlagen angenommen werden kann, die sich im Gewahrsam der Rechtsanwälte befinden.[757]

b.) Beschlagnahmefreie Unterlagen, NStZ 2016, S. 308

Der Autor dieser Veröffentlichung hat sich ebenfalls mit der Entscheidung des LG Braunschweig auseinandergesetzt. Im Unterschied zu den bisherigen Anmerkungen der bereits untersuchten Beschlüsse sieht der Verfasser den vom Landgericht Braunschweig zu entscheidenden Fall als zu verwickelt an, um ihn anschaulich und auf verständliche Art und Weise darzustellen. Aus diesem Grund legt er seinen Darstellungen einen fiktiven Sachverhalt zugrunde, anhand dessen er die vom Landgericht Braunschweig vertretene Auffassung vorträgt. Ein Mitarbeiter einer AG begeht bei Wahrnehmung seiner Aufgabe eine Straftat, um in einem Vergabeverfahren eine Bevorzugung der Firma zu erreichen. Es wird ein Ermittlungsverfahren eingeleitet, bei dem im Büro des Vorstandes Unterlagen einer betriebsinternen Ausarbeitung gefunden, die den Verstoß beinhalten und dann beschlagnahmt werden.[758]

Der Verfasser diskutiert zunächst den Beschlagnahmeschutz nach § 160a StPO, wobei er bereits in der Überschrift das Ergebnis vorwegnimmt und

---

756 *LG Mannheim – Beschl. v. 03.07.2012 – 24 Qs 1/12 / 24 Qs 2/12.*

757 *Szesny*, BB 2015, 2771 ff. (2772).

758 *Schneider*, NStZ 2016, 308 (309/310).

klarstellt, dass ein solcher in diesem Fall zu verneinen ist. Er zitiert die häufig vertretene[759] Ansicht, dass aus dem Zusammenspiel der §§ 160a, 53 StPO die Beschlagnahmefreiheit sämtlicher Unterlagen aus dem anwaltlichen Mandatsverhältnis ungeachtet des Beschlagnahmeortes hervorgeht. Dieser Ansicht kann nicht gefolgt werden. Die von vielen in diesem Zusammenhang als „Meistbegünstigungsklausel" angebrachte Vorschrift des § 160a Abs. 5 StPO ist nach Meinung des Autors jedoch hingegen so zu verstehen, dass § 160a StPO die Fragen der Beschlagnahme nicht beantwortet, sondern vielmehr nur zur Beantwortung der Frage nach der Verwertbarkeit herangezogen werden soll. Der Autor argumentiert mit dem seitens § 97 StPO gegenüber § 160a StPO bestehenden Spezialitätsverhältnis, dem Wortlaut und der Gesetzgebungsgeschichte und folgt damit der Ansicht des LG Hamburg, des LG Mannheim, Schmitt in Meyer-Goßner, § 97, Rn. 10b, Griesbaum in Karlsruher Kommentar, § 160a Rn. 21, Jahn/Kirsch, NStZ 2012, S. 718.[760]

Daran anknüpfend diskutiert er eine mögliche Beschlagnahmefähigkeit nach § 97 StPO, wobei auch diese bereits zu Beginn der Ausführungen verneint wird. In diesem Zusammenhang führt er den bereits mehrfach erwähnten Streit bezüglich der Anwendung des § 97 Abs. 1 Nr. 3 StPO lediglich im Verhältnis Beschuldigter/Verteidiger oder Nichtbeschuldigter/Rechtsanwalt aus. Für die erstgenannte Auffassung zitiert er die Entscheidungen der Landgerichte Hamburg und Bonn sowie die Kommentierungen von Schmitt in Meyer-Goßner, § 97, Rn. 10a und Hauschild[761] in Münchener Kommentar, § 97, Rn. 15. Die letztere wird insbesondere von Jahn in ZIS 2011, S. 453 und Jahn/Kirsch, StV 2011, S. 151 vertreten. Der Verfasser hält die erstgenannte Auffassung für vorzugswürdig. Es kann schließlich stets eine Beschlagnahme im Unternehmen erfolgen.[762]

Neben den vorgenannten Vorschriften diskutiert der Verfasser die Möglichkeit einer Beschlagnahmefreiheit nach § 148 StPO. Im Unterschied zu den vorherigen Ausführungen wird hier das Ergebnis nicht vorweggenommen. Die Situation lässt sich für Verteidigungsunterlagen im Sinne des § 148 StPO unabhängig vom Lagerungsort beurteilen, da nach der Norm – wenn die Unterlagen

759 *Ballo*, NZWiSt 2013, 46; *Bertheau*, StV 2012, 303; *Knauer*, ZWH 2012, 81; *Schuster*, NZWiSt 2012, 26.

760 *Schneider*, NStZ 2016, 308 (310).

761 Dr. Jörn Hauschild ist Oberstaatsanwalt am BGH; *Hauschild*: Biographie, abrufbar unter https:// www.beck-shop.de/muenchener-kommentar-strafprozessordnung-stpo-band-1-1-150-stpo/product/11511968 (zuletzt geprüft am 25.07.2020).

762 *Schneider*, NStZ 2016, 308 (310/311).

als Verteidigungsunterlagen einzuordnen sind – weder der mündliche noch schriftliche Verkehr zwischen Beschuldigtem und Verteidiger beschlagnahmt werden darf. Der Verfasser weist auf die Anwendbarkeit der Vorschrift auf Unternehmen hin und diskutiert sodann die Fragen nach dem Zeitpunkt, ab dem eine dem Beschuldigten ähnliche Stellung angenommen werden kann sowie, ob sich der Schutz auch auf Unterlagen erstrecken kann, die vor Einleitung eines Ermittlungsverfahrens gefertigt worden sind. Für die erste Frage ist es nach Meinung des Verfassers nicht notwendig, dass das Gericht durch förmliche Anordnung die Beteiligung des Unternehmens festgestellt hat. Für letztere ist es – entgegen der vom Landgericht Braunschweig vertretenen Ansicht – hingegen notwendig, dass ein Ermittlungsverfahren eingeleitet worden ist. Als Begründung führt er an, dass sich die Rechte des Verteidigers nicht aus dem Mandat, sondern aus dem Verfahrensbezug der StPO ergeben und dass vor Einleitung eines Ermittlungsverfahrens dem Unternehmen nicht die dem Beschuldigten ähnliche Stellung zukommt, die hingegen Voraussetzung für eine Anwendung des § 148 StPO ist. Damit folgt er der herrschenden Kommentarliteratur sowie dem Landgericht Bonn.[763]

Der Verfasser zeigt in seiner Anmerkung die unterschiedlich vertretenen Auffassungen auf, wobei er – wenn oftmals auch ohne Argumente – auch die ihm vorzugswürdiger erscheinenden Ansichten darstellt.

c.) Zur Einstufung der Ergebnisse einer „Internal Investigation" als Verteidigungsunterlagen im Sinne der §§ 97, 148 StPO, NStZ 2016, S. 383

In diesem Aufsatz führen die Verfasser zunächst in die Thematik der Internal Investigations ein, um daran anschließend auf die Problematik der Beschlagnahmefähigkeit der Unterlagen aus den Untersuchungen näher einzugehen. Hierbei machen sie deutlich, dass die Ergebnisse der internen Ermittlungen das Interesse der Behörden wecken und der Arbeitnehmer gegenüber seinem Arbeitgeber selbst dann zur umfassenden Aussage verpflichtet ist, wenn er sich durch die Angaben selbst belastet. Unter Hinzuziehung des Beschlusses des Landgerichts Mannheim unterscheiden die Autoren zwischen der Beschlagnahmefreiheit nach §§ 97, 160a StPO, wenn die Unterlagen durch einen Rechtsanwalt erstellt

763 *LG Bonn – Beschl. v. 21.06.2012 – 27 Qs 2/12*; *Schmitt*, in: *Meyer-Gossner/Schmitt* (Hrsg.), Strafprozessordnung, 63. Auflage: § 97, Rn. 10; *Schmitt*, in: *Meyer-Gossner/Schmitt* (Hrsg.), Strafprozessordnung, 63. Auflage: § 148, Rn. 3; *Schneider*, NStZ 2016, 308 (311/312).

wurden und sich in dessen Gewahrsam befinden und derjenigen nach § 148 StPO, bei der nicht der Mitarbeiter, sondern das Unternehmen im Fokus des Interesses der Strafverfolgungsbehörden steht. Nach Ansicht der Verfasser wird § 97 StPO nicht durch § 160a StPO verdrängt. Eine Beschlagnahme im Unternehmen ist daher möglich.[764]

Im Anschluss diskutieren sie sodann die Einstufung der Unterlagen als Verteidigungsunterlagen, wobei dafür zum einen eine Verteidigungssituation, zum anderen die Erstellung der Unterlagen zum Zwecke der Verteidigung erforderlich sind. Gleich dem Landgericht Braunschweig und entgegen der vom Landgericht Bonn vertretenen Auffassung ist nach Meinung der Verfasser für den Status des Unternehmens als Nebenbeteiligter oder für die Drohung eines Ordnungswidrigkeitenverfahrens und mithin die Gewährung des Schutzes durch § 148 StPO nicht notwendig, dass ein Ermittlungsverfahren eingeleitet worden ist. Ausreichend ist bereits, dass die Missstände des Unternehmens strafrechtliche Relevanz aufweisen und sich das Unternehmen deswegen einer Kanzlei zur Durchführung der unternehmensinternen Untersuchungen bedient. Insbesondere durch das Bekanntwerden eines Verdachts im Unternehmen ist dieses im Verfahren nicht mehr unbeteiligt mit der Folge, dass der Rechtsanwalt sein Tun auch als Verteidigung verstehen kann und darf. Die Autoren nehmen Bezug auf die Entscheidung des Landgerichts Gießen sowie einem Aufsatz von Jahn/Kirsch und v. Saucken.[765] Die Gegenansicht, dass der Schutzbereich des § 148 StPO durch diese Ansicht zu weit nach vorne gezogen wird, trägt sich nach der Ansicht der Verfasser nicht, da andernfalls das Gebot effektiven Rechtsschutzes unerfüllt bleibt.[766]

Hinsichtlich der weiteren Voraussetzung des § 148 StPO – der Erstellung der Unterlagen zum Zwecke der Verteidigung – stimmen die Verfasser ebenfalls der vom Landgericht Braunschweig vertretenen Auffassung zu. Diese darf nicht zu eng ausgelegt werden. Bei den Unterlagen, die im Rahmen der Internal Investigations angefertigt worden sind, dürfte es sich häufig um solche handeln, die zum Zweck der Verteidigung erstellt worden sind, da die Durchführung der Untersuchungen essentieller Baustein einer effektiven Verteidigung des Unternehmens ist. Fehlt diese Voraussetzung hingegen erkennbar, weil dies den Unterlagen explizit entnommen werden kann, besteht kein Beschlagnahmeschutz

764 *Klengel/Buchert*, NStZ 2016, 383 (384).

765 *Jahn/Kirsch*, NZWiSt 2016, 37; *LG Gießen – Beschl. v. 25.06.2012 – 7 Qs 100/12*; *Saucken*, WiJ 2013, 30.

766 *Klengel/Buchert*, NStZ 2016, 383 (384/385).

nach § 148 StPO. Abschließend halten die Verfasser fest, dass ein gewahrsamsunabhängiger Schutz der Unterlagen nur in den engen Grenzen des § 148 StPO erreicht werden kann. Fehlen die Voraussetzungen, verbleibt es bei § 97 StPO, der eine Beschlagnahmefreiheit nur im Gewahrsam der Kanzlei bejaht.[767]

d.) Beschlagnahmefreiheit von Unterlagen bei internen Erhebungen, NZWiSt 2016, S. 37

Diese Autoren haben bereits die vorherigen Entscheidungen kommentiert bzw. Anmerkungen zu ihnen verfasst, sodass diese Veröffentlichung nicht überraschend kam. Anschließend an die Veröffentlichung der Entscheidung drücken die Autoren zunächst ihre Freude über die vom Gericht vertretene Auffassung aus, weil nach dessen Ansicht auch Unterlagen, die vor Einleitung eines Ermittlungsverfahrens erstellt wurden, einem Beschlagnahmeverbot unterliegen können. In gebotener Kürze nehmen sie auf den Sachverhalt und die Kernaussagen des Beschlusses Bezug, gehen im Anschluss auf die Ausstrahlungswirkung einer Entscheidung des BGH aus dem Jahr 1998[768] ein, um sich abschließend der Problematik der Verteidigung vor der Verteidigung zu widmen. Sie führen zum Inhalt der Leitentscheidung aus, dass der Senat bereits dort zutreffend davon ausgegangen ist, dass Verteidigungsunterlagen nicht der Beschlagnahme unterliegen, die nicht im Gewahrsam des Beschuldigten sind.[769]

Hinsichtlich der zeitlichen Komponente der Erstellung der Verteidigungsunterlagen stimmen die Autoren ebenfalls dem LG Braunschweig zu und drücken in diesem Zusammenhang ihr Unverständnis über die Entscheidung des LG Bonn aus. Begründet wird die Zustimmung damit, dass ein sich frühzeitig kümmernder Betroffener nicht schlechter gestellt werden darf als der, der die Bekanntgabe des Ermittlungsverfahrens abwartet. Darüber hinaus hindert es den Rechtsanwalt an der Verteidigung, die möglicherweise lediglich auf Prävention gerichtet sein könnte. Abschließend geben die Verfasser die Hinweise, dass eine Kennzeichnung der Unterlagen als Verteidigungsunterlagen und ein sorgfältiger Umgang mit dem Zugang der Unterlagen hilfreich sein können.[770] Die Autoren stimmen mithin der Entscheidung des Landgerichts Braunschweig in Gänze zu.

---

767 *Klengel/Buchert*, NStZ 2016, 383 (386).
768 *BGH – Urteil v. 25.02.1998 – 3 StR 490/97.*
769 *Jahn/Kirsch*, NZWiSt 2016, 37 (39).
770 *Jahn/Kirsch*, NZWiSt 2016, 37 (40).

e.) Unternehmensinterne Compliance-Ermittlungen, wistra 2017, S. 9

Entgegen der vorgenannten Publikationen, die sich explizit mit der Entscheidung des Landgerichts Braunschweig auseinandersetzen, hat sich der Verfasser dieses Aufsatzes mit den arbeitsrechtlichen Vernehmungen und der strafprozessualen Verwertbarkeit beschäftigt. Einleitend verweist er darauf, dass die Untersuchungen seit dem Siemens- Skandal zwar zum zentralen Instrument gehören, die strafprozessualen Fragestellungen jedoch nicht ansatzweise erläutert sind. Gleichwohl im Meyer-Goßner eine als h.M. gekennzeichnete, wenngleich auch nicht belegte Ansicht dargestellt wird, wird wenigstens auch eine von dieser Ansicht abweichende Literatur zitiert. Nach Ansicht des Verfassers ist die dort aufgeführte Ansicht jedoch eine Wunschansicht, die die tatsächliche Problematik verharmlost. Im Folgenden führt der Verfasser zunächst zur arbeitsrechtlichen Aussagepflicht im Rahmen der Interviews aus und stellt die Gegenansicht zu Schmitt in Meyer-Goßner § 97, Rn. 10 ff. und Bauer, StV 2012, S. 277 dar, die von einer Aussagepflicht auch bei Selbstbelastung ausgeht. Selbst wenn eine solche bei Selbstbezichtigung verneint werden würde, bestünde bei den Mitarbeitern nach Ansicht des Verfassers ein faktischer Aussagezwang i.S.d. „talk or walk", da die Mitarbeiter mit deutlichen Konsequenzen zu rechnen haben, wenn sie schweigen.[771]

Daran anschließend führt der Autor zur Einführung der arbeitsrechtlichen Vernehmung in das Strafverfahren aus. In diesem Zusammenhang weist er zunächst darauf hin, dass die die Interviews durchführenden externen Rechtsanwälte als Zeugen vernommen werden können. Insbesondere dann, wenn sie von ihrem Auftraggeber – in der Regel dem Unternehmen – von ihrer Schweigepflicht entbunden werden. Darüber hinaus können die in den Interviews angefertigten Protokolle gemäß § 251 StPO verlesen werden. Unter Bezugnahme auf die Ansicht von Kasiske, nach dessen Ansicht das Verwertungsverbot des § 254 StPO greift, vertritt der Verfasser, dass diese Vorschrift auf Grund der mangelnden Geltung der StPO für private Verfahren nicht anwendbar ist. Ein Beweistransfer in das staatliche Verfahren kann daher durch Vernehmung von Zeugen und Verlesung der Protokolle erfolgen.[772]

Im Rahmen der anschließend thematisierten Verwertbarkeit der Vernehmungsergebnisse stellt der Autor zunächst auf die Beurteilung nach § 97 Abs. 1 S. 3 InsO analog ab, bevor er ein Verwertungsverbot aus § 136a Abs. 3 S. 2 StPO

771 *Kottek*, wistra 2017, 9 (10/11).

772 *Kasiske*, NZWiSt 2014, 262; *Kottek*, wistra 2017, 9 (11/12).

analog diskutiert. Die Ausführungen zu § 97 Abs. 1 S. 3 InsO beginnend, nennt er die Entscheidung des BVerfG zum Gemeinschuldnerbeschluss und führt zum Inhalt aus. Die Übertragbarkeit der Entscheidung wird – hierauf verweist der Autor im weiteren Verlauf – zum Teil verneint, weil es an einem Zwang, veranlasst durch ein hoheitliches Verfahren mangelt. Zitiert wird für diese Ansicht Jahn.[773] Begründet wird die mangelnde vergleichbare Interessenlage damit, dass die §§ 666, 675 BGB – aus denen sich eine Pflicht des Arbeitnehmers zur Aussage ergibt – dispositiven Charakter haben, wobei der Autor diesbezüglich Knauer/Buhlmann[774] zitiert. Der Aussage des LG Hamburg, einen Verstoß gegen den nemo-tenetur-Grundsatz deswegen zu verneinen, weil jeder sein Arbeitsverhältnis freiwillig eingeht, entgegnet der Autor mit den im Arbeitsvertrag fehlenden Regelungen hinsichtlich der Aussagepflicht sowie der Tatsache, dass ein faktischer Zwang – insoweit wird Fritz[775] zitiert – immer besteht, weil der Arbeitnehmer zur Sicherung des Lebensunterhaltes arbeiten gehen muss. Abschließend nimmt der Autor die Ansicht von Greco/Caracas auf, wobei diese aus seiner Feder stammt und mithin nicht neu ist. Die Lösung eines Verwertungsverbotes über die Vorschrift des § 97 Abs. 1 S. 3 StPO analog und mithin nach den Grundsätzen des Gemeinschuldnerbeschlusses sieht der Verfasser als vorzugswürdige Lösung an.[776]

Im Zusammenhang mit der anschließenden Thematisierung des Verwertungsverbotes aus § 136a Abs. 3 S. 2 StPO stellt sich der Verfasser die Frage nach der Erlaubnis des Staates sich die aus arbeitsrechtlicher Auskunftspflicht resultierenden Ergebnisse zunutze machen zu dürfen. Hierbei prüft er zunächst die Vergleichbarkeit der Mitwirkungspflicht mit den in § 136 StPO genannten Beispielen, um sich dann der Anwendbarkeit für private Beweiserhebungen zu widmen. Verbotene Mittel i.S.d. § 136a Abs. 1 StPO könnten beispielsweise die arbeitsrechtliche Auskunftspflicht, weil sie einen unzulässigen Zwang darstellt, bestehender faktischer Zwang zur Aussage sowie eine Täuschung bei nicht bestehender Auskunftspflicht sein. Der Mitarbeiter ist in den Situationen der Amnestieregelungen durch eine faktische Zwangslage in seiner Entscheidungsfreiheit beeinflusst und kann – wenn er nicht anwaltlich vertreten ist – über eine nicht bestehende Pflicht getäuscht werden. Als Zurechnungsgrund zur Herleitung eines Verwertungsverbotes kann nach Ansicht des Verfassers

---

773 *Jahn*, StV 2009, 41.

774 *Knauer/Buhlmann*, AnwBl. 2010, 387.

775 *Fritz*, CCZ 2011, 155.

776 *Greco/Caracas*, NStZ 2015, 7; *Kottek*, wistra 2017, 9.

nicht das lediglich Ausnutzen der Auskunftspflicht aufgeführt werden, da für die Annahme eines Verwertungsverbotes eine gezielte Beauftragung durch den Staat erforderlich ist. Ein solcher kann sich hingegen aus dem faktischen Kooperationszwang ergeben, der mit der gezielten Beauftragung eines Privatermittlers vergleichbar ist. Der faktische Kooperationszwang ergibt sich nach Meinung des Verfassers bereits aus der gesetzlichen Verankerung der Pflicht, aber auch aus der Erforderlichkeit der internen Aufklärung und der hinreichenden Vergleichbarkeit der Sachverhalte. Hinsichtlich der Verankerung der Pflicht stellt der Autor auf die Vorschriften des Aktiengesetzes sowie der §§ 30, 130 OWiG ab, sodass eine solche zu bejahen ist. Weil in der Regel dieselbe Staatsanwaltschaft zuständig ist, ist die interne Aufklärung auch zur Verteidigung erforderlich, wobei im Verhältnis zwischen Staatsanwaltschaft und Unternehmen eine mit der gezielten Beauftragung der Privaten vergleichbare Interessenlage besteht. Die internen Ermittlungsmaßnahmen sind der Staatsanwaltschaft daher nach § 136a StPO analog zuzurechnen.[777]

Der Verfasser führt zustimmend den Beschluss des LG Braunschweig an, in dem eine Beschlagnahmefreiheit der Gegenstände wegen der Annahme von Verteidigungsunterlagen i.S.d. § 148 StPO bejaht worden und damit der Bezug zur staatlichen Veranlassung hergestellt worden ist. Abschließend fasst der Autor seine Feststellungen zusammen, wobei seiner Ansicht nach ein Verwertungsverbot aus der Verletzung des nemo-tenetur-Grundsatzes folgt, das sich zum einen auf § 97 Abs. 1 S. 3 InsO, zum anderen auf den Aussagezwang und die damit einhergehende Verletzung des § 136a Abs. 3 S. 2 StPO stützen lässt.[778]

Abschließend ist festzuhalten, dass der Verfasser nicht unterschiedliche Ansichten aufführt und anschließend einer der Ansichten zustimmt. Vielmehr ist diese Veröffentlichung eher als Darstellung der Thematik zu sehen, in der zwischenzeitlich einige Ansichten Zustimmung erhalten.

2.) Die Autoren der Publikationen und ihre Biographien

Gleich der bisherigen Vorgehensweise sind auch die Biographien der Verfasser der vorgenannten Veröffentlichungen zu untersuchen.

777 *Kottek*, wistra 2017, 9 (13–16).
778 *Kottek*, wistra 2017, 9 (16/17).

a.) LG Braunschweig: Interne Ermittlungen im Unternehmen – Beschlagnahmefreiheit von Anwaltsunterlagen, BB 2015, S. 2771

Dr. André-M. Szesny hat im Rahmen seines Studiums der Rechtswissenschaften eine wirtschaftswissenschaftliche Zusatzausbildung genossen. Nach seiner Tätigkeit als wissenschaftlicher Mitarbeiter am Institut für Wirtschaftsstrafrecht an der Uni Osnabrück hat er seinen LL.M. ebenfalls an der Universität Osnabrück abgelegt, um im Anschluss das Referendariat am Landgericht Wuppertal zu absolvieren. Seit seiner Zulassung im Jahr 2005 ist er als Rechtsanwalt tätig und nunmehr Partner der bekannten Sozietät Heuking Hühn Lüer Wojtek.[779]

Der Verfasser war zur Zeit der Veröffentlichung des Beitrages Rechtsanwalt und somit der Praxis zugehörig.

b.) Beschlagnahmefreie Unterlagen, NStZ 2016, S. 308

Der Verfasser dieser Anmerkung ist Prof. Dr. Hartmut Schneider. Er ist seit 15 Jahren Bundesanwalt in Leipzig und bearbeitet dort die Revisionen aus dem 5. Strafsenat. Daneben ist er Honorarprofessor an der Freien Universität Berlin und bildet als Dozent Fachanwälte aus. Als Chefredakteur der Zeitschrift NStZ veröffentlicht er jedoch nicht ausschließlich Beiträge, sondern trägt auch zu den Kommentierungen im Münchener und Karlsruher Kommentar zur StPO bei.[780]

Hartmut Schneider ist daher ausschließlich der Praxis zuzuordnen.

c.) Zur Einstufung der Ergebnisse einer „Internal Investigation" als Verteidigungsunterlagen im Sinne der §§ 97, 148 StPO, NStZ 2016, S. 383

Der Artikel wurde von Jürgen D. Klengel und Christoph Burchert in Co-Autorentätigkeit verfasst. Jürgen Klengel studierte in Mainz und war nach Beendigung der Ausbildung Staatsanwalt bei der Staatsanwaltschaft des LG Wiesbaden und in Limburg an der Lahn. In dieser Zeit war er überwiegend im Bereich des Wirtschafts- und Steuerstrafrechts tätig. Seit 1999 ist er Rechtsanwalt, wobei er bis 2017 in der bekannten Sozietät White & Case LLP arbeitete und sich dann

---

779 *Szesny*: Biographie, abrufbar unter https://www.heuking.de/de/anwaelte/dr-andre-m-szesny-llm.html (zuletzt geprüft am 25.07.2020).

780 *Schneider*: Biographie, abrufbar unter https://www.beck-shop.de/prof-dr-hartmut-schneider/creator/ 12219; https://juc.de/referenten-unserer-fortbildungen/teachers-germany/prof--dr--hartmut-schnei-der.aspx (zuletzt geprüft am 25.07.2020).

selbstständig machte und seitdem im Bereich des Wirtschafts- und Steuerstrafrechts sowie der Compliance-Beratung tätig ist.[781]

Zum Zeitpunkt der Veröffentlichung des Beitrages war er daher in der Praxis tätig.

Christoph Buchert hat Rechtswissenschaften in Mainz studiert und war nach dem Abschluss des ersten Staatsexamens am Lehrstuhl von Prof. Erb für Strafrecht und Strafprozessrecht als wissenschaftlicher Mitarbeiter tätig. In dieser Zeit fertigte er seine Dissertation. Während seines anschließenden Referendariats im OLG Bezirk Koblenz arbeitete er als wissenschaftlicher Mitarbeiter in der renommierten Kanzlei White & Case.[782] In dieser Zeit ist der hier untersuchte Aufsatz erschienen.

Christoph Buchert war zum Zeitpunkt der Veröffentlichung Referendar und wissenschaftlicher Mitarbeiter einer Kanzlei und ist somit ebenfalls der Praxis zuzuordnen.

d.) Beschlagnahmefreiheit von Unterlagen bei internen Erhebungen, NZWiSt 2016, S. 37

Bezüglich der Biographien der Verfasser wird auf das zu § 3 IV Nr. 2.) e.) Gesagte verwiesen. Während Prof. Jahn den Hybridtypen zuzuordnen ist, gehört Kirsch der Praxis an.

e.) Unternehmensinterne Compliance-Ermittlungen, wistra 2017, S. 9

Der Verfasser Dr. Petr Kottek hat in den Jahren 2005 bis 2007 an der Universität Konstanz Rechtswissenschaften studiert und das Studium nach Wechsel an die Ludwig – Maximilians-Universität in München im Jahr 2010 beendet. In den folgenden zwei Jahren war er Referendar am OLG München, worauf er an der Universität München promovierte. Seit 2013 ist er als Rechtsanwalt zugelassen, wobei er zunächst in einer Kanzlei in Düsseldorf tätig war und seit 2018 bei Hogan Lovells International LLP in München tätig ist.[783]

Der Verfasser ist ausschließlich der Praxis zuzuordnen.

---

781 *Klengel*: Biographie, abrufbar unter https://kanzlei-klengel.de/anwaltsportrait/ (zuletzt geprüft am 25.07.2020).

782 *Buchert*: Biographie, abrufbar unter https://www.duncker-humblot.de/person/christoph-buchert-18108/?page_id=1 (zuletzt geprüft am 25.07.2020).

783 *Kottek*: Biographie, abrufbar unter http://www.petr-kottek.de/wordpress/ (zuletzt geprüft am 25.07.2020).

3.) Zitierte Literatur

Für das Promotionsvorhaben von Bedeutung ist ebenfalls, welcher Autor wen zitiert. Wessen Ansichten vertreten, welche abgelehnt werden. Zitiert die Praxis eher die Praxis und die Wissenschaft eher die Wissenschaft oder besteht ein ausgewogenes Mischverhältnis? Gleich dem vorhergehenden historischen Überblick soll auch im Folgenden auf die zitierte Literatur der Aufsätze Bezug genommen werden.

a.) LG Braunschweig: Interne Ermittlungen im Unternehmen – Beschlagnahmefreiheit von Anwaltsunterlagen, BB 2015, S. 2771

Der Verfasser dieses Aufsatzes nimmt Bezug auf die Entscheidung des Landgerichts Braunschweig. Er äußert sich zu den Folgen dieser Entscheidung für die Praxis gibt einen historischen Überblick über die Entscheidungen der Landgerichte Hamburg und Mannheim, die er mit Fundstellen zitiert. Schließlich kommt er zurück zur vom Landgericht Braunschweig vertretenen Ansicht und stimmt dieser in mehreren Punkten zu. Der Autor stellt lediglich die drei Entscheidungen der Gerichte gegenüber, ohne dass auf eine in der Literatur vertretene Ansicht Bezug genommen wird. Der Verfasser folgt daher stringent der Praxis.[784]

b.) Beschlagnahmefreie Unterlagen, NStZ 2016, S. 308

In diesem Aufsatz wird der Beschlagnahmeschutz der aus den Untersuchungen resultierenden Unterlagen ausführlich diskutiert. Zu einem möglichen Beschlagnahmeschutz durch § 160a StPO führt der Autor die unterschiedlichen Ansichten an, wobei er sich der Ansicht der Landgerichte Hamburg und Mannheim, der Kommentierung von Richter Schmitt im Meyer-Goßner zu § 97 Rn. 10 sowie der vom Hybridtypen Prof. Jahn und Rechtsanwalt Kirsch vertretenen Ansicht anschließt.[785] Hinsichtlich des Beschlagnahmeschutzes gemäß § 97 StPO schließt sich der Autor der h.M. an, die von den Landgerichten Hamburg und Bonn sowie der o.g. Kommentierung in Meyer-Goßner vertreten wird.[786]

Anschließend verweist der Autor auf die bzgl. § 148 StPO vertretenen Ansichten. Ebenso wie bei den vorgenannten Vorschriften schließt sich der Verfasser der Argumentation an, die sich aus der Kommentierung von Richter Schmitt in

784 *Szesny*, BB 2015, 2771 ff. (2772).
785 *Jahn/Kirsch*, NStZ 2012, 713 (310); *Schneider*, NStZ 2016, 308.
786 *Schneider*, NStZ 2016, 308 (310/311).

Meyer-Goßner, §§ 97, Rn. 10, 148 Rn. 3 ergibt sowie vom LG Bonn vertreten wird.[787]

Der Verfasser dieser Anmerkung ist selbst der Praxis zugehörig und schließt sich überwiegend der von der Praxis vertretenen Ansicht an. Ein Anschluss erfolgt jedoch auch an die von dem Hybridtypen Prof. Jahn vertretene Ansicht.

c.) Zur Einstufung der Ergebnisse einer „Internal Investigation" als Verteidigungsunterlagen im Sinne der §§ 97, 148 StPO, NStZ 2016, S. 383

Die Verfasser zeigen die hinsichtlich der Voraussetzungen des § 148 StPO bestehenden unterschiedlichen Ansichten auf, nehmen dazu Stellung und schließen sich einer der dargestellten Meinungen an. Die ihre Zustimmung findende Ansicht wird vom LG Gießen, Rechtsanwalt v. Saucken und dem Professor sowie Hybridtyp Jahn und Rechtsanwalt Kirsch vertreten.[788] Die in der Praxis tätigen Autoren schließen sich überwiegen der Praxis an, wenngleich auch auf die Ansicht des Hybridtypen Prof. Jahn Bezug genommen wird.

d.) Beschlagnahmefreiheit von Unterlagen bei internen Erhebungen, NZWiSt 2016, S. 37

Auf Grund der Tatsache, dass die Verfasser hier lediglich der Entscheidung des Landgerichts Braunschweig zustimmen, derjenigen des Landgerichts Bonn widersprechen und in diesem Zusammenhang Bezug auf die Entscheidung des BGH nehmen, folgen sie ausschließlich der Praxis.

e.) Unternehmensinterne Compliance-Ermittlungen, wistra 2017, S. 9

Der Autor nimmt im Rahmen seines Aufsatzes auf unterschiedliche Veröffentlichungen Bezug. Im Zusammenhang mit der Einführung der Ergebnisse arbeitsrechtlicher Vernehmungen in das Strafverfahren verweist er auf den Aufsatz von Prof. Kasiske[789] wobei er diesem nicht zustimmt. Hinsichtlich der Verwertbarkeit der Ergebnisse arbeitsrechtlicher Vernehmungen nimmt er Bezug auf die unterschiedlich vertretenen Ansichten von Prof. Jahn, den Beschluss des Landgerichts Hamburg, den Aufsatz der Rechtsanwälte Knauer/Buhlmann sowie denjenigen

787 *Schneider*, NStZ 2016, 308 (311/312).

788 *LG Gießen – Beschl. v. 25.06.2012 – 7 Qs 100/12*, *Jahn/Kirsch*, NZWiSt 2016, 37; *Saucken*, WiJ 2013, 30.

789 *Kottek*, wistra 2017, 9 (12); *Kasiske*, NZWiSt 2014, 262.

von Rechtsanwalt Fritz. Darüber hinaus werden der Gemeinschuldnerbeschlusses des BVerfG sowie die Veröffentlichung von Greco/Caracas zitiert, wobei er sich den vorgenannten Autoren zum Teil anschließt.[790] Dies ist insbesondere bei Fritz, Greco/Caracas und dem Gemeinschuldnerbeschluss zu bejahen. Zustimmung erfährt auch die Entscheidung des LG Braunschweig.[791] Gleichwohl der Verfasser nicht zwischen unterschiedlich vertretenden Ansichten argumentiert, ist eine Hinwendung zur Praxis erkennbar.

4.) Zwischenergebnis

Auch bei der Betrachtung der vorgenannten Literatur wird deutlich, was sich auch bei den Veröffentlichungen nach den Entscheidungen der Landgerichte Bonn und Mannheim abzeichnete. Die Mehrheit der Veröffentlichungen nimmt lediglich Bezug auf die gerichtliche Entscheidung, während die allgemeine, alle Probleme aufzeigende Literatur in der Unterzahl ist. Im Rahmen der Anmerkungen zu dem Beschluss des Landgerichts Braunschweig wird auf die dort diskutierten Normen – insbesondere den neuen § 160a StPO – mit den bisher unterschiedlich vertretenen Ansichten Bezug genommen. Größtenteils erfolgt ein Anschluss an die Ansicht des Landgerichts Braunschweig, während diejenigen der Landgerichte Bonn und Hamburg kritisiert werden. Teils beenden die Verfasser ihre Ausführungen wegen der unklaren Rechtslage mit Tipps, mit denen der Schutz der Unterlagen, die aus den Internal Investigations hervorgehen, bestmöglich erreicht werden kann. Die Verfasser vertreten mithin nicht lediglich ihren Standpunkt. Festgehalten werden kann, dass die an den Untersuchungen beteiligten Personen – insbesondere befragte Mitarbeiter – nach Ansicht der Verfasser besonders schützenswert sind und eine mangelnde Beschlagnahmefreiheit – so wie sie vom Landgericht Hamburg vertreten worden ist – nicht akzeptiert wird. Während eine Vielzahl der Veröffentlichungen kritisch zu vorangegangenen Entscheidungen Stellung nimmt, wurde der Aufsatz von Kottek[792] eher allgemein und unter Aufführung unterschiedlicher Ansichten verfasst.

Bei den Autoren stammt die Mehrzahl aus der mit den unternehmensinternen Untersuchungen ständig in Kontakt stehenden Praxis. Drei der fünf

790 *Kottek*, wistra 2017, 9 (12/13/16); *BVerfG – Beschl. v. 13.01.1981 – 1 BvR 116/77*; *Fritz*, CCZ 2011, 155; *Greco/Caracas*, NStZ 2015, 7; *Jahn*, StV 2009, 41; *Knauer/Buhlmann*, AnwBl. 2010, 387.

791 *Kottek*, wistra 2017, 9 (16); *LG Braunschweig – Beschl. v. 21.07.2015 – 6 Qs 116/15.*

792 *Kottek*, wistra 2017, 9.

Veröffentlichungen wurden von Rechtsanwälten verfasst und lediglich einer stammt aus der Feder des Hybridtypen Prof. Jahn in CO-Autorentätigkeit mit Rechtsanwalt Kirsch. Prof. Jahn hat seit dem Aufkommen der Thematik im Zusammenhang mit dem Siemens-Skandal im Jahr 2008 nahezu jährlich einen Beitrag zur Thematik geleistet, teils alleine, teils mit Rechtsanwalt Kirsch gemeinsam, und sämtliche ergangenen Entscheidungen mit Anmerkungen versehen. Wiederum ein Aufsatz wurde von einem Rechtsanwalt und Honorarprofessor in einer Person gefertigt. Eine Publikation ausschließlich aus der universitären Wissenschaft ist hingegen nicht zu verzeichnen.

Hinsichtlich der zitierten Literatur wird überwiegend auf die Praxis Bezug genommen. Dabei erfährt die Entscheidung des Landgerichts Braunschweig Zustimmung, während zum Teil diejenigen Entscheidungen der Landgerichte Hamburg und Bonn kritisiert werden. Häufig zitiert wird auch die Kommentarliteratur im Meyer-Goßner zur StPO, die von Rechtsanwalt Schmitt verfasst worden ist. Anzumerken ist, dass zum Teil die Veröffentlichungen von Jahn und Knauer/Buhlmann[793] angeführt werden, gleichwohl seit der Publikation bereits mehrere Jahre verstrichen und zahlreiche weitere Aufsätze veröffentlicht worden sind.

Abschließend ist festzuhalten, dass sich überwiegend die Praxis mit der Thematik auseinandersetzt, Entscheidungen kommentiert und Stellung bezieht. Eine Veröffentlichung aus der Feder eines universitären Wissenschaftlers oder ein Anschluss an dessen Meinung ist in diesem Zeitabschnitt nicht zu verzeichnen. Dieser kommt daher gegenüber der Praxis eine eher nachgeordnete Stellung zu. Anzumerken ist hingegen, dass Prof. Jahn als Hybridtyp auch in der Literatur dieses Zeitabschnitts häufig zitiert und auf seine Ansicht Bezug genommen wird, sei es auf seine Einzelveröffentlichungen oder diejenige gemeinsam mit Rechtsanwalt Kirsch.

IX. Der Diesel-Skandal und anschließende Literatur

Nach der ersten Entscheidung des Landgerichts Hamburg im Jahr 2010 folgten diejenigen der Landgerichte Bonn und Mannheim in 2012 sowie des Landgerichts Braunschweig in 2015, bis sich im Jahr 2018 auch das Bundesverfassungsgericht mit den in den übrigen Entscheidungen bereits angesprochenen Rechtsfragen auseinanderzusetzen hatte. Bis zu der Entscheidung im Diesel-Skandal verging jedoch einige Zeit. Im Jahr 2015 erhielt die VW AG of America

793 *Jahn*, StV 2009, 41; *Knauer/Buhlmann*, AnwBl. 2010, 387.

von den Behörden die Mitteilung, dass ein Rechtsverstoß gegen den Clean Air Act vorliegen würde. Infolge dieser Verletzung drohten dem Unternehmen Geldbußen in Höhe von mehreren Milliarden Dollar. Grundlage der Verletzung war die Vermutung, dass seitens VW Abgasmanipulationen vorgenommen worden sind und die Motoren im Prüfstand andere Werte hinsichtlich des Stickoxidausstoßes anzeigen, als tatsächlich bei Nutzung im Straßenverkehr ausgestoßen werden. Bei den ausgewählten Motoren wurden die Steuergeräte so programmiert, dass die Software erkennt, ob sich das Fahrzeug auf der Straße oder im Prüfstand befindet und dementsprechend zwischen zwei Betriebsmodi hin und her schaltet. Im standardmäßigen Betriebsmodus zeigt das Fahrzeug eine hohe Motorleistung, einen hohen Wirkungsgrad sowie auf Grund der niedrigeren Abgasrückführung einen hohe Stickoxidausstoß. Im Prüfstand hingegen schaltet die Software in einen anderen Modus, bei dem die Abgasrückführung hoch, dafür der Stickoxidausstoß aber niedriger ist. Sobald die Software die Durchführung eines Abgastestes erkennt, schaltet diese automatisch in den letzten Modus mit der Folge, dass ein niedriger Stickoxidausstoß gemessen werden kann. Wird das Fahrzeug hingegen im alltäglichen Verkehr genutzt wird, schaltet die Software wieder in den Betriebsmodus und ein höherer Stickoxidausstoß erfolgt.

Anlässlich dieser Abgasmanipulationen bei Diesel-Fahrzeugen und der in diesem Zusammenhang geäußerten Beschuldigungen der Volkswagen AG zunächst in den USA, später auch in Deutschland, beauftragte Volkswagen die international tätige Rechtsanwaltskanzlei Jones Day mit der Durchführung interner Ermittlungen, der rechtlichen Beratung sowie Vertretung gegenüber den Behörden. Während sich die Fahrzeughalter auf Grund des Diesel-Skandals betrogen, getäuscht und sittenwidrig geschädigt fühlen, wollte das Unternehmen die Geltendmachung der Ansprüche, aber auch die Durchführung von Strafverfahren gegen die Volkswagen AG sowie Einzelpersonen dadurch verhindern, dass es den Zugriff der Strafverfolgungsbehörden auf die Unterlagen unterbindet.

Auf Antrag der Staatsanwaltschaft München ordnete das Amtsgericht München 2017 die Durchsuchung der Geschäftsräume der Kanzlei Jones Day an, die sodann durchgeführt und bei dieser zahlreiche Aktenordner sowie elektronische Daten sichergestellt worden sind. Diese hatten unter anderem die Ergebnisse der Internal Investigations zum Gegenstand. Gegen diese Durchsuchung und Sicherstellung wandten sich die Volkswagen AG, die Kanzlei Jones Day sowie drei der Anwälte der Kanzlei mit ihren Verfassungsbeschwerden, wobei allesamt nicht zur Entscheidung angenommen worden sind. Im Folgenden wird die Entscheidung des Bundesverfassungsgerichts über die Verfassungsbeschwerde der Volkswagen AG untersucht. Auf die Darstellung der Entscheidungen über diejenigen der Kanzlei Jones Day sowie drei der Anwälte soll im Rahmen dieses Promotionsvorhabens verzichtet werden, da sie inhaltlich für das vorliegende Promotionsvorhaben nicht relevant sind.

1.) Entscheidung im Diesel-Skandal BVerfG – 2 BvR 1405/17, 2 BvR 1780/17

Im Beschluss vom 27. Juni 2018 hat das Bundesverfassungsgericht entschieden, die Verfassungsbeschwerden der Volkswagen AG nicht zur Entscheidung anzunehmen, weil ihnen keine grundsätzliche Bedeutung zukommt und diese im Übrigen in Teilen unzulässig, in anderen unbegründet sind. Eine Verletzung der Rechte auf informationelle Selbstbestimmung (Art. Abs. 1 GG) sowie auf ein faires Verfahren (Art. 2 Abs. 1 i.V.m. Art. 20 Abs. 3 GG) ist zu verneinen. Nach Ansicht des Gerichts liegt in der von der h.M. in Rechtsprechung und Literatur vertretenen Rechtsauffassung, dass das Beweiserhebungsverbot aus § 160a Abs. 1 S. 1 StPO im Bereich der Beschlagnahme nach § 94 StPO bzw. bei der die dieser vorausgehenden Sicherstellung wegen der Spezialregelung des § 97 StPO nicht anwendbar ist, kein verfassungsrechtlicher Verstoß. Des Weiteren ist ein solcher hinsichtlich der Auffassung zu verneinen, dass sowohl bei § 97 Abs. 1 Nr. 1, 2 und 3 StPO zur Annahme eines Beschlagnahmeverbotes ein Vertrauensverhältnis zwischen dem Berufsgeheimnisträger und einem konkreten Beschuldigten notwendig ist. Ebenso ist es von Verfassung wegen nicht geboten, eine zur Annahme eines Beschlagnahmeverbotes notwendige beschuldigtenähnliche Stellung bereits dann anzunehmen, wenn das Unternehmen ein künftiges Ermittlungsverfahren lediglich befürchtet und sich aus diesem Grund anwaltlich beraten lässt oder die Durchführung interner Untersuchungen in Auftrag gibt. Darüber hinaus gebietet es das Verfassungsrecht nicht, eine Tochtergesellschaft in den Schutz des zwischen dem Mutterkonzern und einem Rechtsanwalt geschlossenen Mandatsverhältnisses miteinzubeziehen und das Beschlagnahmeverbot bei der Muttergesellschaft auf Grund der beschuldigtenähnlichen Stellung der Tochtergesellschaft zu bejahen. Im Folgenden werden lediglich die wesentlichen Aspekte der Entscheidung aufgeführt, da eine detaillierte Zusammenfassung des Beschlusses an dieser Stelle nicht geleistet werden kann.[794]

794 *BVerfG – Beschl. v. 27.06.2018 – 2 BvR 1405/17, 2 BvR 1780/17.*

a.) Inhalt und Rechtsauffassung

Mit den Verfassungsbeschwerden wendet sich die VW AG sowohl gegen den Durchsuchungsbeschluss des Amtsgerichts München als auch gegen die Beschlüsse, mit denen die Sicherstellung ein paar Tage später bestätigt worden ist. Das Gericht erachtet die Verfassungsbeschwerde gegen den Durchsuchungsbeschluss bereits als unzulässig, weil kein Eingriff in das Grundrecht des Art. 13 GG zu bejahen ist. Eine Durchsuchung fand nicht in den Geschäftsräumen der Volkswagen AG, sondern in denjenigen der diese vertretenden Kanzlei statt mit der Folge, dass kein rechtlich geschütztes Interesse besteht.[795]

Unbegründet ist die Verfassungsbeschwerde hingegen, soweit sie sich gegen die Beschlüsse des Amtsgerichts München wendet, mit denen die Sicherstellung der bei der Durchsuchung aufgefundenen Dokumente und Dateien bestätigt worden ist. Zwar ist das Recht der VW AG auf informationelle Selbstbestimmung – mithin das Recht des Einzelnen gegen die Speicherung und Weitergabe seiner Daten – betroffen, jedoch ist dieser Eingriff in das Grundrecht gerechtfertigt.

Die Beschränkungen des Art. 2 Abs. 1 GG bedürfen zum einen einer gesetzlichen Grundlage, zum anderen werden dem staatlichen Handeln durch den Verhältnismäßigkeitsgrundsatz Grenzen gesetzt, bei dem die Interessen beider Parteien, das staatliche Strafverfolgungsinteresse auf der einen und das Recht der Beschwerdeführerin über Unterlagen und Daten zu bestimmen auf der anderen Seite, zu berücksichtigen sind. Nach der Entscheidung des BVerfG sind die Beschlüsse des Amtsgerichts München nicht zu beanstanden. Mit § 110 StPO ist eine rechtliche Grundlage gegeben, deren Anwendung und Auslegung durch die Fachgerichte in korrekter Weise erfolgt ist. Um die bereits oben dargestellten Leitsätze der Entscheidung nicht zu wiederholen, soll an dieser Stelle in gebotener Kürze auf sie verwiesen werden. Die Begründung soll im Anschluss daran näher erläutert werden. Der Anwendung des § 110 StPO steht kein Beschlagnahmeverbot entgegen. Ein solches ergibt sich weder aus § 160a StPO, da diese Norm im Bereich der Beschlagnahme nicht anwendbar ist, noch aus § 97 Abs. 1 Nr. 3 StPO, weil zur Bejahung eines Verbots auf Grundlage dieser Vorschrift ein Verhältnis zwischen einem in einem konkreten Verfahren Beschuldigten und einem Berufsgeheimnisträger notwendig ist, das vorliegend nicht gegeben ist. Darüber hinaus kann ein Beschlagnahmeverbot auch nicht auf Grund willkürlicher

795 *BVerfG – Beschl. v. 27.06.2018 – 2 BvR 1405/17, 2 BvR 1780/17.*

Ablehnung der Anwendbarkeit des § 97 Abs. 1 Nr. 3 StPO oder der fehlenden Wahrung des Verhältnismäßigkeitsgrundsatzes angenommen werden.[796]

Die mangelnde Anwendbarkeit des § 160a StPO auf den Bereich der Beschlagnahme begründet das Gericht unter Zitierung der Beschlüsse der Landgerichte Mannheim und Hamburg sowie zahlreicher Kommentarliteratur aus Meyer-Goßner, dem Karlsruher Kommentar, dem Münchener Kommentar sowie Löwe-Rosenberg und den Aufsätzen von Jahn/Kirsch und Schneider.[797] Für die Gegenansicht werden Schuster und Bertheau zitiert.[798] Wortlaut und Geschichte sprechen nach Ansicht des Gerichts für die Annahme der herrschenden Ansicht, weil der enge Anwendungsbereich des § 97 StPO andernfalls durch einen Rückgriff auf § 160a StPO ausgehebelt würde. Der Anwendungsbereich des § 160a StPO sollte sich lediglich auch auf alle Rechtsanwälte und nicht nur auf Verteidiger beschränken, wobei es im Übrigen bei der alten Regelung verbleiben sollte. Dies geht auch aus dem Wortlaut des § 160a StPO hervor, der den Vorrang von § 97 StPO anordnet. Eine andere Auslegung ist nach Meinung des Gerichts methodisch unzulässig, da eine Anwendung von § 97 StPO praktisch unmöglich wäre. Auch mit dieser Ansicht folgt das Gericht der Kommentierung von Erb in Löwe-Rosenberg, wobei auch die Gegenansichten von Schuster und Szesny zitiert werden.[799]

Eine weitere viel diskutierte Thematik ist die Anwendung des § 97 Abs. 1 Nr. 3 StPO. Das Gericht schließt sich hier der h.M. an und sieht vom Schutz der Vorschrift nur das Verhältnis zwischen einem im Verfahren konkret Beschuldigten und dem Rechtsanwalt umfasst. Bezug genommen wird diesbezüglich auf die Beschlüsse der Landgerichte Hamburg und Bonn sowie auf

796 *BVerfG – Beschl. v. 27.06.2018 – 2 BvR 1405/17, 2 BvR 1780/17.*

797 *LG Mannheim – Beschl. v. 03.07.2012 – 24 Qs 1/12 / 24 Qs 2/12; LG Hamburg – Beschl. v. 15.10.2010 – 608 Qs 18/10; Erb*, in: *Erb/Esser/Franke u. a.* (Hrsg.), Löwe-Rosenberg, Die Strafprozessordnung und das Gerichtsverfassungsgesetz, 26. Auflage, Band 5: § 160a, Rn. 53; *Griesbaum*, in: *Hannich* (Hrsg.), Karlsruher Kommentar zur Strafprozessordnung, 8. Auflage: § 160a, Rn. 23; *Jahn/Kirsch*, NStZ 2012, 713; *Kölbel*, in: *Schneider* (Hrsg.), Münchener Kommentar zur Strafprozessordnung, 1. Auflage, Band 2: § 160a, Rn. 8; *Schmitt*, in: *Meyer-Gossner/Schmitt* (Hrsg.), Strafprozessordnung, 63. Auflage: § 160a, Rn. 17; *Schneider*, NStZ 2016, 308.

798 *Schuster*, NZWiSt 2012, 424; *Bertheau*, StV 2012, 303.

799 *Erb*, in: *Erb/Esser/Franke u. a.* (Hrsg.), Löwe-Rosenberg, Die Strafprozessordnung und das Gerichtsverfassungsgesetz, 26. Auflage, Band 5: § 160a, Rn. 62; *Schuster*, NZWiSt 2012, 424; *Szesny*, BB 2015, 2771 ff; *BVerfG – Beschl. v. 27.06.2018 – 2 BvR 1405/17, 2 BvR 1780/17.*

die Kommentierungen in Meyer-Goßner, Münchener Kommentar und Löwe-Rosenberg.[800] Die andere Ansicht, Jahn, von Galen und Szesny, wird dennoch zitiert.[801] Zur Begründung führt es den Wortlaut, die Systematik sowie die Gesetzgebungsgeschichte an, wobei eine erweiternde Auslegung von Verfassung wegen nicht geboten ist. Dies insbesondere vor dem Hintergrund, dass eine Einbeziehung des Beschuldigten, der zwar in Nr. 3 nicht explizit genannt ist, bereits deswegen zu erfolgen hat, weil andernfalls die Nrn. 1, 2 obsolet wären. Die Erweiterung des Schutzes durch Nr. 3 über den Auffangtatbestand hinaus hätte einen zu weitreichenden Schutz und eine Missbrauchsgefahr zur Folge, da Beweismittel explizit durch Verlagerung in die Geschäftsräume der Kanzleien dem staatlichen Zugriff entzogen werden könnten. Mit dieser Argumentation schließt sich das Gericht der Ansicht des Landgerichts Mannheim an.

Auch die Bewertung des BVerfG hinsichtlich der mangelnden Beschuldigtenstellung der Volkswagen AG als Beschwerdeführerin führt nicht zu einer verfassungsrechtlich nicht gerechtfertigten Anwendung des § 110 StPO. Eine Verneinung der beschuldigtenähnlichen Stellung erfolgte auf Grundlage vertretbarer Maßstäbe. Gleich der überwiegenden Meinung ist das Innehaben einer förmlichen Verfahrensstellung eines Beteiligungsinteressenten für die Annahme eines Beschlagnahmeverbotes bei juristischen Personen nicht geboten. Gleichwohl wird hingegen vorausgesetzt, dass nach objektiven Gesichtspunkten eine Nebenbeteiligung in Betracht kommt, so Schneider, Klengel/Buchert und Wimmer.[802] Es ist – entgegen der Ansicht des LG Braunschweig sowie Vertretern der Literatur[803] – verfassungsrechtlich nicht geboten, eine solche beschuldigtenähnliche Stellung bereits dann anzunehmen, wenn das Unternehmen ein künftiges Ermittlungsverfahren lediglich befürchtet und sich deswegen anwaltlich beraten lässt oder eine Ermittlung in Auftrag gibt. Eine andere Bewertung lässt auch die

---

800 *LG Hamburg – Beschl. v. 15.10.2010 – 608 Qs 18/10*; *LG Bonn – Beschl. v. 21.06.2012 – 27 Qs 2/12*; *Hauschild*, in: *Kudlich* (Hrsg.), Münchener Kommentar zur Strafprozessordnung, 1. Auflage, Band 1: § 97, Rn. 8; *Schäfer*, in: *Erb/Esser/Franke u. a.* (Hrsg.), Löwe-Rosenberg, Die Strafprozessordnung und das Gerichtsverfassungsgesetz, 26. Auflage, Band 3: § 97, Rn. 21; *Schmitt*, in: *Meyer-Gossner/Schmitt* (Hrsg.), Strafprozessordnung, 63. Auflage: § 97, Rn. 10.

801 *Galen*, NJW 2011, 942; *Jahn*, ZIS 2011, 453; *Szesny*, BB 2015, 2771 ff.

802 *Schneider*, NStZ 2016, 308; *Klengel/Buchert*, NStZ 2016, 383; *Wimmer*, NZWiSt 2017, 252; *Schmitt*, in: *Meyer-Gossner/Schmitt* (Hrsg.), Strafprozessordnung, 63. Auflage: § 97, Rn. 10c; *LG Bonn – Beschl. v. 21.06.2012 – 27 Qs 2/12.*

803 *de Lind van Wijngaarden/Egler*, NJW 2013, 3549; *Jahn/Kirsch*, NZWiSt 2013, 21; *Krug/Skoupil*, NJW 2017, 2374; *LG Braunschweig – Beschl. v. 21.07.2015 – 6 Qs 116/15.*

Verfahrensstellung der Tochtergesellschaft Audi AG nicht zu. Tochtergesellschaften sind nicht von Verfassung wegen in den Schutz eines zwischen der Muttergesellschaft und einem Rechtsanwalt bestehenden Mandatsverhältnisses miteinzubeziehen mit der Folge, dass sich die Muttergesellschaft auf Grund der beschuldigtenähnlichen Stellung der Tochtergesellschaft auf ein Beschlagnahmeverbot berufen kann.[804]

Schließlich ist nach Ansicht des Gerichts der Grundsatz der Verhältnismäßigkeit gewahrt, weil die Interviewprotokolle von der Staatsanwaltschaft nicht auf andere Art und Weise erlangt werden können und mit der Schwere der Tatvorwürfe ein erhebliches Aufklärungsinteresse einhergeht, denen kein besonderes Vertrauensverhältnis gegenübersteht, weil die Kanzlei Jones Day unabhängig die Untersuchungen durchführt. Ebenso verneint es einen Verstoß gegen das Recht auf ein faires Verfahren mit der Begründung, dass Voraussetzung dafür die mangelnde Wahrung rechtsstaatlich unverzichtbarer Erfordernisse ist, was im hiesigen Fall jedoch zu verneinen ist.[805]

b.) Herleitung der vom Gericht vertretenen Auffassung

Gleich der bisher untersuchten Beschlüsse stellt sich die Verfasserin auch hinsichtlich dieser Entscheidung die Frage, ob und wenn ja, inwiefern die bisherigen Veröffentlichungen und Beschlüsse diese beeinflusst haben. Hierbei sollen gleich der bisherigen Vorgehensweise einige Rechtsauffassungen repliziert und in Bezug zur Entscheidung des BVerfG gesetzt werden. Es wird jedoch lediglich auf diejenigen Publikationen und Entscheidungen abgestellt, deren Auffassung derjenigen des BVerfG gleichkommen, da ein Vergleich der bisher insgesamt untersuchten Literatur an dieser Stelle nicht geleistet werden kann.

aa.) Replik einzelner Segmente vorangegangener Veröffentlichungen

Es ist Knierim, der sich im ersten Zeitabschnitt zwischen dem Aufkommen der Problematik durch den Siemens-Skandal und der ersten Entscheidung des LG Hamburg – wenn auch lediglich kurz und ohne nähere Ausführungen – mit der Beschlagnahmefähigkeit der Unterlagen befasst. Dabei stellt der Autor ausschließlich dar, dass die Vorschriften der §§ 53, 97 StPO auf die Dokumentation aus Organisations-, Informations- und Rechenschaftspflichten nicht anwendbar

804 *BVerfG – Beschl. v. 27.06.2018 – 2 BvR 1405/17, 2 BvR 1780/17.*
805 *BVerfG – Beschl. v. 27.06.2018 – 2 BvR 1405/17, 2 BvR 1780/17.*

sind. Eine weitere Stellungnahme diese Thematik betreffend bleibt hingegen aus.[806]

Im Jahr 2010 erging die Entscheidung des LG Hamburg, wobei eine Durchsuchung und eine Beschlagnahme in den Räumen der vom Unternehmen mit den Untersuchungen beauftragten Kanzlei stattgefunden hat. Das Gericht hat eine Beschlagnahme mit der Begründung für rechtmäßig erachtet, dass § 160a StPO nicht zur Beurteilung herangezogen werden kann und sie ausschließlich anhand § 97 StPO zu messen ist. Weil dieser jedoch eine Beschlagnahmefreiheit nur der Unterlagen annimmt, die im Verhältnis eines in einem Strafverfahren Beschuldigten und seinem Zeugnisverweigerungsberechtigten entstanden sind. Fehlt es an der Voraussetzung, ist die Beschlagnahme nach Meinung des Gerichts rechtmäßig. Hierfür spreche auch der Zweck der Inanspruchnahme, weil die Kanzlei mit Durchführung von Untersuchungen, nicht jedoch ratsuchend beauftragt wurde.[807]

Ähnlich argumentierte 2012 das Landgericht Mannheim, das ebenfalls über die Rechtmäßigkeit einer Beschlagnahme in den Kanzleiräumen zu entscheiden hatte. Das Gericht vertrat die Ansicht, dass § 160a StPO auch in der neuen Fassung nicht zur Überprüfung einer Beschlagnahmeanordnung, sondern lediglich zur Beurteilung der Verwertbarkeit heranzuziehen ist. Im selben Jahr hatte auch das LG Bonn über eine Beschlagnahme zu entscheiden. Diese hat jedoch – anders als in beiden vorherigen Konstellationen – bei dem Beschuldigten stattgefunden. Ebenso wie das LG Hamburg vertrat das LG Bonn, dass § 97 Abs. 1 Nr. 3 StPO nur bei Unterlagen aus dem Verhältnis Beschuldigter/Verteidiger eine Beschlagnahmefreiheit bejaht.[808]

In dem Zeitraum zwischen den Entscheidungen der Landgerichte Bonn und Mannheim und derjenigen des LG Braunschweig wurden die bisher ergangenen Entscheidungen oft kommentiert. Zum Teil wurden sie stark kritisiert, zum Teil haben sie hingegen Zuspruch erfahren. In zwei Aufsätzen schlossen sich die Verfasser den Argumentationen der Landgerichte Hamburg und Mannheim an. Hierbei wurde von den Autoren Jahn/Kirsch auf Grund des Spezialitätsverhältnisses des § 97 gegenüber dem § 160a StPO eine mangelnde Anwendbarkeit des Letzteren hinsichtlich der Beurteilung der Beschlagnahme angenommen und damit dem Landgericht Mannheim zugestimmt. Daneben vertrat auch Wimmer

806 *Knierim*, StV 2009, 324.

807 *LG Hamburg – Beschl. v. 15.10.2010 – 608 Qs 18/10.*

808 *LG Bonn – Beschl. v. 21.06.2012 – 27 Qs 2/12; LG Mannheim – Beschl. v. 03.07.2012 – 24 Qs 1/12 / 24 Qs 2/12.*

die Ansicht der Landgerichte Hamburg und Mannheim, dass die beiden Vorschriften in einem Spezialitätsverhältnis stehen, der § 97 Abs. 1 Nr. 3 StPO hingegen ausschließlich im Verhältnis eines Beschuldigten zu seinem Verteidiger anwendbar ist und mithin ein Mandatsverhältnis zur Annahme eines Beschlagnahmeverbotes voraussetzt.[809]

Im Anschluss an die Entscheidung des LG Braunschweig im Jahr 2015 hat Schneider die dort vertretende Auffassung lediglich teilweise kritisiert, im Übrigen vielmehr einen Gesamtüberblick über die bisher vorgebrachten Argumentationen geboten, wobei er vielen bisher von den unterschiedlichen Gerichten vertretenen Ansichten den Vorzug erteilt hat. Dies gilt zunächst für die Nichtanwendbarkeit des § 160a StPO auf die Beurteilung der Rechtmäßigkeit der Beschlagnahme. Die Vorschrift ist auch nach seiner Ansicht lediglich im Zusammenhang mit der Verwertbarkeit der Beweise heranzuziehen. Darüber hinaus vertritt auch er, dass eine Beschlagnahmefreiheit nach § 97 Abs. 1 Nr. 3 StPO nur für solche Unterlagen zu bejahen ist, die im Verhältnis zwischen dem im Strafverfahren Beschuldigten und seinem Zeugnisverweigerungsberechtigten entstanden sind. Ist für § 148 StPO die Annahme einer beschuldigtenähnlichen Stellung des Unternehmens notwendig, kann diese nur dann angenommen werden, wenn objektive Gesichtspunkte für eine mögliche Nebenbeteiligung sprechen. Die förmliche Einleitung eines Ermittlungsverfahrens ist nach seiner sowie auch der von Klengel/Buchert vertretenen Ansicht nicht notwendig.[810]

bb.) Parallele zur Beschlussbegründung

Gleich der Vorgehensweise bei den bisherigen Entscheidungen soll auch für diejenige des BVerfG untersucht werden, ob die vom Gericht vertretene Auffassung bereits von einem anderen Gericht oder im Rahmen einer Veröffentlichung dargestellt worden ist. Bei der Ausarbeitung der Parallelen zu den Beschlussfassungen der Landgerichte Hamburg, Bonn, Mannheim und Braunschweig konnte bereits zu Beginn der Darstellung festgehalten werden, dass keine der bisher in den Entscheidungen oder Veröffentlichungen vertretenen Ansichten in Gänze vom Gericht übernommen worden ist. Hinsichtlich der hiesigen Entscheidung lässt sich hingegen anderes konstatieren, wenngleich auch eine minimale Einschränkung vorzunehmen ist.

Bundesanwalt Prof. Dr. Schneider hat im Zusammenhang mit seiner Anmerkung zum Beschluss des Landgerichts Braunschweig nicht lediglich die vom

---

809 *Wimmer*, WiJ 2013, 102; *Jahn/Kirsch*, NStZ 2012, 713.

810 *Klengel/Buchert*, NStZ 2016, 383; *Schneider*, NStZ 2016, 308.

Gericht vertretene Auffassung thematisiert, sondern im Allgemeinen Stellung zur Thematik genommen. Hierbei äußert er sich in Kürze zu den bisher diskutierten Vorschriften, wobei er bereits zu Beginn der jeweiligen Ausführungen das Ergebnis vorwegnimmt. Zuerst verneint er das Bestehen eines Beschlagnahmeschutzes auf Grund der Vorschrift des § 160a StPO und begründet dies mit der mangelnden Anwendbarkeit in Bezug auf die Beschlagnahmefähigkeit. Ein solcher Beschlagnahmeschutz kann sich auch seiner Ansicht nach lediglich aus § 97 Abs. 1 Nr. 3 StPO ergeben, wobei der Anwendungsbereich auf Unterlagen im Verhältnis zwischen dem in einem Strafverfahren konkret Beschuldigten und dem Zeugnisverweigerungsberechtigten begrenzt ist. Hierbei zitiert er sowohl die Entscheidungen der Landgerichte Hamburg und Bonn als auch die Kommentarliteratur im Meyer-Goßner und Münchener Kommentar. Schließlich weist er auf einen sich möglicherweise aus § 148 StPO ergebenen Beschlagnahmeschutz hin, bei dem die Verteidigungsunterlagen bei Ermittlung gegen einen Beschuldigten nicht beschlagnahmt werden dürfen. Soweit diesbezüglich eine beschuldigtenähnliche Stellung des Unternehmens erforderlich ist, verweist er auf die bestehenden differenzierten Ansichten, von denen er diejenige vertritt, nach der die Einleitung eines förmlichen Ermittlungsverfahrens nicht notwendig ist, jedoch objektiv eine künftige Nebenbeteiligung in Betracht kommen muss.[811]

Verglichen mit der Entscheidung des BVerfG im Diesel-Skandal lässt sich konstatieren, dass diese bezüglich der vorgenannten Thematiken der Auffassung von Schneider folgt. Dass sich das BVerfG darüber hinaus mit der Wahrung des Verhältnismäßigkeitsgrundsatzes beschäftigt, vermag das Ergebnis nicht zu beeinflussen. Ebenso wie Schneider hält das Gericht § 160a StPO im Zusammenhang mit der Beurteilung der Beschlagnahmefähigkeit nicht für anwendbar. Darüber hinaus stellt die Anwendbarkeit des § 97 Abs. 1 Nr. 3 StPO lediglich im Verhältnis zwischen einem im Strafverfahren konkret Beschuldigten und dessen Zeugnisverweigerungsberechtigten nach Ansicht des Gerichts keine Verletzung spezifischen Verfassungsrechts dar. Auch hier stimmen die Auffassungen mithin überein. Eine weitere Parallele besteht hinsichtlich der Annahme einer beschuldigtenähnlichen Stellung im Zusammenhang mit der Beurteilung nach § 148 StPO. Sowohl Schneider als auch das BVerfG vertreten die Meinung, dass die Einleitung eines Ermittlungsverfahrens nicht notwendig ist, eine Nebenbeteiligung jedoch nach objektiven Gesichtspunkten erkennbar sein muss.[812] Es

811 *Schneider*, NStZ 2016, 308.

812 *BVerfG – Beschl. v. 27.06.2018 – 2 BvR 1405/17, 2 BvR 1780/17*; *Schneider*, NStZ 2016, 308.

kann mithin erstmalig festgehalten werden, dass eine in einer Veröffentlichung vertretende Ansicht von einem Gericht übernommen worden ist.

Bei Vergleich der übrigen Veröffentlichungen mit der Entscheidung des BVerfG lassen sich weitere – wenn auch lediglich vereinzelte – Parallelen erkennen. Ebenso wie das BVerfG hat das Landgericht Hamburg die Anwendbarkeit des § 160a StPO auf die Beschlagnahmefreiheit verneint und diese für § 97 Abs. 1 Nr. 3 StPO auf die Unterlagen zwischen einem im Strafverfahren Beschuldigten und seinem Zeugnisverweigerungsberechtigten beschränkt. Gleich dem Landgericht Hamburg zitiert auch das BVerfG die Kommentarliteratur aus Meyer-Goßner und Löwe-Rosenberg.[813]

Auch betreffend der im Jahr 2012 publizierten Entscheidungen der Landgerichte Bonn und Mannheim weist die Entscheidung des BVerfG gewisse Parallelen auf. Hinsichtlich dieser beiden Entscheidungen ist zu beachten, dass das Landgericht Mannheim und das BVerfG über eine Beschlagnahme in den Räumen der Kanzlei zu entscheiden hatten, das Landgericht Bonn hingegen über diejenige beim Beschuldigten. Gleichwohl die Entscheidungen des LG Mannheim und die des BVerfG nicht in Gänze übereinstimmen, schließen sich jedoch beide unter Zitierung der Kommentarliteratur aus Meyer-Goßner und dem Karlsruher Kommentar der Ansicht an, dass § 160a StPO lediglich zur Verwertbarkeit herangezogen werden kann und § 97 Abs. 1 Nr. 3 StPO ausschließlich im Verhältnis zwischen einem im Strafverfahren Beschuldigten und seinem Zeugnisverweigerungsberechtigten eine Beschlagnahmefreiheit bejaht. Auch wenn sich die Unterlagen im vom Landgericht Bonn zu entscheidenden Fall nicht bei den Rechtsanwälten, sondern beim Beschuldigten befunden haben und das Gericht mithin auf eine andere Argumentation abzustellen hatte, hat es sich unter Zitierung der bereits genannten Kommentarliteratur gleich der Landgerichte Hamburg und Mannheim der Auffassung angeschlossen, dass § 97 Abs. 1 Nr. 3 StPO auf das Verhältnis Beschuldigter/Verteidiger abstellt. Auch hier gibt es daher eine Parallele zur Entscheidung des BVerfG.[814]

Darüber hinaus sind solche zwischen der Entscheidung des BVerfG und den Veröffentlichungen von Jahn/Kirsch und Wimmer erkennbar, wenngleich im Rahmen beider Aufsätze lediglich auf jeweils eine vom BVerfG vertretene

813 *BVerfG – Beschl. v. 27.06.2018 – 2 BvR 1405/17, 2 BvR 1780/17; LG Hamburg – Beschl. v. 15.10.2010 – 608 Qs 18/10.*

814 *BVerfG – Beschl. v. 27.06.2018 – 2 BvR 1405/17, 2 BvR 1780/17; LG Bonn – Beschl. v. 21.06.2012 – 27 Qs 2/12; LG Mannheim – Beschl. v. 03.07.2012 – 24 Qs 1/12 / 24 Qs 2/12.*

Auffassung Bezug genommen wird. Das BVerfG und die Autoren Jahn/Kirsch stimmen dahingehend überein, dass § 160a StPO lediglich zur Frage nach der Verwertbarkeit, nicht jedoch hinsichtlich der Beschlagnahmefähigkeit heranzuziehen ist. Im Gegensatz hierzu vertritt Wimmer die Ansicht, dass § 97 Abs. 1 Nr. 3 StPO lediglich im Verhältnis Beschuldigter/Verteidiger eine Beschlagnahmefreiheit auslösen kann.[815]

Zwischen den aktuelleren Veröffentlichungen und der Entscheidung des BVerfG gibt es ebenfalls Parallelen. Das BVerfG hat sich insbesondere einer Argumentation zweier Veröffentlichungen aus dem Jahr 2016 angeschlossen, die in den Vorjahren von keinem anderen Gericht oder Autor vertreten worden sind. In diesem Zusammenhang sei erneut kurz auf Schneider verwiesen, dessen Gemeinsamkeiten im Vorgenannten bereits ausführlich erläutert worden sind. Von Wiederholungen wird an dieser Stelle abgesehen. Die Autoren Klengel/Buchert haben sich zur Notwendigkeit der Einleitung eines förmlichen Ermittlungsverfahrens geäußert. Auch sie vertreten, dass ein solches nicht notwendig ist, um eine beschuldigtenähnliche Verfahrensstellung eines Unternehmens anzunehmen. Ausreichend ist nach ihrem Dafürhalten, dass eine Nebenbeteiligung am Verfahren aus objektiven Gesichtspunkten in Betracht kommt. Auch diesbezüglich stimmen die Ansichten mit derjenigen des BVerfG überein.[816]

Das BVerfG hat sich daher in jeglicher Hinsicht der von der Praxis vertretenen Auffassung angeschlossen. Die Ansichten der Gerichte von der Entscheidung des Landgericht Hamburg im Jahr 2010 über diejenigen der Landgerichte Bonn und Mannheim aus 2012 bis zur Entscheidung des BVerfG im Jahr 2017 ähneln sich stark, wobei zum Teil identische Ansichten unter Bezugnahme auf dieselbe Literatur vertreten werden. Im Rahmen des Promotionsvorhabens kann an dieser Stelle erstmalig konstatiert werden, dass eine von einem Rechtsanwalt im Rahmen der Anmerkung zu einer gerichtlichen Entscheidung vertretene Meinung in Gänze Berücksichtigung in einer darauffolgenden Entscheidung gefunden hat. Das BVerfG stützt seine Meinung auf diejenige eines Praktikers. Der Beschluss des Landgerichts Braunschweig hat, gleichwohl dieser erst kurz vor demjenigen des BVerfG veröffentlicht worden ist, hingegen keine Berücksichtigung gefunden.

815 *BVerfG – Beschl. v. 27.06.2018 – 2 BvR 1405/17, 2 BvR 1780/17*; *Jahn/Kirsch*, NStZ 2012, 713; *Wimmer*, WiJ 2013, 102.

816 *Klengel/Buchert*, NStZ 2016, 383; *Schneider*, NStZ 2016, 308.

c.) Zwischenergebnis

Für die dem Promotionsvorhaben zugrundeliegende Fragestellung, ob die Wissenschaft oder die Rechtsprechung/Praxis Schrittmacher sind und wessen Ansichten durch wen vertreten werden, lässt sich auch für diesen Zeitabschnitt festhalten, dass keine ausschließlich von der universitären Wissenschaft vertretenen Ansichten zitiert werden. Während in den Beschlüssen der Landgerichte Hamburg, Mannheim, Bonn und Braunschweig Kommentarliteratur angeführt wird, greift das BVerfG zur Begründung seiner Ansicht nicht nur auf Kommentarliteratur, sondern auch auf einige Aufsätze zurück. Diese sind zeitlich kurz vor der Entscheidung des BVerfG veröffentlicht worden.

Die Replik der einzelnen Segmente zeigt hingegen, dass die Thematik bereits vor der ersten gerichtlichen Entscheidung durch das LG Hamburg bekannt gewesen ist, wenngleich Knierim in seinem Aufsatz lediglich kurz und ohne Begründung Stellung dazu genommen hat. Die übrigen Entscheidungen der Gerichte führen ihre Ansichten nur kurz und knapp und ohne ausführliche Begründung aus. Eine Ausnahme stellen die Entscheidungen des Landgerichts Mannheim und des BVerfG dar, weil diese ausführlich und unter Hinzuziehung vieler Ansichten die ihrige begründen sowie zum Teil die gegenteilige Auffassung.

Verglichen mit den übrigen Veröffentlichungen sowie den Entscheidungen der Gerichte halten lediglich die Landgerichte Mannheim und Braunschweig eine Beschlagnahme für unzulässig. Insbesondere das BVerfG stellt in seiner Entscheidung bezüglich aller Gesichtspunkte auf die Verfassungsmäßigkeit der Maßnahme ab. Gleichwohl in der Zeit vor der Entscheidung des Landgericht Hamburg sowie unmittelbar im Anschluss daran viele Autoren in ihren Veröffentlichungen von einer Verletzung des nemo-tenetur-Grundsatzes ausgehen, bezieht das BVerfG hierzu keine Stellung und begründet ausschließlich anhand der Vorschriften §§ 160a, 97 StPO.

Wenngleich bisher nur vermutet werden konnte, dass manche Aufsätze Grundlage einer gerichtlichen Entscheidung geworden sind, ist die Übereinstimmung zwischen der Ansicht von Schneider und derjenigen des BVerfG wegen der Zitierung durch das BVerfG erkennbar. Neben der von Praktikern verfassten Kommentarliteratur zitiert das Gericht Aufsätze von Praktikern, wobei daneben Jahn/Kirsch und mithin ein Hybridtyp in Co-Autorentätigkeit mit einem Rechtsanwalt angeführt wird. Eine ausschließlich von der universitären Wissenschaft vertretene Ansicht wird mit Schuster vom BVerfG ebenfalls zitiert. Wenngleich diese nur dem Anführen der vom Gericht nicht vertretenen Gegenansicht dient, kann jedoch festgehalten werden, dass die aus der Wissenschaft wenig publizierte Literatur weder unbeachtet noch ungelesen bleibt.

In Bezug auf die dem Vorhaben zugrundeliegende Fragestellung liegt das Schwergewicht der Veröffentlichungen sowie der zitierten Literatur auch weiterhin in der Praxis. Indem mit Schuster daneben trotzdem eine Meinung der universitären Wissenschaft aufgeführt wird, kommt derjenigen gegenüber der Praxis zwar eine nachrangige, aber nicht unbedeutende Position zu, obschon die Funktion des Schrittmachers deutlich bei der Praxis liegt.

2.) Publikationen nach dem Beschluss des BVerfG im Jahr 2018

Auch nach der Entscheidung durch das BVerfG, das keine Beschlagnahmefreiheit der Unterlagen bejaht, stellt sich die Verfasserin die Frage nach der weitergehenden Entwicklung der Thematik.

Nach der Veröffentlichung hat es neben den nachfolgend untersuchten weitere Veröffentlichungen gegeben.[817] Diese sind inhaltlich jedoch für das Promotionsvorhaben nicht ergiebig mit der Folge, dass sie im Nachfolgenden keine Erwähnung finden und sich die Ausführungen auf die untersuchte Literatur beschränken.

a.) Fundstellen, Inhalte und Rechtsauffassungen

Es werden daher nur die Publikationen von Uwer/van Ermingen-Marbach, AnwBl. 2018, S. 470, Graßie/Hiéramente, BB 2018, S. 2051, Dierlamm, BRAK-Mitteilung 2018, S. 195, Kubiciel, Juris-Praxiskommentar Strafrecht 16/2018, Momsen, NJW 2018, S. 2362, Lilie-Hutz/Ihwas, NZWiSt 2018, S. 349 und Peukert/Amador, WiJ 2018, S. 182 untersucht.

aa.) Bundesverfassungsgericht: Kein Vertraulichkeitsschutz für Untersuchungen?, AnwBl. 2018, S. 470

In diesem Aufsatz nehmen die Verfasser ausführlich zu der Entscheidung des Bundesverfassungsgerichts Stellung. Einleitend werden die Hintergründe und der Sachverhalt dargestellt, bevor die Auffassung des Gerichts zum Kontext, ob die Staatsanwaltschaft auf Ergebnisse aus internen Untersuchungen zugreifen darf, kommentiert und zum Teil kritisiert wird. Die konträren Beschlüsse der Fachgerichte sowie die zahlreichen Veröffentlichungen der letzten Jahre haben Rechtsunsicherheit zur Folge, der – zumindest in der Erwartungshaltung der

817 *Beukelmann*, NJW-Spezial 2018, 504; *Brockhaus*, AnwBl. 2019, 214; *Herrmann/Zeidler*, NZA 2017, 1499; *Köllner*, NZI 2018, 833; *Momsen/Grützner*, CCZ 2017, 242; *Wimmer*, NZWiSt 2017, 252.

sich mit dieser Thematik Beschäftigten – von dem BVerfG abgeholfen werden sollte. Während nach der einstweiligen Anordnung zunächst Hoffnung bestand, dass das Vertrauensverhältnis zwischen Rechtsanwalt und Unternehmen gestärkt werden soll, wurden die Erwartungen nach Meinung der Verfasser enttäuscht. Dabei hat die Nichtentscheidung der Kammer keine rechtliche Bindungswirkung. Die Verfasser führen an dieser Stelle näher zum Sachverhalt der Entscheidung aus, wobei an dieser Stelle auf Wiederholungen verzichtet werden soll. Die Autoren erinnern anschließend daran, dass die Thematik in den USA bereits seit Jahrzehnten bekannt ist und auch in Deutschland immer wiederkehrende Bedeutung bekommen hat. Gleichwohl sind unter anderem im Arbeitsrecht, Strafrecht und Strafprozessrecht viele ungeklärte Fragen vorhanden.[818]

Im Anschluss daran nehmen die Verfasser auf die §§ 97, 160a, 148 StPO Bezug, aus denen sich eine Beschlagnahmefreiheit von sichergestellten Unterlagen ergeben kann. In diesem Zusammenhang stellen sie die zu jeder der Vorschriften unterschiedlich vertretenen Ansichten dar, wobei diese unter Zitierung von wenigen Fundstellen begründet werden. Bezüglich § 97 Abs. 1 Nr. 3 StPO wird sowohl die Ansicht, dass diese Vorschrift alle Gegenstände schützt[819] als auch diejenige, dass vom Schutz nur die Unterlagen umfasst sind, die aus dem Vertrauensverhältnis eines Beschuldigten zu seinem Rechtsanwalt stammen[820] vertreten.[821]

Hinsichtlich der Vorschrift des § 160a StPO werden die unterschiedlichen Meinungen, die eine Anwendung der Vorschrift auf die Beschlagnahme bejahen[822] sowie diejenige, die eine solche verneinen,[823] aufgeführt.[824]

Schließlich nehmen sie Bezug auf § 148 StPO, der eine Beschlagnahmefreiheit von Verteidigungsunterlagen anordnet. Unklar ist hier, wann Unterlagen

818 *Uwer/van Ermingen-Marbach*, AnwBl. 2018, 470 (470/471).

819 *Jahn*, ZIS 2011, 453; *LG Mannheim – Beschl. v. 03.07.2012 – 24 Qs 1/12 / 24 Qs 2/12.*

820 *LG Hamburg – Beschl. v. 15.10.2010 – 608 Qs 18/10*; *Hauschild*, in: *Kudlich* (Hrsg.), Münchener Kommentar zur Strafprozessordnung, 1. Auflage, Band 1: § 97, Rn. 15; *Schmitt*, in: *Meyer-Gossner/Schmitt* (Hrsg.), Strafprozessordnung, 63. Auflage: § 97, Rn. 10a.

821 *Uwer/van Ermingen-Marbach*, AnwBl. 2018, 470 (471).

822 *de Lind van Wijngaarden/Egler*, NJW 2013, 3549; *LG Mannheim – Beschl. v. 03.07.2012 – 24 Qs 1/12 / 24 Qs 2/12.*

823 *Griesbaum*, in: *Hannich* (Hrsg.), Karlsruher Kommentar zur Strafprozessordnung, 8. Auflage: § 160a, Rn. 21; *Kölbel*, in: *Schneider* (Hrsg.), Münchener Kommentar zur Strafprozessordnung, 1. Auflage, Band 2: § 160a, Rn. 8.

824 *Uwer/van Ermingen-Marbach*, AnwBl. 2018, 470 (471).

Verteidigungsunterlagen sind, wobei zum Teil vertreten wird, dass zur Annahme dessen die förmliche Einleitung eines Ermittlungsverfahrens mit der Folge einer förmlichen Nebenbeteiligung notwendig ist.[825] Zum Teil wird hingegen vertreten, dass lediglich objektiv eine künftige Nebenbeteiligung vorliegen muss.[826] Letztgenannter Ansicht stimmen die Verfasser als weniger formal und sachlich überzeugender zu.[827]

Im Anschluss an die Darstellung der bisher vertretenen Ansichten führen die Verfasser zu den verfassungsrechtlichen Fragen der betroffenen Grundrechte aus, weil das BVerfG in seiner Entscheidung die Abwägung zwischen dem individuellen Recht auf eine effektive Strafverteidigung und dem Erfordernis einer effektiven Strafverfolgung vorzunehmen hatte. In diesem Zusammenhang verweist es auf die Verletzung der Grundrechte der Art. 13 Abs. 1, 14 Abs. 1, 2 Abs. 1 i.V.m. 1 Abs. 1 und Art. 12 GG. Hieraus resultiert, dass das Gericht grundsätzliche Fragen zu beantworten hatte, gleichwohl jedoch der Weg über die Begründung eines Nichtannahmebeschlusses gewählt hat. Erläuternd hat es angeführt, dass der Sache keine grundsätzliche verfassungsrechtliche Bedeutung zukomme. Diese Vorgehensweise nebst Begründung wird von den Verfassern kritisiert. Zum einen wird bezüglich dieser Thematik seit Jahren in Literatur und Rechtsprechung eine kontroverse Diskussion geführt, sodass sich die Bedeutung der Sache nahezu aufdrängt. Darüber hinaus streitet diese Argumentation nicht für diejenige der einstweiligen Anordnung sowie die Begründung der Entscheidung im Allgemeinen. Im Rahmen der einstweiligen Anordnung hat das Gericht das Spannungsverhältnis noch ausgearbeitet, in der Hauptsache-Entscheidung stellt es verfassungsrechtliche Erwägungen an, um anschließend die verfassungsrechtliche Bedeutung zu verneinen. Nach Ansicht der Autoren ist dies widersprüchlich.[828]

Abschließend wiederholen sie die einzelnen Entscheidungsgründe der drei Verfassungsbeschwerden, wobei jeweils Kritik geübt wird. Nach Meinung der Verfasser hätte im Zusammenhang mit der im Rahmen des Promotionsvorhabens untersuchten Entscheidung beispielsweise die sich aus der Ansicht des BVerfG ergebene Privilegierung des Verhältnisses eines Beschuldigten zu

---

825 *LG Bonn – Beschl. v. 21.06.2012 – 27 Qs 2/12*; *Schmitt*, in: *Meyer-Gossner/Schmitt* (Hrsg.), Strafprozessordnung, 63. Auflage: § 97, Rn. 10c.

826 *LG Braunschweig – Beschl. v. 21.07.2015 – 6 Qs 116/15*; *Klengel/Buchert*, NStZ 2016, 383.

827 *Uwer/van Ermingen-Marbach*, AnwBl. 2018, 470 (471).

828 *Uwer/van Ermingen-Marbach*, AnwBl. 2018, 470 (471/472).

seinem Rechtsanwalt untersucht werden müssen. In einem Fazit vermuten die Verfasser einen anderen Inhalt der Entscheidung, wenn die Audi AG, gegen die das Ermittlungsverfahren geführt worden ist und zulasten derer die Durchsuchungen stattgefunden haben, die Kanzlei Jones Day ebenfalls mandatiert hätte. Das Gericht hat einen Zugriff auf die Unterlagen nur deswegen für rechtmäßig erachtet, weil die Partei von Ermittlungsverfahren und Mandatsverhältnis auseinanderfallen. Abschließend wird unter dringendem Appell Bezug auf den vorliegenden Koalitionsvertrag genommen, da sich der Gesetzgeber zeitnah mit der Lösung der vorgenannten Problematik befassen und eine solche finden sollte.[829]

Diese Veröffentlichung unterscheidet sich von den bisherigen. Kritik erfolgt nicht mit Hilfe der Darstellung von Ansichten, von denen sich der Autor einer anschließt. Vielmehr wird die vom Gericht vertretene Ansicht derart kritisiert, dass die Interessen der Parteien nicht ausreichend berücksichtigt worden sind. Gleich den Veröffentlichungen nach der Siemens-Affäre wird wieder auf die Folgen Bezug genommen, die sich aus der Entscheidung ergeben. Wenngleich auch in vergangenen Publikationen vertreten wurde, dass die Gesetzgebung eine Entscheidung zu treffen hat, wird diese Bitte im Rahmen des hiesigen Aufsatzes lauter und deutlicher geäußert.

bb.) Durchsuchungen bei Anwälten – eine Zeitenwende?, BB 2018, S. 2051

In diesem Aufsatz wird die Durchsuchung bei Anwälten vor dem Hintergrund der aktuellen Entscheidung des BVerfG thematisiert. Zu Beginn wiederholen die Verfasser die Inhalte der drei Entscheidungen des BVerfG in gebotener Kürze. Daran anknüpfend stellen sich die Autoren die Frage, ob dies der Untergang des Abendlandes darstellt. Die Entscheidungen haben allesamt für Aufregung gesorgt, wobei das BVerfG nach Ansicht der Verfasser mit der Generalaussage des Missbrauchspotentials im Zusammenhang mit der Beweismittelverlagerung die Axt an die Wurzel des sozialen Friedens geschlagen hat und das Misstrauen der Justiz gegenüber den Rechtsanwälten befeuert hat. Im weiteren Verlauf des Aufsatzes thematisieren sie die Zulässigkeit der Durchsuchung von Kanzleien, wobei sie zunächst auf § 160a StPO und sodann auf § 97 Abs. 1 Nr. 3 StPO eingehen. Nachdem sie die zu § 160a StPO unterschiedlich vertretenen Auffassungen wiederholt haben, machen sie deutlich, dass die Argumentation des Gerichts, dass § 97 StPO vorrangig vor § 160a StPO anzuwenden ist, nicht überzeugt und nehmen dabei Bezug auf die Veröffentlichungen von Schuster und Szesny.[830]

829 *Uwer/van Ermingen-Marbach*, AnwBl. 2018, 470 (472–474).
830 *Schuster*, NZWiSt 2012, 424; *Szesny*, CCZ 2017, 25.

Nach ihrer Meinung muss in einem solchen Fall differenziert werden, weil eine zulässige Beschlagnahme die Suche nach Dokumenten nicht per se zulässig macht. In diesem Zusammenhang verweisen die Verfasser auf eine Entscheidung des BVerfG, in der das Gericht einmal eine Durchsuchung anhand der Vorschrift des § 160a StPO geprüft hat.[831] Hier üben die Verfasser mithin Kritik an der Entscheidung.

Anschließend führen sie zum § 97 Abs. 1 Nr. 3 StPO und den in diesem Zusammenhang viel diskutierten Problematiken des Mandatsverhältnisses zum Beschuldigten sowie der beschuldigtenähnlichen Stellung aus. Auch hier üben die Verfasser Kritik an der Entscheidung des BVerfG. Die Argumentation des Missbrauchspotentiales und der Annahme eines „Safehouses" erscheint den Verfassern fragwürdig. Hier unterscheidet das Gericht nicht dahingehend, dass nicht alle Unterlagen dem Beschlagnahmeschutz unterliegen, weil nur diejenigen davon erfasst sind, die aus der Korrespondenz des Beschuldigten und seinem Verteidiger kommen. Unterlagen und Originale aus der Sphäre des Unternehmens unterliegen diesem Schutz nicht. Hierbei nehmen die Verfasser Bezug auf die Veröffentlichung von Jahn/Kirsch.[832] Gleichwohl sie der Ansicht sind, dass eine beschuldigtenähnliche Stellung der Konzernmutter bei Ermittlungen gegen die Tochterfirma nicht zu bejahen ist, kann dies in einzelnen Konstellationen gleichwohl angenommen werden. Eine generelle Verneinung halten sie daher für falsch. Abschließend erteilen die Autoren Praxishinweise mit dem Inhalt, dass die Unternehmen bei der Mandatierung sorgfältig vorgehen müssen. Gleichzeitig bedeutet die Entscheidung des BVerfG ihrer Ansicht nach hingegen nicht, dass bzgl. der Unterlagen aus den Internal Investigations mit der Argumentation des Gerichts stets ein Beschlagnahmeschutz zugesprochen oder versagt werden kann. Es bleibt eine Einzelfallentscheidung.[833]

cc.) Rechtmäßige Durchsuchung einer Internationalen Anwaltskanzlei, BRAK-Mitteilung 2018, S. 195

Auch in den Mitteilungen der Bundesrechtsanwaltskammer wird zu der Entscheidung des BVerfG Stellung genommen. Anschließend an die abgedruckte Entscheidung äußert sich der Verfasser kritisch zur vom Gericht vertretenen Rechtsauffassung. Entgegen der vorhergehenden Veröffentlichung wird nicht zu einzelnen Rechtsauffassungen Stellung genommen. Vielmehr liegt der Fokus

---

831 *BVerfG – Beschl. v. 06.11.2014 – 2 BvR 2928/10*; *Graßie/Hiéramente*, BB 2018, 2051.
832 *Jahn/Kirsch*, NStZ 2012, 713.
833 *Graßie/Hiéramente*, BB 2018, 2051 (2054–2057).

dieser Kritik auf den Auswirkungen, die die Entscheidung auf die zukünftige Praxis hat. Nach Ansicht des Verfassers sind aus anwaltlicher Sicht Ergebnis und Begründung des BVerfG inakzeptabel. Die Begründung ist an den entscheidenden Stellen zu sehr auf die Effektivität der Strafverfolgung gestützt, anstatt im Rahmen einer Abwägung auf die Bedeutung des Vertrauensverhältnisses zwischen Rechtsanwalt und Mandant einzugehen und dieses bei der Entscheidungsfindung zu berücksichtigen. Dies überrascht nach Meinung des Verfassers vor allem vor dem Hintergrund, dass das Vertrauensverhältnis zwischen Rechtsanwalt und Mandant in der ständigen Rechtsprechung des BVerfG zur Gewährleistung der freien Advokatur hohen Verfassungsrang genießt. Des Weiteren irritiert der Hinweis des Gerichts auf ein bestehendes Missbrauchspotential, weil Beweismittel gezielt verlagert werden könnten. Dieser Generalverdacht für Rechtsanwälte und Mandanten, den Ermittlungsbehörden auf unzulässige Weise Beweismittel entziehen zu wollen, ist seiner Ansicht nach unzutreffend und darüber hinaus in einer Abwägungsentscheidung fehl am Platz. Durch die Ablehnung des Eingriffes in Art. 13 GG im Zusammenhang mit der Entscheidung der Beschwerde von VW sowie durch das Absprechen des Schutzes von Rechtsanwälten und Kanzleien entsteht nach Meinung des Autors ein Ergebnis, welches mit dem hohen verfassungsrechtlichen Rang freier Advokatur nicht vereinbar ist.[834]

Auch dieser Verfasser kritisiert die Entscheidung des BVerfG insbesondere im Hinblick auf den zukünftigen Freifahrtschein, den staatliche Ermittlungsbehörden im Umgang mit der Thematik der Internal Investigations erhalten.

dd.) Durchsuchung von Kanzleiräumen und Beschlagnahme von Aufzeichnungen über interne Untersuchungen (Jones Day), Juris-Praxiskommentar Strafrecht 16/2018

Gleich dem Vorgenannten steht der Verfasser dieser Anmerkung der Entscheidung zum Teil kritisch entgegen. Nach Auflistung der Orientierungssätze führt er kurz in die Problemstellung ein, bevor er sich Inhalt und Gegenstand der Entscheidung widmet. Er bezieht sich nur auf die Entscheidung hinsichtlich VW, die auch im hiesigen Promotionsvorhaben Berücksichtigung gefunden hat. Die Ansicht des Gerichts zu § 97 Abs. 1 Nr. 3 StPO überzeugt, weil diese der Systematik des Gesetzgebers entspricht. Kritik übt der Verfasser bezüglich des Missbrauchspotentials. Diese Meinung überzeugt nicht. Des Weiteren sieht er Probleme bei der Umsetzung der vom Gericht vertretenen Ansicht hinsichtlich

---

834 *Dierlamm*, BRAK-Mitteil. 2018, 195 (204).

der beschuldigtenähnlichen Stellung, weil der Zeitpunkt durch das Gericht nicht festgelegt worden ist. Ebenso wie bei der Ablehnung einer beschuldigtenähnlichen Stellung beim Mutterkonzern, wenn Durchsuchungen bei der Tochterfirma stattgefunden haben, fehlt eine hinreichende Würdigung der Realität durch das Gericht. Diese Ansichten sind in der Praxis oft nicht praktizierbar oder führen zu Folgeproblemen. Der Verfasser schließt seine Anmerkung damit, dass das BVerfG grundsätzlich die h.M. zu umstrittenen Fragen vertreten und diese für verfassungsrechtlich unbedenklich gehalten hat. Dabei hat es nach Meinung des Verfassers die Dimension verkannt. Die Frage des Beschlagnahmeschutzes richtet sich nunmehr an den Gesetzgeber, wobei bereits ein erster Vorschlag durch den Kölner-Entwurf vorliegt, auf den der Verfasser kurz Bezug nimmt. Die Entscheidung des BVerfG begründet zwar keine neuen Rechtsunsicherheiten, jedoch birgt sie Hoffnung an den Gesetzgeber.[835]

ee.) Volkswagen, Jones Day und interne Ermittlungen, NJW 2018, S. 2362

Auch in diesem Aufsatz wird zur Entscheidung des BVerfG Stellung genommen. Der Autor stellt zunächst in einer Einführung das Ergebnis des Beschlusses dar, auf das Unternehmen, Ermittler und Rechtsanwälte aus dem In- und Ausland bereits gewartet haben. Indem es die Entscheidung des LG München für verfassungsgemäß erklärt hat, hat das BVerfG entgegen vieler Erwartungen keine Richtung für Gerichte und Staatsanwaltschaften anderer Gerichtsbezirke entschieden mit der Folge, dass zukünftig weder Veränderung noch Rechtssicherheit eintreten werden. Der Verfasser führt zu Beschwerde der VW AG und der dort enthaltenden Thematik von Unternehmensmandat und Beschuldigtenstatus aus. Er verweist auf die Beantwortung nicht anhand des Art. 13 GG, sondern anhand des Rechts auf informationelle Selbstbestimmung, wobei dies die Schwächung der Verfahrensrechte von Unternehmen im Falle einer Sicherstellung und Beschlagnahme zur Folge hat. Der bisherige Zustand findet daher keine Veränderung.[836]

Weiter führt der Verfasser aus, dass das Gericht den Beschuldigtenstatus des Unternehmens verneint hat und damit scheinbar der vom Landgericht Hamburg im Jahr 2010 vertretenen Ansicht folgt. In diesem Zusammenhang hält das Gericht die Ansicht für vertretbar, den Beschlagnahmeschutz nicht von der Einleitung eines förmlichen Verfahrens abhängig zu machen und nimmt dabei

---

835 *Kubiciel*, Juris-Praxiskommentar-StrafR 16/2018.
836 *Momsen*, NJW 2018, 2362 (2362/2363).

Bezug auf den Beschluss des LG Bonn, das ein solches Erfordernis voraussetzt. Dem Verfasser stellt sich die Frage, wenn das BVerfG von einer nicht bestehenden Notwendigkeit der Einleitung eines förmlichen Verfahrens ausgeht, ob dies die vom Landgericht Bonn vertretende Rechtsauffassung für verfassungswidrig ansehen würde. Unter Zitierung der Beschlüsse der Landgerichte Mannheim und Hamburg gibt der Verfasser die vom BVerfG vertretende Ansicht wieder, dass eine Beschlagnahme ausschließlich nach § 97 StPO zu beurteilen sei. Dies hat nach seiner Ansicht zur Folge, dass die Verteidigung das jeweils zuständige Gericht von einer konkret/potentiellen Beschuldigtenposition seitens des Unternehmens zumindest im Sinne der §§ 30, 130 OWiG zu überzeugen hat. Schließlich nimmt er zu den Bedenken des Gerichts Stellung, die Kanzleien könnten als „Safehouse" dienen, indem er dies als Hypothese darstellt.[837]

Soweit der Verfasser zu der Entscheidung des BVerfG im Zusammenhang mit der Verfassungsbeschwerde der Kanzlei Jones Day Stellung nimmt, soll auf weitere Ausführungen an dieser Stelle verzichtet werden, da diese für das Promotionsvorhaben nicht relevant sind.

Abschließend äußert er sich kritisch zu den Konsequenzen für die Compliance-Praxis. Nach seinem Dafürhalten wird die Arbeit der Compliance-Abteilungen zukünftig nicht einfacher. Nach der Entscheidung des BVerfG wird das Unternehmen abwägen müssen, ob es eine effiziente Kanzlei in den USA beauftragt, die unter den dortigen Bestimmungen eine optimale Rechtsvertretung gewährleistet und dafür eventuell eine Beschlagnahme in Deutschland verbunden mit Effizienzverlusten in Kauf nimmt oder ob es sich für eine weniger optimale Rechtsvertretung in den USA entscheidet, die dafür einen Grundrechtsschutz in Deutschland gewährleisten kann. Nach Ansicht des Verfassers zeigt sich vielleicht an dieser Stelle, wie sehr das BVerfG den Grundsatz des Fair-trial hätte berücksichtigen sollen. Im Rahmen eines Fazits verweist der Autor auf die mangelnde Lösung bisher in Rechtsprechung und Literatur angeführten Probleme, wobei dies sowie die mangelnde Grundrechtsauslegung nach seinem Dafürhalten vielleicht den positiven Effekt haben, dass der Gesetzgeber die Situation als Aufforderung versteht, eine gesetzliche Regelung zu schaffen. Diese muss nach Ansicht des Autors einerseits der Praxis Rechnung tragen, dass Unternehmen zunehmend Beschuldigte sind, die mit entsprechenden Rechten zu schützen sind. Andererseits muss die gesetzliche Regelung eine verantwortungsbewusste Kontrolle der Unternehmen durch staatliche Organe ermöglichen.[838]

837 *Momsen*, NJW 2018, 2362 (2363/2364).
838 *Momsen*, NJW 2018, 2362 (2365/2366).

Festgehalten werden kann, dass der Autor die Entscheidung des BVerfG in einigen Punkten kritisiert, wobei keine eigenen Lösungsvorschläge oder vertretende Ansichten des Verfassers aufgeführt werden. Vielmehr erfolgt die Kritik auf Grund der Auswirkungen für die Praxis und der damit nicht einhergehenden Veränderungen. Um dies zu verändern ist nach Ansicht des Verfassers keine andere Beurteilung durch Fachgerichte geboten. Vielmehr soll der Gesetzgeber die bestehenden Unklarheiten beseitigen.

ff.) Ein Ausblick auf Internal Investigations nach den VW/Jones Day-Entscheidungen, NZWiSt 2018, S. 349

Mit diesem Aufsatz geben die Verfasser einen Ausblick auf die Internal Investigations nach den Entscheidungen den BVerfG und besprechen diese zugleich. Einleitend weisen die Verfasser darauf hin, dass das Gericht zur Beschlagnahmefähigkeit der Unterlagen aus Internal Investigations eine sehr formelle Ansicht vertreten hat, eine Ansicht, die zu erheblichen Problemen in der Praxis führt und mit dem Zweck von Internal Investigations nicht vereinbar ist. Anschließend werden die einzelnen Entscheidungen repliziert, wobei die Verfasser mit derjenigen über die Verfassungsbeschwerde von VW beginnen. Nach Darstellung der wesentlichen Aussagen thematisieren die Verfasser die Reichweite des Beschlagnahmeverbotes in § 97 Abs. 1 Nr. 3 StPO, das ihrer Ansicht nach ein Kernproblem der Entscheidung ist. In diesem Zusammenhang wird auf die vorhergehenden Entscheidungen der Landgerichte Hamburg, Mannheim und Braunschweig verwiesen, die unterschiedliche Ansichten vertreten haben.[839]

In den sich anschließenden Ausführungen zur Auslegung des § 97 Abs. 1 Nr. 3 StPO stellen die Autoren die zwei vertretenen Ansichten gegenüber, wobei für die vom BVerfG vertretene enge Auffassung die Entscheidungen der Landgerichte Hamburg und Bonn sowie die Veröffentlichungen von Hauschild, Schneider und Menges angeführt werden.[840] Für die Gegenansicht, die einen Schutz generell auf das Verhältnis Mandant/Rechtsanwalt bezieht, nehmen die

839 *Lilie-Hutz/Ihwas*, NZWiSt 2018, 349 (350).

840 *LG Bonn – Beschl. v. 21.06.2012 – 27 Qs 2/12*; *LG Hamburg – Beschl. v. 15.10.2010 – 608 Qs 18/10*; *Hauschild*, in: *Kudlich* (Hrsg.), Münchener Kommentar zur Strafprozessordnung, 1. Auflage, Band 1: § 97, Rn. 36; *Schäfer*, in: *Erb/Esser/Franke u. a.* (Hrsg.), Löwe-Rosenberg, Die Strafprozessordnung und das Gerichtsverfassungsgesetz, 26. Auflage, Band 3: § 97, Rn. 21; *Schneider*, NStZ 2016, 308.

Verfasser auf die diese vertretenen Veröffentlichungen[841] Bezug. Nach Ansicht der Verfasser spricht bereits die Historie für die letztgenannte und damit gegen die vom BVerfG vertretene Rechtsauffassung.[842]

Sie nehmen sodann zum Verhältnis der §§ 97 und 160a StPO Stellung, wobei in diesem Zusammenhang erneut Kritik an der Entscheidung des BVerfG geübt wird. Gegen die Annahme, dass § 97 den § 160a StPO verdränge, spricht bereits das Gesetz zur Stärkung des Schutzes von Vertrauensverhältnissen zu Rechtsanwälten. Hierbei führen die Verfasser einen hier nicht untersuchten Aufsatz von Szesny an, der wiederum zur Stärkung seiner Ansicht auf von Galen verweist.[843] Dass das BVerfG in diesem Zusammenhang bei Annahme eines Beschlagnahmeverbotes von Missbrauchspotential spricht, da die Anwälte als „Safehouse" dienen könnten, wird von den Verfassern mit Erstaunen kommentiert. Der Anwaltschaft wird hier unterstellt, dass diese per se so handeln würde. Dies lässt den Eindruck entstehen, das Gericht habe lediglich nach einer Argumentation gesucht, um den Staatsanwaltschaften weiterhin den Zugriff zu gewähren. Für die Praxis bedeutet dies, dass Unternehmen bei Verstößen einerseits verpflichtet sind, unternehmensinterne Untersuchungen einzuleiten, sich diese sowie einzelne Mitarbeiter hingegen in eine Zwangslage begeben, ohne dass der nemo-tenetur-Grundsatz Berücksichtigung findet.[844]

Nachdem die Autoren Stellung zur den übrigen Entscheidungen genommen haben, erfolgt ein Fazit. Die Beschlüsse der Kammer stehen im Gegensatz zur Aufgabe der Internal Investigations: der Förderung des Selbstbereinigungsprozesses im betroffenen Unternehmen. Die Entscheidungen stellen die Kanzleien vor große Probleme bei Strukturierung und Durchführung ihrer Mandatsbeziehungen, weil sie von Beginn an darüber aufklären müssen, dass die aus den Untersuchungen resultierenden Unterlagen nicht vor der Beschlagnahme geschützt sind. Daneben ist die strategische Planung stets zu überprüfen, da insbesondere zu Beginn der Mandatierung nicht klar ist, welche Personen Beschuldigte in einem Verfahren werden können.[845] Die Verfasser sehen die Entscheidungen des BVerfG daher als wenig praktikabel an.

---

841 *de Lind van Wijngaarden/Egler*, NJW 2013, 3549; *Fritz*, CCZ 2011, 155; *Galen*, NJW 2011, 942; *Jahn*, ZIS 2011, 453; *Jahn/Kirsch*, StV 2011, 151; *Jahn/Kirsch*, NStZ 2012, 713; *Szesny*, CCZ 2017, 25; *Zerbes*, ZStW 2013, 551.

842 *Lilie-Hutz/Ihwas*, NZWiSt 2018, 349 (350/351).

843 *Galen*, NJW 2011, 942; *Szesny*, CCZ 2017, 25.

844 *Lilie-Hutz/Ihwas*, NZWiSt 2018, 349 (351/352).

845 *Lilie-Hutz/Ihwas*, NZWiSt 2018, 349 (355).

gg.) *Die Jones Day Entscheidung des BVerfG – Kein Freibrief für Staatsanwaltschaften, aber eine Chance für den Gesetzgeber, WiJ 2018, S. 182*

Die Verfasser dieses Aufsatzes sehen in der Entscheidung des BVerfG keinen Freibrief für die Staatsanwaltschaften, hingegen aber eine Chance für den Gesetzgeber. Einleitend fassen sie die Ergebnisse der Verfassungsbeschwerden zusammen, die teils auf panisches Echo gestoßen sind. Viele Kanzleien haben ihre Strukturen zu überdenken, wenn sie vom Grundgesetz geschützt sein wollen. Unter Bezugnahme auf den Koalitionsvertrag verweisen sie auf eine gesetzliche Neuregelung, mit der zukünftig zu rechnen ist. Im Anschluss daran fassen die Autoren die wesentlichen Aussagen der Entscheidung zusammen, wobei auf eine Wiederholung an dieser Stelle verzichtet werden soll. In diesem Zusammenhang werden die unterschiedlich vertretenen Auffassungen aufgezeigt. Die Verfasser stimmen nicht der vom Gericht vertretenden Auffassung zu, die als a.A. in den Fußnoten aufgeführt ist. Für die vom Gericht insbesondere zu § 160a StPO, dessen Verhältnis zu § 97 Abs. 1 Nr. 3 StPO und dessen Verständnis vertretenden Ansichten werden die Entscheidungen der Landgerichte Hamburg und Bonn sowie die Kommentierung in Meyer-Goßner und die Veröffentlichungen von Schneider zitiert.[846] Die Gegenansicht vertreten insbesondere von Galen, Jahn/Kirsch und Schuster.[847] In einem anschließenden Zwischenfazit halten die Verfasser fest, dass das BVerfG zwar lediglich eine Entscheidung für die Auslegung des LG München getroffen hat, jedoch zu erwarten ist, dass die dortigen Ergebnisse auf zukünftige Entscheidungen übertragen werden. Ein Anschluss einer der Ansichten wird hingegen nicht deutlich.[848]

Daran anknüpfend verwundert die Verfasser diese unergiebige Entscheidung des Gerichts nicht, weil ein Rückblick auf Jahrzehnte uneinheitlicher Entscheidungen der Landgerichte keine andere Bewertung zulässt. Bei den Landgerichten und im Schrifttum waren – dies wird auch im vorliegenden Promotionsvorhaben deutlich – zwei Lager vertreten. In dem einen Lager stehen

---

846 *LG Bonn – Beschl. v. 21.06.2012 – 27 Qs 2/12*; *LG Hamburg – Beschl. v. 15.10.2010 – 608 Qs 18/10*; *Schmitt*, in: *Meyer-Gossner/Schmitt* (Hrsg.), Strafprozessordnung, 63. Auflage: § 97, Rn. 10b; *Schmitt*, in: *Meyer-Gossner/Schmitt* (Hrsg.), Strafprozessordnung, 63. Auflage: § 160a, Rn. 17; *Schneider*, NStZ 2016, 308.

847 *Galen*, NJW 2011, 942; *Jahn/Kirsch*, StV 2011, 151; *Schuster*, NZWiSt 2012, 26.

848 *Peukert/Amador*, WiJ 2018, 182 (182–184).

die, die den Strafanspruch des Staates betonen,[849] in dem anderen diejenigen, die nicht zulassen wollen, dass der Staat seine Ermittlungen auf die Aufarbeitung Privater stützt.[850]

Weiter führen die Verfasser zu praxisrelevanten Szenarien aus, die mit den der Entscheidung zugrundeliegenden Auffassungen durchgespielt werden. Hierbei zeigt sich, dass sich die Unternehmen durch die Entscheidung des BVerfG in einer schwierigen Lage befinden, weil ihnen einerseits die Pflicht zukommt, tätig zu werden, dieses andererseits aber mit dem Risiko verbunden ist, dass strafrechtliche Ermittlungsbehörden Kenntnis erlangen. Das BVerfG hat im Rahmen seiner Entscheidung nach Ansicht der Verfasser auf eine Auseinandersetzung mit dem Kernproblem der Selbstbelastungsfreiheit verzichtet, gleichwohl diese in der Vergangenheit Gegenstand zahlreicher Veröffentlichungen gewesen ist. Nach Meinung der Verfasser waren die Erwartungen richtig platziert, wenn von einer Stellungnahme seitens des Gerichts zu dieser Problematik ausgegangen worden ist. Dies insbesondere vor dem Hintergrund, dass zahlreiche Begründungsansätze zum Thema existieren.[851] Nach Meinung der Verfasser hat das BVerfG versäumt, der Verletzung der Selbstbelastungsfreiheit einen Riegel vorzuschieben, sodass dem Gesetzgeber nunmehr die Hoffnung auf Besserung zukommt. Gleichwohl eine Zustimmung der Verfasser nicht zu einer der zu den rechtlichen Problemen aufgeführten Ansichten erfolgt, äußern sich die Autoren kritisch zum vom BVerfG vertretenen „Safehouse-Argument", das beinhaltet, dass bei Gewährung von zu breitem Schutz, die Unterlagen absichtlich beiseite geschafft werden und stimmen somit weiteren Verfassern zu. [852]

Die Entscheidung des BVerfG kann daher als Appell an den Gesetzgeber interpretiert werden, wobei der Gesetzgeber nach dem Koalitionsvertrag nicht an seinem bisherigen Verständnis der Selbstbelastungsfreiheit festhalten darf. Das Strafprozessrecht benötigt nach hier vertretener Auffassung ein normiertes Beweisverwertungsverbot, bei dem die Erwägungen zur Selbstbelastung im Fokus stehen. Als Beispiel gehe § 97 Abs. 1 S. 3 InsO voran, mit dessen Einführung die Wahrheitsfindung nicht aufgegeben worden ist.[853]

---

849 *LG Bonn – Beschl. v. 21.06.2012 – 27 Qs 2/12*; *LG Hamburg – Beschl. v. 15.10.2010 – 608 Qs 18/10*; *LG Mannheim – Beschl. v. 03.07.2012 – 24 Qs 1/12 / 24 Qs 2/12*; *Schneider*, NStZ 2016, 308.

850 *Jahn/Kirsch*, NZWiSt 2013, 21; *LG Braunschweig – Beschl. v. 21.07.2015 – 6 Qs 116/15*; *LG Gießen – Beschl. v. 25.06.2012 – 7 Qs 100/12.*

851 *Jahn/Kirsch*, NZWiSt 2013, 21.

852 *Dierlamm*, BRAK-Mitteil. 2018, 195; *Graßie/Hiéramente*, BB 2018, 2051; *Lilie-Hutz/Ihwas*, NZWiSt 2018, 349; *Peukert/Amador*, WiJ 2018, 182 (185–189).

853 *Peukert/Amador*, WiJ 2018, 182 (189–191).

Die Verfasser üben in ihrer Veröffentlichung zahlreiche Kritik an der Entscheidung des BVerfG, wobei dies zeitgleich an mehreren Stellen als Appell an den Gesetzgeber verstanden wird. Auch nach diesem Aufsatz kann festgehalten werden, dass nach Veröffentlichung des Beschlusses des BVerfG die Intention der Verfasser nicht darin liegt, ihre Meinung zur Auslegung von § 97 Abs. 1 Nr. 3 StPO oder dessen Verhältnis zu § 160a StPO zu äußern. Vielmehr wird in den Veröffentlichungen die Bedeutung und die Folgen für die Praxis nach der Entscheidung thematisiert.

b.) Die Autoren der Publikationen und ihre Biographien

Für das Promotionsvorhaben sind die Berufsgruppen der Verfasser zum Zeitpunkt der Veröffentlichung ihres Aufsatzes relevant, sodass diese im Folgenden in gebotener Kürze dargestellt werden sollen.

aa.) Bundesverfassungsgericht: Kein Vertraulichkeitsschutz für Untersuchungen?, AnwBl. 2018, S. 470

Dieser Artikel wurde in Co-Autorentätigkeit von Prof. Dr. Dirk Uwer LL.M. sowie Dr. Ralf van Ermingen-Marbach verfasst. Prof. Dr. Uwer hat an der Universität Trier sowie der deutschen Universität für Verwaltungswissenschaften Speyer seine Ausbildung genossen. Des Weiteren hat er einen LL.M. in Newcastle erworben. Seit 1999 ist er als Rechtsanwalt tätig, wobei er zeitglich Honorarprofessor an der Hochschule Bonn-Rhein-Sieg sowie Lehrbeauftragter an der Freien und Technischen Universität Berlin ist. Inzwischen ist er Partner in der renommierten Kanzlei Hengeler Mueller.[854]

Der Verfasser ist daher der Praxis zuzuordnen.

Dr. van Ermingen-Marbach begann seine Karriere als Rechtsanwalt in einer Boutique, bevor er in den Jahren 2006 bis 2017 als Staatsanwalt tätig war. Anschließend wechselte er wieder zurück zur Tätigkeit als Rechtsanwalt, der er bis heute nachgeht.[855]

Auch er ist daher ausschließlich in der Praxis tätig.

---

854 *Uwer*: Biographie, abrufbar unter https://www.hengeler.com/de/anwaelte/prof-dr-dirk-uwer (zuletzt geprüft am 25.07.2020).

855 *van Ermingen-Marbach*: Biographie, abrufbar unter https://www.gibsondunn.com/lawyer/vaner-mingen-marbach-ralf/ (zuletzt geprüft am 25.07.2020).

bb.) *Durchsuchungen bei Anwälten – eine Zeitenwende?, BB 2018, S. 2051*

Dieser Aufsatz wurde von Christian Graßie und Dr. Mayeul Hiéramente in Co-Autorentätigkeit verfasst.

Christian Graßie studierte an der Rheinischen Friedrich-Wilhelms-Universität Bonn, absolvierte sein Referendariat am OLG Köln und war sodann als Staatsanwalt in Bonn, danach in Köln tätig. Nach dem Wechsel zur Tätigkeit als Strafverteidiger ist er 2018 in die Kanzlei eingetreten, in der er nunmehr seit 2020 als Fachanwalt für Strafrecht tätig ist.[856]

Dr. Mayeul Hiéramente hat in Hamburg studiert und im Anschluss einen Forschungsaufenthalt am Max-Planck-Institut absolviert. Für sein Referendariat war er in Hamburg und Nairobi und verbrachte eine kurze Zeit am internationalen Strafgerichtshof in Den Haag. Seitdem ist er als Rechtsanwalt tätig, wobei er nebenbei als Dozent für internationales Strafrecht arbeitet und zahlreiche Publikationen veröffentlicht.[857]

Die Verfasser stammen daher beide aus der Praxis.

cc.) *Rechtmäßige Durchsuchung einer Internationalen Anwaltskanzlei, BRAK-Mitteilung 2018, S. 195*

Der Verfasser dieses Artikels – Prof. Dr. Alfred Dierlamm – hat Rechtswissenschaften in Trier und Bonn studiert. 1993 hat er seine Promotion abgeschlossen, seit 1994 ist er Rechtsanwalt. Zuvor hat er zwei Jahre als wissenschaftlicher Assistent an einem Lehrstuhl gearbeitet. Neben seiner anwaltlichen Tätigkeit hat er seit 2010 eine Professur an der Universität Trier mit Schwerpunkt Wirtschafts- und Steuerstrafrecht. Darüber hinaus ist er Mitglied des Strafrechtsausschusses der Bundesrechtsanwaltskammer und Sachverständiger im Rechtsausschuss des Deutschen Bundestages.[858]

Dieser Verfasser ist wie Prof. Jahn in universitärer Wissenschaft und in der Praxis tätig. Während Prof. Jahn zusätzlich zur überwiegenden Tätigkeit in der Wissenschaft die Praxis hinzugezogen hat, war und ist Prof. Dierlamm überwiegend Praktiker und erst seit 2010 nebenbei in der universitären Wissenschaft

856 *Graßie*: Biographie, abrufbar unter https://www.doerr-ffm.de/christian-grassie/ (zuletzt geprüft am 25.07.2020).

857 *Hiéramente*: Biographie, abrufbar unter https://www.fhm-law.de/dr-mayeul-hierame nte/ (zuletzt geprüft am 25.07.2020).

858 *Dierlamm*: Biographie, abrufbar unter https://www.dierlamm-rechtsanwaelte.com/ index.php/prof-dr-alfred-dierlamm.html (zuletzt geprüft am 25.07.2020).

tätig. Gleichwohl dieser Unterschied zu verzeichnen ist, ist auch Prof. Dierlamm den Hybridtypen zuzuordnen.

dd.) Durchsuchung von Kanzleiräumen und Beschlagnahme von Aufzeichnungen über interne Untersuchungen (Jones Day), Juris-Praxiskommentar Strafrecht 16/2018

Prof. Dr. h. c. Michael Kubiciel hat ebenfalls zur Entscheidung des BVerfG Stellung genommen. Nach seinem Studium in den Jahren 1993 bis 1999 in Bonn, Granada und Freiburg im Breisgau war er zunächst als wissenschaftlicher Mitarbeiter tätig und promovierte im Jahr 2002. Nach dem Referendariat in den Jahren 2001 bis 2003 war er 2004 als Strafverteidiger tätig. Nach einer Zeit als wissenschaftlicher Assistent habilitierte er von 2008 bis 2012 an der Universität Regensburg, bis er nach mehreren unterschiedlichen Tätigkeiten im Rahmen eines Vertretungssemesters und als geschäftsführender Direktor des Strafrechtlichen Instituts im Jahr 2017 einen Ruf an die Universität Augsburg erhielt. Seit 2015 ist er zudem Of-Counsel der Sozietät Tsambikakis und Partner.[859]

Auch dieser Verfasser ist wie Prof. Jahn und der Vorgenannte in universitärer Wissenschaft und in der Praxis tätig. Während Prof. Jahn zusätzlich zur überwiegenden Tätigkeit in der Wissenschaft die Praxis hinzugezogen hat und Prof. Dierlamm überwiegend Praktiker und erst seit 2010 nebenbei in der universitären Wissenschaft tätig ist, ist die Biographie des hiesigen Verfassers ungeordneter. Nach dem Referendariat war dieser zunächst in der Praxis tätig, wechselte dann zur universitären Wissenschaft, um nach Erlangen eines Lehrstuhls die Tätigkeit in der Praxis hinzuzuziehen. Gleichwohl auch hier ein Unterschied zu den beiden Übrigen zu verzeichnen ist, soll auch Prof. Kubiciel den Hybridtypen zugeordnet werden.

ee.) Volkswagen, Jones Day und interne Ermittlungen, NJW 2018, S. 2362

Der Verfasser dieses Aufsatzes ist der Hybridtyp Prof. Dr. Carsten Momsen. Wegen der weiteren Ausführungen zu seiner Biographie wird auf die Angaben zu § 3 IV Nr. 2.) h.) verwiesen.

---

859 *Kubiciel*: Biographie, abrufbar unter https://www.uni-augsburg.de/de/fakultaet/jura/lehrende/kubi-ciel/lehrstuhl-team/kubiciel/ (zuletzt geprüft am 25.07.2020).

ff.) *Ein Ausblick auf Internal Investigations nach den VW/Jones Day-Entscheidungen, NZWiSt 2018, S. 349*

Dieser Aufsatz wurde von Dr. Astrid Lilie-Hutz und Dr. Saleh R. Ihwas in Co-Autorentätigkeit veröffentlicht.

Frau Lilie-Hutz hat an der Johannes Gutenberg-Universität in Mainz studiert und anschließend ihr Referendariat bei den Vereinten Nationen in New York und der Generalstaatsanwaltschaft Düsseldorf absolviert. Im Jahr 2007 wurde sie wissenschaftliche Mitarbeiterin in der Kanzlei Knierim & Kollegen, ist seit 2010 dort als Rechtsanwältin und seit 2016 als Partnerin tätig. Frau Lilie-Hutz ist promoviert.[860]

Sie ist ausschließlich der Praxis zuzuordnen.

Dr. Saleh R. Ihwas hat Rechtswissenschaften an der Universität Trier studiert, war anschließend wissenschaftlicher Mitarbeiter an einem Lehrstuhl und hat in der Zeit promoviert. Sein Referendariat hat er im Bezirk des OLG Koblenz absolviert und ist seit 2015 als Rechtsanwalt zugelassen. Seit 2018 ist er Rechtsanwalt in der Kanzlei Knierim & Kollegen und seit 2019 Partner.[861]

Auch er ist, wie seine Kollegin und Mitverfasserin, ausschließlich der Praxis zuzuordnen.

gg.) *Die Jones Day Entscheidung des BVerfG – Kein Freibrief für Staatsanwaltschaften, aber eine Chance für den Gesetzgeber, WiJ 2018, S. 182*

In der WiJ haben Dr. Matthias Peukert LL.M. und Matthias Amador LL.B. in Co-Autorentätigkeit veröffentlicht.

Dr. Matthias Peukert hat sein Studium im Jahr 2005 an der Bucerius Law School beendet und anschließend als wissenschaftlicher Mitarbeiter am Institut für Stiftungsrecht gearbeitet. Nach seinem Master in Neuseeland hat er im Rahmen seines Referendariates im Bezirk des OLG Hamburg unter anderem bei Freshfields Bruckhaus Deringer und der Deutschen Botschaft in Tokyo gearbeitet. Nachdem er im Jahr 2014 promoviert hat, war er 2016 Gründungspartner der Kanzlei NEUWERK Rechtsanwälte in Hamburg, wo er heute als Fachanwalt für Strafrecht und Partner tätig ist.[862]

860 *Lilie-Hutz*: Biographie, abrufbar unter https://www.schiller-kollegen.com/de/ansprechpartner.html #lilie (zuletzt geprüft am 25.07.2020).

861 *Ihwas*: Biographie, abrufbar unter https://www.schiller-kollegen.com/de/ansprechpartner.html #ihwas (zuletzt geprüft am 25.07.2020).

862 *Peukert*: Biographie, abrufbar unter https://www.neuwerk.legal/matthias-peukert (zuletzt geprüft am 25.07.2020).

Dr. Peukert ist der Praxis zuzuordnen.

Matthias Amador hat wie sein Mitverfasser an der Bucerius Law School studiert. Dort ist er heute als wissenschaftlicher Mitarbeiter im Zentrum für juristisches Lernen tätig. Zum Zeitpunkt der Veröffentlichung war er Promotionsstudent an der Bucerius Law School und wissenschaftlicher Mitarbeiter der Kanzlei von Peukert.[863]

Während Peukert der Praxis zuzuordnen ist, gehört Amador hingegen der Wissenschaft an.

c.) Zitierte Literatur

Insbesondere nach der Entscheidung durch ein Bundesgericht stellt sich der Verfasserin die Frage, auf welche Literatur in den danach veröffentlichten Aufsätzen Bezug genommen wird und ob der Beschluss des BVerfG eine Veränderung zur Folge hat. Des Weiteren ist für das Promotionsvorhaben von Bedeutung, ob die Entscheidung in der zitierten Literatur Berücksichtigung findet oder ob überwiegend auf Aufsätze zur Thematik verwiesen wird.

aa.) Bundesverfassungsgericht: Kein Vertraulichkeitsschutz für Untersuchungen?, AnwBl. 2018, S. 470

Dieser Aufsatz stellt in großen Teilen die vom Bundesverfassungsgericht vertretende Ansicht dar, sodass auf diese Entscheidung mehrfach Bezug genommen wird. Zu der Problematik des Beschlagnahmeschutzes und ihrer Einordnung unter §§ 97, 160a, 148 StPO stellen die Verfasser die jeweils unterschiedlich vertretenen Ansichten dar, wobei jeweils einige wenige Vertreter zitiert werden. Im Zusammenhang mit dem Beschlagnahmeschutz aus § 97 Abs. 1 Nr. 3 StPO wird die vom Landgericht Mannheim in seinem Beschluss sowie von Prof. Jahn vertretende Ansicht aufgeführt.[864] Dem gegenübergestellt wird unter Zitierung der Entscheidung des Landgerichts Hamburg sowie einer solchen des Landgerichts Bochum und der Kommentierung aus dem Kommentar Meyer-Goßner die andere Ansicht.[865]

Im Zusammenhang mit dem § 160a StPO wird durch die Verfasser sowohl die Meinung dargestellt, nach der § 160a StPO auch zur Überprüfung der

---

863 *Amador*: Biographie, abrufbar unter https://www.law-school.de/hochschulprofil/wer-wir-sind/per-sonensuche/zentrum-fuer-juristisches-lernen (zuletzt geprüft am 25.07.2020).

864 *Jahn*, ZIS 2011, 453; *LG Mannheim – Beschl. v. 03.07.2012 – 24 Qs 1/12 / 24 Qs 2/12.*

865 *Uwer/van Ermingen-Marbach*, AnwBl. 2018, 470 (471).

Beschlagnahme herangezogen werden kann[866] als auch die im Münchener und Karlsruher Kommentar vertretende Ansicht, dass eine Anwendbarkeit zu verneinen ist.[867]

Schließlich führen die Verfasser die zu § 148 StPO unterschiedlich vertretenen Ansichten auf, wobei für die eine Ansicht das LG Bonn mit seinem Beschluss sowie die Kommentierung im Meyer-Goßner, für die andere Meinung die Entscheidung des LG Braunschweig sowie der Aufsatz von Klengel/Buchert zitiert werden.[868]

Lediglich hinsichtlich der letzten Thematik verweisen die Verfasser darauf, dass die vom LG Braunschweig sowie den Praktikern Klengel/Buchert vertretende Ansicht weniger formal und sachlich überzeugender erscheint. Diese Ansicht wird ihrerseits bevorzugt. Eine solche Formulierung wird hinsichtlich der §§ 97, 160a StPO nicht gewählt. Wenngleich die von den Verfassern vertretene Ansicht nicht alle Probleme betreffend deutlich wird, so zeigt sich anhand der Zustimmung zum Landgericht Braunschweig und der Auffassung von Klengel/Buchert sowie den Zitierungen zu den dargestellten Ansichten, dass außer Jahn alle ausschließlich in der Praxis tätig sind mit der Folge, dass die Verfasser sich ebenfalls einer in der Praxis vertretenden Meinung anschließen. Wenngleich ein Anschluss an die Meinung des Hybridtypen Jahn nicht erfolgt, so findet sein Aufsatz Erwähnung.

bb.) Durchsuchungen bei Anwälten – eine Zeitenwende?, BB 2018, S. 2051

Im Zusammenhang mit der Kritik, die die Verfasser sowohl hinsichtlich der Behandlung des Gerichts zu § 160a StPO, als auch im Zusammenhang mit § 97 StPO äußern, schließen sie sich einerseits Prof. Schuster und Szesny[869],

---

866 *de Lind van Wijngaarden/Egler*, NJW 2013, 3549; *LG Mannheim – Beschl. v. 03.07.2012 – 24 Qs 1/12 / 24 Qs 2/12.*

867 *Uwer/van Ermingen-Marbach*, AnwBl. 2018, 470 (471); *Griesbaum*, in: *Hannich* (Hrsg.), Karlsruher Kommentar zur Strafprozessordnung, 8. Auflage: § 160a, Rn. 21; *Kölbel*, in: *Schneider* (Hrsg.), Münchener Kommentar zur Strafprozessordnung, 1. Auflage, Band 2: § 160a, Rn. 8.

868 *Uwer/van Ermingen-Marbach*, AnwBl. 2018, 470 (471); *Klengel/Buchert*, NStZ 2016, 383; *LG Bonn – Beschl. v. 21.06.2012 – 27 Qs 2/12*; *LG Braunschweig – Beschl. v. 21.07.2015 – 6 Qs 116/15*, *Schmitt*, in: *Meyer-Gossner/Schmitt* (Hrsg.), Strafprozessordnung, 63. Auflage: § 97, Rn. 10c.

869 *Graßie/Hiéramente*, BB 2018, 2051 (2054); *Schuster*, NZWiSt 2012, 424; *Szesny*, CCZ 2017, 25.

andererseits Jahn/Kirsch an.[870] Diese Autoren schließen sich mit Prof. Schuster einem ausschließlich in der universitären Wissenschaft Tätigen an. Daneben nehmen sie Bezug auf die vom Hybridtypen Prof. Jahn in Co-Autorentätigkeit mit Rechtsanwalt Kirsch und die von dem Praktiker Szesny vertretene Ansicht. Durch die zumindest überwiegende Tätigkeit von Prof. Jahn in der Wissenschaft und die Bezugnahme auf Schuster, ist diese gleichermaßen neben der Praxis vertreten mit der Folge eines ausgewogenen Verhältnisses.

cc.) Rechtmäßige Durchsuchung einer Internationalen Anwaltskanzlei, BRAK-Mitteilung 2018, S. 195

Auf Grund der Tatsache, dass der Autor lediglich die Entscheidung des BVerfG kritisiert und diese der Anmerkung vorhergehend abgedruckt ist, ist keine weitere zitierte Literatur vorhanden. Eine Untersuchung diesbezüglich kann daher an dieser Stelle nicht erfolgen.

dd.) Durchsuchung von Kanzleiräumen und Beschlagnahme von Aufzeichnungen über interne Untersuchungen (Jones Day), Juris-Praxiskommentar Strafrecht 16/2018

Weil hier lediglich die Entscheidung des BVerfG kommentiert wird, ohne dass Ansichten miteinander verglichen werden, ist keine zitierte Literatur vorhanden.

ee.) Volkswagen, Jones Day und interne Ermittlungen, NJW 2018, S. 2362

Der Verfasser kritisiert im Rahmen dieses Aufsatzes die Entscheidungen des BVerfG zu den Verfassungsbeschwerden der VW AG und der Kanzlei Jones Day, sodass diese häufig Gegenstand der Zitate sind. Darüber hinaus nimmt er Stellung zur Argumentation des Gerichts hinsichtlich des Beschuldigtenstatus von Unternehmen sowie dem anwaltlichen Vertrauensverhältnis und der Verteidigung, bei dem die Entscheidungen der Landgerichte Hamburg, Bonn und Mannheim zitiert werden, denen sich das BVerfG angeschlossen zu haben scheint. Die Ansicht des Verfassers diesbezüglich wird nicht deutlich.[871] Weil eine weitere Auseinandersetzung mit der Thematik nicht erfolgt, wird auch auf

870 *Graßie/Hiéramente*, BB 2018, 2051 (2055); *Jahn/Kirsch*, NStZ 2012, 713.

871 *Momsen*, NJW 2018, 2362 (2363); *LG Bonn – Beschl. v. 21.06.2012 – 27 Qs 2/12*; *LG Hamburg – Beschl. v. 15.10.2010 – 608 Qs 18/10*; *LG Mannheim – Beschl. v. 03.07.2012 – 24 Qs 1/12 / 24 Qs 2/12.*

keine für das Promotionsvorhaben relevante Literatur verwiesen. Der Aufsatz ist daher für das Vorhaben unergiebig.

ff.) Ein Ausblick auf Internal Investigations nach den VW/Jones Day-Entscheidungen, NZWiSt 2018, S. 349

Die Verfasser stellen in diesem Aufsatz insbesondere die unterschiedlichen Ansichten zur Auslegung der Vorschrift des § 97 Abs. 1 Nr. 3 StPO dar. In diesem Zusammenhang zitieren sie verschiedene, bereits auch im Rahmen dieses Promotionsvorhabens untersuchte Literatur. So wird Bezug genommen auf die Rechtsprechung der Landgerichte Hamburg und Bonn, Kommentarliteratur aus dem Münchener Kommentar sowie Löwe-Rosenberg und zahlreiche Veröffentlichungen.[872] Angeschlossen haben sich die Verfasser hingegen der von u.a. Jahn/Kirsch, Zerbes, Fritz, von Galen und van Wijngaarden/Egler vertretenen Ansicht. Mit Prof. Zerbes ist eine ausschließlich in der universitären Wissenschaft tätige Autorin unter den Vertretern.[873]

Indem sich die Autoren gegen die Ansicht des BVerfG aussprechen, schließen sie sich der von zahlreichen Praktikern, aber auch von Prof. Jahn als Hybridtyp mit Schwerpunkt in der universitären Wissenschaft und Prof. Zerbes als Hochschulprofessorin vertretenen Ansicht an. Der Schwerpunkt der Veröffentlichungen und mithin auch der hier zitierten Literatur ist zwar in der Praxis. Dennoch kann aus dem Anführen der Ansicht der universitären Wissenschaft geschlossen werden, dass diese bemerkt und gelesen worden ist.

gg.) Die Jones Day Entscheidung des BVerfG – Kein Freibrief für Staatsanwaltschaften, aber eine Chance für den Gesetzgeber, WiJ 2018, S. 182

Gleich der vorgenannten Veröffentlichungen führen die Verfasser zur Entscheidung des BVerfG aus, weshalb auf diese des Öfteren Bezug genommen wird. In diesem Zusammenhang werden die unterschiedlichen Ansichten nebst Quelle in den Fußnoten aufgeführt. Berücksichtigung finden insoweit die Entscheidungen der Landgerichte Hamburg, Bonn, Mannheim, Braunschweig und Gießen sowie die Kommentierungen der Rechtsanwälte in Meyer-Goßner und Münchener Kommentar. Auch werden die Veröffentlichungen von Schneider, von Galen

872 *de Lind van Wijngaarden/Egler*, NJW 2013, 3549; *Galen*, NJW 2011, 942; *Jahn*, ZIS 2011, 453; *Jahn/Kirsch*, StV 2011, 151; *Jahn/Kirsch*, NStZ 2012, 713; *Szesny*, CCZ 2017, 25; *Zerbes*, ZStW 2013, 551.

873 *Lilie-Hutz/Ihwas*, NZWiSt 2018, 349 (350/351).

sowie Jahn/Kirsch und Schuster angeführt. Ein expliziter Anschluss hinsichtlich der unterschiedlichen Rechtsansichten erfolgt hingegen nicht.[874] Gleichwohl kann schließlich festgehalten werden, dass sich die Verfasser in Bezug auf das vom BVerfG angeführte „Safehouse-Argument" der von den Rechtsanwälten Lilie-Hutz/Ihwas und Graßie/Hiéramente sowie von dem Hybridtypen Dierlamm vertretenen Gegenauffassung anschließen.[875]

Der Schwerpunkt der Veröffentlichungen der zitierten Literatur liegt auch hier in der Praxis, sodass der Wissenschaft eine eher nachgeordnete Stellung zugeordnet werden kann. Auch in diesem Aufsatz wird auf die von Prof. Jahn (gemeinsam mit Kirsch) veröffentlichten Aufsätze Bezug genommen. Mit Prof. Dierlamm kommt ein weiterer Hybridtyp hinzu, dessen Ansicht sich – wenngleich diese keine Rechtsansicht darstellt – die Autoren anschließen. Den Hybridtypen kann daher eine gesonderte Bedeutung beigemessen werden. Ein ausschließlich aus der universitären Wissenschaft veröffentlichter Aufsatz wird hingegen nicht aufgeführt.

d.) Zwischenergebnis

Bei Betrachtung der nach der Entscheidung des BVerfG erschienenen Publikationen lässt sich den Inhalt betreffend insbesondere im Vergleich zu den bisher im Rahmen des Promotionsvorhabens untersuchten Veröffentlichungen konstatieren, dass ein Großteil der Literatur kritisch zur Entscheidung des Gerichts Stellung nimmt. In diesem Zusammenhang wird des Öfteren Bezug auf die konträren Entscheidungen der Landgerichte der vergangenen Jahre sowie die damit einhergehende Rechtsunsicherheit genommen. Im Unterschied zur bisher untersuchten Literatur wird von der Darstellung differenzierter Ansichten nebst Anschluss an eine von diesen abgesehen. Vielmehr wird die Entscheidung des BVerfG kritisch kommentiert, wobei nicht nur das Verneinen der verfassungsrechtlichen Bedeutung der Thematik für viele Verfasser nicht nachvollziehbar ist, sondern die Entscheidung auch gravierende Folgen für die zukünftige Praxis hat. Kritisiert wird insbesondere, dass das Gericht das Augenmerk zu sehr auf die Effektivität der Strafverfolgung, anstatt auf den Schutz der Unternehmen

874 *Peukert/Amador*, WiJ 2018, 182 (183/185); *LG Bonn – Beschl. v. 21.06.2012 – 27 Qs 2/12; LG Gießen – Beschl. v. 25.06.2012 – 7 Qs 100/12; LG Hamburg – Beschl. v. 15.10.2010 – 608 Qs 18/10; LG Mannheim – Beschl. v. 03.07.2012 – 24 Qs 1/12 / 24 Qs 2/12.*

875 *Peukert/Amador*, WiJ 2018, 182 (189); *Dierlamm*, BRAK-Mitteil. 2018, 195; *Graßie/Hiéramente*, BB 2018, 2051; *Lilie-Hutz/Ihwas*, NZWiSt 2018, 349.

und Mitarbeiter gelegt hat. Der nemo-tenetur-Grundsatz hat keine hinreichende Berücksichtigung gefunden. Seitens einiger Autoren wird vermutet, dass das Gericht einer solchen Stellungnahme und Entscheidung aus dem Weg gehen wollte.

Das bereits seitens der Justiz gegenüber den Rechtsanwälten bestehende Misstrauen wird durch die Generalaussage des Gerichts, dass durch die Nutzung der Kanzleien als „Safehouse" ein Missbrauchspotential besteht, weiter verstärkt. Auch wenn einige Autoren – entgegen der Auffassung anderer – der Meinung sind, dass die Entscheidung des BVerfG kein Freibrief für die Staatsanwaltschaft ist, so besteht überwiegende Einigkeit, dass die Entscheidung ein Appell an und eine Chance für den Gesetzgeber ist, die im Rahmen des Koalitionsvertrages bereits angedachten Regelungen in einem Verbandssanktionengesetz zu normieren. Von den Darstellungen einzelner Meinungen zu den Problematiken der §§ 97, 160a StPO wird abgesehen. Der Schwerpunkt liegt nun mehr auf den Auswirkungen der Entscheidung des BVerfG für die tägliche Praxis.

Entgegen der übrigen Abschnitte, in denen es immer eine Veröffentlichung gegeben hat, an der Prof. Jahn zumindest als Co-Autor beteiligt gewesen ist, kann dies hier nicht fortgeführt werden. Gleichwohl befinden sich mit Prof. Dierlamm, Prof. Kubiciel und Prof. Momsen drei Professoren unter den Verfassern, die neben ihrer Professur in der Praxis tätig sind. Sie stellen daher ebenfalls Hybridtypen dar. Ein ausschließlich in der universitären Wissenschaft tätiger Autor ist unter den vorstehend untersuchten Veröffentlichungen gleich denjenigen der Jahre 2015 bis 2017 nicht zu verzeichnen.

Weil die Veröffentlichungen Kritik an der Entscheidung des BVerfG üben, wird diese oft zitiert. Bei Darstellung der unterschiedlichen Ansichten zu den Thematiken wird Bezug genommen auf die bisher veröffentlichten Entscheidungen der Landgerichte sowie die Kommentierungen in den Strafprozessrechtskommentaren Meyer-Goßner, Karlsruher Kommentar und Münchener Kommentar. Daneben zitieren die Verfasser überwiegend Literatur veröffentlicht von Rechtsanwälten, wobei in fast jeder Publikation auf eine Veröffentlichung von Prof. Jahn Bezug genommen wird. Der Aufsatz von Prof. Zerbes findet erst das zweite Mal seit seinem Erscheinen im Jahr 2013 Berücksichtigung, erhält aber Zuspruch. Wegen des Schwergewichts der Publikationen aus der Praxis und der damit einhergehenden überwiegenden Bezugnahme dieser – wenn auch lediglich im Rahmen der Aufzählung – in den hier untersuchten Veröffentlichungen, lässt sich auch für diesen Zeitabschnitt eine der Praxis nachgeordnete Stellung der universitären Wissenschaft verzeichnen. Auch ist unter den Autoren keiner der universitären Wissenschaft zuzuordnen, wenngleich auch im Rahmen der zitierten Literatur auf einen Aufsatz Bezug genommen wird.[876] Schlussendlich dienten die überwiegenden Veröffentlichungen nicht dazu, unterschiedliche Ansichten aufzuzeigen und sich einer anzuschließen. Vielmehr sollten die Auswirkungen der Entscheidung auf die Rechtspraxis aufgezeigt werden und einen Appell an den Gesetzgeber darstellen. Insofern ist auch ein inhaltlicher Wandel der Literatur festzustellen.

X. Der Entwurf eines Verbandssanktionengesetzes

Während des gesamten Kapitels – insbesondere aber in den Veröffentlichungen nach der Entscheidung des BVerfG – wurde der Ruf nach einer gesetzlichen Regelung laut. Bei Vergleich der insbesondere in der Rechtsprechung durch die Landgerichte Hamburg, Bonn, Mannheim, Braunschweig und schließlich dem BVerfG vertretenen Ansichten werden zum einen unterschiedliche Sachverhalte, zum anderen unterschiedliche Behandlungen gleicher Sachverhalte deutlich. Als sich im Rahmen des Diesel-Skandals abzeichnete, dass sich das BVerfG zu den Problemen äußern muss, bestand auf Seiten aller Beteiligten – Unternehmen, Rechtsanwälte und Staatsanwaltschaft – die Hoffnung und Erwartung, dass mit der Entscheidung des Gerichts sämtliche zum damaligen Zeitpunkt bestehenden Rechtsunsicherheiten beseitigt werden. Insbesondere, weil die Internal Investigations auch in Deutschland nicht mehr wegzudenken und ein wesentlicher Bestandteil des Wirtschaftsstrafverfahrens geworden sind, muss für die Beteiligten ein Regelwerk geschaffen werden, um der Bedeutung der Untersuchungen als wesentliches Aufklärungsinstrument gerecht zu werden und den ausreichenden Schutz zu gewährleisten. Neben dem Schutz der Mitarbeiter und der Klarstellung bisheriger Unsicherheiten haben insbesondere die in den Medien vielfach verbreiteten Skandale Siemens und Diesel die Forderung zur Folge, dass auch juristische Personen und Personenvereinigungen, vorwiegend Unternehmen, anstelle der bisher nur mögliche Sanktionierung nach dem Ordnungswidrigkeitengesetz – beispielsweise nach §§ 130, 30 OWiG in Form von Geldbußen – eine Kriminalstrafe erhalten müssen. Darüber hinaus soll – soweit rechtlich zulässig – eine Kooperation des Unternehmens mit den Ermittlungsbehörden verlangt werden. Indem den Unternehmen bei Kooperation mit den staatlichen Behörden eine Milderung der Sanktion in Aussicht gestellt wird, wird ein zusätzlicher Anreiz für eine Durchführung von unternehmensinternen Untersuchungen geschaffen. Hierbei können nicht nur die Tatsache einer

876 *Zerbes*, ZStW 2013, 551.

Kooperation, sondern auch der Zeitpunkt derselben, der Grad der Freiwilligkeit und der Umfang des Aufwandes als positive Faktoren zu berücksichtigen sein. Kritiker warnen dennoch davor, dass dadurch eine Verlagerung staatlicher Ermittlungen auf Private erfolgt und mithin rechtsstaatliche Garantien umgangen werden können.[877]

Angeregt durch die im Zusammenhang mit dem Diesel-Skandal auftauchenden Probleme und dem immer lauter werdenden Ruf nach Abschaffung der Rechtsunsicherheit haben sich CDU, CSU und SPD mit dem Koalitionsvertrag im März 2018 für die 19. Legislaturperiode zum Ziel gesetzt, ein Unternehmensstrafrecht zu schaffen. Nachdem das Land NRW 2013 mit seinem Gesetzesantrag den Entwurf eines Gesetzes zur Einführung strafrechtlicher Verantwortlichkeit von Unternehmen und sonstigen Verbänden vorgelegt und die Fachgruppe Compliance des Bundesverbandes der Unternehmensjuristen e.V. (BUJ) einen Gegenentwurf formuliert hat, sind schließlich nach Aufstellung der Frankfurt Thesen im Kölner Entwurf eines Verbandssanktionengesetzes aus dem Jahr 2018 Sanktionen von Verbänden und diesbezügliche Verfahrensfragen sowie Regelungen zu den Internal Investigations niedergeschrieben worden. Im August 2019 erstellte das Bundesministerium der Justiz (BMJV) einen weiteren Entwurf, der außerplanmäßig an die Öffentlichkeit geriet und viel Kritik erntete. Es erschienen zahlreiche Aufsätze, in denen die Autoren die notwendigen Inhalte einer gesetzlichen Regelung für unternehmensinterne Untersuchungen diskutiert und Kritik an den Entwürfen geübt haben.[878] Das Bundesministerium der Justiz veröffentlichte am 21. April 2020 einen weiteren Entwurf unter dem Titel „Gesetz zur Stärkung der Integrität in der Wirtschaft" und leitete zeitgleich die Verbandsanhörung ein, sodass nach der Sommerpause mit dem Beginn des Gesetzgebungsverfahrens zu rechnen ist.

Im Folgenden sollen die einzelnen Vorschläge bis zur Entstehung des letzten Entwurfes des „Gesetzes zur Stärkung der Integrität in der Wirtschaft" sowie ihr Inhalt und die Verfasser in gebotener Kürze näher dargelegt werden, damit auch diesbezüglich ein historischer Überblick geschaffen werden kann.

---

877 *Rieder/Menne*, CCZ 2018, 203 (210/211); *Süße*, ZIS 2018, 350 (351/353)

878 *Beukelmann*, NJW-Spezial 2018, 504; *Momsen/Grützner*, CCZ 2017, 242; *Petrasch*, StV 2019, I; *Reuling/Schoop*, ZIS 2018, 361; *Süße*, ZIS 2018, 350; *Zerbes/El-Ghazi*, NZWiSt 2018, 425.

1.) Die Entwicklung bis zum Entwurf des „Gesetzes zur Stärkung der Integrität in der Wirtschaft" und deren wesentliche Inhalte

Die Diskussion hinsichtlich der Strafbarkeit von juristischen Personen geht auf eine lange Vergangenheit zurück. Bereits die Besatzungsmächte der Nachkriegszeit hatten im Wirtschaftsstrafrecht die Verhängung von Kriminalstrafen gegen juristische Personen vorgesehen. 1953 zog sich die Diskussion auf dem Deutschen Juristentag weiter, eine Einführung wurde schließlich aber verneint. In den weiteren Jahren – insbesondere 1990 – diskutierte die Wissenschaft mit unterschiedlicher Argumentation auf Hochtouren, konnte jedoch keinen Schritt nach Vorn in Richtung Einführung eines solchen Gesetzes erreichen. Gleichwohl wurden in der Strafrechtswissenschaft weitere Publikationen veröffentlicht.[879]

Bis zum Vorliegen des heutigen Entwurfes bedurfte es daher vieler kleiner Schritte. Immer wiederkehrend gab es Ansätze von der Verhängung einer Geldbuße gegen das Unternehmen abzusehen. Mehr und mehr wurde dieser mit Unzufriedenheit entgegengetreten. Schließlich ist im Koalitionsvertrag zur 18. Legislaturperiode festgehalten worden, dass das bisher geltende Straf- und Ordnungswidrigkeitenrecht nicht mehr ausreichend ist, um dem gemeinschädlichen Handeln von Unternehmern und Managern gerecht werden zu können. Der Ausbau dieses Strafrechts wurde festgelegt.[880] An diese Diskussion schloss sich der nordrhein-westfälische Entwurf eines Verbandssanktionengesetzes an, das im Folgenden in gebotener Kürze näher beleuchtet werden soll.

a.) Der NJW-Entwurf eines Verbandssanktionengesetzes

Im September 2013 legte das Land Nordrhein-Westfalen einen Gesetzesantrag vor, der den Entwurf eines Gesetzes zur Einführung der strafrechtlichen Verantwortlichkeit von Unternehmen und sonstigen Verbänden enthielt. Grundlage dieses Entwurfes war die Feststellung, dass das Mitwirken einzelner an Straftaten eines Verbandes oft gering gewesen ist und die Kriminalstrafe, die gegenüber dem Einzelnen verhängt werden konnte, insbesondere in der Höhe nicht der Relation zum Vermögen des begünstigten Verbandes entsprach. Das Unternehmen selbst müsse in das Zentrum der Strafverfolgung rücken, wobei dem Straf- und

879 *Krems*, ZIS 2015, 5; *Mitsch*, NZWiSt 2014, 1; *Schünemann*, ZIS 2014, 1.

880 *CDU, CSU, SPD*: Koalitionsvertrag 18. Legislaturperiode, Dezember 2013, abrufbar unter https:// www.cdu.de/sites/default/files/media/dokumente/koalitionsvertrag.pdf (zuletzt geprüft am 25.07.2020).

Ordnungswidrigkeitenrecht die Instrumente zur Durchführung fehlen. Der Entwurf sollte über den Bundesrat in das Gesetzgebungsverfahren gelangen. In einem ersten Teil des Entwurfes wurden die Verbandsstraftaten sowie Sanktionen aufgeführt, in einem zweiten Teil die prozessualen Regelungen der Verfahren gegen die Verbände. Während der erste Teil mithilfe des § 5 insbesondere Anreize zur Entwicklung von Compliance-Maßnahmen im Unternehmen schaffen sollte,[881] beinhaltete der zweite Teil beispielsweise die Anwendbarkeit von StPO, GVG und StGB, aber auch die Geltung des Legalitätsgrundsatzes.[882]

Regelungen zu den Internal Investigations waren hingegen nicht enthalten.

Seit der Vorlage dieses Entwurfes im September 2013 wurde er in Wissenschaft und Praxis kontrovers diskutiert und als „ohne kriminalpolitisches Bedürfnis Hervorgekramtes" oder als „kriminalpolitischer Zombie" verspottet.[883] Insbesondere die Verfolgung auch gegen Rechtsnachfolger oder die Bemessung der Höhe der Strafe auf bis zu 10 % des Jahresumsatzes und die Möglichkeit der Auflösung des Verbandes erhielten starke Kritik, gleichwohl einleitend von den Verfassern festgestellt worden ist, dass der Entwurf die langjährige Diskussion um die Einführung neu belebt hat. Bis zum Gesetzgebungsverfahren ist er hingegen nicht gekommen.[884]

Festzuhalten bleibt, dass die Diskussion um die Einführung eines Unternehmensstrafrecht nicht neu ist und seit jeher auf Grundlage der Schaffung von Anreizen beruht.

b.) Gesetzgebungsvorschlag für eine Änderung der §§ 30, 130 OWiG

Als Gegenentwurf zum Vorgenannten veröffentlichte die Fachgruppe Compliance vom Bundesverband der Unternehmensjuristen (BUJ) gemeinsam mit dem Strafrechtslehrer Dr. Werner Beulke nur wenige Monate später einen Gesetzgebungsvorschlag für eine Änderung der §§ 30, 130 OWiG. Mit dem im April 2014 vorgelegten Entwurf sollte eine Alternative zum Nordrhein-Westfälischen

881 *NRW*: Gesetzesantrag, September 2013, abrufbar unter https://www.landtag.nrw.de/portal/WWW/ dokumentenarchiv/Dokument/MMI16-127.pdf (zuletzt geprüft am 25.07.2020).

882 *NRW*: Gesetzesantrag, September 2013, abrufbar unter https://www.landtag.nrw.de/portal/WWW/ dokumentenarchiv/Dokument/MMI16-127.pdf (zuletzt geprüft am 25.07.2020).

883 *Krems*, ZIS 2015, 5.

884 *Köllner/Cyrus*, NZI 2014, 555 (558); *Hoven/Wimmer/Schwarz u. a.*, NZWiSt 2014, 161; *Krems*, ZIS 2015, 5; *Schünemann*, ZIS 2014, 1.

vorliegen, die auf Rechtssicherheit, Prävention und Klarstellung basiert. Im Rahmen der Prävention sollte insbesondere das Compliance-Anreizsystem Berücksichtigung finden, bei dem Unternehmen hinsichtlich der Verhängung einer Strafe für eine frühzeitige Kooperation mit den Behörden belohnt und bereits bestehende Compliance-Maßnahmen anerkannt werden sollten. Bei gleichbleibendem Rahmen der §§ 30, 130 OWiG auch unter Fortgeltung des Opportunitätsprinzips sollten eine obligatorische Milderung der Verbandsgeldbuße bei Nachweis einer Compliance-Maßnahme und das Absehen von Strafen bei mangelndem Schaden sowie eine bußgeldbefreiende Selbstanzeige möglich werden. Daneben wurden erstmalig die Aufsichtsmaßnahmen für die Durchführung der Compliance im Unternehmen aufgeführt. Diese Änderungen sollten sodann §§ 30 Abs. 7, Abs. 8, 130 Abs. 1, Abs. 5 OWiG betreffen. Die Existenz dieses Entwurfes zeigt, dass sich in der Zeit auch das wissenschaftliche Schrifttum der Frage nach einem vernünftigen Unternehmensstrafrecht zugewandt hat.[885] Es bestand mithin ein konstruktiver Diskussionsprozess, der durch zahlreiche Beiträge vorangetrieben worden ist.

Anhand der konkreten Vorschläge wird überdies deutlich, dass ein solches Vorhaben nicht lediglich eine politische Forderung darstellt, die beizeiten zu diskutieren war, sondern bei dem die Aufgabe darin bestand, die Ideen in eine tatsächliche Gesetzesform zu gießen. Auch diesem Vorschlag liegt ein Anreizsystem zugrunde, mit dem erreicht werden soll, dass die Anzahl der zukünftigen Unternehmensstraftaten verringert wird.

c.) Der Kölner Entwurf eines Verbandssanktionengesetzes

Nachdem die Diskussion um die Problematik seit dem rechtspolitischen Scheitern des Vorstoßes durch den NRW-Entwurf und den Gesetzgebungsvorschlag zu stagnieren schien, haben der Diesel-Skandal, die Cum-Ex-Straftaten und eine vermehrte Tätigkeit der Unternehmen mit Auslandsbezug die Thematik wiederaufleben lassen. Gleichzeitig wurden die bisher nicht berücksichtigten Probleme um die Internal Investigations in die Diskussion miteinbezogen. Die Klärung der Unternehmensverantwortung ist daher nicht obsolet geworden.[886]

885 *Bundesverband der Unternehmensjuristen*: Gesetzgebungsvorschlag für eine Änderung der §§ 130, 30 OWiG, April 2014, abrufbar unter https://www.ilf-frankfurt.de/fileadmin/_migrated/content_ uploads/Moosmayer__Plaedoyer_fuer_ein_modernes_Unternehmenssanktionenrecht.pdf (zuletzt geprüft am 25.07.2020); *Krems*, ZIS 2015, 5; *Süße*, ZIS 2018, 350.

886 *Jahn/Schmitt-Leonardy/Schoop*, wistra 2018, 27.

Eine im Jahr 2014 gegründete Forschergruppe – bestehend aus vier Professoren[887] – hat Ende 2017 ihren „Kölner Entwurf eines Verbandssanktionengesetzes" veröffentlicht, der bereits zu Beginn des Jahres 2018 in Buchform erschienen ist. Der Entwurf enthält ein Konzept zur Sanktionierung von Verbänden für verbandsbezogene Straftaten und regelt diesbezügliche Verfahrensfragen. Des Weiteren haben die Verfasser konkretisierte Regelungen zu den Internal Investigations verschriftlicht.[888] Die Notwendigkeit einer gesetzlichen Regelung ergibt sich sowohl aus dem Vorgenannten als auch aus der im Rahmen dieses Vorhabens untersuchten Literatur, insbesondere unter Berücksichtigung der Entscheidung des BVerfG und der diese kommentierenden Publikationen. Zur Fertigstellung des Entwurfes haben die Verfasser eine deutschlandweite Untersuchung der Anwendung des geltenden Rechts durchgeführt und sind dabei von einer Expertengruppe begleitet worden, die nicht lediglich aus Wissenschaftlern, sondern auch aus Vertretern von Unternehmen und der Rechtspraxis bestand.[889] Es sind daher alle beteiligt gewesen, die mit der Anwendung der Regelungen in Berührung kommen und in der Zukunft von ihnen profitieren sollen.

Der Entwurf besteht aus 22 Paragraphen, bei denen die Regelungen zum Anwendungsbereich, der Verbandsverfehlung und der Verbandssanktion den Auftakt machen. Es folgen Regelungen zur Ermittlungspflicht der Staatsanwaltschaft bei Anfangsverdacht, der Vertretung des Verbandes, der Verteidigung, der Anwendung der StPO und des GVG und der Verjährung. Hierbei findet der nemo-tenetur-Grundsatz bereits in § 17 Berücksichtigung, in dem den Vertretern des Verbandes die Pflicht genommen wird, aktiv an der Strafverfolgung mitzuwirken. § 18 bestimmt in drei Absätzen, dass interne Untersuchungen auf Antrag des Verbandes durchgeführt werden, Rechtsanwälten und Syndikusrechtsanwälten ein Zeugnisverweigerungsrecht zusteht, die Aufzeichnungen aus den Untersuchungen nicht der Beschlagnahme unterliegen und die Angaben eines Zeugen im Rahmen der Untersuchungen nicht gegen ihn in einem Strafverfahren verwertet werden dürfen.[890]

Erstmals wurden daher Vorschriften zum Umgang mit unternehmensinternen Untersuchungen in einem Entwurf niedergeschrieben, um insbesondere für die auch im Rahmen dieser Untersuchung vielfach angesprochenen Probleme

---

887 Prof. Dr. Martin Henssler (Uni Köln); Prof. Dr. Elisa Hoven (Uni Köln); Prof. Dr. h.c. Michael Kubiciel (Uni Augsburg); Prof. Dr. Thomas Weigend (Uni Köln).

888 *Henssler/Hoven/Kubiciel u. a.*, NZWiSt 2018, 1; *Zerbes/El-Ghazi*, NZWiSt 2018, 425.

889 *Henssler/Hoven/Kubiciel u. a.*, NZWiSt 2018, 1.

890 *Henssler/Hoven/Kubiciel u. a.*, NZWiSt 2018, 1 (2–4).

einen Lösungsvorschlag zu unterbreiten. Grund für die Entstehung eines Verbandssanktionenrechts sind die Defizite des geltenden deutschen Rechts, da dies dem Schaden, den Straftaten eines Unternehmens anrichten können, lediglich durch die Verhängung einer Geldbuße nach dem OWiG keine Rechnung tragen kann. Des Weiteren sollen durch Prävention künftige Strafen verhindert werden. Im Rahmen ihrer Tätigkeit haben die Forscher sich mit einer Vielzahl rechtlicher, prozessualer und praktischer Fragestellungen auseinandergesetzt und dabei rechtsvergleichende Untersuchungen in Österreich sowie den USA durchgeführt, die bereits Regelugen zur Verbandsverantwortlichkeit und den Internal Investigations vorweisen können.[891]

Sowohl die Einbeziehung des nemo-tenetur-Grundsatzes in die Beschuldigtenrechte des Verbandes als auch die Schaffung des Zeugnisverweigerungsrechts für Rechtsanwälte und Syndikusrechtsanwälte, das Beschlagnahmeverbot der Unterlagen und das Verwertungsverbot der im Zusammenhang mit den Untersuchungen von Zeugen getätigten Aussagen zeigen, dass die in der Literatur diskutierten Probleme in einer gesetzlichen Regelung Berücksichtigung gefunden haben. Die zu diesem Entwurf teils geforderte[892], teils ohne Aufforderung[893] geäußerte Kritik fällt überwiegend positiv aus, wobei insbesondere die Regelungen zu den Internal Investigations Zustimmung finden. Seitens der Kritiker wird davon ausgegangen, dass der Entwurf auf Grund seiner Aussagekraft politischen Gegenwind erhält und dass Ausdruck seiner Qualität ist.[894]

d.) Der Koalitionsvertrag

Wenige Monate nach Veröffentlichung des Kölner Entwurfes hat das Unternehmensstrafrecht auch im Koalitionsvertrag für die 19. Legislaturperiode Berücksichtigung gefunden. Der im März 2018 publizierte Vertrag sieht explizit die Neuregelung des Sanktionsrechts für Unternehmen und eine Sicherstellung der wirksamen Verfolgung der Wirtschaftskriminalität nebst angemessener Ahndung vor. Hierbei sollen die vom Fehlverhalten einzelner Mitarbeiter profitierenden

891 *Henssler/Hoven/Kubiciel u. a.*, NZWiSt 2018, 1 (7–8).

892 Die Verfasser haben die *Wissenschaftlerin Prof. Zerbes* und ihren *wissenschaftlichen Mitarbeiter Dr. Mohamad* gebeten, zum Entwurf kritisch Stellung zu nehmen; *Zerbes/El-Ghazi*, NZWiSt 2018, 425.

893 *Kämpfer/Knauer*: Kommt das Unternehmensstrafrecht?, abrufbar unter https://www.lto.de/recht/ hintergruende/h/unternehmensstrafrecht-koelner-entwurf-verbandssanktionengesetz-haftung-leitung/ (zuletzt geprüft am 26.07.2020).

894 *Zerbes/El-Ghazi*, NZWiSt 2018, 425 (432).

Unternehmen stärker sanktioniert und Rechtssicherheit für Unternehmen geschaffen werden. Neben der Regelung weiterer Sanktionsinstrumente sollen die Bußgeldobergrenze bearbeitet und konkrete, nachvollziehbare Zumessungsregeln für Unternehmenssanktionen festgelegt werden. Darüber hinaus sollen gesetzliche Vorgaben für die Internal Investigations formuliert werden, um die hinsichtlich dieser Thematik seit Jahren bestehenden Rechtsunsicherheiten zu beseitigen. Hierbei soll das Augenmerk insbesondere auf die Beschlagnahme sowie Durchsuchungsmöglichkeiten gelegt und gesetzliche Anreize zur Aufklärungshilfe durch Internal Investigations und zur anschließenden Offenlegung der hieraus gewonnenen Erkenntnisse geschaffen werden.[895]

Indem die Regierungsparteien diese Ziele in ihren Koalitionsvertrag aufgenommen haben, zeigen sie nicht lediglich, dass sie die bestehenden Rechtsunsicherheiten erkannt haben. Vielmehr erkennen sie auch die Bedeutung der Untersuchungen als wesentliches Aufklärungsinstrument an und machen deutlich, dass die Zusammenarbeit zwischen den Unternehmen und Ermittlungsbehörden weiter etabliert werden soll. Einfluss hierauf wird neben den Verfahren der Jahre 2010 bis 2015 insbesondere der viel diskutierte Diesel-Skandal genommen haben.[896]

Im Schrifttum hat es zahlreiche Publikationen gegeben, die dem Vorhaben der Schaffung eines Unternehmensstrafrechts nach Veröffentlichung des Koalitionsvertrages kritisch entgegengetreten sind. In diesem Zusammenhang wurde zum Teil von der endgültigen Kapitulation des Staates bis hin zu Privatisierung der Strafverfolgung und einem endgültigen Aufbrechen des Konfliktes zwischen dem Unternehmen und den Verantwortlichen gesprochen. Auch dürfen Ermittler nicht zum verlängerten Arm des Staates berufen werden.[897] Auf der anderen Seite erscheinen Aufsätze, die sich mit der Thematik auseinandersetzen und notwendige Inhalte der Regelungen für das Gesetz formulieren.[898]

Nachdem bereits einige Unternehmungen angestrengt worden sind, um eine gesetzliche Regelung des Unternehmensstrafrechts herbeizuführen und die Diskussion nach dem Vorstoß durch den NRW-Entwurf und den Gesetzgebungsvorschlag

---

895 *CDU, CSU, SPD*: Koalitionsvertrag 19. Legislaturperiode, März 2018, abrufbar unter https:// www.cdu.de/system/tdf/media/dokumente/koalitionsvertrag_2018.pdf?file=1 (zuletzt geprüft am 22.07.2020).

896 *Süße*, ZIS 2018, 350 (350/351).

897 *Beukelmann*, NJW-Spezial 2018, 504; *Mitsch*, NZWiSt 2014, 1; *Petrasch*, StV 2019, 1.

898 *Bittmann/Brockhaus/Coelln u. a.*, NZWiSt 2019, 1; *Reuling/Schoop*, ZIS 2018, 361; *Süße*, ZIS 2018, 350.

für eine Änderung der §§ 30, 130 OWiG zunächst stagnierte, erfreute sich die Thematik insbesondere im Zusammenhang mit der steigenden Anzahl bekannter Verfahren einer immer größer werdenden Bedeutung. Dass die Rufe nach einer gesetzlichen Regelung der Thematik der Internal Investigations sowie der damit verbundenen Probleme immer lauter wurden, konnte im Rahmen dieses Promotionsvorhabens bereits im Zusammenhang mit der Untersuchung der nach dem Diesel-Skandal veröffentlichten Literatur festgestellt werden. Die im Kölner Entwurf vorgeschlagene Vorgehensweise, dass sich die Internal Investigations den Regelungen des Unternehmensstrafrechts anschließen, ergibt auch in den Augen der Verfasserin einen Sinn.

e.) Die Frankfurter Thesen

Kurze Zeit darauf – im Mai 2018 – stellten Prof. Jahn, die wissenschaftliche Mitarbeiterin Schmitt-Leonary und Rechtsanwalt Schoop ihre „Frankfurter Thesen" zur Regelung der Unternehmensverantwortung für Unternehmenskriminalität vor. Statt einer Optimierung des Ordnungswidrigkeitenrechts oder der Einführung einer Kriminalstrafe gegen Unternehmen schlagen die Verfasser eine parastrafrechtliche Gesamtstrategie unter Ablehnung der Unternehmenskriminalstrafe vor. Sie haben Leitlinien zur parastrafrechtlichen Unrechtsfixierung sowie einer prozessualen Ausgestaltung parastrafrechtlicher Verfahren veröffentlicht. Nach Ansicht der Verfasser ist Unternehmenskriminalität ein individuell abweichendes Verhalten, das in funktionellem Zusammenhang zum Unternehmen erfolgt. Grundlage ist die Verminderung der Passiva bei gleichzeitiger Erhöhung der Aktiva. Die im Rahmen der wirtschaftlichen Tätigkeit eingegangenen Verpflichtungen werden nicht eingehalten und ein strafrechtlicher Erfolg wird verursacht, Geschehnisse, für die das Unternehmen conditio sine qua non war.[899] Die bereits mehrfach vorgeschlagene Unternehmenskriminalstrafe wird seitens der Verfasser gleichwohl mit der Begründung abgelehnt, dass ein theoretisches Modell der Schuldbegründung mit der im deutschen System geltenden personalen, individuellen kriminalstrafrechtlichen Schuldzuschreibung nicht in Einklang zu bringen ist.[900]

Daraus ergibt sich schlussfolgernd, dass die Verantwortung des Unternehmens für die Unternehmenskriminalität nur über eine retrospektive Gesamtstrategie zugerechnet werden kann. Hierbei darf das Unternehmen nicht die automatische

---

899 *Jahn/Schmitt-Leonardy/Schoop*, wistra 2018, 27 (28).
900 *Jahn/Schmitt-Leonardy/Schoop*, wistra 2018, 27 (28).

Folgenverantwortung für Fehlverhalten von Mitarbeitern tragen, sodass sie nicht per se als „Verbandsattitüde" bewertet werden, gleichwohl es die Verantwortung für Taten und Routinen trägt, die Teil der Unternehmensmatrix werden oder sind, weil sie sich zu Entscheidungsprämissen des Unternehmens entwickeln. Als Leitlinie des Verfahrens sehen die Verfasser den Folgenverantwortungsdialog, mithin ein theoretisches Konzept, mit dem der konkrete Verantwortungsgrad des Unternehmens für die Rechtsgutsverletzung nach Pflichtwidrigkeit und hierauf bezogener organisationaler Intendiertheit zugerechnet wird. Im Rahmen der prozessualen Ausgestaltung soll das Unternehmen nach Meinung der Verfasser die Rolle einnehmen, in der die effektive Verteidigung möglich ist und transparente Verfahrensrechte garantiert werden, die dem Fair-trial-Grundsatz entsprechen. Das Unternehmen hat Anspruch auf rechtliches Gehör und der nemo-tenetur-Grundsatz findet derart Anwendung, dass eine Verpflichtung des Unternehmens, sich selbst zu belasten, nicht besteht. Daneben sind die Ergebnisse der internen Aufklärung beschlagnahmefrei, wobei sich die Freiheit aus § 97 Abs. 1 Nr. 3 StPO oder § 160a StPO ergeben kann. Für die Sanktionierung schlagen die Verfasser ein spezialpräventives Sanktionierungskonzept vor, bei dem die Aufklärungsbemühungen des Unternehmens durch Internal Investigations und Selbstreinigungsprozesse Berücksichtigung finden sollen.[901]

Gleich dem Kölner Entwurf und den Zielen im Koalitionsvertrag finden im Zusammenhang mit der Diskussion um die Einführung eines Unternehmensstrafrechts die Internal Investigations Berücksichtigung. Ebenso wie in dem Entwurf des Landes NRW sowie dem Gesetzgebungsvorschlag besteht die Möglichkeit des Unternehmens, durch eigene Maßnahmen – hier mittels Durchführung von Untersuchungen – die zu erwartende Strafe zu mildern.

f.) Der Referentenentwurf des BMJV

Weil sich die Beteiligten im Rahmen des Koalitionsvertrages zum Ziel gesetzt haben, sicherzustellen, die Wirtschaftskriminalität wirksam zu verfolgen, angemessen zu ahnden und gesetzliche Vorgaben für Internal Investigations zu schaffen, musste diesbezüglich ein Entwurf vorgelegt werden. Nachdem die vorgenannten Entwürfe – insbesondere derjenige aus NRW im Jahr 2014 sowie derjenige aus Köln im Jahr 2017 – Grundlage einer breiten Diskussion gewesen sind, legte des Bundesjustizministerium (BMJV) im August 2019 – wenn auch unfreiwillig – den „Referentenentwurf eines Verbandssanktionengesetzes"

---

901 *Jahn/Schmitt-Leonardy/Schoop*, wistra 2018, 27 (29–31).

vor. Das aus 69 Paragraphen bestehende Regelwerk enthält unter anderem ein verschärftes Ordnungswidrigkeitenrecht, den Zwang der Staatsanwaltschaft, bei Anfangsverdacht zu ermitteln und eine sich an der Wirtschaftskraft des Unternehmens orientierende Sanktionshöhe. Darüber hinaus ist die Anwendbarkeit der StPO sowie des StGB und des GVG für einige Fälle geregelt. Das Herzstück des Entwurfes sind hingegen die Regelungen zu den Internal Investigations, die den Mittelpunkt des Gesetzes bilden und Anreiz für rechtstreues Verhalten der Unternehmen bieten sollen.[902]

Inhalt, Verfasser und Grundlage sollen hingegen nicht lediglich im Rahmen einer Aufzählung an dieser Stelle, sondern im Folgenden detaillierter aufgeführt werden. Weil das BMJV im April 2020 unter neuem Namen jedoch einen finalen Entwurf vorgelegt, den die Bundesregierung am 16. Juni 2020 beschlossen hat, soll die neue Version Gegenstand der nachfolgenden Ausführungen werden. Über diesen beraten nunmehr Bundesrat und Bundestag. Im Vergleich zum Entwurf aus August 2019 enthält der finale Entwurf einen Paragraphen weniger. Die ursprünglich geplante Verbandsauflösung (§14) als „Todesstrafe" für die Unternehmen wurde entfernt. Des Weiteren hat eine Namensänderung stattgefunden. Aus dem „Gesetz zur Bekämpfung der Unternehmenskriminalität" wurde das „Gesetz zur Stärkung der Integrität und Wirtschaft".[903]

2.) Die Inhalte des Referentenentwurfes des Gesetzes zur Stärkung der Integrität in der Wirtschaft

Der im April 2020 vorgelegte Entwurf ist mit seinen 68 Paragraphen länger als der lediglich 22 Vorschriften umfassende Kölner Entwurf. Während bei dem Kölner Entwurf diese lediglich hintereinander aufgezählt worden sind, gliedert sich der Referentenentwurf in sieben Teile. Die §§ 1, 2 regeln die Allgemeinen Vorschriften, die §§ 3 bis 7 die Voraussetzungen der Sanktionierung und Ausfallhaftung und die §§ 8 bis 21 die Rechtsfolgen, wobei diese sich in die Sanktionen

902 *Bundesministerium der Justiz und für Verbraucherschutz*: Referentenentwurf, August 2019, abrufbar unter http://www.strafverteidiger.de/RefE%20UK.pdf (zuletzt geprüft am 26.07.2020); *Kaufmann/Sehl*: Wo bleibt eigentlich das Sanktionsrecht für Unternehmen?, März 2020, abrufbar unter https://www.lto.de/recht/hintergruende/h/unternehmensstrafrecht-wo-bleibt-ver-bandssanktionengesetz-cdu-csu-spd-bmjv-gesetzentwurf/ (zuletzt geprüft am 26.07.2020); *Köllner*, NZI 2020, 60.

903 *Sehl/Lorenz*: So sollen Unternehmen sanktioniert werden, abrufbar unter https://www.lto.de/ recht/hintergruende/h/bmjv-bmwi-entwurf-verbandssanktionen-unternehmen-strafen-internal-investigations/ (zuletzt geprüft am 26.07.2020).

(§§ 8 bis 14) und die Sanktionszumessung (§§ 15 bis 20) unterteilen. In Teil vier werden in den §§ 21, 22 Regelungen zu Verjährung getroffen, die §§ 23 bis 53 beinhalten Zuständigkeiten und Verfahrensvorschriften, die §§ 54 bis 66 das Verbandssanktionenregister und die §§ 67, 68 die Schlussbestimmungen.[904]

Neben einigen Gemeinsamkeiten mit dem Kölner Entwurf, die zwar oft nicht an selber Stelle verankert sind, jedoch den gleichen Inhalt aufweisen[905], gibt es eine Reihe Unterschiede,[906] von denen im Folgenden hingegen wegen der Relevanz für das Promotionsvorhaben nur diejenigen zu den Internal Investigations Berücksichtigung finden sollen.

Während § 18 des Kölner Entwurfes unter der Überschrift „Internal Investigations" neben der Definition festlegt, dass den Rechtsanwälten und Syndikusrechtsanwälten ein Zeugnisverweigerungsrecht zusteht, die Aufzeichnungen aus den Untersuchungen nicht beschlagnahmefähig sind und hinsichtlich der von Zeugen im Rahmen der Untersuchung getätigten Aussage in einem gegen sie gerichteten Verfahren ohne deren Zustimmung ein Beweisverwertungsverbot besteht, ist § 16 des Referentenentwurfes kürzer formuliert. Dieser regelt lediglich, dass verbandsinterne Untersuchungen durch den Verband selbst, aber auch durch Dritte durchgeführt werden dürfen. Eine Definition bleibt hingegen aus. Die Verfasser sprechen hier von verbandsinternen Untersuchungen unter

---

904 *Bundesministerium der Justiz und für Verbraucherschutz*: Referentenentwurf, April 2020, abrufbar unter https://www.bmjv.de/SharedDocs/Gesetzgebungsverfahren/Dokumente/RefE_Staerkung_Integritaet_Wirtschaft.pdf?__blob=publicationFile&v=1 (zuletzt geprüft am 26.07.2020).

905 Während das Legalitätsprinzip im Kölner Entwurf in § 13 festgeschrieben worden ist, findet es im Referentenentwurf lediglich durch den Verweis auf die StPO sowie die Wortwahl beispielsweise in § 3 „wird verhängt" Anwendung. Gleich sind ebenfalls die Begriffsbestimmungen bzgl. der Anwendbarkeit sowie die Regelungen zur Rechtsnachfolge.

906 Der Ausschluss der Sanktionen ist lediglich im Referentenentwurf berücksichtigt worden. Daneben findet die Auflösung des Verbandes (§14 Referentenentwurf) nach dem alten Entwurf noch statt, die es im Kölner Entwurf nicht gegeben hat. Diese ist hingegen im Referentenentwurf 2020 hingegen auch wieder entfernt worden. Auch die Regelungen zur Sanktionshöhe sind unterschiedlicher Natur; *Bundesministerium der Justiz und für Verbraucherschutz*: Referentenentwurf, August 2019, abrufbar unter http://www.strafverteidiger.de/RefE%20UK.pdf (zuletzt geprüft am 26.07.2020); *Henssler/Hoven/Kubiciel u. a.*, NZWiSt 2018, 1; *Bundesministerium der Justiz und für Verbraucherschutz*: Referentenentwurf, April 2020, abrufbar unter https://www.bmjv.de/SharedDocs/Gesetzgebungsverfahren/Dokumente/RefE_Staerkung_Integritaet_Wirtschaft.pdf?__blob=publicationFile&v=1 (zuletzt geprüft am 26.07.2020).

Meidung des Wortes „Internal Investigations". § 17 ist sodann im Vergleich zur Formulierung des Kölner Entwurfes deutlich aufwändiger und detaillierter formuliert. Neben den Regelungen zur Durchführung der verbandsinternen Untersuchungen bestimmt § 17 Abs. 1 die zwingende Milderung der Sanktion dann, wenn der Verband einen Beitrag zur Aufklärung leistet. Zudem darf der Beauftragte nicht Verteidiger des Verbandes sein, es muss eine uneingeschränkte Zusammenarbeit mit den Strafverfolgungsbehörden geben und die Ergebnisse der Untersuchungen einschließlich der für diese wesentlichen Dokumente, müssen herausgegeben werden. § 17 Abs. 1 Nr. 5 regelt daneben, dass die Durchführung der Untersuchung nach den Grundsätzen des fairen Verfahrens zu erfolgen hat. Hierbei sind die Mitarbeiter des Verbandes zum einen vor ihrer Befragung auf die Verwertung ihrer Aussage im Strafverfahren gegen sie hinzuweisen. Zum anderen sind sie vor Befragung darauf hinzuweisen, dass ihnen das Recht zusteht, einen Rechtsanwalt oder ein Mitglied des Betriebsrates hinzuzuziehen und die Auskunft im Falle der Selbstbelastung oder der Gefährdung eines Angehörigen gemäß § 52 Abs. 1 StPO zu verweigern. Unter diesen Voraussetzungen soll das Gericht die Sanktion mildern. Hier liegt ein wesentlicher Unterschied zum Entwurf aus August 2019, da dieser durch die Formulierung „kann mildern" dem Gericht eine Wahlmöglichkeit gegeben hat.[907] § 17 Abs. 2 bestimmt sodann die Dokumentationspflicht der Durchführung der Untersuchungen. Der mit dem Entwurf im Jahr 2020 neu eingefügte § 17 Abs. 3 regelt, dass das Gericht bei der Entscheidung nach § 17 Abs. 1 insbesondere Art und Umfang der offenbarten Tatsachen und deren Bedeutung für die Aufklärung der Tat, Zeitpunkt und Ausmaß der Unterstützung durch den Verband zu berücksichtigen hat und eine Minderung ausgeschlossen ist, wenn eine Offenbarung erst nach Eröffnung des Hauptverfahrens erfolgt. Die Definition der verbandsinternen Untersuchungen bleibt hingegen weiterhin aus.[908]

Bei Vergleich der vorgenannten Regelungen fällt nicht nur auf, dass im Referentenentwurf auf eine Definition verzichtet worden ist. Vielmehr setzt eine

---

907 *Bundesministerium der Justiz und für Verbraucherschutz*: Referentenentwurf, August 2019, abrufbar unter http://www.strafverteidiger.de/RefE%20UK.pdf (zuletzt geprüft am 26.07.2020).

908 *Bundesministerium der Justiz und für Verbraucherschutz*: Referentenentwurf, August 2019, abrufbar unter http://www.strafverteidiger.de/RefE%20UK.pdf (zuletzt geprüft am 26.07.2020); *Bundesministerium der Justiz und für Verbraucherschutz*: Referentenentwurf, April 2020, abrufbar unter https://www.bmjv.de/SharedDocs/Gesetzgebungsverfahren/Dokumente/RefE_Staerkung_Integritaet_Wirtschaft.pdf?__blob=publicationFile&v=1 (zuletzt geprüft am 26.07.2020); *Köllner*, NZI 2020, 60 (62).

Strafmilderung in vielen Fällen eine Selbstanzeige des Unternehmens voraus und fordert gleichzeitig die Herausgabe potentiell belastenden Materials. Die Staatsanwaltschaften sind auf Grund des Legalitätsprinzips nunmehr verpflichtet, bei Anfangsverdacht zu ermitteln.[909] Auf den noch im Kölner Entwurf enthaltenden und im Schrifttum der vergangenen Jahre vielfach diskutieren Beschlagnahmeschutz wird verzichtet, wobei zeitgleich eine Änderung der §§ 97, 160a StPO dahingehend erfolgt, auf die später näher eingegangen werden soll.[910]

Grundlage der in § 17 Abs. 1 Nr. 5 formulierten Anforderungen für die Befragung der Mitarbeiter sind für den Hinweis auf die Verwertbarkeit der Aussage sowie das Recht auf Hinzuziehung eines Rechtsanwalts oder Mitglied des Betriebsrates die ebenfalls im Rahmen dieses Vorhabens erörterten Thesen der BRAK. Zu dem Recht auf Auskunftsverweigerung sowie der Hinweispflicht des Befragenden führt das Bundesjustizministerium umfassend aus und bezieht eine Vielzahl der Überlegungen mit ein, die bereits Gegenstand der hier untersuchten Literatur gewesen sind. Die Regelung soll Klarheit schaffen, da insbesondere in der Fachliteratur davon ausgegangen worden ist, dass ein Zwang zur Selbstbelastung aus arbeitsrechtlicher Sicht besteht, was zu verneinen ist. Das Bundesjustizministerium erörtert weiter, dass die in diesem Zusammenhang beispielsweise von Kasiske und Greco/Caracas[911] angenommene Kombination von einem geschaffenen Aussagezwang und einem Beweisverwertungsverbot Defizite aufweise und die Entscheidung in die Hände der Ermittler legen würde. Auch die Übertragung der Grundsätze des Gemeinschuldnerbeschlusses schlägt hier fehl, da der Gedanke, dass der Staat erst zwingt und dann verwendet, auf die Situation der Internal Investigations nicht anwendbar ist. Die Konfliktlage entsteht hier nicht aus dem Widerspruch der gesetzlichen Verpflichtung zum nemo-tenetur-Grundsatz, sondern aus freiwillig eingegangener Verpflichtung. Damit greift das Bundesjustizministerium die Argumentation des LG Hamburg auf.[912]

---

909 *Kaufmann*: Regierungsentwurf zur Unternehmenssanktion, Juni 2020, abrufbar unter https://www.lto.de/recht/hintergruende/h/verbandssanktionen-unternehmen-strafen-regierung-entwurf-beschlossen-interne-untersuchungen/,/ (zuletzt geprüft am 22.07.2020).

910 *Bundesministerium der Justiz und für Verbraucherschutz*: Referentenentwurf, April 2020, abrufbar unter https://www.bmjv.de/SharedDocs/Gesetzgebungsverfahren/Dokumente/RefE_Staerkung_Integritaet_Wirtschaft.pdf?__blob=publicationFile&v=1 (zuletzt geprüft am 26.07.2020).

911 *Greco/Caracas*, NStZ 2015, 7; *Kasiske*, NZWiSt 2014, 262.

912 *Bundesministerium der Justiz und für Verbraucherschutz*: Referentenentwurf, April 2020, abrufbar unter https://www.bmjv.de/SharedDocs/Gesetzgebungsverfahren/

Im Zusammenhang mit dem Entwurf wurde im Rahmen einer Änderung der StPO für die in der hier untersuchten Literatur vielfach diskutierten Problematiken des Verhältnisses von §§ 97, 160a StPO und der Reichweite des § 97 Abs. 1 Nr. 3 StPO Klarheit geschaffen. Der neue § 160a Abs. 5 StPO regelt nunmehr, dass die Absätze 1 bis 4 auf die §§ 94, 95, 100c, 100g, 102, 103, 110 StPO keine Anwendung finden und bestimmt dabei ausdrücklich das Spezialitätsverhältnis zwischen § 97 und § 160a StPO. Begründet wird die Änderung damit, dass seither § 160a StPO nicht gelten sollte, soweit eine Spezialregelung vorhanden ist. Dies soll durch die Änderung lediglich verdeutlicht und dem Grundgedanken des Gesetzgebers von der Differenzierung der Vorschriften Rechnung getragen werden. Daneben sind unterschiedliche Maßstäbe der Vorschriften gerechtfertigt, da andernfalls der gutgläubige Rechtsanwalt als „Safehouse" genutzt werden kann. Damit übernimmt das Bundesjustizministerium den Einwand des BVerfG aus seinem Beschluss.[913] Für § 97 Abs. 1 Nr. 3 StPO soll im Rahmen der Gesetzesänderung klargestellt werden, dass dieser eine Beschlagnahmefreiheit lediglich für solche Gegenstände und ärztliche Unterlagen anordnet, die dem Vertrauensverhältnis des Beschuldigten zu den in § 53 Abs. 1 Nr. 1 bis 3b StPO genannten zuzurechnen sind und auf die sich das Zeugnisverweigerungsrecht erstreckt. Damit wird eine jahrelange Diskussion um den Wortlaut der Vorschrift beendet und sich nach den Ausführungen des Bundesjustizministeriums überwiegenden Literatur und Rechtsprechung[914] angeschlossen. Eine weitere Änderung der Reichweite erfolgt in § 97 Abs. 2 StPO. Dieser wird in S. 2 nummeriert und um die Regelung ergänzt, dass die Beschlagnahmebeschränkung für

---

Dokumente/RefE_Staerkung_Integritaet_Wirtschaft.pdf?__blob=publicationFile&v=1 (zuletzt geprüft am 26.07.2020).

913 *Bundesministerium der Justiz und für Verbraucherschutz*: Referentenentwurf, April 2020, abrufbar unter https://www.bmjv.de/SharedDocs/Gesetzgebungsverfahren/Dokumente/RefE_Staerkung_Integritaet_Wirtschaft.pdf?__blob=publicationFile&v=1 (zuletzt geprüft am 26.07.2020); *BVerfG – Beschl. v. 27.06.2018 – 2 BvR 1405/17, 2 BvR 1780/17.*

914 Es wird auf die Beschlüsse der *Landgerichte Hamburg* und *Braunschweig* sowie auf die Kommentarliteratur von *Schmitt* in *Meyer-Goßner*; *Menges* in *Löwe-Rosenberg*, verwiesen. *LG Hamburg – Beschl. v. 15.10.2010 – 608 Qs 18/10*; *LG Braunschweig – Beschl. v. 21.07.2015 – 6 Qs 116/15*; *Schmitt*, in: *Meyer-Gossner/Schmitt* (Hrsg.), Strafprozessordnung, 63. Auflage: § 97, Rn. 10a; *Schäfer*, in: *Erb/Esser/Franke u. a.* (Hrsg.), Löwe-Rosenberg, Die Strafprozessordnung und das Gerichtsverfassungsgesetz, 26. Auflage, Band 3: § 97, Rn. 75; *LG Mannheim – Beschl. v. 03.07.2012 – 24 Qs 1/12 / 24 Qs 2/12*; *Jahn/Kirsch*, StV 2011, 151.

solche Aufzeichnungen und Gegenstände nicht gilt, zu deren Aufbewahrung ein Kaufmann oder Gewerbebetrieb verpflichtet ist. Auch dies folgt aus dem Argument des BVerfG, dass Unterlagen durch Abgabe in den „sicheren Hafen" nicht der Beschlagnahme entzogen werden dürfen. § 97 wird um Abs. 6 ergänzt, der die Grenzen des § 97 auch auf die Durchsuchung erstreckt und § 160a StPO ergänzen soll.[915] Grundsätzlich können damit Unterlagen aus den Untersuchungen beschlagnahmt und verwertet werden, solche aus der Strafverteidigung hingegen nicht.

Bereits der unfreiwillig veröffentlichte Entwurf aus August 2019 wurde stark kritisiert. Von einigen wird weiterhin die Notwendigkeit eines solchen Gesetzes in Frage gestellt.[916] Entgegen einiger Stimmen habe der Diesel-Skandal gezeigt, dass die bisherigen Regelungen zur Sanktionierung von Verbänden ausreichen. Grundsätzlich positiv stehen die Kritiker jedoch den Regelungen zu den Internal Investigations gegenüber, weil sie Anreize für gesetzeskonformes Verhalten schaffen und durch die klaren Regelungen die in der Vergangenheit bestehende Rechtsunsicherheit beseitigt werden kann. Auswirkung wird sein, dass sich die Anzahl der Untersuchungen erhöht. Durch die Vorschriften zur Zusammenarbeit mit den Strafverfolgungsbehörden und dem Zwang bei Strafmilderung diesen die Ergebnisse zur Verfügung zu stellen, werden den Behörden die Ergebnisse und ggfs. selbstbelastenden Angaben der Mitarbeiter auf dem Silbertablett präsentiert und die staatliche Ermittlungstätigkeit auf den privaten Bereich ausgelegt.[917]

Auch der Entwurf aus April 2020 hat von Wirtschaftsverbänden und Rechtsanwälten Kritik erhalten, Professoren sehen an manchen Stellen Nachholbedarf, begrüßen den Entwurf jedoch an sich. Insbesondere durch die Beachtung

915 *Bundesministerium der Justiz und für Verbraucherschutz*: Referentenentwurf, April 2020, abrufbar unter https://www.bmjv.de/SharedDocs/Gesetzgebungsverfahren/Dokumente/RefE_Staerkung_Integritaet_Wirtschaft.pdf?__blob=publicationFile&v=1 (zuletzt geprüft am 26.07.2020).

916 Eine mangelnde Notwendigkeit sieht insbesondere *Schauer*, AnwBl. Online 2020, S. 313. Er hält hinsichtlich der Geldbuße eine Anpassung des § 30 OWiG, sowie in Bezug auf die Internal Investigations eine Ergänzung der StPO für ausreichend, um Rechtssicherheit vermittelnde Regelungen zu schaffen.

917 *Gercke/Grötzinger*: Zuckerbrot und Peitsche, abrufbar unter https://www.lto.de/persistent/ a_id/37225/ (zuletzt geprüft am 26.07.2020); *Sehl*: Ein Strafgesetz, das nicht strafen will?, abrufbar unter https://www.lto.de/recht/hintergruende/h/unternehmen-sanktionsrecht-gesetz-referentenent-wurf-bmjv-kriminalitaet/ (zuletzt geprüft am 26.07.2020); *Ott/Lüneborg*, CCZ 2019, 71; *Köllner*, NZI 2020, 60.

der Grundsätze des fairen Verfahrens sowie das Recht des Unternehmens zu Schweigen, sind einige jahrelang kritisierte Punkte berücksichtigt worden. Kritik erfahren hat insbesondere die Trennung zwischen strafrechtlicher Verteidigung und anwaltlicher Vertretung sowie die Beschlagnahmefreiheit nur im Vertrauensverhältnis.[918]

3.) Die Autoren der Entwürfe und ihre Biographien

In Anlehnung an das Vorgenannte soll in gebotener Kürze auf die Verfasser des Kölner Entwurfes sowie auf diejenigen des Referentenentwurfes eingegangen werden. Der Kölner Entwurf wurde von einer Forschergruppe veröffentlicht, die aus Prof. Dr. Martin Henssler, Prof. Dr. Elisa Hoven, Prof. Dr. h.c. Michael Kubiciel und Prof. Dr. Thomas Weigend bestand.[919] Die Forschungsgruppe Verbandsstrafrecht hat sich im Jahr 2014 zusammengeschlossen, um rechtsgebietsübergreifend und interdisziplinär an der Universität zu Köln zur Anwendung einer Verbandsstrafe in der unternehmerischen, rechtsberatenden und gerichtlichen Praxis zu forschen und sich mit den Problemen auseinanderzusetzen, die sich Unternehmen, Strafverfolgungsbehörden, Gerichten und der Anwaltschaft unmittelbar während eines Verfahrens oder im Anschluss an die Einführung eines solchen Gesetzes stellen. Im Rahmen einer deutschlandweiten Untersuchung der Anwendung des geltenden Rechts wurde sowohl auf die Erfahrungen von Praktikern aus den USA und Österreich, als auch die Meinung einer Expertengruppe – bestehend aus Wissenschaftler/-innen, Vertreter/-innen von Unternehmen und Verbänden sowie der Rechtspraxis – Bezug genommen.[920] Gleichwohl im Rahmen der Untersuchungen die Meinungen und Erfahrungen von Unternehmen und der Rechtspraxis miteinbezogen worden sind, liegt die Federführung dieses Entwurfes bei der Wissenschaft.

---

918 *Kaufmann*: Regierungsentwurf zur Unternehmenssanktion, Juni 2020, abrufbar unter https://www.lto.de/recht/hintergruende/h/verbandssanktionen-unternehmen-strafen-regierung-entwurf-beschlossen-interne-untersuchungen/,/ (zuletzt geprüft am 22.07.2020); *Sehl/Lorenz*: So sollen Unternehmen sanktioniert werden, abrufbar unter https://www.lto.de/recht/hinter-gruende/h/bmjv-bmwi-entwurf-verbandssanktionen-unternehmen-strafen-internal-investigations/ (zuletzt geprüft am 26.07.2020).

919 *Henssler/Hoven/Kubiciel u. a.*, NZWiSt 2018, 1; *Kölner Entwurf*: Forschungsgruppe, abrufbar unter https://verbandsstrafrecht.jura.uni-koeln.de/ (zuletzt geprüft am 26.07.2020).

920 *Henssler/Hoven/Kubiciel u. a.*, NZWiSt 2018, 1.

Demgegenüber ist der Referentenentwurf aus der Feder des Bundesministeriums der Justiz und für Verbraucherschutz.[921] Es kann hier durch die Verfasserin der vorliegenden Arbeit nicht nachgewiesen werden, welche Angestellten des Ministeriums an dem Entwurf mitgewirkt haben. Eine präzise Bestimmung der Verfasser ist jedoch für das vorliegende Promotionsvorhaben nicht von Bedeutung, da sich auf Grund der Tatsache, dass an einem solchen Entwurf Angestellte des Ministeriums mitwirken, eine ausschließliche oder überwiegende Tätigkeit in der Wissenschaft mithin verneint werden kann. Demzufolge stehen sich ein Entwurf der Wissenschaft und ein Entwurf der Praxis gegenüber, wobei lediglich derjenige aus der Praxis nunmehr Eingang in das Gesetzgebungsverfahren gefunden hat.

4.) Zwischenergebnis

Entgegen dem bisherigen Vorgehen wurde im Vorgenannten nicht die veröffentlichte Literatur untersucht, sondern ein historischer Überblick über die Entstehungsgeschichte zur Regelung von Unternehmenssanktion gegeben. Während über die Einführung eines Unternehmensstrafrechts bereits Jahrzehnte diskutiert worden ist, wurden die Forderungen nach einem Gesetz zu den Internal Investigations stetig geäußert, jedoch erst nach der Entscheidung des BVerfG lauter. Mit ihnen sollten gleichzeitig Anreize zur Aufklärungshilfe und zur Durchführung der Untersuchungen und mithin einem Zusammenspiel von Unternehmen und staatlichen Ermittlungsbehörden geschaffen werden. Gleichwohl es in Bezug auf die Regelungen zu den Untersuchungen überwiegend positive Kritik gibt, sehen andere Verfasser darin eine Verlagerung der Ermittlungen auf Private mit der Folge eines leichten Zugriffs ohne Arbeitsaufwand im Anschluss durch die Behörden und einer mangelnden Geltung staatlicher Grundsätze. Auch in der Literatur hat es Vorschläge zu einzelnen Regelungen gegeben.

Sämtliche vorgenannten Entwürfe miteinander verglichen ist festzustellen, dass in allen eine Anwendbarkeit der Vorschriften der StPO, des StGB sowie des GVG geregelt ist, wenngleich sich die einzelnen Vorschriften unterscheiden. Während der Entwurf des Landes NRW aus dem Jahr 2013 keine Regelungen zu den Internal Investigations enthält, gibt es 22 Paragraphen, die sich mit dem Strafrecht für Unternehmen beschäftigen. Der Gesetzgebungsvorschlag zur

---

921 *Bundesministerium der Justiz und für Verbraucherschutz*: Referentenentwurf, April 2020, abrufbar unter https://www.bmjv.de/SharedDocs/Gesetzgebungsverfahren/Dokumente/RefE_Staerkung_Integritaet_Wirtschaft.pdf?__blob=publicationFile&v=1 (zuletzt geprüft am 26.07.2020).

Änderung der §§ 30, 130 OWiG stellt einen Gegenentwurf dar, der in Gänze unterschiedlich ist, jedoch ebenfalls keine Regelungen zu den Internal Investigations enthält. Diese finden erst Jahre später im veröffentlichten Kölner Entwurf Berücksichtigung, nachdem die Diskussion um ein Unternehmensstrafrecht und die Forderung nach einer gesetzlichen Regelung der Untersuchungen u.a. durch den Diesel-Skandal und die Cum-Ex-Affäre angetrieben worden sind. Der von einer Gruppe von Wissenschaftlern erarbeitete Entwurf bezieht die in den Jahren vorher diskutierten Praxisprobleme mit ein, definiert die Untersuchungen und sucht eine alle Interessen berücksichtigende und alle Rechte schützende Lösung, wobei auch hier eine Anwendbarkeit der StPO, des StGB und des GVG angestrengt wird. Der im gleichen Jahr vorgelegte Koalitionsvertrag festigt die Zielsetzung der Regierung zur Schaffung eines Unternehmensstrafrechts nebst gesetzlicher Regelung der Internal Investigations. Die wenig später u.a. von Prof. Jahn veröffentlichten Frankfurter Thesen beinhalten einen gegensätzlichen Vorschlag, der jedoch nicht weiter Berücksichtigung gefunden hat.

Schließlich hat das BMJV im Jahr 2019 sowie wiederholt im April 2020 einen Referentenentwurf vorgelegt, der mehr Regelungen aufweist. Gleich der übrigen Regelungen wird auch hier für bestimmte Bereiche eine Anwendbarkeit der StPO, des StGB und des GVG vorgesehen. Im Vergleich zum Kölner Entwurf, der die diskutierten Probleme des Zeugnisverweigerungsrechts, des Beschlagnahme- und Verwertungsverbotes sowie den nemo-tenetur-Grundsatz berücksichtigt hat, findet sich im Referentenentwurf lediglich eine Vorschrift zur Selbstbelastungsfreiheit wieder. Des Weiteren fehlt die Definition der Internal Investigations.

Wenngleich auch die am Entwurf des BMJV Mitwirkenden an dieser Stelle nicht benannt werden können, wird davon ausgegangen, dass die Beteiligung der universitären Wissenschaft, die im Kölner Entwurf eine ausschließliche ist, vorliegend nicht bejaht werden kann. In diesem Zusammenhang lässt sich konstatieren, dass der Entwurf der Wissenschaft eine Lösung für sämtliche in den Vorjahren diskutierten Probleme sowie eine Definition der Untersuchungen enthält, um den Zweck eines solchen Vorhabens – die Gewinnung von Rechtssicherheit – zu erreichen. Dies kann der aktuelle Entwurf des BMJV nicht erreichen. Abschließend kann festgehalten werden, dass im Entwurf diejenigen Argumente der Praxis, insbesondere des BVerfG Berücksichtigung gefunden haben, während die Ansicht der Wissenschaft, hier aufgeführt durch Prof. Kasiske, kritisiert worden ist. In Bezug auf die dem Promotionsvorhaben zugrundeliegende Fragestellung kann somit festgehalten werden, dass auch hier der universitären Wissenschaft eine nachgeordnete Position zukommt, weil ihre Ansicht nur durch einen Aufsatz zitiert und kritisiert wird.

§ 4 Unzertrennbare Welten?!

„Die Wissenschaft ist der Kapitän und die Praxis, das sind die Soldaten.“[922] Als Einleitung in das Promotionsvorhaben, wies dieses Zitat die Wissenschaft als Avantgardisten gegenüber den Praktikern aus, deren Handeln als von Anweisungen bestimmt und von Befehlen geprägt erscheint. Unklar blieb jedoch, auf welche Wissenschaft und welche Praxis der Zitierte diese Aussage bezogen hat. Die Verfasserin hat zugrunde gelegt, dass mit dem Zitat nicht das Verhältnis und die Arbeitsweisen von Wissenschaft und Praxis im Strafrecht, nicht einmal um dasjenige des Rechts allgemein angesprochen werden sollte. Gleichwohl im Zusammenhang mit der Kommentarliteratur sowie der Festgabe zum 50. Jubiläum des Bestehens des Bundesgerichtshofes und einer Vielzahl von Tagungen, auf denen sowohl Professoren als auch Praktiker referieren, angenommen werden kann, dass Wissenschaft und Praxis in Vertrautheit und kreativem Austausch leben, zeigen sie sich im juristischen Alltag oft eher als fremde seltsame Welten als unzertrennbare Einheit.[923] Ausgangslage des Promotionsvorhabens war daher, dass die Strafrechtswissenschaft der Universität eine eher grundlagenbezogene Wissenschaft ist, die bei der Entscheidungsfindung aktueller Sachverhalte eine gegenüber der Praxis eher nachgeordnete Position einnimmt. Der Stellenwert der Strafrechtswissenschaft sollte mit dem vorliegenden Vorhaben für die Thematik der Internal Investigations untersucht werden. Im Zusammenhang mit der diese Thematik betreffenden Veröffentlichungen sollte die Frage beantwortet werden, wer von den Institutionen der Wissenschaft und Rechtspraxis der Schrittmacher und wer der Absicherer ist. Dabei galt es, die eingangs getroffenen Feststellungen, dass die Wissenschaft lediglich verifiziert, in ihrem Elfenbeinturm sitzt und keine neuen Impulse gibt, die zwar eine Fachwelt ist, jedoch bei den Entscheidungen des Alltags ungeachtet dessen bloß dem Publikum angehört, zu bestätigen oder zu widerlegen. Im Folgenden soll daher eine kritische Auseinandersetzung mit den Resultaten der Untersuchung, insbesondere derjenigen des vorgenannten Kapitels, erfolgen, um das Ergebnis des Promotionsvorhabens zusammenzufassen und somit die These der unzertrennbaren Einheit oder fremden seltsamen Welten zu bestätigen oder abzulehnen.

922 *da Vinci*, Leonardo: überliefertes Zitat, 1452–1519

923 *Fischer*, in: *Michalke/Köberer/Pauly u. a.* (Hrsg.), Festschrift für Rainer Hamm zum 65. Geburtstag am 24. Februar 2008, S. 63).

I. Die Ergebnisse der Untersuchung und ihre Bedeutung für die zugrundeliegende Fragestellung

Anknüpfend an das 3. Kapitel sollen die aus der Untersuchung hervorgehenden Resultate zusammengetragen werden, um daran anschließend deren Bedeutung für die dem Promotionsvorhaben zugrundeliegende Fragestellung zu thematisieren. Hierbei sind zunächst sowohl die Fundstellen der Veröffentlichungen, als auch ihre Verfasser und die von diesen besprochenen Rechtsfragen nebst Zitierungen relevant. Im Anschluss daran soll zur umfassenden Beantwortung der Fragestellung eine Auswertung der hier untersuchten Rechtsprechung und der sich im Verbandssanktionengesetz sowie in den BRAK-Thesen niedergeschlagenen Rechtsauffassung erfolgen.

1.) Die Auswertung der Fundstellen

Im Rahmen des Promotionsvorhabens wurden neben den Beschlüssen der Landgerichte und des BVerfG, den BRAK-Thesen und den Vorschlägen für ein Verbandssanktionengesetz 49 Veröffentlichungen aus Zeitschriften untersucht. Grundlage der Untersuchung war lediglich die Literatur, die der Beantwortung der dem Vorhaben zugrundeliegenden Fragestellung dienlich ist, wenngleich eine Vielzahl weiterer Veröffentlichungen zur Thematik existiert. Im Nachfolgenden werden die untersuchten Publikationen nach dem Ort ihres Erscheinens ausgewertet, um sich mithilfe dieser Erkenntnis der Antwort der dem Promotionsvorhaben zugrundeliegenden Fragestellung zu nähern.

a.) Die maßgeblichen Fundstellen der untersuchten Literatur

Die Veröffentlichungen zu den Internal Investigations haben sich seit ihrem Aufkommen im Jahr 2006/2008 mit dem Siemens-Skandal nicht nur inhaltlich, sondern auch quantitativ verändert. Während im Jahr 2008 lediglich zwei für das Promotionsvorhaben relevante Publikationen zu verzeichnen waren, konnte 2009 bereits auf 8, nach der ersten Entscheidung durch das Landgericht Hamburg in den Jahren 2011/ 2012 auf 13 Veröffentlichungen zurückgegriffen werden. Zu den insgesamt 49 untersuchten Publikationen aus den Zeitschriften gehören solche aus dem Anwaltsblatt (AnwBl.), dem Betriebsberater (BB), der Compliance-Zeitschrift (CCZ), dem Betrieb (DB), dem Goltdammer's Archiv für Strafrecht (GA), der Neuen Juristischen Wochenschrift (NJW), der Neuen Juristischen Online Zeitschrift (NJOZ), der Neuen Zeitschrift für Strafrecht (NStZ), der Neuen Zeitschrift für Arbeitsrecht (NZA), der Neuen Zeitschrift für Wirtschafts-, Steuer-, und Unternehmensstrafrecht (NZWiSt), dem

Strafverteidiger (StV), dem Journal der Wirtschaftsstrafrechtlichen Vereinigung (WiJ), der Zeitschrift für Wirtschafts- und Steuerstrafrecht (wistra), der Zeitschrift für Wirtschafts- und Bankrecht (WM), der Zeitschrift für internationale Strafrechtsdogmatik (ZIS) sowie der Zeitschrift für die gesamte Strafrechtswissenschaft (ZStW).[924] Damit kann zunächst festgehalten werden, dass die Thematik der Internal Investigations sowie die daraus resultierenden Rechtsfragen in diversen Fachzeitschriften thematisiert worden sind.

Die untersuchten Veröffentlichungen nach der Zeitschrift analysiert, in der sie erschienen sind, wird deutlich, dass in einigen Zeitschriften vermehrt Publikationen zu verzeichnen sind. Es sind 5 Beiträge in der NStZ, ebenfalls 5 in der NJW sowie jeweils 6 in der NZWiSt und dem StV erschienen. Sowohl die NJW als auch die NZWiSt sind Zeitschriften, die nicht ausschließlich wissenschaftlich oder praktisch, sondern wissenschaftlich-praktisch orientiert sind. Sie beinhalten Beiträge von und für die Wissenschaft und Praxis, wobei die Praxis den Schwerpunkt bildet. Während die Herausgeber der NJW von Beruf ausschließlich Rechtsanwälte sind, besteht das Herausgeberteam der NZWiSt aus 6 Wissenschaftlern und 13 Praktikern, sodass die Beiträge von der Erfahrung beider Institutionen profitieren können und der thematische Fokus auf aktuelle Beiträge beider gelegt werden kann.[925]

Die Zeitschriften NStZ und StV sind hingegen weitestgehend praktisch orientiert. Zwar versteht sich der Strafverteidiger als Publikation für Wissenschaft und Praxis des Strafrechts sowie gleichzeitig als unabhängiges wissenschaftliches Forum der gesamten Strafrechtswissenschaft. Gleichwohl steht im Mittelpunkt das Straf- und Strafverfahrensrecht, zu dem vom Standpunkt des Strafverteidigers für Strafverteidiger berichtet wird und der Wissenschaft lediglich Einblicke gewährt werden sollen.[926] In diesem Zusammenhang ist festzuhalten, dass Prof. Theile als Hochschulprofessor einen Beitrag im StV veröffentlicht hat, der auch im Rahmen dieses Promotionsvorhabens Berücksichtigung findet.[927]

---

924 § 3 I, IV, VI, VIII, IX Nr. 2.).

925 *NJW*: Herausgeber, abrufbar unter https://www.beck-shop.de/njw-neue-juristische-wochenschrift/ product/1318?adword=google&gclid=CjwKCAjwv4_1BRAhEiwAtMDLsv4zdVfIDVcbGWb7juhffjZgro8GvLvkPLJE4aJEfQiJ4jbtsDaGQRoCj70QAvD_BwE (zuletzt geprüft am 26.07.2020); *NZWiSt*: Herausgeber, abrufbar unter https://www.beck-shop.de/nzwist-neue-zeitschrift-wirtschafts-steuer-unternehmensstrafrecht/product/9870589 (zuletzt geprüft am 26.07.2020).

926 *NStZ*: Herausgeber, abrufbar unter https://www.beck-shop.de/nstz-neue-zeitschrift-strafrecht/ product/1342 (zuletzt geprüft am 26.07.2020); *StV*: Herausgeber, abrufbar unter http://www.strafverteidiger-stv.de/ (zuletzt geprüft am 26.07.2020).

927 Siehe § 3 IV Nr. 1.) f.).

Wenngleich einzelne Veröffentlichungen von Wissenschaftlern zu verzeichnen sind, liegt der Schwerpunkt der Zeitschrift auf den Beiträgen der Praktiker. Die Biographien der Herausgeber beider Zeitschriften betrachten, finden sich hier mehr Praktiker als Wissenschaftler. Dem Herausgeberkreis der NStZ gehören 17 Personen an, von denen 3 Professoren und 14 Rechtsanwälte oder Richter von Beruf sind. Die Professoren sind Prof. Satzger, Prof. Kudlich und Prof. Lagodny.[928]

Die Herausgeber des StV sind die beiden Rechtsanwälte Prof. Dr. Björn Gercke und Prof. Dr. Helmut Pollähne sowie Prof. Dr. Matthias Jahn als Hybridtyp mit Schwerpunkt in der Wissenschaft.[929]

Wenngleich auch zum Teil Wissenschaftler zu dem Herausgeber- sowie Leserkreis der vorgenannten Zeitschriften gehören und Ziel der NJW sowie der NZWiSt ist, Beiträge für beide Institutionen zu veröffentlichen, ist die Zahl der Praktiker unter den Herausgebern deutlich höher als diejenige der Wissenschaftler. 22 der 49 im Rahmen dieses Promotionsvorhabens untersuchten Aufsätze wurden in einer der vorgenannten Zeitschriften veröffentlicht, wobei eine Publikation in jedem der untersuchten Zeitabschnitte zu finden ist. Daraus resultiert, dass 45 % der untersuchten Publikationen eher oder ausschließlich einen Bezug zur Praxis haben. Dies lässt den Schluss zu, dass die Thematik vermehrt Berücksichtigung in der Praxis gefunden hat.

Neben den vorgenannten Veröffentlichungen in vermehrt praktischen Zeitschriften, sind auch Beiträge in rein wissenschaftlichen Zeitungen veröffentlicht worden. Die Zeitschriften GA und ZStW sind dogmatisch orientierte Zeitschriften,[930] eine wissenschaftliche Weihe, in denen eine Veröffentlichung durch einen Hochschulprofessor und mithin universitären Wissenschaftler unerlässlich ist. Beide Zeitschriften werden ausschließlich von Hochschulprofessoren herausgegeben, enthalten wissenschaftliche Beiträge von Wissenschaftlern für

---

928 *NStZ*: Herausgeber, abrufbar unter https://www.beck-shop.de/nstz-neue-zeitschrift-strafrecht/pro-duct/1342 (zuletzt geprüft am 26.07.2020).

929 *StV*: Herausgeber, abrufbar unter http://www.strafverteidiger-stv.de/ (zuletzt geprüft am 26.07.2020).

930 *Fischer*, in: *Michalke/Köberer/Pauly u. a.* (Hrsg.), Festschrift für Rainer Hamm zum 65. Geburtstag am 24. Februar 2008, S. 63 (65); *Goltdammer's Archiv*: Herausgeber, abrufbar unter https://www.goltdammers-archiv.de/; https://www.beck-shop.de/poetz-kueper-hettinger-wolter-hrsg-goltdammers-archiv-strafrecht-ga/product/799635?adword=google&gclid=CjwKCAjw4pT1BRBUEiwAm5QuR6we02-tKPzMU8h1LPY-sri-r5IevjdFBR6YyAdfP6KU7MtShx0EMRoC30sQAvD_BwE (zuletzt geprüft am 26.07.2020).

Wissenschaftler, wenngleich auch in Teilen ein Bezug zur Praxis besteht, da diese zum Teil zum Leserkreis gehört.[931] Die Beiträge sind solche der deutschen und europäischen Wissenschaft, mit denen die wissenschaftlichen Probleme im deutschen, europäischen aber auch internationalen Strafrecht vertieft werden sollen. Dabei ist die ZStW seit ihrer Gründung eines der führenden Foren zur Diskussion für grundlegende Fragen für Strafrecht.[932] Beide Zeitschriften haben den Ruf der deutschen Strafrechtswissenschaft durch ihre Publikationen gefestigt.[933] Für das hiesige Promotionsvorhaben relevante Beiträge sind in den vorgenannten Zeitschriften jedoch nur wenige zu verzeichnen. Im Jahr 2010 ist zur Thematik der Internal Investigations ein Beitrag in dem GA, in den Jahren 2013/2014 jeweils ein Beitrag in der ZStW erschienen. Die Veröffentlichungen in rein wissenschaftlichen Zeitschriften sind daher – entgegen derjenigen in überwiegend oder rein praktischen Zeitschriften – weder in jedem Zeitabschnitt, noch in größerer Zahl vorhanden. Von den insgesamt 49 untersuchten Publikationen sind nur 3 ausschließlich in Zeitschriften wissenschaftlicher Natur veröffentlicht. Der Anteil beträgt ca. 6 %.

Bei Vergleich der vorgenannten Ausführungen zu den praxisbezogenen Zeitschriften NJW, NStZ, NZWiSt und StV und denjenigen zu den wissenschaftlichen Zeitschriften GA und ZStW lässt sich konstatieren, dass in den Zeitschriften NJW, NStZ, NZWiSt und StV immer wiederkehrend Veröffentlichungen zu finden sind, wohingegen in den Zeitschriften GA und ZStW lediglich 3 Beiträge in 3 unterschiedlichen Jahren vermerkt werden können. Dies lässt den Schluss

---

931 *Goltdammer's Archiv*: Herausgeber, abrufbar unter https://www.goltdammers-archiv.de/; https://www.beck-shop.de/poetz-kueper-hettinger-wolter-hrsg-goltdammers-archiv-strafrecht-ga/product/799635?adword=google&gclid=CjwKCAjw4pT1BRBUEiwAm5QuR6we02-tKPzMU8h1LPY-sri-r5IevjdFBR6YyAdfP6KU7MtShx0EMRoC30sQAvD_BwE (zuletzt geprüft am 26.07.2020); *ZStW*: Herausgeber, abrufbar unter https://www.degruyter.com/ view/journals/zstw/zstw-overview.xml, (zuletzt geprüft am 26.07.2020).

932 *ZStW*: Herausgeber, abrufbar unter https://www.degruyter.com/view/journals/zstw/zstw-over-view.xml, (zuletzt geprüft am 26.07.2020).

933 *ZStW*: Herausgeber, abrufbar unter https://www.degruyter.com/view/journals/zstw/zstw-over-view.xml, (zuletzt geprüft am 26.07.2020); *Goltdammer's Archiv*: Herausgeber, abrufbar unter https://www.goltdammers-archiv.de/; https://www.beck-shop.de/poetz-kueper-hettinger-wolter-hrsg-goltdammers-archiv-strafrecht-ga/product/799635?adword=google&gclid=CjwKCAjw4pT1BRBUEiwAm5QuR6we02-tKPzMU8h1LPY-sri-r5IevjdFBR6YyAdfP6KU7MtShx0EMRoC30sQAvD_BwE (zuletzt geprüft am 26.07.2020).

zu, dass sich die strafrechtliche Praxis vermehrt mit den Internal Investigations sowie den daraus resultierenden Problemen beschäftigt, die Wissenschaft hingegen kaum einen Beitrag dazu geleistet hat.

Die Anzahl der Veröffentlichungen betrachtet, in denen die vorgenannten Zeitschriften und Beiträge zitiert werden, ergibt sich ein ähnliches Bild.

Von den 22 Aufsätzen veröffentlicht in praktischen Zeitschriften, werden 20 in den untersuchten Artikeln wieder zitiert, sei es, um sie als Vertreter einer Ansicht aufzuzählen, sei es, um einer vertretenen Ansicht zuzustimmen oder diese abzulehnen. 90 % der in praxisorientierten Zeitschriften veröffentlichten Artikel werden von der übrigen Literatur gelesen und berücksichtigt. Lediglich die 2 aktuellsten Aufsätze in der NJW 2018 und NZWiSt 2018 haben in der hier untersuchten Literatur zu den Problemen bisher keine Berücksichtigung gefunden. Weil Ausführungen zu dem Verbandssanktionengesetz sowie den damit einhergehenden Regelungen lediglich in gebotener Kürze erfolgt sind, ist die damit in Zusammenhang stehende Literatur nicht im Detail analysiert bzw. berücksichtigt worden, die sich zu den einzelnen hier aufgeführten Entwürfen äußert. Dies kann an dieser Stelle nicht geleistet werden. Gleichwohl haben die in der übrigen Literatur unberücksichtigten Aufsätze[934], wenngleich auch nur im Rahmen einer Aufzählung, in den Publikationen zum Verbandssanktionengesetz Berücksichtigung gefunden.[935] Aufsätze aus den Zeitschriften NJW, NStZ und NZWiSt sind darüber hinaus auch in der Entscheidung des BVerfG aus dem Jahr 2017 zitiert worden, zum Teil als Gegenansicht, zum Teil, um die Ansicht des Gerichts zu untermauern.[936] Aufsätze aus Zeitschriften mit ausschließlichem oder überwiegend praktischem Hintergrund werden somit während der gesamten Diskussionsphase, sowohl durch andere Autoren, als auch im Zusammenhang mit Aufsätzen zum Verbandssanktionengesetz und der Entscheidung des BVerfG im Diesel-Skandal aufgeführt.

Während die vorgenannten Zeitschriften von 2009 bis 2018 immer wieder zitiert werden und zum Teil ältere Veröffentlichungen auch Jahre später noch Erwähnung finden, zeigt sich für die wissenschaftlichen Zeitschriften das Gegenteil. Der Aufsatz im GA[937] wird nur einmal ein Jahr nach seiner Veröffentlichung

---

934 *Lilie-Hutz/Ihwas*, NZWiSt 2018, 349; *Momsen*, NJW 2018, 2362.

935 *Kainer/Feinauer*, NZA 2020, 363 (364); *Wostry*, NZWiSt 2018, 356 (358); *Xylander/Kiefner/Bahlinger*, BB 2018, 2953 (2956).

936 *Bertheau*, StV 2012, 303; *Galen*, NJW 2011, 942; *Jahn/Kirsch*, NStZ 2012, 713; *Jahn/Kirsch*, NZWiSt 2013, 21; *Krug/Skoupil*, NJW 2017, 2374; *Schneider*, NStZ 2016, 308; *Schuster*, NZWiSt 2012, 424; *Wimmer*, NZWiSt 2017, 252.

937 *Brunhöber*, Goltdammer's Archiv für Strafrecht 2010, 571.

zitiert, wobei dies nicht zur Untermauerung der Ansicht des Verfassers geschieht, sondern vielmehr im Rahmen der Aufzählung von Aufsätzen, die sich mit der Thematik auseinandersetzen.[938] Der Beitrag wird in dem eher praxisorientierten StV zitiert, der von Prof. Jahn als Hybridtyp in Co-Autorentätigkeit mit Rechtsanwalt Kirsch verfasst wurde. Ähnlich verhält es sich mit dem Aufsatz aus der ZStW.[939] Dieser findet sowohl in der NStZ[940] als auch in der NZWiSt[941] Berücksichtigung. Unter Hinzuziehung der Veröffentlichung schließen sich die Verfasser des Aufsatzes aus 2015 hingegen nicht der in der ZStW vertretenen Ansicht an, sondern zitieren diesen nur als weiteren, die Thematik beinhaltenden Beitrag.[942] Anders verhält es sich in dem Aufsatz aus NZWiSt 2018. Hier stimmen die Verfasser der in der ZStW vertretenen Ansicht zu, wobei diese nicht allein dort, sondern in zahlreichen aufgeführten Aufsätzen vertreten wird und die Zitierung der ZStW somit nur eine unter vielen ist.[943] Der weitere Beitrag der ZStW[944] findet in der untersuchten Literatur keine weitere Beachtung.

Abschließend ist festzuhalten, dass prozentual weniger Veröffentlichungen in rein wissenschaftlichen Zeitschriften zu verzeichnen sind als in solchen mit praktischer Orientierung. Ebenso lässt sich konstatieren, dass von den Aufsätzen in wissenschaftlichen Zeitschriften lediglich 66 %, von denjenigen in praktischen Zeitschriften 90 % zitiert werden.

b.) Die Bedeutung für die zugrundeliegende Fragestellung

Ziel des Promotionsvorhabens ist die Beantwortung der Frage nach dem Verhältnis zwischen Strafrechtswissenschaft und Strafrechtspraxis, die unter Hinzuziehung und Analyse der Literatur zu den Internal Investigations beantwortet und bei der von der Ausgangslage ausgegangen werden soll, dass die Strafrechtswissenschaft der Universität eine eher grundlagenbezogene Wissenschaft ist, die bei der Lösung alltäglicher Rechtsfragen gegenüber der Praxis eine eher nachgeordnete Position einnimmt. Hierbei wurden in den unterschiedlichen Zeitabschnitten zunächst die Fundstellen der Veröffentlichungen, sodann die Biographien der Verfasser und anschließend die Inhalte der Aufsätze nach den

---

938 *Jahn/Kirsch*, StV 2011, 151.
939 *Zerbes*, ZStW 2013, 551.
940 *Greco/Caracas*, NStZ 2015, 7.
941 *Lilie-Hutz/Ihwas*, NZWiSt 2018, 349.
942 *Greco/Caracas*, NStZ 2015, 7 (8/12/14).
943 *Lilie-Hutz/Ihwas*, NZWiSt 2018, 349 (351).
944 *Theile/Gatter/Wiesenack*, ZStW 2014, 803.

dort vertretenen Rechtsansichten und der zitierten Literatur untersucht. Aus den Auswertungen der Fundstellen resultiert, dass wenige, lediglich 6 % der hier untersuchten Publikationen in Zeitschriften mit wissenschaftlichem Schwerpunkt veröffentlicht worden sind. Gleichwohl die Zeitschriften GA und ZStW für jeden Wissenschaftler in der Liste seiner Veröffentlichungen ein „Must have" sind, lassen sich hier kaum Publikationen verzeichnen. Lediglich 2 von 3 vorhandenen Publikationen, 66 %, werden in anderen Zeitschriften zitiert.[945] Verglichen mit den Veröffentlichungen in eher praxisbezogenen Zeitschriften, die 45 % der untersuchten Literatur ausmachen und von denen 90 % wieder zitiert werden, ist zunächst ein geringeres Aufkommen der Wissenschaft zu bejahen. Auffallend ist darüber hinaus, dass die Problematik im Jahr 2006/2008 aufkam, bereits 2009 4 Publikationen in praxisbezogenen Zeitschriften zu verzeichnen waren, sich die Anzahl in den Jahren 2011 bis 2014 auf 11 erhöht hat, wohingegen in wissenschaftlichen Zeitschriften ein Beitrag 2010, einer 2013 und einer 2014 veröffentlicht worden sind. Gleichwohl die Veröffentlichung im GA und in der ZStW als wissenschaftliche Weihe gilt, ist zwischen den Beiträgen ein Zeitraum von 1 bis 3 Jahren vergangen. In rein praxisorientierten Zeitschriften erfolgen solche innerhalb weniger Monate. Dies hat zur Folge, dass die Beiträge der NJW, der NStZ, der NZWiSt oder dem StV sich gegenseitig zitieren und von anderen zitiert werden, während ein plötzlich und unerwarteter Beitrag der Wissenschaft im ewigen Auf und Ab der Praxis scheinbar unbemerkt bleibt. Wegen der wenigen Beiträge in rein wissenschaftlichen Zeitschriften und dem Abstand zwischen ihnen im Vergleich zu denjenigen praktischer Zeitschriften, kann nach Ansicht der Verfasserin eine nachgeordnete Position oder Bedeutungslosigkeit der Wissenschaft bestätigt werden. Wenngleich zumindest auf 2 von 3 Publikationen auch Jahre später noch verwiesen wird, auf einen sogar mehrfach, ist die Anzahl im Vergleich zur Praxis nicht nur geringer, sondern die Abstände zwischen den Publikationen auch größer. Dies ist bei der Beantwortung der Fragestellung zu berücksichtigen. Der These, dass „der ganz überwiegende Teil von Veröffentlichungen in rein wissenschaftlichen Zeitungen in der Strafrechtspraxis nicht nur unbeachtet, sondern schon ungelesen bleibt,"[946] kann zwar nicht zugestimmt

945 Der Aufsatz von *Brunhöber*, Goltdammer's Archiv für Strafrecht 2010, 571; *Jahn/Kirsch*, StV 2011, 151; *Zerbes*, ZStW 2013, 551; *Kasiske*, NZWiSt 2014, 262; *Greco/Caracas*, NStZ 2015, 7; *Lilie-Hutz/Ihwas*, NZWiSt 2018, 349.

946 *Fischer*, in: *Michalke/Köberer/Pauly u. a.* (Hrsg.), Festschrift für Rainer Hamm zum 65. Geburtstag am 24. Februar 2008, S. 63 (65).

werden, jedoch stehen die Institutionen zueinander in einem fremden Verhältnis mit nachgeordneter Position der Wissenschaft.

2.) Die Auswertung der Autoren

Entsprechend den vorangegangenen Ausführungen wurden im Rahmen des Promotionsvorhabens neben den gerichtlichen Entscheidungen, den BRAK-Thesen und dem Verbandssanktionengesetz 49 Aufsätze nach Fundstelle, Verfasser und Rechtsfragen sowie zitierter Literatur untersucht. Nachdem im Vorgenannten die Fundstellen ausgewertet worden sind, soll im Folgenden eine Auswertung der Verfasser der Aufsätze erfolgen. Mithilfe der Analyse der Biographien und insbesondere Berufe der Autoren bzw. Feststellung der Zugehörigkeit zur Wissenschaft der Universität oder Praxis soll sich der Beantwortung der dem Vorhaben zugrundeliegende Fragestellung weiter angenähert werden.

a.) Die maßgeblichen Verfasser der untersuchten Literatur

Von den Verfassern der 49 untersuchten Aufsätze wurden – soweit möglich – die vollständigen Biographien analysiert, wobei insbesondere der Zeitpunkt bzw. das Jahr der Veröffentlichung des hier untersuchten Aufsatzes von Bedeutung gewesen ist. Der Beruf des Verfassers hat sich zwar zum Teil verändert, diesen jedoch zum Zeitpunkt des Erscheinens des Beitrages geprägt und zu der Ansicht geführt, die im hier untersuchten Aufsatz vertreten worden ist. Darüber hinaus bietet dieses Merkmal einen einheitlichen Anknüpfungspunkt für die Beantwortung der Fragestellung mit der Folge, dass eine konsequente Beurteilung erfolgen kann.

Gleich der Vorgehensweise bei der Auswertung der Fundstellen folgen zunächst statistische Ausführungen, bevor mit Hilfe dieser die Bedeutung für die zugrundeliegende Fragestellung erörtert wird. Hierbei ist zum einen die Anzahl der von Wissenschaft und Praxis veröffentlichten Beiträge relevant, zum anderen hingegen, wer von ihnen wie häufig zitiert wird. 25 der 49 Publikationen wurden ausschließlich von Praktikern veröffentlicht, wobei hierunter sowohl diejenigen zu subsumieren sind, die alleine veröffentlicht haben, als auch diejenigen, zu deren Veröffentlichung sich eine Gruppe Praktiker in Co-Autorentätigkeit gebildet und veröffentlicht hat. Der Großteil unter ihnen ist als Rechtsanwalt in einer Kanzlei tätig. Ein Aufsatz wurde von einer Oberstaatsanwältin, ein weiterer in Co-Autorentätigkeit von einem Leitenden Oberstaatsanwalt und einem Vorsitzenden Richter publiziert. Mit 51 % sind daher mehr als die Hälfte der Veröffentlichungen ausschließlich von Praktikern verfasst worden.

Im Gegensatz dazu stammen nur 7 Publikationen ausschließlich aus der Feder von Wissenschaftlern der Universität, wobei die Verfasser von 2 Aufsätzen zum Zeitpunkt der Veröffentlichung lediglich wissenschaftliche Mitarbeiter gewesen sind.[947] Diese sollen jedoch trotzdem der Wissenschaft der Universität zugeordnet werden, wenngleich nur einer von ihnen anschließend seine Tätigkeit als Universitätsprofessor ausübt, der andere hingegen Rechtsanwalt geworden ist. Der Anteil der Veröffentlichungen ausschließlich verfasst von der universitären Wissenschaft beträgt lediglich 14 % und ist sichtbar geringer als derjenige, der ausschließlich aus der Feder von Praktikern entstanden ist.

Die Verfasser der übrigen 17 Aufsätze lassen sich sowohl der Praxis, als auch der Wissenschaft der Universität zuordnen. Bei 6 Veröffentlichungen, in denen die Publikation ausschließlich von einer Person verfasst wurde, ist diese neben der Professur an der Universität auch in der Praxis, beispielsweise als Rechtsanwalt, Richter oder Of-Counsel, tätig. Diese Personen wurden wegen ihrer gemischten Herkunft als sog. Hybridtypen bezeichnet. Ihre Tätigkeit lässt sich nicht ausschließlich einer Institution zuordnen, da vielmehr der Alltag beider die Person des Verfassers und damit die von ihr vertretene Ansicht beeinflusst, wenngleich diese auch überwiegend an der Universität oder überwiegend in der Praxis beschäftigt sind.

In weiteren 6 Publikationen stammt der Aufsatz von 2 Verfassern, von denen einer in der Praxis, der andere in der universitären Wissenschaft tätig ist. Neben diesen 12 Veröffentlichungen werden dieser Kategorie von der Verfasserin auch diejenigen 3 Publikationen zugeordnet, die von einer sowohl in der Praxis als auch als Honorarprofessor an der Universität tätigen Person verfasst worden sind sowie diejenigen 2, bei denen ein Rechtsanwalt und Honorarprofessor mit einem weiteren Rechtsanwalt in Co-Autorentätigkeit veröffentlicht hat. Der Anteil dieser 17 Veröffentlichungen beträgt 35 % der untersuchten Literatur und ist mithin um knapp zweieinhalb Mal größer als derjenige, der ausschließlich durch die universitäre Wissenschaft Veröffentlichten, jedoch auch um knapp ein Eineinhalbfaches kleiner als die ausschließlich von der Praxis verfassten.

Die Verteilung der Veröffentlichungen über den dem Vorhaben zugrundeliegenden Zeitraum untersucht, lässt sich konstatieren, dass von den 25 der von Praktikern verfassten, außer in den Jahren 2010 und 2014, mindestens 1, in den Jahren 2009, 2012 und 2013 sogar 5 Publikationen zu verzeichnen sind. Im Vergleich dazu sind in den Jahren = 2009 bis 2014 durchgehend Publikationen ausschließlich aus der Feder der Wissenschaft vorhanden, wenngleich sich

947 *Böhm*, WM 2009, 1923; *Kasiske*, NZWiSt 2014, 262.

diese jeweils auf einen Beitrag konzentrieren. Bei den Veröffentlichungen der Hybridtypen ergibt sich, dass im Zeitraum 2009 bis 2018 – ausgenommen der Jahre 2010, 2014, 2017 – zumeist lediglich 1, in den Jahren 2011 und 2018 hingegen jeweils 3 zu verzeichnen sind. Auffallend ist hier, dass Prof. Jahn in den Jahren 2009 und 2011 jeweils einen eigenen Beitrag, in den Jahren 2011 bis 2013 und 2016 einen solchen gemeinschaftlich mit Rechtsanwalt Kirsch verfasst hat und mithin beständiger Autor von Publikationen im Zusammenhang mit der Problematik der Internal Investigations ist.

Für die Beantwortung der dem Promotionsvorhaben zugrundeliegenden Fragestellung ist jedoch nicht ausschließlich relevant, wie viele der Veröffentlichungen von Praktikern, von Wissenschaftlern der Universität oder von beiden Gruppen Angehörigen verfasst worden sind. Vielmehr soll im Folgenden eine Auswertung der Anzahl und Zugehörigkeit der Verfasser an sich erfolgen. Hinter der untersuchten Literatur stehen insgesamt 71 Autoren, wobei es nur 60 verschiedene sind. Die übrigen 11 publizieren wiederkehrend. 37 Verfasser sind der Praxis zuordnen, wobei auch hier eine Wiederholung zu verzeichnen. Es sind daher 36 unterschiedliche. Allein 32 unter ihnen arbeiten als Rechtsanwalt in zumeist größeren Kanzleien. Ca. 52 % der Autoren sind somit der Praxis angehörig. 9 Verfasser, somit 13 %, wobei es 8 verschiedene Personen sind, sind der universitären Wissenschaft angehörig. Auffällig ist hierbei, dass ausschließlich ein Aufsatz[948] von mehreren Wissenschaftlern in Co-Autorentätigkeit, alle übrigen von ausschließlich 1 Wissenschaftler publiziert worden sind. Mit 25 Autoren insgesamt, 16 verschiedene, liegt die Gruppe der Mischveröffentlichungen erneut zwischen den Praktikern und der universitären Wissenschaft. In zehn Publikationen war der Autor ein Hybridtyp, wobei dies lediglich 4 verschiedene Personen[949] gewesen sind und 2 unter ihnen mehrfach publiziert haben. Die übrigen 9 bzw. 6 Verfasser, bei denen es sich um jeweils 6 unterschiedliche handelt, belaufen sich auf Praktiker und Honorarprofessoren in einer Person, sowie auf den Zusammenschluss eines Praktikers mit einem solchen Wissenschaftler. Prozentual liegen diese 25 Personen bei 35 % der Gesamtverfasser.

Für die Beantwortung der dem Promotionsvorhaben zugrundeliegenden Fragestellung sind jedoch nicht ausschließlich die Autoren der einzelnen Aufsätze von Bedeutung. Vielmehr soll zusätzlich ausgewertet werden, wer in den Aufsätzen zitiert wird, d.h. wem sich die Verfasser des Aufsatzes anschließen. Um eine einheitliche Beurteilung gewährleisten zu können, dienen die Problematiken

948 *Theile/Gatter/Wiesenack*, ZStW 2014, 803.
949 Dies sind Prof. Jahn, Prof. Momsen, Prof. Dierlamm und Prof. Kubiciel.

der Beschlagnahmefreiheit, des Verwertungsverbotes und des Schweigerechts – nemo-tenetur-Grundsatz – sowie des fairen Verfahrens als Anknüpfungspunkte und Kriterien der Meinungsfindung, da bzgl. derer kontrovers und über die Jahre verteilt durchgängig diskutiert wurde.

Im Rahmen der Auswertung wird grundsätzlich darauf abgestellt, von wem die Auffassung vertreten wird, der sich der Autor anschließt, wobei auch berücksichtigt werden soll, wenn der Aufsatz zwar die Probleme im Zusammenhang mit den Internal Investigations diskutiert und unterschiedliche Ansichten aufführt, sich jedoch keiner von diesen anschließt. Bei Anfertigung der vorliegenden Dissertation und insbesondere beim Lesen der für das 3. Kapitel relevanten Literatur hat die Verfasserin wahrgenommen, dass Prof. Jahn – zum Teil mit Rechtsanwalt Kirsch – in besonderer Häufigkeit in den Fußnoten Berücksichtigung findet. Aus diesem Grund sollen in der folgenden Auswertung auch diejenigen Veröffentlichungen separat aufgeführt werden, die – gleich ob zustimmend oder ablehnend – die Ansicht von Prof. Jahn (gemeinsam mit RA Kirsch) zitieren. Anlehnend an die vorgenannte Auswertung der Autoren sollen im Rahmen der zitierten Literatur diejenigen Aufsätze erwähnt werden, die sich der Ansicht einer Person anschließen, die sowohl in der universitären Wissenschaft, als auch in der Praxis tätig ist.

Von den 49 Veröffentlichungen zitieren 11 ausschließlich die Praxis, wobei sich zum Teil Rechtsanwälten, zum Teil den Gerichten angeschlossen wird. Der Anteil der die Praxis zitierende Literatur an der Gesamtliteratur beläuft sich auf 22,45 % und somit ca. ein Viertel. 7 der 11 Veröffentlichungen, die ausschließlich die Praxis zitieren, sind von Praktikern verfasst worden,[950] 1 von einem Wissenschaftler und 3 gemeinsam von Wissenschaft und Praxis, wobei sich bei 2 von diesen die Wissenschaft der Universität und Praxis in einer Person vereinen.[951] Grundsätzlich lässt sich somit festhalten, dass mehr Praktiker ausschließlich die Praxis zitieren und sich der dort vertretenen Ansicht anschließen.

Lediglich in einer Veröffentlichung, ein Anteil von 2,04 %, wird sich ausschließlich der Meinung der universitären Wissenschaft angeschlossen, wobei diese Publikation von einem Wissenschaftler der Universität verfasst worden

---

950 Zu den Praktikern gehören: *Ballo*, NZWiSt 2013, 46; *Bittmann/Molkenbur*, wistra 2009, 373; *Fritz*, CCZ 2011, 155; *Galen*, NJW 2011, 942; *Szesny*, BB 2015, 2771 ff; *Wastl/Litzka/Pusch*, NStZ 2009, 68; *Wimmer*, WiJ 2013, 102.

951 Die eine Wissenschaftlerin ist: *Brunhöber*, Goltdammer's Archiv für Strafrecht 2010, 571; *Jahn/Kirsch*, StV 2011, 151; *Jahn/Kirsch*, NZWiSt 2016, 37; *Uwer/van Ermingen-Marbach*, AnwBl. 2018, 470.

ist[952] und der Beitrag mithin nur in eigenen Reihen Berücksichtigung gefunden hat. Der Anteil der Veröffentlichungen, die ausschließlich Bezug auf die universitäre Wissenschaft nimmt, ist daher verschwindend gering.

Im Vergleich zum Vorgenannten schließen sich 24 Publikationen der Ansicht gemeinschaftlich vertreten von Wissenschaft und Praxis an. Auf Grund der Tatsache, dass sich der Anteil auf 48,98 % beläuft und demzufolge fast die Hälfte der Literatur darstellt, wird die in dieser Kombination verfasste Literatur am häufigsten zitiert bzw. sich dieser am meisten angeschlossen. Hierbei sind es 12 Praktiker,[953] 4 Wissenschaftler[954] und 8, bei denen sich die Co-Autoren Wissenschaft/Praxis der ebenfalls von Co-Autoren vertretenen Ansicht anschließt. In diesem Zusammenhang ist zu erwähnen, dass 4 von diesen 8 Publikationen von Hybridtypen verfasst worden sind.[955] Diesbezüglich lässt sich konstatieren, dass bedeutend mehr Praktiker der Ansicht sind, die in Co-Autorentätigkeit von Wissenschaft und Praxis vertreten wird, als es Gleichgesinnte tun. Die universitäre Wissenschaft betreffend, schließen sich 4 Mal so viele der in Co-Autorentätigkeit aus Wissenschaft und Praxis veröffentlichten Ansichten an, als die eigenen Reihen Zustimmung erhalten.

13 Veröffentlichungen, ein Anteil von 26,53 %, zeigen lediglich die vielen unterschiedlichen Ansichten auf oder kritisieren eine vom Gericht getroffene Entscheidung, ohne sich einer der Meinungen anzuschließen. Der Anteil dieser ist zwar klein, jedoch ca. um ein Dreizehnfaches größer, als diejenigen Veröffentlichungen, die sich der Ansicht der universitären Wissenschaft anschließen. Zu den 13 gehören diejenigen von 7 Praktikern, eines Wissenschaftlers und 5 in Co-Autorentätigkeit aus Wissenschaft und Praxis, wobei diese 4 Mal in der Person

---

952 Dies war Prof. *Kasiske*, NZWiSt 2014, 262; *Theile*, StV 2011, 381; *Zerbes*, ZStW 2013, 551.

953 Dies waren: *Bauer*, StV 2012, 277; *Dann/Schmidt*, NJW 2009, 1851; *de Lind van Wijngaarden/ Egler*, NJW 2013, 3549; *Gerst*, CCZ 2012, 1; *Graßie/Hiéramente*, BB 2018, 2051; *Klengel/Buchert*, NStZ 2016, 383; *Knierim*, StV 2009, 324; *Kottek*, wistra 2017, 9; *Lilie-Hutz/Ihwas*, NZWiSt 2018, 349; *Milde*, CCZ 2013, 78; *Roxin*, StV 2012, 116; *Wimmer*, in: *Schulz/ Reinhart/Sahan* (Hrsg.), Festschrift für Imme Roxin zum 75. Geburtstag am 15. Mai 2012, S. 537).

954 Dies waren: *Böhm*, WM 2009, 1923; *Kasiske*, NZWiSt 2014, 262; *Theile*, StV 2011, 381; *Zerbes*, ZStW 2013, 551.

955 Dies waren: *Jahn*, StV 2009, 41; *Jahn*, ZIS 2011, 453; *Jahn/Kirsch*, NStZ 2012, 713; *Momsen*, ZIS 2011, 508.

eines Hybridtypen, lediglich 1 Mal in der Co-Autorentätigkeit zweier Verfassern gegeben ist.[956]

Einleitend wurde bereits angesprochen, dass der Hybridtyp Prof. Jahn, ein beständiger Autor – teilweise zusammen mit Rechtsanwalt Kirsch – der im Rahmen dieses Vorhabens untersuchten Literatur ist. Es soll daher nachfolgend in gebotener Kürze auf die Veröffentlichungen Bezug genommen werden, die einen von Jahn (ggfs. gemeinschaftlich mit Kirsch) veröffentlichten Aufsatz zitieren, sei es, um der dort vertretenen Ansicht zuzustimmen, sei es, um sie abzulehnen. Dies sind 21 Publikationen und mithin 48,82 % der hier relevanten Gesamtliteratur. Ca. die Hälfte der Veröffentlichungen nimmt somit Bezug auf einen von Prof. Jahn verfassten Aufsatz. 17 von diesen schließen sich der von ihm vertretenen Ansicht an, 4 lehnen diese ab, sodass 80 % der Prof. Jahn zitierenden Literatur seiner Ansicht folgt und nur 20 % dieser eine Absage erteilt. 12 Veröffentlichungen von Praktikern nehmen auf Prof. Jahn Bezug, wobei 3 seine Ansicht als andere Ansicht zitieren, die übrigen dieser zustimmen.[957] Von den 4 universitären Wissenschaftlern, die Jahn zitieren, schließen sich alle 4 der von ihm vertretenen Ansicht an.[958] Die übrigen 5 Publikationen sind verfasst von Wissenschaft und Praxis, entweder von 2 Verfassern, bei denen einer in der Wissenschaft als (Honorar-)Professor, der andere in der Praxis tätig ist oder von einem Verfasser, der zeitgleich Praktiker und (Honorar-)Professor ist. 3 dieser Aufsätze entstammen einem Hybridtyp, wobei Prof. Jahn sich in 2 von ihnen selbst zitiert und auf die bereits von ihm vertretenen Ansichten Bezug nimmt. Es lässt sich daher konstatieren, dass die Veröffentlichungen und Auffassungen von Prof. Jahn von großer Beliebtheit sind und somit nicht nur von ihm verfasste Aufsätze über die Jahre vertreten sind, sondern diese auch in vielen anderen

---

956 *Dann/Schmidt*, NJW 2009, 1851; *Dierlamm*, BRAK-Mitteil. 2018, 195; *Ignor*, CCZ 2011, 143; *Jahn/Kirsch*, NZWiSt 2013, 21; *Kubiciel*, Juris-Praxiskommentar-StrafR 16/2018; *Mengel/Ullrich*, NZA 2006, 240; *Momsen*, NJW 2018, 2362; *Rosen*, BB 2009, 230; *Rübenstahl*, WiJ 2012, 17; *Theile/Gatter/Wiesenack*, ZStW 2014, 803; *Vogt*, NJOZ 2009, 4206; *Saucken*, WiJ 2013, 30; *Wisskirchen/Glaser*, DB 2011, 1392.

957 Zustimmend: *Bauer*, StV 2012, 277; *Dann/Schmidt*, NJW 2009, 1851; *de Lind van Wijngaarden/ Egler*, NJW 2013, 3549; *Graßie/Hiéramente*, BB 2018, 2051; *Klengel/ Buchert*, NStZ 2016, 383; *Kottek*, wistra 2017, 9; *Lilie-Hutz/Ihwas*, NZWiSt 2018, 349; *Milde*, CCZ 2013, 78; *Roxin*, StV 2012, 116; *Gerst*, CCZ 2012, 1; *Knierim*, StV 2009, 324; *Wastl/Litzka/Pusch*, NStZ 2009, 68.

958 *Böhm*, WM 2009, 1923; *Schuster*, NZWiSt 2012, 424; *Theile*, StV 2011, 381; *Zerbes*, ZStW 2013, 551.

Publikationen wiederkehrend Berücksichtigung finden. Ein Großteil von ihnen ist in der Praxis tätig.

Zusätzlich zu den 17 Veröffentlichungen, in denen einer von Prof. Jahn vertretenen Ansicht gefolgt wird, stimmen ihm die Verfasser zweier weiterer Aufsätze zu. Sie sind ebenso den Hybridtypen zuzuordnen.[959] Dies sind Prof. Gaede und Prof. Dierlamm. Prof. Gaede wird von seinem Kollegen Prof. Jahn zitiert, die Ansicht von Dierlamm wird von Rechtsanwalt Peukert und Promotionsstudent Amador vertreten.[960] Insgesamt 19 Verfasser, mithin 44 %, schließen sich daher einer Ansicht an, die von einem Hybridtypen vertreten wird und mithin aus der Verbindung zwischen Wissenschaft und Praxis stammt.

Zusammenfassend lässt sich daher festhalten, dass der Anteil der Wissenschaftler der Universität bei den Autoren deutlich geringer ist als derjenige der Praktiker sowie derjenigen der in Wissenschaft und Praxis Tätigen. Die Zitierungen bzw. den Anschluss der Meinungen betreffend, lässt sich konstatieren, dass die Ansicht ausschließlich präferiert von der universitären Wissenschaft, lediglich 1 Mal vertreten wird, wohingegen sich 11 Mal ausschließlich der Praxis und 24 Mal der Ansicht, gemeinsam vertreten von Wissenschaft und Praxis, angeschlossen wird. Der Anteil der Wissenschaft ist somit sowohl in Bezug auf die Autoren, als auch in Bezug auf die Zitierungen sehr gering.

b.) Die Bedeutung für die zugrundeliegende Fragestellung

Ziel des Promotionsvorhabens ist die Beantwortung der Frage nach dem Verhältnis der Strafrechtswissenschaft und Strafrechtspraxis, die anhand der Untersuchung der Literatur zu den Internal Investigations beantwortet und bei der von der Ausgangslage ausgegangen werden soll, dass die Wissenschaft der Universität eine eher grundlagenbezogene Wissenschaft ist, die bei der Beantwortung der alltäglichen Rechtsfragen gegenüber der Praxis eine eher nachgeordnete Position einnimmt. Zur Beantwortung der Fragestellung wurden zunächst die einzelnen Fundstellen der Aufsätze, sodann die Verfasser dieser Aufsätze analysiert und ausgewertet. Im Rahmen der Analyse der Fundstellen konnte bereits festgestellt werden, dass zwar Beiträge aus wissenschaftlichen Zeitschriften zitiert worden sind und mithin weder unbeachtet, noch ungelesen sind. Gleichwohl ist die Anzahl im Gegensatz zu praktischen Zeitschriften derart gering, dass eine nachgeordnete Position der Wissenschaft anzunehmen ist. Aus der Auswertung

959 *Dierlamm*, BRAK-Mitteil. 2018, 195; *Gaede*, StV 2004, 46.
960 *Peukert/Amador*, WiJ 2018, 182.

der Verfasser der im Rahmen dieses Vorhabens untersuchten Literatur geht hervor, dass knapp über die Hälfte der Aufsätze von Praktikern verfasst worden sind, während lediglich 7 Aufsätze – ca. 15 % – auf die universitäre Wissenschaft entfallen. 34 % der Aufsätze – 17 Stück – sind von Autoren mit zweierlei Herkunft verfasst worden, wobei 6 Publikationen von Hybridtypen stammen. Der Anteil der Praktiker sowie der Hybridtypen ist somit höher als derjenige der universitären Wissenschaft.

Ferner ist festzuhalten, dass sich die Beiträge, ausschließlich erarbeitet von der Praxis, im hier untersuchten Zeitraum 2009 bis 2018 über fast alle Jahre – zum Teil mit mehreren Veröffentlichungen in einem Jahr – erstrecken. Lediglich in den Jahren 2010 und 2014 sind keine Veröffentlichungen zu verzeichnen. Demgegenüber ist die Wissenschaft der Universität im Zeitraum 2009 bis 2014 durchgehend vertreten, wobei mit Ausnahme von 2014 lediglich 1 Aufsatz publiziert worden ist. Die Aufsätze von den Hybridtypen lassen sich, außer in den Jahren 2010, 2014 und 2017, ebenfalls wiederfinden. Auch hier wurde überwiegend pro Jahr 1 Beitrag veröffentlicht, in den Jahren 2011 und 2018 hingegen 3. Unter ihnen ist Prof. Jahn der beständige namenhafte Autor, der in den Jahren 2009 und 2011 einen Beitrag alleine, in den Jahren 2011 bis 2013 und 2016 in Co-Autorentätigkeit mit Rechtsanwalt Kirsch veröffentlichte.

Verglichen mit der universitären Wissenschaft, von der Beiträge 8 verschiedener Verfasser zu verzeichnen sind, entfallen auf die Praktiker 36, auf die gemeinschaftlich von Wissenschaft und Praxis 14 verschiedene, von denen bereits 4 solche Hybridtypen wie Prof. Jahn darstellen. Auf Grund der Vielzahl der Veröffentlichungen der Hybridtypen, aber auch derjenigen, bei denen sich ein Wissenschaftler, sei er Hochschul- oder lediglich Honorarprofessor, mit einem Praktiker zur gemeinschaftlichen Veröffentlichung verbunden hat, lässt sich konstatieren, dass dies auf eine praxisorientierte Wissenschaft und eine wissenschaftsorientierte Praxis hindeutet, die ein Bild der Vertrautheit und des kreativen Austauschs zeigen.[961] Gleichwohl ein Austausch zwischen Wissenschaft und Rechtspraxis festgestellt werden kann, sind deutlich weniger Aufsätze ausschließlich von der universitären Wissenschaft verfasst als solche von der Praxis.

Die zitierten Verfasser betrachtet verweisen 11 der 49 und mithin ein Viertel, ausschließlich auf die Praxis, einer ausschließlich auf die universitäre Wissenschaft, 13 auf niemanden und 24 auf die Kombination Wissenschaft/Praxis. Alleine 19 von ihnen schließen sich der von Hybridtypen vertretenen Ansicht.

---

961 *Fischer*, in: *Michalke/Köberer/Pauly u. a.* (Hrsg.), Festschrift für Rainer Hamm zum 65. Geburtstag am 24. Februar 2008, S. 63 (64).

Daraus resultiert, dass die Meinung der Wissenschaft fast gar nicht, diejenige der Praxis vermehrt, jedoch überwiegend die des Zusammenschlusses von Wissenschaft und Praxis sowie die der Hybridtypen relevant ist. Dies lässt den Schluss der ursprünglichen Einheit von Theorie und Praxis zu, nämlich, dass bis zu einem gewissen Grad jeder Theoretiker den praktischen Sinn, jeder Praktiker den theoretischen Sinn in sich bewahre und erhalte.[962] Die Wissenschaft der Universität ist zwar über die Jahre ständig vertreten, jedoch scheinen die Veröffentlichungen von den übrigen Autoren nicht bemerkt oder beachtet worden zu sein. Die Wissenschaft schließt sich selbst in 4 Fällen der von den Hybridtypen vertretenen Ansichten und nicht derjenigen aus eigenen Reihen an. Auch in eigenen Reihen scheint die Meinung der Wissenschaft eher eine nachrangige Bedeutung zu haben. Neben die zahlreichen Veröffentlichungen aus der Praxis sowie die diese zitierende Literatur ist ein Aufsatz zu verzeichnen, der sich ausschließlich einer Meinung der universitären Wissenschaft anschließt.

Auf Grund der Tatsache, dass Prof. Jahn in 21 Publikationen zitiert wird, von denen ihm 17 zustimmen ihn 4 als andere Ansicht darstellen, wird auch an dieser Stelle sein wiederkehrender Einfluss deutlich. Dieser Hybridtyp findet bei den Autoren der Praxis überwiegend, bei denen der universitären Wissenschaft – hier nehmen 4 auf ihn Bezug – immer Zustimmung. Es lässt sich aus dem Vorgenannten konstatieren, dass die von Prof. Jahn vertretene Meinung nicht nur gelesen, sondern auch verfolgt und vertreten wird. Wegen seiner Beständigkeit sowohl die Veröffentlichungen als auch die sich ihm anschließende Literatur betreffend, wird Prof. Jahn von der Verfasserin als „legal influencer" bezeichnet, der die Literatur der Internal Investigations insbesondere im Hinblick auf die Entscheidungsanmerkungen, stetig beeinflusst. Weil er über all die Jahre durchgängig präsent ist und auf seine Veröffentlichungen nicht lediglich Bezug genommen, sondern sich seiner Meinung vermehrt angeschlossen wird, kann seiner Person sowie der von ihm vertretenen Meinung ein hohes Ansehen zugeschrieben werden. Die Tatsache, dass die Publikationen der ausschließlich in der universitären Wissenschaft Tätigen gering ist und sich der von ihr allein vertretenen Meinung nur einmal angeschlossen wird, lässt darauf schließen, dass „der ganz überwiegende Teil strafrechtswissenschaftlicher Veröffentlichung in der Strafrechtspraxis nicht nur unbeachtet, sondern schon ungelesen bleibt."[963]

---

962 Das Originalzitat von *Savigny* wurde zitiert in *Küper*, Goltdammer's Archiv für Strafrecht 2011, 193 (197).

963 *Fischer*, in: *Michalke/Köberer/Pauly u. a.* (Hrsg.), Festschrift für Rainer Hamm zum 65. Geburtstag am 24. Februar 2008, S. 63 (65).

Nach Auswertung der Verfasser der hier untersuchten Veröffentlichungen kann festgehalten werden, dass der universitären Wissenschaft gegenüber der Praxis bei der Lösung aktueller Rechtsfragen eine eher nachgeordnete Position zukommt und sie mithin gegenüber der Praxis kein Schrittmacher, sondern lediglich Absicherer ist.

3.) Die Auswertung der Rechtsfragen

Nachdem hinsichtlich der im Rahmen des Promotionsvorhabens untersuchten 49 Aufsätze eine Untersuchung der Fundstellen und Biographien der Verfasser erfolgt ist, sollen daran anknüpfend die in den Aufsätzen vertretenen Rechtsansichten evaluiert werden. Der Fokus liegt hierbei auf den überwiegend problematisierten Rechtsfragen, weil in den 49 Artikeln viele differenzierte Ansichten zu unterschiedlichen Thematiken vertreten werden. Während wegen des Bestehens der arbeitsrechtlichen Aussagepflicht weitgehend Einigkeit herrscht, werden hinsichtlich einer Verletzung etwaiger Rechte der Betroffenen sowie der daraus möglicherweise resultierenden Beschlagnahme- und Verwertungsverbote unterschiedliche Ansichten vertreten. Im Rahmen der nachfolgenden Ausführungen werden zu den jeweiligen Rechtsfragen die Aufsätze berücksichtigt, die sich – gleich ob zustimmend oder ablehnend – zu den Problemen äußern. Keine Beachtung sollen die Aufsätze finden, die die Probleme nicht beinhalten oder diese lediglich aufzählen. Um die unterschiedlichen Ansichten nebst der sie repräsentierenden Vertreter und Befürworter aufzuführen, soll sich die Auswertung daher auf die Problematiken der Verletzung von Geboten und deren Rechtsfolgen der Beschlagnahme und Verwertbarkeit beschränken. Bezogen auf die untersuchte Literatur kann die dem Vorhaben zugrundeliegende Fragestellung sodann schließlich beantwortet werden.

a.) Die maßgeblichen Rechtsfragen der untersuchten Literatur

Um die Ergebnisse der untersuchten Fundstellen und Verfasser zu verdeutlichen und nachvollziehbarer zu machen, wurden diese im Rahmen der Auswertung durch statistische Ausführungen ergänzt und insbesondere in das Verhältnis zur untersuchten Literatur gesetzt. Bei der Auswertung der in der Literatur maßgeblichen Rechtsfragen soll ebenso vorgegangen werden, wenngleich dies umständlicher vorzunehmen und in kleineren Gruppen zu betrachten ist. Hierbei soll ebenfalls Berücksichtigung finden, aus wessen Feder die Ansichten stammen und inwiefern ein Anschluss durch andere erfolgt.

Gleich der Vorgehensweise bei der Auswertung der Fundstellen und Verfasser folgen daher zunächst statistische Ausführungen, bevor auch mit Hilfe dieser die

Bedeutung für die zugrundeliegende Fragestellung erörtert wird. Zunächst ist festzuhalten, dass 13 der 49 untersuchten Artikel lediglich Aufzählungen unterschiedlicher Ansichten oder Kritik einzelner Entscheidungen enthalten, ohne dass die Ansicht des Verfassers deutlich oder sich einer der aufgeführten Ansichten angeschlossen wird. Der Anteil im Vergleich zur Gesamtliteratur beträgt 26,53 % und somit ein Viertel. Während unter diesen lediglich 1 Aufsatz verfasst von der universitären Wissenschaft und 2 verfasst von einem Praktiker und zugleich Honorarprofessor[964] ist, stammen 4 aus der Feder von Hybridtypen, 6 aus derjenigen der Praxis. Der Anteil der Praktiker,[965] die eine Problematik zwar erwähnen, jedoch keine eigenständige Meinung vertreten, ist mit 46,15 % im Vergleich zur Wissenschaft der Universität mit nur 7,69 % daher um ca. ein Sechseinhalbfaches höher. Lediglich um ein Vierfaches (30,77 %) überschreitet die Anzahl der Aufsätze von Hybridtypen[966] diejenige der Wissenschaft. Diese Artikel beinhalten Stellungnahme oder Kritik einer gerichtlichen Entscheidung.

Dem gegenüber stellen die Verfasser der übrigen 36 Veröffentlichungen die Thematik der Internal Investigations dar und vertreten zu einem oder mehreren Problemen ihre Meinungen. In diesem Zusammenhang nehmen sie zum Teil Bezug auf einen Artikel der Vergangenheit, sei es ohne oder mit zitiertem Nachweis, zum Teil vertreten sie hingegen eine eigene Ansicht. Aus den Internal Investigations resultieren in den hier untersuchten Aufsätzen 6 unterschiedliche Problematiken, die sich – dies sei insoweit vorweggenommen – in ihrer Art und Intensität fortlaufend verändern. Im Folgenden werden die unterschiedlich vertretenen Ansichten zu der Anwendbarkeit des nemo-tenetur-Grundsatzes und des Fairnessgebotes und der Grundsätze des Gemeinschuldnerbeschlusses auf diese Thematik, zur Verwertbarkeit, zur Fernwirkung und zur Beschlagnahme fähigkeit dargestellt. Mithilfe der die Rechtsansichten vertretenen Verfasser soll die dem Vorhaben zugrundeliegende Fragestellung beantwortet werden.

Im Zusammenhang mit den anlässlich der Siemens-Affäre veröffentlichten Aufsätzen – insbesondere im Jahr 2009 – wurde zunächst die Problematik der Verletzung des Grundsatzes der Selbstbelastungsfreiheit diskutiert, weil die Mitarbeiter im Rahmen einer arbeitsrechtlichen Aussagepflicht zur Mitwirkung an

964 *Rosen*, BB 2009, 230; *Theile/Gatter/Wiesenack*, ZStW 2014, 803.

965 *Göpfert/Merten/Siegrist*, NJW 2008, 1703; *Ignor*, CCZ 2011, 143; *Mengel/Ullrich*, NZA 2006, 240; *Rübenstahl*, WiJ 2012, 17; *Vogt*, NJOZ 2009, 4206; *Saucken*, WiJ 2013, 30; *Wisskirchen/Glaser*, DB 2011, 1392.

966 *Dierlamm*, BRAK-Mitteil. 2018, 195; *Jahn/Kirsch*, NZWiSt 2013, 21; *Kubiciel*, Juris-Praxiskommentar-StrafR 16/2018; *Momsen*, NJW 2018, 2362.

den unternehmensinternen Untersuchungen verpflichtet sind. Die Verfasser der Publikationen vertreten diesbezüglich drei differenzierende Ansichten, wobei diese von der Ablehnung der Anwendbarkeit bis zur Verletzung aus mehreren Gründen reichen. Mit der Begründung der verfassungsrechtlichen Verankerung und der aus der Rechtsprechung vertretenen Ansicht des Schutzes vor lediglich staatlichem Zwang, verneint Prof. Jahn[967] unter Hinzuziehung der Rechtsprechung eine Anwendbarkeit des Grundsatzes auf die von Privaten durchgeführten Untersuchungen. Die Verpflichtung zur Mitwirkung der Arbeitnehmer an den Untersuchungen ist lediglich vertraglicher, nicht jedoch staatlicher Natur mit der Folge, dass eine Verletzung des Grundsatzes mangels Schutzbereich nicht bejaht werden kann. Dieser Ansicht schließen sich unter Zitierung des Aufsatzes von Prof. Jahn der ebenfalls den Hybridtypen zuzuordnende Momsen, die Rechtsanwälte und Honorarprofessoren Knauer/Buhlmann sowie der Praktiker Bauer an.[968] Hier erfolgt eine Zitierung des Aufsatzes von Prof. Jahn, wenngleich sich dieser die Ansicht der Rechtsprechung zu Eigen gemacht hat. Daneben vertritt Prof. Zerbes[969] diese Ansicht, wobei sie keine Vertreter anführt. Es entsteht daher der Eindruck, dass die Meinung, der Grundsatz schütze lediglich vor staatlichem Zwang, ihren Ursprung in der universitären Wissenschaft hat, wenngleich hierbei allein die Ansicht der Rechtsprechung wiedergegeben wird.

Entgegen dem Vorgenannten gehen andere Autoren von einer Anwendbarkeit des nemo-tenetur-Grundsatzes aus, wobei die Verletzung unterschiedlich begründet wird. Insbesondere im Zusammenhang mit der kurz vor und nach dem Beschluss des LG Hamburg veröffentlichten Literatur führt die Verletzung der Rechte der interviewten Mitarbeiter dazu, dass diese dem Grundsatz der Selbstbelastungsfreiheit gegenübergestellt werden. Der nach anderer Ansicht fehlende staatliche Zwang ist zumindest faktisch dahingehend anzunehmen, dass die Mitarbeiter das Vertragsverhältnis nicht freiwillig eingegangen sind. Die Vertreter, die eine Anwendung des Grundsatzes bejahen, treten dem Argument der Freiwilligkeit damit entgegen, dass das Arbeitsverhältnis der Sicherung des Lebensunterhaltes dient und somit nicht von Freiwilligkeit gesprochen werden kann. Sie stehen daher in ständigem Konflikt zwischen der Selbstbelastungsfreiheit und der Aussagepflicht mit der Folge, dass eine analoge Anwendbarkeit der Vorschriften des § 136a StPO sowie § 97 Abs. 1 Nr. 3 InsO geboten ist. Daneben wird eine Anwendbarkeit des Grundsatzes mit der Begründung bejaht, dass eine

---

967 *Jahn*, StV 2009, 41.
968 *Bauer*, StV 2012, 277; *Knauer/Buhlmann*, AnwBl. 2010, 387; *Momsen*, ZIS 2011, 508.
969 *Zerbes*, ZStW 2013, 551.

Verletzung des Art. 2 Abs. 1, Art. 1 Abs. 1 GG gegeben ist. Zwar wird damit der Grundsatz der Selbstbelastungsfreiheit erweitert, jedoch würde dieser zur Hülle ohne Inhalt, würde eine solche verneint. Für eine analoge Anwendung der §§ 136a StPO sowie 97 Abs. 1 S. 3 InsO auf Grund des Konfliktes zwischen Selbstbelastungsfreiheit und Aussagezwang spricht sich Rechtsanwalt Fritz aus, der Jahre später von Rechtsanwalt Kottek zitiert wird.[970] Dort zitiert die Praxis die Praxis.

Dass faktischer mit staatlichem Zwang gleichzusetzen ist, weil sich der Mitarbeiter in einer Konfliktsituation befindet und dadurch eine Verletzung der Rechte insbesondere aus Art. 2 Abs. 1, Art. 1 Abs. 1 GG besteht, nimmt im Jahr 2009 bereits der wissenschaftliche Mitarbeiter Böhm an. Dieser Ansicht schließen sich Prof. Theile sowie Prof. Greco und Rechtsanwalt Caracas an.[971] Nach Ansicht der Rechtsanwälte Wastl/Litzka/Pusch[972] ist der Grundsatz der Selbstbelastungsfreiheit bereits auf Grund der bestehenden Pflicht zur Mitwirkung berührt. Wird dies verneint, besteht eine Verletzung auf Grund der Zwangslage des Mitarbeiters, dem bei fehlender Mitwirkung Konsequenzen drohen. Sind auch diese nicht anzunehmen, ergibt sich die Verletzung aus der staatlich veranlassten Ermittlungstätigkeit Privater, sodass ein Schutz des Mitarbeiters stets gegeben ist. Die Notwendigkeit zur Erweiterung des Grundsatzes, gestützt auf einer Verletzung des Art. 2 Abs. 1, Art. 1 Abs. 1 GG sowie bezüglich erzwingbarer Aussagen, sehen im selben Jahr der leitende Oberstaatsanwalt Bittmann und Richter Molkenbur[973], die in Bezug auf den Zwang zugleich den Aufsatz von Wastl/Litzka/Pusch zitieren. Bei Verstoß gegen die Belehrungspflichten sowie Bestehen einer Zwangslage für den Mitarbeiter, nimmt auch Kasiske[974], der grundsätzlich nur von einer Bindung des Staates an den Grundsatz ausgeht, eine Verletzung des Grundsatzes an. Ein faktischer Zwang wird mithin 2 Mal von der universitären Wissenschaft und 2 Mal von der Praxis angenommen, wobei die Ansicht der Wissenschaft von einem weiteren Wissenschaftler sowie der Verfasserkombination aus Wissenschaftler und Praktiker zitiert wird. Bezüglich der in der Praxis vertretenen Ansichten wird auf den einen Aufsatz durch den anderen Bezug genommen, wobei Letzterer wiederum durch einen Wissenschaftler zitiert wird. Grundsätzlich lässt sich jedoch festhalten, dass eine

970 *Fritz*, CCZ 2011, 155; *Kottek*, wistra 2017, 9.

971 *Böhm*, WM 2009, 1923; *Greco/Caracas*, NStZ 2015, 7; *Theile*, StV 2011, 381.

972 *Wastl/Litzka/Pusch*, NStZ 2009, 68.

973 *Bittmann/Molkenbur*, wistra 2009, 373.

974 *Kasiske*, NZWiSt 2014, 262.

Anwendbarkeit des nemo-tenetur-Grundsatzes im Zusammenhang mit den Internal Investigations bereits deswegen gegeben sein muss, damit dieser aus dem Strafverfahren bekannte Grundsatz nicht zur Hülle ohne Inhalt wird, was sowohl aus den Reihen der universitären Wissenschaft, als auch aus denjenigen der Praxis bejaht wird.

Schließlich lässt sich konstatieren, dass die Ablehnung der Anwendbarkeit des Grundsatzes ihren Ursprung in der Praxis hat, jedoch von dem Hybridtypen Prof. Jahn nur im Jahr 2009 einmal zitiert wird. In den darauffolgenden, sich der Ansicht anschließenden Veröffentlichungen – verfasst von Hybridtypen oder Praktikern – wird lediglich auf Prof. Jahn verwiesen und sich seiner Ansicht angeschlossen. Daneben wird die Meinung von der universitären Wissenschaft geteilt, wenngleich auch eine ausdrückliche Bezugnahme auf die bisherigen Vertreter ausbleibt und der Eindruck entsteht, diese sei wissenschaftlichen Ursprungs. Eine Bezugnahme auf die Wissenschaft im Zusammenhang mit dieser Ansicht erfolgt jedoch nicht. Im Gegensatz dazu sprechen sich 3 Aufsätze von Praktikern für eine Anwendbarkeit des Grundsatzes auch im Rahmen der Internal Investigations aus, die sodann sowohl von der Wissenschaft als auch von der Praxis zitiert werden. Die der universitären Wissenschaft zugehörigen Verfasser zweier weiterer Veröffentlichungen gehen ebenfalls von einer Anwendbarkeit des Grundsatzes aus, wenngleich auch nur einer erneut in der Literatur Berücksichtigung findet. Während der Ursprung der Meinung, die eine Anwendbarkeit ablehnt, die Praxis ist, wird die Zustimmung sowohl durch die universitäre Wissenschaft als auch die Praxis erteilt, wobei der Ursprung nicht deutlich festgestellt werden kann.

Zeitgleich mit der Veröffentlichung der Ansichten zur vorgenannten Thematik, wurde durch Knauer/Buhlmann,[975] die eine Verletzung des nemo-tenetur-Grundsatzes ablehnen, ein Verwertungsverbot wegen der Verletzung des Grundsatzes des fairen Verfahrens bejaht. Grundlage sind die vorhandene Regelungslücke, weil das Leitbild der StPO nicht auf die unternehmensinternen Untersuchungen anwendbar ist, sowie die mangelnde Hinnehmbarkeit der Untersuchungen für den Mitarbeiter. Die Verpflichtung des Mitarbeiters zur Aussage und die Tatsache, dass das Unternehmen diesem trotz Amnestieregelung keine Straffreiheit garantieren kann, führen nach Ansicht der Verfasser zur Tangierung des nemo-tenetur-Grundsatzes sowie des § 136a StPO mit der Folge, dass eine Verletzung des Rechts auf ein faires Verfahren zu bejahen und ein Verwertungsverbot anzunehmen ist. Eine Verwertung der Erkenntnisse stehe

975 *Knauer/Buhlmann*, AnwBl. 2010, 387.

im Widerspruch zu den Regelungen der §§ 136, 136a StPO. Der von den Co-Autoren vertretenen Ansicht schließt sich ein Jahr später der Hybridtyp Prof. Momsen[976] an.

Prof. Jahn hat sich ebenfalls für ein Verwertungsverbot ausgesprochen, wenn die Rechte aus § 136a StPO verletzt sind.[977] Gleichwohl Knauer/Buhlmann Prof. Jahn nicht zitieren, sind die Ansichten auf gleichlautende Begründungen zurückzuführen. Dies zugrunde gelegt, geht die Verletzung des Rechtes auf ein faires Verfahren und das damit verbundene Verwertungsverbot auf einen Hybridtyp zurück und wird Jahre später auch von einem solchen zitiert. Knauer/Buhlmann als Ursprung betrachtet, stammt die Ansicht zwar nicht von einem Hybridtypen, dennoch aus der Kombination von Wissenschaft und Praxis, wenngleich Knauer lediglich Honorarprofessor ist. Von einem ausschließlich in der Praxis oder Wissenschaft Tätigen wird die Ansicht hingegen weder vertreten noch geteilt.

Gleich der vorgenannten Thematik wird auch die Anwendbarkeit des Gemeinschuldnerbeschlusses des BVerfG im Zusammenhang mit dem Auftreten der Thematik durch die Siemens-Affäre diskutiert. Hierbei ist jedoch nicht lediglich die Frage der Anwendbarkeit von Bedeutung. Vielmehr sprechen sich vereinzelte Verfasser nur für Teile des Beschlusses aus, anstatt eine vollständige Anwendbarkeit zu bejahen. 11 der 49 untersuchten Veröffentlichungen nehmen auf den Gemeinschuldnerbeschluss derart Bezug, dass sie eine Anwendbarkeit der Grundsätze auf die Internal Investigations zumindest teilweise bejahen oder diese in Gänze ablehnen. 3 dieser 11, mithin ein Anteil von ca. 27 %, verneinen eine Übertragbarkeit der Grundsätze im Zusammenhang mit den Untersuchungen. Hybridtyp Prof. Jahn setzt für die Anwendbarkeit eine staatliche Zwangslage voraus, die jedoch bei den von Privaten durchgeführten Untersuchungen nicht gegeben ist.[978] Eine mangelnde Vergleichbarkeit der Fallgestaltungen ergibt sich daneben daraus, dass die Anlässe unterschiedlicher Natur sind. Die Pflichten des Insolvenzschuldners dienen der Durchsetzung zivilrechtlicher Ansprüche, fernab von einem Strafverfahren, wohingegen die internen Untersuchungen stets auf ein (paralleles) Strafverfahren ausgerichtet sind. Mit dieser Begründung verneint Prof. Zerbes[979] die Anwendbarkeit der Grundsätze des Gemeinschuldnerbeschlusses auf die Internal Investigations.

---

976 *Momsen*, ZIS 2011, 508.
977 *Jahn*, StV 2009, 41.
978 *Jahn*, StV 2009, 41.
979 *Zerbes*, ZStW 2013, 551.

Während der Insolvenzschuldner im vom BVerfG zu entscheidenden Fall gesetzlich zur Auskunft verpflichtet ist, ergibt sich die Aussage- bzw. Mitwirkungspflicht des Arbeitnehmers lediglich auf Grund eines freiwillig eingegangenen Arbeitsverhältnisses mit der Folge, dass auch aus diesem Grund eine Vergleichbarkeit der Fälle nach der von Greco/Caracas aufgeführten Ansicht[980] nicht gegeben ist. Sie folgen damit der von Prof. Jahn und Prof. Zerbes vertretenen Ansicht, auf die sie in diesem Zusammenhang auch Bezug nehmen. Die mangelnde Anwendbarkeit der Grundsätze des Gemeinschuldnerbeschlusses wird daher von einem Hybridtypen und einer Wissenschaftlerin vertretenen und von einem Honorarprofessor und einem Rechtsanwalt in Co-Autorentätigkeit zitiert. Demgegenüber bejahen ca. 73 % der auf den Gemeinschuldnerbeschluss Bezug nehmenden Artikel eine Anwendbarkeit der Grundsätze. Bereits im Jahr 2009 sprachen sich die Rechtsanwälte Wastl/Litzka/Pusch für die auch im Gemeinschuldnerbeschluss festgelegte Fernwirkung des Verwertungsverbotes aus. Im selben Jahr übertragen die Praktiker Bittmann/Molkenbur die Dispositionsfreiheit in Anlehnung des Gemeinschuldnerbeschlusses auf den Arbeitnehmer, verneinen jedoch eine Fernwirkung, während der wissenschaftliche Mitarbeiter Böhm sich ausführlich mit der Anwendbarkeit auseinandersetzt und diese schließlich in Gänze bejaht.[981] Insbesondere sei zwar, Prof. Jahn zustimmend, der wirtschaftliche Druck nicht mit staatlichem Zwang vergleichbar. Die vollständige Weigerung des Arbeitnehmers an der Teilnahme ist jedoch unmöglich mit der Folge, dass ein faktischer Zwang gegeben ist. Dieser reicht für die Übertragbarkeit nach Ansicht von Böhm aus. Gleichwohl Prof. Theile ein Verwertungsverbot aus anderen Gründen bejaht, spricht er sich unter Zitierung von Böhm für eine Fernwirkung nach den Grundsätzen des Gemeinschuldnerbeschlusses aus. Auf die von Theile, Wastl/Litzka/Pusch und Bittmann/Molkenbur vertretene Ansicht nimmt Rechtsanwalt Gerst Bezug, um ein Verwertungsverbot bei erzwungenen Aussagen zu bejahen, zitiert für die Annahme eines umfassenden Verwendungsverbotes wegen der geschwächten Situation des Mitarbeiters erneut Theile. Auf diesen nimmt auch Kasiske wenig später Bezug.[982] Neben Rechtsanwalt Gerst vertreten auch die Rechtsanwälte Fritz und Kottek eine Anwendbarkeit der Grundsätze des Gemeinschuldnerbeschlusses auf Grund des Zwangs des Arbeitnehmers zur Sicherung seines Lebensunterhaltes zumindest

980 *Greco/Caracas*, NStZ 2015, 7.

981 *Böhm*, WM 2009, 1923; *Bittmann/Molkenbur*, wistra 2009, 373; *Wastl/Litzka/Pusch*, NStZ 2009, 68.

982 *Gerst*, CCZ 2012, 1; *Kasiske*, NZWiSt 2014, 262; *Theile*, StV 2011, 381.

für ein Verwertungsverbot, wobei Fritz Meinungsführer ist, Kottek sich dieser anschließt.[983] Es lässt sich daher festhalten, dass sowohl in der universitären Wissenschaft als auch in der Praxis von einer grundsätzlichen Anwendbarkeit der Grundsätze des Gemeinschuldnerbeschlusses ausgegangen wird. Eine Übertragung der Grundsätze in Gänze inklusive Fernwirkung wird jedoch lediglich von der universitären Wissenschaft durch Böhm und Theile vertreten, die anschließend in der Praxis durch Rechtsanwalt Gerst sowie in der Wissenschaft durch Prof. Kasiske zitiert werden. In diesem Zusammenhang lässt sich festhalten, dass ursprünglicher Vertreter der Ansicht Böhm gewesen ist, dieser jedoch lediglich von Prof. Theile aufgeführt wird, während die übrigen Verfasser zur Unterstützung ihrer Ansicht lediglich Theile anführen. Ebenso kann festgehalten werden, dass die aus der universitären Wissenschaft stammende Ansicht lediglich einmal in der Praxis, überwiegend jedoch in der Wissenschaft Berücksichtigung findet.

In diesem Zusammenhang wird in einigen Aufsätzen diskutiert, ob neben dem Verwertungs- auch ein Verwendungsverbot bejaht werden kann. Weitere Beweismittel, die im Zusammenhang mit demjenigen, das einem Verwertungsverbot unterliegt, gefunden werden, dürfen ebenfalls nicht verwendet werden. 8 der 49 untersuchten Artikel thematisieren diese Problematik, lediglich ein Anteil von 16,33 %. Von den 11 vorgenannten Artikeln, die eine Anwendbarkeit des Gemeinschuldnerbeschlusses bejahen oder verneinen, äußern sich 8, mithin 72,73 %, explizit zur Thematik der Fernwirkung. 2 von diesen[984] sowie zusätzlich Wimmer[985] lehnen eine Fernwirkung gänzlich ab. Von den übrigen 75 % wird eine Fernwirkung hingegen bejaht, wobei die Begründungen zum Teil divergieren. Während die Praktiker Wastl/Litzka/Pusch unter Bezugnahme auf eine Kommentierung der StPO ein solches bei Verstoß gegen die Belehrungspflichten bejahen, stellt Böhm auf die vergleichbare Gefährdungssituation zwischen dem Gemeinschuldner und dem Arbeitnehmer ab. Auf ihn nimmt Prof. Theile 2 Jahre später Bezug und befürwortet ebenfalls ein Verwendungsverbot mit der Begründung, dass der Mitarbeiter andernfalls ständig Angst vor weiteren Ermittlungen haben muss.[986] Der Ansicht von Theile schließen sich in späteren Veröffentlichungen sodann Gerst, Kasiske und Greco/Caracas an, wobei Gerst und Kasiske ebenfalls auf die geschwächte Situation des Arbeitnehmers und dessen Angst

983 *Fritz*, CCZ 2011, 155; *Kottek*, wistra 2017, 9.

984 *Bittmann/Molkenbur*, wistra 2009, 373; *Jahn*, StV 2009, 41.

985 *Wimmer*, in: *Schulz/Reinhart/Sahan* (Hrsg.), Festschrift für Imme Roxin zum 75. Geburtstag am 15. Mai 2012, S. 537).

986 *Böhm*, WM 2009, 1923; *Theile*, StV 2011, 381; *Wastl/Litzka/Pusch*, NStZ 2009, 68.

vor weiteren Ermittlungen abstellen, Greco/Caracas als Begründung hingegen die Verletzung des nemo-tenetur-Grundsatzes wegen dem Staat zurechenbaren Zwangs anführen.[987]

Auch hier wurde die Ansicht ursprünglich von Böhm vertreten, sodann aber von Theile zitiert und bei Bezugnahme auf die Ansicht in weiteren Aufsätzen lediglich Theile aufgeführt. Für die Schlussfolgerung hinsichtlich der dem Promotionsvorhaben zugrundeliegenden Fragestellung ist dies jedoch unbeachtlich, da sowohl Böhm als auch Theile der universitären Wissenschaft angehören. Auf Grund der Tatsache, dass diese Ansicht zum einen durch Gerst von der Praxis, zum anderen durch Kasiske von der Wissenschaft sowie durch den Zusammenschluss von Wissenschaft und Praxis von Greco/Caracas zitiert wird, kann ein Anschluss an die Wissenschaft konstatiert werden.

Ein viel diskutiertes Problem resultierend aus den Internal Investigations ist die Verwertbarkeit der Mitarbeiteraussagen. Freiwillige Aussagen sind nach Meinung einiger Verfasser verwertbar, solche, bei denen die Ermittler sich gegenüber den Mitarbeitern falsch verhalten haben, sind nach Meinung anderer unverwertbar.

Dass von Mitarbeitern freiwillig getätigte Aussagen im Rahmen eines Strafverfahrens verwertbar sind, vertreten im Jahr 2009 sowohl Jahn als auch Knierim, wobei sich dies aus dem Aufsatz von Knierim lediglich indirekt ergibt, während Jahn ausdrücklich darauf abstellt. Sowohl Jahn als Hybridtyp als auch Knierim als Praktiker werden von der Praxis zitiert[988], wobei auf diese Ansicht ein weiteres Mal abgestellt wird, ohne dass einer der genannten Verfasser ausdrücklich Berücksichtigung findet.[989] Der Ursprung der Ansicht liegt mithin in der Praxis sowie einer Hybridperson gemeinschaftlich, wobei eine Bezugnahme auf die Ansichten lediglich aus der Praxis, nicht jedoch aus der Wissenschaft erfolgt.

Zu einer Nichtverwertbarkeit der Mitarbeiteraussagen bei Täuschung über das Bestehen einer Auskunftspflicht oder fehlender Belehrung durch die befragende Person sowie einer Verletzung der §§ 136, 136a StPO wird 2009 durch Jahn und Dann/Schmidt ausgeführt. Jahn nimmt in diesem Zusammenhang Bezug auf einen Aufsatz von Gaede, der ebenfalls den Hybridtypen zuzuordnen

987 *Gerst*, CCZ 2012, 1; *Greco/Caracas*, NStZ 2015, 7; *Kasiske*, NZWiSt 2014, 262.

988 *Bittmann/Molkenbur*, wistra 2009, 373; *Dann/Schmidt*, NJW 2009, 1851; *Jahn*, StV 2009, 41; *Knierim*, StV 2009, 324.

989 *Wimmer*, in: *Schulz/Reinhart/Sahan* (Hrsg.), Festschrift für Imme Roxin zum 75. Geburtstag am 15. Mai 2012, S. 537.

ist. Demgegenüber zitieren Dann/Schmidt für die Annahme eines Verwertungsverbotes bei Täuschung über das Bestehen einer Auskunftspflicht Rechtsanwalt Pfordte und somit einen Praktiker. Grundsätzlich vertreten daher beide dieselbe Ansicht, wobei Jahn explizit eine Verletzung des § 136a StPO bejaht.[990] In den Folgejahren vertreten Knauer/Buhlmann, Brunhöber und Kottek gleichfalls die Ansicht, dass eine Verletzung des § 136a StPO angenommen werden muss, wenn der Mitarbeiter über das Bestehen einer Aussagepflicht getäuscht oder nicht belehrt wird.[991] Auf Grund der Tatsache, dass eine Zitierung weder von Jahn noch von Dann/Schmidt erfolgt, lässt sich der Ursprung der Ansicht nicht genau replizieren. Weil sowohl Jahn als auch Knauer/Buhlmann, Brunhöber und Kottek explizit eine Verletzung des § 136a StPO ansprechen, wird durch die Verfasserin vertreten, dass sich die übrigen Verfasser der Ansicht von Jahn anschließen.

Darüber hinaus wird Prof. Jahn von Roxin zitiert, um sich der Ansicht, die mangelnde Belehrung eines Mitarbeiters ziehe ein Verwertungserbot nach sich, anzuschließen. Schließlich vertritt auch Zerbes ohne eine Zitierung die Ansicht, dass dem Mitarbeiter das Recht aus §§ 136, 136a StPO verbleibt und insofern bei Verstoß ein Verwertungsverbot anzunehmen ist. Sie wird ein Jahr später im Artikel von Kasiske erwähnt, um diese Ansicht zu stützen.[992] Auch wenn Prof. Zerbes keinen eindeutigen Bezug zu Jahn nimmt, ist mit o.g. Argumentation davon auszugehen, dass sich seiner Ansicht angeschlossen worden ist. Auf Grund der Tatsache, dass auf die von Jahn vertretene Meinung Jahre später von 3 Wissenschaftlern, 2 Praktikern und 1 Mal der Co-Autorentätigkeit eines Honorarprofessors und eines Rechtsanwalt Bezug genommen wird, hat sie ihren Ursprung bei den Hybridtypen und wird überwiegend von der Wissenschaft vertreten, wenngleich sich auch die Praxis dieser anschließt.

Eine der meist diskutierten Rechtsansichten, die insbesondere nach der Veröffentlichung des ersten Beschlusses durch das Landgericht Hamburg Beachtung findet, ist die Beschlagnahmefähigkeit der Unterlagen, die im Zusammenhang mit den unternehmensinternen Untersuchungen erstellt werden bzw. erstellt worden sind. Diese Thematik lässt sich in viele kleine diskutierte Probleme unterteilen. Zunächst wird die generelle Anwendbarkeit der Vorschriften §§ 53, 53a, 97 StPO auf Internal Investigations in Frage gestellt. Des Weiteren werden

990 *Dann/Schmidt*, NJW 2009, 1851; *Gaede*, StV 2004, 46; *Jahn*, StV 2009, 41.

991 *Brunhöber*, Goltdammer's Archiv für Strafrecht 2010, 571; *Knauer/Buhlmann*, AnwBl. 2010, 387; *Kottek*, wistra 2017, 9.

992 *Kasiske*, NZWiSt 2014, 262; *Roxin*, StV 2012, 116; *Zerbes*, ZStW 2013, 551.

das Verhältnis von §§ 97, 160a StPO sowie die Reichweite des § 97 Abs. 1 Nr. 3 StPO unterschiedlich beurteilt, die Anwendbarkeit von § 160a Abs. 2 StPO im Rahmen der Beschlagnahme debattiert und die Annahme von Verteidigungsunterlagen im Sinne des § 148 StPO zum Teil auf unterschiedliche Voraussetzungen gestützt.

Rechtsanwalt Knierim hat bereits 2009 und daher 2 Jahre vor Erscheinen des ersten gerichtlichen Beschlusses, wenn auch nur oberflächlich und nicht in gebotener Tiefe, die Anwendbarkeit eines Beschlagnahmeverbotes auf Grundlage der §§ 53, 53a, 97 StPO verneint und zur Begründung angeführt, dass diese lediglich in den gesetzlich vorgesehenen Fällen, nicht aber auf die Internal Investigations anwendbar sind.[993] Auf diese Ansicht hat nie jemand Bezug genommen.

Nach dem Beschluss des LG Hamburg begegnet die Literatur diesem teils mit Kritik teils mit Zustimmung. Zusätzlich zur Verletzung von Grundsätzen und Rechten wird nunmehr auch die Beschlagnahmefähigkeit der Unterlagen, die aus den Internal Investigations hervorgehen, thematisiert. Ein Teil setzt sich mit dem Verhältnis der §§ 160a, 97 StPO auseinander, wobei sich die Autoren in 2 Lager verteilen: diejenigen, nach denen § 97 StPO im Verhältnis zu § 160a die speziellere Vorschrift darstellt und diejenigen, die eine Spezialität verneinen und mithin beide Vorschriften nebeneinander anwenden. Letztere Ansicht wird zunächst von Rechtsanwältin von Galen vertreten und sodann in weiteren Aufsätzen zitiert. Rechtsanwalt Fritz und Professor Schuster schließen sich der Ansicht der Praktikerin an, wobei der Aufsatz von Prof. Schuster in Aufsätzen der Praktiker de Lind van Wijngaarden/Egler und Graßie/Hiéramente erneut Berücksichtigung findet, jedoch nicht derjenige von von Galen, die ursprünglich diese Ansicht vertreten hat.[994] Daneben vertreten die Verfasser Lilie-Hutz/Ihwas dieselbe Ansicht, zitieren jedoch einen hier nicht untersuchten Aufsatz von Szesny, der die Meinung ebenfalls teilt und in diesem Zusammenhang den Aufsatz von von Galen anführt.[995]

Wenngleich auch dadurch, dass lediglich der Aufsatz eines Wissenschaftlers und nicht derjenige der Praktikerin weiterhin Berücksichtigung findet, der Eindruck entsteht, die Ansicht habe ihren Ursprung in der universitären Wissenschaft, so geht sie dennoch auf die Praxis zurück. Außer Prof. Schuster, der in seinem Aufsatz ebenfalls Bezug auf die Praktikerin nimmt, vertritt die Ansicht

993 *Knierim*, StV 2009, 324.

994 *de Lind van Wijngaarden/Egler*, NJW 2013, 3549; *Fritz*, CCZ 2011, 155; *Galen*, NJW 2011, 942; *Graßie/Hiéramente*, BB 2018, 2051; *Schuster*, NZWiSt 2012, 424.

995 *Lilie-Hutz/Ihwas*, NZWiSt 2018, 349; *Szesny*, CCZ 2017, 25.

kein weiterer Wissenschaftler. Dass der Aufsatz des Wissenschaftlers jedoch sowohl in einem solchen von Praktikern 2013 als auch 2018 angeführt wird, lässt aber den Schluss zu, dass die aus der universitären Wissenschaft erschienene Stellungnahme zur gerichtlichen Entscheidung nicht unberücksichtigt geblieben ist.

Die Gegenansicht, dass § 97 StPO in einem Spezialitätsverhältnis zu § 160a StPO steht, wird zunächst vom Landgericht Hamburg, später auch vom Landgericht Mannheim vertreten. Das Landgericht Hamburg hat mit seiner Entscheidung aus dem Jahr 2010 Anlass zur Diskussion gegeben, wobei es seine Ansicht unter Hinzuziehung der Kommentarliteratur zur StPO begründet hat, die wiederum auf die BT-Drucksache verweist.[996] Dieser Ansicht schließen sich sodann der Hybridtyp Jahn und Rechtsanwalt Kirsch an, die sowohl Bezug auf die Entscheidungen der Landgerichte Hamburg und Mannheim als auch auf die Kommentarliteratur nebst BT-Drucksache nehmen.[997] Die Rechtsanwälte Milde und Ballo nehmen zur Verdeutlichung ihrer Meinung auf die von Jahn/Kirsch verfassten Anmerkungen Bezug. Auch Wimmer und Schneider sehen in § 97 StPO die speziellere Regelung, wobei Wimmer lediglich auf die Rechtsprechung, Schneider hingegen zusätzlich auf Jahn/Kirsch verweist.[998] Festzuhalten ist, dass die aus der Praxis stammende Ansicht sowohl von eben dieser als auch einem Hybridtyp sowie einem Rechtsanwalt und Honorarprofessor, nicht jedoch von der universitären Wissenschaft vertreten wird.

Daneben werden zur Reichweite des § 97 Abs. 1 Nr. 3 StPO differenzierte Ansichten vertreten. Die Voraussetzungen zur Bejahung der Beschlagnahmefreiheit lassen sich nicht eindeutig aus dem Gesetzeswortlaut herleiten mit der Folge, dass ein Argumentationsspielraum besteht. Zum Teil wird die Ansicht vertreten, dass eine Beschlagnahmefreiheit lediglich bei Unterlagen angenommen werden kann, die ausschließlich aus dem Vertrauensverhältnis zwischen einem im konkreten Verfahren Beschuldigten und seinem Verteidiger herrühren. Die Gegenansicht nimmt eine Beschlagnahmefreiheit auch bei Unterlagen an, die das Verhältnis zwischen dem Rechtsanwalt und einem Nichtbeschuldigten betreffen. Erstere kann als h.M. bezeichnet werden und wurde bereits bevor das Landgericht Hamburg durch seine Entscheidung Anlass zur Diskussion

---

996 *LG Hamburg – Beschl. v. 15.10.2010 – 608 Qs 18/10*; *Schmitt*, in: *Meyer-Gossner/Schmitt* (Hrsg.), Strafprozessordnung, 63. Auflage: § 160a, Rn. 17.

997 *Jahn/Kirsch*, StV 2011, 151; *Jahn/Kirsch*, NStZ 2012, 713.

998 *Ballo*, NZWiSt 2013, 46; *Milde*, CCZ 2013, 78; *Schneider*, NStZ 2016, 308; *Wimmer*, WiJ 2013, 102.

gegeben hat, in der Kommentarliteratur zur StPO vertreten, auf die das Gericht in seinem Beschluss Bezug nimmt. Die Kommentierungen der Richter am BGH Schmitt, Nack und Schäfer im Meyer-Goßner, Karlsruher Kommentar und Löwe-Rosenberg wurden vom Gericht zur Begründung der Entscheidung herangezogen, auf die 1 Jahr später auch das Landgericht Bonn und 7 Jahre später das BVerfG in der hier untersuchten Entscheidung im Diesel-Skandal verwiesen hat.[999] Von der im Rahmen dieses Vorhabens ausgewerteten Literatur haben sich lediglich die Oberstaatsanwältin Wimmer sowie Rechtsanwalt und Honorarprofessor Schneider dieser Ansicht angeschlossen, die zum Teil die Gerichte, zum Teil die Kommentarliteratur zitiert haben.[1000] Diese Auffassung hat ihren Ursprung in der Praxis und wird, bis auf Schneider, lediglich von dieser vertreten.

Seit der Entscheidung des LG Hamburg wurden auch die Stimmen immer lauter, die eine Anwendbarkeit des § 97 Abs. 1 Nr. 3 StPO nicht auf das Verhältnis des Beschuldigten und seinem Verteidiger beschränken. Im Jahr 2011 sind einige Veröffentlichungen zu verzeichnen, die die vom Gericht vertretene Ansicht kritisieren. Die Rechtsanwältin von Galen hat in ihrer Anmerkung auf die BT-Drucksache 229/10 verwiesen, nach der die Auslegung, § 97 Abs. 1 Nr. 3 StPO lediglich auf das Verhältnis zwischen Beschuldigtem und Rechtsanwalt Anwendung findet, abwegig ist. Unter Zitierung von von Galen hat sich auch Rechtsanwalt Fritz dem angeschlossen. Prof. Jahn hat sich detailliert in seiner Veröffentlichung und in Bezug auf den Beschluss des LG Hamburg gemeinsam mit Rechtsanwalt Kirsch mit der Auslegung der Vorschrift auseinandergesetzt und angeführt, dass Rechtsanwalt Krekeler und Prof. Amelung bereits in den Jahren 1984 und 1987 eine Anwendung nicht auf den Beschuldigten beschränkt haben. Der Ursprung dieser Ansicht liegt mithin Jahre zurück und wurde von Wissenschaft und Praxis gleichermaßen vertreten.[1001] Die Aufsätze von Jahn bzw. Jahn/Kirsch sind in den Folgejahren immer wieder angeführt worden, um sich der von ihnen vertretenen Ansicht anzuschließen. 1 Mal haben sie selbst auf sich verwiesen, 4 Mal wurden sie in den Jahren 2012/2013/2018 von der Praxis zitiert,[1002] 2 Mal von Seiten der Wissenschaft in den Jahren 2012/2013.[1003] Der

---

999 *BVerfG – Beschl. v. 27.06.2018 – 2 BvR 1405/17, 2 BvR 1780/17*; *LG Bonn – Beschl. v. 21.06.2012 – 27 Qs 2/12*; *LG Hamburg – Beschl. v. 15.10.2010 – 608 Qs 18/10.*

1000 *Schneider*, NStZ 2016, 308; *Wimmer*, WiJ 2013, 102.

1001 *Fritz*, CCZ 2011, 155; *Galen*, NJW 2011, 942; *Jahn*, ZIS 2011, 453; *Jahn/Kirsch*, StV 2011, 151.

1002 *Bauer*, StV 2012, 277; *de Lind van Wijngaarden/Egler*, NJW 2013, 3549; *Graßie/Hiéramente*, BB 2018, 2051; *Lilie-Hutz/Ihwas*, NZWiSt 2018, 349.

1003 *Schuster*, NZWiSt 2012, 424; *Zerbes*, ZStW 2013, 551.

von Prof. Zerbes veröffentlichte Aufsatz hat in einer Veröffentlichung von Praktikern im Jahr 2018 Berücksichtigung gefunden, sodass dieser weder unberücksichtigt, noch ungelesen geblieben ist. Die Verfasser Jahn/Kirsch zeigen in ihren Veröffentlichungen auf, dass die Diskussion um die Auslegung der Vorschrift nicht neu ist. Den von Jahn/Kirsch angeführten Publikationen lässt sich entnehmen, dass Rechtsanwalt Krekeler in seiner Veröffentlichung Bezug auf den der universitären Wissenschaft angehörigen Prof. Amelung genommen hat und dessen Aufsatz zeitlich vor demjenigen von Krekeler erschienen ist. In seinem Artikel verweist Krekeler darauf, dass bereits die Rechtsanwälte Gülzow und Kohlhaas in ihren damaligen Veröffentlichungen Vertreter der von Jahn/Kirsch zitierten Ansicht waren.[1004] Grundsätzlich lässt dies daher den Schluss zu, dass der Ursprung dieser Ansicht in der Praxis liegt.

Von den im Rahmen des Promotionsvorhabens untersuchten Aufsätzen, von denen sich in 36 einer Ansicht angeschlossen wurde, nehmen 13 zur Reichweite des § 97 Abs. 1 Nr. 3 StPO Stellung. Von diesen 13 vertreten 2 die Ansicht der h.M., 11 und mithin ca. 85 %, hingegen diejenige, dass eine Anwendung auch auf das Verhältnis zwischen einem Nichtbeschuldigten und einem Rechtsanwalt zu bejahen ist. Von diesen 11 fallen 6 Veröffentlichungen auf Praktiker, 3 auf Jahn/Kirsch und 2 auf die Wissenschaft der Universität zurück. Sämtliche Verfasser, bis auf Fritz und von Galen, deren Veröffentlichungen zeitlich vor derjenigen von Jahn/Kirsch erschienen sind, zitieren Jahn/Kirsch zur Begründung ihrer Ansicht. Gleichwohl in die Tiefe betrachtet diese Ansicht aus der Feder der Praxis stammt, liegt der Ursprung der Ansicht in Bezug auf die Internal Investigations bei einem Hybridtyp und einem Praktiker. Wegen der zahlreichen Zitierungen dieser Ansicht, kann konstatiert werden, dass ein Hybridtyp gemeinsam mit einem Praktiker Schrittmacher ist.

Seit der Entscheidung des LG Bonn, verstärkt durch das LG Braunschweig, wurden § 148 StPO und seine Voraussetzungen diskutiert. Dieser regelt die Beschlagnahmefreiheit von Verteidigungsunterlagen, wobei Uneinigkeit dahingehend herrscht, ob zur Annahme der Beschlagnahmefreiheit die Einleitung eines förmlichen Ermittlungsverfahrens notwendig ist. Das Landgericht Bonn hat dies seinerzeit bejaht, das Landgericht Braunschweig ist dem entgegengetreten. Das LG Bonn stützt seine Annahme auf die Argumentation, dass ein Verteidigungsverhältnis erst nach Erteilung und Annahme des Mandates und nicht schon bei Anberaumung gegeben ist, wobei es auf BGH Rechtsprechung

1004 *Gülzow*, NJW 1981, 265; *Jahn/Kirsch*, StV 2011, 151; *Kohlhaas*, JR 1965, 109; *Krekeler*, NStZ 1987, 199.

sowie Kommentierungen im Meyer-Goßner und Karlsruher Kommentar verweist. Ein Ermittlungsverfahren ist nach Meinung des Gerichts erst dann eingeleitet, wenn die Strafverfolgungsbehörde Maßnahmen ergreift, aus denen ein Handeln gegen eine Person hervorgeht. Dabei ist aber ausreichend, wenn sie dem Beschuldigten als solchen begegnen und dieser sich wie ein Beschuldigter fühlt. Diese Ansicht wird von dem Rechtsanwalt und Honorarprofessor Schneider sowie Oberstaatsanwältin Wimmer geteilt. Beide führen unter Hinzuziehung der Kommentierung in Meyer-Goßner an, dass die Begründung eines Beschuldigtenverhältnisses an einen staatlichen Inkulpationsakt anknüpft und nicht lediglich von einem bestehenden Tatverdacht abhängt. Allein die Möglichkeit der Einleitung eines Verfahrens reicht nicht aus. Schneider verweist hierzu auf die Entscheidung des LG Bonn sowie § 97 Rn. 10 in Meyer-Goßner, Wimmer nimmt lediglich auf Letzteren Bezug.[1005] Auf Grund der Tatsache, dass das Landgericht Bonn in seiner Entscheidung von Richtern gefertigte Kommentarausführungen sowie Rechtsprechung des BGH heranzieht, ist Ursprung dieser Ansicht die Rechtspraxis, die ihren Anklang überwiegend dort findet, wobei Rechtsanwalt Schneider auf Grund seiner Nebentätigkeit als Honorarprofessor nicht ausschließlich der Praxis zuzuordnen ist. Eine Stellungnahme seitens der Wissenschaft ist bisher ausgeblieben.

Die gegenteilige Ansicht vertreten die Landgerichte Braunschweig und Gießen, wobei lediglich die Entscheidung aus Braunschweig Gegenstand der hiesigen Untersuchung gewesen ist. Das Gericht sieht in der Aufarbeitung des Sachverhalts im Rahmen der Ermittlungen die Vorbereitung der Verteidigung mit der Folge, dass auch diese Unterlagen nicht der Beschlagnahme unterfallen dürfen. Einen Nachweis für seine Ansicht führt es hingegen nicht an. Diese Ansicht vertreten zunächst bereits im Jahr 2013 die Rechtsanwälte de Lind van Wijngaarden/Egler, die sich mit der Begründung, dass der Rechtsanwalt seine Tätigkeit vor Einleitung eines förmlichen Verfahrens als Verteidigung versteht, unter Zitierung weiterer Literatur aus der Praxis die Ansicht des LG Gießen.[1006] Auch vor Einleitung eines Ermittlungsverfahrens ist der Verkehr schutzwürdig,

1005 *LG Bonn – Beschl. v. 21.06.2012 – 27 Qs 2/12*; *Schneider*, NStZ 2016, 308; *Wimmer*, WiJ 2013, 102.

1006 *Beukelmann*, NJW-Spezial 2018, 504; *de Lind van Wijngaarden/Egler*, NJW 2013, 3549; *LG Braunschweig – Beschl. v. 21.07.2015 – 6 Qs 116/15*; *LG Gießen – Beschl. v. 25.06.2012 – 7 Qs 100/12*; *Schäfer*, in: *Erb/Esser/Franke u. a.* (Hrsg.), Löwe-Rosenberg, Die Strafprozessordnung und das Gerichtsverfassungsgesetz, 26. Auflage, Band 3: § 97, Rn. 83.

wenn das Unternehmen in Kenntnis eines Verdachtes anwaltlichen Rat sucht. Darüber hinaus kann nicht auf den Zeitpunkt der Einleitung abgestellt werden, da mithin die Behörde die Fäden in der Hand hätte und dies dem Schutz nicht gerecht wird. Mit der gleichen Begründung hat das Landgericht Gießen unter Hinzuziehung eines Urteils des BGH die Ansicht vertreten.[1007]

Sich der Ansicht des Landgerichts Braunschweig anschließend, kommentieren die Praktiker Klengel/Buchert diese positiv, wobei auf die Entscheidung des LG Gießen sowie die Publikationen von Jahn/Kirsch verwiesen wird.[1008] Der Hybridtyp und der Praktiker vertreten neben den genannten Argumenten die Meinung, dass auch das Gebot der effektiven Verteidigung die Annahme eines Verteidigungsverhältnisses auch vor Einleitung eines Ermittlungsverfahrens verlangt, da andernfalls die Rechte des Beschuldigten nicht gewahrt sind. Auch die Praktiker Kottek sowie Uwer/v. Ermingen-Marbach zitieren das LG Braunschweig sowie den Aufsatz von Klengel/Buchert, um sich der Ansicht anzuschließen.[1009] Festhalten lässt sich mithin, dass im Gegensatz zu der Ansicht des Landgerichts Bonn diejenige des Landgerichts Braunschweig größeren Anklang in der Praxis, bei den Hybridtypen und bei der Kombination aus Wissenschaft und Praxis findet. Während erstere lediglich von einer Praktikerin sowie der Kombination aus Wissenschaft und Praxis zitiert wird, nehmen auf letztere drei Veröffentlichungen aus der Praxis, einmal der Hybridtyp, wenngleich auch in Co-Autorentätigkeit mit einem Praktiker, sowie ein Wissenschaftler und ein Praktiker gemeinsam Bezug. Auch hier erfolgt eine Stellungnahme seitens des Hybridtypen Prof. Jahn. Seitens der Wissenschaft wird der insbesondere durch die Entscheidung des Landgerichts Bonn geworfene Ball zur Frage nach der Notwendigkeit der Einleitung eines Ermittlungsverfahrens jedoch nicht angenommen.

b.) Die Bedeutung für die zugrundeliegende Fragestellung

Das Ziel des Promotionsvorhabens ist die Beantwortung der Frage nach dem Verhältnis zwischen Strafrechtswissenschaft und der Rechtspraxis, die anhand der Untersuchung der Literatur zu den Internal Investigations beantwortet und bei der von der Ausgangslage ausgegangen werden soll, dass die Wissenschaft der Universität eine eher grundlagenbezogene Wissenschaft ist, die hinsichtlich

1007 *BGH – Urteil v. 03.10.1979 – 3 StR 264/79.*

1008 *Jahn/Kirsch*, NZWiSt 2013, 21; *Jahn/Kirsch*, NZWiSt 2016, 37; *Klengel/Buchert*, NStZ 2016, 383.

1009 *Kottek*, wistra 2017, 9; *Uwer/van Ermingen-Marbach*, AnwBl. 2018, 470.

der alltäglichen Rechtsfragen gegenüber der Praxis eine eher nachgeordnete Position einnimmt. Nachdem die Fundstellen der hier untersuchten Literatur analysiert und ausgewertet worden sind und schließlich festgehalten werden konnte, dass die Veröffentlichungen in rein wissenschaftlichen Zeitungen zwar weder überwiegend unbeachtet noch auch ungelesen bleiben, der Wissenschaft dennoch eine nachgeordnete Position zukommt, wurde selbiges in Bezug auf die Verfasser unternommen. Ergebnis dieser Analyse ist, dass über die Hälfte der 49 untersuchten Aufsätze von Praktikern, lediglich 7 von der universitären Wissenschaft und 17 von Autoren verfasst worden sind, die sowohl in der Wissenschaft als auch in der Praxis tätig sind. Bei 6 der Veröffentlichungen ist ein Verfasser beiden Instituten zuzuordnen und daher ein Hybridtyp. Nur die Ansicht eines Wissenschaftlers zitiert eine Fundstelle, sodass nach Auswertung der Verfasser der universitären Wissenschaft eine nachgeordnete Position zukommt. Nunmehr soll nach der Auswertung der Rechtsfragen auch diesbezüglich aus dem Ergebnis die Bedeutung für die zugrundeliegende Fragestellung resümiert und die These der nachgeordneten Position der universitären Wissenschaft belegt oder widerlegt werden können.

Aus der Auswertung ergibt sich zunächst, dass sich in 13 Aufsätzen keiner Rechtsansicht angeschlossen wurde. Zugrunde gelegt, dass 7 Artikel von Wissenschaftlern, 25 von Praktikern und 17 von solchen in der Kombination aus Wissenschaft und Praxis stammen, von denen 10 die universitäre Wissenschaft und die Praxis in sich vereinen, hat sich einer der 7 Wissenschaftler keiner Ansicht angeschlossen, 6 von 25 Praktikern und 4 der 10 Hybridtypen. Der Anteil der Hybridtypen, der sich keiner Ansicht angeschlossen hat, ist daher mit 40 % deutlich höher als derjenige der Praktiker mit 24 % und derjenige der Wissenschaftler mit ca. 14 %.

Festgehalten werden kann daneben zunächst, dass sich die angesprochenen Thematiken in den einzelnen Aufsätzen über die Jahre verändern. Während die Verletzung des nemo-tenetur-Grundsatzes in den Jahren 2009 bis 2011 häufig Gegenstand der Veröffentlichungen gewesen ist, wird diese Problematik in den Jahren 2014/2015/2017 jeweils lediglich 1 Mal erwähnt und ist auch in diesen nicht Hauptbestandteil des Aufsatzes. Die Begründung der eine Anwendbarkeit des Grundsatzes auf Internal Investigations ablehnenden Ansicht hat ihren Ursprung in der Praxis, wobei sie von dem Hybridtypen Prof. Jahn zunächst vertreten und sich die universitäre Wissenschaft und Praxis angeschlossen haben. Hinsichtlich der Zustimmung kann auf einen Aufsatz aus der universitären Wissenschaft sowie einen weiteren aus der Praxis abgestellt werden, wobei beide mit unterschiedlicher Begründung eine Verletzung des Grundsatzes bejahen. Auf welche Institution die Ansicht ursprünglich zurückgeht, kann damit nicht beantwortet werden. Für die dem Vorhaben zugrundeliegende Fragestellung lässt sich jedoch festhalten, dass der Aufsatz verfasst von einem der universitären Wissenschaft Angehörigen in den Folgejahren in Veröffentlichungen der Wissenschaft sowie solchen verfasst von 2 Autoren, von denen jeweils 1 neben der Tätigkeit als Rechtsanwalt Honorarprofessor, der andere als Rechtsanwalt tätig ist, Berücksichtigung und Anklang findet. Daneben wurde die Verletzung des Grundsatzes der Selbstbelastungsfreiheit von einem weiteren Wissenschaftler sowie drei Praktikern vertreten mit der Folge, dass das Verhältnis ausgewogen ist. Die universitäre Wissenschaft äußerte sich durch die Veröffentlichung von dem wissenschaftlichen Mitarbeiter Böhm bereits bei Aufkommen der Problematik, wobei diese sodann Jahre später erneut zitiert worden ist mit der Folge, dass eine Berücksichtigung der universitären Wissenschaft erfolgt. Die Veröffentlichungen der Wissenschaft, die sich mit dem Grundsatz auseinandersetzen, verteilen sich über die Jahre 2009, 2011, 2013, 2014. Im Gegensatz dazu existieren solche von Seiten der Praxis aus 2009 2 Mal, 2010 einmal, 2011 und 2012 auch jeweils einmal. Da das Verhältnis diesbezüglich ausgewogen ist und die universitäre Wissenschaft bereits bei Aufkommen der Thematik einen Beitrag veröffentlicht hat, kann die These von der Nachrangigkeit der Wissenschaft zumindest für die Anwendbarkeit des Grundsatzes nicht bejaht werden. Der Beitrag der Wissenschaft zur ablehnenden Ansicht hat hingegen keine Erwähnung gefunden.

Auf die Verletzung des Gebotes des fairen Verfahrens nehmen lediglich Prof. Jahn, Knauer/Buhlmann und Prof. Momsen Bezug mit der Folge, dass der Schwerpunkt auf Prof. Jahn und Prof. Momsen als Hybridtypen liegt, wobei Prof. Momsen zur Begründung seiner Ansicht Knauer/Buhlmann zitiert, diese wiederum auf Prof. Jahn verweisen, der als Ursprung der Ansicht auf den Hybridtypen Gaede verweist.[1010] Diese geht mithin auf einen Hybridtyp zurück. Weder ein Praktiker noch ein der universitären Wissenschaft Zugehöriger thematisieren diese Problematik. Zur Beantwortung der dem Promotionsvorhaben zugrundeliegenden Fragestellung kann diese Problematik daher lediglich insofern nicht herangezogen werden.

Die Grundsätze des Gemeinschuldnerbeschlusses, die das BVerfG in seiner Entscheidung festgelegt hat, können nach Ansicht einiger auf die unternehmensinternen Untersuchungen übertragen werden, andere verneinen dies. Letzteres nimmt insbesondere Hybridtyp Prof. Jahn an, dessen Ansicht Jahre später von einem Praktiker zitiert wird. Diese Ansicht wird auch von der universitären Wissenschaftlerin vertreten, wobei sowohl sie als auch Prof. Jahn Gegenstand

---

1010 *Jahn*, StV 2009, 41; *Knauer/Buhlmann*, AnwBl. 2010, 387; *Momsen*, ZIS 2011, 508.

eines Aufsatzes verfasst von einem Honorarprofessor und einem Rechtsanwalt sind. Auch diesbezüglich kann als Schrittmacher ein Hybridtyp subsumiert werden. Die Ansicht der Wissenschaft kann auf Grund ihrer Berücksichtigung in einem weiteren Aufsatz erst im Jahr 2013 als nachrangig eingestuft werden. Dass die Grundsätze übertragbar sind, hat – gleich der Verletzung des nemo-tenetur-Grundsatzes – ebenfalls der wissenschaftliche Mitarbeiter Böhm bereits 2009 vertreten, dem sich weitere Verfasser sowohl aus Wissenschaft als auch aus der Praxis angeschlossen haben. Insgesamt bejahen 3 von Wissenschaftlern und 5 von Praktikern verfasste Veröffentlichungen diese Übertragbarkeit, wobei zum Teil die Wissenschaft, zum Teil die Praxis und zum Teil niemand zitiert wird, der Ursprung der Ansicht jedoch in der universitären Wissenschaft liegt, wenngleich es sich hierbei nicht um einen Professor, sondern um einen wissenschaftlichen Mitarbeiter handelt. Dieser wird jedoch 2 Jahre später von einem Professor und weitere Jahre später von einem Praktiker zitiert mit der Folge, dass hinsichtlich der Problematik des Gemeinschuldnerbeschlusses eine Schrittmachertätigkeit der universitären Wissenschaft gesprochen werden kann.

Die Fernwirkung eines Verwertungsverbotes wird oft im Zusammenhang mit dem Vorgenannten diskutiert und sowohl bejaht als auch verneint, wobei die mangelnde Fernwirkung lediglich von Prof. Jahn und zwei weiteren Praktikern vertreten wird. Demnach ist der Aufsatz von Prof. Jahn zeitlich vor den übrigen beiden erschienen, sodass diesem die Schrittmacherfunktion zukommt. Der wissenschaftliche Mitarbeiter Böhm bejaht in seinem Aufsatz 2009 eine solche hingegen und wird 2011 von Prof. Theile als universitären Wissenschaftler zitiert. Dieser wiederum wird in 3 weiteren Veröffentlichungen zur Begründung der Ansicht herangezogen, wobei diese von 1 Praktiker, 1 universitären Wissenschaftler und 2 Co-Autoren mit einem Rechtsanwalt und Honorarprofessor sowie 1 weiteren Rechtsanwalt stammen. Hier geht der Ursprung mithin erneut auf die Wissenschaft zurück.

Die Verwertbarkeit der Mitarbeiteraussagen, resultierend aus den Interviews, in denen die Mitarbeiter freiwillig aussagen oder mittels Täuschung oder ohne Belehrung zu Aussagen „gezwungen“ wurden, ist ebenfalls Gegenstand vieler Veröffentlichungen. Dass freiwillige Aussagen verwertet werden können, wird von der Wissenschaft nicht thematisiert, durch Knierim als Praktiker und Prof. Jahn als Hybridtyp bereits im Jahr 2009 vertreten, wobei Knierim Jahre später zitiert wird und mithin dem Hybridtypen hier eine Schrittmacherfunktion zugewiesen werden kann. Dass eine durch Täuschung und unter Verstoß gegen die Vorschriften der §§ 136, 136a StPO erlangte Aussage unverwertbar ist, hat Prof. Jahn in seinem Aufsatz im Jahr 2009 unter Hinzuziehung eines solchen aus 2004 von Geade, der ebenfalls den Hybridtypen zuzuordnen ist, vertreten.

Dieser Ansicht haben sich sowohl Praktiker als auch die universitäre Wissenschaft und ein Verfasserpaar in der Kombination angeschlossen, wenngleich auch keine ausdrückliche Zitierung von Prof. Jahn erfolgte. Ohne eine Zitierung vertrat auch Prof. Zerbes 2013 diese Ansicht, die wiederum von Prof. Kasiske 2014 zitiert worden ist. Eine Bezugnahme seitens der Praxis auf diese Ansicht der Wissenschaft ist hingegen zu verneinen. Schrittmacher dieser Ansicht ist erneut ein Hybridtyp, da sich Gaede im Jahr 2004 erstmals diesbezüglich geäußert hat. Im Zusammenhang mit den Internal Investigations kann jedoch Prof. Jahn als Hybridtyp als Schrittmacher gesehen werden, da seine Ansicht in allen Institutionen geteilt und zitiert wird. Für die Beantwortung der dem Vorhaben zugrundeliegenden Fragestellung kann aus der Tatsache, dass die universitäre Wissenschaft die Ansicht zwar vertritt, jedoch diese nicht ausdrücklich bzw. lediglich 1 Mal in eigenen Reihen zitiert wird, auf eine nachgeordnete Position geschlossen werden. Gleichwohl ist zu berücksichtigen, dass eine Auseinandersetzung mit der Thematik auch seitens der Wissenschaft erfolgt und mithin der Vorwurf, sie hänge den alltäglichen Problemen auf Grund der jahrelangen Beschäftigung im Elfenbeinturm hinterher, ohne Grundlage erfolgt. Es kann ihr daher nicht die Position eines Schrittmachers, sondern lediglich diejenige eines Absicherers zugesprochen werden.

Nach der ersten Entscheidung durch das Landgericht Hamburg wurde die Diskussion um die Beschlagnahmefähigkeit geführt, wobei unterschiedliche Thematiken problematisiert wurden. Sowohl die Ansichten zum Verhältnis der §§ 97, 160a StPO als auch diejenigen zur Weite des § 97 Abs. 1 Nr. 3 StPO haben ihren Ursprung in der Praxis, zumeist in der Kommentarliteratur, die von Richtern verfasst worden ist. Eine Meinungsäußerung seitens der Wissenschaft ist sowohl zur Ansicht, dass §§ 97, 160a StPO nebeneinander Anwendung finden, als auch zu derjenigen, dass § 97 Abs. 1 Nr. 3 StPO auch auf das Verhältnis Nichtbeschuldigter/Rechtsanwalt anwendbar ist, zu verzeichnen. Im Zusammenhang mit dem Verhältnis der beiden Paragraphen äußert sich bereits ein Jahr nach Veröffentlichung eines Beitrages durch die Praxis ein universitärer Wissenschaftler, der sodann in Aufsätzen ausschließlich verfasst von Praktikern in den Jahren 2013 und 2018 Berücksichtigung findet. Gleichwohl hat diese Ansicht ihren Ursprung in der Praxis mit der Folge, dass die Wissenschaft eher Absicherer ist.

Die Ansicht der Anwendbarkeit von § 97 Abs. 1 Nr. 3 StPO auch auf das Verhältnis Nichtbeschuldigter/Rechtsanwalt geht ursprünglich die Praxis zurück. Hinsichtlich der Internal Investigations lässt sich jedoch festhalten, dass ihr Vertreter Prof. Jahn, teilweise mit Rechtsanwalt Kirsch, in 6 weiteren Aufsätzen, wovon 2 von der Wissenschaft verfasst worden sind, zitiert wird und mithin als Schrittmacher eingeordnet werden kann. Die in den Jahren 2012 und

2013 erschienenen Beiträge der universitären Wissenschaft schließen sich diesem ebenfalls an, wobei einer dieser beiden 5 Jahre später ebenfalls der zitierten Literatur eines Aufsatzes zugehörig ist. Gleichwohl der Schrittmacher den Hybridtypen zugeordnet werden kann, bleibt die universitäre Wissenschaft nicht unbeachtet und auch nicht ungelesen, ihr kommt jedoch auch diesbezüglich lediglich die Position eines Absicherers zu.

Die Diskussion um die vom Landgericht Bonn vertretene Ansicht, dass es für die Bejahung einer Beschlagnahmefreiheit nach § 148 StPO der Einleitung eines Ermittlungsverfahrens bedarf, wurde erst nach der gegenteiligen Entscheidung des Landgerichts Braunschweig laut, gleichwohl bereits das Landgericht Gießen im selben Jahr wie das Landgericht Bonn dessen gegenteilige Ansicht vertreten hat. Die Gerichte zitieren für die von ihnen vertretenen Ansichten unterschiedliche Kommentarliteratur, sodass der Ursprung der Praxis zuzuordnen ist. Für die von den Landgerichten Gießen und Bonn vertretene Meinung sprechen sich auch Jahn/Kirsch aus, auf deren Veröffentlichung sodann durch die Praxis Bezug genommen wird. Insgesamt schließen sich dem Landgericht Braunschweig drei aus der Praxis veröffentlichte, einer aus der Kombination eines Rechtsanwalts und Honorarprofessors mit einem weiteren Rechtsanwalt und Prof. Jahn mit Rechtsanwalt Kirsch an, während der Ansicht des LG Bonn lediglich Rechtsanwalt und Honorarprofessor Schneider zustimmt. Ein Beitrag seitens der universitären Wissenschaft ist bisher ausgeblieben.

Anhand des Vorgenannten lässt sich zunächst festhalten, dass die meisten Rechtsfragen ausschließlich der Wahrung der Rechte der an den Internal Investigations Beteiligten dienen. Über den Zeitraum seit Entstehung der Thematik bis zur Entscheidung im Diesel-Skandal hat sich ein Wandel gezeigt. Während zunächst die Anwendbarkeit des nemo-tenetur-Grundsatzes sowie die Verletzung des Fairnessgebotes im Fokus standen, hat die Entscheidung des Landgerichts Hamburg im Jahr 2010 einen Wandel hervorgerufen mit der Folge, dass fortan Beschlagnahme- und Verwertungsverbote thematisiert wurden. Außer zum Fairnessgebot und der Diskussion um § 148 StPO wird seitens der universitären Wissenschaft zu allen Problematiken Stellung bezogen, wobei sie zum Teil sogar als Schrittmacher bezeichnet werden kann. Dies ist insbesondere für die Ansicht der Zustimmung zur Anwendung der Grundsätze des Gemeinschuldnerbeschlusses auf die unternehmensinternen Untersuchungen sowie der Annahme einer Fernwirkung zu bejahen. Hinsichtlich der Anwendbarkeit des Gemeinschuldnerbeschlusses schließt sich die überwiegende Praxis der universitären Wissenschaft an. Auch die übrigen Themen, deren Schrittmacher die Praxis oder ein Hybridtyp sind, werden von der Wissenschaft aufgegriffen und deren Beiträge auch Jahre später noch zitiert. Dabei kann für die Diskussion zum Verhältnis der §§ 97, 160a StPO festgehalten werden, dass die Ansicht der Wissenschaft derart zitiert wird, dass der Eindruck entsteht, sie sei der Schrittmacher, wenngleich diese Ansicht ursprünglich von der Praxis vertreten wird und sich auch die Wissenschaft lediglich dieser angeschlossen hat. Bezüglich der zumeist diskutierten Thematik der Beschlagnahmefähigkeit ist Schrittmacher einer jeden Ansicht die Praxis, wobei die Wissenschaft – außer zum Problem des § 148 StPO – sämtliche Bälle auffängt, die ihr zugeworfen werden. Eine Stellungnahme aus der Wissenschaft erfolgt hinsichtlich aller von ihr diskutierten Themen zumindest durch eine Veröffentlichung kurzfristig nach Erscheinen der Problematik, sodass auch der Aussage zum Teil eine Absage zu erteilen ist, die der Wissenschaft für diesen Prozess Jahre zuschreibt. Es ist jedoch auch zu berücksichtigen, dass zwischen den Publikationen der Wissenschaft oft Jahre vergehen und der Ball oft lediglich von einem und nicht von mehreren Autoren aufgefangen wird.

Prof. Jahn nimmt als Hybridtyp, zumeist mit Rechtsanwalt Kirsch, zu allen hier untersuchten Problematiken Stellung und kritisiert, bis auf die des BVerfG, alle Entscheidungen. Die von ihm veröffentlichten Publikationen finden in einer Vielzahl weiterer Veröffentlichungen derart Berücksichtigung, dass sich ihnen angeschlossen wird.

Die Tatsache, dass sich seitens der Praxis zum Teil der Wissenschaft angeschlossen wird und die Wissenschaft zum Teil direkt auf Entscheidungen der Rechtspraxis reagiert, weist auf eine praxisorientierte Wissenschaft und eine wissenschaftsorientierte Praxis hin.[1011] Hierfür streitet auch, dass Prof. Jahn als Hybridtyp beiden Institutionen zugehörig ist und zu allen hier untersuchten Thematiken Stellung bezieht. Wenngleich die universitäre Wissenschaft lediglich in Bezug auf die Anwendbarkeit des Gemeinschuldnerbeschlusses nebst Fernwirkung eine Schrittmacherposition einnimmt und dies für die Mehrzahl der untersuchten Probleme zu verneinen ist, sind über die Jahre verteilt immer wieder Publikationen seitens der universitären Wissenschaft zu verzeichnen, die sowohl von ihresgleichen als auch der Praxis zitiert und mithin gelesen werden. In diesem Zusammenhang sollte jedoch auch nicht unberücksichtigt bleiben, dass die Inhalte der von der universitären Wissenschaft veröffentlichten Publikationen häufig nicht dem aktuellen Diskussionsstand der Praxis entsprechen. Während die überwiegende Literatur in den Jahren 2011 bis 2014 zu den Entscheidungen der Landgerichte Hamburg, Mannheim und Bonn Stellung

1011 *Fischer*, in: *Michalke/Köberer/Pauly u. a.* (Hrsg.), Festschrift für Rainer Hamm zum 65. Geburtstag am 24. Februar 2008, S. 63 (64).

nimmt und die dort vertretenen Ansichten positiv wie negativ kritisiert, nehmen lediglich Prof. Schuster und Prof. Zerbes auf die aktuellen Geschehnisse Bezug, wohingegen sich Prof. Theile in seinen 2 Aufsätzen 2011 und 2014 sowie Prof. Kasiske 2014 mit dem Gemeinschuldnerbeschluss und dem Verstoß gegen Grundrechte auseinandersetzen.[1012] Wenngleich sich die Publikationen einzeln über die Jahre verteilen, inhaltlich nicht immer der aktuellen Diskussion entsprechen und im Gegensatz dazu die Publikationen der Praxis aktueller und in einer Vielzahl vorhanden sind, nimmt auch die universitäre Wissenschaft an aktuellen Diskussionen Teil und findet sowohl unter ihresgleichen als auch in der Praxis Berücksichtigung. Es ist daher bezogen auf die Thematik der Internal Investigations nicht richtig, wenn behauptet wird, die Wissenschaft verstecke sich zur Selbstbeschäftigung im Elfenbeinturm und nähme sonst nichts wahr.[1013] Hierfür spricht auch die Tatsache, dass Veröffentlichungen der Wissenschaft nicht nur in rein wissenschaftlichen Zeitschriften veröffentlicht werden sondern auch in solchen mit Praxisbezug. Außer zur Verwertbarkeit des Gemeinschuldnerbeschlusses sowie der Fernwirkung bei Verwertungsverboten kann der Wissenschaft bezüglich der meisten Rechtsprobleme und der Reaktion auf aktuelle Geschehnisse keine Schrittmacherfunktion zugeordnet werden. Insbesondere bezüglich der Thematik der Beschlagnahmefähigkeit vertritt sie die zur h.M. bestehende Gegenansicht, wobei sie auch hierbei nur eine aus der Praxis stammende Meinung absichert. Gleiches gilt für die Reichweite des § 97 Abs. 1 Nr. 3 StPO. Wenngleich sie hier zwar eine in der Rechtsprechung abgelehnte, jedoch im übrigen Schrifttum favorisierte Meinung verteidigt, hat diese ihren Ursprung auch in einer Veröffentlichung der Praxis. Die universitäre Wissenschaft ist daher auch hier der Absicherer.

4.) Die Auswertung der Rechtsprechung

Zur Beantwortung der dem Promotionsvorhaben zugrundeliegenden Fragestellung soll neben der untersuchten Literatur auch die Rechtsprechung herangezogen werden, um feststellen zu können, inwiefern die Ansicht der universitären Wissenschaft dort Berücksichtigung gefunden hat. Im Folgenden werden daher die Beschlüsse der Landgerichte Hamburg, Bonn, Mannheim, Braunschweig und des BVerfG nach ihren Rechtsansichten und dessen Vertretern ausgewertet,

---

1012 *Kasiske*, NZWiSt 2014, 262; *Schuster*, NZWiSt 2012, 424; *Theile*, StV 2011, 381; *Theile/Gatter/Wiesenack*, ZStW 2014, 803; *Zerbes*, ZStW 2013, 551.

1013 *Schünemann*, Goltdammer's Archiv für Strafrecht 2011, 445.

um anschließend die Bedeutung für die dem Vorhaben zugrundeliegende Fragestellung zu erarbeiten und beantworten zu können.

a.) Die maßgeblichen Rechtsfragen der Entscheidungen

Auf Grund der Tatsache, dass eine statistische Auswertung im Zusammenhang mit den maßgeblichen Rechtsfragen der Entscheidung schwer durchzuführen ist, jedoch auch diesbezüglich nicht auf eine solche verzichtet werden soll, beschränkt sich diese auf Ausführungen zu den im Rahmen des Vorhabens untersuchten und von den Gerichten zitierten Veröffentlichungen. Hierbei finden jedoch nicht lediglich die derjenigen Berücksichtigung, deren Ansicht sich die Gerichte angeschlossen haben, sondern auch solche, die als andere Ansicht oder allein im Rahmen einer Aufzählung erwähnt worden sind. Es lässt sich festhalten, dass insgesamt 12 der hier untersuchten Aufsätze durch die Gerichte zitiert worden sind, wobei ausschließlich das LG Mannheim und das BVerfG auf solche Veröffentlichungen zurückgegriffen haben. 5 dieser Publikationen wurden von Praktikern,[1014] 2 von einem Wissenschaftler,[1015] 1 von einem Rechtsanwalt und Honorarprofessor[1016] und 4 unter Mitwirkung des Hybridtypen Prof. Jahn[1017] verfasst. Der Anteil der zitierten Praktiker bemisst sich mit ca. 42 % mithin auf mehr als das Doppelte der zitierten Wissenschaftler, jedoch auf einen nur unwesentlich höheren Anteil als die ca. 34 % der Zitierungen eines Hybridtypen.

Von den 7 Problematiken, mit denen sich die untersuchte Literatur auseinandergesetzt hat, sind lediglich 4 für die Gerichte von Bedeutung, wobei einzelne zum Teil von mehreren Gerichten thematisiert werden. Lediglich die Anwendbarkeit des Gemeinschuldnerbeschlusses, die Fernwirkung des Verwertungsverbotes sowie ein solches auf Grund einer gegenüber dem Mitarbeiter ausgeführten Täuschung wurden von den Gerichten nicht problematisiert. Dies ist jedoch nach Meinung der Verfasserin darauf zurückzuführen, dass sich die Gerichte nur mit einer Fallkonstellation befassen, Aufsätze im Zusammenhang mit einer Problematik jedoch jeden Winkel beleuchten können und sollen.

Das Landgericht Hamburg hatte sich als erstes Gericht mit den Problemen der Internal Investigations auseinanderzusetzen. Dies hat ein Beschlagnahmeverbot

---

1014 *Bauer*, StV 2012, 277; *Galen*, NJW 2011, 942; *de Lind van Wijngaarden/Egler*, NJW 2013, 3549; *Klengel/Buchert*, NStZ 2016, 383.

1015 *Schuster*, NZWiSt 2012, 424.

1016 *Schneider*, NStZ 2016, 308.

1017 *Jahn/Kirsch*, StV 2011, 151; *Jahn*, ZIS 2011, 453; *Jahn/Kirsch*, NStZ 2012, 713; *Jahn/Kirsch*, NZWiSt 2013, 21.

aus den §§ 97 Abs. 1 Nr. 3, 53 Abs. 1 S. 1 Nr. 3 StPO mit der Begründung verneint, dass die Vorschrift lediglich auf das Verhältnis zwischen einem Beschuldigten und seinem Zeugnisverweigerungsberechtigten anwendbar ist und in diesem Zusammenhang auf Kommentarliteratur sowie eine Entscheidung des BGH verwiesen,[1018] der die Frage ausdrücklich offengelassen hat. Auch verfassungsrechtlich sei die Entscheidung nicht zu beanstanden. Dass das Beschlagnahmeverbot sich in Nr. 3 der Vorschrift lediglich auf andere Gegenstände, nicht jedoch auf am Verfahren nicht Beteiligte erweitern soll, ergibt sich bereits aus den Nrn. 1 und 2 der Vorschrift. Auch ein mandatsähnliches Vertrauensverhältnis ist darüber hinaus zu verneinen. Des Weiteren verneint das Gericht ein Verwertungsverbot wegen des Konfliktes zwischen der Auskunftspflicht des Mitarbeiters und dem nemo-tenetur-Grundsatz unter Hinzuziehung der analogen Anwendung des § 97 Abs. 1 InsO. Zur Begründung führt es an, dass dieser Grundsatz nicht auf von Privaten durchgeführte Maßnahmen anwendbar ist und der Mitarbeiter darüber hinaus mit Unterzeichnung des Arbeitsvertrages eine freiwillige Verpflichtung eingegangen ist. Gleichwohl das Gericht für die Ansicht keine Zitierung vornimmt, kommt die Begründung derjenigen von Jahn sowie Knauer/Buhlmann sehr nahe.[1019] Schließlich steht auch die Verhältnismäßigkeitsprüfung gemäß § 160a Abs. 2 StPO a.F. einer Beschlagnahme nach Meinung des Gerichts nicht entgegen, weil § 97 StPO im Verhältnis zu § 160a StPO in einem Spezialitätsverhältnis steht und diesem mithin vorgeht. Das Gericht zitiert hier erneut Schmitt in Meyer-Goßner, § 160a Rn. 17. Festgehalten werden kann somit, dass das Gericht für seine Ansichten lediglich Kommentarliteratur sowie eine Entscheidung des BGH zitiert und daher nach außen nur Bezug auf die Praxis nimmt, wenngleich es eine bereits durch den Hybridtypen Jahn vertretene Ansicht verfolgt.

Zwei Jahre nach der Entscheidung des LG Hamburg hatte sich das Landgericht Bonn erneut mit der Thematik auseinanderzusetzen. Gleich dem Landgericht Hamburg und unter Bezugnahme auf dieselbe Kommentarliteratur sowie unter Hinzuziehung eines weiteren Aufsatzes nimmt auch das Gericht ein Beschlagnahmeverbot nach § 97 Abs. 1 StPO lediglich im Verhältnis Beschuldigter zu

---

1018 *BGH – Urteil v. 13.11.1997 – 4 StR 404/97*; *Greven*, in: *Hannich* (Hrsg.), Karlsruher Kommentar zur Strafprozessordnung, 8. Auflage: § 97, Rn. 1; *Schäfer*, in: *Erb/Esser/Franke u. a.* (Hrsg.), Löwe-Rosenberg, Die Strafprozessordnung und das Gerichtsverfassungsgesetz, 26. Auflage, Band 3: § 97, Rn. 21; *Schmitt*, in: *Meyer-Gossner/Schmitt* (Hrsg.), Strafprozessordnung, 63. Auflage: § 97, Rn. 10.

1019 *Jahn*, StV 2009, 41; *Knauer/Buhlmann*, AnwBl. 2010, 387.

seinem Verteidiger an. Nach § 97 Abs. 2 StPO gilt dieses Beschlagnahmeverbot dann, wenn sich die Unterlagen im Gewahrsam des Rechtsanwalts befinden. Ist dies zu verneinen, kann ein Beschlagnahmeverbot nach Ansicht des Gerichts über Art. 2 Abs. 1, Art. 20 Abs. 3 GG, Art 6 Abs. 3 EMRK dann bejaht werden, wenn es sich um Verteidigungsunterlagen im Sinne des § 148 StPO handelt. Diese sind nach Meinung des LG Bonn hingegen lediglich dann gegeben, wenn gegen den Beschuldigten ein Ermittlungsverfahren eingeleitet worden ist und zwischen ihm und seinem Rechtsanwalt ein Verteidigungsverhältnis besteht, das ab Erteilung und Annahme des Mandates zu bejahen ist. Diese Ansicht stützt das Gericht auf eine Entscheidung des BGH sowie Kommentarliteratur.[1020] Die Einleitung eines Ermittlungsverfahrens gegen den Beschuldigten ist Voraussetzung und dann gegeben, wenn die Behörde eine Maßnahme trifft, die erkennbar darauf abzielt, gegen jemanden wegen Anfangsverdachtes einer Straftat vorzugehen, wobei es ausreichend ist, wenn die Behörde mit der Einstellung dem Beschuldigten begegnet. Auch hier zitiert das Gericht die Kommentarliteratur als auch eine Entscheidung des BGH, eine eigene Entscheidung sowie eine durch einen universitären Wissenschaftler verfassten Beitrag in einer Kommentierung zum GWB.[1021] Es lässt sich daher konstatieren, dass das Landgericht Bonn gleich dem Landgericht Hamburg überwiegend Bezug auf die Kommentarliteratur nimmt, wobei in der Entscheidung des Landgerichts Bonn eine Kommentierung durch einen universitären Wissenschaftler zu verzeichnen ist.

Im selben Jahr hat sich auch das Landgericht Mannheim mit der Thematik der unternehmensinternen Untersuchungen beschäftigen müssen. Im Gegensatz zu den bisherigen Entscheidungen führt das Gericht detailliert aus und bezieht in seine Begründung nicht lediglich die von ihm vertretene Rechtsansicht ein. Vielmehr werden die neue Rechtslage seit Veränderung des § 160a StPO sowie grundlegend zu beachtende Gesichtspunkte und Problemstellungen erörtert. Nachdem das Gericht zur Einführung des § 160a StPO einleitende Anmerkungen gemacht hat, führt es bezüglich der Anwendbarkeit des § 97 Abs. 1 Nr. 3

1020 *BGH – Urteil v. 25.02.1998 – 3 StR 490/97*; *Willnov*, in: *Hannich* (Hrsg.), Karlsruher Kommentar zur Strafprozessordnung, 8. Auflage: § 148, Rn. 4/5; *Schmitt*, in: *Meyer-Gossner/Schmitt* (Hrsg.), Strafprozessordnung, 63. Auflage: § 148, Rn. 4.

1021 *BGH – Beschl. v. 27.02.1992 – 5 StR 190/91*; *Biermann*, in: *Körber/Schweitzer/Zimmer* (Hrsg.), Immenga/Mestmäcker, Wettbewerbsrecht, 6. Auflage, Band 2: vor § 81, Rn. 202; *LG Bonn – Beschl. v. 21.06.2012 – 27 Qs 2/12*; *Meyer-Goßner*, in: *Meyer-Gossner/Schmitt* (Hrsg.), Strafprozessordnung, 63. Auflage: Einl., Rn. 60; *Dannecker*: Biographie, abrufbar unter https://dannecker. com/rechtsanwaelte/prof-dr-gerhard-dannecker/ (zuletzt geprüft am 26.07.2020).

StPO zunächst zur alten Rechtslage aus und verweist auf Entscheidungen unterschiedlicher Gerichte sowie Kommentarliteratur, die die Ansicht teilen, dass dieser lediglich im Verhältnis des Beschuldigten zu seinem Verteidiger anwendbar ist. Zugleich wird auf die Aufsätze von Jahn/Kirsch und Bauer verwiesen, bei denen der Streitstand diskutiert wird.[1022] Im Rahmen der weiteren Problemstellungen verweist die Kammer auf die Entscheidung des LG Hamburg und die das Gericht kritisierende Literatur,[1023] da das Gericht eine Entscheidung anhand der alten Fassung des § 160a StPO zu treffen hatte. Das auch im Rahmen der o.g. Ausführungen viel diskutierte Verhältnis zwischen §§ 97, 160a StPO lässt sich nach Meinung des Gerichts unter Hinzuziehung von Kommentarliteratur lediglich derart beantworten, dass § 97 § 160a als speziellere Vorschrift vorgeht.[1024] Hierfür streitet bereits der Wortlaut sowie die Vorschrift des § 160a Abs. 5 StPO mit der Folge, dass § 160a StPO lediglich in speziellen Fällen Anwendung findet. In diesem Zusammenhang führt das Gericht erneut die Kommentarliteratur aus Meyer-Goßner und dem Karlsruher Kommentar an, wobei es zusätzlich auf die Aufsätze von Jahn/Kirsch, Bauer und Bertheau verweist.[1025] § 160a StPO ist nach Ansicht des Gerichts daher nur zur Beantwortung von Verwertungsfragen bezüglich beschlagnahmefreier Gegenstände anzuwenden.

Es lässt sich somit konstatieren, dass das Landgericht Mannheim zur Begründung seiner Ansichten nicht nur auf Kommentarliteratur verweist, sondern sich insbesondere im Zusammenhang mit dem Verhältnis der §§ 97, 160a StPO einer von Prof. Jahn als Hybridtypen und Rechtsanwalt Kirsch sowie den Rechtsanwälten Bauer und Bertheau vertretenen Ansicht anschließt. Daneben wird im Hinblick auf die Entscheidung des LG Hamburg und der daran geübten Kritik auf die Veröffentlichungen der Rechtsanwältin von Galen sowie dem universitären Wissenschaftler Schuster verwiesen.[1026] Während das Gericht nur einer von der Praxis sowie dem Hybridtypen vertretenen Meinung zustimmt, wurde gleichwohl auf einen von einem universitären Wissenschaftler verfassten Aufsatz Bezug genommen. Dies lässt den Schluss zu, dass die Ansicht der

---

1022 *Bauer*, StV 2012, 277; *Jahn/Kirsch*, StV 2011, 151.

1023 *Galen*, NJW 2011, 942; *Schuster*, NZWiSt 2012, 26; *Bauer*, StV 2012, 277; *Jahn/Kirsch*, StV 2011, 151.

1024 *Griesbaum*, in: *Hannich* (Hrsg.), Karlsruher Kommentar zur Strafprozessordnung, 8. Auflage: § 160a, Rn. 21; *Schmitt*, in: *Meyer-Gossner/Schmitt* (Hrsg.), Strafprozessordnung, 63. Auflage: § 160a, Rn. 17.

1025 *Bauer*, StV 2012, 277; *Bertheau*, StV 2012, 303; *Jahn/Kirsch*, StV 2011, 151.

1026 *Galen*, NJW 2011, 942; *Schuster*, NZWiSt 2012, 26.

Wissenschaft in der Praxis weder unbeachtet, noch ungelesen bleibt, wenngleich auch ein Zuspruch nicht erfolgt.

3 Jahre nach dem Beschluss durch das LG Mannheim hat das Landgericht Braunschweig eine Entscheidung zur Beschlagnahmefähigkeit von Verteidigungsunterlagen getroffen. Mit wesentlich kürzeren Ausführungen und unter Hinzuziehung der Ansicht von Greven im Karlsruher Kommentar, § 97, Rn. 24 hat es darauf abgestellt, dass Verteidigungsunterlagen gemäß § 148 StPO auch im Gewahrsam des Beschuldigten beschlagnahmefrei sind. Daran anknüpfend und ohne weitere Nachweise vertritt es die Ansicht, dass die Einleitung eines Ermittlungsverfahrens keine notwendige Voraussetzung für diese Annahme ist, da eine schützenswerte Vertrauensbeziehung zur Vorbereitung der Verteidigung auch bei der Befürchtung eines zukünftigen Ermittlungsverfahrens entstehen kann und andernfalls eine sachgerechte Verteidigung nicht möglich ist. Das Gericht zitiert in seiner Entscheidung lediglich Kommentarliteratur, schließt sich in seiner Argumentation hingegen derjenigen der bereits öfter erwähnten Entscheidung des LG Gießen[1027] aus dem Jahr 2012 an. Eine Bezugnahme auf die Wissenschaft erfolgt hingegen nicht, wobei eine solche auch unmöglich ist, da zur Thematik seitens der Wissenschaft noch keine Stellungnahme erfolgt ist.

Schließlich hat sich das BVerfG im Zusammenhang mit dem Diesel-Skandal mit der Thematik auseinandersetzen müssen, wobei Gegenstand der hiesigen Untersuchung lediglich die Entscheidung der Beschwerde der Volkswagen AG gewesen ist. Gegenstand der Entscheidung waren die Problematiken um das Verhältnis der §§ 97, 160a StPO, die Reichweite des § 97 Abs. 1 Nr. 3 StPO sowie die Annahme einer beschuldigtenähnlichen Stellung i. S. v. § 97 Abs. 1 StPO. Sowohl der Wortlaut des § 160a Abs. 5 StPO als auch die Entstehungsgeschichte der Vorschrift sprechen nach Ansicht des Gerichts dafür, dass § 97 StPO gegenüber § § 160a StPO die Spezialregelung darstellt. Das Gericht verweist hierzu auf die Entscheidungen der Landgerichte Hamburg und Mannheim sowie auf die Kommentarliteratur, einen Aufsatz des Rechtsanwalts und Honorarprofessors Schneider und einen von dem Hybridtyp Jahn gemeinsam mit Rechtsanwalt Kirsch. Auch die von Wissenschaftler Schuster und Rechtsanwältin Bertheau vertretene Gegenansicht wird im Rahmen der Aufzählung berücksichtigt.[1028]

1027 *LG Gießen – Beschl. v. 25.06.2012 – 7 Qs 100/12.*

1028 *Bertheau*, StV 2012, 303; *Erb*, in: *Erb/Esser/Franke u. a.* (Hrsg.), Löwe-Rosenberg, Die Strafprozessordnung und das Gerichtsverfassungsgesetz, 26. Auflage, Band 5: § 160a, Rn. 53; *Griesbaum*, in: *Hannich* (Hrsg.), Karlsruher Kommentar zur Strafprozessordnung, 8. Auflage: § 160a, Rn. 21; *Jahn/Kirsch*, NStZ 2012, 713; *Kölbel*, in: *Schneider* (Hrsg.), Münchener Kommentar zur Strafprozessordnung, 1. Auflage, Band 2: § 160a,

Das Gericht schließt sich hiermit einer in der Praxis seit dem Beschluss des LG Hamburg vertretenen Ansicht an, der Prof. Jahn als Hybridtyp gemeinsam mit Rechtsanwalt Kirsch seine Zustimmung erteilt hat. Gleich dem LG Mannheim führt auch das BVerfG die Gegenansicht an und zitiert sogar einen Wissenschaftler der Universität mit der Folge, dass auch dieser Berücksichtigung findet. Im Folgenden äußert sich das Gericht zur Reichweite des § § 97 Abs. 1 Nr. 3 StPO und stimmt den bisherigen Entscheidungen aus Hamburg und Bonn sowie der bereits dort zitierten Kommentarliteratur zu. Für die Annahme, dass eine Beschlagnahmefreiheit lediglich für Unterlagen aus dem Verhältnis Beschuldigter/Verteidiger zu bejahen ist, sprechen nach Ansicht des Gerichts sowohl Wortlaut und Systematik, als auch Entstehungsgeschichte und Sinn und Zweck der Vorschrift. Auch in diesem Zusammenhang führt das Gericht die vertretene Gegenansicht an.[1029] Die vom Gericht zitierten Vertreter der anderen Ansicht sind nicht abschließend, da sich aus der vorliegenden Untersuchung ergeben hat, dass die Mehrheit der Verfasser sich für eine Anwendbarkeit der Vorschrift auf das Verhältnis Mandant/Rechtsanwalt ausgesprochen hat und diese Ansicht auch von der universitären Wissenschaft vertreten wird, die in der Aufzählung des Gerichts keine Berücksichtigung gefunden hat. Ein Anschluss des Gerichts erfolgte hingegen der insbesondere von den Gerichten vertretenen Ansicht.

Anschließend äußert sich das BVerfG zur beschuldigtenähnlichen Stellung im Sinne von § § 97 Abs. 1 StPO, für die eine förmliche Verfahrensstellung nicht notwendig ist, aber eine künftige Nebenbeteiligung aus objektiven Gesichtspunkten in Betracht kommen muss. Damit schließt sich das Gericht der Ansicht von Schneider und Klengel/Buchert an und spricht sich gegen die vom Landgericht Bonn und der dort zitierten Kommentarliteratur aus.[1030] Nicht ausreichend ist nach Meinung des Gerichts hingegen die vom Landgericht Braunschweig, Jahn/Kirsch und de Lind van Wijngaarden/Egler vertretene Meinung, die eine solche Stellung bereits bei Befürchtung der Einleitung eines Ermittlungsverfahrens annimmt. Das Gericht schließt sich hier der Kommentarliteratur im Meyer-Goßner sowie Münchener Kommentar an.[1031]

Rn. 8; *Schmitt*, in: *Meyer-Gossner/Schmitt* (Hrsg.), Strafprozessordnung, 63. Auflage: § 160a, Rn. 17; *Schneider*, NStZ 2016, 308; *Schuster*, NZWiSt 2012, 424.

1029 *de Lind van Wijngaarden/Egler*, NJW 2013, 3549; *Galen*, NJW 2011, 942; *Jahn*, ZIS 2011, 453; *Szesny*, CCZ 2017, 25.

1030 *Klengel/Buchert*, NStZ 2016, 383; *Schneider*, NStZ 2016, 308.

1031 *de Lind van Wijngaarden/Egler*, NJW 2013, 3549; *Jahn/Kirsch*, NZWiSt 2013, 21; *Hauschild*, in: *Kudlich* (Hrsg.), Münchener Kommentar zur Strafprozessordnung, 1. Auflage, Band 1: § 97, Rn. 8; *Schmitt*, in: *Meyer-Gossner/Schmitt* (Hrsg.), Strafprozessordnung, 63. Auflage: § 97, Rn. 10.

Festgehalten werden kann mithin, dass sich das BVerfG in seiner Entscheidung ausführlich mit den zu den Rechtsproblemen vertretenen unterschiedlichen Ansichten auseinandersetzt, wenngleich auch ein Anschluss zumeist an die von den übrigen Gerichten sowie in der Kommentarliteratur vertretenen Meinungen erfolgt. Ausschließlich im Hinblick auf die Annahme einer beschuldigtenähnlichen Stellung widersetzt sich das Gericht den bisher ergangenen Entscheidungen und nimmt auf Aufsätze sowie Kommentarliteratur Bezug. Die Tatsache, dass auch das BVerfG in seinen Ausführungen zur Anwendbarkeit des § § 160a StPO die Veröffentlichung der universitären Wissenschaft als andere Ansicht aufführt, zeigt, dass die Meinung der Wissenschaft auch in der höchstrichterlichen Rechtsprechung zumindest zum Teil nicht unbeachtet und nicht ungelesen bleibt, wenngleich auch ein Anschluss nicht erfolgt und die Zitierung der universitären Wissenschaft hinsichtlich der Reichweite des § 97 Abs. 1 Nr. 3 StPO ausbleibt.

b.) Die Bedeutung für die zugrundeliegende Fragestellung

Ziel des Promotionsvorhabens in die Beantwortung der Frage nach dem Verhältnis zwischen Wissenschaft und Rechtspraxis, die anhand der Untersuchung der Literatur zu den Internal Investigations beantwortet und bei der von der Ausgangslage ausgegangen werden soll, dass die Wissenschaft der Universität eine grundlagenbezogene Wissenschaft ist, der hinsichtlich der alltäglichen Rechtsfragen gegenüber der Praxis eine eher nachgeordnete Position zukommt. Nachdem die Veröffentlichungen nach Fundstelle, Verfasser und Rechtsfragen untersucht worden sind, soll im Folgenden die Einbeziehung in die Rechtsprechung ausgewertet und in Bezug zur Fragestellung gesetzt werden. Die Auswertung der Fundstellen hat ergeben, dass Veröffentlichungen in den rein wissenschaftlichen Zeitschriften zwar zu einem späteren Zeitpunkt erneut Beachtung finden, die Anzahl im Vergleich zur Praxis jedoch gering ist. Die These einer eher nachgeordneten Position kann daher bestätigt werden, da ein Schwergewicht der Zeitschriften der Praxis besteht. Bezüglich der Verfasser konnte festgestellt werden, dass über die Hälfte der untersuchten Aufsätze von Praktikern stammen und überwiegend zitiert werden. Ausschließlich ein Wissenschaftler wird daneben nur in einem Aufsatz zitiert, wobei seitens der Wissenschaft regelmäßige Veröffentlichungen in unterschiedlichen Jahren zu verzeichnen sind. Dennoch ist der Anteil der Wissenschaftler unter den Verfassern im Gegensatz zu den Praktikern gering, sodass die These einer eher nachgeordneten Position bestätigt werden kann, wenngleich auch durch die regelmäßigen Veröffentlichungen deutlich wird, dass die Wissenschaft nicht unbedeutend ist.

Im Rahmen der Auswertung der gerichtlichen Beschlüsse konnte nunmehr festgestellt werden, dass die Landgerichte Hamburg, Bonn und Braunschweig bezüglich der Beantwortung der streitigen Fragen ausschließlich der in der Praxis vertretenen Ansicht und hier insbesondere der Kommentarliteratur folgen. Zwar hat das Landgericht Bonn in seiner Entscheidung zur Notwendigkeit eines Ermittlungsverfahrens bzgl. einer Teilansicht auf eine Kommentierung mitverfasst von einem universitären Wissenschaftler verwiesen. Allerdings kann dadurch lediglich die These der Nachrangigkeit bestätigt werden.

Im Gegensatz zu den eher kurzgefassten Entscheidungen der vorgenannten Gerichte, führen das Landgericht Mannheim und das BVerfG detailliert zu den von ihnen vertretenen Ansichten aus und nehmen auch auf die in der Literatur veröffentlichten Gegenmeinungen Bezug. Beide Gerichte verweisen in den Entscheidungen – wenn auch lediglich aufzählend oder die Gegenansicht darstellend – auf einen Aufsatz von Prof. Schuster.[1032] Das BVerfG führt diese lediglich an einer Stelle an, wenngleich Prof. Schuster auch als Gegenansicht zu einer weiteren vom Gericht vertretenen Ansicht zitiert werden könnte.[1033] Die Auswertung der hier untersuchten Literatur hat ergeben, dass die Mehrheit die Ansicht vertritt, dass § 97 Abs. 1 Nr. 3 StPO auch auf das Verhältnis eines Mandanten zu seinem Rechtsanwalt anwendbar ist. 3 der Aufsätze stammen aus der Feder von Wissenschaftlern der Universität, finden jedoch weder in der Entscheidung des LG Mannheim noch in derjenigen des BVerfG im Rahmen der Aufzählung der Gegenansicht Berücksichtigung. Das Vorgenannte lässt einerseits den Schluss zu, dass die Meinung der universitären Wissenschaft, wenn auch lediglich in sehr geringem Maße, Berücksichtigung findet, andererseits kann daraus geschlossen werden, dass eine Auseinandersetzung mit dieser nicht erfolgt ist. Festgehalten werden kann nach Auswertung der Rechtsprechung hingegen allerdings auch, dass Prof. Jahn als Hybridtyp – wenngleich auch zumeist seine Veröffentlichungen gemeinsam mit Rechtsanwalt Kirsch zitiert werden – nicht nur durchgehend in der untersuchten Literatur, sondern auch in einem Großteil der gerichtlichen Entscheidungen aufgeführt und sich seiner Ansicht zum Teil angeschlossen wird.

1032 *BVerfG – Beschl. v. 27.06.2018 – 2 BvR 1405/17, 2 BvR 1780/17*; *LG Mannheim – Beschl. v. 03.07.2012 – 24 Qs 1/12 / 24 Qs 2/12*; *Schuster*, NZWiSt 2012, 424.

1033 Das Gericht zitiert ihn lediglich als a.A. zum Verhältnis der §§ 97, 160a StPO. In der Aufzählung der a.A. zur Reichweite des § 97 Abs. Abs. 1 Nr. 3 StPO fehlt sein Aufsatz, wenngleich er auch dort die a.A. vertritt.

Das Landgericht Mannheim und das BVerfG verweisen in ihren Entscheidungen auf einen Aufsatz aus der universitären Wissenschaft. Dieser wir einmal lediglich aufzählend, einmal als a.A. aufgeführt. Gleichwohl das BVerfG Prof. Schuster zum Spezialitätsverhältnis von § 97 StPO gegenüber § 160a StPO anführt und in der universitären Wissenschaft die Meinung nicht weiter vertreten wird, werden Ansichten der Wissenschaft zur Reichweite des § 97 StPO nicht zitiert. Die Ausgangsthese einer eher grundlagenbezogenen Wissenschaft, der Gegenüber der Praxis eine nachgeordnete Position zukommt, kann nach Ansicht der Verfasserin an dieser Stelle daher bejaht werden. Wenngleich eine Ansicht der universitären Wissenschaft Berücksichtigung findet und sie mithin nicht ungelesen ist, kann ihr weder die Position eines Schrittmachers, nicht einmal diejenige des Absicherers zugesprochen werden, da diese lediglich als a.A. aufgeführt wird und mithin nicht die Ansicht der Schrittmacherin Praxis festigt.

5.) Die Auswertung des Verbandssanktionengesetzes und der damit einhergehenden Änderungen der §§ 97, 160a StPO

Zur Beantwortung der dem Promotionsvorhaben zugrundeliegenden Fragestellung soll neben der untersuchten Literatur und Rechtsprechung auch der Inhalt des Entwurfes eines Verbandssanktionengesetzes herangezogen werden. Für die Verfasserin ist hierbei insbesondere von Bedeutung, ob die Ansichten der universitären Wissenschaft im Entwurf des neuen Gesetzes oder aber in der damit verbundenen Änderung der StPO Berücksichtigung gefunden haben.

a.) Die maßgeblichen Regelungen und Veränderungen

Mit Einführung des Verbandssanktionengesetzes sollen Regelungen zur Sanktionierung von Verbänden getroffen werden. Dies beinhaltet auch die Einführung von Vorschriften zu den Internal Investigations, mit deren Durchführung die Verbandssanktion gemildert werden soll. Nach § 17 des Gesetzes setzt dies eine Zusammenarbeit zwischen dem Verband und den Behörden voraus und regelt insbesondere die Anforderungen an die Befragung der Mitarbeiter. Diese sind unter Beachtung der Grundsätze des fairen Verfahrens durchzuführen mit der Folge, dass Mitarbeiter vor Befragung auf die Verwertbarkeit der Auskünfte und die Rechte zur Hinzuziehung eines Rechtsanwalts oder Betriebsratsmitglieds sowie dasjenige zur Auskunftsverweigerung bei Selbstbelastung hinzuweisen sind. Daneben besteht eine Dokumentationspflicht der Durchführung, damit die Einhaltung der gesetzlichen Vorgaben kontrolliert werden kann.[1034]

1034 Siehe näher dazu § 3 X Nr. 2.).

Neben der Einführung des Gesetzes werden die bisherigen Vorschriften der StPO entsprechend angepasst. Zur Diskussionsdebatte führten insbesondere die Regelungen der §§ 97, 160a StPO. Die Reichweite des § 97 StPO wird im Entwurf durch Einführung des Beschuldigten in Nr. 3 entsprechend klargestellt und begrenzt. Daneben wird diese bei Geschäftsunterlagen beschränkt, indem diese auch dann beschlagnahmt werden dürfen, wenn ein Gewerbebetrieb oder Kaufmann zu ihrer Aufbewahrung gesetzlich verpflichtet ist. Die Grenzen gelten nach dem neu einzufügenden Abs. 6 auch für die Maßnahme der Durchsuchung. Um die Spezialität des § 97 StPO gegenüber § 160a StPO deutlich zum Ausdruck zu bringen und ein absolutes Beschlagnahmeverbot und ein damit verbundenes „Safehouse" zu vermeiden, soll die Vorschrift des § 160a Abs. 5 StPO entsprechend angepasst werden und die Anwendbarkeit der Vorschrift auf andere regeln.

b.) Die Bedeutung für die zugrundeliegende Fragestellung

Ziel des Promotionsvorhabens ist die Beantwortung der Frage nach dem Verhältnis zwischen Wissenschaft und Rechtsprechung, die anhand der Untersuchung der Literatur zu den Internal Investigations beantwortet und bei der von der Ausgangslage ausgegangen werden soll, dass die Wissenschaft der Universität eine grundlagenbezogene Wissenschaft ist, die bei der Lösung aktueller Rechtsfragen gegenüber der Praxis eine eher nachgeordnete Position einnimmt. Neben der Literatur wurde bereits die Einbeziehung in die Rechtsprechung ausgewertet. Von Bedeutung ist darüber hinaus, welche Ansichten im Zusammenhang mit dem Gesetzesentwurf und der Änderung der Vorschriften der StPO Berücksichtigung gefunden haben und auf wen diese zurückgehen.

Für die Einführung der Regelungen zu den internen Untersuchungen im Rahmen des Verbandssanktionengesetzes waren zunächst die ebenfalls im Promotionsvorhaben untersuchten Thesen der BRAK Grundlage. Diese gelten insbesondere für den Hinweis auf die Verwertbarkeit der Auskünfte sowie das Recht auf Hinzuziehung eines Beistandes. Ausgangspunkt der Einführung des Rechts zur Auskunftsverweigerung sowie der Pflicht zur Belehrung des Mitarbeiters, ist die jahrelange geführte Diskussion um die Aussagepflicht des Mitarbeiters aus arbeitsrechtlichen Gründen, die nach Ansicht einiger Verfasser mit einem Zwang verbunden ist, weil dem Mitarbeiter, verweigert er die Aussage, möglicherweise Konsequenzen drohen. Da Zwang einen Eingriff in das Persönlichkeitsrecht des Mitarbeiters darstellt, soll die Durchführung der Untersuchung unter Zwang nicht durch eine Milderung belohnt werden. Von einem bestehenden arbeitsrechtlichen Zwang zur Selbstbelastung wird jedoch fälschlicherweise ausgegangen, sodass die Klarstellung im Gesetz erfolgen musste und vom Bundesjustizministerium mit umfangreicher Begründung erfolgt ist. Das Auskunftsverweigerungsrecht des Mitarbeiters war nach Ansicht des BMJV jedoch die einzige Möglichkeit, einen Schutz der Mitarbeiter zu erreichen, da die übrigen in der Literatur diskutierten Ansätze Defizite aufweisen. Bezug genommen wird hier auf die Aufsätze des der universitären Wissenschaft zugehörigen Kasiske und der Co-Autorentätigkeit aus Praktiker und Honorarprofessor Greco/Caracas.[1035] Dass die Grundsätze des Gemeinschuldnerbeschlusses nicht auf private Befragungen übertragbar sind, begründet das BMJV mit dem Wortlaut des LG Hamburg,[1036] da die Konfliktlage nicht aus einem Widerspruch zwischen Selbstbelastungsfreiheit und einer gesetzlichen Auskunftspflicht, sondern auf Grund eines freiwillig eingegangenen Vertragsverhältnisses entsteht. Dass der nemo-tenetur-Grundsatz nur bei staatlicher, nicht aber vertraglicher Verpflichtung anwendbar ist, vertreten auch Prof. Jahn und Knauer/Buhlmann, sowie diese zitierend, Momsen und später Prof. Zerbes.[1037] Sowohl Prof. Jahn als Hybridtyp als auch Prof. Zerbes als Wissenschaftlerin der Universität sprechen sich für eine Nichtanwendbarkeit der Grundsätze des Gemeinschuldnerbeschlusses aus. Damit schließt sich das BMJV zwar dem Wortlaut des Landgerichts Hamburg und mithin der Praxis an. Gleichwohl wird diese bereits vorher von dem Hybridtypen vertreten, der sich nachher auch die universitäre Wissenschaft anschließt.

Auf Grund der Tatsache, dass zumindest auf den Aufsatz des universitären Wissenschaftlers Kasiske hingewiesen worden ist und die Nichtanwendbarkeit der Grundsätze des Gemeinschuldnerbeschlusses nicht lediglich von der Praxis, sondern auch vom Hybridtypen Prof. Jahn und der Wissenschaftlerin Prof. Zerbes vertreten worden sind, wird – wenn auch nur mittelbar – Bezug auf die Wissenschaft genommen.

Die Änderungen der StPO werden, soweit es aus der Begründung hervorgeht, ausschließlich auf Grundlage der in der Praxis und insbesondere von den Gerichten vertretenen Ansichten vorgenommen. In seiner Begründung zur Änderung des § 97 Abs. 1 Nr. 3 StPO verweist das BMJV auf die bisherige Diskussion sowie die beiden Ansichten nebst Vertreter. Während Jahn/Kirsch[1038]

1035 *Greco/Caracas*, NStZ 2015, 7; *Kasiske*, NZWiSt 2014, 262.

1036 *LG Hamburg – Beschl. v. 15.10.2010 – 608 Qs 18/10.*

1037 *Jahn*, StV 2009, 41; *Knauer/Buhlmann*, AnwBl. 2010, 387; *Momsen*, ZIS 2011, 508; *Zerbes*, ZStW 2013, 551.

1038 *Jahn/Kirsch*, StV 2011, 151.

und das LG Mannheim sich dafür ausgesprochen haben, dass eine Anwendung auch auf das Vertrauensverhältnis zwischen dem Nichtbeschuldigten und dem Rechtsanwalt erstrecken soll, geht – so die Formulierung des BMJV – die überwiegende Literatur und Rechtsprechung von der Beschränkung auf den Beschuldigten aus. Es werden sodann die Urteile der Landgerichte Hamburg, Braunschweig und Bochum sowie die Kommentarliteratur in Meyer-Goßner und Löwe-Rosenberg aufgeführt. Mit der neuen, sich der Praxis anschließenden Regelung, soll die Klarheit geschaffen werden, die das BVerfG nicht erzielt hat. In diesem Zusammenhang sei jedoch erwähnt, dass aus der hiesigen Untersuchung hervorgeht, dass sich 13 der hier untersuchten 49 Aufsätze mit der Thematik des § 97 Abs. 1 Nr. 3 StPO beschäftigen und sich von diesen lediglich 2 der Ansicht anschließen, der das BMJV nunmehr folgt. Die übrigen 11 sprechen sich für das weitere Verständnis aus. Unter ihnen befinden sich sowohl Praktiker als auch Wissenschaftler und Hybridtypen. Die weiteren Änderungen des Beschlagnahmeausschlusses für aufbewahrungspflichtige Unterlagen sowie die Klarstellung in § 160a Abs. 5 StPO, dass § 97 StPO zu diesem spezieller ist, werden damit begründet, dass Anwaltskanzleien nicht als „Safehouse" oder „sicherer Hafen" dienen sollen und Unternehmen den Rechtsanwalt nur beauftragen, um damit sämtliche Unterlagen vor der Beschlagnahme zu schützen. Hinsichtlich des Spezialitätsverhältnisses wird die Ansicht der Landgerichte Hamburg und Mannheim sowie der Aufsätze von Jahn/Kirsch und Schneider vertreten.[1039] Die Argumentation zur Anwaltskanzlei als „Safehouse" wurde erstmalig vom BVerfG[1040] in seinem Beschluss im Diesel-Skandal angeführt, wobei dieses auf die Kommentarliteratur in Meyer-Goßner verwies. Ein Verweis auf einen aus der Feder der Wissenschaft stammenden Artikel kann nicht verzeichnet werden.

Es lässt sich mithin konstatieren, dass die Änderungen der StPO nicht auf eine ausschließlich aus der universitären Wissenschaft stammende Ansicht zurückzuführen sind und diese auch im Zusammenhang mit den Ausführungen der unterschiedlichen Ansichten keine Erwähnung gefunden hat. Im Gegensatz dazu wird in der Begründung zum Verbandssanktionengesetz, wenn auch lediglich im Rahmen der Literatur, die nach Ansicht des BMJV Defizite aufweist, ein Aufsatz der universitären Wissenschaft genannt. Auch im Hinblick auf die Nichtanwendbarkeit des Gemeinschuldnerbeschlusses wird sich einer, ebenfalls von

1039 *Jahn/Kirsch*, StV 2011, 151; *LG Hamburg – Beschl. v. 15.10.2010 – 608 Qs 18/10*; *LG Mannheim – Beschl. v. 03.07.2012 – 24 Qs 1/12 / 24 Qs 2/12*; *Schneider*, NStZ 2016, 308.

1040 *BVerfG – Beschl. v. 27.06.2018 – 2 BvR 1405/17, 2 BvR 1780/17.*

der universitären Wissenschaft vertretenen Meinung angeschlossen, wenngleich die Ansicht zuvor von einem Hybridtypen vertreten wurde. Daneben findet die Meinung von Prof. Jahn und Rechtsanwalt Kirsch, bezüglich des Spezialitätsverhältnisses sogar zustimmend, Berücksichtigung. Dies sowohl direkt über den Literaturnachweis in der Begründung zur Änderung der StPO, als auch indirekt im Zusammenhang mit der Ablehnung der Anwendbarkeit des Gemeinschuldnerbeschlusses in Bezug auf das Verbandssanktionengesetz. Als Hybridtyp ist dieser sowohl der universitären Wissenschaft als auch der Praxis zuzuordnen, wobei seine Schwerpunkttätigkeit in der Wissenschaft liegt. Gleichwohl wird ein Aufsatz der Wissenschaft angeführt und kritisiert. Weil das Schwergewicht der Ansichten bei denjenigen verfasst von der Praxis liegt, ist der universitären Wissenschaft auch hier eine nachgeordnete Position zuzuschreiben. Prof. Jahn findet hingegen als Hybridtyp Zustimmung, wobei die Ansicht, zu der er zitiert wird, ihren Ursprung in der Praxis hat. Ungeachtet dessen kommt dem Hybridtyp eine besondere Beachtung zu.

6.) Die Auswertung der Inhalte der BRAK-Thesen

Gleich dem Vorgenannten sollen auch die Thesen der BRAK zur Beantwortung der dem Promotionsvorhaben zugrundeliegenden Fragestellung herangezogen werden. Für die Verfasserin ist hierbei insbesondere von Bedeutung, ob diese auf der Grundlage der Ansicht der universitären Wissenschaft oder derjenigen der Praxis entstanden sind.

Auf Grund der Tatsache, dass in der Begründung zu den Thesen nicht auf Literatur verwiesen wird, kann lediglich anhand der bis dato erschienenen Veröffentlichungen gemutmaßt werden, welche Anreiz für die Entstehung der Thesen geboten haben. Aus der Feder überwiegender Praktiker soll der Unternehmensanwalt bei Durchführung der Untersuchungen eine klare Grenze zu staatlichen Verfahren einhalten, gleichwohl die für diese geltenden Standards, wie Vorschrift des § 136a StPO, um den nemo-tenetur-Grundsatz zu beachten. Die Untersuchungen grenzen sich daher deutlich von staatlichen Maßnahmen ab, wobei die allgemeinen Gesetze und sich aus rechtsstaatlichen Grundsätzen ergebene Standards zu wahren sind. Somit ist der Mitarbeiter insbesondere über das Recht zur Hinzuziehung eines Rechtsanwalts, die Weitergabe der Unterlagen an Strafverfolgungsbehörden und die Tatsache, dass das Unternehmen strafrechtliche Amnestie nicht gewährleisten kann, zu belehren, um den Schutz der StPO, dem die Befragungen unterliegen, zu garantieren.

Die Wahrung der Rechte des Mitarbeiters und die Tatsache, dass die staatlichen Grundsätze auch ohne direkte Anwendbarkeit auf private Ermittlungen gelten müssen, war in den ersten Jahren nach Aufkommen der Thematik Gegenstand der Literatur. Rechtsanwälte, Staatsanwaltschaft, Richter und die universitäre Wissenschaft, zum Teil vereint in einer Person,[1041] haben zwar im Ergebnis oft ein Verwertungsverbot angenommen, dies jedoch als Reaktion auf den Verstoß gegen die Rechte, die unter Einhaltung der Thesen gewahrt werden sollen. Die Frage der Verwertbarkeit stellt sich dann nicht. Für die zugrundeliegende Fragestellung bedeutet das, dass neben Ansichten der Praktiker auch diejenige von Böhm als Wissenschaftler miteingeflossen ist. Zudem hat Prof. Jahn als Hybridtyp mit überwiegender Tätigkeit in der Wissenschaft mitgewirkt. Gleichwohl eine Berücksichtigung der zum Zeitpunkt der Veröffentlichung der Thesen einzig bestehenden Publikation der Wissenschaft erfolgte, liegt auch hier das Schwergewicht dieser in der Praxis. Eine dieser nachgeordneten Position der Wissenschaft ist daher zu bejahen.

II. Zusammenfassung

„Der praktische Jurist muss eine Antwort im Namen des Rechts auch dann geben, wenn die Wissenschaft ihm keine eindeutigen Wege mehr weisen kann."[1042] Ein Zitat, das das Ergebnis der vorliegenden Untersuchung widerspiegelt. Ziel des Promotionsvorhabens war die Beantwortung der Frage nach der Bedeutung der Forschungsleistung deutscher Strafrechtswissenschaftler der Universität für die Lösung aktueller praxiswichtiger Anwendungsfragen. Gleichzeitig ist es ein Versuch, ein Verhältnis aufzuzeigen, mit dem optimale Ergebnisse in Bezug auf Aufklärung und Arbeitsweisen erzielt werden können. Es wurde die Arbeitshypothese zugrunde gelegt, bei der die universitäre Strafrechtswissenschaft eine eher grundlagenbezogene Wissenschaft ist, die bei der Entscheidungsfindung aktueller Sachverhalte gegenüber der Praxis eine eher nachgeordnete Position einnimmt. Sie habe daher keine wesentliche Schrittmacherfunktion inne, sondern diene lediglich als Absicherer bereits von der Rechtspraxis entwickelter Theorien. Zur Beantwortung der Frage wurde die Literatur, veröffentlicht zur Thematik der Internal Investigations, herangezogen.

Im 3. Kapitel der vorliegenden Untersuchung wurde eine Vielzahl Literatur, Entscheidungen der Gerichte sowie Thesen und ein Gesetzesentwurf untersucht, die sich über einen Zeitraum von 10 Jahren verteilen und entwickelt haben.

1041 *Bittmann/Molkenbur*, wistra 2009, 373; *Böhm*, WM 2009, 1923; *Dann/Schmidt*, NJW 2009, 1851; *Jahn*, StV 2009, 41; *Wastl/Litzka/Pusch*, NStZ 2009, 68.

1042 *Frisch*, in: *Engel/Schön* (Hrsg.), Das Proprium der Rechtswissenschaft, S. 156 (181).

Dabei konnte festgestellt werden, dass sich die Zeitschriften, in denen Veröffentlichungen zur Thematik zu verzeichnen sind, überwiegend wiederholen. Die Mehrzahl der Publikationen entstammt praktischer oder wissenschaftlich/praktischer Zeitungen. Lediglich wenige Aufsätze zur Thematik wurden in rein wissenschaftlichen Zeitschriften wie beispielsweise der ZStW und dem GA veröffentlicht. Wenngleich auch einige universitäre Wissenschaftler in praktischen oder wissenschaftlich/praktischen Zeitungen publizieren, sind diese im Vergleich zu den der Praxis zugehörigen Autoren in der Unterzahl. Im Gegensatz zu den Veröffentlichungen der Wissenschaftler in rein wissenschaftlichen Zeitungen finden die Aufsätze der Wissenschaftler in wissenschaftlich/praktischen Zeitschriften sowohl in der Entscheidung des BVerfG als auch in den Ausführungen zum Verbandssanktionengesetz Berücksichtigung. Trotz der sich über Jahre erstreckenden Diskussion zu dem Umgang mit Internal Investigations bis ins Jahr 2018 kann eine letzte Veröffentlichung seitens der Wissenschaft im Jahr 2014 verzeichnet werden. Vor dem Hintergrund, dass die wissenschaftliche Tätigkeit dadurch gekennzeichnet ist, den Gedanken Raum zu geben, einen Prozess des Dauerns darzustellen und damit nicht erzwingbar ist, verwundert dieses Ergebnis nicht. Wo die Praxis zeitnah oft auf eine ihr unbekannte Problematik reagieren muss, ist die Wissenschaft hingegen in ihrer Arbeitsweise und Themenwahl frei. Kurze, schnelllebige Prozesse, angepasst an sich ständig verändernde Sachverhalte, sind hiermit nicht in Einklang zu bringen.

Neben der unterschiedlichen Anzahl praktischer sowie wissenschaftlicher Veröffentlichungen ist über die Jahre auch eine inhaltliche Veränderung der Publikationen zu verzeichnen. Während zu Beginn eine Behandlung der Thematik unter Zuhilfenahme arbeitsrechtlicher Vorschriften des BGB erfolgte und sodann die Verletzung von Grundrechten und verfassungsrechtlich garantierten Grundsätzen diskutiert worden ist, zog die Entscheidung des Landgerichts Hamburg im Jahr 2010 eine Änderung nach sich. Fortan wurde vermehrt über die Beschlagnahme und Verwertbarkeit von Unterlagen der Internal Investigations debattiert. Es konnte daher ein historischer Überblick geschaffen werden.

Bezüglich bedeutender praxisrelevanter Rechtsfragen kommen die Antworten nach dem Ergebnis der vorliegenden Untersuchung überwiegend aus der Feder der Praktiker. Zum Teil sichert die Wissenschaft diese ab, zum Teil stellt sie sich diesen entgegen. Bei zwei Rechtsansichten kann ihr sogar die Position des Schrittmachers zugeordnet werden, wobei diese Ansichten lediglich über einen kurzen Zeitraum in den ersten Jahren der Diskussion, nicht jedoch im weiteren Verlauf thematisiert werden. Festgestellt werden konnte ebenfalls, dass die Aufsätze, veröffentlicht in der ZStW und dem GA, ihren Inhalt betreffend nicht der aktuellen Entwicklung angepasst, sondern vielmehr allgemein formuliert sind.

Schließlich lässt sich konstatieren, dass die Bälle, die der Wissenschaft zugeworfen werden, von dieser nicht solcherart angenommen werden, wie es von ihr erwartet wird, um den Alltag sowie die Lösung aktueller und praxisrelevanter Fragestellungen zu beeinflussen und mit ihrer Handschrift zu versehen. Hierbei darf nicht unberücksichtigt bleiben, dass das Schwergewicht der Veröffentlichungen im Zusammenhang mit der Thematik der Internal Investigations in der Praxis liegt und daher bereits aus diesem Grund von einer Prägung der Durchführung durch die Praxis gesprochen werden kann. Dass die Gerichte überwiegend die Praxis anführen und der von dieser vertretenen Ansicht folgen, ist dem Selbstverständnis der Justiz geschuldet. Aus diesem Umstand kann nicht auf eine nachrangige Position der universitären Wissenschaft mit geringer Bedeutung geschlossen werden.

Bei der Wahrnehmung eines solchen Ergebnisses ist daneben stets zu berücksichtigen, dass das Ergebnis einer solchen Untersuchung stark von der Materie abhängig ist, deren Veröffentlichungen analysiert und ausgewertet werden. Das im Rahmen dieses Vorhabens untersuchte Arbeitsthema ist ein eher praxisorientiertes und spiegelt daher lediglich einen kleinen Teil der universitären Wissenschaft wider. Bereits auf Grund des hohen Praxisbezugs durch die Grundlagen und Grundsteine der Thematik in eben dieser, ergibt sich die logische Konsequenz einer überwiegenden Publikation durch die Praxis. Der Großteil der hier untersuchten Veröffentlichungen stammt aus der Feder von Rechtsanwälten, die zumeist in größeren Kanzleien tätig und somit in ihrem Alltag mit der Thematik ständig in Berührung kommen und damit betraut sind. Dass sich diese Probleme in der alltäglichen Arbeit eines Rechtsanwalts stellen, kann die universitäre Wissenschaft nicht ahnen oder voraussehen. Aus diesem Grund kann eine Stellungnahme ihrerseits jedoch auch erst erfolgen, wenn sie von der Problematik Kenntnis erlangt und diese mit den ihr zu Verfügung stehenden Mitteln überprüft hat. Dies hat zur Folge, dass sie zwar eine Fachwelt ist, jedoch im alltäglichen Schauspiel um die erfolgreichste Entscheidung eher dem Publikum angehört.[1043]

Nach Abschluss der vorliegenden Analysen lässt sich festhalten, dass, wenngleich die Verfasser der hier untersuchten Veröffentlichungen zum Teil der universitären Wissenschaft, zum Teil der Praxis angehören und andere wiederum beides in sich vereinen, die gemeinsame Verbindung im Recht sowie im

1043 *Janzarik*: Bundesgerichtshof und Strafrechtswissenschaft: Dogmatik im Dialog? S. S. 1.

Durchlaufen des Studiums verbleibt.[1044] Ungeachtet dessen, dass die Veröffentlichungen der ausschließlich der universitären Wissenschaft Angehörigen im Vergleich zu denjenigen der Praktiker wahrnehmbar in der Minderheit sind, können diese über die Jahre hinweg regelmäßig verzeichnet werden. Darüber hinaus publiziert Prof. Jahn als Hybridtyp in dem hier untersuchten Zeitraum zahlreich, übt insbesondere an den Beschlüssen der Gerichte kurz nach deren Erscheinen Kritik und wird, teils sich seiner Meinung anschließend, teils diese zurückweisend, in einer Vielzahl der Literatur und Rechtsprechung erwähnt. Er kann mithin als „legal influencer" in diesem Bereich bezeichnet werden.

Neben Prof. Jahn haben weitere Hybridtypen zur Thematik Stellung genommen, wobei lediglich Prof. Momsen bereits 2011 einen Beitrag publiziert, einen weiteren erst im selben Jahr wie die übrigen nach Veröffentlichung der Entscheidung des BVerfG. Weil die Hybridtypen im Hauptamt der universitären Wissenschaft angehören und lediglich im Nebenamt in der Praxis tätig sind, sind sie für dieses Vorhaben ebenfalls von Bedeutung. Insbesondere weil ein Anschluss an die Meinung von einem Hybridtypen erfolgt und sowohl im Beschluss des BVerfG als auch in den Begründungen zum Verbandssanktionengesetz Veröffentlichungen der universitären Wissenschaft zitiert werden, kann das Verhältnis von Wissenschaft und Rechtsprechung als ein gemeinschaftliches bezeichnet werden. Die dafür erforderliche Brücke zwischen beiden Institutionen wird von den Hybridtypen dadurch geschlagen, dass sie praktische Juristerei auf wissenschaftlicher Grundlage betreiben.[1045] Denn „es beruht aber alles Heil darauf, daß in diesen gesonderten Tätigkeiten jeder die ursprüngliche Einheit fest im Auge behalte, daß also in gewissem Grade jeder Theoretiker den praktischen, jeder Praktiker den theoretischen Sinn in sich erhalte und entwickle. Wo dieses nicht geschieht, wo die Trennung zwischen Theorie und Praxis eine absolute wird, da entsteht unvermeidlich die Gefahr, daß die Theorie zu einem leeren Spiel, die

---

1044 *Fischer*, in: *Michalke/Köberer/Pauly u. a.* (Hrsg.), Festschrift für Rainer Hamm zum 65. Geburtstag am 24. Februar 2008, S. 63 (81); *Zaczyk*, in: *Paeffgen/Böse/Kindhäuser u. a.* (Hrsg.), Strafrechtswissenschaft als Analyse und Konstruktion, Festschrift für Ingeborg Puppe zum 70. Geburtstag, S. 305 (317/318).

1045 Dies war bereits das Anliegen von *Karl Lackner*, der nach seiner Tätigkeit im Bundesjustizministerium eine Professur annahm und im Rahmen seiner wissenschaftlichen Tätigkeit sowohl dem lernenden, als auch dem fertigen Strafjuristen Informationen geben wollte, um die Institutionen miteinander zu verbinden; *Lackner*, in: *Wolter/Frisch* (Hrsg.), 140 Jahre Goltdammer's Archiv für Strafrecht. Eine Würdigung zum 70. Geburtstag von Paul-Günter Pötz, S. 149 (149/150).

Praxis zu einem holen Handwerk herabsinke."[1046] Es hat daher die Stunde der Hybridtypen geschlagen.

Das Ergebnis der vorliegenden Untersuchung betrifft jedoch – hierauf wurde bereits hingewiesen – lediglich die im Wirtschaftsstrafrecht bedeutenden Internal Investigations. Es ist jedoch weder auf das Verhältnis der universitären Wissenschaft zur Rechtspraxis im Allgemeinen übertragbar, noch spiegelt es die Positionen beider Institute zueinander betreffend die Gesamtheit strafrechtlicher Themen wider. Das Ergebnis einer solchen Untersuchung, die eine Vielzahl Literatur analysiert und sich mit Meinungsmachern und Absicherern auseinandersetzt, hängt vielmehr von der Materie ab, die diese Literatur beinhaltet. Dass bei einer im praktischen Alltag aufkommenden Thematik die Vielzahl der Autoren der veröffentlichten Literatur einem Beruf der Praxis entstammen, ist lediglich dessen logische Konsequenz. Eine solche Analyse, durchgeführt unter Zugrundelegung von Veröffentlichungen die standardstrafrechtlichen Themen, beispielsweise der Schuld und Zurechnung sowie des Erlaubnistatbestandsirrtums betreffend, ergäbe sich ausgewertet ein anderes Bild. Ein vermehrter Einfluss der Professoren und mithin der universitären Wissenschaft wäre zu erwarten. Dieser Einfluss auf die strafrechtlichen Kernbereiche und die damit zusammenhängende Schrittmacherposition sollen der universitären Wissenschaft durch die vorliegende Arbeit nicht abgesprochen, die von ihr vertretende Ansicht nicht bedeutungslos dargestellt werden. Es erfolgt kein Angriff auf die Lehre, der die Relevanz und Bedeutung der von der universitären Wissenschaft betriebenen Grundlagenforschung, die für den Alltag insbesondere bei Auslegung von Tatbestandsmerkmalen sowie Fragen der Rechtswidrigkeit und Schuld wichtig ist, in Frage stellt. Das Ergebnis der vorliegenden Untersuchung ist eher für das „emerging field" des Wirtschaftsstrafrechts signifikant. Die diesem Bereich zuzuordnenden Internal Investigations sind – dies geht aus der Untersuchung hervor – über einen Zeitraum von 10 Jahren relevanter geworden. Angefangen mit der Aufklärung von strafrechtlich relevantem Verhalten im Rahmen der Siemens-Affäre bis hin zum Abgasskandal. Auch die neusten Entwicklungen im Zusammenhang mit Wirecard zeigen, dass Korruption, Untreue und Betrug als Kernbereiche des Wirtschaftsstrafrechts, stets an Bedeutung gewinnen. Diese betreffend besteht ein hoher Praxisbezug mit der Folge einer Relevanz des Ergebnisses der vorliegenden Untersuchung für diese Bereiche.

Das Ergebnis zeigt, dass es, das Thema der Internal Investigations betreffend, die Hybridtypen sind, deren Denkansätze erfolgreich sind, denen eine

---

1046 *Savigny*: System des heutigen Römischen Rechts S. S. XX.

Meinungsmacher-, eine Schrittmacherfunktion zukommt. Klarstellend kann schließlich zudem festgehalten werden, dass oft auch die außerwissenschaftlichen Einflussfaktoren den Erfolg einzelner Denkansätze entscheidend beeinflussen. Ob die Meinung eines Autors akzeptiert, zitiert und ihr zugestimmt wird oder nicht, hängt vielmals nicht davon ab, was gesagt wird, sondern wer diese wann und wo publiziert. Die Anerkennung einer Meinung erfolgt daneben oft über den akademischen Grad. Der berufliche Werdegang, das erfolgreiche Abschließen von Ausbildungen und Studien sowie das Erlangen von Zusatzqualifikationen haben zur Folge, dass in der Community der Ansicht desjenigen am meisten Gewicht zugesprochen wird, der die meisten Prüfungen abgelegt und Titel erlangt hat. Dies wiederum ist entscheidend für die Denkweise der jeweiligen Person. Die berufliche Herkunft determiniert die Denkweise des Autors einer Veröffentlichung, sie beeinflusst sowohl die Herangehensweise an eine Thematik als auch den Inhalt der diese Thematik ausführenden Publikation. Dass die Beiträge der universitären Wissenschaft in geringerer Anzahl, an unbekannteren Orten und mit allgemeinerem Inhalt und diejenigen von Seiten der Praxis häufiger, in kürzeren Abständen, in vielzitieren Zeitschriften und fokussiert auf das Problem publiziert werden, ist nicht nur das Ergebnis der vorliegenden Arbeit, sondern mithin auch zum einen dem Beruf derer geschuldet, die sie veröffentlichen, zum anderen der Thematik, die sie betreffen. Das Ergebnis des Promotionsvorhabens zeigt daher, dass die zeitliche Nähe einer Publikation zu den ihr vorangegangenen Ereignissen, die Häufigkeit, in der eine Publikation erfolgt und der Ort, an dem sie platziert wird, mitursächlich dafür sind, dass Denkansätze einzelner Autoren diskutiert, zitiert und sich ihnen angeschlossen wird.

Eine Veröffentlichung in einer wenig bekannten Quelle, ein zu weit gefasster, eine Thematik im Allgemeinen bearbeitender Aufsatz hilft bei der Lösung eines Problems in der schnelllebigen Praxis nicht derart, wie ein Aufsatz, der die Materie durchdringt und fokussiert auf das Problem an richtiger Stelle mit ausreichend Inhalt und Präzision zur Lösung beiträgt.

Durch die gemeinsame Verbindung des Rechts und die Aufgabe, dieses durch Erkenntnisgewinn und den Versuch zur Ermittlung der Wahrheit voranzutreiben, steckt in jedem Praktiker ein Wissenschaftler und in jedem Wissenschaftler ein Praktiker. Weil sich beide Institute trotzdem in ihren Arbeitsweisen unterscheiden und aus der vorliegenden Untersuchung für die dem Vorhaben zugrunde gelegte Thematik der Internal Investigations ein Verhältnis resultiert, bei dem die Praxis und nicht die Wissenschaft Avantgardist ist, empfiehlt die Verfasserin einen stärkeren gemeinsamen Dialog beider Institute, um eine bessere Einwirkung der universitären Wissenschaft bei der Lösung aktueller

Rechtsprobleme zu erreichen und von den Erfahrungen von dem Know-how beider Institute zu profitieren.

Ein erster Schritt ist der seit 2007 alle 2 Jahre stattfindende Karlsruher Strafrechtsdialog, bei dem sich Vertreter aus Wissenschaft und Praxis vertieft zu unterschiedlichen Themen austauschen und bereits mehrfach das Verhältnis von Wissenschaft und Rechtsprechung und die Bedeutung beider Institute im Strafrecht erläutert haben. Im Rahmen der einleitenden Worte des 1. Dialoges 2007 wurde bereits die Problematik aufgezeigt, dass die Themen, die den BGH aktuell beschäftigen, von der Wissenschaft mitunter erst nach den Entscheidungen aufgegriffen werden. Es besteht daher der Wunsch der Richter nach einer vorherigen Aufarbeitung der Probleme durch die Wissenschaft, der die Entscheidung sodann zugrunde gelegt werden kann.[1047]

Um die zwischen den Instituten existenten Barrieren zu überwinden, wurden die Programme LawWithoutWalls und Compliance Elliance gegründet, auf Grundlage derer sodann das Compliance Elliance Journal (CEJ) ins Leben gerufen worden ist. Die Konzepte beider Grundlagen verbinden Professoren, Praktiker und Studenten, um gemeinsam innovative Lösungen für Probleme zu finden, wodurch eine Echtzeitpräsentation und Diskussion neuester Trends im Bereich Compliance erreicht werden kann. Insbesondere das Ziel der Initiative LawWithoutWalls ist eine Rechtswelt ohne Mauern, sodass durch den Austausch der Institutionen übergreifende Ergebnisse erreicht werden können. Die Veröffentlichungen im CEJ richten sich an Professoren, Praktiker und Studenten, um die Erfahrungen im Bereich Compliance miteinander zu teilen.[1048] Nach Auswertung der dort seit dem Jahr 2015 veröffentlichten Publikationen kann festgehalten werden, dass die Thematik der Internal Investigations auch dort Berücksichtigung gefunden hat und die im Rahmen der hier untersuchten Veröffentlichungen diskutierten Thematiken beinhaltet. Die Durchführung der Internal Investigations im deutschen Recht, deren Zweideutigkeit und Parallelen zum Strafverfahren sowie Rechtslage, Gestaltungsmöglichkeiten und rechtspolitischer Handlungsbedarf sind insbesondere Gegenstand der Publikationen.[1049]

1047 *Jahn/Nack* (Hrsg.): Strafprozessrechtspraxis und Rechtswissenschaft – getrennte Welten?, 2008 S. 3.

1048 *deStefano*: LawWithoutWalls, abrufbar unter http://lawwithoutwalls.org/overview (zuletzt geprüft am 26.07.2020); *Schneider/deStefano*: Compliance Elliance Journal, abrufbar unter https://www.cej-online.com/about/ (zuletzt geprüft am 26.07.2020).

1049 *Bittmann*: Internal investigations under German Law, CEJ 2015, Vol. 1 No. 1 p. 74 ff., abrufbar unter https://www.cej-online.com/previous-issues/ (zuletzt geprüft am 16.01.2021); *Dervan*: Internal investigations and the evolving fate of privilege, CEJ 2016, Vol. 2 No. 1 p. 3 ff., abrufbar unter https://www.cej-online.com/previous-iss

Anhand des Vorgenannten kann daher auch für die Thematik Compliance sowie diejenige der Internal Investigations eine Annäherung der Wissenschaft und Praxis verzeichnet werden.

Die universitäre Wissenschaft sollte daher herausgefordert sein, Einfluss auf die Rechtsprechungspraxis zu nehmen, damit durch den fachlichen Kontakt zwischen universitärer Wissenschaft und Praxis in der Praxis auftauchende aktuelle Probleme mit den Vorteilen der Arbeitsweise der Wissenschaft ohne Zeitdruck und Ablenkung durch den Alltag bestmöglich gelöst werden können.

Für die Zukunft wird seitens der Verfasserin daher eine weitere Annäherung beider Institute im Bereich des Strafrechts sowie insbesondere zur Thematik der Internal Investigations und vergleichbarer, durch die praktische Anwendung im Alltag aufkommender Thematiken empfohlen, wie es beispielsweise in der Medizin häufig praktiziert wird. Bei Vergleich von Medizin und Recht sind jedoch die unterschiedlichen Zugehörigkeiten zur Natur- bzw. Geisteswissenschaft zu berücksichtigen, deren exakte Analyse und Vergleichbarkeit ggfs. Gegenstand einer weiteren Promotion sein kann, zu dem jedoch an dieser Stelle nicht weiter ausgeführt werden soll.

Die gemeinsame Verbindung der Institute im Recht, die Tatsache, dass jeder Jurist, ob Praktiker oder Wissenschaftler oder Hybridtyp, einmal ein Studium durchlaufen hat, bei dem wissenschaftlich gelehrt worden ist sowie das Ergebnis der Untersuchung mit federführendem Charakter der Autoren, die beide Institute in sich vereinen, macht die Strafrechtswissenschaft und die Rechtsprechung zu unzertrennbaren Welten.

---

ues/ (zuletzt geprüft am 16.01.2021); *Pelz*: Ambiguities in International Internal Investigations, CEJ 2016, Vol. 2 No. 1 p. 14 ff., abrufbar unter https://www.cej-online.com/previous-issues/ (zuletzt geprüft am 16.01.2021); *Rieder/Menne*: Internal Investigations – Legal Situation, Possible Options and Legal-Political Need for Action, CEJ 2019, Vol. 5 No. 1 p. 20 ff., abrufbar unter https://www.cej-online.com/previous-issues/ (zuletzt geprüft am 16.01.2021); *Süße/Püschel*: Collecting Evidence in Internal Investigations in the Light of Parallel Criminal Proceedings, CEJ 2016, Vol. 2 No. p. 26 ff., abrufbar unter https://www.cej-online.com/previous-issues/ (zuletzt geprüft am 16.01.2021).